考えることを教えてくれた人たち――
ジーン・アンダーセンとボブ・アンダーセン、
そしてオマハのウェストサイド・コミュニティ・スクールズの先生方へ。

「何よりも簡単なのは、自分を欺くことだ。私たちは、自分が信じたいと思うことなら何でも信じる」

――デモステネス

「私たちは絶えず、まがい物の現実に苦しめられている。現実とは、信じられなくなっても消え去ることがないものだ」

――フィリップ・K・ディック

「誰であれ自分の意見を持つ権利はあるが、自分勝手な事実を持つ権利はない」

――ダニエル・パトリック・モイニハン

ファンタジーランド（上）

目次

第1部　アメリカという魔術【1517〜1789年】

第2部　狂信者たちの合衆国【19世紀】

［下巻目次］

第1章

「ファンタジーランド」と化しつつあるアメリカ

本書は長い年月をかけて生み出された。1990年代後半にはすでに、本書につながる記事をいくつか執筆している。ショービジネスと化したアメリカ政治、いつまでも若いままでいようとするベビーブーム世代、まるで真実味のない陰謀説の主流化、ホストが的外れな見解を自由自在に述べるトークラジオ番組の爆発的増加、などに関する記事である。また1999年には、二つの画期的なショーを生み出したあるテレビプロデューサーを題材にした小説を発表した。その二つのショーとは、現実の犯人を逮捕する現実の警察と架空の登場人物とが絡み合う刑事ドラマと、ニュースキャスターの私生活風景を取り上げたニュース番組である。

だが、本書のアイデアやテーマが具体化し始めたのは、２００４年から２００５年にかけてである。まずは、ジョージ・W・ブッシュ政権の黒幕と言われたカール・ローヴが、「現実ベースのコミュニティ」という注目に値する表現を口にした。ある記者に対してこう言ったのだ。「現実ベースのコミュニティにいる人々は、思慮分別を持って目に見える現実を検討すれば解決策が生まれると信じている。だが、世界はもうそんなふうには動いていない」。ユーモアを交えてそう言うローヴは、至ってまじめでもあった。また、その1年後には、『コルベア・リポート』の放送が始まった（訳注：スティーヴン・コルベアが超保守派の政治コメンテーターを演じ、こうした保守派を皮肉るコメディ番組）。その初回放送の冒頭、右派の大衆迎合主義者を演じるスティーヴン・コルベアは、「用語解説」というコーナーで「トゥルーシネス（訳注：「証拠や論証によらず直感的にある事柄を真実だと信じること」を指す）」という言葉を紹介し、こう解説している。

『ウェブスター辞典』とにらめっこしている言葉づかいにうるさい人はきっと、「そんな言葉はない！」と言うでしょう。でも、私が辞書好きでも参考書好きでもないことは、みなさんご存じのはずです。辞書や参考書はいわばエリートです。何が真実で何が真実でないか、何が実際に起き、何が実際に起きていないかを、絶えず私たちに教えてくれます。しかし、『ブリタニカ大百科事典』に、パナマ運河が１９１４年に開通したと言う権利があるのでしょうか？　私が１９４１年に開通したと言いたいのなら、そう言うのが私の権利であるはずです。私は本を信用しません。本は事実ばかりで、心がありません。（中略）現実を見てください。わが国民は分断されています。（中略）頭で考える人たちと心で理解する人たちに。（中断）みなさん、真実は直感から生まれるのです。

　これを聞いて私は思った。確かにそのとおりだ。アメリカはまさにコルベアが言うとおり、変な風に変わってしまった。２０００年代に入る前であれば、「トゥルーシネス」も「現実ベースのコミュニティ」も、とてもジョークにはならなかっただろう。

　だが、それから数年後に、ある少年たちを題材にした小説に取り組み始めると、こうした変化が起きた過程について、いっそう理解が深まった。この少年たちは、１９６０年代初頭にジェームズ・ボンドごっこをして遊び、大学生になった１９６８年に、まさにボンド映画のような政府転覆の陰謀を現実世界で企てる。このように、１９６０年代にはもう、私の小説の登場人物にとっても大多数のアメリカ国民にとっても、現実と幻想の境界は、重大な問題を引き起こすほどあいまいになっていた。私は、この少年たちを調査・考察する過程で、当時の思想やその影響を新たな視点で理解するようになった。１９６０年代は、社会的・文化的大変動がさまざまなプラスの効果をもたらし、それなりにおもしろくはあったが、トゥルーシネスをビッグバンのように爆発的に広めもしたのだ。それは、国民的な神経衰弱の時代だったと言えるかもしれない。だが、私たちがそこから立ち直ったと考えるのは間違っている。神経衰弱についてよく言われるように、本当に治癒することは決してないからだ。

　やがて私は、アメリカのこの厄介な傾向が、数十年どころか、数世紀にわたって形成されてきたことに気づいた。あらゆるタイプの幻想を好むこの国民性を理解するには、もっと遠い昔、アメリカのそもそもの始まりにまで時代をさかのぼる必要がある。

　私が本書で空想や幻想に分類した思考習慣や信念や行動については、素直にうなずけない部分があるかもしれない。個人の深い信念にかかわる問題について、あまりに一方的な判断をしていると思える部分もあるだろう。確かに本書では、歴史上に登場する数多くの空想や幻想に刃を向けている。だが、あらゆる宗教やそれに代わる信念体系、あらゆる陰謀論、あらゆる無謀な夢物語を、間違いだと考えているわけではない。私たちアメリカ国民一人ひとりが、合理と非合理の両極の間をさまよっている。誰もが、合理的に証明できない直感的な考え方や、理屈ではわからない迷信を抱いている。

　その中でも問題になるのは、客観よりも主観を極端なまでに重視し、意見や感覚を事実並みに真実であるかのように考え、行動する人々だ。アメリカの歴史は、知的自由という啓蒙主義的概念を初めて具体化する実験の歴史でもあった。誰にでも、好きなことを信じる自由がある。だが、その考え方が手に負えなくなるほど力を持ってしまった。わが国が奉じる超個人主義は最初から、壮大な夢、あるいは壮大な幻想と結びついていた。アメリカ人はみな、自分たちにふさわしいユートピアを建設するべく神に選ばれた人間であり、それぞれが想像力と意志とで自由に自分を作り変えられるという幻想である。つまり、啓蒙主義の刺激的な部分が、合理的で経験主義的な部分を打ち負かしてしまったのだ。

こうしてアメリカ人は、数世紀の間に少しずつ、そしてこの50年の間に急速に、あらゆるタイプの魔術的思考、何でもありの相対主義、非現実的な信念に身を委ねていった。私たちを慰め、わくわくさせ、恐怖させる大小さまざまな幻想である。しかも国民の大半が、今や標準となったこの奇妙な思考がどれほど広範囲に及んでいるかに気づいていない。その状況をたとえて言うなら、火にかけられた鍋の中のカエルだ。手遅れになるまで、その運命に気づかない[1]。

アメリカ人は、ほかの先進国に暮らす10億～20億の人々よりもはるかに強く、超自然現象や奇跡、この世における悪魔の存在を信じている。最近天国に行ったとか、天国から戻ってきたという話や、数千年前に生命が一瞬にして創造されたという数千年前の物語を心から信じている。

（1）実際のカエルは、鍋の水が熱くなる前に跳び出す。しかし、カエルにまつわるこの決まり文句が生まれるきっかけになったとされる19世紀の実験では、カエルは茹だって死んでしまう。それもそのはずで、この実験では、カエルの苦しみを最小限にするため、カエルの脳を事前に摘出していたという。現代のアメリカ人も、合理的な思考ができないという点で、このカエルのようなものである。

21世紀が始まるころには、わが国の金融産業が、危険な負債がもはや危険ではないという夢想に陥った。また、何千万ものアメリカ国民が、不動産の価値は上昇していくばかりだという幻想を植えつけられ、誰でも富裕層のような暮らしができるという空想に耽った。

私たちアメリカ人はさらに、政府や政府に共謀する者たちが、あらゆる類の恐るべき真実をひた隠しにしていると思い込んでいる。たとえば、暗殺、地球外生物、エイズの起源、9・11、ワクチンの危険性にまつわる真実などだ。

また、銃を買い込んでは、過去の開拓時代を懐かしんだり、凶悪犯やテロリストとの銃撃戦を期待したりしている。軍の服や装備を購入しては、兵士になりきって誰も死なない戦闘に参加したり、とてつもなく現実的な仮想現実で同じようなことをしたりしている（妖精やゾンビになりきる場合もある）。

これらはすべて、「ポスト真実」という言葉が広まる前のことだ。こうした中から、陰謀説や現実の見方について、あるいは何が真実で何が真実でないかについて、驚くほど柔軟な姿勢を示す大統領が現れた。

私たちはいつの間にか、鏡の向こう側の世界、ウサギの穴の先にある世界に来てしまった。アメリカはおとぎの国、「ファンタジーランド」に変わってしまったのだ。

地球温暖化はつくり話

虚偽に見境なく身を捧げるこの態度は、どれほど広まっているのだろう？　いったいどれほどのアメリカ人が、別の現実を生きているのだろう？　国民の信念に関する調査はどれも、一般大衆が実際に考えていることを大まかに示しているにすぎない。それでも、過去20年間に行われた膨大な量の調査から、データを精査・照合・抽出していくと、アメリカ人の思い込みや信じやすさ、妄想に関する有益な情報が浮かび上がってくる。

私の調査によると、多少なりとも現実に基づいた判断をしているという人は少数派だ。おそらくは国民の3分の1程度で、半分もいないのはまず間違いない。たとえば、車や工場から排出される二酸化炭素が地球温暖化の主な原因だと、ある程度確信を持って信じているのは、国民の3分の1だけだ。創世記の天地創造の物語は事実に基づいていないと確信している人、テレパシーや幽霊をまるで信じていない人も、3分の1だけである。

アメリカ人の3分の2は、「天使や悪魔がこの世界で活躍している」と信じている。少なくとも半数は、人格を持った神（よくわからない力や普遍的精神ではなく、一人の人間のような神）が支配する天国が存在すると、絶対的に信じている。3分の1以上が、地球温暖化は大した問題ではなく、科学者や政府やマスコミが共謀して作り上げたたわ言だと思っている。

また、3分の1のアメリカ人がこう思い込んでいる。「私たちの最初期の祖先も、現在の人間のような人間だった」「政府は製薬会社と結託し、がんが自然治癒する証拠を隠蔽している」「地球外生物が最近地球を訪れてきたことがある（あるいは現在地球に住んでいる）」。

さらに、4分の1のアメリカ人がこう信じている。「ワクチンを接種すると自閉症になる」「2016年の大統領選挙では、得票数でもドナルド・トランプが勝利した」「オバマ前大統領は反キリストだった」「魔女は存在する」。驚くべきことに、聖書は主に伝説や寓話で構成されていると思っているアメリカ人は、5人に一人しかいない。その一方で、「政府やメディアは、テレビ放送を通じてマインドコントロール用の電波を送っている」「9・11にはアメリカ当局が関与していた」と考えている人も、ほぼ同数いる。[2]

これまで、3分の1がXを信じ、4分の1がYを信じていると述べてきたが、ここで気をつけなければならないのは、この3分の1や4分の1が常に同じ人たちではないということだ。その中には、さまざまな空想を信じている人たちが入り交じっている。たとえば、地球外生物の来訪や地球人誘拐を信じている人の中には、政府の大々的な隠蔽工作を信じている人もいれば、信じていない人もいる。政府の隠蔽工作を信じている人が、さらに広範囲にわたる陰謀の存在を信じているとは限らないし、こうした陰謀の存在を信じている人が、聖書の言うハルマゲドンの到来を信じているかどうかはわからない。アメリカという「ファンタジーランド」は、いわばＥＵのようなものだ。ＥＵは、まったく異なる国々の集まりだが、シェンゲン協定に加盟していれば、どの国の市民も、別の国へ自由に行き来できる。ハンガリーやマルタの国民は、意のままにフランスやアイスランドに行ける。アメリカ国民もそれと同じように、さまざまな信念の中を自由に渡り歩いている。

ただし、同じＥＵ内でも反発し合っている国があるように、「ファンタジーランド」の中でも対立し合っている信念がある。ある空想的な信念を抱く人々が別の空想的な信念を抱く人々を、現実的な人々を忌み嫌うように軽蔑している場合もある。たとえば宗教の世界を見ると、福音派にとってペンテコステ派は異端であり、福音派やペンテコステ派にとってモルモン教は異端である。南部バプテスト派の聖職者パット・ロバートソンは、サイエントロジー（訳注：Ｌ・ロン・ハバードが１９５２年に創設した新宗教）を悪魔呼ばわりしており、カトリックは、オプラ・ウィンフリーの言う十二使徒を見当違いと断じている（訳注：オプラは庭にある12本のカシの木を「十二使徒」と呼び、その下で瞑想をしているという）。また、９・11はアメリカ政府の陰謀だと信じている人にはさまざまなグループがあるが、それぞれがほかのグループはだまされていると思い込んでいる。遺伝子組み換え作物は安全でないと（安全だという科学的合意があるにも

（2）本章で紹介している世論調査結果は、２０００年から２０１７年に実施された以下の調査機関のデータを基にしている。ピュー・リサーチセンター、シカゴ大学全国世論調査センター（社会総合調査）、国際社会調査プログラム、ギャラップ、イプソス、ユーガブ、議会選挙調査組合、クァルトリックス、パブリック・ポリシー・ポーリング、オピニオン・リサーチ・コーポレーション、スクリップス、ハリス、気候変動伝達プロジェクト。

かかわらず）確信している人の多くは、地球温暖化否定論者をばかにしている。実際、この「ファンタジーランド」の歴史は、大学バスケットボールのトーナメント戦のようだ。何世紀にもわたり熾烈な王座決定戦を繰り広げ、その過程であるチーム（ピューリタン）は負け、あるチーム（モルモン教徒）は勝ち、最終的な決着をつけようと現在も戦いを続けている。

なぜ私たちはこんなふうになってしまったのか？

それが本書のテーマである。この問いに簡潔に答えるなら、それは私たちがアメリカ人だからだ。アメリカ人は、自分が望むことならどんなにばかばかしいことでも信じられる。自分の信念には、ほかの人の信念と同等かそれ以上の価値があり、専門家にとやかく言われる筋合いはないと思っている。ひとたびこのアプローチを採用すれば、世界はひっくり返り、因果関係は意味を成さなくなる。信用できるものが信用できなくなり、信用できないものが信用できるようになる。

「主流」という言葉も、最近では軽蔑的な意味を帯びるようになり、偏見や嘘、エリートからの抑圧と同義になってしまった。そんなふうに忌み嫌われている支配者層や体制派、権力側（メディア、学界、政界、政府、実業界、職能団体、集団の中で尊重されていた意見など）も、かつては国民が甚だしい虚偽やばかげた見解を言い立てるのを防いでいた。しかしここ数十年は、主流までもがあらゆる類の幻想を容認・奨励している。

アメリカでも一、二を争う有名大学病院のベテラン医師が、自分のテレビ番組で日々奇跡の妙薬を宣伝する。大手ケーブルテレビチャンネルが、人魚や怪物、幽霊、天使を現実のものとして扱うドキュメンタリー番組を放映する。ＣＮＮのニュースキャスターが番組内で、マレーシアの航空機が行方不明になったのは超常現象によるものではないかとの推測を述べる。州議会や二大政党の一方が、強制されてもいないのに、新世界秩序やイスラム法の強制に反対する決議を行う。「現実や理性のとらえ方、合理性の判断基準が同じ人がいる」という主張を政治学の教授が攻撃すると、同僚たちはただうなずき、その教授に終身的な地位を保証する。ある白人の女性が、自分は黒人ではないかと思い、黒人になりきり、そんな幻想のもとに全米黒人地位向上協会の役員になり、その後何かで逮捕されたときにこう言う。「コスチュームじゃないの。（中略）身につけられるものでも、脱げるものでもない。自分がアフリカ系アメリカ人だと言うつもりはないけど、黒人だとは思ってる」。ビル＆メリンダ・ゲイツ財団が、創造論（訳注：創世記に書かれた「創造主なる神」により天地万物が創造されたとする説）を支持する擬似科学機関に資金を提供する。ドナルド・トランプが、絶えず明らかな嘘や幻想を並べていたにもかかわらず（いや、むしろそのために）大統領に選ばれる。かつての急進派が新たな主流派になる。不合理が尊重されるべきものになり、その流れが止められなくなる。ある幻想が勢いを得て広まると、寛容な精神が制御不能なまでに広まり、ほかの夢想者が次から次へと現れる。まるで無意識のうちに、「ほかの人があれを信じるなら、自分がこれを信じてもいいはずだ」というおかしな行動規範に従っているかのようだ。

わが国の社会環境全体、そして、互いに重なり合いながらその環境を構成している文化・宗教・政治・思想・心理が、壮大な誤謬や見せかけを助長してきた。そこには、刺激的だがばかばかしい別の幻想や妄想へと向かう危険な坂道が無数にある。その坂道はこの数十年の間に、相互につながったり交差したりしながら、延々と続くボブスレーの巨大トラックと化した。そこからは容易に抜け出せない。それが「ファンタジーランド」だ。

増大するフィクション

本書は、事実とは相容れない明らかな虚偽がアメリカに蔓延していることを指摘するだけにとどまらない。一歩下がって視野を広げると、アメリカの実像がいっそうはっきりする。常に議論の対象になる重要な分野（政治、宗教、科学）に妄想や幻想が氾濫しているのは、アメリカの日常生活にフィクションやフィクションまがいのものが過剰に供給され、氾濫している事実と関係がある。

私の言う「ファンタジーランド」では、虚偽が熱心に信じられているばかりか、見せかけのライフスタイルが作り上げられてもいる。つまり、一方には陰謀論や魔術信仰があり、また一方にはファンタジースポーツ（訳注：実在のプロスポーツ選手を選抜して仮想チームを作り、その選手の実際の成績をポイント化して総合ポイントを競うシミュレーションゲーム）や仮想現実がある。この2種類の幻想はどちらも、日常生活をより刺激的でドラマチックなものにしてくれる。両者が現代に氾濫するようになったのは、二つの大きな変化があったからだ。

第一の変化は、1960年代に蔓延した、考え方の大々的な変化である。それ以来アメリカ人は、真実がどうであれ、新たな考え方のルールを採用するようになった。「他人がどう思おうと自分の好きなことをしろ」「自分だけの現実を見つけろ」「現実は相対的なものだ」というルールである。このパラダイムは、はっきりと表明されている場合もあれば、表明されていない場合もある。意識的にそうしている場合もあれば、無意識的にそうしている場合もある。だが、それが現在のアメリカ人の考え方を規定している。

第二の大きな変化は、情報通信の新時代の到来である。デジタルテクノロジーのおかげで、イデオロギー・宗教・擬似科学的な幻想でも、ライフスタイル・娯楽関連の幻想でも、暗い幻想でも明るい幻想でも、現実らしく見えるフィクションの力が増した。何を信じている人でも、10億もあるウェブサイトを探せば、同じものを信じている仲間が何千人と見つかる。事実と「事実」を組み合わせ、自分たちの信念を裏づけている人たちだ。インターネットが登場するまでは、おかしな考えの持ち主はたいてい孤立し、自分だけの現実を確信し続けるのにも苦労した。だが現在では、彼らが熱心に信じていた意見が、現実のニュースと同じように電波に乗り、ウェブに掲載されている。あらゆる幻想が現実と同じような姿をしている。

コンピューターはまた、大半の人が幻想だと認識してきた幻想を、以前よりもはるかに本物らしいものにしてしまった。今では、あらゆる時代、あらゆる外宇宙からやって来た人やモノになりきることができる。こうした幻想は、ＣＧで作成されたオンラインゲームの王国を抜ければ終わるわけではない。ゲームのフィクションの外側には、広大なグレーゾーンがある。インターネット上では匿名でプレイしているため、現実の世界でもフィクションの世界での自分になり、ほかの人と交流ができる。つい最近まで、そんなことをしようとは誰も思わなかったに違いない。

　こうして現実の生活に挿入されるささやかな幻想や見せかけは、個別に見ればまるで害はない。日常生活に見られるありきたりなごく一部を見つくろい、幻想に置き換える。すると世界は少しだけ、映画のセットのようになり、刺激的で魅力的なものに思えるようになる。映画監督のアルフレッド・ヒッチコックはドラマを、「人生からつまらないこまごまとした部分を取り除いたもの」と定義しているが、それと同じようなものだ。誰もが、クールな物語に登場するセクシーな英雄のような気分を味わえる。老人も若者に、若者も老人になれる。だがやがて、非現実が日常生活を侵食していく。そして最終的には、芝生全体が人工芝になる。見せかけと本物、現実と非現実の違いを考えなくなってしまう。

　以前は、手っ取り早く金持ちになりたければ、ラスベガスへ行くしかなかった。きらびやかなフィクションの王国を散策したければ、ディズニーランドへ行くしかなかった（テーマパークができたのはつい最近のことだ）。ポルノはどこにでもあるものではなかった。美容整形はまれで、異常なほど大きく形のいい胸もなければ、人工的に滑らかさや張りを与えた顔もなかった。現実的な装備を身につけて何日も続けて戦闘を演じるイベントもなく、メロドラマと擬似ドキュメンタリーを掛け合わせたリアリティ番組（訳注：台本や演出によらず、素人の出演者たちが直面する出来事や体験を見て楽しむ番組）も制作されていなかった。

　もちろん、豊胸手術をしたりオンラインゲームをプレイしたりする人がみな、自衛のためにはセミオートマチック・ライフルが必要だとか、ワクチン接種が自閉症の原因だとか、地球が誕生してまだ６０００年しかたっていないと考えるようになるわけではない。しかし現在では、かつてないほど自由に、現実を作り変え、好きなものを信じ、望みの人物になりきることができる。そのために、現実とフィクションを分けるあらゆる境界があいまいになり、消えやすくなった。全体的に真実が柔軟性を増し、個人の好みに左右されるようになった。幻想は日増しに増殖している。誇大な幻想、ささやかな幻想、有害な幻想、個人的に楽しいだけの幻想、フィクションだとわかっている幻想、なんとなく真実だと信じている幻想、絶対に幻想ではないと確信している宗教的・政治的・科学的幻想が生まれ、それが相乗効果を引き起こす。現在、科学者の間で「カクテル効果」が懸念されている。これは、環境内にばらまかれたさまざまな化学物質や脳内に取り込まれたさまざまな薬物の作用が相まって、ほかの化学物質や薬物の効果を増強する役目を果たすことを指す。これは、幻想にもあてはまる。私たちは、ありとあらゆる幻想成分を混ぜ合わせた底なしのカクテルを飲んできた。そのさまざまな幻想が、意識的あるいは無意識的に、ほかの幻想の効果をさらに増強している。

私たちアメリカ人は、この過剰な思想の自由が、間違った考え方をする数多くの同胞に乱用されるのを不安に思い、忌み嫌いながらも、そのような自由を好み、望んでいる。18世紀にジョン・アダムズは「事実は不変だ」と述べた。当時はまだ、個人の自由というアメリカの最重要原則は、独立宣言にも憲法にも記されていなかった。アメリカ合衆国そのものがまだ夢にすぎない時代だったのだ。ところが、それから2世紀半後、アダムズが建国の一端を担った国は、自明の理を多数決で否定する国になってしまった。今ではもう、「私たちの望み、私たちの意思」や「私たちの情熱の命じるところ」に従い、「事実や証拠が改造」されているようにさえ見える。それは、行き過ぎた思想の自由と幸福の追求がアメリカを支配しているからにほかならない。

ポスト真実におおわれるアメリカ

現実を幻想として、あるいは幻想を現実として扱ったり、不合理な考えを真剣に受け止めたりするのは、アメリカ人に限ったことではない。それでもアメリカ人は、他に類を見ないほど幻想に浸っている。先進国の中でも極端なほど幻想を好み、幻想を受け入れる幅も深さも群を抜いている。確かに、不正な研究をもとにワクチン接種反対運動を始めたのはイギリス人医師であり、フィクションの登場人物に扮するコスプレを生み出したのは日本の若者たちだ。ほかの先進国にも、仰々しい超常現象や預言や宗教的な擬似科学を信じる人はいる。それでも、そのような信念に心を支配されている国民がこれほど多い先進国は、ほかにはない。アメリカは「ファンタジーランド」のるつぼであり、その中心なのである。

これはいわば、21世紀のアメリカ例外論である。アメリカはそれまでも常に特異な場所だったが、今では特異な点が変わった。アメリカはまだ裕福であり、自由であり、ほかのどの国よりも力があり、影響力を持っている。その点では先進国と言っていい。だが同時に、現実を理性的に理解しようとせず、幻想を信じ、他人がどう思おうと自分の好きなことをする傾向が、そのほかの優れた国民性を圧倒している。その結果アメリカは、先進国とは言えない国になってしまっている。

トランプ政権の「ポスト真実」「もう一つの事実」は、一般的には、不可解で常軌を逸したアメリカの「新たな」現象だと考えられている。だがこれは、アメリカ史全体を通じて（実際にはアメリカ史が始まる前から）受け継がれてきた意識や傾向から当然導き出される結果なのである。本書では、その意識や傾向を形成した諸条件を提示し、その影響の規模や範囲を明らかにすることで、わが国が現状に至った理由について新たな説明を試みたい。

アメリカは、熱狂的な信者と情熱的な夢想家によって、あるいは詐欺師とそのカモによって生み出された。そのため国民は4世紀にわたり、幻想の影響を受けやすくなった。セイラムの魔女裁判、ジョセフ・スミスが創始したモルモン教、興行師のP・T・バーナム、超越主義を主張したヘンリー・デヴィッド・ソロー、異言（訳注：学んだことのない異国の言葉を話すこと）、ハリウッド、サイエントロジー、陰謀論、ウォルト・ディズニー、福音伝道師のビリー・グラハム、ロナルド・レーガン、オプラ・ウィンフリー、ドナルド・トランプなど、いずれも幻想の影響を受けている。つまり、アメリカの歴史をレシピ風に説明するとこうなる。壮大な個人主義を極端な宗教と混ぜ合わせる。また、ショービジネスをほかのあらゆるものと混ぜ合わせる。その二つを鍋に入れて数世紀の間煮込む。そしてそれを、何でもありの１９６０年代とインターネット時代にくぐらせる。こうしてできたのが、私たちが現在暮らしているアメリカだ。そこでは、現実と幻想が危険なほどあいまいになり、異様な形で入り交じっている。

アメリカ人が一時的に道を大きく外れただけなら、いずれ正しい道に戻っていくだろう。あまりに長い間、幻想のカクテルを飲みすぎたために酔っ払い、よろめきながらヒステリックに騒いでいるだけなら、いずれ酔いが覚め、回復していくのではないか？　だがこの傾向は、アメリカ国民のＤＮＡに深く刻み込まれている。それをまず理解しなければいけない。

第1部

アメリカという魔術

【1517〜1789年】

「人間は（中略）ゆりかごにいた幼年時代を見ればすべてわかる。国家の成長も、それと似たようなものだ。どの国家も、建国当初の跡を残している。時代をさかのぼることができれば（中略）偏見や習慣やこだわりなど、その国の国民性を構成するあらゆるものの主な原因が見つかるはずだ」

——アレクシ・ド・トクヴィル著（1835年）『アメリカのデモクラシー』
（邦訳は松本礼二訳、岩波書店、2005年）

第2章

私は信じる、ゆえに私は正しい

――プロテスタント

最初は名前さえなかった。その代わりに「新世界」という言葉が用いられた。現代の企業弁護士が、クライアントが設立しようとしている企業に、一時的に「新企業」という名称を割り当てるのに似ている。新世界は、そこへの移住を考えている白人にとって空想の場所だった。つまりアメリカは、熱病が生み出す夢、神話、楽しい妄想、幻想の場所として始まった。実際、1600年前後には、その地にさまざまな幻想を抱いた人々がいた。彼らは、スリルと希望に満ちたフィクションを信じるあまり、この夢が叶えられなければ死ぬ覚悟で、友人、家族、仕事、分別、イングランド、既知の世界など、あらゆるものを捨てて旅に出た。そして大半が本当に死んだ。

アメリカは、何もないところから設計・創建された初めての国だ。壮大な物語を書くようにして生み出された最初の国である。たまたまそのころは、シェイクスピアやセルバンテスが近代的なフィクションを生み出しつつあった時期にあたる。新世界にやって来た最初のイングランド人たちは、刺激的な冒険に出た意欲的な英雄に自分をなぞらえていたことだろう。実際、魅力的な信念や、大胆な希望や夢、真実かどうかわからない幻想のために、慣れ親しんだあらゆるものを捨て、フィクションの世界に飛び込むほど向こう見ずな人たちだったに違いない。

トクヴィルの言葉に従えば、新世界に来た最初のイングランド人の性質や行動が、生まれたばかりのアメリカ、揺籃期のわが国を形作ったと考えられる。それでは、時代をもう少しさかのぼり、この特異な新生児が受胎するまでの過程を見てみよう。

ルターの宗教改革——世界を変えた告発文

その少し前、ベルリンの南に新設されたばかりの地方大学に、人の意見など聞こうともしない自信家だが信仰心だけは篤い、若い神学教授がいた。マルティン・ルターである。ルターは、ある重要な点において、キリスト教の教義や慣習に異議を唱えた。当時、その地方の大司教が、枢機卿への昇進を祝う費用をまかなうため、ある方法を思いついた。地元の教区民に、お金を払えば（自分や死んだ家族の）罪が許され、死後に煉獄へ行かなくてすむと訴えたのだ。それだけではない。お金で赦しを購入した教区民たちは、諸聖人の日に教会へ出向き、何千とある聖遺物を拝まなければいけないという。その聖遺物は、すべてとは言わないものの、大半が偽物だった。乳飲み子イエスが入っていた飼い葉おけのわら、その産着の糸、マリアの母乳、大人になったイエスのひげ、最後の晩餐のパンのかけら、十字架にかけられたときにかぶっていたいばらの冠のとげ、などだ。若き神学者だったルターは、教会のこの商売に愕然とし、パワーポイントで作成したかのような形式で、３０００語に及ぶ熱のこもった批判文を執筆した。そして諸聖人の日の前夜にあたるハロウィンの日に、教会の扉にそれをくぎで打ちつけると同時に、大司教自身にその文章を複写したものを送った。

　これがたとえば１４４７年に起きていたら、ささいな事柄として歴史的な大事件にはならなかったかもしれない。だが、ルターが行動に出たのは１５１７年であり、機械印刷が始まってから優に50年はたっていた。そのため、この告発文は世界を変えることになった。『95か条の論題』はすぐに印刷された。ラテン語から各国語に翻訳され、ヨーロッパ中に配布され、繰り返し再版された。こうして、キリスト教を単独で支配していたローマ・カトリックに代わる別の組織、プロテスタントが生まれた。

この新たなキリスト教の誕生後、それが広まったのも、やはり印刷技術のおかげだった。ルターの告発のいちばんのポイントは、天国への偽りの許可証を教会が販売していた点にある。95ある論題の一つで、ルターはこう指摘している。「お金が箱の底でチャリンと音を立てた瞬間、魂が煉獄を離れると説くのは、神の教えではない」。この告発は結局、数十年で意味を失った。カトリックが罪の赦しを販売する慣行をやめたからだ。しかしルターの告発には、それ以上に重要な思想、革命的な思想が二つあった。それが、プロテスタントの基盤になると同時に、アメリカの基盤にもなった。

第一にルターは、聖職者にも神やイエスや真実に接する特別な権利はないと主張した。キリスト教徒が知るべきことはみな、聖書の中に書いてある。だから、信者それぞれが自分で聖書を読み、解釈すべきだ、と。プロテスタントによれば、信者一人ひとりが司祭なのである。

もっと前の時代なら、そんなことはとても非現実的な、叶えようのない夢に終わったことだろう。カトリックの古くからの決まりでは、聖書（特に、ラテン語から現代語に翻訳された聖書）の所有を認められていたのは司祭だけだった。しかも、この決まりを守らせるのは簡単だった。聖書の数がきわめて少なく、高価だったからだ。ヨハネス・グーテンベルクが活版印刷で初めてラテン語の聖書を印刷した１４５０年代には、本そのものが、ヨーロッパ中を探しても3万冊ほどしかなかった。およそ２５００人に一冊の割合である。しかし、それから60年が過ぎ、ルターが宗教改革を起こした１５１７年ごろになると、印刷が普及し、２０００万冊の本が流布していた。その中でも断然多かったのが聖書である。

印刷物が普及すれば、社会も変わる。印刷された英語版聖書が登場してから1世紀後には、イングランドの識字率が3倍に上昇した。もはや何百万もの信者が、ルターが生み出した新たなキリスト教を実践できる。もうカトリック教会やそのエリート聖職者に、神との間を取り持ってもらう必要はない。これこそ破壊的な技術革新と言えるのではないだろうか？　火薬が発明されてから蒸気機関が発明されるまでの数百年間において、印刷技術ほど破壊的なテクノロジーはない。プロテスタントは、口コミで広まった最初の文化現象と言える。

ルターは、宗教的な権利を一般大衆に譲り渡すことで、決定的に個人の自由を広めた。そして、もう一つ重要な思想として、聖書に記されたイエスに関する超自然的な物語を信じられるかどうかが、立派なキリスト教徒になるための唯一の条件だと訴えた。つまり信者は、善行を積めば天国に行けるわけではない。大切なのは、信じる心を持てるかどうかにある（ただし、初期のプロテスタント教会は厳格で、信仰心があっても天国に行けるとは限らなかった）。

当初のプロテスタントの抗議は、理性に基づいているように見えるかもしれない。お金を払ったり（偽の）聖遺物を拝んだりしても、天国へ行けるわけではない。だがプロテスタントの考え方にしても、公平でもっともだとは言えるが、理性的だとは言えない。いわば、架空の物語の筋書きを変えただけだ。プロテスタントとカトリックでは、共通の幻想体系の中に確立された不可思議なルールに違いがあるだけなのである。

こうして16世紀に新たに生まれたプロテスタントから、アメリカのもとになる考え方が生まれた。何百万もの一般大衆は、権威ある専門家が何と言おうと、自分たち一人ひとりにこそ、何が真実であり何が真実でないかを決める権利があると考えるようになった。それどころか、情熱的で空想的な信念が何につけても重要なのだと思い込むようになった。「ファンタジーランド」の足場の完成である。

第3章

最初の移住者——一獲千金を求める人々

16世紀には宗教以外にも、ヨーロッパ人に華麗な幻想を抱かせるような、心躍らせる新たな発見があった。コロンブスは1492年、陸路のシルクロードよりも手っ取り早くヨーロッパからアジアへ行ける海路を求め、西へ向けて出港した。だがそれは、当時どころか、400年後の人間にも無理な話だった。コロンブスは結局、日本に着く代わりに、バハマに到着した。そこは新世界だった。ヨーロッパから5000キロメートル西に、富と栄光を夢見ることのできるまっさらな土地があったのだ。

　コロンブスに続いて、数多くの探検家が次から次へと西に向かった。その多くが夢に思い描いていたのが、北米沖の北極海を抜けてアジアへ向かう北西航路の開拓である。たとえば、17世紀初めにはジョン・スミスがその夢を抱き、イングランドの投資家の出資を受け、新世界へ向かった。この男は、ポトマック川をたどっていけば太平洋に出られると思っていたが、結局メリーランド州ベセスダまでしか行けなかった。１６０９年にはヘンリー・ハドソンがやはり同じ夢を抱いたが、こちらもオールバニまでしか行けなかった。その1年後には、北極海航路の夢をあきらめきれないイングランドの投資家が、またしてもハドソンを新世界に送り出した。すると今回は、中国ではなくジェームズ湾に到達した。ハドソンはさらに西を目指そうとしたが、幻想にそれほど舞い上がっていなかった乗組員の反抗にあい、その後消息不明となった。

　一方スペイン人は、やはりコロンブスに続いたものの、アジアへ抜ける北西航路には目を向けず、南西に進路を取った。すると、都市を持つ先進文明を発見した。メキシコのアステカ文明、南米のインカ文明である。そして、そこで見つけた金を略奪すると同時に1世紀以上にわたり採掘を続け、大西洋をはさむ巨大帝国を築き上げた。

　イングランドは、突如として力を増したスペインをうらやんだ。とりわけ羨望の対象になったのが、新世界の金である。

　南部にそれほどの宝が眠っているのなら、そこから数千キロメートルしか離れていない、イングランドにもっと近い北部に宝があってもおかしくない。16世紀から17世紀になるころには、新世界への入植を志願するイングランド人の間で、金探しが熱を帯びてきた。これは、これ以降何度も目にすることになるアメリカ人の特徴を示している。もっともらしく見える現実の周りに群がり、希望（や恐怖）に満ちたフィクションを作り上げ、それを真実だと固く信じる傾向である。

黄金郷《エルドラド》を夢見る

１５８０年代から90年代にかけて、アメリカ熱に取りつかれていたきわめて影響力の大きな人物の中に、オックスフォード大学を卒業して王室の雑用係をしていたリチャード・ハクルートという男がいた。ハクルートは、それ以前の探検家の報告（たいていはまた聞きか、また聞きのまた聞きだった）を拾い読みし、みごとに完成された楽園を夢想した。そして、４万語に及ぶ報告書にこう記した。北アメリカ東部の調査結果はすべて、「金や銀、（中略）トルコ石やエメラルドなどの宝石が」沿岸各地に「あることを確実に証明している」。南部の「土地に金銀がある」ように、その少し北にも金があることは「土地の色から見ても」間違いない。もっと北にも「金銀についての報告がある」と。当時イングランドの人口は、経済発展よりも速いペースで増えていた。そのためハクルートは、「仕事をしていない男たち」をアメリカに送り出し、「金採掘の仕事をさせる」よう提案している。

ただし不都合な点が一つあった。すでに新世界の北部には人間が住んでいたことだ。だがハクルートはこう記している。「先住民は善良で、その性質は優しく穏やかなため、進んでこちらの言うことに従ってくれるだろう」。また、北アメリカの人口密度はブリテン島の5パーセント未満なので、入植者から見れば、ほとんど空っぽに見えるに違いないとも記している。ほとんど白紙状態なので、それをイングランドのユートピアにしてしまえばいい、というわけだ。

アメリカに関するこの刺激に満ちた報告書をハクルートに依頼したのは、貴族、詩人、冒険家にして、熱心なプロテスタントでもあるウォルター・ローリーだった。新世界に取りつかれ、金に目のくらんだ30歳の放蕩者である。だが、魅力的な物腰や、若いながらも堂々としているところなどは、イングランド領アメリカはまだ存在していないとは言え、精力的なアメリカ人の典型とも言える。ローリーは、ハクルートの報告書を提示して、エリザベス女王にアメリカの植民地化を説得すると、それからわずか3年の間に、サーの称号を獲得し、北アメリカの東部沿岸を開拓・統治する国王の勅許を得た。そして、探検隊を三度派遣して金を探させたが、何の成果もなかった。ちなみに、ロアノーク島を処女王エリザベスにちなんでバージニアと命名したのは、この男である。

ローリーは、直接北アメリカを訪れることはなかったものの、こう信じていた。自分が統治するこの王国は、金鉱が眠る場所であるばかりか、聖書の言う「エデンの園」かもしれない、と。

イングランドの聖職者は、聖書の記述から、「エデンの園」は北緯35度にあると計算していた。それはちょうどロアノーク島のあたりにあたる。バージニアが神秘の場所だという証拠は、（聞き伝えではあるが）同時代の文献にもあった。ある植物学者が執筆した本『Joyful News of the New Found World（新たに発見された世界からのうれしい知らせ）』によると、アメリカ固有の植物には、あらゆる病気を治す力があるという。イングランドの有名な詩人は、『バージニア航海に寄せる頌歌』の中で、バージニアを「地球で唯一の楽園」と呼び、そこで「真珠や金を手に入れられるだろう」と述べている。このように数多くのイングランド人が、新世界を新たな「エデンの園」だと夢想した。[1] だが残念ながら、現実は違った。ローリーが派遣した最初の入植者の大部分が、病気になって死亡した。その後、金を求めて第二次探検隊が派遣されたが、これも失敗し、全員が帰らぬ人となった。

　それでもローリーは、黄金の夢をあきらめなかった。1595年に南アメリカを訪れたときも、やはり伝説の黄金都市エルドラドを見つけることはできなかったが、あくまでもこの幻想を信じ、本まで出版して植民を呼びかけた。だがこの本は、夢を現実らしく見せようとするあまり、また聞きの歴史的エピソードで埋め尽くされている。ローリーはこうして、精巧な擬似経験主義とでも言うべきものが生まれるきっかけを作った。それは数世紀後に、「ファンタジーランド」の恒久的特徴となり、宗教や擬似科学、陰謀など、相手に何かを売り込む際に積極的に利用されることになる。

エリザベス女王の後を継いだジェームズ一世は１６０６年、ローリーが植民地化に手ひどく失敗したにもかかわらず、二つの民間会社に植民地建設の勅許を与えた。その会社とは、ロンドン・バージニア会社とプリマス・バージニア会社である。東海岸の南部を担当したロンドン会社は、君主にちなんでその地をジェームズタウンと名づけた。勅許の主要目的は言うまでもなく、「あらゆる種類の金鉱を探索・掘削・採掘し、（中略）金を所有・享受する」ことにある。トクヴィルは2世紀後に執筆した歴史書にこう記している。「バージニアに送られたのは金探索者だった。金銭的利益以外に、新たな入植の根拠となる崇高な思想や考えなどなかった」。だが、最初に派遣された金探索者１００人のうち、3分の2が瞬く間に命を落とした。それでも探検隊の隊長はイングランドに戻ると、「金が見える山」を見つけたと報告した。

そのころロンドン会社の監督を務めていたハクルートは、一度もアメリカに足を運ぶことはなかったが、やはり黄金の夢をあきらめようとしなかった。確かに、まだ何も発見されておらず、１６０９年に仲間の幹部へ宛てた報告書でもそれを認めている。だが、前回の探検隊に参加し、先住民の言葉を話せるというイングランド人が、こう述べていた。「先住民から何度も聞い

（1）イングランドの土地開発業者は、それから1世紀以上後にジョージアの土地開発を推進する際にも、次のような宣伝文句を採用していた。新世界は「宇宙でもっとも喜びに満ちた場所であり」、少なくとも聖書の言う「楽園」並みにすばらしい。「そこはパレスチナと同じ緯度にあたり、（中略）神自身が選択した地であり、（中略）お気に入りの人々に恵みをもたらす」。そしてさらに、銀鉱もあると請け合っている。

たのだが、バージニアの古い砦の南西に、（中略）赤い金属が大量に溶けているところがある。その先住民が最近、そこや別の豊かな鉱山を見せてくれた」。別の鉱山は、入植が失敗した場所の少し西にある「山の近く」だという。

　それでも金は見つからなかった。金ではなく、太平洋に抜ける航行可能なルートを探していたジョン・スミスも、だまされやすいという点では、ほかのイングランド人と同じだった。たとえば、チェサピーク湾の住人は「山でサルを」狩っているという先住民の主張を事実として報告している。だがその一方で、よく知られているように、たやすく鉱物資源が見つかるという夢物語は信じなかった。ジェームズタウンに入植している友人について、スミスはこう記している。「金を探す、金を掘る、金を精製する、金を積みこむという以外に、何の話も、何の希望も、何の仕事もない。会社側のうまい言葉を信じ、どの男も金の奴隷となり、いつかこの努力が報われることを願っている」。だが実際のところ、彼らが採掘・精製し、イングランドに送っているジェームズタウンの鉱石は、「愚か者の金」と呼ばれる黄鉄鉱でしかなかった。

　気が気でなかったロンドンの投資家たちは、せめて一かたまりでも本物の金を見つけるよう入植者に要請した。会社が入植事業を始めてから3年後の１６１０年には、状況を改善すべく、デラウェア卿が新たな指導者として派遣された。この人物は、生き残った入植者がとうとう夢をあきらめ、故国イングランドへ向けて出港しようとしていた矢先に到着すると、彼らを説得して下船させ、叱咤激励した。そしてチームを引き連れ、先住民から話を聞いていた別の金鉱を探して内地に分け入ったが、そこで先住民数名を殺しただけで、結局金は見つからなかった。

希望は妄想に変わる

黄金への幻想は、東海岸南部に限った話ではない。同時期にプリマス会社から派遣された120人がメイン州の海岸に上陸し、やはり金やアジアへの抜け道を探し求めたが、どちらも見つかる気配がなかった。それでも幻想を必死に信じようとする姿は、悲壮でもあり滑稽でもあった。植民地の責任者は故国にこう報告している。これまでのところ金は見つかっていないが、「ここにはナツメグとメースとシナモンがあると、先住民が絶えず証言している」。ニューイングランド（訳注：イングランド領アメリカの北部地域を指す総称）で熱帯の香辛料が育つのだろうか？　さらに報告は続く。「先住民が強く断言しているところによれば、（中略）砦から7日も歩くと、広くて深い大きな海があるらしい。（中略）中国方面につながる南海に違いない」。だが、南部のバージニアで金を求めていた入植者たちとは違い、メイン州の入植者たちは、すぐに現実を受け入れ、失敗を認めた。上陸してから数か月後には半数が去り、その6か月後には残っていた人々も帰国した。彼らは、アメリカ人になれるほど信じやすくもなければ、想像力豊かでもなかったのだ。

おそらくは、話を聞いた先住民がいいかげんなことを言ったか、探す場所を間違えていたのだろう。1614年にはこんなことがあった。プリマス会社の別の探検隊が、今回は金だけを目的に、ニューイングランドに向けて出帆した。そのときには、先住民の男が同乗していた。ケープ・コッド沖で、前回のプリマス会社の探検隊に捕らえられ、奴隷とされた男である。この先住民の男は、ロンドンで監禁されている間に英語を学び、西洋人が持つ光り輝く金属製の装備がどんなものかを知ると、西洋人が喜びそうな物語をでっち上げた。「私が暮らしていた島に金鉱がある。そこへあなた方を連れていく」と嘘をついたのだ。イングランド人がマーサズ・ビニヤード島沖に錨を下ろすと、この男は船から脱走した。同じ部族の仲間たちがカヌーから弓矢で攻撃し、脱走を手助けした。イングランド人は自分たちがだまされたことに気づき、故国へ引き返したという。

一方、南部のバージニアでは、ジェームズタウンへの入植者が、1620年には6000人以上に増えていた。当時のイングランドの中規模都市に近い人口である。結局その4分の3以上が死んだが、夢が死に絶えることはなかった。入植者は夢を信じて次々と押し寄せ、希望はやがて妄想に変わった。それはまさに、金のないゴールドラッシュだった。ジェームズタウンが建設されてから15年後、ある入植者が友人に宛て、くぎ、刃物、酢、チーズを船で送るよう要請する手紙を書いたが、そこには、まだ一獲千金を実現していないことに対する言い訳も記されている。「病気で体が弱っていたので、この地域の丘にも谷にも行けなかった。だがこれからは毎日、お金になる鉱物を求めて丘を歩きまわるつもりだ。ここには銀も金もある」。

病気や死亡が相次いだが、いつまでたっても金は現実のものにはならなかった。17世紀になって20年が過ぎたころのイングランド領アメリカは、まるで経営不振の新興企業のように、非現実的な夢を追って悲喜劇を繰り返していた。それでもイングランドの投資家やその代理人は、大仰な文句のポスターや本やパンフレットの印刷を続け、富くじを発行し、詐欺まがいの幻想をあおり立てた。その結果、イングランド領アメリカに入植する者はますます夢見がちになり、希望に必死にすがった。ペンシルベニア大学の歴史学者ウォルター・マクドゥーガルの著書『Freedom Just Around the Corner（すぐ目の前にある自由）』には、こうある。「17世紀に東海岸南部に渡った12万人の契約奉公人および冒険家の大半が、前途に何があるのかを知らず、出資者の宣伝文句にだまされていた」。同じく歴史学者のダニエル・ブーアスティンは、さらに踏み込んでこう述べている。「アメリカの文明は、広告を進んで受け入れるこうした人々の自然淘汰により形成された」。西洋文明における最初の大々的宣伝キャンペーンは、夢想家やカモにアメリカを作らせるために行われたのだ。

しかし、バージニアにおける一獲千金の試みは失敗に終わった。現地にとどまった入植者たちは、かつて慣れ親しんでいた農作業で生活を支えたが、彼らを救った換金作物こそが、その後のアメリカの道筋を示すことになった。それは、アメリカ原産でヨーロッパ人にはなじみがなく、必ずしも生活に必要なものではないが魅力に富み、精神活性と中毒性のある作物だった。すなわち、タバコである。

植民地に熱狂していた著名人の中には、フランシス・ベーコンもいた。イングランドの官僚・哲学者であり、当時、科学や啓蒙主義の土台を築きつつあった人物である。ベーコンは新世界での入植活動について、目の覚めるような明敏な認識を示しており、当時の入植者の誰よりも、希望に満ちた信念が持つゆがんだ力、事実をしのぐ幻想の力を理解していたようだ。１６２０年にはこう記している。

> 人間の知性は、いったんある意見を採用すると（一般に受け入れられている意見であれ、自分が賛同できる意見であれ）、ほかのあらゆるものを引っ張り出して、その意見を擁護するようになる。それを否定する重要な事例がいくつも見つかったとしても、それを無視・嫌悪するか、何らかの違いを持ち出して除外・拒絶する。こうした巧妙かつ悪質な態度により、先に採用した意見の権威が損なわれないようにしているのである。（中略）占星術、夢想、神のお告げや裁きなど、あらゆる迷信は、そのような仕組みを持つ。迷信などの虚像を好む人は、迷信が成就したときには、それを記憶に留めるが、成就しなかったときには、たとえ成就しない場合のほうがはるかに多かったとしても、それを無視し、見て見ぬふりをする。

ベーコンはさらに、自身のロンドンのサロンでこうも述べている。「植民地への入植活動は金や銀など一時的な利益のためであって、キリスト教信仰を広めるためではない」。だが、アメリカ入植を志願する別のイングランド人の波が、間もなく押し寄せようとしていた。彼らは、一獲千金の夢をごまかすためのカモフラージュとしてではなく、本気でキリスト教の迷信を新世界に広めようとしていた。この人たちにとって入植が成功するかどうかは、自分たちの超自然的な幻想を新世界に伝えられるかどうかにかかっていた。

第4章

ニューイングランド幻想
——ピルグリム・ファーザーズの想い

イングランド人入植者たちが当初抱いていた金や北西航路の幻想は、まったく常軌を逸しているというわけでもなかった。それから２００年後には、バージニアで金が発見された。３００年後には、小型船がカナダ北極圏を貫く北西航路を通って太平洋に到達した。しかし１６２０年代には、40年に及ぶ新世界の植民計画が失敗に終わり、理性的な人間であれば、生命や財産を犠牲にしてまで叶わぬ夢を追い続けようとは思えなくなっていたに違いない。金が大量に採取できる、アジアへ行ける海路があるといった当初の仮説は、論理学的に言えば「反証可能」であり、誤りであることが実際に立証された観があった。結局、金はない。中国やインドへの近道もない。確かに、入植者は新世界でも生活できるかもしれない。うまくいけば一財産を築ける可能性もある。だがそれも、旧世界と同じ方法でだ。何かを育てたり作ったりして販売するしかない。そのため17世紀のバージニアでは、やがて金採掘が下火になり、タバコ栽培がそれに取って代わった。経験主義や実用主義が、希望や幻想を撃退したのだ。

一方、超自然的な宗教的信念は反証できない。一定不変のプランに従って世界を創造・管理する神の存在、イエスの奇跡や復活、天国、地獄、この世における悪魔の存在などは、それが誤りであることを立証できない。

エリザベス女王は、イングランドで初めてのプロテスタントの君主だった。その後を継いだジェームズ一世もプロテスタントである。ジェームズ一世は、王位に就くとすぐに、聖書の公式英語訳の作成を命じた。これがいわゆる欽定訳《きんていやく》聖書で、それから４００年後の今も、アメリカでもっとも普及している聖書となっている。英国国教会（訳注：１５３４年にカトリックから独立したイギリスの国教会。プロテスタントに属する）の最高指導者であるジェームズ一世が、アメリカに植民地を建設する勅許を先の二つの会社に与えたときには、この欽定訳聖書の作成が進行中だった。そのため当然ながら、この会社の綱領には、福音伝道の使命が含まれていた。「まだ暗黒と不幸な無知の中で生きている人々」、すなわち先住の「異教徒や未開人にキリスト教を広める」とある。17世紀前半にはすでに、イングランド国民の大半（およびヨーロッパ人の3分の1）がプロテスタントだった。まだ1世紀もたっていないのに、反体制派のプロテスタントが体制派になったのだ。

それでも、最高指導者を頂点とした古い階級制度を維持していたローマ・カトリックとは違い、プロテスタントはその性質からいって、統御しにくく不安定だった。つい最近になって、神学の専門家が提示する解釈や決まりを甘受できない強硬な反逆者たちが生み出したものだからだ。それは、さまざまな革新がヨーロッパの文化や経済を変革していた時代に成功を収めた、革新的な新宗教だった（当時は、印刷機、世界規模の交易、ルネサンス、近代科学の始まり、啓蒙思想など、目新しい刺激的なものが次から次へと現れていた）。この思想の魅力は過激さにある。正式な指導者が道を見失ったとしても、信仰心さえあれば誰でも、新しい真実を自分で決めることができる。いやむしろ、自分で決めなければならない。つまり、信者一人ひとりが聖書を読み、キリスト教の幻想の正しい意味を決めるのである。プロテスタントは誕生したときから、精神的に純粋で、熱心で、分権的で、真実の発見を個人に委ねていた。これは当然、視野の狭い独善的な分派を絶えず生み出すことにつながる。

こうして、プロテスタントが生まれてまだ数十年しかたっていない時期に、最初の急進派が、英国国教会の改革運動という形を取って現れた。急進派は、イングランドに新たに設立された国教会やその司祭を、独裁的でありすぎると同時に無責任すぎると感じていた。地方教会や信者すべてに本部が提示する聖書の解釈を忠実に守るよう要請している点で独裁的であり、教会以外の場では聖書や神を無視しても咎められないと主張する点で無責任だというのだ。カトリックに反旗を翻したルターら最初のプロテスタント同様、イングランドの急進的なプロテスタントも、自分たちは英国国教会よりも純粋で、信仰心が篤く、神に身を捧げていると思っていた。英国国教会の信徒は、こうした人々を「ピューリタン（「バカ正直」の意）」と呼んでばかにしたが、やがてこの言葉が彼らの名称として定着した。

ピューリタンと英国国教会の神学上の相違は、ごくわずかなものだった。どちらもカルヴァン主義を信奉していたからだ。カルヴァン主義は、ルターより一世代若い神学者で、ルター同様法学の素養のあるジャン・カルヴァンが生み出した神学体系である。それによれば、天国に行けるのはごく一部の人だけであり、その人たちは、生まれる以前、時間が始まる以前から神に選ばれている。そのため、生前に何をしたとしても、その選択を変えることはできない。

両者の（幻想や恐怖に満ちた）基本的な信念は似通っているため、歴史家はこの論争を、単なる権力闘争と見なす傾向がある。どちらのほうが信心深いかを競い合っているだけで、利益団体の政争と同じだ、と。だが、無私無欲の行為など信じない合理主義者（すなわち、きわめて現代的な学者）は、合理的でシニカルな動機しか受け入れようとしないから、そう考えてしまうだけだ。実際のところ、ピューリタンと主流の違いは、その性格や態度にある。ピューリタンは、信仰に不屈の熱意を示す（これは、現在のアメリカ人の一部に見られる政治的な狂信者と似ている。彼らは、体制派の見解に賛同しないどころか、その一見合理的な態度が我慢ならないと思っている）。また、ピューリタンによれば、よきキリスト者の生活とは、キリスト教に捧げられた生活である。

急進派の中でも過激なのが、分離派のピューリタンだ。彼らは、英国国教会から離れ、独自の教会の設立を望んでいた。この強硬な分離派の中に、スクルービーという村やその周辺に暮らす、二人の聖職者を中心とした信徒集団がいた。彼らは弾圧を逃れ、英国国教会どころかイングランドそのものからも離れようと、１６０９年にいちばん近い外国であるオランダに亡命した。そこでは、プロテスタントが増加の一途をたどっていた。

自分たちだけのユートピアを求めて

だが、住む場所を変えても、融通の利かない反体制分子であることに変わりはない。彼らが腰を据えたライデンは、大都会によく見られるように世俗的で、不信心に満ちていた。そこはまた、プロテスタントのリベラル派の中心地でもあった。つまり、オランダに来たイングランドのピューリタンは、嫌悪すべき新種の異端者に取り囲まれていたというわけだ。彼らにとって、熱狂的な信仰を共有できないほかの人たちの存在は、この世の地獄でしかない。しかし、英国国教会では反ピューリタン勢力が台頭してきており、故国に帰るという選択肢はなかった。

それなら、行けるところまで行くしかない。彼らはもはや、古代の書物に記された奇跡や神話を一心に信じるだけの存在ではなくなった。ヨーロッパの都市に暮らす、体制に強硬に反対するイングランドの田舎者の集団でもない。黙示録に預言されているような約束の地を見つけることを誓い、出エジプト記のイスラエルの民のように何年も流浪の旅を続ける一種族である。実際、宗教改革後の世界では、自分で空想的な真実を見つけ、その真実を中心に新たな宗教（プロテスタント）を作り、その亜種（ピューリタン）や、さらにその亜種（分離派ピューリタン）を生み出していくことが自由にできる。いやむしろ、そうするよう求められている。となると、最終的にはどうしても、完璧な宗教に捧げられた自分たちだけのユートピア国家の建設という夢を抱くことになる。

では、どこに行けばいいだろう？　イングランド領アメリカを見ると、沼地が広がる南部のバージニアはすでに、キリスト教徒とは名ばかりの貪欲な人間たちに占領されている。彼らは今では、金の探索をあきらめ、タバコの栽培を行っていた。だが北部は、まだ白人に占領されておらず、理想的な場所に見える。ジョン・スミスは、バージニアの金マニアたちにうんざりし、彼らから毛嫌いされるようになると、調査任務を帯びて北部の探検に出かけ、１６１６年にその見聞録を出版した。スミスはその中で、建築用の石材や木材、食用の魚が豊富にあり、気候も「穏やか」だったとその地を絶賛し（彼が訪れたのは春から夏にかけてだった）、こう記している。「健康面でも生産面でも、これほどすばらしい場所はない。私はこれまで、住人のいない地域を

4か所見たが、その中でも最高の土地だ」。この見聞録の最初のほうに先住民に関する記載があるが、それは住人として数えていないらしい。さらには「私なら、ほかのどこよりもここで暮らしたい」という記述まである。それから4年後、ライデンに暮らす数十名のピューリタン急進派が、異論の多い腐敗したヨーロッパを離れ、この「エデンの園」らしき新世界の地に向けて旅立った。こうして、新たな世界に新たなエルサレムを築こうと、メイフラワー号で大西洋を渡ってプリマスに上陸したのが、ピルグリム・ファーザーズである。

つまりアメリカは、常軌を逸したカルト教団により建設されたのである。

私が子どものころアメリカ史を学んだときには、ジェームズタウンの話も聞かされたに違いないが、それについては何の記憶も残っていない。本書に関する調査を始めるまで、バージニアで架空のゴールドラッシュがあったことなど、ほとんど知らなかった。学校の授業でも一般向けの書籍やテレビ番組でも、アメリカ創建時に重要な役割を果たしたと紹介されているのは、昔も今も、後になって北部にやって来たイングランド人入植者たち、つまりピルグリム・ファーザーズである。ジェームズタウンは、すっかり忘れられている。まるで、町外れで行われる無名の大会の予選か、ベータテストに失敗したソフトウェアのようだ。

アメリカ人はプリマスばかりを称え、ジェームズタウンにはほとんど目を向けない。その事実から、私たちがある神話を作り上げてきたことがわかる。その神話によれば、先住民以外の新たなアメリカ人の中で重要なのは、理想主義者たちだ。すなわち、仰々しい幻想を一心に信じ、その信仰どおりの生活ができる自由を求める、過剰なほど信仰心の篤い人々である。では、金銭的な見返りを求めてやって来たが、それが叶わないとわかると夢をあきらめてしまったごく普通の人々は？　彼らはみごとに無視された。アメリカ人はまた、「ピューリタン」よりも「ピルグリム・ファーザーズ」という言葉を使いたがる。「ピルグリム・ファーザーズ」には、「ピューリタン」という言葉にまとわりつく否定的な意味合いがないからだ。

　このピルグリム・ファーザーズ（その中でも狂信的なレベルの高い人たち）が、以後アメリカに増えるピューリタンの先駆者となった[1]。その指導者の一人は、プリマスに数週間滞在すると故国に戻り、ほかの分離派に渡航を奨励した。１６２２年に出版されたパンフレット「Reasons and Considerations Touching the Lawfulness of Removing out of England into the Parts of America（イングランドからアメリカへの移住の妥当性に関する理由と考察）」には、こんな説明がある。新世界は、古代ユダヤ人にとってのイスラエルであり、神が新たに選んだ人々、すなわちピューリタンにとっての約束の地である。そこは「広大で何もない混沌とした土地」であり、先住民はいるが文明化されておらず、有益なことは一切していない。しかも都合のいいことに、現地の先住民の長は、「イングランドの国王陛下が自分の主人であり指揮官であることを認めている」

（1）ピューリタンは、一緒に渡航してきたさほど信仰心の篤くない人たちを「よそ者」と呼んだ。メイフラワー号到着から1年半後の１６２３年にアメリカにやって来た、そんな「よそ者」の一人が、どうやら私の祖先らしい。

と。しかし、ピルグリム・ファーザーズの半数が死んでしまったあとになっても、彼らのユートピア建設計画は遅々として進展しなかった。プリマス植民地の人口は、10年たっても３００人ほどだった。一方、ジェームズタウンの人口はその10倍を超えていた。

次に王位に就いたチャールズ一世は当初、父親のジェームズ一世ほど、ピューリタンの臣民の弾圧に熱心ではなかった。だが、カトリックのフランス王女ヘンリエッタ・マリアと結婚するに及び、父親と完全に考え方が一致するに至った。英国国教会は、反ピューリタン的方向へ傾いていき、神学的にはより合理的に、教会儀式についてはより厳格になっていった。つまり、よりカトリック的になったのだ。

その結果、プリマスへの入植者たちが自分たちのことをピルグリム・ファーザーズと呼ぶようになったころから、さらに多くのピューリタン（特に社会的地位の高い急進派）が、イングランドを離れ、アメリカに自分たちだけの宗教的ユートピアを作ろうと考えるようになった。彼らは、自分たちが設立したマサチューセッツ湾会社に、植民地開発の勅許を与えるよう国王の腹心に働きかけ、アメリカで発見された貴金属の20パーセントを提供することを条件に、勅許を獲得した。だがそれは、勅許を手に入れるための方便にすぎなかった。国王や官僚は、一獲千金を夢想する男たちと取引をしたつもりでいた。だが実際のところ、この新たなピューリタン入植者たちが夢想していたのは、神政国家の建設だった。プリマスから海岸沿いに少し北上したところで、神権政治を実現しようというのである。１６２０年から28年までにプリマスに来た船は、

8隻だけだった。ところがそれ以後になると、１６２９年と30年だけで、20隻以上の船がマサチューセッツ湾に到着し、１０００人ものピューリタンが上陸した。「神の民」（ピューリタンは自分たちをそう呼んだ）が空想していた、荒野にそびえるエルサレムの聖なる丘が、今や現実になろうとしていた。[2] まさに夢の実現である。

ニューイングランド幻想

それから二世代後、マサチューセッツ湾植民地の聖職者が、説教の中でこう尋ねた。「ニューイングランドはアメリカのほかの植民地や農場と何が違うのでしょう？」これは、何も答えを求めているわけではない。両者の違いを強調したいだけだ。1世紀半後、トクヴィルもまた、未来の展望とそれを実現する計画を持つ初期の白人系アメリカ人は、ほかの入植者たちとは異質だったと主張し、こう記している。「彼らは生活状況を改善するため、富を築くために大西洋を渡ったのではない。純粋に精神的な渇望に従い、それまでの安楽な暮らしから脱け出した。流浪の苦しみは避けられないにせよ、彼らは理念の勝利を求めたのだ。（中略）こうしてニューイング

（2）「荒野（wilderness）」という言葉は、聖書の最初の英語訳を通じて広まった。その英語訳には、この言葉が２８０回登場する。

ランドは、空想的な夢を実現する場となった」。

その後も幻想は持ちこたえ、夢想家は広まった。最初のピューリタンが到着してから数十年後には、ニューハンプシャーの牧師が、この地では普通の人々は歓迎されないと警告する説教を行っている。「ニューイングランドは、そこが宗教的な農場であって、交易のための農場ではないことを常に忘れてはいけない。（中略）次第に増えている商人にも、この点を教えなければならない。ニューイングランドの住民の目的は、世俗的な利益ではなく宗教なのだ、と」。

一般的には、ピルグリム・ファーザーズより後続のピューリタンのほうが「穏健」だと考えられているが、それはＩＳＩＳよりアルカイダのほうが穏健だと言うようなものだ。[3] マサチューセッツ湾植民地のピューリタンの神学も、同様に常軌を逸したものだった。ピューリタンの第二陣としてやって来た人々は確かに、第一陣のピルグリム・ファーザーズに比べると、上流階級育ちで教養もあり、イングランドの支配層をさほど軽蔑してもいなかった。アメリカに来る以前は、英国国教会の束縛を逃れることばかり考えていたわけでもない。だが、彼らが以前も当時も穏健に見えるのは、その社会的地位が高かったからであり、話し方が上品で、身なりがよく、はめを外すことがなく、聡明で、権力に慣れていたからにほかならない。スタイルが穏健だっただけで、実質は違う。「穏健」が「寛容」という意味だとすれば、ピルグリム・ファーザーズのほうが穏健だった。彼らは少なくとも「よそ者」と共存していた。だがピューリタンは、英語に入ってきたばかりの「神権政治（theocracy）」という言葉を理想視した。ボストンやセイラムなど、アメリカで神権政治が行われている地に、英国国教会の聖職者が足を踏み入れることを禁じ、クエーカー（訳注：キリスト教プロテスタントの一派であるキリスト友会の信者）を絞首刑に処した。さらに、あえてこの地にやって来るカトリックの司祭を絞首刑に処す法律も可決している。

「終末」を予言する

中世は一般的に、アメリカが創建される1世紀以上前に終わったと考えられている。旧世界では１６２０年代にはすでに、聖書に記された「終末」（訳注：キリスト教における「終末」とは、聖書に記された神の救済計画の最終部分を指す）の預言を文字どおり信じる人は、ほかの中世の遺物同様、姿を消しつつあった。

ところがピューリタンは違った。聖書の言葉を文字どおり信じた。特に、そのもっとも壮大な部分である「終末」の預言については、カトリックが数世紀も前から軽視していたため、なおさら真実だと思い込んだ。１６２７年に出版された、ケンブリッジ大学の著名なピューリタン学

（3）実際、マサチューセッツ湾植民地の最初の総督は、公の場では女性にベールの着用を義務づける法律を可決しようとした。

者の著作『Key of the Revelation Searched and Demonstrated（探索・実証された黙示録の鍵）』には、こんな記述がある。カトリックを引き継いだプロテスタントが一般的に考えているように、反キリストの大きな動きはまだ起きていないが、それは近いうちに起こる。また、キリストの再臨と治世は、空想的・象徴的・霊的な事柄ではなく、現実の地球上の現実の王国となって実現する。来るべきこの世の終末に神と悪魔が戦う場となるのは、このアメリカである、と。

　ボストンのピューリタンの最初の指導者となったジョン・ウィンスロップは、アメリカに着く前から、同船した人に「終末」について語っていた。「ここは山の上にある町のようなものだ」（訳注：「山の上にある町」は、イエスの山上の垂訓に登場する言葉で、エルサレムを指す）という彼の説教の有名な一節は、今でも頻繁に引用される。それは、「のようなもの」という表現からもわかるように、自画自賛的なアメリカのたとえとして、どんな場面でも利用できるからだ。しかし、ウィンスロップがその後に語った「終末は近い」というテーマの物語は、たとえでも何でもない。「終わりの日が姿を現し始めるとき、ここが本当にその町になるかもしれない。新たなエルサレムが現れつつある」。ニューイングランドの神権政治の指導者としてウィンスロップの後を継いだ重要人物、インクリース・マザーもこう説いている。「死者を目覚めさせ、この世を裁くキリストの到来」は、今すぐにも起こるかもしれない。ボストン上空に見える隕石や彗星は、神の悲しみのサインであり、「大災害の前触れ」だ、と。宗教史家のポール・ボイヤーは言う。「ピューリタンたちは、〝終末〟がごく間近に迫っていると確信していた」。

アメリカ初の大学であるハーバード大学の学長にマザーが就任すると、16歳から説教の経験がある22歳の息子コットンが父の後を継ぎ、ボストンの中心的教会の牧師になった。この息子は間もなく、「終末」の具体的な年を明言するようになり、それを死ぬまで続けた。「今から6年後だ！」「よし、今から39年後だ――いや待て、20年もない！」そして、その年が何ごともなく過ぎると、本当はこうだと言って、また別の年を宣言するのだった。

とても信じられない未来を心から信じていたり、個人的な信念があまりに強かったりすると、予言が間違っても単なる不運と見なし、その欺瞞を指摘しようとは思わない。自分が作り上げたフィクションに夢中になりすぎるあまり、それをノンフィクションと区別できなくなってしまう。

だが、自覚的にアメリカを創建した当時のピューリタンは、プロテスタント的な狂信という点でアメリカ的だっただけではない。むしろ、彼らの信念と気性が逆説的に結びついているという点でアメリカ的だった。ピューリタンは、考え方があまりに魔術的だったが、よく本を読んだり書いたりもしていた。ひどく合理的な空想家で、神学をきわめて複雑な科学と見なしていた。常軌を逸した夢想家でありながら、資本主義の野心的な実践者であり、熟達した管理者・所有者・製造者だった。神学的には中世的でありながら、大学で学問を修めた社会的地位の高い男性に率いられ、５０００キロメートルも離れた地でユートピアを作ろうとしている点では、きわめて近代的だった。熱狂的でありながら実際的でもあり、ドン・キホーテのような誇大妄想狂でありながら、自分たちの妄想や夢想が嘲笑されることのない場所を探しに行くだけの知恵はあった。[4]つまり、ニューイングランドにまかれたアメリカの種子は、中世と啓蒙主義から生まれた奇妙な雑種で、両方の要素を兼ね備えていた。ハーバード大学の歴史学者サミュエル・エリオット・モリソンは言う。「イングランド人は、ルネサンスを経ずに宗教改革を受け入れた」。

こうしたピューリタン独特の信念や現実世界の特異な状況も、アメリカが例外的存在となった一因だろう。彼らは過剰に信仰心が篤く、あらゆるものをあるがまま、事実として理解しようとする。そのため、聖書の寓話的・比喩的解釈を嫌う。また、聖書を寓話や比喩の本だと思わせようとしているという理由で、芸術を嫌う。それよりもむしろ科学的知識を好み、自己責任で厳しい荒野を日々生きていこうとする。その結果どうしても、かつてないほど「現実的な考え方」をする空想家にならざるを得ない。

（4）『ドン・キホーテ』の最初の英訳は、ピルグリム・ファーザーズがアメリカに渡った１６２０年に出版された。

第5章

神を信じる自由
——個人主義、反知性主義の芽生え

マサチューセッツ湾植民地は急速に発展し、最初の10年余りの間に、人口は１０００人から4万人に増えた。その中の一人に、アン・ハッチンソンがいた。聖職者の家庭に生まれ、裕福な商人に嫁ぎ、12人の子どもの母親となり、ボストンのウィンスロップ知事の家の近くに暮らしていた女性である。彼女は、カリスマ性にあふれた、熱烈な信仰心を持つピューリタンだった。やがて説教師のような活動を始めると、毎週数十人もの女性が、ハッチンソンの大邸宅に集まるようになった。その場で彼女は、前の日曜日に教会で行われた説教について論評を行い、罪や救い、神に関する質問に答えた。「主は時の始まる前から、誰と一緒に永遠の時を過ごされるおつもりか決めておられますので、現在の地位にかかわらず誰もが、その当たりくじを持っている可能性があります。聖職者の知識や学位や肩書は、あの世の扉を開ける鍵にはなりません」。

ハッチンソンは、信仰上の微妙な問題について理屈や屁理屈を並べていただけではない。絶対的確信で光り輝いていた。心で真実を感じ取ることができ、自分が天国へ行けることもすでに知っていた。歴史学者のアンドリュー・デルバンコは言う。「マサチューセッツのピューリタンは、あらゆる空想的な活動の土台となる考え方を実践した最初のアメリカ人であり、信者が聖なるものを直感的に認識できると主張していた」。ハッチンソンは次第に大胆になり、やがては指導者たちを見下すようになった。ウィンスロップ知事の日記には、「住民は彼女を預言者だと思っている」という不安げな記述がある。彼女は、自分には誰が神に選ばれた人かを見分ける第六感のようなものがあると主張した。

間もなく彼女の集会に男性も参加するようになり、週一回だった説教が週二回に増えた。やがて彼女の支持者は、啓蒙されて大胆になり、気に入らない聖職者の説教になると、途中で退席するようになった。アメリカに来てまだ１０００日ほどしかたっていないアン・ハッチンソンが、魔術的思考が支配するこの植民地をさらに狂信的にする運動の先頭に立っていた。プロテスタントはそもそも、自分のほうが信仰心が篤いと主張する熱心な信者の分派運動として始まった。その中でも信仰心の篤い人々が、アメリカに最新のユートピアを築いたのだが、その内部にまた、さらに信仰心の篤い神秘主義的な急進派が現れたというわけだ。

ハッチンソンの裁判

だが、植民地の指導者の一派閥が、ハッチンソンの異常なほど純粋な、魔術的で熱狂的なピューリタン信仰を受け入れると、彼女はついに問題視されるようになった。確かに、ときには個人が聖霊で満たされることもあるだろう。それにプロテスタントでは、誰もが聖書を読み、誰もが神学者になれる。プロテスタントがプロテスタントたる所以、羊のようにおとなしいおずおずとしたカトリック教徒との最大の違いは、「あらゆる信者が司祭になれる」という考え方にある。だが、神権政治はようやく緒についたばかりだ（その当時は、コネチカットの先住民との衝突も発生していた）。ハッチンソンはその秩序を乱している。

　結局彼女は、聖職者の名誉を毀損したかどで告発され、裁判にかけられた。裁判長を務めたのはウィンスロップ知事である。１６３７年11月に行われた公判の第一日目、ハッチンソンはピューリタンの知性主義を逸脱することもなく、あちこちに聖書の言葉を織り交ぜながら、自分の集会はごく私的なものでしかないと主張した。信仰心では自分のほうが勝るとは言わなかったものの、相手を軽蔑しているのは一目瞭然だった。そこでウィンスロップ知事が「私たちがあなたを裁くのであって、あなたが私たちを裁くのではない」と言うと、彼女は気を失った。

翌日に公判の続きが行われると、ハッチンソンは思いのたけをぶちまけた。聖書だけでなく聖霊が、神が自分を導いている。聖書の中で神が人間に話しかけるように、私に直接話しかけてくる。「じかに啓示があったのです。（中略）神ご自身の心の声で、私の魂に。（中略）神は私にこう言われました。『私は、ダニエルをライオンの穴から救い出したあの神である。汝も救い出そう』と」。ウィンスロップ知事を始め40名の判事は、彼女に何らかの有罪を宣告するために集められたのだが、もはや彼女の証言がその手間を省いてくれた。ハッチンソンはさらに、植民地の住民や政府は誤った方向へ進んでおり、いずれ神の逆鱗に触れるだろうと述べた。「私を裁くのでしたら注意したほうがいい。私にはわかります。あなた方が私をどうしようとしているのかが。神はあなた方やその子孫、この国すべてを滅ぼされることでしょう」。

ウィンスロップは彼女を指差し、声を張り上げて言った。「それこそがあらゆる災いの根源にあるものだ。私はもはや、彼女の言う啓示が妄想だと考えざるを得ない」。心の中ではこう思っていたに違いない。私たちはみな、キリスト教を熱愛しているがゆえに、独善的で多少癇に障るところがある。だがそんな私たちにも限度がある。

「ハッチンソン氏は悪魔に惑わされている」。その後も知事に繰り返し選ばれることになるウィンスロップは、公判でそう断言した。3年前にイングランドからの船旅で彼女と同船したという人物も、アメリカに着いたときに彼女が「とても奇妙な、魔女のような」意見を述べていたと証言した。彼女は結局、魔女だと判断され、処刑されてもおかしくない状況だったが、植民地から追放されるだけですんだ。

現代では、アン・ハッチンソンはほぼ例外なく、アメリカで最初の偉大なヒロインとして紹介されている。信教の自由のために闘い、見せしめ裁判の犠牲になったフェミニスト活動家という位置づけである。彼女が女性だったために、その独自のシャーマニズムがいっそう嫌悪され、反感を買ったのは間違いない。裁判は、数十名から成る男性の判事および証言者と、たった一人の女性の被告人との間で行われた。その記録には、男性が女性に上から説教を垂れる、恐ろしくも滑稽な場面が散見される。たとえば、ある聖職者は、「彼女は妻というより夫のようであり、聴衆というより説教師のようだった」と証言している。

だが、彼女が経験したこうした不寛容な態度は、アメリカに限ったことではない。ヨーロッパのプロテスタントのコミュニティでもきっと、彼女のような人間は処罰され、追放されたことだろう。それに、グローバルな基準から判断すれば、マサチューセッツが女性に対して異常に抑圧的な場所だったわけでもない。ハッチンソンがアメリカ的なのは、自分自身にあれほどの自信を持っていた点だ。彼女は自分の直感、独自の主観的な現実認識を少しも疑わなかった。周囲にいる不安げなインテリとは違い、あいまいな態度や自己不信を認めなかった。認識や信念が自分自身のものであり、それが真実だと心から思えれば、その認識や信念は真実となる。それは、オックスフォード大学やケンブリッジ大学で教育を受けた人たちから教えられた単なる理論や意見ではない。ハッチンソンは、真実に到達するために、聖書以外の本を読む必要がなかった。というのは、真実を感じられたからだ。彼女は真実を知っていた。ピューリタン史研究で有名なペリー・ミラーは、これを「狂信的な反知性主義」と呼んでいる。「ファンタジーランド」のアメリカ人の原型である。

アメリカのピューリタンはプロテスタントの急進派だったが、彼女はその中でも最たる急進派だった。利己的で腐敗したエリートに迫害・追放された反体制分子、自分の想像力のみを重視する独善的な個人である。ハッチンソンは、神と直接接することができると主張することで、プロテスタントの非協調的な考え方を、実にアメリカ的な幻想の極みへと発展させたのである。

個人主義の誕生

アメリカを創建したピューリタンの考え方を、自分の身に置き換えて理解するのは難しい。それは、宗教的信念が突飛なものだからではない。その宗教的信念の多くは、今も大多数のアメリカ人に受け継がれている。そうではなく、当時のピューリタンが規律を著しく重視していたからだ。それに引き換え、アン・ハッチンソンは、ピューリタンの中でもただ一人、現代のアメリカ人の感性とつながりうる人物だ。現代のアメリカでは、あらゆる個人が堂々と、自分が真実だと思う現実を自由に作り上げることができる。21世紀のアメリカのキリスト教は、17世紀のアメリカの公式のキリスト教よりも、ハッチンソン自身のキリスト教に近い。

　つまり、アン・ハッチンソンはボストンでの闘いには敗れたが、最終的には勝負に勝つことになる。ピューリタンの指導者は、自分たちの道に従った。しかしアメリカには、追放された狂信者がたどれる道、住みつける新たな場所が、そう遠くないところに無数にある。

　たとえば、ペンシルベニアに植民したクエーカーが間もなく、キリスト教のあらゆる種類の狂信者をほぼ受け入れるようになった。彼らは、寛容、民主主義、平和主義、原始フェミニズム、奴隷廃止など、合理的な市民生活を支持していることで知られており、それがこの宗派の創設当初の狂信性を隠しているきらいがある。実際のところクエーカーは、一人ひとりが神と直接交信できると信じている。この交信は、預言、トランス状態、けいれんや発作など、さまざまな形態を取る。

　ところで、マサチューセッツのピューリタンの中に、ハッチンソン同様にカリスマ性を備えた、ロジャー・ウィリアムズという若い聖職者がいた。この男は、魔術的なことなど何も主張しなかったが、やはりボストンの神権政治家から問題視された。神権政治を非難した点、英国国教会への憎悪があまりに独善的で度を超えていた点が、批判の的になったのだ。彼は結局、ハッチンソンが追放される少し前に、異端と扇動のかどで有罪を宣告された。そこで、南へ60キロメートルほどのところへ逃れ、そこに新たな植民地を建設し、神の慈悲深き摂理にちなみ、その地をプロビデンスと名づけた（訳注：「プロビデンス」は「神の摂理」を意味し、後にロードアイランド州の州都となる）。こうしてウィリアムズとハッチンソンは、アメリカの個人主義誕生のキーパーソンとなった。ウィリアムズは、こちらがまくしたてる宗教的でたらめに同意こそしないかもしれないが、こちらがそれをまくしたてる権利は命がけで守ろうとした。一方ハッチンソンは、極端な事例ではあるが、自分が不思議な力を持っていると信じ、それを人に語ることが認められるべきだと主張し、思想や言論の自由を体現した。ウィリアムズは、プロビデンスで彼女がそれを実践することを喜んで認め、彼女をその地に迎え入れた。

私たちは現在、アメリカが思想の自由へ向かって進歩していく物語がハッピーエンドを迎えたものと思っている。ロードアイランドのウィリアムズや、ペンシルベニアのクエーカーであるウィリアム・ペンは、勇敢な進歩主義者として、政府が特定の宗派に支配されない仕組みを整えた[1]。マサチューセッツの神権政治は軟化し、やがて消滅した。それから1世紀後には、トマス・ジェファーソンのバージニア信教自由法、アメリカ合衆国憲法、憲法修正第一条（訳注：表現や宗教の自由を保障している）が現れた。そのいずれもが、進歩を示している。後には不信仰さえ、少なくとも法律的には認められた。

だが、アメリカが創建されつつあった17世紀の間に、ヨーロッパではその後に名を残す偉人が現れ、「理性の時代」が始まっていた。シェイクスピア、ガリレオ、ベーコン、ニュートン、デカルト、ホッブズ、ロック、スピノザなどだ。それに比べるとアメリカは、まだまだ原始的だった。初期アメリカの個人の思想の自由は、自分が望む超常現象を信じる自由でしかなかった。それは4世紀後に復活して暴れまわり、アメリカを変えていくことになる。

（1）　こうして公的には宗派に寛容になったものの、ロードアイランドには最初の2世紀の間、カトリック教会が建設されることはなかった。

第6章

架空の仲間と敵

——悪魔信仰と魔女裁判

アメリカ人は時代を問わず、とても本当とは思えないことやありえないことを心から信じてきた。キリスト教に関係していようがいまいが、こうした信念は常に、喜ばしい内容のものと恐ろしい内容のものが混在している。「ファンタジーランド」は、楽しくて仕方がない場所であると同時に、悪夢のように恐ろしい場所でもあるのだ。

たとえば一部のアメリカ人は、永遠の命が手に入るかもしれない、アメリカは神の計画により間もなく現れようとしているこの世の王国の中心地になる、と信じている。実に喜ばしい幻想である。だがその一方で、キリスト教徒であろうとなかろうときっと地獄に堕ちる、神はアメリカをめちゃくちゃにした私たちに激怒している、と信じているアメリカ人もいる。実に恐ろしい幻想である。

サタンに支配される国

だが、アメリカを創建した敬虔なキリスト教徒にとって、地獄に住む悪魔は、単なる来世の問題ではなく、現実の問題でもあった。悪魔は現に、神の王国の建設という喜ばしい幻想を追い求めている彼らを苦しめていた。マサチューセッツに新たな植民地が設立される以前から、あるピューリタン聖職者はこう警告している。「アメリカは明らかに、私たちが知る世界のどの場所よりも、サタン（魔王）に支配されている」。そうなのだろうか？　だが、同じような主張をしているピューリタン指導者はほかにもいる。その説明によれば、キリスト教はそれまでの1500年間にヨーロッパ中に広まり、すでに浸透してしまっている。そこで悪魔はある時点で、アジアの異教徒に太平洋を渡らせ、アメリカに向かわせたという。「悪魔は、アメリカに自分の王国を作れば、主イエス・キリストの福音に脅かされることもないだろうと踏んで、あの哀れな野蛮人どもをこの地におびき寄せたのだ」。つまり、アメリカの先住民は、単に異教徒というだけでなく、サタンの兵士なのだ。[1] 彼らは現在、種族ごとに暮らし、対立し合っているが、いずれは団結して入植者を全滅させるに違いない。

ピューリタンはアメリカ人になる前から、自分が信じる真実を語り、自分が信じる陰謀を恐れてきたが、アメリカに来てからはその傾向が一段と強まった。彼らは、イングランドの教会を支配する反キリストとその共犯者であるローマ・カトリックの不埒な陰謀から逃れてきた。だが、そうしてたどり着いたのは、地球規模の聖戦の西部戦線でしかなかった。最悪の事態に続く最悪の（だがスリルに満ちた）事態であり、楽園を目指す困難な（だがスリルに満ちた）旅はまだ終わっていない。インクリース・マザーの後を継ぎ、アメリカでもっとも有名なピューリタン聖職者となったコットンは、「私たちの邪魔をする悪魔の群れ」を「武装した先住民の姿をした悪霊」と表現した。

魔物との戦い

ハーバード大学で学問を修めた別のピューリタン聖職者は、その著書『A Narrative of Troubles with the Indians（先住民との紛争について）』の中でこう述べている。先住民との紛争が悪魔の陰謀だということは最初からわかっていた。実際に会ったことはないが、メイン州の二人の首長は「ある種の宗教を信じているらしい。（中略）きっとサタンから学んだものに違いない」。進歩的な事なかれ主義から先住民にも友好的だったロジャー・ウィリアムズでさえ、その「おぞましい悪魔信仰」にはぞっとしたという。だが幸い、全能の神が奇跡をもたらした。白人の聖人たちが意図せずして持ち込んだ病気にかかり、かなりの先住民が死んだのだ。プリマス植民地の知事は、感謝の気持ちを込めてこうつづっている。「神の思し召しにより、重大な病気を携えて先住民を訪問したところ、その病気の死亡率が高く、（中略）１０００人が死亡した」。

しかし、先住民との戦いが長引いたときには、悪魔と考えられているほかの部族の先住民の手を借りもした。間違いなく悪魔だと言われていたピクォート族との戦いが、まさにそうだった。１６３７年のピクォート戦争では、たった1日の間に、女性や子どもも含め、数百人に及ぶ先住民が虐殺された。インクリース・マザーによれば、自分が生まれる前から始まっていたこの戦争に勝てたのは、「神の驚くべき摂理」のおかげだという。

それから二世代の間に、イングランド人入植者の人口が5倍に増え、先住民の人口を上まわるようになると、先住民は当然落ち着いていられなくなった。その結果、いずれ先住民が団結して

（1）この数十年前、プロテスタントの創設者であるルターも、異教徒の民族を文字どおり悪魔呼ばわりしていた。その著書『ユダヤ人と彼らの嘘』（邦訳は歴史修正研究所監訳、雷韻出版、２００３年）の中で、こう記している。「ユダヤ人は、鼻持ちならない悪魔的な重荷だ。（中略）その礼拝堂はどこにあろうが、悪魔の巣以外の何ものでもない」。そして、「ユダヤ人、すなわち悪魔から私たちの魂を守る」ために、ユダヤの礼拝堂をすべて焼き払い、ユダヤ人の家を破壊し、「ユダヤ人に対する道路の通行証を完全に廃止」することを推奨した。

入植者を全滅させるのではないかという、入植者たちが50年前から抱いていた幻想が、自然に現実化した。ついに、さまざまな部族の先住民が同盟を結び、反撃に出たのだ。それに対し、新たに攻撃を仕掛けてきた先住民の一掃を主張する論調は、やはり空想的なものだった。自分たちは魔物と戦っているのだから、従来の戦争の決まりは適用されない。マサチューセッツ軍の従軍牧師を務めていたハーバード大学出身の聖職者は、兵士たちにこう説いた。「あらゆる罪、あらゆる腐敗を滅ぼし、焼き、沈め、破壊せよ。（中略）イエス・キリストの公然たる敵に、誰であれ情け容赦は無用だ」。こうして、１６７５年夏から１６７６年夏にかけて、無慈悲な大量殺戮がアメリカ史上もっとも集中的に行われた。それから10年余り後には、さらに長い戦争が始まり、初期アメリカ人が抱いていた幻想の第二部が現実化した。ローマ法王の勢力（フランス軍）とサタンの勢力（先住民）がいずれ手を握るのではないかという幻想である。その直前、コットン・マザーはたまたま、二またの根が生えたキャベツを目にした。するとその根が、先住民のこん棒と西洋の剣に見えた。そこで、地獄の番犬たちとの新たな戦いが始まろうとしていることを神が警告しているのだと確信し、民衆にこう告げた。「目に見えない世界の悪霊どもが、ニューイングランドの民衆に壮大な戦争を仕掛けてくる。（中略）先住民の首長どもはよく知られているように、（中略）恐るべき魔術師、地獄の魔法使いであり、（中略）悪霊と通じている」[2]。

　ヨーロッパはすでに「理性の時代」に入っていた。だが新世界では、非理性がものすごい勢いで逆流していた。

プロテスタントと魔女

サタンは、先住民（やカトリック）を利用するだけでなく、善良な白人イングランド人の中の裏切り者にも協力を仰ぐおそれがある。当時のアメリカ人はそう考えていた。現在では大半の人が、魔女や魔法使いを、魔術を操る、人間とは別の種族らしきものと考えている。だがこれは民間伝承の迷信であって、キリスト教の信仰体系とは関係がない。カトリックがキリスト教を支配していた千数百年もの間、教会もそう考えていた。実際、中世の間、魔術は公式には存在しなかった。しかし、プロテスタントが現れると間もなく、魔女と噂される人が現れ、魔女狩りが行われるようになった。

ピューリタンが驚異と恐怖に満ちた新たな約束の地で、サタンと戦いながら神の計画を実現し

（2）神もサタン同様、恐るべき意思を実行するため、先住民を利用したことがある。アン・ハッチンソンは、ロードアイランドに逃れてから数年後、さらに南のニューネザーランドに移り、現在のブロンクスに居を構えた。だが、その後まもなく、6人の子どもとともに、現地の先住民に殺害されてしまった。マサチューセッツでは、ハッチンソンが先住民に宥和的だった点も問題視されていたことを考えると、実に皮肉な事件と言える。ニューイングランドの指導者たちは、この事件を紛れもない神罰だと考えた。「この大詐欺師、サタンの手下」に神が鉄槌を下したのだ、と。

ようとすれば、魔女騒ぎが起こるのは当然かもしれない。１６４０年代には、コネチカットとマサチューセッツのピューリタンが、魔術を行ったかどで毎年二、三名を告発するようになった。それでも、絞首刑に処するよりは、罰金を科したり追放したり無罪放免にしたりする場合のほうが多く、比較的穏健な態度を示していた。こうして、初期の魔術騒ぎは次第に鎮まり、ニューイングランドでは二世代の間、魔女が処刑されることはなかった。

だが１６８９年、イングランドでの数十年にわたる宗教闘争の末、議会が信教自由令を可決した。その結果、アメリカのピューリタンも、同胞のアメリカ人がプロテスタントのいかなる宗派を信仰・実践しようと、それを認めなければならなくなった。祖先が見解の相違からアメリカへ逃れてきたのに、もはやその相違を受け入れなければならないのだ。それは、自分たちの宗派を、無数の新興宗派の中の一派と認めることであり、存在価値の低下を意味する。これはサタンの手口なのではないかと思った者もいたという。だが、見解の相違は大目に見るとしても、魔女はどうだろう？　魔女は大目に見る必要はない。若き聖職者コットン・マザーは、その少し前に発表した不信仰の危険性を訴える小論文の中で、こう述べている。魔女の存在を疑い始めたら、神の存在まで疑うようになるのではないか？　また、信教自由令が成立した年には、『Memorable Providences, Relating to Witchcrafts and Possessions（覚えておくべき摂理——魔術と憑依について）』という書籍を出版し、ボストンで最近あった魔術や憑依された子どものエピソードを紹介した。

コットン・マザーのこの本は、魔術の便利なガイドブックとしてベストセラーになった。その読者の一人に、ニューイングランドのピューリタンの長老にして、セイラム第一教会の聖職者を務める人物がいた。1691年の冬、その9歳の娘が、奇妙な行動を示し始めた。高熱を出し、金切り声を上げたり怒鳴ったりしたのだ。やがて、ほかの少女も同様の「異常」を示すに及び、原因が明らかになった。魔術である。間もなく、魔女が数名特定された。当の聖職者に仕えていたカリブ出身の召使いと、地元の二人の女性である（一人はきわめて貧しく、もう一人は教会に通っていなかった）。さらに多くの少女が奇行を示すようになると、また数名の女性が、さらには男性も告発され、間もなくその人数は数十人に及んだ。

セイラムの魔女裁判

するとこの騒動に、ボストンで魔女の専門家として名声を博していたコットン・マザーが介入してきた。そして、こうした裁判では、取り扱いが難しいながらも「霊的証拠」を認めるべきだと主張した。つまり、告発者側の証人による、魔女や悪魔の幻や夢を見たという証言である。マザーは、最初に有罪とされた魔女が絞首刑に処されたあと、法廷は霊的証拠を慎重に扱うべきだとは述べたものの、その後も霊的証拠を最重要証拠と位置づけ、判事には「迅速かつ積極的な訴追」を奨励した。数十人いた告発者の大半は少女だった。4か月の間に200件以上の裁判が行われ、数十人に有罪判決が下された。大半は女性である。そして20人以上の魔女や魔法使い（および飼い犬2匹）が処刑された。少数ながら獄死した人もいる。ちなみに、当時のセイラムとアンドーバーの総人口は、わずか２４００人だった。

　セイラム魔女裁判に対する現代の認識は主に、アーサー・ミラーが１９５３年に発表した戯曲『るつぼ』（邦訳は倉橋健訳、早川書房、２００８年）によって形作られた。だが、この作品はあまりお勧めできない。というのは、初期アメリカ人の魔術信仰を、まったく常軌を逸した考え方として表現していないからだ。むしろ、この戯曲の悪役である告発者や判事は、権力を行使する口実として、魔女騒動を意地悪く利己的に利用している。確かに、おそらく違うとわかっていながら告発した少女たちや、自分の身を守るために自白した被告には、意地悪な考えや利己的な考えがあったかもしれない。しかし私には、セイラムの裁判の大半が意図的な茶番などではなかったという気がしてならない。コットン・マザーは間違いなく、自分が書いたばかばかしい言葉を信じていたはずだ。それどころか、１６９２年当時のセイラムの指導者の多くが、自分が口にした言葉を心から信じていたに違いない。少女たちは、自分の見た夢や幻影が魔女や魔法使いに誘導されたものと思い、判事たちは、裁判をサタンとの戦いだと思っていた。そして何よりも、自分は魔女や魔法使いだと自白した50人のうちの多くが、自分は本当に悪魔と個人的契約を結んでいたと信じていた。実際に法廷で、この場から自分を連れ去ってくれと大声でサタンに呼びかけた被告人もいたほどだ。

しかし、この狂気が夏にピークを迎えたころ、そのあたりの植民地の指導者だったインクリース・マザーがイングランド旅行から帰ってきて、即座にこの騒動を収めた。セイラムで一日最多の8人が魔女や魔法使いとして絞首刑に処された日のあと、「Cases of Conscience（良心の問題）」という小論文を執筆し、その内容の正当性をピューリタン聖職者協会に認めさせたのだ。その後間もなく、インクリースの友人だった知事は、セイラムの魔女裁判の解散を命じた。

以来「良心の問題」は、アメリカ植民地を理性回復へと向かわせた偉大な論文と見なされるようになった。確かにそのタイトルは、魅力的なほどリベラルに見える。もっとも有名な一節を読むと、セイラムが一時的に正気を失い、完全に異常な状態に陥っていたように思える。「一人の罪のない人間に有罪を宣告するぐらいなら、十人の疑わしい魔女を逃がしたほうがいい」。だが、あまり知られていないことだが、このタイトルはタイトル全体のごく一部にすぎない。完全なタイトルを知ると、隠れていた事実が見えてくる。そのタイトルとは、「Cases of Conscience concerning evil SPIRITS Personating Men, Witchcrafts, infallible Proofs of Guilt in such as are accused with that Crime（人間の姿を借りた悪霊、魔術、その罪で告発された者の間違いのない罪の証拠に関する良心の問題）」である。この本には、サタンが実際にどう行動するかが説明されており、また聞きした世界中の邪悪な魔術の物語が無数に掲載されている。たとえば、「望みの人やモノを浮かび上がらせる魔法の鏡の作り方」を知っている「ベネチアのユダヤ人」の話などである。インクリース・マザーは、セイラムの事件について、サタンが一部の告発者をたぶらかし、嘘の告発をさせているのだと考えていた。悪魔が善良な人々をそそのかしているのだ、と。歴史学者のエドマンド・モーガンは言う。「1692年には事実上、（中略）魔女の存在を疑う者はニューイングランドに一人もいなかった」。

こうして魔女裁判は解散したが、裁判長を務めていたコットンは、その代替となる裁判所の裁判長になった。そして、残念ながら霊的証拠の採用はもう認められなくなったものの、それから数か月にわたり魔女裁判を続け、さらに3人の魔女に有罪判決を下し、死刑執行令状に署名した。翌年、コットンはマサチューセッツ植民地の知事に選ばれた。

インクリース・マザーはセイラムの騒動を徹底的に糾弾しようとはせず、その息子のコットン・マザーも自分の立場を改めようとはしなかった。誤りは確かにあった。コットンも数十年後、18世紀に入ってかなりたち、近隣でベンジャミン・フランクリンが活躍するころになって、ようやくそれを認めた。だがそれでも、魔女の裁判や処刑の正当性をあくまでも擁護した。

幻想を入れるうつわとして

一般的にプロテスタントの思想といえば、金儲けや資本主義を推進するのに都合のいい理由を与えた点が強調される。たとえば、勤労は神を称える行為であり、成功は神の恵みの証だ、といった具合である。だがアメリカでは、プロテスタントの思想の別の一面が、それ以上に深く、広く、永続的な影響を与えた。それは、超自然的な現実認識、あるいは虚偽の現実認識を新たに考え出し、それを熱狂的な確信を持って信じることを認める考え方である。

当時は科学が生まれつつあった。プロテスタントの思想も科学と同じように、既存の宗教的枠組みを疑い、それを修正もしくは拒否しようとする姿勢が原動力となった。だが科学とは違い、古い枠組みを、新たに確定された真実に置き換えただけだった。科学では、絶えず真実を疑う。真実は、部分的あるいは一時的な現実認識、少なくとも現段階では最高の現実認識として理解されているにすぎない。一方、プロテスタントの狂信者たちは、自然世界を丹念に調べ、あらゆる奇妙な現象を神もしくは悪魔に起因するものと考えた。彗星、ハリケーン、先住民の襲撃、珍しい病気、死など、すべてがそうだ。彼らにとって、真実は目の前にあった。あらゆるものには目的があり、その目的を理解するのはさほど難しいことではない。

この国は、一獲千金やユートピアや永遠の命などの幻想を入れる空っぽの容器として始まった。新たな幻想を無限に生み出しても収められるほど大きな容器である。こんなことは以前にはなかった。また、ごく普通の人々が主導して荒野から国を造り上げ、その世界を作り変えていった。こんなことも以前にはなかった。たった1世紀の間に、(白人)アメリカ人の人口は数千人から１００万人に増え、それから20〜30年ごとに倍増を続けた。これまでにない特異な国は、繁栄の一途をたどっていく。共存する幻想は、わずかな数から数十、やがては数百に増えた。それらの夢は実現しつつあるかに見えた。

第7章

宗教のアメリカ化
——偉大なキリスト教思想家たち

祖先がアメリカ大陸に到着して2世紀近くが過ぎた18世紀後半になると、この大陸に暮らす住民は「アメリカ人」を名乗るようになった。現在の世間一般のイメージでは、アメリカが現代のアメリカらしくなり、理解・想像しやすくなってきた時代でもある。この国の基礎を築いたのは、神に取りつかれたピューリタンや金に取りつかれたバージニア入植者など、17世紀にやって来た人たちだったかもしれない。だが、私たちが「建国の父」と呼ぶ人々はみな、18世紀に現れている。この人たちは合理的で現実的だった。お金や洗練された生活を好むが、黄金郷を見つけて一晩で金持ちになろうとは考えない。そんな彼らが、この国の綱領（独立宣言）や操作マニュアル（アメリカ合衆国憲法）を作成した。その間には戦争もあったが、それは宗教ではなく政治に関連しており、君主制を打倒して共和制を打ち立てたという意味で、近代的な戦争だった。また、蒸気船、綿織機、遠近両用眼鏡、現在でも発行されている新聞はいずれも、18世紀後半のアメリカの技術革新の賜物である。

だが、フランクリンやアダムズ、ジェファーソン、ワシントン、ハミルトン、（無神論者の）トマス・ペインが進歩発展を主導したという18世紀の標準的歴史は、大いに尊重すべき部分ではあるが、歴史上のごく一部の物語を紹介しているにすぎない。そのおかげで、４００年に及ぶアメリカの旅路を明らかにするうえで同程度に重要な、不可思議な物語が無数に忘れられてしまっている。

「最後のピューリタン」エドワーズ

ピューリタン入植後の18世紀のアメリカで偉大なキリスト教思想家といえば、マサチューセッツの聖職者ジョナサン・エドワーズだろう。この人物は現在でも、ボブ・ジョーンズ大学の神学者やイェール大学の学者など、あらゆる国民から尊敬を集めている（ちなみにエドワーズは、16

歳でイェール大学を卒業している）。学者らがいまだに彼を高く評価しているのも無理はない。エドワーズは、全知全能の創造者への絶対的信仰と理性を調和させる難しい取り組みに身を捧げた、真の知識人だった。魔術について話をしたり、「終末」を予言したり、何の意味もないキャベツの根から神の警告を読み取ったりはせず、新たな科学やテクノロジーを推進した。

現代の福音派が彼を敬愛しているのも、やはり無理はない。エドワーズは、成功を収めた著名人ではあったが、福音派と似たような信念を持つ福音伝道者でもあった。10代のころ、存在相互の結びつきについて突然のひらめきを得た後、生まれ変わったような忘我の境地を経験した。そしてその感覚を、神の存在の証拠であるだけでなく、聖書やそのプロテスタント的解釈が正しい証拠だと受け止めた。フランクリンやジェファーソンなど同世代の人々は、何らかの崇高な力をぼんやりと信じる程度の信仰だけで生きていけた。だがエドワーズにとっては、超自然的現象をひたすら信じ、感じることがすべてだった。マーク・トウェインは友人の牧師への手紙に、エドワーズのことを「輝くばかりの知性がいかれている」と記している[1]。

エドワーズの有名な説教「怒れる神の御手の中にある罪人」は、邪悪な者が永遠に堕ちることになる地獄（この言葉が52回登場する）の火（17回）や炎（11回）の生々しい描写で有名だ。しかし実際には、その説教が彼の思想を代弁しているわけではない。エドワーズが説教や書物で取り上げたのは、地獄よりも天国のほうがはるかに多い。善良なキリスト教徒がなすべき仕事は、なるべく罪を犯さず、混乱を秩序に変え、できるかぎりキリスト教の精神に見合った世界を築くことにある。そうしていれば、完璧な未来が「徐々に立ち現れてくる」という。だが、この「徐々に」はかなりの時間を指している。エドワーズが黙示録を読んで理解したところによれば、キリスト教の黄金時代は数百年間は始まらない。イエスは、黄金時代には不在の君主として君臨し、その状態が１０００年続いた後、生まれ変わった惑星の王として再臨する。

だが、そのような「後千年王国」説（訳注：キリストがこの世を支配する千年王国が終わったあとに、キリストが再臨すると考えるキリスト教の終末論）では、壮大なハッピーエンドがはるか遠くの未来のことになり、たとえ話や想像上の物語のように聞こえてしまう。つまり、多くのアメリカ人にはつまらなすぎる。今すぐに心が躍らない宗教など、性行為のない結婚のようなものだ。

したがって、エドワーズがこれほど成功したのは、「終末」のシナリオが好ましかったからではない。また、思慮深く博識だったからでもない。それまでに活躍した著名なアメリカ人聖職者も、みな知識人だった。そうではなく、彼にはどこか、アン・ハッチンソンのようなところがあったからだ。エドワーズは「最後のピューリタン」と言われているが、実際には神秘主義的な空

（1）エドワーズはまた、以前のピューリタンの突飛な考え方を受け売りしている。サタンは、キリスト教の初期の成功に危機感を募らせ、アジアの先住民をアメリカに送り出した。「そこなら福音も届かず、こっそり先住民を手なずけ、その神となって支配することもできるからだ」と。

想家だった。聖書に身を捧げているだけでなく、実に主観的で非現実的な神秘体験に心を奪われていた。

エドワーズは控えめでまじめだったが、信者を熱狂させるコツを知っており、やがて「大覚醒」と呼ばれる信仰復興運動の中心人物となった。当時はすでに、最初のピューリタンが到着してから五世代が過ぎており、狂信のレベルはかなり弱まっていた。アメリカ人はまだ聖書を読み、教会に通っていたが、宗教熱は以前ほど激しいものではなくなった。だがエドワーズは、自分には宗教熱を高める力があると気づくと、ニューイングランドの上品な市民を奮い立たせ、恍惚とした忘我の状態や苦悶に満ちた狂乱状態へと導いた。それは、超自然的な神の証だった。

とりわけ子どもへの影響は大きかった。つまり「大覚醒」運動は、アメリカ史上初のユースクエイク（訳注：若者の行動が社会に重大な変化をもたらす状況を指す）として始まったのだ[2]。エドワーズは30歳のとき、赴任していたマサチューセッツ州ノーサンプトンで、「若い人たちの（中略）並外れた柔軟性」に気づき、こうつづっている。「若者の心に電光のようなものが落ちる。それがやがて、あらゆる階層、あらゆる年代の人々の間に広まっていく。（中略）そうなると、誰と一緒にいても、宗教以外の話には耳を傾けなくなる。こうして住民の精神は、みごとにこの世から連れ去られた」。

アメリカ流の福音主義

エドワーズ以外にも、多くの説教師が信徒を覚醒させた。聞き手は、罪を避けるだけでなく、これまで以上に熱心に神を信仰することを誓った。聖書や説教についてを読んだり論じたりするばかりではない。きちんとした立派な人々が、礼拝のさなかに聖霊を感じ、その「作用」を受けてうめいたり、泣いたり、叫んだり、けいれんを起こしたり、気を失ったりした。

イェール大学出身の知識人であったエドワーズは、こうした「身体的作用」に抵抗を感じることもあった。50年前にハーバード大学出身のマザー父子が、魔女裁判で「霊的証拠」を採用することに一抹の抵抗を感じていたのと同じである。だがエドワーズはそのたびに、こうした叫びやけいれんを、超自然的存在とのかかわりを示す「印」だと考えた。あれは、神が罪人の目を覚ますために揺すったりはたいたりしているか、神の抱擁にサタンが激しく抵抗しているせいだ、と。いずれにせよこれは、救済のプロセスを劇的に革新するものだった。

（2） この言葉は、『ヴォーグ』誌の編集者が１９６０年代に、反体制運動のスローガンとして生み出した造語である。ちなみに、ピューリタン（！）・ドレス・カンパニーという会社のファッションレーベルの名称にも、この言葉が採用されている。

現実的思考をするアメリカ人は「証拠」を求める。この身体的作用は、まさにその証拠だった。アメリカは、あらゆる意味で個人主義を中心に形成されつつあり、その住民は海外でもすでに、自己表現力が高いことで知られていた。そんな国に、100パーセント個人的な、芝居がかった神秘体験は、完璧にマッチした。

群衆のこの突然の狂気は、超自然的世界が現れる証拠でもあった。エドワーズはこう記している。「おそらく、この普通とはまったく違う、驚くべき聖霊の御業《みわざ》は、聖書のあちこちに預言されている神の栄えある御業の始まりか、少なくともその序章なのだ」。この神の御業とはすなわち、徐々にではあるが確実にやって来る終末である。「この御業がアメリカで始まるのではないかと思わせる証拠が、ここにはたくさんある」。

エドワーズはこの説教を携えてニューイングランド中を巡回した。だが、同世代の伝道師の中には、アメリカの各植民地を巡回し、同じようなスタイルの説教を行っている者がほかにもいた。イングランドからやって来た、精力的で過激な二人の若き狂信者である。ちょうど1世紀前、イングランドからやって来た夢想家たちが、バージニアやマサチューセッツにアメリカを築いたように、この二人も、新世界という「新たな」荒野にアメリカ流の福音主義（訳注：キリスト教会の歴史的な慣例よりも聖書の文言を重視する考え方を指す。「福音派」は福音主義に従う宗派の総称である）を打ち立てることになる。

その一人が、ジョン・ウェスレーである。ウェスレーが5歳のとき、そのころ入れられていたロンドンの教会の寄宿学校が火事になった。逆巻く炎から救い出されたとき、彼はそれを、神が自分のために特別なプランを用意している証拠だと思った。それからは、絶えず祈りを捧げるようになり、オックスフォード大学では急進的なキリスト教クラブに入った。その後、聖職者になると、新たに設立されたジョージア植民地に渡り、その最初の町サバンナの司祭になった。当時の記述にはこうある。「私がここへ来た主な動機は、キリストの福音を未開人に説くことで、その真の意味を学ぶことにある」

だが、ウェスレーと英国国教会の見解は、必ずしも一致してはいなかった。彼は1世紀前のピューリタン同様、英国国教会の聖職者は信心深いふりをしているにすぎず、彼らよりも自分のほうがはるかに熱心に信仰に身を捧げていると確信していた。たとえば、幼児の洗礼は形式的なものでしかなく[3]、大人にならなければ、キリスト教への入信を心から選択することはできないと考えていた。これは一見すると、合理的に見える。だがここで問題になっているのは、入信を拒否する自由、信仰しない自由ではない。むしろウェスレーは、教会員が自覚的な大人として、疑念を捨て、「真の信仰者」となり、「聖霊を直接」感じることを要求していた。実際彼は、夢は神か

（3）18世紀に名称が確立されたプロテスタントのさまざまな新派の間では、それから3世紀後の現在でも、洗礼をいつどのように行うべきか、洗礼はキリスト教の秘儀における不可欠な部分なのか、といった問題が、重要な議論の対象になっている。これもまた、部外者にはよくわからないながらも興味深い、夢想家対夢想家の激しい論争の一つである。

らのメッセージだと考えていたという。

「大巡回者」ホウィットフィールド

ウェスレーは結局、アメリカに数年いただけだった。[4] そのバトンを引き継いだのが、オックスフォード大学の後輩であり弟子でもあった、ジョージ・ホウィットフィールドである（この二人がメソジスト派の祖と言われている）。研究者やまじめなメソジスト派信者でなければ、この名前には聞き覚えがないかもしれない。だが、最近出版された彼の伝記のサブタイトル『America's Spiritual Founding Father（アメリカの精神的な〝建国の父〟）』は、決して誇張ではない。ホウィットフィールドは、生まれながらの「アメリカ人」だった。

彼はウェスレーとは違い、すでに「新生」（訳注：聖霊により霊的に新たに生まれ変わること）の神秘体験をしていた。また、自分は神から直接メッセージを受け取っていると信じていた。聖職者になってからアメリカに渡るまでのわずか2年の間に、この「少年説教師」は一躍イギリスのスターになった。名声を愛し、群衆にロックコンサートのような高揚感を与えるのが好きだったらしく、１７３５年に21歳で最初の説教を行ったときには、日記にこう記している。「出席者の大半は感動しているようだった。最初の説教で15人を狂乱状態にさせたと、司教に苦情が来た」。謙虚を装った自慢である。

アメリカでは、それ以上に聴衆に愛された。ホウィットフィールドは、この国のように若く、ルックスもよかった。自然なカリスマ性もあれば、学校時代に演劇の経験もあった。その説教は、壇上から決まった文章をだらだらと読みあげるようなものではなく、台本やメモを見ないで「演じている」かのようだった。イエスや使徒、地獄に堕ちた罪人になりきり、男性にもなれば女性にもなり、ひざまずき、叫び、足を踏み鳴らした。イギリスで当代一の名優と謳われたデヴィッド・ギャリックが、こう言ったという。「私がホウィットフィールド氏みたいに『ああ』と言えたら、１００ギニー払うよ」。ホウィットフィールドが登場すると、その場は一流の劇場と化した。それでも、彼がほとばしらせる感情は「本物」に見えた。いわば、聖霊との交信をテーマにしたリアリティ番組だ。聴衆の大半が、不信感を抱きながら会場にやって来る。だが彼のパフォーマンスを見て、幻想を信じるようになる。その効果は、エドワーズやウェスレーの説教に劣らないものだった。ホウィットフィールドの説教を聞くと、聴衆は無意識に体をよじり、叫び声を上げた。

１７４０年、彼はマサチューセッツに赴き、エドワーズの信徒にも説教している。ホウィッ

（4）34歳のとき、交際相手だった10代のアメリカ人少女と別れ、彼女を教会から追い出したところ、彼女から告訴されたため、イングランドに逃げ帰ったのである。ウェスレーはその地でようやく新生の神秘体験をし、引き続きメソジスト運動の指導を行った。

トフィールド自身の言葉によれば、そこでも大成功だったようだ。「今朝説教をしたが、善良なエドワーズ氏はずっと泣いていた。聴衆も同様に感動していた」。由緒ある教会に受け入れられなくてもかまわなかった。あの「干からびた死体」のような教会に用はない。空き地や広場、たき火のまわりなど、戸外に人を集めて説教をする。それは、新手の興行のようなものだった。こうして「大巡回者」として各植民地をまわり、全国の聴衆をとりこにした。

ホウィットフィールドはまた、さまざまなメディアを利用して福音を広めた先駆者でもあった。新聞に説教集会の広告を出し、忘我状態に陥った聴衆の記事を掲載させた。26歳のときには自伝を出版して大成功を収めた（その後も何度か自伝を出版している）。こうしてアメリカに来てから数年で、すでにアメリカ一有名な人物と言える存在になっていた[5]。

ホウィットフィールドは、イエスがユダヤの宗教指導者に語った「人は、新たに生まれなければ、神の国を見ることはできない」という一節を繰り返し引用し、アメリカのキリスト教に、「新生」という重要な概念を植えつけた。新生したという強烈な超自然的「感覚」が、あの世への切符になる。エドワーズの妻はこう記している。「ホウィットフィールドは、一般的なアメリカの説教師と違い、教義をさほど重視していない。それよりも、聴衆の心を動かすことを目標にしている」。

正しい者は迫害される

「大覚醒」運動が広がるにつれ、英国国教会は、「自分本位」の狂信が生み出す見苦しい興奮状態を拒否するようになった。同時代のある評論家はそれを、「精神の混乱、神の憑依、忘我への飛躍、超自然的衝動」と記している。確かにこの宗教は、奇跡の物語や、個人的な幻覚や啓示をもとに成立した。だが、そんな奇跡や啓示が、現代のアメリカにもあるのだろうか？　忘我状態に陥った聴衆は「そう、そのとおりだ」と答えるだろう。ホウィットフィールドもこう記している。自分たち伝道師が引き起こす「叫びや震え」は、イエスが改宗者に引き起こした「突然の苦悶や叫び」と間違いなく同じものだ。「神は、昨日も今日も、未来永劫変わることはない」と。これは、アン・ハッチンソンの主張と変わらない。誰であれ、今この場で奇跡を経験できる。

ホウィットフィールドは、いばらだらけの土地を大はしゃぎで跳ねまわるウサギのように、批判をかえって喜んだ。主流派が拒否すれば、それが自分やその支持者の確信をいっそう強めるこ

（5）このメディア戦略を立案したのは、一緒に巡回していたウィリアム・スワードという男だった。南海泡沫事件で金融の世界に大惨事を引き起こしたことで有名な投資会社、南海会社の取締役を務めていた、ロンドンの元株式ブローカーである。ホウィットフィールドの最初のアメリカ旅行に同行した後、イギリスに戻ると自身も伝道師になったが、間もなくウェールズで説教しているときに投石を受けて死んだ。

とになる。彼らはこう考えていた。何もわかっていない評論家たちは、イエスや聖霊と触れ合う陶酔体験をしたことがないから嫉妬しているのだ。アメリカは、聖書の歴史の続きが展開される場所であり、預言が成就される場所だ。だからアメリカのキリスト教徒が、初期キリスト教徒と同じようにばかにされたとしても不思議はない、と。アメリカ人プロテスタント（当時のアメリカ人の90パーセント以上がプロテスタントだった）がそう考える背景には、正しい者は迫害されるという認識があった。

　エドワーズとウェスレーとホウィットフィールドは、いずれも英国国教会の正式な司祭だった。この三人が成功したのは、彼らがどこの馬の骨ともわからない変人ではなく、英国国教会に反旗を翻した英国国教会の人間だったからでもある。そういう意味では、アメリカの政治を確立した建国の父たちと同じである。こうして新たに生まれたアメリカの超個人主義的なキリスト教は、聖人の選定や教義の内容や儀式の方法を巡って分裂しながら、さらに発展を続けた。そして、バプテスト派など新たに生まれた宗派でこうした個人主義が標準化されると、個人主義はさらに急進化した。

　誰でも説教師になれる。どこであろうと、好きなように説教ができる。信仰への情熱は、はっきりとわかればわかるほどいい。また、好きなように信念を表明できる宗派や信徒集団を見つけ、なければ生み出し、最適な「イエス・キリストとの個人的関係」を実現することもできる。現代のあるメソジスト史研究者は言う。「初期アメリカのメソジスト運動の顕著な特徴は、日常生活における超自然の探求にある」。彼らは「夢、幻覚、超自然的印象、奇跡的な治癒、異言を強く信じている」。そして言うまでもなく、あらゆる宗派の説教師や信者が、自分が思う真実こそが真実だと信じている。

独断的な何百もの現実があちこちで花開けば、結果的に何でもありの相対主義が生まれ、それは宗教を超え、ありとあらゆる情熱的信念に広まっていく。そして、自分が真実だと思えば、そう思うようになった理由や経緯にかかわらず、それは真実であり、誰もそれをとやかく言うことはできない、という考え方に至る。こうしたアメリカ的な個人主義が、やがて現実生活を支配し、「ファンタジーランド」の使徒信条になっていく。

第8章

知識人たちの思想——18世紀の啓蒙主義

1739年の諸聖人の日の前日にあたるハロウィンの日、24歳の天才説教師ジョージ・ホウィットフィールドが初めてアメリカにやって来た。植民地全域を巡るこの旅で、最初に大々的な説教集会を開いたのが、フィラデルフィアである。この街では、集会を開くたびに人口の半数近い聴衆が集まった。その中に、当時出版・印刷業で身を立てていた、さほど信心深くもないベンジャミン・フランクリンがいた。

フランクリンは驚いた。ホウィットフィールドが『メソポタミア』と叫ぶたびに聴衆は涙し」「生まれたときは半分獣、半分悪魔であると断言され、ののしられても、彼を称賛・尊敬した」からだ。そこでフランクリンは、その場でこの説教師に自己紹介し、ホウィットフィールドの日記や説教を4巻セットにして印刷・出版する契約をした。するとそれが大ベストセラーとなった。だが結局、この「大覚醒」運動でフランクリンが悟ったのは、アメリカの宗教家の本は儲かるということだけだった。それから3年間にわたり、彼は同様の宗教書を毎月発行した。だが、ホウィットフィールド個人と「宗教的な関係」を築くことはなかったという。

不信心な建国の父たち

フランクリンを含め建国の父たちが抱いていた神のイメージは一般的に、人格を持たないあいまいなものだった。創造主はこの世を作るとどこかへ行ってしまい、人間にはもうその存在がわからないといった感じである。そのため、聖霊と交信したり、神の計画を詳細に分析したり、民衆を改心させようとしたりする当時の「熱狂的信仰者」とは縁がなかった。たとえば、ジョン・アダムズは、ジェファーソンへの手紙の中で、息子のジョン・クインシーが「一生を預言の研究に捧げるため仕事を辞めるかもしれない」と不安を吐露している。アダムズはまた、オランダの友人への手紙で、聖書は「寓話、物語、伝説の集まり」であり、キリスト教は「迷信で民衆をだますという下劣で忌まわしい目的のため、あらゆる手段を利用」してきたと記している。ジェファーソンもかつて、ジョージ・ワシントンは「信仰心がまるでなく」「絶えずそばに聖職者を置いているのは、そうしたほうが体裁がいいと思っているからだ」と述べている。当のジェファーソンも、体裁を保つため教会に通ってはいたが、17歳のおいにはこう言い聞かせていた。「神の存在さえ大胆に疑え。神がいるとすれば、無分別な恐怖から敬愛されるよりも、理性に基づいて敬愛されることを望むはずだ」。そして、宗教は「いずれも似たようなもので、寓話や神話を基にしており」、キリスト教も「西洋世界の迷信」にすぎないと考えていた。後に大統領となったジェファーソンは、ある年の冬にホワイトハウスで、既存の価値観を覆す途方もない行動に出た。新約聖書二冊を破ってページをばらばらにすると、キリストの復活を含め、奇跡について書かれている部分をすべて取り除き、残りの部分を一冊の本に再びまとめ、その本を『ナザレのイエスの生涯と教訓』と命名したのだ。フランクリンもまた、死の直前にこう記している。「私は、ナザレのイエスの神性に疑問を抱いている。だが、それを声高に主張しようとは思わないし、（中略）今その問題をあれこれ考える必要はないと思う。近いうちに、さほどの苦労もなく真実を知る機会が訪れるだろうからだ」。

アレクサンダー・ハミルトンは、憲法の起草者はなぜその中で神に触れなかったのかと尋ねられ、まじめくさった顔でジョークを言うように「入れ忘れた」と答えた。

だが普通のアメリカ人は、イギリス人に比べるとはるかに信心深かったようだ。１７７５

年、当時イギリス議会議員だったエドマンド・バークはほかの議員を相手に、アメリカ植民地に反乱を引き起こす要因があるとすれば、それは間違いなく、図々しいアメリカ人独自の急進的なプロテスタント信仰だと警告した。そしてアメリカでは、宗教はまだ「衰弱してもいなければ、機能不全に陥ってもいない」と語ったという。

　前述のように、建国の父たちは誰一人、自分は無神論者だとは言わなかった。だが、当時であれおそらく現在であれ、敬虔なアメリカ人信者から見れば、その大半が神を冒涜していた。つまり建国の父たちは、啓蒙主義の影響を受け、柔軟な考え方のできるようになった俗人であり、存在の本質、人生の目的、真実の姿を、主に理性や科学を用いて理解しようとした。実際ジェファーソンは、ベーコン、ロック、ニュートンを「間違いなく人類史上もっとも偉大な三人」と述べている。フランクリンは、啓蒙哲学者のヴォルテールと親交があり[1]、同じく啓蒙哲学者のカントから「現代のプロメテウス」と呼ばれた。アダムズは、やはり啓蒙哲学者のデヴィッド・ヒュームと親しかった。ヒュームは１７４８年、「あらゆる迷信的妄想を永遠に抑止」することを目的に、「奇跡について」（邦訳は『奇蹟論・迷信論・自殺論――ヒューム宗教論集３』所収、福鎌忠

（１）　ヴォルテールは１７６７年にこう記している。「愚か者ややくざ者がいるかぎり、宗教は今後も存在するだろう。キリスト教は間違いなく、このうえなくばかばかしい滑稽な宗教だ。この世界は、その宗教に感染していたのである」。

恕・斎藤繁雄訳、法政大学出版局、１９８５年）という論文を発表している。つまり、当時のアメリカの政治指導者たちは、アメリカを巡回して迷信的妄想を推奨するスター神学者よりも、むしろヨーロッパの政治指導者と共通する部分のほうがはるかに多かった。カントは、アメリカが独立戦争に勝利した1年後にこう記している。「啓蒙主義のスローガンは（中略）『知恵を持つことを恐れるな！』だ。自分の知性に頼る勇気を持て！」。

啓蒙主義思想の負の側面

3世紀もの間、プロテスタントによる宗教改革と啓蒙主義は、奇妙な友情で結ばれていた。ともに思想の自由という過激な考え方を推進し、一方が他方の成功の下地を作った。プロテスタントは、カトリックの考え方を拒否して独自の宗教を生み出し、その後も、新たに生まれたプロテスタントの指導者の権威や教義を拒否しては、さらに独自の宗教を生み出していった。啓蒙主義の思想家は、こうした思想の自由をさらに押し広げ、超自然的な信仰や宗教の教義を二の次に考えるのも、それらを完全に拒否するのも自由だと宣言した。

だが、考え方を一変させた啓蒙主義思想には、負の側面もあった。それにより私たちは、この世のあらゆる物事について、正しいこと、間違ったこと、善いこと、悪いこと、まともなこと、まともでないこと、妥当なこと、怪しいこと、明らかなこと、ばかげたこと、ありえないことなど、どんなことを信じてもよくなった。楽観的な気持ちで啓蒙主義を生み出し、それを熱心に広めた人たちは、長期的に見れば、思想の市場で淘汰が進み、いずれは理性が勝ち残るだろうと思っていた。「理性の時代」が啓蒙主義を生み、賢明な合理主義や経験主義が台頭してきているのだから、当然そうなるはずではないか？

　だが、そうはならなかった。カリフォルニア大学ロサンゼルス校の歴史学者アンソニー・パグデンは、その著書『The Enlightenment: And Why It Still Matters（啓蒙主義――なぜいまだに問題になるのか）』の中で、こう述べている。「あまりに慣れ親しんでいるため疑問に思うことも少ないが、啓蒙主義は、情熱などの人間的感性・感情よりも理性を上位に置くことのみを主張した運動だったという認識は（中略）完全な誤りである。啓蒙主義は、理性や合理的選択を支持するものであると同時に、それらを拒否するものでもあった」。啓蒙主義は、宗教においても宗教以外の分野においても、あらゆる思想の自由を認めた。その中には、良識的な思想、正しい思想だけでなく、ばかげた思想、間違った思想も含まれる。特にアメリカではそう受け止められた。18世紀が終わるころには、啓蒙主義が勝利を収め、科学が台頭し、あらゆる思想に寛容な態度が要求されるようになった結果、狂気が自由に姿を見せるようになった。オックスフォード大学の歴史学者キース・トマスは言う。「自然科学により１００年前に否定されたと思われていた錬金術、占星術、（中略）フリーメイソンの秘儀、磁石による治療、予言的な幻覚、霊のいたずら」がすべて復活した。それらを信じ、奨励する人々は「暗黙のうちに、自分で考えよというカントの命令に従っている。思想に対する寛容な雰囲気があったからこそ、そのような型破りな思想を公然と実践できたのだろう」。

カント自身も、啓蒙主義が直面する難しい問題に気づき、『純粋理性批判』（邦訳は中山元訳、光文社、２０１０年）にこう記している。「人間の理性は特異な運命を担っている。つまり理性は、ある種の知識」――精神、存在、人生の意味――「について、（中略）無視することも解答することもできない疑問を抱えている」。だがアメリカ人は、特異な運命に導かれ、こうした宗教的な疑問にも、数学者や歴史学者や自然哲学者と同じように答えられること、むしろそうすべきだということを固く信じるに至ったのである。

第2部

狂信者たちの合衆国

【19世紀】

「アメリカの大衆は申し分ないほど人がよく、巧妙なペテンにすぐだまされる」

——P・T・バーナム著（1855年）『The Life of P. T. Barnum（P・T・バーナムの生涯）』

「私たちは誰でも、感覚に頼ることをやめない。感覚を思考と勘違いしている。感覚を大切にしている人は多く、それを神の声だと言う人もいる」

——マーク・トウェイン著（1901年）『Corn-Pone Opinions（ありきたりな意見）』

第9章

第一次大狂乱期

——合理的なヨーロッパ、狂信的なアメリカ

実際のところ、19世紀になると理性や知識や科学は、アメリカの進歩発展に多大な影響を与えた。18世紀にはまだ、啓蒙主義は希望に満ちた理論にすぎず、エリートの間で交わされる会話や書籍に現れるだけだった。ところが19世紀になると、それが民主的な形で現実化した。その間にアメリカでは、教育が無料化・義務化された。識字率は90パーセントに上がった。新聞や書籍が無数に出版され、公立の図書館が、次いで公立の大学が設立された。近代科学が生み出した近代

テクノロジーが、そこかしこに現れた。電信、高速印刷機、鉄道、蒸気船、ワクチン、麻酔などだ。アメリカは合理的・実際的になり、近代的になった。

建国を神話化する

アメリカの敬虔なキリスト教徒にとっては、神がともにいたからこそ、何もかもがうまくいったのだと思えたことだろう。アメリカは、聖書の預言を実現し、千年王国の下地となる高潔なキリスト教国家を生み出そうとしている。だが、それほど信仰心が篤くない人も、アメリカの独立やその憲法により、ある偉大な計画が成就したと考えていた。驚くべきことにアメリカ人は、新たな宗教を生み出す預言者やフィクションの世界を創造する小説家のように、一丸となって新たな国家を一から築いた。何よりも個人の自由を保障する国家、誰もが自由に、好きなものを生み出し、主張し、信じることができる国家である。するとアメリカ人は瞬く間に、どんなことでも信じるようになった。

まずは、アメリカ建国の物語に魅力的な嘘を混ぜ、それを事実だと信じた。成功した指導者は美化されるのが常だが、アメリカでも建国直後に神話化が行われ、聖人のような要素が付加された。アメリカ独立戦争前のジョージ・ワシントンの人生の中でもっとも有名なのは、父親が大事にしていた桜の木を切ってしまい、それを正直に告白したエピソードだろう。「お父さん、うそはつけないから素直に言うよ……ぼくがおので桜の木を切りました」。だが、この物語自体が嘘だった。ワシントンの死の数か月後に出版され、ベストセラーになった伝記に追加されたのだ。独立戦争中の出来事としては、アメリカ軍が劣勢に陥った際、逃れてきたバレーフォージでワシントンがひざまずき、神に祈りを捧げるエピソードが有名だが、これもほぼ間違いなく嘘である。19世紀にベストセラーとなったフィクション混じりのノンフィクション『The Legends of the American Revolution, 1776（１７７６年アメリカ独立の伝説）』には、「１７７６年7月4日」と題するこんな物語が掲載されている。不思議なことに、まるで天使のような「黒いローブをまとった（中略）背の高いすらりとした男」が、突然フィラデルフィアの建国の父たちの前に現れ、5分ほどスピーチを行う（「神はアメリカを解放した！」）。それを聞いた建国の父たちは、それまでの言い争いをやめ、独立宣言に署名する。すると男は、どこへともなく姿を消してしまう。アメリカ人は信仰心の大小にかかわらず、この幻想的物語を歴史的事実と見なし、現在でもいまだにそう信じている[1]。

つまり、アメリカ人全員が、ベンジャミン・フランクリンのように理性的・合理的になったわけではない。新たな制度や驚くべきテクノロジーに翻弄され、キリスト教を信仰するか否かを問わず、多くの市民がいっそう幻想の深みに引き込まれていった。19世紀のアメリカは、懐疑と知恵の時代であると同時に、信念と愚かさの時代でもあった。文化史家は一般的に、プロテスタント諸派の誕生や発展、理性よりも感情を重視するその姿勢など、宗教面ばかりに注目しているが、そのような枠組みではあまりに狭すぎる。イェール大学の宗教史家ジョン・バトラーが書いているように、南北戦争前の初期アメリカは、さまざまな思想を培養する「精神の温床」だった。秘儀、千里眼、まじないによる治療、予知夢など、古い迷信や魔術への民間信仰が、もはやピューリタンの教義や規則に制約されることなく、キリスト教信仰と自由に混じり合った。その結果アメリカに、あらゆる種類の魔術的思考があふれ返った。

19世紀の前半は「第二次大覚醒」期と呼ばれているが、私はこれを、もっと大きな「狂乱」期の一部にすぎないと考えている。この「第一次大狂乱」期の間に、宗教に限らず、文化、擬似科学、ユートピア、政治など、あらゆる分野で喜びや恐怖に満ちた種々雑多な幻想が爆発的に生まれ、アメリカというるつぼの中で互いに刺激し合いながら発展した。続く数章では、これらの幻想を分野別に見ていくことにしたい。だがその前に、アメリカのキリスト教がどれほど大胆に変わっていったかを見ておこう。

（1）それから1世紀後の1957年、ある著名人が母校の卒業式の式辞で、実際に目にした歴史的事実だとでも言うようにこのエピソードを語り、その人物はトマス・ジェファーソンだったと述べた。その著名人とは、ロナルド・レーガンである。後に大統領となったレーガンは、7月4日に関するエッセイを出版し、再びこのエピソードを詳細にわたり取り上げたが、どうやら側近に説得されたらしく、そのエピソードを「伝説」と述べ、ジェファーソンのくだりは削除している。

熱狂しやすい人、および詐欺師とそのカモ

血気盛んで反体制的なプロテスタントは、熱意にあふれるあまり、その設立から3世紀の間に、見解の異なるさまざまな分派を生み出した。しかし、イギリスを含めヨーロッパでは、新派はやがて消えるか、政府が公認する教会に吸収されていった。したがってヨーロッパのキリスト教徒が宗教を選ぶ際には、事実上二つの選択肢しかなかった。プロテスタントであれカトリックであれ、政府が公認する教会に帰依するか、こうした組織宗教に帰依しないかのどちらかだ。

ところがアメリカでは事情が違った。アメリカは、新たな幻想的真実を実現しようとして逃れてきた熱狂しやすい人々（および詐欺師とそのカモ）の新天地としてスタートした。その起源が、アメリカのあり方を決めた。独立前の13植民地にはたいてい、政府公認の教会があったが、独立後は憲法により政府の公認が禁じられた。その結果、公的には、古いか新しいか、合理的か非合理的かにかかわらず、あらゆる信仰が同等に扱われるようになった。つまり、17〜18世紀に現れたアメリカの文化や心理を、新国家の政府が法制化し、アメリカ独自の特徴として維持することに決めたのである。自分で真実を見つけ、組織を築き上げるこの国では、反逆的で反体制的で反抗的というプロテスタント初期の衝動が、一時的に衰えることはあっても、決して消え去ることがなかった。体制側の指導者はいつも嫌われ、反逆的な指導者は熱狂的に愛され、個々の信

者は、聖なる経験とその拡散に熱心だった。そのためアメリカのプロテスタントは次々と分派を生み出し、とどまるところを知らなかった。ある宗派の指導部が権力を持ちすぎたり、その教義や礼拝があまりに合理的・抽象的でつまらなくなったりすると、たちまち分裂し、新たな宗派が生まれる。そして、その宗派が成長して熱意が冷めると、また分裂する。それが延々と続くのである。

現在、アメリカ南部は、きわめてキリスト教信仰の篤い地域として知られている。しかし、いつの時代もそうだったわけではない。トマス・ジェファーソンは1785年、フランスの貴族の友人のために、アメリカの地域差をまとめた初めての図表を作成した。そこには、宗教に関するこんな記述がある。

【北部】
迷信的、偽善的

【南部】
心の宗教を除き、宗教に対する愛着や欲求はない

当時の南部では、教会に通っている人は少数派だったのだろう。南部の住民は、北部のニュー

イングランド住民に比べ、罪、イエスやサタン、天国や地獄、黙示録に無頓着な傾向があった。実際、南部の政府は、独立戦争中やその直後に教会の政府公認をやめたが、ニューイングランドの政府は、教会を完全に政府から分離させるのに、さらに50年ほどの議論が必要だった。

南部全域では、かつては教会と言えば英国国教会を意味した（独立後に、アメリカの英国国教会は米国聖公会に名称を変更した）。その地での宗教生活は、決まりきった文句の祈祷や説教、音楽、パンとワインなど、昔から変わらない儀式の繰り返しにより、司祭が教区民を導くというものだった。18世紀になると、ジョージ・ホウィットフィールドのような説教師が南部を含めアメリカ全土に、後に福音主義キリスト教と呼ばれることになるやや狂気じみた宗派の種をまいた。だが南部の聖公会主流派は、神秘主義的で熱狂的な信仰を拒絶した。イエスと個人的関係を結び、聖霊の超自然的作用を公にさらすバプテスト派やメソジスト派などが、それにあたる。バージニア州では、奇襲的に行われた福音主義の信者の礼拝が妨害され、出席者が暴行を受け、説教師が逮捕される事件も起きた。だが、アメリカの狂信者にしてみれば、善悪の区別がつかない人々に迫害されるのは、自分たちが正しいことの証明でもある。

19世紀になるころには、この宗教の防波堤も崩れた。当時の南部の評判では、長老派の聖職者は頑固な武骨者といった程度で、メソジスト派ほど嫌われてはいなかった。ところが、長老派の若い説教師がノースカロライナ州で説教を行うと、さほど信仰心のない地元住民が説教壇を焼き払い、血のりで書いた殺害脅迫状を送りつけた。恐れをなした説教師は、そこから１０００キロメートルほど離れたケンタッキー州西部に逃れた。ここまで辺境になると、一人ぐらい変人が増えても誰も追い出そうとはしない。誰もが新参者だから、確立された教会組織もない。その地で彼が説教を行うと、大成功を収めた。間もなく説教が定期的に行われるようになると、周辺住民は、この唯一の娯楽を求め、馬に乗って1日がかりでやって来るようになった。

やがてこの説教師は、野心あふれる興行主同様、規模の拡大を決意した。そこで1800年の夏、毎年恒例の週末の正餐式を、熱狂的な説教で改心を促す地域の一大イベントに仕立て上げた。すると、六人の説教師（その中にはメソジスト派の説教師もいた）の説教を聞こうと、レッドリバー礼拝堂に数百人が押し寄せた。聴衆は泣き、叫び、訳のわからないことを口走った。メソジスト派の説教師は後にこう回想している。「神が私に大きな力を与えてくださった。私は再び振り返ると、住民への恐怖も忘れ、礼拝堂を歩きまわり、無我夢中で叫び、全身全霊で教えを説いた。すると床は間もなく、圧倒された人々で埋め尽くされた」。つまり、床に倒れた人たちが、多種多様なヒステリー状態を体験していたのだ(2)。

そこで何か大きな力が解き放たれていることに、誰もがすぐに気づいた。その力は、祖父母の

（2）当時の南部には、一触即発の緊張感があった。その6年後には3キロメートルほど離れた場所で、元アメリカ上院議員で後に大統領となるアンドリュー・ジャクソンが、ある男との決闘で勝利を収めた。その男は、ジャクソンを臆病者呼ばわりし、妻を尻軽女だとののしったという。

時代にジョナサン・エドワーズやジョージ・ホウィットフィールドが引き起こした熱狂よりも激しいものだった。神が聴衆の中に入り込み、聴衆は熱狂しているどころか、夢の世界を生きていた。このイベントを主催した人物はこう記している。「月曜日、群衆は畏怖すべき確信のもとに打ちのめされていた。苦悶する人々の悲鳴が会場全体に満ちわたり、（中略）10歳、11歳、12歳の小さな子どもたちまでが、イエスの血を浴び、苦しそうな表情を浮かべながら、贖罪を求めて祈り、叫んでいた」。その友人である長老派の若い聖職者も驚いていた。「無数の人々が、何時間も身動き一つせず、誰もが息もできないような状態にあった。（中略）何時間も倒れていた後に起き上がり、救いを求めて叫んでいた」。

ショービジネス化するキリスト教

幻想は伝染した。翌月、近くの教会で同じイベントが開催されると、近隣の住民は野宿してイベントに参加し、再び爆発的な伝染を引き起こした。数百人が参加し、数十人が「圧倒」されたという。

この大々的成功を収めたイベントの1年後、起業家精神にあふれた二人の牧師が、さらにまた規模を拡大しようと考えた。そして、ケンタッキー州ケーンリッジの教会で開催する１８０１年のイベントでは、長老派やメソジスト派やバプテスト派の12名の聖職者の説教を予定に組み込んだ。開催日は1年前同様、毎年恒例の正餐式の時期にあたる8月の最初の週末である。ケーンリッジは、ケンタッキー州でも人口の多い東部にあり、馬に乗れば、成長著しいレキシントンの町（人口１７５９人）から1日で来られる。そのため、数百人どころか、１０００人あるいは２０００人が集まる可能性もある。だが竹で覆った粗末な礼拝堂では、せいぜい５００人ほどしか収容できない。そこで急遽、テントや戸外のステージも設営された。

　実際の参加者は予想をはるかに上まわった。期間は当初3日を予定していたが、1週間ほどに延長された。福音を聞き、救いを求め、一生に一度のショー、前例のない驚異を一目見ようと、2万人もの人々が集まり、その地に滞在したのだ。数日間、ケーンリッジはアメリカ有数の人口密集地となり、その人口はプロビデンスを超え、チャールストン並みに達した。

　イベントは昼夜かまわず行われた。土曜日の午後、薄暗くなったころにたき火やかがり火がたかれ、やがて夜のとばりが降りると、説教師が木の根元や荷馬車の上など数か所で、一度に説教を始めた。すると間もなく、女性や子どもを含め、聖霊に心を動かされた一般信徒数十名が、自ら「訓戒者」を名乗り、自分が真実だと信じ、感じ、想像している福音の意味を叫び始めた。聴衆は自分を抑えきれずに金切り声を上げた。走りまわっては跳びはね、怒鳴り、歌い、笑い、むせび泣いた。何百人もの人々が「ひきつけ」を起こし、手足や首や胴のけいれん発作で踊りのような動きを見せた。そして言うまでもなく、何百何千という罪人がキリストを見出し、悔い改めた。その中には、常々神を冒涜していた地元の酔っ払い仲間の一人もいた。この男は、群衆の中に猛スピードで馬を突っ込ませて騒ぎを起こすと、そのまま白馬から落馬して昏倒した。そして1日以上たった後に目を覚ますと、笑みを見せ、そのときにはすでに救われていたという。驚嘆や混乱が潮のように寄せては返し、夜が明けて日が昇り、また沈んでもとどまるところを知らず、また同じ夜と昼が繰り返された。

アメリカの人口に対する割合で計算すると、この集会は、現代の100万人規模のイベントに匹敵する。ヴァンダービルト大学の歴史学者ポール・コンキンとイェール大学のハロルド・ブルームの表現を借りれば、ケーンリッジは、アメリカのキリスト教世界のウッドストックだった。新たな思考法や行動様式、以後恒久的に続くサブカルチャーを体現・象徴する、前代未聞の無秩序な一大スペクタクルである。ブルームは『The American Religion（アメリカの宗教）』にこう記している。「説教に酔いしれ、性的に興奮していたケーンリッジの信徒たちは、ウッドストック・フェスティバルに集まり、麻薬に酔いしれ、性的に興奮していたその子孫たちと同様、いわば個人主義的乱痴気騒ぎに参加していた」。ちなみに、自分なりの方法で感情や衝動を発露するこのケーンリッジのイベントやその後の同様の野外集会は、アフリカ系アメリカ人のバプテスト派など、非主流宗派の集会に由来していると思われる[3]。

その後、バプテスト派やメソジスト派のほかの説教師も、アメリカ全土（特に南部）で野外集会を開催するようになると、ますます多くの市民が一線を越え、常軌を逸した狂乱状態に陥った。その情報は、全国各地に急速に広まった。19世紀に一つの大衆現象がこれほど広範かつ頻繁に見られるのは、アメリカだけだろう。こうして、完全にアメリカ的な、新たなキリスト教が生まれた。それは、ほかのどのキリスト教よりも幻想的であると同時に具体的であり、きわめて主観的で個人的である。ブルームはこれを、「キリスト教とは言いながら、ヨーロッパや初期アメリカの教義体系とはまったく異なる特徴を持つ、経験に基づく信仰」と述べている。この新たなキリスト教は、辺境地から東部の発展した都市へ向けて瞬く間に広まり、ケーンリッジの集会からわずか1年後には、イェール大学の学生の3分の1が新生・改心していた。

彼らは、バプテスト派やメソジスト派など、ただちにスリルと魔術を提供し、永遠に確かな報酬を約束してくれる類のキリスト教に傾倒した。それは、アメリカらしさを別の形で表現している。恐れを抱かせるような不可思議さがあり、民主的であり、自分が勝者だと思えば勝者になれる。

ケーンリッジの集会からの数年間、メソジスト派は波に乗り、どの宗派にも増して急速に成長した。19世紀前半の間に信者は倍増し、１８５０年代には教会へ通う人の3分の2が、理性よりも感情を重視する熱狂的なメソジスト派かバプテスト派だった。キリスト教は次第に、こうし

（3）ウッドストックの比喩は、この点にもあてはまる。白人系アメリカ人は、理性や体面を拭い去ろうとイギリスの民衆文化と黒人文化を混ぜ合わせ、19世紀初めには荒々しい感情的なキリスト教を生み出し、20世紀後半には荒々しい感情的なロック音楽を生み出した。

た宗派の総称である福音主義キリスト教と同義になった。罪人も祭壇へ向かって歩んでいけば、イエスと個人的関係を築く心を奪うような感覚を経験し、救われるのだ。ケーンリッジの集会に参加した人々の子どもの世代になると、アメリカではもはやこのキリスト教も、さほど常軌を逸したものとは思われなくなった。

たとえば、こんなエピソードがある。1821年秋のある夜、ニューヨーク州西部の小さな町に暮らす29歳の弁護士が、パニック発作のようなものに陥った。その人物は後にこう記している。「私は無性に不安になった。（中略）もうすぐ死ぬ、（中略）地獄に堕ちるという奇妙な感覚が押し寄せてきた」。だが翌日、町の外の森を歩いていると、「神の声」が聖書の一節を語りかけてきた。そこで男は、暗くなるまでそこで涙しながら祈った後、自分のオフィスに閉じこもり、さらに祈った。すると、どうだろう。その部屋が「このうえなく明るく輝きだしたように見えた」。そして「まるで知人と会ってでもいるかのように、（中略）主イエス・キリストと直接会っているような気がした。（中略）実際に、主が目の前に立っているようだった」。男がむせび泣くと、「聖霊が降りてきて、（中略）電気の波のように体内を何度も通り抜け」、その波が「吹き抜けるそよ風のように髪を揺らした」。すると翌朝、男は新たな人間に生まれ変わっていた。「罪の意識が消え、罪も消えた」という。その男とは、いわゆる「第二次大覚醒」の主要な指導者となるチャールズ・フィニーである。

フィニーはすぐさま長老派の聖職者となった。そして間もなく、激しやすいが尊敬に値する立派な説教師として、全国各地で開催される大規模な野外集会で説教を行い、当時のキリスト教会のスーパースターとなった。こうした説教では、長老派が採用している、聴衆の熱狂に水を差しかねない予定説（訳注：神の救済にあずかれる者はあらかじめ定められているとする思想）に触れないどころか、そもそも教義の話などしなかった。説教の唯一のテーマは、若くして専門職に就いている合理主義者でも、自分のようにイエスを「経験」することで、ただちに罪から解放され、天国への道を保証されるということだった。フィニーもまた、1世紀前の先駆者ホウィットフィールドのように、アメリカではキリスト教が一種のショービジネスであることを理解していたのだ。実際、こんな言葉を残している。「相手を熱狂させないで宗教を広めようとするのは、ばかげている」。

「新生」から「終末」へ

アメリカに広がったこのキリスト教リバイバル（復興）の炎は、旧世界には達しなかった。19世紀半ばに発行されたイェール大学の季刊誌には、それに気づいた福音主義者の言葉が記されている。「現代の宗教リバイバルは事実上、アメリカの教会に特有の現象である」。彼らはその理由も理解していた。アメリカのキリスト教には当初から熱狂的になりやすい傾向があったうえ、アメリカ人には宗教的な感化に対するあこがれがあった。そのため宗教が自然と、民衆の期待に応えることになったのだ。記述の続きにはこうある。「イギリスでは状況がかなり異なる。教会も聖職者もまるで、そのような期待を抱かれていない」。

「第二次大覚醒」が頂点に達した1831年、海外におけるアメリカ研究の先陣を切ることになる25歳の学者が、あの有名な9か月間の調査旅行のため、フランスからアメリカに到着した。その学者とは、アレクシ・ド・トクヴィルである。彼は『アメリカのデモクラシー』にこう記している。「ヨーロッパでは四方八方から、宗教信仰の欠如を憂い、宗教の当初の権威を幾分かでも回復させる方法を尋ねる声が聞こえる」。だが、到着したアメリカは、ヴォルテールの思想が支配するフランスとは違った。

> 18世紀の思想家は、宗教信仰が徐々に衰えていく未来をごく簡単に説明した。一般的に、自由が確立され、知識が広まるにつれ、宗教的情熱は必然的に低下せざるを得ない、と。しかし残念ながら、事実は決してそのとおりになっていない。（中略）アメリカは世界的に見ても自由な国だ。（中略）それなのにこの大陸の国民は見たところ、宗教的な義務をみごとに果たしている。（中略）
>
> 全世界を見ても、アメリカほど、キリスト教が国民の魂に強い影響を及ぼし続けている国はない。（中略）
>
> アメリカではよく、荒々しいほどに情熱的で熱狂的な人と出会う。こうした人はヨーロッ

パにはほとんどいない。

宗教に対するヨーロッパとアメリカの態度は、正反対の方向へ進んだ。ヨーロッパ人は次第に冷静で合理的になり、アメリカ人は次第に情熱的で狂信的になった。自分本位の国アメリカでは、啓蒙主義に支えられて個人の自由が発展したが、それが神を見出す宗教にも適用され、ある種の狂信を引き起こしたのだ。

しかし、19世紀の間に「新生」を促すリバイバル運動がアメリカの主流になったとは言え、メソジスト派やバプテスト派、あるいはフィニーのような過激な長老派の教義まで、常軌を逸したものになったわけではない。メソジスト派は、イエスに熱狂した弟子たちよりもむしろ、イエス本人の模倣を奨励し、福音を説く際にも奴隷制などの不正に反対し、慈善活動を展開した。そうしていれば、ジョナサン・エドワーズが1世紀前の「第一次大覚醒」期に説いていたように、わずかずつではあるが徐々に、この世界がキリスト教徒の夢の国になるという。フィニーも、自分は光明を見出してイエスに会ったが、説教では、キリスト教徒の本分は「この世界を、目前に迫ったキリストの再臨にふさわしい場所にすること」にあると説いた。ちなみに、ここで言う「目前に迫った」は、「そのうちに起こる」程度の意味である。フィニーはその後、オーバリン大学の学長になり、社会的進歩主義を実践してもいる。

また、アメリカのキリスト教は、忘我状態による精神的目覚めという独自の特徴を持ちながら、「終末」がいつ来るかといった問題にはさほど熱狂しなかった。ピューリタンが支配していた17世紀以来、神学者や聖職者の間で、預言信仰はすっかり色あせてしまっていた。こうした専門家たちは、聖書に記された悪夢のような「患難」、黒魔術と聖なる奇跡との戦いは、とっくの昔に過ぎたことと判断した。あるいは、ゴグとマゴグ、ハルマゲドン、「終末」などはいずれも、霊感を得て語られた寓意であり、額面どおりに受け取るべきものではないと考えた。かつてコットン・マザーが行ったようなカウントダウンには意味がない、と。

しかしやがて、多くのアメリカ人が、やはりアメリカ人らしく、あらゆる冒険物語を終わらせる冒険物語、聖書に描かれたあの「終末」の約束をいまだ求めていたことが明らかになった。アメリカ人は実際のところ、遠い未来ではなくできるだけ近いうちに、イエスがこの地上に本当に現れ、勝利が保証されている戦争を遂行し、民衆を率いて地獄の怪物たちと戦う姿を見たがっていたのだ。

ファイナル・ファンタジーを植えつける

19世紀半ばになると、さほど名を知られていない二人の先駆者の活動により、この預言信仰がアメリカに復活した。そして、それが数百万ものアメリカ国民のキリスト教信仰の中心を占めるようになると、それからは決して消え去ることがなかった。

「終末」信仰を広めた二人の重要人物の一人は、ウィリアム・ミラーという男である。フィニー同様、ミラーもかつてはニューヨーク州北部に暮らす一般人で、若いころは宗教に懐疑的だった。だが、ジョン・ウェスレーと同じように、１８１２年の米英戦争で砲撃を受けた際に、奇跡的に九死に一生を得て、自分が救われたのは神の使命を果たすためだと確信するに至った。この新生の経験を経て、バプテスト派の説教師になると、やがて「終わりのとき」の啓示を受けたダニエルに関する聖書の記述に心を奪われた。その記述によれば、ダニエルは、複数の角を持つ空飛ぶ山羊が複数の角を持つ羊を倒すのを見た後、天使ガブリエルから「２３００日後、聖域は浄められるだろう」と言われたという。ミラーは10年をかけてこの預言を読み解き、完全につじつまの合う解釈を見出した。それによれば、天使が預言したのは紀元前４５８年であり、２３００「日」は実際には２３００「年」を意味する。また、聖域が最終的に浄められるというのは、キリストが再臨することを述べているに違いない。このように考えて数字を計算すると、「終末」は１８４３年の春になる。彼はこれが、完璧に科学に基づいた解釈だと信じていた。

ミラーはその後、「終末」が近いと訴えるパンフレットや書籍、定期刊行物を無数に出版するとともに、野外集会でも熱心な説教を行い、１００万人に近い信者を獲得した。当時の北東部の住民10人に一人の割合である。そして、１８４３年が無事に過ぎると、日付の計算に誤りがあったと判断し、まずは翌年の4月に、ついで同年の10月に日付を変更した。しかし、「終末」

の日とされた10月22日は、普段とまったく変わらない火曜日でしかなかった。これまでミラーを信じてきた大衆は失望し、さまざまな宗派に分裂した。その一つが、セブンスデー・アドベンチスト教会である。

だが、ミラーがアメリカ社会に及ぼした影響は絶大だった。それ以降のアメリカ人キリスト教徒に、「最後の幻想／ファイナル・ファンタジー（「終末」、イエスの再臨、サタンの敗北）」を直接経験することになるかもしれないという期待を抱かせ、それをキリスト教信仰の主流にまで高めたのだ。ちょうどそのころ、「終末」の預言について、ミラーよりもはるかに複雑な解釈を考案したプロテスタントの聖職者がいた。それが、預言信仰を広めたもう一人の人物、ジョン・ネルソン・ダービである。ダービもまた、20年にわたりアメリカ全土を巡回して説教を行い、「終末」にまつわる聖書の預言を、アメリカのキリスト教徒の心に永久に埋め込んだ。

ダービの「終末」の解釈は長期にわたり命脈を保つことになるが、これにはいくつかの理由がある。第一に、間もなく「終末」が来ると言うだけで、具体的な日付を設定しなかった。そのため、ほかの人間がダービの解釈が誤りだと証明することもできなかった。第二に、「終末」のイメージを、信者にとってきわめて魅力的なものに作り変えた。いわゆる「前千年王国説」（訳注：キリストがこの世を支配する千年王国が始まる前に、キリストが再臨すると考えるキリスト教の終末論）では、やがて戦争や飢饉や感染症などの患難が世界全体を襲い、人類存亡の危機が訪れると考える。だがダービはそこに、「携挙（Rapture）」という概念を持ち込んだ。地獄が開放される直前に、イエスが身分を隠して現れ、この世の患難が過ぎ去るまで、天の安全な場所にキリスト教徒を連れていってくれる。こうして危機を逃れた幸運な聖人たちは、患難が去ったあとにイエスとともにこの地に戻り、ハッピーエンドを迎えるのだという。第三に、まったく新たな宗派を立ち上げようとはしなかった。ダービは、どの宗派の神学にも追加できそうな新たな概念を提供したにすぎない。

そして最後に、ダービは変人ではなく、正真正銘の学者だった。一流大学で教育を受けたイギリス人で、新約聖書のオリジナル翻訳を手がけたこともある。アメリカ人はよく、教養のある専門家に、何が正しく何が正しくないかを決められるのを嫌がる。だがその一方で、ピューリタンの時代から、学のある仲間の信者が自分の信念を裏づけ、みごとなほど洗練された理論に仕立て上げるのを喜んで受け入れる。つまり、前近代的な幻想を抱きながら、その正当性を証明したいという近代的な欲求がある。歴史学者のポール・ボイヤーは言う。「福音主義者の預言信仰がすたれないのは、その信仰の妥当性を擬似経験的、〝科学的〟に検証しているからだ」。ダービのような説教師は「こうした取り組みを（中略）はっきり科学と呼ぶ」と。科学が重視される時代であっても、聖書を非の打ちどころのないデータセットとして扱えば、キリスト教も繁栄できるのだ。

ヒステリー、けいれん、発作

トクヴィルはカトリックだったため、調査旅行の間に野外集会に出席することはなかったが、『アメリカのデモクラシー』の中にこう記している。「永遠の幸福へ至る尋常ではない方法を創始しようと奇妙な宗派が生まれている。アメリカでは宗教的狂気がごくありふれたものになっている」。その中でも有名なのが、イギリスから逃れてきた狂信的な女性、アン・リーが設立した宗派だ。彼女はクエーカーだったが、その思想がイギリスの仲間に受け入れられなくなると、数名の弟子を連れてニューヨーク州北部に渡った。性的欲望を嫌い、キリストの再臨に取りつかれ、幻を見、預言を行い、異言を話し、魔術で病気を治癒したという。彼女同様に禁欲を貫いた弟子たちはやがて、彼女を再臨したイエスだと考えるようになった。メソジスト派やバプテスト派などリバイバル運動に参加した宗派は、けいれんを信仰に組み込んでいたが、そのはるか以前からアン・リーの信奉者たちは、けいれんを正式に取り入れていた。そのためこの宗派はシェーカー（「揺れる人」の意）と呼ばれた。地域的な小規模宗派だったシェーカーは、彼女の死後も成長を続け、19世紀の間に北東部から西部の辺境にまで活動域を拡大した。

シェーカーの信者が最大数に達した時期は、１８３０年代に彼らの言う「顕現の時代」が始まり、ヒステリーが最高潮に達した時期と一致する。信者（特に若い女性）は発作を起こしている間、天国に行き、死者と交信しているものと信じていた。トクヴィルがシェーカーの礼拝に参加したのは、ちょうどそのころだ。彼はその様子を見て面食らうと同時に、内心ではぞっとした。実家への手紙にこう記している。「お母さんに想像できるだろうか？　人間の精神は、自由にさせておくと、とんでもない変調を来す場合がある。私たちに同行したアメリカのプロテスタントの若者も、その場を離れるときにこう言っていた。『こんな様子をあと二回見せられたら、カトリックに宗旨替えしますよ』」。

その当時のアメリカには、シェーカーを含め、ある程度の成功を収めた小規模宗派やカルト集団が何十とあった。それらを率いていたのはいずれも、神や天使と直接交信ができると主張する、ぎょっとするような人物である。大部分のアメリカ人は、この国が超自然的な驚異に満ちており、自分が普通とは異なる時間や空間に生きていると信じたがっていた。19世紀半ばのアメリカが、紀元1世紀初頭の聖地のような場所であることを望んでいた（実際、そのころの東部地中海沿岸には、イエスを始め、各地を渡り歩く預言者や魔術師、治療師が無数にいた）。「第一次大狂乱」期が最高潮に達するころには、そのアメリカにもう一つきわめて面妖な新宗教が現れ、驚くべき成功を収めることになる。

第10章

実にアメリカ的な二次創作小説
――預言者ジョセフ・スミス

末日聖徒イエス・キリスト教会（モルモン教）の始祖ジョセフ・スミスも、フィニーやミラーと同時代の人物である。この男もまた、説教師や預言者としてスーパースターになる前のフィニーやミラー同様、ニューヨーク西部の田舎町に暮らす、ごく普通の若者だった。平凡な家庭に育ったが、その家族はさまざまな宗派に入っては出てを繰り返し、父親は予知夢を見ることができたという。学校には数年しか通っていないが、魅力的で人に取り入るのがうまかったスミスはやがて、大衆の幻想をあおれば、楽にお金を儲けられることに気づいた。近所の人たちの多くは、当時の大半のアメリカ人同様、この地のあちこちに略奪品が埋蔵されていると信じていた。古い時代にスペイン人や先住民が見つけた黄金、強盗が奪った現金、失われた宝石などだ。10代のスミスは、こうした地下の宝物を探す人々に雇ってもらい、その手伝いをした。雇ってもらう際には、二つの不思議な「預言者の石」を使い、超自然的な力で宝物を探せると主張したという。

モルモン教誕生——3か月に及ぶ神との会話

後に語ったところによれば、スミスが14歳のとき、森の中で祈りを捧げていると、光の柱の中に神が現れた（さらにあとで思い出したところによれば、神と一緒にイエスもいたらしい）。そして、スミスの罪は許されたと語り、既存の教会はどれもキリスト教を誤解していると告げた。それから3年後、17歳のスミスは、不思議な力を用いるフリーランスのトレジャーハンターとなっていた。そのころ、家で祈りを捧げていると、またしても光の柱の中に、空中に浮いている天使が現れた。その天使はモロナイと名乗った。聖書には登場しない名前である。そしてこんな話をした。これまで知られていなかった聖書の残りの部分をエジプトの象形文字で記した金版がある。それが14世紀前に、スミスの家から6キロメートル余り南のところに埋められ、そのままになっている。そこには、古代の預言者の石も二つ一緒に埋められており、それを使えば、象形文字を翻訳することができる。モロナイは話を終えると、「まっすぐ天に通じるパイプ」を通って去っていったが、すぐに戻ってくると、先に言った話をそのまま繰り返した。ただし、今回はそれに加え、「そうだ、すまない。一つ言い忘れたことがあった」といった感じで、「終末」が間もなく来るとも語った。その後、天使は天国へと帰っていったが、やがてまた戻ってくると、もう一度同じ話をした。さらに、翌日にもう一度現れ、またしても同じ話を繰り返した。

それから4年後、スミスはその金版を掘り当てることに成功し、そこに刻まれた文章の「翻訳」に取りかかった。翻訳の作業を行うときには、友人や妻がそばにいて、その手伝いをした。その作業は、こんな形で行われた。金版のそばに帽子を置き、帽子の中に預言者の石を入れる。スミスがその帽子に顔を埋め、そこに「見えた」英語の言葉を口述する。英語は、一度に1文ずつ現れる。そしてそれを、そばにいた人が筆記する。またこの翻訳作業の間に、神が直接スミスの心に追加の啓示を授けることもあり、スミスはそれも文字に起こした。

こうして週5日の「読解」および神との会話を3か月行った結果生まれたのが、モルモン教の経典「モルモン書」である。スミスによれば、これはキリスト教の聖書の第三部にあたり、その25万語に及ぶ文章の中には、旧約聖書や新約聖書の改訂も含まれるという[1]。この書は、口述筆記が終わってから1年後の1830年に出版された。その内容は、みごとなまでの傑作だった。紀元前6世紀、これまで知られていなかったリーハイという預言者が、包囲されたエルサレムから逃れ、家族や友人とともに船でアメリカに渡ると、子孫がその地で文明を築き上げた。だがその文明は間もなく、相対立する二つの部族に分裂した。白い肌の部族と浅黒い肌の部族である。すると、復活したばかりのイエス・キリストが、白い肌の部族の中に現れ、その中からまた別の十二使徒を選び、この地でも「山上の垂訓」を繰り返した。イエスが訪れたおかげで、白い肌の部族と浅黒い肌の部族の対立はしばらく収まった。しかし紀元5世紀になると、対立が再燃して戦争になり、浅黒い肌の部族が白い肌の部族を壊滅させた。スミスが話をしたモロナイは、その戦争における白い肌の部族の生き残りで、金版もそのときにモロナイが埋めたのだという（スミスは後に、アメリカの先住民は浅黒い肌の部族の子孫だと神から聞いたと述べている）。スミスはその後も死ぬまで神からの啓示を受け、それを独立した経典として出版したり、既存の聖書の改訂に利用したりした。

アメリカを聖地に見立てる

これまで述べてきたとおり、アメリカのキリスト教徒は最初から、ヒステリー気味で、そろいもそろって自己中心的で、聖書を文字どおりに解釈したがる傾向がある。ジョセフ・スミスは、

（1） これを言い換えれば、モルモン書は『ホビットの冒険』（邦訳は瀬田貞二訳、岩波書店、2000年）の2倍以上長いが、『指輪物語』（邦訳は瀬田貞二・田中明子訳、評論社、1992年）ほど長くはない。

その条件に合致するどころか、輪をかけてその傾向が強かった。たとえば、アメリカのピューリタンや同時代の千年王国信奉者と同様、ハルマゲドンが間もなく起こると予言した。神が自分に伝えた言葉として、「天は揺れ、地は震え」、不運な者たちは「骨から肉が、眼窩から目玉がこぼれ落ちるだろう」と述べた。１８３３年の午前4時に流星群を見ると、それを神意によるものと考え、「私は起き上がると、天から星が降ってくるのを見て歓喜した。（中略）キリストの再臨が間近に迫っている確かな証拠だ」と語った。

何もかも文字どおりに解釈するという彼の神学には、際限がなかった。「神には肉も骨もある」と述べ、イエスは神とマリアとの性行為により受胎したと主張した。当時のアメリカのキリスト教徒は常に、聖書の内容をアメリカに移し変えようとした。たとえば、山の上にあるアメリカの町をエルサレムのような町、あるいはエルサレムそのものと考え、自分たちアメリカ人を神に選ばれた古代イスラエル人のような存在、あるいは古代イスラエル人そのものと見なそうとした。そこでスミスはアメリカを、実際にイスラエルからの移民が入植し、イエス・キリストが訪れた第二の聖地に仕立て上げた。こうすれば、自分が間もなくアメリカ西部に築き上げる新たな王国が、生まれ変わったキリスト教世界の中心地になる。

聖書の大部分を一つの歴史小説と考えると、ジョセフ・スミスが生み出したのは二次創作小説だと言える。しかも、史上まれに見る成功を収めた、先駆的かつ記念碑的な二次創作小説である[2]。ある研究者の説明によれば、二次創作小説とは、ある原作のファンが、「原作の世界を広げる物語を期待する」ほかのファンの「欲求を満たす」ために創作した小説を指す。スミスの場合、その原作が旧約聖書と新約聖書だった。ユダヤ教やキリスト教の神学者（特に17〜18世紀のアメリカのプロテスタント）は以前から、聖書の二次創作小説を書きたいという衝動に多少は身を委ねていたが、解釈や注釈の域を出ることはなかった（新約聖書そのものが、旧約聖書に基づく二次創作アンソロジーだという意見もある。「エホバに、半神半人の息子がいたことにしよう」という感じである）。スミスがわずか数年でこれほど壮大な二次創作小説を生み出せたのは、起業家精神にあふれ、過剰な自負心を抱くアメリカ人だったからこそだろう。しかもその一部は、原作の著者である神自身が口述したということにされている。

スミスは（つまり神は）、エデンの園からアダムとイブが追放されたのは、悲劇的な「人間の堕落」などではなく、むしろいいことだったと述べた。その結果、普通の喜びや満足を感じられるようになり、人間が人間らしくなったからだ。また、イエスがこの新世界に実際に現れたという物語を提示することで、キリスト教をいっそう身近なものにした。アメリカ人は当初から、ア

（2）モルモン書の発行部数は１８３０年以来、１億５０００万部を超えている。ちなみに、これに次いで成功を収めた二次創作小説は、バンパイアや人狼が登場するベストセラー小説『トワイライト』（ステファニー・メイヤー著、邦訳は小原亜美訳、ヴィレッジブックス、２００８年）の二次創作小説『フィフティ・シェイズ・オブ・グレイ』（E・L・ジェイムズ著、邦訳は池田真紀子訳、早川書房、２０１５年）で、１億部以上の発行部数を誇る。

メリカに視野の狭い自分本位の幻想を抱いてきたからだ。神学的な物語は、フィクションとして書かれた物語とは違い、読者が物語の登場人物になることを意図している。その点で、スミスの二次創作小説が生み出した新たなハッピーエンドもまた、このうえなくすばらしいものだった。二次創作小説を意味する「fan fiction」という言葉は、１９６０年代にあるＳＦシリーズのファンが書いた物語を表現するために生み出された造語だが、スミスの言う天国はまさにＳＦそのものだ。その天国は、アメリカン・エキスプレスのカードのように、レベルごとに区分されている。地獄行きには至らないごく普通の人々の領域、善良なキリスト教徒の領域、そしてモルモン教徒が憩うスーパープレミアムな領域である。そこでは私たちはもはや、霊妙な天界に暮らす、区別ができないほど無数の魂の一つというだけではない。それぞれが不死の肉体的存在として復活し、自分に割り当てられた惑星を王や女王として治め、王子や王女を続々と生み出すことができる（ちなみに神は、地球から一定の距離にあるコロブという実在の天体の近くに住まっている）。今は亡き友人や親類も、死後に洗礼を施し、天国に送り届けることができるという。かつてないほど麗しい歴史であり、かつてないほど麗しい未来である。さらに、少なくとも男性には、麗しい現在も待っていた。もはや複数の女性との性行為は罪ではなく、聖なる命令なのだ。

　この教会の創設については、ごく細かいレベルに至るまで、滑稽に見える部分が少なくない。たとえば、スミスが弟子のジョンに、教会の歴史を書かせようとしたところ、ジョンは、神からそう言われなければやらないと答えた。そこでスミスはもう一度同じ命令を下す際に、もっと神らしい言葉を使った。「よく聞きなさい。わが僕《しもべ》ジョンが正規の歴史を書き、記録に留めるべきである」。

新たな宗教を生みだす

最近、ジョセフ・スミスの伝記の決定版とも言える『Rough Stone Rolling（転がる粗石）』が出版された。その著者であるコロンビア大学の歴史学名誉教授、リチャード・ライマン・ブッシュマンは、モルモン教会の終身会員であり、その聖職者を務めてもいる。先祖は、19世紀にスミスやその使徒を知り、彼らに従ってアメリカ大陸を横断したという。ブッシュマンは、驚くほど控えめな態度でこう記している。「ジョセフ・スミスに関する出来事の中でいちばん興味深いのは、彼を信じる大衆がいたということだ」。だが、その理由に関する記述はまったくない。どうしてスミスは、大衆を引きつけることができたのか？　スミスの弟子の一人は、スミスと一緒に、ニューヨーク州ウェイン郡で洗礼者ヨハネと会ったとも、クリーブランドの近くでイエス・キリストと話をしたとも述べた。ほかの二人の弟子も、スミスのそばで天使に会ったと語った。ブッシュマンはこれらを事実として報告している。

ジョセフ・スミスは、本当に神やイエスと話をした預言者だったのか？　並外れた成功を収めたペテン師だったのか？　自分が抱いた妄想を心の底から信じていたのか？　私には、どうも三番目が本当なのではないかという気がしてならない。スミスは自分の生涯が終わりに近づいたころに、こう述べている。「私の物語を信じない人を責めるつもりはない。私自身、こんな経験をしていなかったら、とても信じはしないだろう」。

これまでの例にあるように、狂信者は、迫害を受ければ受けるほど、その宗教的情熱を高めていく。スミスも、神が初めて目の前に現れた14歳のときに、メソジスト派の牧師にその話をしたが、牧師はあきれて真に受けてくれなかった。20歳のときには、宝物探しを請け負っていた顧客から、不思議な石を使った魔術はいんちきだと訴えられて逮捕され、裁判にかけられた。金版を掘り出す1年前のことである。そして言うまでもなく、その後もスミスやその信奉者は攻撃され、町から追い出され、まさに迫害された。

だが迫害により、この異端の勢いが衰えることはなかった。最初の10年間で、モルモン教会の会員は３００人弱から2万人近くにまで増えた。スミスは、天使が以前から命令していた一夫多妻制を決死の覚悟で受け入れると、2年間で30人の女性と結婚した。そのうちの8人は3か月の間に立て続けに結婚しており、6人はまだ10代である。当然のことながら、当局からの迫害も一般大衆からの迫害も過熱した。するとモルモン教会は、さらに成長の速度を高め、それからわずか3年で信者は1・5倍以上に増えた。スミスは、アメリカ大統領選挙への立候補を表明して間もなく行った最晩年の説教の中で、自分はイエスの弟子たちよりも忠実な信徒に恵まれたと豪語し、こう述べた。「私は迫害を誇りとする」。そしてその直後、30代の若さで起訴・逮捕され、勾留中に殺された。まさに、イエス・キリストと同じである。教祖の死から2年の間に、さらに1・3倍に増えた信徒たちは、古代イスラエル人のように不毛の地へと集団脱出を図り、ユタ州にモルモン教のエルサレムを築く。

ジョセフ・スミスは、典型的なアメリカ人だった。自分の妄想を心から信じていたにせよ、史上最大のペテン師だったにせよ、その並外れた大胆さ、度肝を抜くような度胸は、滑稽なまでにアメリカ的である。アメリカは、現実性を確認することを嫌い、誰にでも自分なりの真実に接する権利があると確信する人々により形作られた。偉大な幻想を実現するために築かれた場所なのだ。だからこそジョセフ・スミスのような人間は、アメリカ以外の近代世界のどこにも現れようがなかった。そもそもアメリカ以外の場所で、これほど多くの責任ある人々が、これまでの信念や生活をさっさと捨て去り、そんな主張をする男の見解に身も心も投じることなど、ありうるだろうか？

実際、１８００年の復活祭の日曜日、英国国教会の主教座聖堂であるロンドンのセント・ポール大聖堂で聖餐を受けたのは、わずか6人だった。イギリスを含むヨーロッパやオーストラリアにおける19世紀の宗教リバイバル運動は、アメリカとはまったく性質が異なる。ヨーロッパの運動はアメリカよりも地味でマニアックであり、プロテスタントらしい虚飾を廃した信仰に立ち返ることに主眼を置いていた。感情の高まりやけいれんによる精神的転換や「新生」もなければ、斬新かつ極端な神学的展開もない。結局はささいな運動にとどまり、超自然的（かつ利己的）な幻想を広めるのではなく、せいぜいキリスト教青年会（ＹＭＣＡ）や救世軍といった組織を設立し、貧しい人々や身体の不自由な人々にキリストのような慈善的取り組みを実践しただけだ。つまり、日増しに世俗化していくヨーロッパにとっては、副次的な意味しかなかった。これは、アメリカを除く近代キリスト教世界全般にあてはまる。

一方アメリカでは、超常体験を重視する宗派が生まれては台頭し、その一部はある地域全体を支配するに至った。南部を支配したバプテスト派、ユタ州を支配したモルモン教がいい例だ。ハロルド・ブルームが『アメリカの宗教』の中で述べているように、これらの宗派はもはや、先行するキリスト教とはまったく別の、新たな種類の宗教だった。キリスト教がユダヤ教から生まれながら、それとはまったく別の宗教だったのと同じである。アメリカは相変わらず例外的で、さらにその傾向を強めつつあった。

第11章

いかさま療法好きな国民

――擬似科学と宗教の相互作用

アメリカの新たな宗教は、古代の奇跡ばかりか現代の奇跡さえ擁護し、強く信じさえすれば超自然的な神秘体験ができると主張した。アメリカにはすでに、「信仰不安者席」（訳注：プロテスタントの伝道集会で、信仰に不安を抱えている人が座る席）から息を弾ませて立ち上がり、聖霊と交信して即座に「新生」を果たす福音主義のキリスト教徒が何百万人といた。だがこれには、実際的な効果もあった。19世紀初頭の教会は、道徳を説き、永遠の来世を約束するとともに、人生の無意味さや空しさをたちどころに解消する妙薬を提供してもいたのだ。

魔法と科学と

こうした魔術的信仰が復活したのは、驚異的な新テクノロジーが登場してきた時期にあたる。そのころになると、高速で旅行ができるようになり、機械で一瞬にして映像をとらえたり通信を行ったりすることが可能になった。１８４４年には、サミュエル・F・B・モールスが最初の電信を送った（最初に送ったのは、旧約聖書の「神のなせし業」という言葉である）。すると、それからわずか4年で、メイン州とミズーリ州、シカゴとサバンナを結ぶ電線が敷設された。その電線は、白熱光を発し、火花を散らしながらメッセージを送受信した。ニューヨーク・ヘラルド紙にはこうある。「キリスト教紀元１８４８年1月1日、奇跡の新時代が始まった」。それは、「十分に発達した科学技術は魔法と見分けがつかない」というアーサー・C・クラークの有名な法則をみごとに具現化していた。だが本書では、このクラークの警句が逆の意味を持つことを指摘しておきたい。つまり、魔術や奇跡のように見えるテクノロジーは、見せかけにだまされやすい人々の魔術・奇跡信仰を促進・強化する場合がある。

たとえば、前述のニューヨーク・ヘラルド紙の記事の数か月後には、こんな出来事があった。フォックス家の12歳と15歳の姉妹が、モールス信号のような音を使い、家に出没する幽霊と会話をしたと公表すると、多くのアメリカ人がそれを信じたのだ（本書に登場する19世紀の人物の多くが、ニューヨーク州西部出身である。フォックス姉妹は、ジョセフ・スミスが最初に神と話をした場所の隣町に住んでいた）。姉妹は霊媒師として有名になり、死者と交信する「降霊術」運動が全国的に広まるきっかけとなった。当時は、社会的地位のある人々でさえ降霊術の会に参加した。著名ジャーナリストのホレス・グリーリーも姉妹を擁護し、宣伝まで行っている（姉妹は40年後すべてが嘘だったと認めたが、幸運にもグリーリーはすでに他界していた）。また、当時シェーカーは、精霊や幽霊との交信を詳細に記録していたが、ある記録にはやや興奮気味にこう記されている。大西洋を横断する電信が証明しているように、「生者の世界と死者の世界の間には電信が確立されている」。さらに、「終末」を予言し、「携挙」という概念を生み出したダービは、電信を「ハルマゲドンの前触れ」と考えた。

　このように、アメリカでは「第一次大狂乱」期に、驚異的な科学やテクノロジーにより、超自然信仰が強化された。たいていは、前述のような類推から、あるいは何かの前兆としてである。だが、テクノロジーの影響はそれだけにとどまらず、似非科学や見せかけの驚異まで生み出した。とりわけその対象になったのが、医療である。いんちき薬の中には、詐欺師が意図的に生み出したものもあるが、何の効果もない「秘薬」を発明・販売し、大成功を収めた人々の多くは、その薬の効用を心から信じて疑わなかった。患者もまた、その奇跡的な治療効果を信じていたので、効いているように思えることさえあった。「プラシーボ効果」（訳注：薬理効果のない偽薬を、実際に効果のあるものとして服用すると、実際に治療効果が現れる場合がある現象を指す）という言葉が、医学用語として登場したのもこのころである。

ホメオパシーの登場

当時の擬似科学的な医療ブームにまつわる物語は、数十どころか無数にある。だが現在それがすっかり忘れ去られているところを見ると、都合のよい医学、偽りの医学はいずれ、真正の医学に駆逐されることがわかる。たとえば、19世紀のアメリカには、水治療法の施設が何百とあった。これは、冷水に浸した布を患者に巻く治療法で、関節リウマチ、心臓・腎臓・肝臓の疾患、天然痘、淋病、赤痢の治療に利用されたが、やがて信用を失い、行われなくなった。だが、この19世紀の不健全な雰囲気の中から、ある似非療法の学派が現れると、やがてアメリカを席巻し、以後消え去ることはなかった。

それは、「代替医療」のさきがけとなったホメオパシーである。この療法が生まれたきっかけはキニーネにあった。これは、実際にマラリアに効果のある薬である。それを健康な人が飲むと、まるでマラリアにかかったような感じになる。そこから、こんな推測が生まれた。「健康な人にある症状を引き起こすものは、それと同じ症状を示す病気の治療に利用できる」と。シンプルですっきりとした考え方だ。

それをさらにシンプルにした「毒をもって毒を制する」が、ホメオパシーの基本的な考え方である。理性と科学の新時代に新たに形成された無数の幻想と同じように、ホメオパシーはまがい物の科学を採用し、皮相な論理による類推を根拠にしている。実際、「毒をもって毒を制する」は、ワクチンの理論を一般化したものでもあった。天然痘ワクチンの仕組みは、少量の牛痘ウイルスに感染させ、天然痘に対する免疫力をつけることにある。

ホメオパシーの薬は、花、樹皮、金属、ヒ素など、数十に及ぶ物質を混ぜ合わせて作られた。ホメオパシーを開発した人物は、それを否定するほかの空想家をばかにして、こう主張した。

「迷信、不正確な観察、浅はかな思い込みが、嘘の効用だらけの薬を生み出してきた」

もちろん、ヒ素などの毒物を飲ませれば、患者をかえって害するおそれがある。だがホメオパシーは、その問題をみごとに解決した。薬を作る際には、その成分を水やアルコールで薄め、よく振り（「その非物質的・霊的力」を「活性化」「増大」させる）、それからまた薄め、振り、さらに薄め……という工程が繰り返される。その希釈率は数十億分の1から数兆分の1に及び、もはやできあがった薬は単なる水やアルコールであり、当初の成分は事実上ないに等しい。一般的には、大西洋分の水に塩を一つまみ加える程度の希釈率が推奨されているという。

あらゆる病気にこうした偽薬を処方するホメオパシーは、極端な魔術的思考の産物である。この療法は、いわゆる「好感情の時代」（訳注：アメリカで政党対立がほとんど見られなかった１８１０年代半ばから20年代半ばまでの時代を指す）にドイツからアメリカに輸入されるとアメリカを席巻し、19世紀の間人気を博した。1848年にはフィラデルフィアにホメオパシー医科大学が設立された。現在のドレクセル大学医学部である。そのほか、アメリカ全土の大学でホメオパシー医学士の学位が授与され、数千人に及ぶホメオパシー医が生まれた。

救いは、ホメオパシーが「何よりもまず害をなすなかれ」という医療倫理を守っていることだ。ホメオパシーの薬には、無視できるほどの活性成分しか入っていない。マーク・トウェインが言うように、何千ものホメオパシー医や何百万もの患者が「死神が近寄ってこないよう偽の薬で買収する」ためにそんなことをしているのなら、それは当人たちの問題でしかない。

19世紀半ばにアメリカで大流行した擬似科学的な医療慣習は、まだほかに二つある。メスメリズムと骨相学である。どちらも、社会的な地位も名声もある大勢のアメリカ人が夢中になった。これらもホメオパシー同様、ヨーロッパから輸入されたものだが、その人気や影響がもっとも大きく、長期にわたり命脈を保ったのは、やはりアメリカである。1世紀後の1960～70年代にホメオパシーが復活を果たすのも、いかにもアメリカらしい（第22章参照）。

不思議な棒による治療

メスメリズムは、磁気療法や電気心理学とも言われ、あらゆる病気や不調の原因は一つしかないと考える。それは、アメリカで大成功を収めたある開業医の言葉を借りれば、「身体システムの電気がバランスを失っている」ためだ（この人物は、電気心理学の理論家としてアメリカ上院でスピーチを行ったこともある）。そこで、磁気化された棒や、よくわからない方法で「エネルギー」を加えられた手を使い、患者の体内を流れる電気の詰まりを取り除くのである。中には、この施術により折れた骨を接ぎ、足の不自由な人を歩かせ、精神疾患を治すこともできると主張するメスメリズム医もいた。魔術ではないかと疑うキリスト教徒に対しては、イエスもメスメリズムを使い、目の不自由な人を治す奇跡を成し遂げたのだと主張した。メスメリズムが考案されたのと同じころには、イェール大学出身のある医師も、基本的には同じような擬似科学を採用し、「苦痛の元となる有害な電気の流れを取り除く」独自の器具を使って大成功を収めている。これらの医師はたいてい、7〜8センチメートルの金属棒で患者をなでるという施術を行っていた。この棒は、アメリカで最初に特許を取得した医療機器となったが、その開発者は間もなくコネチカット医学協会から追放された。だが、こうしたエリートとの対立にもかかわらず、いやむしろ、そのためにかえって民衆は、不思議な棒の治療効果を信じた。開発者は自分でも、その棒があらゆる病気に効くと思い込んでいたのだろう。ニューヨーク市で黄熱病が流行したときには進んで治療を買って出たが、結局当人も黄熱病に感染して死亡した。

　どんな病気も治すメスメリズムは、大衆の意識にも効果を及ぼしたのか、19世紀に一大ブームとなった。やがてあるメスメリズム学派が、トランス状態を引き起こすことを重視するようになり、１８８０年ごろにはそれが催眠術として知られるようになった。これは、架空と現実の自覚的な区別ができなくなる、れっきとした神経学的現象である。だがそれから1世紀後には、この催眠術が大衆に多大な悪影響を及ぼしていると考えられるようになる。たとえば、多くのアメリカ人が催眠術により、サタン崇拝者の奴隷と化しているといった具合だ（第37章参照）。いずれにせよ、不思議な棒や手を使ったメスメリズムは、神秘的な「エネルギー」を用いた治療行為として大成功を収めたが、これは単なる前哨戦にすぎない。こうしたエネルギーによる治療は、20世紀後半から21世紀にかけての代替医療の中心的存在になっていく（第34章参照）。

　さまざまな擬似科学同様、メスメリズムはいわばＳＦであり、現実の一端を曲解して生み出した幻想でしかなかった（その当時は、筋肉が本当に電気信号で動いていることが明らかになったばかりだった）。骨相学も、似たようなＳＦ的発想、事実からのばかげた類推に基づいている。その事実とは、精神はすべて脳の中にあるというものだ。この理論の提唱者の言葉によれば、脳は「固有の機能を持つ心的器官の集合体」であり、心理学的特徴は脳の各部に対応している。そのため、頭皮上から患者の頭蓋の各部の詳細を精査すれば、それを「読み取る」ことが可能なのだという。骨相学は、１８３０年代初頭にボストンで地歩を固めると、瞬く間に社会的地位の高い人々をも熱狂の渦に巻き込んだ。骨相学者は、19世紀の大半を通じて、アメリカにおける心の健康の専門家として君臨し、学会や機関誌も無数に存在した。大都市などどこでも、小規模な町でもたいていは、その開業医がいた。ある有名な骨相学者は、一生の間に30万人の頭を検査したという。１８５０年のアメリカの人口の1パーセント以上にあたる人数である。

こうした擬似科学は、健康な人にさほど害を及ぼすことはなかったが、病気の治療にさほど貢献することもなかった。それでもこれほどの人気を得た原因は、意見や感覚は事実と同じであるとする実にアメリカ的な考え方にあった。しかも擬似科学は、そのような考え方をさらに助長した。骨相学が衰退して間もない1928年、ギルバート・セルデスはその著書『The Stammering Century（不可解な世紀）』の中でこう述べている。

骨相学信仰は、アメリカ的特徴の発展に多大な影響を与えた。何よりも骨相学は、個人を礼賛した。というより、アメリカという環境の中に個人主義的傾向を見つけ出し、そのようなアメリカ的特徴に順応したといったほうが正確かもしれない。（中略）骨相学もメスメリズムも、自分への興味を高める。半世紀後の心理学や精神分析と同じである。（中略）メソジスト派が台頭する前に骨相学がアメリカに紹介されていたら、異端として迫害され、完全に拒絶されていたかもしれない。

つまり、宗教や擬似科学など、さまざまな幻想が相互に影響を及ぼし合ったのだ。メソジスト派の創設者の一人であるウェスレーは、専門家の治療に頼らない『An Easy and Natural Method of Curing Most Diseases（大半の病気を治す簡単で自然な方法）』と題する書籍を出版し、ベストセラーとなった。そこには、玉ねぎと蜂蜜ははげに効く、リンゴは精神疾患を防ぐ、といった記述がある。また、長老派の聖職者シルヴェスター・グラハムは、肉や香辛料は体に悪く、（おそらく悪い意味で）性的な刺激を与えるという信念に基づき、菜食主義運動を展開した（グラハム粉はこの人物に由来する）。セブンスデー・アドベンチスト教会の創設者の一人は、「終末」の幻だけでなく、水治療法の病院の幻を見た。そこで、同教会の信者だったジョン・ケロッグという医師を雇い、その病院を運営させた（コーンフレークのケロッグはこの人物に由来する）[1]。

信徒は科学者となる

こうした擬似科学と宗教の相互作用から、新たな宗派が生まれ、やがてまったく新しいアメリカの宗教へと発展した。１８３０年代、メイン州に住んでいた時計職人・発明家のフィニアス・クインビーは、メスメリズムの効果に気づくと、すぐさま開業医に転身し、催眠術を駆使して病気に苦しむ患者の治療を行った。クインビーの業績や考え方は、やがてニューソート（新思考）運動を引き起こした。これは、20〜21世紀のサイエントロジーやニューエイジ運動（訳注：20世紀後半に現れた精神世界を重視する自己意識改革運動）の先駆けとなる運動である。ニューソート運動の信奉者は、信念がすべてを支配するのであり、不幸も幸福もすべては頭の中だけのことだと考えた。信奉者の中には、キリスト教徒もそうでない人もいたが、彼らは一様に、自分たちは科学的であると同時に神秘主義的であり、個人を完成に導く実用的なツールを提供すると主張した。

クインビーが死ぬ数年前の１８６２年、メアリー・パターソンという女性が治療を受けに来た。同じニューイングランド在住の病気がちな女性で、ホメオパシーや水治療法（や死者との交信）を試しても効果がなく、メスメリズムに期待してクインビーのもとを訪れたのだ。やがてクインビーが死に、夫からも見放されてしまったころ、パターソン夫人はある事故で背中を痛めた。だが、イエスが麻痺患者を治したという聖書の記述を読むと、背中のけがが治ってしまった。それを機に彼女は、キリスト教のような擬似科学のような信念体系の構築に取りかかり、やがてそれをまとめた『Science and Health（科学と健康）』という書籍を出版した。それによれば、痛いというのは「痛いという思い込み」があるだけだ。「人は寒さや暑さ、疲労の影響に苦しんでいるように言うが、それは人間の信念、思い込みであって、存在の真実ではない。モノは苦しむことができないからだ」。そのため「病気と呼ばれるものも存在しない」。痛みや病気だけでなく、死やモノそのものも、どれも現実にはない。さらに、「悪は幻想であり、現実的な根拠

（1）ケロッグが運営していた病院の患者の中に、C・W・ポストという人物がいた。彼はそこで、朝食用シリアル「グレープナッツ」のアイデアを思いつき、後に大成功を収めた。この商品の広告には、虫垂炎の治療にも効果があると記されている。だがポストは後に、明らかに虫垂炎らしい激痛に見舞われ、手術をしても痛みが取れなかったため、拳銃で自らの命を絶った。

を持たない。悪とは、現実性を持たない誤った信念である」。それから数年の間に、彼女は三度目の結婚を果たし、再び旧姓を採用してメアリー・ベーカー・エディを名乗り、クリスチャン・サイエンス教会を創設した。アメリカに設立された同派の教会は、その後の30年間で1000を超えた。その信徒は「サイエンティスト（科学者）」と呼ばれる。

メスメリズム医や骨相学者、水治療法師などはそれぞれ、まずまずの生活を送ることはできたが、個別に専門的サービスを提供するだけでは、全国的ビジネスを展開するまでには至らない。それを可能にする一つの方法が、メアリー・ベーカー・エディが行ったような宗教の創設である。だが、全国的ビジネスを展開する方法がもう一つある。奇跡的な効果を謳う製品を製造・販売するのである。やり手のアメリカ人たちは、1830～40年代にそれに気づき、奇跡の妙薬のブランド化・産業化に着手した。やがて、大小さまざまな企業が、あらゆる種類の万能薬、強壮剤、軟膏、オイル、パウダー、錠剤の販売を始めた。こうした売薬の主成分は、たいてい砂糖かアルコールでしかなく、中にはアヘンやコカインが入っているものもあった（「トマス博士の電気オイル」には、アルコールとアヘンとコカインが含まれていたが、「2日で難聴を治す」という宣伝どおりの効果を発揮したとは思えない）。それでも大半が、自然から採取した珍しい成分を調合した秘密の薬として販売された。たとえば、ドクニンジンの根やイチイの葉、あるいはイモリの目やカエルの足指などだ。

「ハムリンの魔法のオイル」の売り手はこう請け合った。「これで癒えない傷はない。治まらない痛みもない。飲みやすく、魔法のような効果を発揮する」。そのほかにも、「スウェイムの有名万能薬」や「ディックス博士の強壮錠剤」（「病人を元気にする」）があり、「ウォーデン博士の虚弱女性用丸薬」は「背曲がり」「後天性の異常」「初期虫歯」および月経困難症に効くとされた。指にはめれば「喘息、糖尿病、てんかん、がん」に効くという「電気化学リング」なるものもあった。

万能薬を売る詐欺師

19世紀のこうした凡百の薬売りの中に、やはり国中を旅していかがわしい薬を売り歩いているニューヨーク北部出身の男がいた。その人物とは、薬の広告の記載によれば、「がんの有名専門家ウィリアム・Ａ・ロックフェラー博士」である。広告の文句にはさらにこうある。「ここでの販売は一日限り。手遅れの状態でなければ、あらゆるがんの症状に大変な効果が望めます」（その息子のジョン・Ｄやウィリアム・ジュニアは、父とはまったく違う仕事につき、スタンダード・オイルを設立した）。ロックフェラーの薬にはほかにも、母親の家の庭の茂みから採ってきたベリーを干しただけのものもあった。これは女性用だったが、重要な注意事項が記されていた。「妊娠中は絶対に食べてはいけません」。これは間違いなく、偽の堕胎薬として売り込もうとする詐欺的手法である。

ロックフェラーは、典型的な三文詐欺師だった。一方、「マイクローブ・キラー（滅菌剤）」は、メスメリズムや骨相学やホメオパシー同様、もっともらしい科学的裏づけを備えていた（そのころ細菌論が新科学として脚光を浴び、「マイクローブ（細菌）」という言葉が生み出されたばかりだった）。しかし実のところ、このピンクの液薬はほぼ水でしかない。それを大きな水差しに入れ、大量販売していたのだ。その宣伝文句には、ばかばかしいことに、大胆かつシンプルに「あらゆる病気を治す」と記されている。この薬を開発した人物は世界中に工場を建設し、大金持ちになった。

それ以上の富豪に成り上がったのが、ベンジャミン・ブランドレスである。彼はイギリスに住んでいた25歳のとき、家族が経営していた売薬会社を相続すると、会社もろともアメリカに移住して事業を始めた。そこで製造・販売された「ブランドレスの植物万能薬」は、「血液中の不純物」を取り除くとされ、悪寒、咳、熱、インフルエンザ、胸膜炎、「しばしば死に至る突然の重病の発作」など、事実上あらゆる病気に効くと宣伝された。ある広告には、こんな事例が紹介されている。数年間病気が治らず、「かつての美しさを失ってしまったある若い女性」が、「ブランドレスの植物万能薬」を2週間ほど飲んだところ、「健康も美しさも取り戻した」という。この薬の広告は、アメリカに新たに登場した安価な新聞に、絶えず大々的に掲載された。数年後には、当時の人物がこう記している。「ブランドレス氏は、男子大学生の友愛会が束になってもかなわないほど図々しく、似非療法を大規模に展開している」。10年後、ブランドレスはニューヨーク州選出上院議員に選ばれ、銀行を設立するほど出世した。その薬は、小説『白鯨』（邦訳は八木敏雄訳、岩波書店、２００４年）にも登場している。

だが幸い、アメリカ人の猜疑心はまだ並外れて強く、それが正しい方向へ向けられた。実際それは、「第一次大狂乱」期に希望に満ちた幻想が大流行したため、その抗体が生まれたかのようだった。一世代の間に、「holy roller（狂信者）」「double-cross（だます）」「confidence man（詐欺師）」「bunkum（ごまかし）」「sucker（カモ）」という言葉が生まれた。１８３８年には、公衆衛生を革新した著名な医師が『Humbugs of New York（ニューヨークのペテン師たち）』という書籍を出版し、「妄想の流行やペテン師の支配」、あるいは「ばかげた教義を信じさせようとする人々や、魔訶不思議な信じられない主張を信じるお人よしを見つけ出そうとする人々」を猛烈に攻撃した。「大衆は、外国製および国内製のいかがわしい薬を何千と飲み、（中略）ホメオパシーを受け入れてきた。そして今では、同じような骨相学や動物磁気までうのみにしている」。この医師の舌鋒はそれだけにとどまらない。コーヒーやアルコールを過剰に避けるなど、いわゆる「過激主義」が医学の世界を超えて広まっているのを見て、急進的なプロテスタントや反カトリック主義、まともとは思えないモルモン教徒、果ては新聞が広めるでたらめまで非難している。だが、アメリカでは残念ながら、批判や論理的証明は狂気の火に油を注ぐことにしかならないこともまた理解していた。「思想であれ宗教であれ、迫害はかえって新たな考え方を広めるだけだ。実際、現在行われている愚行の中には、実際に迫害を受けたか、受けたと主張することで人気を得たものもある」。

同時代の別の書籍『Quackery Unmasked（暴かれたいかさま）』は、売薬産業が頂点を迎えようとしているころに、その本質を見破っている。

アメリカ人は秘薬が大好きだ。その種の新製品なら何でも、飽くことなき貪欲さでむさぼる。もの静かなイギリス人は、驚きの目でその様子を見物している。アメリカ人を「錠剤飲み」「シロップ飲み」と呼び、その信じやすさや移り気に目を丸くしている。こうしてアメリカ人は、世界中のもの笑いの種になりつつある。

ブランドレスは、故国イギリスでは到底成功できなかったに違いない。だが、アメリカ国民が、生まれたてのひなのように、大きな口を開けて新しいものを求めていることを知っていた。そこで恵まれたチャンスを生かし、アメリカへ行って彼らの望むものを提供したのだ。

生活を一変させる奇跡を求める度合いにおいて、アメリカに勝る国はない。その点で、アメリカは間違いなく例外的である。

第12章

幻想に満ちた仕事
――ゴールドラッシュという転換点

売薬産業が登場したのは、アメリカが公式に、だまされるのはだまされた当人の責任だと判断してから間もなくのことだった。１８１５年、米英戦争は終わりを迎えようとしていた。この戦争が終われば、イギリス海軍によるアメリカの港の封鎖が終わり、南部のタバコをまた出荷できるようになる。そうなれば、タバコの価格は急上昇する。ある土曜日の朝、その戦争が終わったという知らせがニューオーリンズに届いた。それをいち早く聞きつけた男が、まだ封鎖の解除を知らない男からタバコを50トン買いつける契約を結んだ。売り手の男は、後にだまされたと気づき、買い手の男を告訴したが、ここでアメリカ最高裁は、きわめて重要な見解を表明した。全会一致で、原告には何の請求権もないと判断したのだ。カモになった人にはすまないが、この自由市場では、買い手も売り手もそれぞれが自分で自分の身を守らなければならない、というわけだ。こうして、真実を隠してだますことが、全面的に認められた。その結果、アメリカは商業においても人生においても、こと真実と嘘に関しては自由に放言できる場となった。

金《きん》の夢再び

マーク・トウェインは、「歴史は繰り返さないが、韻を踏む」と言ったと伝えられる。実際、強欲、自己責任、南部、タバコなど、1815年のニューオーリンズの物語の主な特徴は、17世紀のバージニアと共通している。そのころのバージニアでは、アメリカ入植の第一世代が、金が出るという嘘の約束に人生を賭けたが、やがて現実に直面せざるを得なくなり、タバコ栽培を始めた。その後タバコは、南部全域における主要な換金作物となり、金が採り放題という当初の夢はほぼ消えてしまった。

だが、それから2世紀後にようやく、金の夢が実現し始めた。最初は、19世紀初頭のノースカロライナ州だった。少年がたまたま、8キログラム弱の金塊を見つけたのだ（これは、少年の父親が本来の価値の１０００分の1ほどの値段で売ってしまった）。次いで、１８２９年にジョージア州で金が見つかった。こうした場所へは金鉱を探す人が殺到したが、それらは小規模なものでしかなかった。いわば、ゴールドラッシュのリハーサルのようなものだ。ゴールドラッシュは、１８４８年にカリフォルニアで始まった。

　ではなぜ、一方は歴史を変える世紀のイベントとなり、他方はささいな歴史的小話で終わってしまったのか？

　それは１８４８年までに、驚異的なもの、信じられないものへのアメリカ人の欲求が刺激され、高まっていたからだ。当時は、20年に及ぶ技術革新の時代であり、それに伴い、安っぽい見世物小屋やメディスン・ショー（訳注：各地を巡回してショーを行い、その合間に売薬を宣伝する催し物）、扇情的な新聞など、嘘が熱狂的にもてはやされた時代でもあった。そのためこの「第一次大狂乱」期の間に、容易に自分の人生を改善できるという幻想が広く一般に蔓延していた。薬を飲む、聖霊を感じるなど、不思議な力で苦しみを癒やすというのも、その一例にすぎない。

　１８４８年初めには、オレゴン州に1万２０００人、アメリカに隣接するメキシコ領のアルタ・カリフォルニア州に１０００人ほどの白人が暮らしていた。そのころ、まれに見る絶妙のタイミングで幸運が重なった。1月のある月曜日の朝、アルタ・カリフォルニア州で製材所を建設していた男が、そばの小川で金塊を発見した。そして次の水曜日には、米墨戦争（アメリカ・

メキシコ戦争）の終結を確定する条約が調印され、それにより、アルタ・カリフォルニア州もそこから出た金もすべて、アメリカのものとなった。こうして、かつて新世界に吹き荒れた幻想が現実となった。幻の黄金郷が現れたのだ。

　歴史は繰り返さないが、韻を踏む。熱狂しやすい人々が、安定した生活や文明を捨て、数千キロメートルも西にある荒野のユートピアへ向かった。そこはまさに、「エデンの園」のような場所に違いない。きわめておとなしい先住民がわずかに住んでいるだけで、金が採り放題だ。19世紀に一獲千金を求める人々がカリフォルニアへ殺到した出来事は、紛れもなく、17世紀に一獲千金を求める人々がアメリカへ殺到した出来事の再現だった。あの聖書の楽園を求める冒険が再び始まったのだ。今回も17世紀初頭のように、地図上に新たな西進ルートが記され、先駆けとなる金探索隊が最初の旅に出た。ただし今回は、船ではなく幌馬車に乗ってである。

　それから１０００日ほどの間、カリフォルニアの金鉱での生活はめちゃくちゃで、まるで幻想に取りつかれた別世界のようだった。土地の所有権や高価な機械がなくても、地べたで休み、木のうろに潜り込んで眠る生活を送りながら、川床の砂利をさらって金を探すことができた。1セント銅貨よりも少し小さい30グラムほどの金塊でも、東部でもらえる高めの週給程度の価値がある。当初は、一人で週に数キログラムの金を見つけることも珍しくはなかったという。それは、望みうる最高のアメリカンドリームだった。間違いなく誰でも一夜にして金持ちになれる。素性や社会的地位は関係ない。上司はおらず、政府や法律も名目的な意味しかない。田舎の風景や気候も申し分ない。たまたまカリフォルニアの近くに住んでいたり、すぐに現地にやって来たりした最初の1万人にとっては、シエラネバダ山脈のふもとの丘での生活は、まさにおとぎ話のようだったに違いない。そんな生活は、それ以前もそれ以後も、どこにも見あたらない。

金発見から1年後の1849年初め、ニューヨーク・ヘラルド紙にこんな記事が掲載された。カリフォルニアで自由かつ簡単に金が採掘できるようになり、「大衆は狂気に向けて突っ走ろうとしている」と。実際、それから数年で、アメリカの若者の5パーセントが、金を探しに西部へ向かった。1849年には10万人、1850年にはさらに20万人である。アメリカ建国から1847年までの半世紀余りの間に、アメリカで産出された金の総量は37トンだった。一方、カリフォルニアで金が発見されてからの10年間は、毎年平均76トンの金が産出された。

私が思うに、アメリカ人にとってゴールドラッシュは一つの転換点となった。それを機に、不可能な夢、幸運、現実に対する考え方が永久に変わったのだ。きっとあの世では麗しい生活が永遠に続くのだろう。だがこの世の生活を愉快な冒険物語にすることもできる。現実をほら話並みに奇跡的な物語にすることもできる。実際、自分の人生の作り変えが、理論的に可能であるばかりか、大規模な形で現実に起こりつつある。ボストンのだまされやすい事務員やペンシルベニアの夢見がちな農民が、遠く離れた西部で、魅力的な物語の登場人物になろうとしている。「bonanza（大当たり）」「pay dirt（金のなる木）」といった言葉が生まれたのもこのころだ。

こうした有頂天気味な考え方が西部で主流となったのはもちろんだが、アメリカ人全体の心理についても同じことが言える。カリフォルニアの金は、最初にバージニアに入植した人々が抱いていた、明らかにピューリタン的ではない野心を復活させた。つまり、誰にでも、他人の干渉を受けることなく、海賊のように一獲千金の夢をつかむ自由があるということだ。マサチューセッツの急進的な信者たちやバージニアの一獲千金を狙う入植者など、17世紀の草創期アメリカ人には、信じられないことを信じる、幻想に魅了された生活を送る、自身の冒険物語の主人公になる、幻想を現実にするという共通の決意があった。ゴールドラッシュは、そのすべてを可能にした。それなら、行動をためらう必要がどこにある？　不思議な出来事が突如として常識を圧倒することもある。実際に奇跡がアメリカで起きたのだ。

だが、この個人主義の祝祭は短命に終わった。カリフォルニア北部に押し寄せていた幸運の波が引き始めたのだ。１８４９年の金採掘者の平均収入は、１８４８年の3分の1になり、その後も減り続けた。最終的には、不運な人々の数が、超幸運な人々の数を何十倍、何百倍と上まわった。金発見からわずか4年で総産出量は頭打ちとなり、その後の採掘は産業化された。資本や証書、組織、起業家が必要になったのである。

夢を売る人々

起業家とは、他人の協力を得て、資本を手に入れ（必ずしも裕福である必要はない）、何もないところから事業を始める人を指す。この職種は、アメリカと同時期に、やはり何もないところから生まれた。17世紀に新大陸の最初の植民地に出資したバージニア会社の設立者たちは、ごく初期の起業家だと言っていいだろう。だが「entrepreneur（起業家）」という言葉は、19世紀に英語に登場したころにはまだ、「興行師」や「見世物師」と同義だった。それが、さまざまな事業を始める人という意味にまで広げて用いられるようになったのはちょうど、トクヴィルがアメリカを訪れ、ゴールドラッシュが起きたころである。トクヴィルはこう記している。「この国ほど、人間の感情が金銭への愛情に支配されている国はない。アメリカでは金銭への愛情が、行動の主たる動機、あるいは副次的な動機となっている」。

　優れたアイデアを持ち、根性と幸運さえあれば、誰でも新たな事業や産業を考案・創造できる。こうした起業家的な考え方は、アメリカによい結果をもたらした。だがアメリカ人は、まれにしか起こらないことを拡大解釈する傾向がある。それは、１８４８年に一攫千金にありつけた幸運な1万人に続き、１８４９〜50年に金を求めて30万人がカリフォルニアを訪れた事実や、希望に満ちた幻想に浸りがちなアメリカ人の性格に、如実に表れている。ベンジャミン・フランクリンからマーク・ザッカーバーグに至るまで、ずば抜けた成功を収めた起業家の物語は、何百万もの負け犬や愚か者の物語を覆い隠し、忘れさせてしまう。そのため誰もが、自分を一途に信じれば、すばらしい成功にありつけると思い込む。アメリカ人にはこのような、信念に対する信頼がある。

起業家には無限の幅があり、取るに足りないペテン師もいれば、世界を変える夢想家もいる。だが、どの起業家も、他人を説得・勧誘してある夢を信じさせるという点では共通している。しかもその夢は、純然たる幻想という場合が多い。マクドゥーガルの著書『すぐ目の前にある自由』によれば、アメリカには最初から、ある決定的な特徴がある。それは、前例がないほど詐欺師が成功する余地があるという点だ。ここで言う詐欺師には、「自分を売り込む者、法律に従わない者、時々いかさまを行う一般人、あちこち移動しては身分を変える者」のほか、「起業家、行動家、敏腕家、夢想家」が含まれる。マクドゥーガルはまた、こうも述べている。「アメリカ人は、何にも増して詐欺師になりやすい」。それはつまり、「アメリカ人がこれまでのどの国民よりも、不正な手段であれ公正な手段であれ、自分の野心を追求するチャンスを大いに楽しんでいるということだ」。もちろん、多くの詐欺師が成功するには、信じやすい人も大勢いなければならない。

カリフォルニアのゴールドラッシュにより、夢見がちなアメリカ人が大挙して西部へ移住した。彼らには、西部へ行く明確な理由があったはずだ。だが、大陸横断鉄道など、西部への人口の移動により別の産業が生まれると、とめどなく西へ流れてくる大勢の旅行者や入植者が、こうした新たな起業家の事業を維持するのに欠かせないものとなった。つまり、鉄道やその周辺事業が、入植者に夢を売らなければならなくなった。これはまさに、17世紀に新世界に投資していたイングランド人が、アメリカに行ってくれそうな人々に夢を売り込んだのと同じ構図である。だがもはや、新たな金や銀はときどき発見されるにすぎない。そのため主に夢として売り込まれたのは、土地だった。土地は安価で、無料のところもある。しかも、従来のように農耕地として使えるだけではなく、資産としての価値もある。何もない西部の至るところで、土地を手に入れれば裕福になれると斡旋者が請け合った。たとえば、１８７４年に出版されたガイドブック『New Homes: Or, Where to Settle（新たな家――住みつくべきところ）』を見ると、ネブラスカ州中心部の土地の価格が、過去12年間で12倍に上昇したとある（そこは名もなき地域の中心部で、今もそれに変わりはない）。私の祖先の一部は、１８６０〜70年代にテネシー州やミズーリ州の田舎からネブラスカ州に渡り、そこで土地を買ったが、結局裕福にはなれなかった。

それから一世代後、また別の私の祖先がデンマークからネブラスカ州に移住した直後、１８９３年恐慌が発生した。大規模な不況を引き起こしたこの金融恐慌の一因は、西部の鉄道の敷設が過剰になって維持できなくなり、鉄道バブルが弾けたことにある。鉄道バブルをあおったのは、西部の不動産バブルだった。つい20年前には、以前の鉄道バブルが弾け、１８７３年恐慌が起きている。アメリカ人は、儲け話を信じやすく、自分には特別な幸運が宿っていると思い込む傾向があり、好況と不況にまつわる厳しい教訓を学ぼうとしなかった。

アリとキリギリスの物語をご存じだろうか？　アリはまじめに働き、キリギリスは楽しい時間が永遠に続くと思って遊び呆ける。だがやがて冬になり、アリが正しかったことがわかる。アメリカ人は常に、精力的なキリギリスであると同時に精力的なアリだった。国家としてこれほど成功した理由は、その独特のバランスにある。いつの時代であれ、アメリカ人の活力の源は二種類あった。第一に、ピューリタンやその宗教色の消えた子孫たち（ベンジャミン・フランクリンなど）が体現しているありきたりな美徳、すなわち、勤勉、倹約、堅実、良識である。そして第二に、無謀、性急、気ままといった性質である。アメリカ人はせっかちで、熱狂しやすく、ばくち好きで、うますぎる話に弱い。だが、アリ・モードが絶えずキリギリス・モードを抑えていた。

不可能な夢を見る傾向も、ほかの力強い傾向同様、良識により抑制されているかぎり、問題はない。アメリカはその歴史の大半を通じて、夢想と現実、熱狂と節度、信じやすさと疑い深さの平衡状態を保ってきた。しかし、物理学の法則のように、相対立する力のバランスが自然かつ必然的に生まれることを期待している向きもあるかもしれないが、実際には、文明を支配するそのような仕組みはない。社会や文化が、バランスを崩してどちらかに傾く場合もある。いずれアメリカがそうなるように。

第13章

破壊する怪物を求めて
——陰謀説への偏愛

陰謀は存在する。ある集団が、その権力や資産を獲得・維持・拡大するため、秘密裏に計画を実行することがある。18世紀アメリカの独立派の闘士たちは、自分たちの自由を奪おうとするイギリス本国の陰謀を恐れ、それに対抗するための陰謀を作り上げた。1775年に銃撃戦が始まると、ボストンに駐屯していたイギリス軍の将軍は、ジョン・アダムズのことを「国家の転覆を謀るかつてないほどの陰謀家」と呼んだ。それから2か月後には、国王ジョージ三世も（当時はまだ精神疾患に陥っていなかった)、植民地の反乱は「向こう見ずな陰謀」の結果だと語っている。それに対し、独立宣言は、アメリカ臣民を隷属させようとする国王の陰謀に対する植民地側の大仰な不平不満に満ちている。国王には、「アメリカ臣民を絶対的権力のもとに服従させようとする計画」があった、と。

　このようにアメリカ人には最初から、陰謀が政治や歴史を大きく動かすと思い込む下地があった。実際、このような前例や現実の断片から神話が育まれ、永続していくことが往々にしてある。認知心理学のパイオニアとして知られるジェローム・ブルーナーは、神話についてこう記している。「その力は、幻想と現実の間の細い一線上で命脈を保っている点にある」。結局のところ、アメリカはその独特な歴史、独特な心理、その両者の共生関係といった要素により生み出されたが、それは陰謀説を信じる傾向を生み出す要素でもあったのだ。

世界を陰謀で説明する

　そもそもプロテスタントが、カトリックの陰謀により生み出された欺瞞と腐敗の信仰体系に代わる、真実を語る信仰体系だった。ピューリタンも、エリートの陰謀に抑圧されて独自の被害者意識を作り上げ、アメリカに亡命してきた。だが、体制に反対する人々が築いた新たなアメリカ社会は瞬く間に、その体制に反対する人々を生み、互いに相手を陰謀家呼ばわりして攻撃・迫害した。

キリスト教という宗教そのものも、このうえなく壮大な陰謀を信じることで成り立っていると言える（擬似的な論理性を極端に高めたアメリカの宗派は特にそうだ）。神という首謀者が、天使や預言者という共犯者の助けを借りて、全宇宙的な計画を構想・実行するという陰謀である。世界を陰謀で説明しようとすると、世界を宗教的に説明する場合と同様に、あらゆる点（現実の点も想像上の点も含め）を線で結びつける傾向が強くなる。つまり、どんな事柄にも意図や計画や目的を持たせ、一般的にはそれらより大きな力を持つ確率や偶然性を無視してしまう。

幻想に満ちた陰謀説では、巨大な規模・期間・影響力を持つ極秘の計画を想像する場合が多い。イェール大学の歴史学者デヴィッド・ブライオン・デイヴィスは、こう述べている。

> 一般的に19世紀アメリカの陰謀信仰では、確かな真実の断片が、誇張や幻想という糊で接着されている。だがその中心には、排他的で一枚岩的な組織が、一見予測不可能な出来事に意図したパターンを組み込んでいるという確信がある（これは被害妄想の中核となる考え方だ）。この確信は、啓蒙主義から受け継いだ、歴史は合理的な計画に従って形成されるというリベラルな信念の産物なのかもしれない。（中略）不合理な出来事が起こるのはキリスト教徒が支配権を失ったからだと考えれば、知らないうちに悪魔の手先が歴史のレバーを握っていることになる。（中略）このように、アメリカが無限の力を持っているという幻想は、

（中略）反米勢力が無限の力を持っているという恐怖につながりやすい。

アメリカ人が啓蒙主義から受け継いだもう一つの要素が、ひどく疑い深い気質だ。公的な説明を反射的に疑う態度は、秘密の目的や計画を信じやすい態度や宗教的信仰とは正反対のように思える。実際、「疑い深い」は「信じやすい」の対義語である。しかし、この両者の力が強く、過度に激化すると、両者が融合して陰謀説志向の思考回路が生まれる。何でもそのまま信用するな。真実は意図的に隠されている。その真実を探り、正確に解き明かさなければならない、と。

アメリカ人はアメリカ史の最初の1世紀の間、魔女や先住民を使ったサタンの陰謀に苦しめられた。次の1世紀の間は、ヨーロッパの君主と結託した独裁的傾向のある指導者や、ヨーロッパの革命家と結託したやはり独裁的な指導者など、外国の陰謀に悩まされた。１７９７年に出版された書籍『Proofs of a Conspiracy（陰謀の証拠）』には、フリーメイソンやイルミナティなど、ヨーロッパの破壊分子を強大な力で支配する秘密結社があると記されている。この本に夢中になった読者の一人に、マサチューセッツ州の著名な聖職者で、かつてジョナサン・エドワーズのもとで神学を学んだジェデダイア・モールスがいた。モールスは説教の場で、イルミナティの地球規模の陰謀について繰り返し訴えた。それを「物騒なたわ言だ」と言う人もいたが、そういう人たちはまた別の陰謀説を主張した。イルミナティの陰謀は、アメリカ人をパニックに陥れるため、イギリス人と秘密裏に結託したアレクサンダー・ハミルトンがでっち上げた架空の物語だ、と（訳注：ハミルトンの母親はフランス人）。１７９８年には、連邦議会での可決、ジョン・アダムズ大統領の署名を経て、外国人・治安諸法が成立した。これは、疑わしい外国人を投獄または本国送還する権限を大統領に与える法律だが、その対象として考えられていたのは主にフランス人だった。しばらく前に起きたフランス革命は、イルミナティの仕業だと噂されていたからだ。

それに、フランス人はほとんどがカトリックだった。19世紀に入ると、カトリックがアメリカを破壊しようとしているのではないかという妄想が、一気に過熱した。実際、当時はアメリカにおけるローマ法王の工作員（カトリック教徒のことである）の数が、10年ごとに倍増していた。ジェデダイア・モールスの息子で、そのころニューヨーク市で画家・発明家として生計を立てていたサミュエル・モールスは、副業としてヒステリックな反カトリック運動を展開した（電信を発明する少し前のことである）。１８３５年に出版した書籍『Foreign Conspiracy Against the Liberties of the United States（アメリカの自由に対する外国の陰謀）』では、「ひそかに活動する外国の悪魔的な異端者、（中略）この国の自由に対する外国の陰謀」を告発している。

同じころアメリカ人は、ジェデダイア・モールスが警告していたフリーメイソンの陰謀にもようやく気づいた。イギリスで始まったフリーメイソンは、その後支部を発展させ、そのころにはほぼ現在と同じ形式を整えていた。有志家が集まって飲食をしたり、交遊を楽しんだり、風変わりな秘密の儀式を行ったりする、友愛会的な大人のクラブである。ジョージ・ワシントンを始め、独立宣言やアメリカ合衆国憲法に署名した人物の多くが、このフリーメイソンの会員だった。若くして会員になったベンジャミン・フランクリンは、「その最大の秘密は、何の秘密もないことだ」と述べている。だが会員は、広い人脈を持つ上流階級の人間ばかりだった。そのためか、1820～30年代にかけて宗教的熱狂がアメリカを席巻し、「第二次大覚醒」期に入ると、とりわけ信仰心の篤い人たちの間に、フリーメイソンが全権力を掌握してアメリカを運営しているのではないかという不安が広まった。[1]

彼らは、暴飲暴食や酒色にふけり、サタンに従って政府を操っていると噂された。この陰謀説は、全国的な熱狂の波に乗るキリスト教聖職者の間に広まると、やがて一般大衆やその歓心を買おうとする日和見主義者を巻き込み、ついには元大統領にまで影響を及ぼした。第6代大統領ジョン・クインシー・アダムズがこう述べたのだ。「フリーメイソンほど、わが国のモラルに汚点を残すものはない」。ちなみにこの大統領は、奴隷制度に反対し、理性的で平和を愛するアメリカは「破壊する怪物を求めて海外へは行かない」と言ったことで有名な人物である。

おそらく、ヨーロッパからのカトリック移民やアメリカ生まれの気取ったフリーメイソン会員に対して、同時に集団ヒステリーが発生した一因は、フロイトの言う「置き換え」（訳注：感情が本来の対象から別の対象に置き換えられること）にあるのだろう。当時は、奴隷制度にまつわる北部と南部の衝突が間近に迫っていた。そんな不安よりも空想的な恐怖のほうが、問題が単純で、感情を発散しやすい。デイヴィスは言う。「皮肉なことにアメリカでは、アーロン・バーやアメリカ共産党が計画した実際の陰謀が、架空の陰謀団に対する抵抗運動ほど重大な社会的現実とは見なされなかった」。デイヴィスによれば、南北戦争前から北部の人々は、「奴隷権力陰謀説」（訳注：南部の奴隷所有者階級が全国的に政治力を及ぼし、奴隷制度の保護・拡大を狙っているとする説）を信じていたという。だがいずれにせよ、奴隷制度にまつわる重大な危機が決定的に高まると、南北双方は当然のごとく相手を、悪の黒幕に従う手下だと見なすようになる。

（1）公平を期して言うと、1826年、ニューヨーク州北部に住むフリーメイソン会員が、組織の秘密の誓いを書籍に暴露した元会員を殺害し、その犯罪をもみ消したらしい。これも一つの陰謀である。

第14章

南北戦争——心理と心理の戦い

南北戦争は、南部と北部の現実的な意見の相違により発生した。政治経済の相違、文化の相違、道徳的見解の相違である。こうした原因は、決して想像上のものではない。だが、戦争に至る数十年間、南北双方で、自分たちに都合のいいフィクションがこれら本当の原因を覆い隠していた。つまり、道徳的・文化的・政治的幻想である。

陰謀と陰謀説

先にも述べたように、現実の陰謀がまるでなかったわけではない。特に、目的が限定的な陰謀は、実際にいくつか行われている。1831年にはバージニア州で、奴隷のナット・ターナーとその仲間が、2日間にわたり数十人の白人を殺害した。1859年には、奴隷制度廃止論者のジョン・ブラウンとその仲間が、黒人奴隷に武器を持たせて反乱を引き起こそうと、連邦政府の武器庫を襲撃した。当時はまた、「地下鉄道」という秘密結社が、南部の奴隷を亡命させる陰謀を全国的に展開していた。南北戦争の終わりには、リンカーン大統領の暗殺という、つかの間の陰謀もあった。これらはいずれも、単なる陰謀説ではなく、現実の陰謀である。

実際に起きた陰謀を認めるのは当然である。だが陰謀説をうのみにするのは、現実の出来事の理解を誤らせ、悪い影響を及ぼすおそれがある。たとえば、フリーメイソンの陰謀に関する妄想が下火になり、奴隷制度廃止論がまださほど注目を集めていなかった1836年、サウスカロライナ州の年老いた革命家が、『The South Vindicated from the Treason and Fanaticism of the North Abolitionist（北部の奴隷制度廃止論者の反逆と狂信に対する南部の正当性）』という書籍を出版した。そこにはこうある。「こうした陰謀家たちは真夜中に集会を開いている。そこでは、有害な物質がたっぷり入った奴隷制度廃止論の大釜がぐつぐつ煮立ち、狂信者の息吹であおられた火が釜を温めている。その光景はまるで、『マクベス』の魔女のシーンのようだ」。
一方、奴隷制度廃止論者のほうも、相手側が恐るべき陰謀を企んでいると確信していた。１８５２年には、奴隷制度廃止を支持する政党の大統領候補者がこう述べている。米英戦争や国法銀行の解体など、「過去60年のアメリカ政治の不可解な謎はすべて、奴隷所有者の一分のすきもない陰謀の一環だったことがわかった。〝奴隷権力〟は地獄の権力同様、計略には事欠かない」。

１８５０年代には多くの北部人が、現大統領もその前の大統領も、最高裁長官とひそかに結託し、奴隷権力による陰謀を実現しようとしていると信じていたようだ。エイブラハム・リンカーンは、落選することになる１８５８年の上院議員選の際、あの有名な「分かれたる家」演説の中でこう語っている。「すべての事実が正確に符合するからといって、事前に取り決めがあったかどうかはわからない」。だが彼は、対立候補である現職の民主党議員を、陰謀の共犯者だと考えていた。この言葉のあとで、本来別のものである動機と結果をはっきりとした線で結びつけたからだ。「多くの木材を使って作られた骨組みを見ると、部分ごとにそれぞれ異なる作業員が、異なる時間に、異なる場所で組み立てている」。そう言うと、対立候補の現職上院議員を含め、共謀者とされる人物一人ひとりのファーストネームだけをこれ見よがしに列挙して、こう続けた。

> これらの木材は、一つに組み合わさり、家や工場の骨組みを正確に形作っている。どのほぞもほぞ穴もぴったり合い、各部材の長さや大きさはそれぞれの場所に正確に合致し、部材が多すぎることも少なすぎることもない。（中略）このような場合、私たちは、最初から作業員が互いに示し合わせている、最初の一打ちを行う前に作成された共通の計画や設計図に従って作業が行われていると思わないではいられない。

「オネスト・エイブ（正直なエイブ）」と呼ばれたリンカーンは、陰謀論者だった。陰謀説を習慣的に信じている人たちは結局、その推論や臆測の中で、自分たちが考える陰謀家と同じ思考をしている。つまり、ほぞやほぞ穴、各部材の長さや大きさを、ぴったり合致させようとする。

やがて、南部諸州がアメリカ合衆国からの離脱を表明し、戦争が勃発すると、陰謀説は急増した。大半が、ばかばかしく思えるほど現実味のないものである。たとえば１８６３年には、「Interior Causes of the War: The Nation Demonized and Its President a Spirit-Rapper（戦争の内的要因——悪魔に取りつかれた国家と霊媒師の大統領）」という記事が公表された。「オハイオ州の住人」という筆者の言い分はこうだ。１８４０年代後半から１８５０年代にかけて、奴隷制度廃止論と死者との交信が同時に人気を博すようになったのは、決して偶然ではない。死者の霊は、「特有の磁気を持ち、復讐心と憎悪に燃えている」。つまり、霊や霊と話ができる霊媒師は国家の転覆を謀っている。実際、「戦争の数年前、霊が霊媒師に、志を同じくする大統領が現れることを約束した」。するとリンカーンが「プレーリーから謎の登場を果たした」。彼こそが、「その仕事、すなわち白人と黒人の平等化のために霊が選んだ人物である。彼は今、その実現に向けて努力しており」、北軍は「これらの霊に掌握されている」。「リンカーン氏、および閣僚の少なくとも一部」は、「ホワイトハウスの秘密の穴、あるいはテーブルを叩く音を使った交信手段」を通じ、「大統領官邸で降霊集会を開き、戦争の状況や今後の見込みについて霊の助言を受けている」。だが霊は実際のところ、リンカーンを始めとする北部指導者に催眠術をかけ、この戦争に勝利し、アメリカを「破滅の道へ」送り込むようそそのかしている。

神の計画

さらにそこへ、相手を壊滅する宗教的な理由まで追加された。両軍ともに、自分たちは神の命令を実行しているのだと心から信じていた。北部でも南部でも、兵士や聖職者や民間人は繰り返しこう叫んだ。「神はわれわれの味方だ」。

どちらの陣営で行われる説教も、この戦争は神の計画の一部であり、ハルマゲドンおよびキリストの治世につながる聖なる戦いだと表現した。「第二次大覚醒」が終わって間もなく始まったこの戦争により、キリスト教的な壮大な幻想が鮮やかに蘇り、宗教はアメリカ人にとっていっそう重要なものになった。デヴィッド・ブライオン・デイヴィスは、『The Slave Power Conspiracy and the Paranoid Style（奴隷権力陰謀説と妄想的思考様式）』の中で、北部人についてこう記している。「奴隷権力に対抗する人々は繰り返し、自分たちを、ルターやウェスレーなどプロテスタントの改革者になぞらえ、この聖戦を、暗黒の王国に対する聖なる闘争の再現と見なした」。また、どちらの陣営も相手を、キリスト教を乗っ取ろうとする狂信者だと非難した。アラバマ州のある新聞の編集者は、こう記している。戦争に飢えた独善的なニューイングランド人は、「紛れもない狂信の特徴を示している」。それは「魔女を火あぶりに」した「歴史を見ればわかる」。

　南北戦争の初期、北軍が劣勢に陥ると、北部人の多くは、これは将軍が悪いからでも運が悪いからでもなく、いまだ奴隷制度をやめさせられない北部を神が罰しているのだと考えた。戦争が始まって2年が過ぎると、集団洗礼、戦場での伝道集会、数千人規模の改宗など、熱狂的な福音主義信仰が両軍に広まった。とりわけ、各地で負け始めていた南部では、その傾向が強かったという。戦争終結の数週間前には、リンカーンが2期目の大統領就任演説を行った。この演説は、神はどちらの最高司令官でもないと公平な主張をした点でよく知られている。「どちらの陣営も、同じ聖書を読み、同じ神に祈りを捧げている。（中略）人を裁いてはいけない。そうすれば自分が裁かれることもない」。

　しかし、この言葉と、「誰にも悪意を抱かず」で始まる最後の麗しい一節との間には、あまり引用されることのない数百語の言葉がある。それを読むかぎりリンカーンは間違いなく、神がこの戦争を掌握しており、事実上北部側に味方していると考えていた。それから3か月後、勝利が確定したあとで、ニューヨークのある聖職者は説教でこう述べた。「神は、あらかじめ勝利が約束されていた戦車で、虐殺と内戦の嵐を巻き起こした」。勝利（および75万人の死者）はすべて、神の計画に従ったものだったのだ。

ピューリタンとキャバリア

南部人が戦ったのは、宗教的な夢のためばかりではなく、複雑な歴史を持つ世俗的な夢を守るためでもあった。むしろ、そちらの理由のほうが大きかったかもしれない。その世俗的な夢とはすなわち、南部は、騎士道、名誉、品位など、古風な美徳を守る最後の拠点だという幻想である。

この神話もやはり、数々の歴史的現実から生まれた。バージニアには最初、黄金の夢が水の泡と消えた入植者たちが住んでいたが、彼らに続き、アメリカの広大な土地の所有権を持つ貴族が、イングランドから押し寄せてきた。ピューリタンが勝利を収めたイングランド内戦（清教徒革命）で、敗者側についていたからだ。前述したように、「ピューリタン」という言葉はもともと、一部のプロテスタントに対する悪口である。それと同じように、ピューリタンがこの内戦の敵を、横柄でお高くとまった「キャバリア（騎士）」と侮蔑的に呼ぶようになると、やがてそれが彼らの呼称になった（訳注：イングランド内戦の文脈では、一般的に「騎士党」と訳される）。こうしてアメリカ南部に移住したキャバリアは、新世界で古きよき封建時代のイングランドの再生に取りかかった。ただしこの地で使ったのは、白人の農奴ではなく、黒人の奴隷だった。

　もちろん、19世紀になるころには、裕福な貴族的生活を送る南部人はかなり減っていたが、神話は生き続けた。そして、北部がますます北部らしく、都会的で、抜け目がなく、口やかましく、貪欲になり、奴隷制度を段階的に廃止し始めると、南部の神話はますます強化され、熱烈に信奉されるようになった。デジタル化された何百万もの書籍のデータベースであるグーグルN-gramによれば、アメリカの書籍に登場する「キャバリア」という単語の頻度は、１８１０年から１８４０年までの間に5倍になった。[1] そのころには南部の誰もが、自分たちは、同じ人種でありながら無粋で狂信的、俗物的な北部人からずっと苦しめられてきた、品位ある紳士淑女だと考えるようになっていた。

　このような半ばフィクション化された南部人の自己像を形成・促進していくうえで重要な役割を果たしたのが、キャバリアの精神を褒め称え、プランテーション制度を牧歌的に描いた小説で

（1）本書ではところどころで、単語や語句の使用頻度の歴史的変化に触れているが、これはいずれもグーグルN-gramによる。

ある。とりわけ、１８３２年に出版された『Swallow Barn（スワロー・バーン）』は絶大な人気を誇った。そこには、バージニア州のプランテーションで働く小説中の奴隷に関するこんな記述がある。「ここで出会った人たちほど幸福な人はいないのではないか」。「スワロー・バーンの黒人たちのように未開状態から文明へと移行した部族はいない。（中略）彼らは、危害から守られ、優しく恵み深い保護を受けながら、その性格に合わせて穏やかに、現状の低い知的水準に適した形で文明化された」。著者は、１８５２年にこの小説の改訂版を出版した際、この本を「邪悪な奴隷制度廃止論に対する解毒剤」だと述べている。[2]

幻想は架空の話で強化される

だが、南部人のうぬぼれた幻想の強化にもっとも大きな力を振るったのは、それほど身近な内容の小説ではなかった。それは、現代が舞台でもなければアメリカが舞台でもない。『アイヴァンホー』（邦訳は菊池武一訳、岩波書店、１９６４年）や『ウェイヴァリー』（邦訳は佐藤猛郎訳、万葉舎、２０１１年）、『Woodstock（ウッドストック）』など、何世紀も前のイングランドやスコットランドの騎士や王や貴婦人が登場する、華麗な文体に満ちたウォルター・スコットの感傷的な歴史小説である。当時は、スコットほどの人気を誇る作家はいなかった。１８１４年から１８３２年にかけて、１年半ごとに新作が出版されたほどだ。それはちょうど南部人が、奴隷制度に基づく新封建体制を正当化・理想化するのに躍起になっていたころにあたる。スコットと同時代に活躍したアメリカのある出版者が、スコットの死後にこう記している。「アメリカでは、彼のペンから生み出される新作は、ナポレオン戦争のニュースを超えるセンセーションを引き起こした。誰もがその作品を読んだ。まさしく誰もが」。

この「誰もが」は、とりわけ南部にあてはまる。南部では、スコットの小説に登場する架空の人物やフィクション化された実在の人物、架空の場所や実在の場所にちなんで、子どもや蒸気船、農場、町の名前がつけられていた。南北戦争が終結した直後、南部出身の作家マーク・トウエインは、19世紀アメリカや南部の大災難の原因はスコットの小説にあると述べている。その著作『ミシシッピの生活』（邦訳は吉田映子訳、彩流社、1994年）にはこうある。独立戦争後の数十年間で、南部は北部とともに近代化されたが、あるとき事態が変わった。「サー・ウォルター・スコットが魔法を携えてやって来たのだ」。

> 性格の変化の源を探ると、比較的容易に、ほかの誰でもないサー・ウォルターにたどり着く。彼はたった一人の力で、進歩の波を押しとどめ、それを押し返しさえした。そして、夢

（2）当時のさまざまな著名小説家と交友があったこの著者は、後に「転向」した。1860年にはリンカーンの副大統領候補への指名を打診され、南北戦争中に奴隷制度廃止論者になった。

や幻影、腐り果てて汚らしい姿をした宗教、（中略）愚かさやむなしさ、偽りの壮大さ、（中略）失われて久しい無能で無価値な社会の偽りの騎士道へと、南部の人々を駆り立てた。彼の及ぼした害は計り知れない。おそらくはほかのどんな作家や記者よりも、現実社会にいつまでも消えない影響を及ぼした。（中略）サー・ウォルターのせいで、南北戦争前には南部のあらゆる紳士が、自分は少佐か大佐、将軍か判事だと思っていた。（中略）

サー・ウォルターは、その大きな影響力で、戦前に見られたような南部人の性格を作り上げた。したがって、彼が南北戦争の重大な原因となったと言っても過言ではない。

トウェインは確かに大げさな物言いで有名だが、それでもこの結論は繰り返すに値する。一連の歴史小説および歴史的幻想が、合衆国からの南部諸州の離脱および南北戦争を引き起こしたのだ。

第15章

1000万もの大草原の小さな家

——開拓時代への郷愁

私が生まれ育ったネブラスカ州の家は、大きな木に覆われ、荒れ地が点在する4000平方メートルほどの土地に立っていた。その家には、噴水のある小さな四角の池、バラの茂るレンガ造りのあずまや、小さな温室、納屋があった。隣には、両親の所有していない荒れた何もない土地がやはり4000平方メートルほど広がっており、私やきょうだいは、そこをネバーランドと見なしていた。子どものころは、カウボーイや猟師、無法者になったつもりで、昼も夜も冒険を楽しみ、木に登ったり、隠し場所を掘ったり、タバコを吸ったり、何かを壊したりした。毎年、長期休暇の時期になると、親に連れられて、人里離れた北部の森林や湖や川にキャンプに行き、家族そろって開拓者になりきった。現在は妻とともに、ニューヨーク市から車で数時間もかかる郊外の家で暮らしている。数日間ほかの家や人を見ることも車の音を聞くこともなく、日に照らされた生垣や森を眺め、ときにはクマを見たりする毎日だ。ここに住んでいると、入植者や広大な土地の管理者、別の時代に暮らす別の人間、小説の登場人物になったような気になる。実際、数年間羊を飼っていたこともある。

つまり、私はこれまでずっと、実にアメリカ人らしい牧歌的な幻想にすっかり浸っていたと言える。

崇高な自然の国

言うまでもなく、17世紀初頭は事情が違った。アメリカへの移住を促進しようとするイングランド人たちは、知りもしない新世界の自然の壮麗さを大げさにまくし立てた。だが実際の移民はむしろ、恐怖や不安、苦悩を感じるほうが多かった。そのため彼らは、古代イスラエル人が出エジプト後の40年間、荒野で苦難と試練に苛まれたように、新世界での生活はキリスト教徒が経験しなければならない恐怖の冒険の一つだと考えた。1662年には、当時マサチューセッツで活躍していた若い聖職者が、「God's Controversy with New-England（ニューイングランドに関する神の議論）」という詩を出版した。これには、親に連れられてやって来たこの地に対する、ピューリタンの一般的な考え方が反映されており、「獣の吠える不毛の荒野」や「暗く陰鬱とした西部の森」などの表現が見られる。[1] この「獣の吠える不毛の荒野」とは、ピューリタンが好んで使った聖書の言葉である。しかし、数世代を経て、無数の荒野が切り開かれ、壁や道路が築かれ、農場や町として整備されるようになると、アメリカ人の自然観も変わった。

そのころから、自然の山や森林や川を「崇高」だと思うようになったのだ。アメリカの書籍におけるこの言葉の頻度は、18世紀の間に5倍に増えた。アメリカは、飼い慣らされていない自然も飼い慣らされた自然も含め、恐怖と栄光に満ちた、ロマンチックな景観に囲まれた国になった。トマス・コールやアルバート・ビアスタット、フレデリック・チャーチやフレデリック・レミントンといった画家は、好んでそれを画題に取り上げた。印刷会社のカリアー&アイブズは、自然の中に憩う家を描いた小さな絵を大量生産した。また、ジェイムズ・フェニモア・クーパー、ワシントン・アーヴィング、ウィリアム・カレン・ブライアントの小説や、西部を舞台にし

（1）この聖職者は同年、『The Day of Doom（運命の日）』という書籍を出版し、アメリカ初のベストセラーとなった。その内容は、怖がらせることを楽しんでいるような、最後の審判の日に関するきわめて長い詩である。「あなたのこれまでの道や行いが、いかに公正で、ごまかしのないものであろうと、（中略）この世の住人はみな、永遠の苦悩を経験しなければならない。それこそが義にかなっているがために」。

た三文小説が、こうした自然や牧歌的風景を理想化して表現した。後にはそこに、ローラ・インガルス・ワイルダーの『大草原の小さな家』シリーズ（邦訳はこだまともこ・渡辺南都子訳、講談社、２０１２年）が加わった。こうした絵画や物語により、アメリカ人の夢や幻想の中に、「アメリカの自然」が深く根を下ろすことになった。

レオ・マークスは、『The Machine in the Garden（庭園の中の機械）』の中でこう述べている。大昔は、「社交界を離れ、緑あふれる生き生きとした自然の中で新たな生活を始める」夢など、現実味のない空想でしかなく、「そのようなテーマは詩的とはいえ、詩人の現実の生活とはかけ離れていた」。だが、アメリカでは18世紀後半になると、「調和と喜びに満ちたオアシスに隠棲する夢が、従来の単なる文学的表現から切り離され、現実化した。（中略）アメリカの環境が、芸術と現実との常識的な溝を埋める役目を果たしたのだ」。この無限に広がる新たな場所、詩的な土地では、夢の世界を生きられる。

開拓者ダニエル・ブーン

最初のイングランド人入植者が「獣の吠える不毛の荒野」に到着してから1世紀後、イングランドで迫害を受けたクエーカーのある家族がアメリカに渡ってきた。そして、先に移住していたクエーカーの迫害を避けるため、ペンシルベニア州の西の果ての不毛の荒野に小屋を構えたが、次第に荒野の奥へ奥へと移動し、やがてノースカロライナ州に落ち着いた。だがその家の息子は、すでに中年に達していたにもかかわらず、入植者を引き連れ、そこからさらに西にある人跡未踏の荒野へ向かった。それが、開拓者・探検家として有名なダニエル・ブーンである。彼は50歳の誕生日に、未開の地で過ごした最初の十数年間の回想録を出版した。自ら執筆したとされる８０００語に及ぶこの記録には、こんな文章がある。「自然の美しさは、私に無上の喜びを与えてくれる。さまざまな商業が発展し、堂々たる建築物が並ぶどんな都市もそれにはかなわない」。「ケンタッキー州は、最近まで獣の吠える不毛の荒野だったが、(中略)今では実り豊かな土地になった」。この本により、ダニエル・ブーンは世界的に有名になり、アメリカ人を象徴する存在、実在のスーパーヒーローとなった。談話を作家がまとめた回想録もベストセラーとなったが、こちらには、クマと戦った逸話や、ターザンのようにつるを伝って先住民から逃げたエピソードが紹介されている。

ブーンはそれから死ぬまでの37年間、当代随一のスターとしてアメリカの荒野の外れで生活し、その地の自然を徐々に飼い慣らし、牧歌的なものに作り変えていった。イギリスのロマン派詩人のバイロンは、１８２０年代に発表した最後の傑作の中で、ブーンの活躍ぶりをこう紹介している。「彼の愛する森が開発される/すると彼は、何百キロメートルも離れた場所に移動して、拠点を築く/そこには人家はないが、ゆとりがある」。だがブーンは、開発の先導をしているとも取れるこうした主張を否定し、以下のように記している。「私が隠棲したところに文明が広まっていくというばかげた噂ほど、私の老年時代を苦しめるものはない」。だが実際は、生きた伝説としての知名度を利用し、政治家としても土地の投機家としても成功を収めている。彼の人生は、実際に並外れたところもあるが、生前からフィクション化されてもいた。同胞の市民から見れば、いわば空想を現実化した、究極の「自然人」である。ブーンの死から半世紀後にはバッファロー・ビルが、西部開拓時代のスーパースターを題材にしたショーの興行で人気を博した。ダニエル・ブーンは、そんなスターの先駆けだった。

アメリカ人の牧歌的自然へのあこがれは、純粋で原始的であればあるほど望ましいと考える新たなキリスト教の思想により、さらに強化された。アメリカ人のカトリック嫌い、君主制嫌いは、やがてヨーロッパ嫌い、都市嫌いへと進化した。そのため、アメリカ人は苦もなくこう考えることができた。新世界の恐るべき荒野を逆に利用し、新たな国家を（飼い慣らされた）自然が常住する国にしよう。豊かで快適な暮らしには、街や都市や工場や鉄道が必要だが、ブーンのように、バッファローがうろつき、シカやレイヨウが跳ねまわるそばで暮らす心地よい幻想も欠かせない、と。

幌馬車世代の人々は、生死にかかわる危険や苦難に耐えながら、鍋や斧や銃とともに夢や幻想を抱えて西へ向かった。その姿は、自分たちが読んだり聞いたりした冒険物語や聖書の物語、あるいは自分たちが目にした絵画の登場人物さながらだったに違いない。こうした開拓者は、アメリカ人全体から見ればごく少数だった。だが今では、森や山や広大な草原の風景が、この国民の物語の重要な要素となった。ロデリック・フレーザー・ナッシュが『原生自然とアメリカの精神』（邦訳は松野弘監訳、ミネルヴァ書房、２０１５年）で述べているように、それが「文化的・道徳的資源、国民の自尊心の基盤」になったのだ。その結果、街や都市に暮らすアメリカ人も、アメリカ人であることを心から実感しようと、自然を身近に感じさせるものを望み、飼い慣らされていない自然の外れで暮らす開拓者のような気分を求めるようになった。

開拓者の気分を味わう

自分の信念を固く信じるアメリカ人のような才能のある人なら、遠くに旅行したり危険を冒したりしなくても、自然にどっぷり浸かったという感覚が簡単に得られる。私は１９７０年、16歳のときに、ヘンリー・デヴィッド・ソローの『ウォールデン――森の生活』（邦訳は飯田実訳、岩波書店、１９９５年）を読み、その世界にすっかり魅了された。そして、市民的不服従を実践し、貧しい外国に侵攻する不当な戦争に反対した。ソローが1世紀前にそうしたからだ。また、短期間ではあるが、森の中の池のほとりにテントを張り、そこで一人で生活した。ソローがまったく同じことをしていたからだ。

ヘンリー・デヴィッド・ソローは、上位中流階級らしい青春期の延長の仕方を編み出した人物でもある。大学を卒業すると、自分が生まれ育った美しいボストン郊外をぶらつき、学校で教鞭を執ったり、ときどきエッセイを執筆したり、交友関係を築いたり、ある有名な作家（ラルフ・ワルド・エマーソン）の個人秘書や弟子になったり、菜食主義を実践したりして日々を過ごした。地元の裕福な友人とキャンプに行ってうっかり火事を起こし、森林を一平方キロメートル以上焼き払ってしまったこともある。

そして27歳になった1844年、アメリカ人が抱く牧歌的幻想を実現するプロジェクトに取りかかった。そのプロジェクトは後に大変な人気を博し、郊外居住者やヒッピーや田舎の別荘の所有者がこぞってまねをすることになる。若きヘンリーは、エマーソンが所有していた森の一画にあるウォールデン池のほとりに、一部屋だけの小屋を建て、7月4日の独立記念日に（なかなかいいアイデアである）そこに居を移した。そして自分は、自然と深く交わる辺境の地の住人であり、素朴で自立的、純粋で高潔だと夢想した。『ウォールデン』は、この2年間の思索の記録である。そこにはこう記されている。「隣の家から1・5キロメートル以上離れた森の中に、自分で家を建て、（中略）自分の手による労働だけで暮らしを立てた。（中略）私は森の奥深くに住み、人生のあらゆる活力を吸収したかった。（中略）かつての大豪雪の日には、前庭の門へ至る道がなくなってしまったが、ここには門も前庭もなく、文明世界へ至る道もない」

だが実際には、小屋を建てる際に友人の手を借りているうえ、小屋を建てた場所は、両親など数千人が暮らす古くからの繁華街から、歩いてわずか30分ほどのところだった。新たに敷設された鉄道で30キロメートルほど移動すれば、アメリカ第三の都市もある。一世代後に自然愛好家として活躍したジョン・ミューアは、ソローのことを、「果樹園やハックルベリーの茂みの中にいながら森にいる」ふりをした気取り屋だと嘲り、その自然の中での生活は、コンコードからの「単なる散策」にすぎないと主張した。実際、ソローはウォールデン池を離れた後、メイン州北部の本当の荒野で数週間を過ごしたが、「薄気味悪く野蛮で」「巨大な怪物のような自然」に恐怖したと述べている。そして、800日間の自然生活で生命の活力を存分に吸収すると街に帰り、父親の鉛筆製造の仕事を手伝いながら、メインストリートにあった両親の大邸宅で残りの人生を過ごした。つまりソローは、街の便利な生活と自然の中での生活双方のいいところだけを取る、アメリカ独特の幻想を象徴している。さほど不快でも不便でもない範囲で、自然と調和した生活を送るという幻想である。

　ソローはさらに、占星術や妖精の存在を信じ、満月には幽体離脱をさせる力があると思い込み、エマーソンとともに超越主義を主張した。超越主義とは、啓蒙主義に由来する知性に基づいた味気ないプロテスタント主義に、私が初めて『ウォールデン』を読んだときに感じたような、ありあわせの精霊信仰と神秘主義を結びつけ、それに少しアジアのスパイスを効かせたような思想である。ソローが『ウォールデン』を出版する少し前、エマーソンは聴衆にこう語った。「裸の大地に立ち、朗らかな大気に頭を浸していると、心は何もない空間へと上っていく。すると、卑しいうぬぼれがすっかり消える。私は透明な目玉になる。もう何ものでもない。すべてが見える。普遍的存在の流れが、私の中を循環する。そのときの私は、神の一部、あるいは神の粒子なのだ」。超越主義思想は言う。人間は本質的に善である。あらゆる創造物は、壮大な網を構成する目のように相互に結びついている。自然は神であり、神は自然である、と。これでは、自然を好きにならないわけがない。

歴史は韻を踏む

ちょうどそのころ、32歳の作家ハーマン・メルヴィルが同じく作家のナサニエル・ホーソーンに宛てた手紙の中で、こうした眩惑的な空想の流行について触れている。メルヴィルは、超越主義的な恍惚状態が心地よい魅惑的な力を持つことを認めながらも、それがアメリカ的な自己中心主義に向かう危険を秘めていることを理解していた。その手紙にはこうある。

万物の中に生きる。実にナンセンスだ！（中略）この「万物」という感覚、（中略）そこにも多少の真実はある。穏やかな夏の日に草むらに寝そべっていれば、よくそんな気分になる。自分の足が大地の中に根を伸ばしているように、髪が頭の上に乗った葉のように感じられる。まさに、「万物」の中に生きているという感覚だ。だがそれは真実を損なっている。一時的な感覚や見解を一般化しようとしているのである。

つまり、幸福感に満ちた体験があいまいでつかの間のものであることを受け入れていない点が問題なのだ。

レオ・マークスが指摘しているように、牧歌的な幻想に対するアメリカ人の欲求は、「アメリカを西洋社会の新たな始まりの地にしようとする、さまざまなユートピア的計画となって姿を現した」。歴史は、ここでも韻を踏んでいる。17〜18世紀にかけて、クエーカーやシェーカーなどの異端者たちが分離し、独自の幻想が支配するコミュニティを築き上げた。それと同じように、19世紀には、政治的・経済的・栄養学的・性的に独特の理想を持つ市民が、未開地へ旅立ち、そこでより完全な小国家を造り上げた。「第一次大狂乱」期には、アメリカのあちこちの田舎に、ユートピア的なコミュニティが１００以上形成された。ボストン郊外の裕福な超越主義者たちが作り上げた、フルーツランドやブルックファームが有名だが、そのほか数十人規模から数百人規模に至るまで、魅力的だが滑稽な幻想に導かれたさまざまなコミュニティがあった。その中には、長期にわたり存続したものもある。自由恋愛を推奨したオナイダ・コミュニティは、北東部に数多くの支部を持ち、数十年間活動を続けた後、大手銀食器企業に変貌を遂げた。だが、ほかのコミュニティはいずれも短命に終わった。ところが１９６０年代後半、現代のアメリカに「ファンタジーランド」が誕生すると、同様のコミュニティが新たな生活共同体として復活することになる。

19世紀の初めにはアメリカ人の94パーセントが田舎に住んでいたが、1900年には半数近くが街や都市で暮らしていた。その間に人口は14倍に増え、経済は70倍に成長した。それでもアメリカンドリームには、大草原の小さな家、広大な森の中や川や湖のほとりに立つ小屋、あるいはそのような場所を想起させるにせ物が必要だった（偽物で間に合わせる傾向は、20世紀の間に強くなる）。開拓時代の生活への郷愁と純粋な精神とが完璧に融合した場所である。その結果、ソローが森の住人のふりをしてから2世紀が過ぎた現在では、大半のアメリカ人が郊外に暮らすようになった。あるいは、「ウォールデン・ポンド（池）」などという地名の土地に住み、そこで牧歌的幻想を育んでいる（実際にこの地名は、インディアナポリス、クリーブランド近郊、デトロイト近郊、ノースカロライナ州ダーラムなど、至るところにある）。いずれは、「メープル・クリーク（カエデの小川）」「ウィザースプーン・メドウ（ウィザースプーンの草原）」「オーク・ラン（オークの小川）」「イーグル・バレー（ワシの谷）」「エルム・レイク（ニレの湖）」「バーリントン・ブルック（バーリントンの小川）」「タートル・ノール（カメの小山）」といった地名の場所に人が集まるようになるのかもしれない[(2)]。

少々先走りすぎてしまったようだ。

（2）「ウォールデン・ポンド」は実際にある地名だが、それ以外は「郊外開発地名称生成機」というおもしろいアプリが生成した地名である。

第16章

幻想の産業化
——メディア、広告、娯楽産業の胎動

ソローは街に戻ると、自然の中での生活体験をつづった本の中でこう述べた。「緊張を強いるばかりで、せかせかと落ち着きがなく騒がしい、つまらないこの19世紀社会を生きようとは思わない」。そして、アメリカの騒々しさや俗悪さを高みから見下ろし、軽蔑的にこう続けた。「あの人たちは何を浮かれ騒いでいるのか？」。

その主張には一理ある。当時アメリカでは、近代的なメディアや広告やショービジネスが生ま

れ、相互に依存しながら発展しつつあった。19世紀の第2四半期は、アメリカで「ショービジネス」「セレブ」「広告」「ブランド」「セールスマン」といった言葉が使われ始めた時期にあたる。こうして、あらゆるものを宣伝・販売し、フィクションを現実らしく見せ、これまで娯楽とは縁のなかった生活領域にまで娯楽を広めることが突如として可能になると、もはや誰もがそうしないではいられなくなった。

真実と空想の合間

たとえば、１８４０年の大統領選がいい例だ。ウィリアム・ヘンリー・ハリソンは、完全に商品化された最初の大統領候補だった。裕福な家庭に生まれ育ったハリソンは、エリート主義的なホイッグ党の候補者となった。だが、そのメディア担当顧問は、彼をまったく逆の人物として有権者に売り込んだ。ありふれた感じの素朴ないい男だと主張し、メッセージを載せたキャンペーンソングでも、「質素なコート」や「フリルのないシャツ」を強調した。さらには、実物大やミニチュアの丸太小屋でブランド化を図り、丸太小屋形のびんに入れたウイスキーや、「丸太小屋印の皮膚軟化剤」と称する髭剃り用石鹸を有権者に配布した。ハリソンは40年前に西部で先住民と戦ったことがあったため、選挙集会では先住民のときの声のまねまで披露したという。一方の対立候補は、実際には貧しい家庭の生まれだったが、現職大統領だったためにエリート主義者と見なされ、結果的にハリソンが地滑り的な勝利を収めた。

　つまり、売薬で役に立ったことが選挙でも役に立ったのだ。その双方で重要な役割を担ったのが、蒸気の力で動く高速の大型印刷機により大量に発行されるようになった新聞や雑誌である。こうした安価な日刊新聞は、どんな広告の掲載もためらわなかった。ニュース報道でさえ、正確さや真正さの基準はきわめて甘かった。真実とおもしろい空想との境界をあいまいにする、そんなアメリカらしい厚かましさを率先して実践したのである。

　安価なタブロイド紙の偉大な先駆者となったのが、ニューヨーク・サン紙である。同紙は1835年、延べ1万6000語に及ぶとんでもない連載記事を6日にわたり掲載した。その1週間の間毎日、アメリカ最大の都市の街角で、新聞売りの少年たち（これも、当時まだ創刊から2年しかたっていない同紙の発案である）が、そのとんでもないニュースを叫び続けた。なんと、南アフリカの超強力望遠鏡をのぞいていた有名な天文学者たちが、月面上に生物を発見したというのだ！

　その記事によれば、月には、森や海、湖、川がある。鳥、小型のバイソンやシマウマ、青いユニコーン、巨大な貝がいて、ビーバーは手に子どもを抱え、直立して歩いている。また、黄金の屋根を頂き、青いぴかぴかの石を祀った、高さ20メートル以上に及ぶ壮麗な寺院がある。そこには、毛むくじゃらの人間に翼が生えたような「コウモリ人間」が棲んでいる。「理性的な生き物」であるらしく、菜食だけで満足し、「情熱や気力にあふれ」「芸術作品を生み出す能力もある」。コウモリ人間には、黒い種族とそうでない種族がおり、後者は「体が大きく、色がさほど濃くなく、あらゆる点で黒い種族の進化形だと考えられる」。

この新聞のその週の売り上げは10万部に及んだ。ちなみに、当時のニューヨークの人口は30万人である。ほかの新聞の編集者が、当時を回想してこう述べている。「誰もがすぐに信じた。ニューヨークはどこもかしこも、この驚くべき発見の話でもちきりだった。（中略）確かに、疑いを抱く人がいなかったわけではない。だが、月面上の偉大な発見の信憑性にあえて疑いを差し挟むのは、神の啓示の信憑性を疑問視するほど悪質な罪だと見なされた」。このニュースを信じたのは、一般大衆だけではない。当時の偉大なジャーナリスト、ホレス・グリーリーもこう記している。「この発見報告は、天文学どころか科学全体に新時代をもたらす」。またあるライターは、イェール大学の状況を以下のように伝えている。「キャンパスは、このニュースを固く信じる人たちでいっぱいだった。（中略）学生や教授、神学や法学の博士など、新聞を読んだ人たちはみな、ニュースの内容を心から信じ、前例のないほど熱心に、次の新聞の到着を待ちわびていた。（中略）ニュースの信憑性に疑いを抱く者、疑いを表明する者は一人もいない」。だがやがて、このニュースが完全なフィクションだったことが明らかになった。それでも、事件から3年後にニューヨークのあるライターがこんな言葉を残している。「この街の市民の多くはいまだに、物理学で証明された真実よりもこうしたニュースに、敬意と確信のこもった目を向ける」。

もっともらしさをちりばめる

このニュースが信用されたのは、アメリカ人に刺激的な嘘を信じやすい傾向があるからだけではない。そこに、もっともらしさが断片的に含まれていたからだ。記事は知的な文体で書かれ、細部に至るまで詳細な情報が記されていた。喜望峰には実際に、新たな王立天文台が設置されていた。イギリスには本当に、12メートルを超える驚異的な望遠鏡があり、火星の地図が作成されたばかりだった。

その少し前、コネチカット州のある新聞の編集者のもとに、地元の10代の若者から投書があった。「過度の宗教的興奮から生まれる悪」が周囲に発生していることに不安を抱き、当時拡大しつつあった「大狂乱」期への警戒を促す内容である。結局この投書は採用されなかったが、それを知ると若者は自分で新聞を発行し始めた。数年後に彼は、当時の狂乱についてこう述べている。「組織的な取り組みにより、あらゆる世代の大勢の人々、特に若者たち」が、「新生」をもたらすキリスト教に「改宗した」。「彼らが宗教的錯乱の犠牲になったのは、その心に引き起こされた恐怖があまりに巨大だったからだ。（中略）何千もの市民が、アメリカ全土を竜巻のように席巻するこの宗教的熱狂の影響を受けた」。

この若者とは、フィニアス・バーナム、すなわち、後に興行師として有名になるP・T・バーナムである。彼は20代前半まで、コネチカット州で宝くじ券を販売して生計を立てていたが、誰もが信じられないものを熱心に信じるこの「大狂乱」期に多感な時期を過ごすうちに、これまでの人生を変え、出世の道を開くある事実に気づいた。それは、「アメリカの大衆は申し分ないほど人がよく、巧妙なペテンにすぐだまされる」ということだ。

　間もなく、ほかの州同様、コネチカット州でも宝くじが禁止になった。自伝によると、ほとんど一文なしになった若きバーナムは、「出世を目指して」ニューヨークへ引っ越した。そして１８３５年の夏、ちょうどニューヨーク・サン紙が月面上のコウモリ人間やユニコーンに関する連載記事を準備していたころ、別の新聞に掲載されていた、あるアフリカ系アメリカ人女性の奴隷の記事に目を留めた。その女性は、後に実際に会ってみると、目は見えず、歯は抜け落ち、下半身の自由がきかなかったが、「愛想はとてもよかった」という。なぜこの女性が記事になっていたかというと、当人が、１世紀前にジョージ・ワシントンの「乳母」を務め、今年で１６１歳になると主張していたからだ。その記事を見てバーナムは思った。「このニュースなら、本当だと思えないこともない」。そして、１０００ドルでこの女性を買い受けると、チラシやポスターを製作し、新聞に告知を出して、この奴隷が数か月後に死ぬまで、見世物にしてお金を稼いだ。「興行師としての新たな人生の始まり」である。

フィジーの人魚

新たな仕事が軌道に乗るまでの6年間、ちょうどアメリカ初の広告代理店が開業したため、バーナムはそこで広告のコピーライターとして働いた。そして１８４１年、マンハッタンの真ん中にアメリカ博物館を開館した。複数階建ての巨大なマルチメディア娯楽施設である。その初期の出し物の中でも、とりわけ人気が高く、評判を呼んだのが、フィジーの人魚の遺骸である。これは、バーナムが手に入れたサルと魚の剥製を組み合わせた加工品だった。自伝によれば、それを展示しようとすると、雇っていた博物学者が、こんな歯や腕を持つサルも、こんなヒレを持つ魚も見たことがないと言った。「『では、あなたはなぜこれを加工品だと思う？』と私が尋ねると、博物学者は『人魚の存在など信じていないからです』と答えた。そこで私は言ってやった。『それでは理由にならない。だったら、私は人魚の存在を信じるから、あれを展示するよ』」。

Ｐ・Ｔ・バーナムは、心躍る世俗的な幻想や真実まがいのものを売り込んで有名になったアメリカ人の草分け的存在である。その大成功の原因は、「ファンタジーランド」の基本的な考え方にある（逆に、その大成功によりこの考え方が助長されてもいる）。つまり、ある想像上の見解が刺激的であり、それが正しくないことを証明できる人がいなければ、アメリカ人にはそれを正しいと信じる権利がある、という考え方だ。バーナムは博物学者に対して、人魚の存在を信じないからといって、この剥製が人魚ではない証拠にはならないと述べたが、これは完全に、啓蒙主義の論理を悪用している。実際、アメリカ博物館の展示物や公演はどれも、本物と偽物の人工物、教育的なものと想像上のもの、実物と疑わしいものとまったくの偽物を、自由気ままに混ぜ合わせ、わからないように細工したものだった。バーナムは言う。「博物館に疑わしい人魚の剥製を展示すれば、驚異的で教育的でおもしろい別の現実を生み出せるかもしれない」。

だが、偽物と本物を組み合わせたアメリカ博物館の公演や展示物は、それを余興としてのみ提示する場合に比べ、きわめて有害な影響を及ぼした。それは数十年間にわたり、新たな大衆文化の中心として堂々たる地位を占め、嘘を楽しみたい、見せかけと本物との明確な相違を無視したいというアメリカ人の欲求を満たし、助長した。ニール・ガブラーはその著書『Life: The Movie(映画としての人生)』の中でこう述べている。「アメリカでは19世紀半ばまでに、大衆文化がヨーロッパよりもはるかに巨大化し、社会に深く浸透していた」。バーナムのペテンの影響力は甚大だったと言える。

宗教とビジネス

そのころすでに人気を博していた擬似製薬産業も、大衆文化に対する同じような考え方に基づいており、それを限定的かつ広範囲に展開した。つまり、特定の製薬会社の売薬の販売のみに専念しながら、全国各地のとりわけ小さな町を巡回してメディスン・ショーの公演を行った。バーナムのビジネスモデルは、チケットを購入して楽しんでもらうという従来型のシンプルなものだが、メディスン・ショーのビジネスモデルは、広告に頼る安価なタブロイド紙に近い。つまり、音楽家や手品師、芸人やノミのサーカスの公演を無料で楽しんでもらい、その見返りに、公演の合間に行われるいかがわしい医薬品の実演宣伝も見てもらうのである。

　そのころのアメリカ人には、起業家精神が標準装備されていた。宗教で成功した手法はビジネスでも成功する。どちらも、カリスマ性のある夢想家が、華麗な夢を信じるよう大衆を言いくるめる点に変わりはない。メディスン・ショーはいわば、即時の救済を別の形で販売する伝道集会のようなものだった。それを取り仕切るのは、本当の伝道集会同様、魔術と劇的なドラマを望むアメリカ人の心に訴える巡回興行師である。両者が同類なのを意識していたのか、「ハムリンの魔法のオイル」のメディスン・ショーは、新たな町に行くたびに、地元の教会に寄付をしていたという。

　メディスン・ショーの中でも最大の規模を誇ったのが、キカプー族製薬会社のショーだろう。これは、南西部に実際にいる先住民族の名前を採用した、北東部に拠点を置く製薬会社である。だが、なぜ先住民の名称を用いたのか？　当時は、３００年にわたる白人と先住民との戦争がすでに最終章を迎えていた。そのため白人はもはや、先住民を悪魔扱いするよりもむしろ、「高潔な野蛮人」（訳注：未開文明の人間は、文明社会が失った精神や情熱を純粋な形で持っているとする考え方）と考えるようになっていた。実際、先住民を扱ったそのころの大衆的な本や絵画を見ると、大陸の隅から隅まで押し寄せる近代化の波を受けて消える運命にある美しき敗者、アメリカの「自明の宿命」説（訳注：アメリカに入植した人々には、西部を開拓して領土を拡大する使命があるとする考え方）の巻き添えを食らう悲しき運命を背負った人々として描かれている場合が多い。

ただし、キカプー族製薬会社のマーケティング・コンセプトは、このブランド・イメージを表面的になぞったものでしかなかった。先住民との最後の戦争となるリトルビッグホーンの戦い、アパッチ戦争、ウンデット・ニーの虐殺が行われていたころ、会社は各地に巡業団を派遣し、先住民風の小屋やテントを設営しては、6メートルほどのステージで十数種もの演目を実演した。そしてその合間には、売薬のセールスマンが、「サグワ」という偽の万能薬のほか、「キカプー族オイル」「キカプー族バッファロー軟膏」「キカプー族咳止め」「キカプー族虫下し」といった薬を販売した。[1] ショーの内容は、先住民をテーマに、その物まねの物まねに基づくもので、あらゆるジャンルにわたっていた。

「サグワ」は「血液、肝臓、腎臓の改善薬」と宣伝されていたが、実際の成分はほとんどが水とアルコールだった。だが会社は、それに先住民の架空の物語を結びつけ、先住民をよく知るある人物に推薦してもらった。その人物とは、ウィリアム・F・コディ、芸名バッファロー・ビルである。この薬の広告には、バッファロー・ビルのこんな言葉が引用されている。「先住民は、サグワを手放すぐらいなら馬や銃や毛布を手放すだろう」。現代人が言うセレブが登場したのもそのころであり、それ以後、セレブが製品を宣伝する機会が増えていくことになる。

バッファロー・ビルのショー

バーナムが、現実と見せかけの境界をあいまいにし、情報と娯楽性を併せ持つ事業を創設した最初の偉大な実業家だとすれば、それを次に実践したのがコディだった（実際、両者は知り合いだった）。コディの人生の物語は、それ自体がまるでフィクションのようだ。少年期からの十数年間は、アメリカ陸軍のスカウト、兵士、バッファローのハンター、西部の大平原の郵便運搬係などを転々としていた。すると23歳のときに、自分の人生をかなり脚色した「辺境の地の王バッファロー・ビル」という記事がニューヨークのある新聞に掲載された。26歳のときには、騎兵隊を率いてスー族と戦った功績により、議会名誉勲章を受けた。こうして有名になったコディは、間もなく興行師の仕事を始めた。自分の人生に基づく『大平原のスカウト』という演劇を上演し、自分の役を自分で演じたのだ（ちなみに台本を執筆したのは、以前新聞にコディの人生の物

（1）「キカプー族虫下し」は大きな丸薬で、中に糸が仕込まれていた。消化後にその糸が排泄されるため、大衆は本当に回虫を退治できたのだと思い込んだ。

語を書いた人物で、その後もコディにまつわる三文小説をいくつか出版していた)。それを機にバッファロー・ビルはスターになった。20代も終わりに近くなると、東部を巡業して自らバッファロー・ビルを演じる興行を精力的に展開するかたわら、自分を主人公にした三文小説の執筆も始めた。そしてその合間に、ときおり西部に帰っては先住民との戦いに参加した。

1876年夏、ジョージ・カスター将軍がリトルビッグホーンの戦いで先住民に壊滅的な敗北を喫した。その3週間後、コディは陸軍の兵士を引き連れて数百キロメートルにわたる大平原を駆け、リトルビッグホーンの南東部に到着した。そして間もなく、黒のビロード、赤の縁飾り、銀のボタンというステージ衣装姿で敵の前に現れると、「イエロー・ヘア」と呼ばれていたシャイアン族の戦士を殺害し、その頭皮をはいで持ち帰った。それから数か月後、東部に戻ったコディは、この出来事を舞台化し、『血まみれの右手――バッファロー・ビルがカスター将軍に捧げる最初の戦利品』と題して各地で巡業公演を行った。行く先々では、「イエロー・ヘア」の武器や頭皮も展示した。コディによればショーは、「火薬を用いたにぎやかな娯楽を提供するとともに、最近の先住民との戦争の場面を実演して見せる機会」にもなったという。当時30歳だったバッファロー・ビルは、それから40年余りの間、西部「開拓」の様子をライブで表現する興行に身を捧げた。

その巡業公演は、後に『バッファロー・ビルのワイルド・ウェスト・ショー』と呼ばれる大がかりなものとなり、先住民役には先住民を、兵士や入植者の役には白人を使い、絶大な人気を博した。カスター将軍の最後の戦いを上演する際には、必ずそのすぐあとに、自ら演じるバッファロー・ビルがそこへ乗り込み、先住民演じる先住民戦士を殺害する場面を組み込んだ。この名称を冠したショーは、１８８３年のネブラスカ州東部のオマハでの公演が最初だが、当時はまだ同州の西部で先住民との戦いが続いていた。それにもかかわらずコディは、リトルビッグホーンの戦いで先住民の指揮を執っていたラコタ・スー族の戦士シッティング・ブルに協力を要請し、この演劇の舞台に立たせている。やがてバッファロー・ビルの名声はアメリカを越え、世界に広まった。バーナムから、ヨーロッパに巡業に行って「旧世界を驚かせてこい」と言われ、それを実行に移したのだ。

　この『ワイルド・ウェスト・ショー』は、後の西部劇の原点となっただけでなく、それ以上に重要な、前例のない独自の意味を秘めている。このショーがアメリカ国民の進化における大きな節目となったのだ。コディ（いや、バッファロー・ビルと言ったほうがいいかもしれない）は、ほぼリアルタイムで、ニュースや歴史的出来事を娯楽に仕立て上げた。歴史的に重要な意味を持つ実在の人物（自分自身、その仲間であるワイルド・ビル・ヒコック、敵のシッティング・ブル）をフィクション化し、本物の馬、本物の銃を使ってそれを再現した。

想像上のノスタルジー

20世紀になるまで、「ノスタルジー」という言葉には、医学用語に近い意味しかなかった。過度のホームシック、故郷の町や国や旧友のもとを離れた兵士や亡命者が抱える憂鬱、といった意味である。だが19世紀になると、アメリカ人の心理における重要な要素として、新たな形のノスタルジーが現れた。自分が経験したこともない場所や時代、あるいはかつて存在したことさえない場所や時代に対する、想像上のホームシックである。

たとえば、そのころになるとアメリカ人は、政治に関連して「古きよき時代」という言葉を使うようになった。これは、民主党員が、大規模な資本主義が到来する以前の草創期のアメリカにノスタルジーを抱いていたからであり、南部人が、奴隷制度を維持できなくなる前の時代にノスタルジーを抱いていたからだ。アメリカ最初の国民的な作曲家、スティーヴン・フォスターの主要テーマは、北部のペンシルベニア州やオハイオ州から想像した南部へのノスタルジーだった。アメリカ最初の有名作家となったジェイムズ・フェニモア・クーパーは、かつてのアメリカの荒野へのノスタルジーを題材にした。マーク・トウェインも、自分の青年期にあたる南北戦争前のアメリカについて重要な著作を執筆している。

つまり、１８７０年代にバッファロー・ビルがフィクションの興行師になるころまでに、アメリカ人は『ワイルド・ウェスト・ショー』の仮想現実を受け入れる心の準備を整えていたということだ。ただし、彼が提供し、あおり立てたノスタルジーには、新しい要素もいくつかあった。第一に、陽気で楽しかった。第二に、時間差がなく、おとといの出来事が英雄物語や伝説として表現された。そして第三に、先行的で、まだ終わってもいない西部開拓へのノスタルジーを提供した（「古きよき南部」が消え去る数年前から南部人の間にノスタルジーが広まっていたのと同じである）。バッファロー・ビルは、ミシシッピ川から西に行ったことのない観衆に対し、過去半世紀の「古きよき西部」の物語を組み合わせて台本を練り上げ、それを実際の参加者や道具を使って実演してみせた。いつの時代でもどの世界でも、大衆のイメージは時間とともに現実と空想の境があいまいになっていくものだが、アメリカでは彼らの活躍により、この両者があっという間に融合していった。

＊＊＊

バッファロー・ビルがあのシャイアン族の戦士の頭皮をはいだ事件を舞台化したのは、アメリカが独立１００周年を迎えた年だった。その年には、建国１００年を記念して、アメリカで初めての大規模な国際博覧会が開催されたが、このフィラデルフィア万国博覧会もまた、コディのショー同様、現実と非現実を混ぜ合わせたものだった。展示物には、17世紀のものらしく見える

「ニューイングランドの農家」の複製、ジョージ・ワシントンが実際に使った野外テントを入れたとされる革袋、植民地時代の風車の模造品が並んだ。

その17年後に開催されたシカゴ万国博覧会も、幻想的な擬似現実が前面に押し出され、事実上それが博覧会のテーマと化していた。中心となるヨーロッパ風の地区は「ホワイトシティ」と呼ばれ、新古典主義建築の建物がいくつも並ぶ都会的な夢の国だった。ただしそのほとんどが、焼石膏で一時的に塗り固めた、使い捨ての実物大の複製にすぎず、5か月の開催期間後には解体処分された。「ホワイトシティ」は、舞台装置のような偽物ではないが、本物でもないという点で斬新だった。幻想でもあり現実でもあったのだ。

ほかの展示物も、ほとんど何でもありの幻想のオンパレードで、現実はわずかに顔を出している程度だった。たとえば、アイルランドの有名な中世の建造物三つを一つにまとめた模造品、特定の外国の街区（ウィーン、コンスタンチノープル）や、大まかな場所の指定しかない外国の村の通り（ジャワ島、ラップランド地方）の複製などである。また、独立戦争時にジョージ・ワシントンの指令本部として使われたニュージャージー州の邸宅も、実物大で再現された。若きセオドア・ルーズベルトの出資により、ダニエル・ブーンやデイヴィ・クロケット（訳注：アラモの戦いで戦死したアメリカの国民的英雄）を記念した古風な丸太小屋も建設された。さらに、ショーへの出演を終えていたシッティング・ブルが、3年前に実際に逮捕・銃殺されたノースダコタ州の小屋も移築された。

博覧会の本会場の西に広がった催事会場では、ハンガリーで生まれウィスコンシン州で育ったハリー・フーディーニと名乗るユダヤ人の若者が、インド魔術を操るヨガ行者として奇術を披露していた。ミズーリ州のある新聞編集者が設立した製粉会社が、後に人気ブランドとなる「アント・ジェミマ（ジェミマおばさん）」というパンケーキ・ミックスの宣伝をしていた。そのパッケージには、商品のトレードマークとなる女性が描かれていたが、これは当時人気のミンストレル・ショー（訳注：黒人に扮した司会者や芸人が演じるミュージカル演芸）に登場していたキャラクターだ。シカゴ万博の際には、この女性を現実化させようと、かつて奴隷だったアフリカ系アメリカ人の女性を雇い、ジェミマおばさんを演じさせた。以来、彼女は終生この役を演じ続けたという。会場ではもちろん、薬も販売されていた。中でも目を引いたのが、クラーク・スタンリーというテキサス州の元カウボーイが、ホピ族のシャーマンからレシピを学んで製造したという薬だ。スタンリーは、観衆の目の前でガラガラヘビの内臓を抜き取って煮込み、「スタンリーの蛇オイル」という万能薬として販売した。

だがそこに、バッファロー・ビルの姿はなかった。博覧会の組織委員会に、催事会場での『ワイルド・ウェスト・ショー』の興行を認めてもらえなかったからだ。そこで彼は、会場の隣にテントを設営し、そこで一儲けした。その際には、万国博覧会という点を考慮して演目を世界規模に拡大し、ショーの名称を『バッファロー・ビルのワイルド・ウェストおよび世界の荒馬乗り（ラフ・ライダーズ）大会ショー』に変更した。すると、5年後にそれが現実となった。この博覧会の後援者だったセオドア・ルーズベルトの指揮のもと、米西戦争のキューバ戦線に派遣されたアメリカ陸軍騎兵隊が、バッファロー・ビルのフィクションの戦士にちなみ、ラフ・ライダーズと命名されたのだ。

アメリカ史の第一期の終わり

当時のアメリカの人口は6500万人だが、シカゴ万博には2700万人以上が訪れた。彼らはその展示物や催事を見て、こう思ったに違いない。現実よりも幻想のほうが優れているような気がする。そもそも幻想と現実の間に重大な違いがあるのか?

現実の番人を自称してきたまじめな人々も、この「ファンタジーランド」を是認していたようだ。それは、シカゴ万博の会場が、数学・天文学会や世界宗教会議、アメリカ歴史学会年次総会の会場となった事実からも明らかだろう。アメリカ歴史学会の年次総会では、独立記念日(7月4日)の1週間後に、ウィスコンシン州の31歳の教授、フレデリック・ジャクソン・ターナーが、「アメリカ史におけるフロンティアの意義」という1時間に及ぶ講演を行った。その内容は以下のようなものだった。「アメリカ大陸発見から4世紀」の間に、手つかずの自然が延々と続く辺境で、アメリカ人は自己を作り上げ、作り変えてきた。「ヨーロッパの影響から着実に離れる」ことで、自分たちを「新たにアメリカから生まれたもの」と考え、「アメリカらしい」新たな国民性を形成した。最近の国勢調査によれば、アメリカにはもう、西部の辺境を示す明確な線はない。大西洋から太平洋まで、どの経度にも白人が住んでいる。つまり「辺境はなくなった。それとともに、アメリカ史の第一期が幕を閉じた」。

講演をしている会場のすぐそばには、その消えた辺境の遺物のまがい物があった。ブーンやクロケットの丸太小屋の偽物、元カウボーイが販売する蛇のオイル、「古きよき西部」をフィクション化し、バッファロー・ビル自らが演じるショーなどだ。ターナーのこの講演は、後にも先にも例がないほど重視され、広く知れわたることになるが、アメリカ史の第二期については何も触れていない。だがその講演は間違いなく、20世紀や21世紀を予見していた。両世紀には、慢性的な幻肢症候群（訳注：事故などで失った手足がまだ存在するかのような感覚を覚えること）のように、過去の辺境のまがい物が完全に本物の立場を奪い、アメリカの国民性を形成し続けることになる。

19世紀の間に、多くのアメリカ人が、奇跡の妙薬や、月面に棲むコウモリ人間の文明や、161歳になるジョージ・ワシントンの乳母の話を信じるようになった。フリーメイソンやカトリックの陰謀説が勃発しては消え、また再発した。数百万人がにわかに、「終末」が間近に迫っているという預言を信じ、神やサタンが自分の肉体や精神を支配していると思い込んだ。新たな教会から、あっという間にまた別の教会が分離・誕生した。そんな19世紀に、現代のアメリカのキリスト教、あるいは現代のアメリカのニュースメディア、広告、娯楽、政治、製薬産業がすべてスタートを切った。そのいずれもが、幻想と現実を自由気ままに混合したものを基にしている。こうして、全国的な規模で夢のような嘘を売るのが、当たり前のことになり、アメリカの生活の一部になった。つまり、幻想と産業が永続的かつ相乗的に結びついた幻想・産業複合体の基礎が築かれたのだ。

第 3 部

理性への傾斜の時代

【1900〜1960年】

「迷信に対処したければ、丁重に接するのではなく、完全武装で挑み、完全に打ち負かし、一歩も動けないようにし、破廉恥で滑稽だという消せない烙印を押すことだ」

——ボルチモアのイブニング・サン紙に掲載された、H・L・メンケンの記事（1925年）

「当初、識字率の向上や報道の自由を支持していた人々は、（中略）マスコミ産業がこれほど巨大に成長し、真実でも虚偽でもなく空想を扱うようになるとは想像もしていなかったに違いない。（中略）要するにその人たちは、気晴らしを求める人間の無限の欲求を考慮に入れていなかったのだ」

——オールダス・ハックスレー著（1958年）『素晴らしい新世界ふたたび』（邦訳は高橋衛右訳、近代文藝社、2009年）

第17章

進歩と反動の時代

——1920年代のアメリカ

アメリカは、現代的だという意識の高い国だ。現代的だと意識されるようになった最初の世紀、すなわち20世紀の最初の30年間は、合理性が、魔術性や後進性との闘いに勝利したかのようだった。物質的な進歩が驚異的なペースで加速し、車が普及するとともに、全国的に電化が進んだ。医学も発展し、体制側はいかがわしい薬や治療法の一掃に乗り出した。新たな大衆雑誌『レディース・ホーム・ジャーナル』は、売薬の広告の受け付けをやめた。『コリアーズ』誌は、「強壮剤、血液浄化剤、治療薬」詐欺に関する画期的な調査記事を、11回にわたり連載した。その１年後には、連邦議会で純正食品・薬品法が可決され、それにより製薬産業の大半が廃業に追い込まれた。また１９０５年には、州や自治体が市民に天然痘などの感染症のワクチン接種を義務づけるのは合法との最高裁判決が出た。つまりアメリカ人には、自分が信じたいことを信奉・奨励できる憲法上の権利があるとはいえ、「誰にでも、いつでも、どんな環境でも、制約から完全に自由でいられる絶対的な権利」があるわけではない、ということだ。

政府は、国民の食事や公衆衛生に関するルールを定め、連邦準備制度を確立した。間もなく、全米黒人地位向上協会が設立された。公平で信用のおける全国的なニュースメディアが登場した。大学が発展し、科学や科学者が尊重された。ほかの国も、アメリカ人が世界レベルの文学や音楽や美術を生み出していることを認めた。１９２３年に『タイム』誌を創刊したヘンリー・ルースが、「アメリカの世紀」が始まったと宣言したときには、それは誰にも異論のないことのように思われた。

移民への反感やパニックが起こる

もちろん、進歩に対する反動も多少はあった。自由の国なのだから当然である。なにしろ、ついおといまでは原野のままの辺境国家だったのだ。

20世紀に入ってから１９２０年代に至るまで、新たな降霊術ブームや常軌を逸した宗派が現れるとともに、大量の移民への反感が高まった。ヨーロッパからはイタリア人やユダヤ人が、南部からはアフリカ系アメリカ人が押し寄せた。しかし、理性的な主流派は自信満々にこう考えた。こうした反動はすべて、原始的な人たちの最後のあえぎか延命工作にすぎず、洗練された現代性の反面教師となるべき例外でしかない、と。

１９２０年代、ギルバート・セルデスは、もはやわずかな痕跡を残すにすぎない19世紀アメリカの滑稽な魔術的思考への墓碑銘として、『不可解な世紀』を執筆した。当時はすでに、合理主義者がこうした思考を厄介払いしていた。確かに、霊能者や降霊集会は一時的に復活した。ボストンの社交好きな医師の若妻が、霊媒師として有名になったこともある（ただし彼女が有名になったのは、降霊集会でよく服を脱ぐからでもあった）。だが、降霊術は結局、１９２０年代にフーディーニなどの懐疑派により、徹底的に虚偽を暴かれた。その結果、19世紀後半から現れた大規模な降霊術コミュニティのほとんどが、姿を消した。オカルト、神秘主義、天文学、錬金術、魔術をごちゃ混ぜにした神智学も、19世紀末から20世紀初頭にかけて流行したが、やがて分裂し、こちらも１９２０年代には忘れ去られた。

政治面では、またしても外国人の陰謀を信じてパニックが発生したが、こうしたヒステリー症状も短期間で治まった。たとえば、第一次世界大戦の間は、ドイツ系アメリカ人が疑われた。当時は、ほぼアメリカ人の10人に一人が、ドイツからの移民もしくはその子孫だった。暴動や集団リンチ事件が発生し、１９１０年から１９２０年までは、１００万人近いドイツ生まれのアメリカ人の名前がなぜか国勢調査名簿から消えた。しかし、ドイツ系アメリカ人があまりに多かったため、こうした陰謀話にこだわってばかりもいられなかった。それにアメリカは、正式にはわずか19か月間しか参戦していなかった。

　また、ソビエト連邦樹立後の１９１０年代から１９２０年代にかけて、最初の大規模な反共パニックが起きると、それはたちまち反ユダヤ主義と結びついた。ちなみに、第一次世界大戦中にアメリカ人がドイツ系アメリカ人を恐れたのも、彼らの多くがユダヤ人だったからかもしれない。ユダヤ人がアメリカを動かしているのではないかという不安は、ユダヤ人の人口が2パーセントを超えるころから本格化した（1世紀前には、カトリックの人口が2パーセントを超えたころに反カトリックのヒステリー症状が始まっている）。ちなみに、アメリカで大成功を収め国民の尊敬を集める実業家ヘンリー・フォードは、『シオンの議定書』（邦訳は四王天延孝・天童竺丸訳、成甲書房、２０１２年）の熱烈なファンだった。これは、もともとフィクションとしてロシア語で出版された本だが、現在では、世界征服を企むユダヤ人指導者たちの秘密会議の議事録、つまりノンフィクションだと言われている。１９２０年代、フォードは、アメリカでこの本を50万部出版するための費用を負担した。それどころか、『The International Jew: The World's Foremost Problem（国際ユダヤ人——世界最大の問題）』と題する4巻本を構想・出版してもいる。青年時代のヨーゼフ・ゲッベルスやアドルフ・ヒトラーがドイツ語訳で読み、ヘンリー・フォードの熱烈なファンになったという、いわくつきの書籍である。だが、アメリカでフォードを非難する声が上がり、不買運動が始まると、フォードはただちに謝罪・回収した。こうしてアメリカにおける反ユダヤ主義は、20世紀の間に着実に下火になっていった。

古きよき南部幻想

だが、白人優越主義の背後にある有害で複雑な幻想は、奴隷制度をめぐる戦争が終わっても、そう簡単に追い払えなかった。南北戦争後もこの熱病のような幻想が完全に消えなかったのは、負けた側が心から降伏したわけではなかったからだ。北部は南部を許したが、南部は北部を許さなかった。それに、いずれの側も過去をすっかり忘れることはなかった。

この戦争を機に、「古きよき南部」の神話が北部では時代遅れになったと思うかもしれない。国民をだまし、魅了したあの幸福な奴隷というフィクションのせいで、結局国民から１００万人近い息子、夫、父、友人を奪う結果になったが、そのフィクションもついに力を失ったのではないか、と。ところが驚くべきことに、その悲劇や殺戮から30年がたち、20世紀になろうとしているころ、ブルックリンに奴隷制度のテーマパークが設置された。立案したのは、バッファロー・ビルのプロデューサーだった人物である。この男が、前年の夏にバッファロー・ビルと『ワイルド・ウェスト・ショー』の興行を行った自然公園で、『ブラック・アメリカ』と称する興行を始めたのだ。この興行には、つい最近コニーアイランドの舞台で南北戦争中のビックスバーグの包囲戦を上演した役者兼興行師の黒人も協力していた。

『ブラック・アメリカ』では、「南部の有色人種」５００人が雇われ（宣伝文には「南部の綿花農場で実際に働いていた労働者」とある）、新たに複製した田舎の奴隷の小屋１５０棟をあてがわれた。そして2か月間、奴隷のふりをして、40アールほどの即席の農場で綿花を摘み、本物の綿繰り機でそれを加工した。ニューヨーク・タイムズ紙の記事にはこうある。「奴隷時代の黒人が従事していた労働、仕事が終わったあとにそれぞれの小屋で繰り広げられる心配のない楽しい生活」を、何万もの白人が見物に来た。「太った黒人の母親が、頭に赤いハンカチを巻き、小さな小屋の外に座って編み物をしている」。同紙はまた、見せかけの奴隷が持つ見せかけのお守りに興味を示し、こう記している。ウサギの足や「何が入っているかわからないジャコウジカの内臓の袋が（中略）悪魔の誘惑や企みから身を守ってくれる」。このショーの黒人には、人種別に組織されていたアメリカ陸軍部隊から派遣されていた現役の黒人兵士もいた。『ブラック・アメリカ』は大ヒットを記録し、北東部各地で巡回公演が行われた。

同じころには、元テネシー州知事で後に上院議員となるロバート・ラヴ・テイラーが、「古きよき南部」の栄光について全国各地で講演していた。「夏はいつも日の出のころから、黒人たちの笑い声や歌が聞こえた。彼らは一か所に集まると、四方八方に散り、その日の仕事を始める。木立が広がるひんやりと涼しい空間に立つ、白い柱の邸宅が忘れられない。綿花畑が地平線まで広がっている。そこは懸命に働く奴隷でいっぱいだ。奴隷たちには、心に重くのしかかる心配ごとなど一つもなく、朝早くから日暮れまで働きながら歌っている」。こうした「古きよき南部」の甘ったるい、ため息の出るような幻想が、20世紀初頭にも広まっていた。

ＫＫＫの復活

ノスタルジーは再び、一種の病気と化していた。１９１５年には、映画監督のＤ・Ｗ・グリフィスが、かつてないほど野心的、感動的で洗練された大作映画『国民の創生』を公開し、その年どころか１９１０年代を代表する映画として、大成功を収めた。だがこれは、神話的な「古きよき南部」やクー・クラックス・クラン（ＫＫＫ）（訳注：白人至上主義を唱えるアメリカの秘密結社）の復興を3時間にわたり訴える、恥知らずなプロパガンダ映画だった。『国民の創生』は、ホワイトハウスで上映された初めての映画となり、ニューヨーク市でおよそ1年間上映された。すると、やがてそれが現実となった。続く10年間、復興したＫＫＫが爆発的な人気を博したのだ。この機会にＫＫＫは、絶対的な白人優越主義への醜いノスタルジーのほか、不気味で奇抜な衣装（白いローブ、円錐形の帽子）や幻想的な用語体系（警官は「帝国の魔法使い」や「グランド・ゴブリン」、ＫＫＫの地元組織は「クラバーン」）により、組織としての統一を進めた。その影響力は、かつての南部地域にとどまらない。１９１０年代から１９２０年代にかけて、150万人もの黒人が南部から北部へ移住した。そのため、KKKの会員数の上位5州のうち、4州が北部の州（インディアナ州、オハイオ州、ペンシルベニア州、イリノイ州）だった。1920年代初頭のピーク時には、アメリカの白人の5パーセントがKKKの会員だったと思われる。だがそれでも、当時の文化を支配していたのはやはり、現代的で穏健な理性だった。それからわずか数年後、1920年代の終わりになると、数百万人に及んだKKKの会員数は数万人にまで減少した。その様子を見て、まともなアメリカ人は、幻想的な偏見を持つ人々の野蛮な行動もこれで見納めだろうと安堵した。

南部の人々が抱く幻想

だが、KKKの一時的な盛衰はともかく、南部の白人が抱く神話の力が弱まることはなかった。彼らには、魂のない北部人と違い、気高く慈悲深い、誠実で上品な伝統の守り手だという自負があった。それは新世紀に新たな形で受け継がれた。かつての黄金時代は、南北戦争の敗北を経て、高潔な「失われた大義」と化した。その大義とは奴隷制度のことなのか？　いや、違う。奴隷制度はささいな問題にすぎない。父や祖父が南北戦争を戦ったのは、アメリカ人としての権利を守るためだ。信じたいと思うことなら、立証できない幻想であろうとも、それにより一部の人種を非人間として扱うことになろうとも、それを信じることのできる権利を守るためである。

南部出身の南部史家は口をそろえて、南部人の決定的特徴は、幻想や妄想に弱いことだと言う。ノースカロライナ州のジャーナリスト、ウィルバー・キャッシュは１９４１年、自分が暮らす地域の文化的心理に関する書籍『The Mind of the South（南部の精神）』を出版した。これは、H・L・メンケンの雑誌に掲載するエッセイとして執筆を始めたものだが、南部人の心理について20世紀最大の影響力を有する本となった。そこにはこんな記述がある。

> 南部の顕著な特徴は、現実を受け入れる能力が驚くほどなく、幻想を受け入れる能力が圧倒的に高い点にある。たとえば、「古きよき南部」の伝説が、南部人の精神を編み上げている。（中略）
>
> ここでは、不愉快な現実など著しくまれだ。奴隷制度など、不愉快な現実がないわけではないが、それもまた、心地よい賛美のために役立てられている。こうして事実が、麗しいフィクションに取って代わられる。（中略）
>
> 南部人はどんな面においても、現実を避け、華麗な世界を自ら築き上げる。

南北戦争から1世紀後、バージニア大学の歴史学者、ポール・ガストンは、１９７０年の著書『The New South Creed: A Study in Southern Mythmaking（新たな南部の信条——南部の神話創造の研究）』にこう記している。一般的な考え方に従えば、「南部がアメリカの〝標準的〟な社会経済システムや道徳的信念を採用したように、南部はいずれ主流に吸収されるだろう」。つまり、敗北した南部は、いずれ北部化され、神話から距離を置き、現実に基づいた生活を送るようになり、進歩への道を歩んでいくはずだ。確かに、軍事的・法的事実として見れば、南軍は南北戦争に敗れ、アメリカは統一を維持し、奴隷制度を終わらせることで先進国の仲間入りを果たした。しかし見方を変えれば、どちらが勝ったかという問題の答えはあいまいになる。奴隷制度の拡大は止まったが、南部の嘆かわしい気質は、キリスト教のさらなる急進化とともに、全国的に拡大したからだ。

第18章

理性 vs. 信仰——装いを新たにした古い宗教

南北戦争の結果、勝利した北部でも敗北した南部でも、それぞれの地で発展してきたキリスト教が、さらにその性格を強化する方向へ進んだ。南北戦争前、南部のキリスト教は、北部の古いタイプのキリスト教と同質化しつつあった。つまり、教会とコミュニティがほぼ同義であるような、純粋で、超正統的で、偏狭なプロテスタント信仰である。やがて南部人は、あの痛ましくも気高い幻想に耽るようになると、その立場を明確にするため、これまで以上に熱心に教会へ通うようになった。改定された讃美歌や新たに設置されたステンドグラスでは、キリスト教のイメージやテーマに、南部人のイメージやテーマを融合した歌詞や絵が採用された。こうして、南部の白人の宗教文化は、南部諸州をまとめる下部組織と化した。信徒は、超自然現象に頼り、奇跡的な新生や、最後の審判の日やその後の最終的勝利を期待した。不都合な事実（奴隷制度は悪であり、南部諸州の離脱は破滅的な過ちだった）を直視するのではなく、自己正当化と相手の否定に陥った。そのため南北戦争で敗北すると、大多数の南部白人は、（第二次世界大戦後のドイツや日本のように）深く反省して平和主義者になるどころか、むしろ怒りを持続させた。その結果、かつてのピューリタンにも似た中世的なキリスト教を信奉するようになった。

一方、北部人は、南北戦争の勝利により、神は自分たちの味方だと確信し、絶えずつきまとううぬぼれをさらに高めた。そのため北部の宗教は次第に、背後から聞こえてきて私たちを安心させる、美しい鳥のさえずりのようなものに変わっていった。教会に行くのは、おとなしく座り、美徳に関する講義を聞きに行くためだった。北部に本部を置いていたアメリカの宗教的支配層も、ほかのキリスト教世界同様、合理性を重んじる方向へと舵を切った。過去の奇跡や未来の預言は、大衆の理解を助けるための寓話にすぎない、と。

相容れない合理主義

20世紀の最初の年には、こうした宗教の流れが「モダニズム」と表現されるようになった。当時主流になりつつあった、あいまいで、知的で、道理にかなったキリスト教を包括的に指す言葉だ。ウィリアム・ジェームズは言う。「過去50年間にキリスト教の中でいわゆるリベラル派が台頭してきたのは、(中略)かつてのとんでもなく病的な神学に対する勝利と言っていいだろう。今ではどの教区の説教師も(中略)永遠の劫罰を無視、あるいは否定している」。新たな神学は、個人の徳を強調し、超自然を軽視する。歴史を神とサタンの戦いと見なすのはばかげている。聖書は、神の啓示を受けて書かれた並外れた書物だが、誤りを犯しがちな古代の著者の産物にすぎない。

現代社会学の重要な著作、マックス・ヴェーバーの『プロテスタンティズムの倫理と資本主義の精神』(邦訳は大塚久雄訳、岩波書店、1989年)は、アメリカの宗教の宗教的側面にはあまり関心を寄せていない。ヴェーバーの考え方はこうだ。プロテスタントが持つ気質は、たまたま熱意や勤勉といった性質とみごとに一致する。そうした気質がちょうどいい時期に現れ、同時期に登場した市場経済に見合うヨーロッパ人やアメリカ人を作り上げた。誰もが同意するように、20世紀以降の現代社会はもはや、かつてのような宗教的な後ろ盾がなくても繁栄を続けていける。宗教の超自然的な部分は、たわ言としていずれは捨てられる。つまり、資本主義と親和性の高いプロテスタント神学が、近代的合理主義へと進化したのだ。

しかしアメリカでは、というよりアメリカだけ例外的に、合理主義は、殺到する新たな文化になじめない無数の人々から本能的に忌避された。当時は、風変わりな海外の芸術や思想、ジャズ、映画、放縦な性的関係、人種間の平等、女性の参政権、あるいは、創世記の記述とは相容れない科学など、新奇な文化や思想が流入していた。[1] こうして現代派が勝利を高らかに宣言しても、魔術的思考を熱心に信奉する人々は降伏しようとせず、むしろ当初のプロテスタントやピューリタンのような態度に出た。つまり、退廃したエリートたちから頑固な狂信者として非難され、その時代遅れの信仰ゆえに迫害されればされるほど、信仰心を極端にまで高めていったのである。

（1）１９２０年、アメリカ合衆国憲法修正第19条が批准され、女性にあらゆる参政権が認められたが、当時女性に一切の参政権を認めていなかった7州のうち6州が南部の州だった。しかも、南北戦争時に南軍に加わった州の大半は、１９６０年代以降までこの修正の批准を拒否した。

聖書は真実だとする人々

その結果、20世紀最初の30年間、何百万もの反動的なアメリカ人が、聖書は神が口述したものであり、１００パーセントノンフィクションだと信じた。彼らは、聖書の言外の意味など読み取ろうとしない。そんなことが許されるのは、キリストが間もなく再臨し、現代に襲いかかる悪魔的な堕落を永遠に食い止めてくれるという信念を裏づける場合だけだ。

反体制運動の兆しはすでにあった。たとえば、靴のセールスマンだったドワイト・ムーディは、そのころ説教師に転身し、やがてムーディ聖書学院を創設して大衆に多大な影響を及ぼした。これは、大学と通信教育学校、および出版社を兼ねた組織である。ムーディは、聖書のあらゆる文章は文字どおり真実であり、シアーズ・ローバック社（訳注：カタログを使って通信販売をした小売会社）の商品カタログ同様、比喩的な意味はないと主張し、アメリカにおける聖書崇拝の復興を推進した。また、啓示の詩的な部分をわかりやすく説明するため、ダービが思い描いていた「終末」論を、携挙という概念とともに世に広めた。携挙とは前述のように、この世の患難が過ぎ去るまで、ＶＩＰに架空の待合室を提供するシステムである。こうして新たに推奨された神学は「昔の教義」と呼ばれた。ムーディの活動には、特筆すべき点がもう一つある。彼は、自分の学院や神学を特定の宗派に結びつけなかった。福音主義を信奉し、柔軟な思考に反対する立場にいさえすれば、誰でも受け入れた。つまり、この新たなタイプの狂信は、ほとんどのプロテスタントの宗派に際限なく広まることも、新たな宗派の温床になることもできた。

ムーディの弟子の中でもとりわけ有名なのが、カンザス州出身のサイラス・スコフィールドだ。この男は、法律家や政治家をしていたころはアルコールに耽り、堕落した生活を送っていたが、やがて改心すると妻や子どもを捨て、福音主義の聖職者になった。そして、自身の聖書学校を設立したり通信教育課程を始めたりした後、１９０９年には独自の聖書を出版した。これは、新たな翻訳ではなく、欽定訳聖書を用い、元法律家らしく各ページのおよそ半分を解説文で埋めたものだ。そこには、聖書の物語や預言の意味や時期に関する新たな福音主義的見解について、自分の見解が記されている。たとえば、神はこの世界を紀元前４００４年の秋に創造した、といった具合である。こうした脚注はいずれも、実に奇抜なキリスト教神話を、真実らしく見せる役目を果たした。この聖書はオックスフォード大学出版局から出版され、驚異的なベストセラーになったという。

同じころロサンゼルスには、ユニオン・オイルを創設した実業家で、現代化した長老派に立腹していた保守的な長老派信者がいた。この人物は、７００万ドル相当の資金を自ら負担して、反モダニズムのエッセイを集めた『The Fundamentals（根本原理）』というペーパーバック本の出版を企画し、数百万部を無料で配布した。バプテスト派も、最終的勝利を収めつつある啓蒙主義的理性に反旗を翻した。同派の１９２０年の年次総会では、北部のバプテスト派でさえ、敵対する相手を呼ぶのに、「モダニズム」という婉曲的な表現を使おうとしなかった。「私たちは、合理主義が教会を大々的に破壊しているこの事態に、危機感を募らせている」。彼らは明らかに非合理を信奉していた。ブルックリンを拠点に、北部バプテスト派向けの週刊新聞の編集を担当していた人物（前述のペーパーバック本を出版したのも彼である）は、危機感を抱く超夢想家たちによるこの運動を、根本主義運動と命名し、こう記している。

> 根本主義は、キリスト教を合理的に解釈し、超自然主義をおとしめようとする人々に対する抗議運動である。この合理主義は、（中略）旧約聖書の奇跡をさげすみ、われらが主の処女懐胎を信じられないものとして退け、新約聖書の奇跡を受け入れている人々をお人よしだとあざ笑い、（中略）主の再臨の約束をたわいのない夢と一蹴する。（中略）こうしてキリスト教から超自然的要素を奪うことで、この聖なる宗教の土台を掘り崩している。それなのに、自分たちはキリスト教の土台を強化し、キリスト教をもっと合理的なもの、思慮深い人々にも受け入れやすいものにしていると豪語している。だが実際のところ、キリスト教は超自然主義に根差している。そこから超自然主義を除けば、もはや宗教ではなく、単なる高尚な倫理システムになってしまう。

進化論を否定する

合理主義へと押し流されるプロテスタントの大宗派を引き止める闘いは、困難を極めた。だが20世紀は、スターが続々と現れ、起業家精神が勝利を収め、ショービジネスが爆発的に発展した世紀でもある。この時代の有名な福音主義説教師は、正式に叙任された聖職者ではなく、どの教会にも所属していなかったが、それでも（メジャーリーグの野球選手のような）スターだった。彼らは、アメリカらしいアイオワなまりで昔の教義を説き、ショーのような礼拝を行った（跳んだり、ぐるぐる回ったり、激しく体を揺らしたり、気の利いたことを言ったりした）。その中にはうってつけの名前を持つ人物もいた。たとえば、ビリー・サンデーだ。彼はプロテスタントの上層部を、「宗教の破壊に身を捧げた、柔軟な思考をこれ見よがしに吹聴する精神的な倒錯者であり、一人残らず嘘つきだ」と述べた。そんな彼に、アメリカの何百万という庶民が好感を抱いた。

人間が動物から進化したことは、すでに科学的に証明されていた。これは、創世記の記述と一致しない。創世記では、神が土のちりで人を形作り、その鼻に命の息を吹き入れたとある。だが、ダーウィンが『人間の由来』（邦訳は長谷川眞理子訳、講談社、２０１６年）を発表してからすでに半世紀が過ぎ、柔軟な思考のできる世界各地のキリスト教徒、いわゆる「モダニスト」

たちは、科学的証拠に沿って聖書を解釈するようになっていた。当時は、天文学者、地質学者、古生物学者、生物学者が、神の奇跡的な創造の成果を発見しつつあった。そのため正統派の神学者でさえ、それを柔軟に受け入れた。『根本原理』の中のあるエッセイにはこうある。「〝進化〟とは〝創造〟の言い換えにすぎない」。したがって「聖書と科学は一致している」。神は確かに、驚くべき方法で人間を創造した。だがそれを一日で行ったわけでもなければ、土の人形に息を吹き込んだわけでもない。

ところが、アメリカのキリスト教徒の大多数が、自分が子どものころに見た人類創造の絵のイメージを破壊されるのを拒んだ。ビリー・サンデーは怒鳴るように言った。「進化などというまがい物の理論は信じない。そんなものは何の意味もないたわ言だ」。彼は１９２５年の冬、テネシー州メンフィスで2週間にわたり説教を行った。すると、人口20万人の街に25万人が押し寄せ、ダーウィンによる神不在の生物学を非難する説教に聞き入った。間もなくテネシー州では、科学による怪しい学説を禁じる法律が制定された。その内容は南部諸州の同様の法律と比べてもきわめて厳しく、「州内のあらゆる大学、（中略）あらゆる公立学校の教師が、（中略）神による人類創造の物語を否定する学説や、人間が下等動物から進化したとする学説を教えることを違法」としていた。

裁判も見世物に

アメリカはまさしく重大な岐路に立っていた。近代科学か古代の神話か？　理性か魔術か？　現実かフィクションか？　１９２０年代には進化に関する議論が頂点に達し、各陣営がそれぞれ連携を深め、闘いに備えて理論武装していた。狂信的な側は、堂々と自らの主張を展開し、反進化論法を制定した。一方、世俗的な側は、アメリカ自由人権協会（ＡＣＬＵ）を設立し、大手新聞を全国規模に拡大し、影響力の大きな週刊誌（『ニューパブリック』『タイム』『ニューヨーカー』）を創刊し、ラジオでの定期的なニュース放送やニュース映画の公開を始めた。このような状況の中、１９２５年の夏には、いわゆる「モンキー裁判」が始まった。これは、夢想派と合理派の間で交わされた、初めての全国規模の論戦となった。

その年の5月の第一月曜日、チャタヌーガ・デイリー・タイムズ紙にＡＣＬＵのこんな広告が掲載された。「反進化論法の検証に進んで手を貸してくれるテネシー州の教師を求める」。すると、それに目をつけた人たちがいた。テネシー州の谷間を1時間ほどさかのぼっていくと、デイトンという町がある。そこに暮らす若い裕福なメソジスト派の技師を中心とするグループが、町を盛り上げるアイデアを探していたときにこの広告を見つけ、こう考えた。このチャンスを利用し、全世界が見守る中、科学派と根本主義派に公の場で堂々と自説の主張を行わせれば、この小さな町デイトンも一躍有名になるに違いない。そこで彼らは、1年前に大学を卒業し、最近この町にやって来て地元の高校で科学を教えているジョン・スコープスという人物に白羽の矢を立て、起訴され裁判にかけられる役目を引き受けてほしいと願い出た（実際のところスコープスは、進化論を教える予定だった日に学校を病欠していたのだが、そんなことはどうでもよかった）。

　こうしてアメリカ全土の話題をさらう裁判の準備が整った。両陣営の熱心な支持者、抜け目のない興行師、野次馬根性丸出しの一般市民はすぐに、これがまたとないショーになることに気づいた。両陣営ともに、有名人を呼び寄せて戦力の補強を図ったからだ。ＡＣＬＵの弁護団には、辣腕弁護士として有名なクラレンス・ダロウが参加した。ダロウはつい先ごろ、シカゴでの殺人罪で起訴されていた10代の裕福な若者、レオポルドとローブを絞首刑から救ったばかりだった。一方、検察側は、ウィリアム・ジェニングス・ブライアンを招聘していた。民主党の大統領候補に三度指名されたことがあり、進化論生物学に対する民衆の怒りをかき立てることに晩年を捧げていた人物である。裁判の数週間前、ニューヨーク・タイムズ紙はこの裁判に関する記事を掲載し、こんな見出しを掲げた。「ブライアン、頑固一徹の宗教家として招聘される」。こうして、反進化論法の制定からまだ１００日しかたっていない中、見世物裁判として構想されたテネシー州対ジョン・トマス・スコープス裁判が始まった。

　舞台となる郡裁判所は、ペンキが塗り直され、新たなトイレや電話線、ニュース映画撮影用の踊り場が設置された。傍聴席も５００席追加され、そのうちの２００席が、全国および世界各地から集まる記者に割り当てられた。シカゴ・トリビューン紙が運営する新たなラジオ局は、スタッフを派遣して裁判を生中継した。アナウンサーは驚きの声を上げた。「ここでは私たちは月の人のようだ。まるで外宇宙から来たラジオ関係者です！」外には、軽食や飲み物、ぬいぐるみのサルを販売する売店が並んだ。そのそばでは、地元の肉屋が、ウサギのような後肢を持つ子ネコを見せて「ウサギネコ」と呼び、これこそ遺伝的継承あるいは進化の証拠だと訴えていた。有名なチンパンジーの飼い主が、そのチンパンジーに格子柄のスーツや中折れ帽、スパッツを身につけさせ、弁護側の証拠にと提供したが、ダロウに辞退された。一方、検察側にも、別のチンパンジーの飼い主からチンパンジーが提供された。ニューヨーク・タイムズ紙の記事によると、陪審団が「バッファロー・ビルそっくりの陪審員」に率いられ、ホテルの部屋へそのチンパンジーを見に行ったという。

　このショーに参加しようと、聖職者もテネシー州に殺到した。ミシシッピ州のある聖職者は、刺激的なタイトル（「地獄の高校」「神かゴリラか」）の反進化論パンフレットを無料で配布した。ナッシュビルから来たユダヤ教のラビは、創世記をヘブライ語で説明しようと申し出た。オレゴン州の野外説教師は、新聞の漫画欄に登場する人気キャラクターに扮して説教を行った。「独立の自由思想家・講師」と記された名刺を持つミシガン州出身の男は、警察に逮捕された。マンハッタンのアッパーウェストサイドから来たユニテリアン派の聖職者も、警察から説教を禁止された。そのため、地元のメソジスト派教会の牧師がこの聖職者を自分の教会に招き入れ、説教の場を提供しようとすると、信徒からその牧師の即時解任を求める怒りの声が湧き起こった。

裁判２日目の最後に、ダロウは長いスピーチを行い、法的・哲学的主張を展開した。「迎合」とは正反対の態度で、こう述べたのだ。「このような有害で愚かな悪法が制定された」のは、ブライアンが何年も進化論を攻撃してきたからである。「私の精神を16世紀に戻すことなどまずできないが、この裁判がまじめなものであり、二つの文明の死闘であるかのようなつもりで論じることにしたい」。「世界は平らだと誰もが信じていた時代に書かれた創世記」をもとに科学を否定するのはばかげている。テネシー州が制定したこの法律は、「ニューイングランドで行われていた魔女の絞首刑と同様、（中略）明らかに宗教的な無知や偏見のたまものである」。

メディアによるリアリティ番組

ボルチモア・サン紙の記事によれば、このスピーチが終わると、「聴衆の中の愚か者たちが（中略）野次を飛ばした」という。テネシー州からおよそ１０００キロメートル、３州分離れたところに拠点を置くこのボルチモア・サン紙は、このショーの共同プロデューサーでもあった。事前に、スコープスが有罪判決を受けた場合には、その保釈金や罰金を立て替える約束をしていたのだ。同紙はこの裁判騒動を報道するため、５人組のチームを派遣していた。リーダーを務めるのは、スター記者だったH・L・メンケンである。「聴衆の中の愚か者たち」云々の記事を含め、彼が書いたコラムは、系列新聞を通じて全国に広まった。メンケンはこうも記している。田舎のテネシー州では、「ダーウィンは七つの尾と九つの角を持つ悪魔、スコープスは、フランネルのパンタロンに北部の大学生のような髪型をしているにもかかわらず、バビロンの娼婦と見なされている。ダロウはさしずめ、人間と化したベルゼブブだ」。

だが、そんな発言をしているのはメンケンだけではなかった。客観的なニュース報道の大半が、この裁判を喜劇として扱い、根本主義を普通でない無分別な考え方と見なしていた。法廷を生中継していた実況アナウンサーは、放送中にこう述べている。「ウィリアム・ジェニングス・ブライアンの登場だ。今、法廷に入ってきました。そのはげた頭頂部は、キーウェストに昇る朝日のようです」。ニューヨーク・タイムズ紙は裁判の間、一日ごとに複数の記事を掲載した。たいていは一面を飾り、どの記事にも偏向した見出しがついていた。「農民の陪審員が教師を裁く（中略）文字が読めない一人を含め、誰も進化論を信じていない辺鄙な山の中に暮らすデイトンの人々は科学を恐れている」。ある記事には、こんな記述もある。「デイトンの人々は、処女から生まれ、墓から復活したイエスを信じ、アダムやイブ、蛇、燃える剣を持つ天使の実在を信じている」ため、「反進化論法を制定せざるを得なかった。このような頑固さ、偏狭さは、言うなれば、彼らの骨の骨、肉の肉である（訳注：「骨の骨、肉の肉」はイブが生まれたときにアダムが言った言葉）」。当時は、主流派メディアがリベラルに偏向していた時代だった。

裁判の行方

両陣営を代表する著名人二人は、法律家として仕事をしていたが、むしろその役を演じていたと言ったほうがいいかもしれない。この裁判はいわば、マルチメディアによるアメリカ初のリアリティ番組だった。1週間にわたりダロウとブライアンは、法廷の内外で相手をからかったり、ばかにしたりした。裁判の最終日の前日には、裁判所の外の芝生上で審議が行われたため、この奇天烈な裁判の大団円に誰もが参加できた。

ブライアンはその日、正義のためなら喜んで殉教しようと、弁護側の敵意ある証人として証人台に立つことを承諾した。そしてその場で、冒涜者ダロウやその仲間についてこう述べた。「この紳士方は、神が啓示された宗教を裁くためにここに来た。私は、それを守るためにここにいる」。聴衆はこういう言葉が好きだった。

するとダロウが、このショーについてリアルタイムでコメントするように怒鳴った。「傍聴席から大変な拍手喝采ですな！」。

「あなたが〝田舎者〟と呼ぶ人たちですよ」。ブライアンも言い返した。「あなたは彼らをばかにしている」。

ダロウはカッとなった。「あなたも、ばかげた宗教を信じないからといって、あらゆる科学者、世界中で学問をしているあらゆる人々をばかにしている」。彼はそう言うと、旧約聖書のさまざまな奇跡について尋ねた。あなたは本当に、ヨナがクジラの腹の中で3日間生き延びたと信じているのか？　神がアダムの肋骨からイブを作ったと信じているのか？　言葉を話すずる賢い蛇が、神に背くようイブをそそのかしたと信じているのか？　などなど。

ブライアンは、自分は聖書のすべてをそのまま信じていると証言した。また、創世記の洪水は紀元前２３４８年ごろに起きたとも述べた。

ダロウは疑わしげに尋ねた。「地球上のあらゆる文明、おそらくは魚以外のあらゆる生物が（中略）洪水により消え去ったと信じているのですか？　そして、かつてこの世に住んでいた人間のうち（中略）現在の人類の祖先となった人間と（中略）あらゆる動物が、洪水の後にこの地球上に現れた、と？」。

ブライアン　ええ。

ダロウ　中国の古代文明が少なくとも６０００〜７０００年前のものだということを知らないのですか？

ブライアン　知りません……。

こうした問答が1時間余り続いた後、主任検察官が異議を唱えた。その質問は何のためなのか？　すると仲間のブライアンが証人席から断言した。「聖書を信じるあらゆる人々をあざ笑うためだ」。ダロウはすぐさま、大見得を切って反論した。「アメリカの教育が偏見や無知に支配されるのを防ぐためだ」。

翌日、９分間の審議の後、陪審団がスコープスに有罪を言い渡し、判事が１００ドルの罰金を科した。それから数日後の「日曜日」、まるでショーを締めくくるかのように、デイトンでブライアンが客死した。

礼拝はさらにショー化する

ボルチモア・サン紙のメンケンはテネシー州に滞在していた間、法廷以外に、「コカ・コーラ・ベルト」（訳注：南部の綿花栽培地域を指す「コットン・ベルト」という言葉に、コカ・コーラが南部のジョージア州で誕生した事実を組み合わせ、「南部」を指す言葉として使っている）の取材も行っている。ある晩には、戸外の礼拝集会に出席した。その記事にはこうある。「一人の男が「突然立ち上がり、頭をのけぞらせ、異言を話し始めた。ブクブク、ゴロゴロ、ゴボゴボ。その声は次第に高くなり、耳をつんざくような高さにまで達すると、のどを絞められたかのような、不明瞭なわめき声になった。そして間もなく、嘆願者の山に頭を突っ込むように倒れた」。次いで別の男が「空中に跳び上がり、頭をのけぞらせ、まるでＢＢ弾を口いっぱいに詰め込んでうがいをしているような音を立て始めた。それからきわめて大きな声で異言を一文放つと、卒倒してしまった」。

異言。メンケンはこれまでも、新種の空想的キリスト教を特徴づけるこの魔術的現象を目撃したことがあった。この一、二世紀の間、アメリカのあちこちで間欠的に見られた現象が、20世紀初頭に至ってとうとう本格化したのだ。

リベラル化していく主流派に対抗し、草の根のキリスト教徒の信仰が常軌を逸したものになるにつれ、より常軌を逸した、派手な礼拝を望む者が出てきた。南北戦争後はそれがホーリネス運動として活発化し、大宗派の中から、熱狂度の高い信者が現れてきた。こうした信者は、普通の信者（特にメソジスト派）から爪弾きにされ、地域ごとにその場かぎりの独自の教会を設立した。この教会は、「神の教会」という統一名称はあったものの、分権的なバプテスト派以上に分権化されており、全国的な指導者も本部もなく、各地域の教会が自由に活動を展開した。このような自主運営方式こそが正しく、しかもアメリカ的だと思えたからだ。信徒は、高潔を極めた生活を望み、アルコールやたばこ、歌や踊り、演劇や映画を避けた。その一方で、礼拝では、説教を聞き、洗礼を受け、祈りを捧げるだけでは満足できなかった。実際、陶酔や悦楽のない毎日の禁欲的生活を補うためか、精神を高揚させるショーのような礼拝を求めた。これまでも、野外集会や、公の場での衝撃的・忘我的な目覚め、信仰治療などはあった。だが、彼らはアメリカ人らしく、それ以上のものを望んだ。そんなときに目をつけたのが、使徒行伝のある記述である。使徒行伝によれば、イエスのはりつけから数週間後の五旬節（ペンテコステ）の日、使徒たちは、「不思議なわざ」を行い「しるし」を示すことができるように、神から一時的に超自然的能力を与えられた。この奇跡の力の一つに、「異言を話す」力がある。当時、多文化都市エルサレムで使われていたあらゆる言語を、学びもしないのに流暢に話す能力である。使徒行伝の記述を見ると、使徒パウロが、「知らない言語を話す」信者の話をしている。

それから20世紀後のアメリカ人信者は、この熱に浮かされたような五旬節の経験を毎週期待するようになった。異言が、キリスト教を特徴づける幻想としての役目を果たすようになるのは、それからである。ルターは４００年前に「私たちは誰もが司祭だ」と述べたが、アメリカ人はその考え方をさらに狂信的な方向へ発展させた。もはやあらゆる信者が、イエスの使徒と同等の預言者であり、不思議な奇跡を行い、しるしを示す権限を与えられている。しかも「一時的に」ではない。

「異言」話者が急増

このペンテコステ運動を始めたのは、ホーリネス運動によりメソジスト派を離れた二人の若い福音主義者だった。その一人チャールズ・パーハムは、カンザス州トピカに小さな聖書大学を設立して、「すべてを捨て、あらゆる所有物を売り、譲りわたして学校に入る意志のある」人を受け入れ、「終末」が近いことを教えていた。20世紀が始まる最初の日、当時27歳のパーハムが学校の生徒だった30歳の女性に手を置くと、こんなことがあったという。「女性の頭を囲むように光が現れ、女性が中国語を話し始めた。それから3日間、彼女は英語を話すことができなかった」。彼女が話したのはまったく中国語ではないという地元の中国人の証言もあったが、信者は信じた。間もなくトピカには、聖職者やその同僚を含め、でたらめな外国語をうわ言のように話す人々が次第に増えていった。

やがてパーハムは旅に出て、ヒューストンでアフリカ系アメリカ人の優秀な弟子を見つけた。それがもう一人のウィリアム・シーモアである。パーハムは、この魔術を広めようと、当時活況を呈していたロサンゼルスにシーモアを派遣した。リトル・トーキョーのアズサ通りにあったぼろぼろのビルに教会を構えると、シーモアはあっという間に成功を収めた。ひっきりなしに行われていた礼拝ショーを体験しようと、何千もの市民が訪れた。この狂気が2週間ほど続いたころ、サンフランシスコで壊滅的な地震が発生し、ロサンゼルスもかなりの揺れを記録した。するとアズサ通りの信者たちはこの地震を、ハルマゲドンやキリストの再臨に関する告示を神から受け取ったのだと解釈した。

言うまでもないことだが、念のため言っておこう。「異言」はでたらめである。現代の異言研究の権威とされるトロント大学のウィリアム・サマリンは、信者の心情に配慮し、数十件の事例を目撃・記録・研究した後も「精神病理学的な説明」を避けている。それでも、「異言」として話される言葉は、即興的にそう見せかけているだけだという。サマリンの説明によれば、異言は、「話者が知っている言葉から拾った音をでたらめに組み合わせた音節の羅列」であり、「言葉を装っている」だけで、「一貫した文構造を持っていない」。また、普段英語を使っている人が異言を話すときには、あまりに英語らしく聞こえそうな音を避ける傾向があるらしい。

シーモアがアズサ通りで礼拝を始めた直後、ロサンゼルス・デイリー・タイムズ紙が一面に、「狂信的な新宗派の登場」と題する懐疑的な記事を掲載した。「近隣では、崇拝者のうなり声により不気味な夜が続いている。信者たちは何時間も体を前後に揺すり、頭がおかしくなったような状態で祈り、嘆願する。また、〝異言の能力〟があり、混乱した言葉も理解できると主張する。これまでどんな狂信的グループも、そんな衝撃的な主張をしたことがない。無数の宗派が存在するロサンゼルスでさえそうだ」。

異言の噂はどんどん広まった。ノースカロライナ州のある説教師は、信仰治療や間近に迫る「終末」を信じ、メソジスト派からホーリネス運動に参加した。そして、アメリカ大陸を横断してロサンゼルスを訪れ、混沌とした礼拝風景を目撃すると早速改宗し、故郷に帰って南部を遊説してまわり、ほかの福音主義聖職者をこの新たな宗派に勧誘した。こうして、今日まで続くペンテコステ派が生まれた[2]。その後の10年間で、主流のペンテコステ派は数百万人ものアメリカ人信者を持つに至った。

合理派の勝利？

テネシー州で1925年に行われたスコープス裁判では、合理派が敗北した。だが当時の大衆のほとんどが、もっと大きな闘いでは合理派が勝利を収めていると思っていた。メンケンはデイトン滞在中にこう記している。「ほんの2か月前、ここは目立たない幸せな町だった。ところが今ではアメリカ全土の笑いものとなっている」。実際、全国メディアが新たに登場したおかげで、根本主義やペンテコステ派の大仰な信仰は、国民の笑いの種になっていた。メンケンによれば、こうしたメディアが、「常識外れの道化が現実的な都会の住民にどう見えるかを、全国に示した」という。

笑いの種にしたのはアメリカだけではない。ノートルダム大学の歴史学者ジョージ・マースデンは『Fundamentalism and American Culture（根本主義とアメリカの文化）』の中でこう述べている。「アメリカの根本主義者が精神的闘争を展開していた1920年代、イギリスでは誰もそ

（2）この説教師とは、ペンテコステ派初期の指導者ガストン・バーニバス・キャッシュウェルである。彼にとって、宗派創設にかける情熱は、中年期特有の心理的危機に心を乱された結果にすぎなかったようだ。実際、4年後にはメソジスト派に回帰している。

の闘争に参加しようとしなかった」。イギリスだけではない。「アメリカ以外のどの国でも、近代主義に対するプロテスタントのこの特異な反応が、その国の文化にこれほど広範かつ顕著な影響を及ぼすことはなかった」。

だがアメリカは、20世紀の落伍者でありながら、一歩後退しては二歩前進を繰り返し、諸外国に追いつきつつあった。バプテスト派や長老派、メソジスト派といったアメリカの北部に拠点を置く主要宗派では、１９２０年代に、リベラル派が根本主義者に対して決定的な勝利を収めた。聖書信仰の最後の砦だった名誉あるプリンストン神学校も、モダニズムに支配された。プロテスタント体制派の新たな君主となり、『タイム』誌の表紙を飾ったのは、微妙なニュアンスやあいまいさに慣れたニューヨーク出身の正真正銘の知識人、ラインホルド・ニーバーだった。彼はもはや、イエスの肉体の復活などの聖書の奇跡どころか、天国での永遠の生命さえも信じてはいなかった。

当時のまともな評論家は、根本主義者の抵抗は、二世代前の無知を受け継いだ人々の最後のあがきだと考えていた。大都市に暮らすアメリカ人にとって、根本主義者やペンテコステ派（やモルモン教徒）は、永遠に消滅するまで嘲笑・無視されるべき当惑の種でしかなかった。この時期には福音主義者の間に、ビリー・サンデー、メジャー・ジェラス・ディヴァイン、エイミー・センプル・マクファーソンというスーパースターも誕生したが、全国メディアではどこでもばかにされた。

たとえば、上位中流階級の意識を代弁する『タイム』誌は、スコープス裁判の「陪審員は農民だった」と述べた。また、ビリー・サンデーについてもこう記している。「その低い知的レベルで、ためになるよりもむしろ害になるのではないか」と思われ、「元気な小柄のクーガーのように、跳んだりうなったりする」。ニューヨーク市やその周辺を拠点に活躍したディヴァインは、自分は神の化身だと主張した。そのためニューヨーク・タイムズ紙は、彼やその信奉者を頭がおかしいと思い込み、こんな見出しの記事を書いた。「ディヴァインの礼拝16件で精神疾患の症状――ベルビューで目撃した18件のうち、既存の精神疾患に合致しないのは2件のみ」。マクファーソンは信仰治療や異言で有名になった離婚歴のあるペンテコステ派の女性で、5000人を収容できるロサンゼルスの教会に巨大な電光掲示板を持ち込んで説教を行ったという。1926年、彼女が5週間行方をくらました後、誘拐されていたと主張すると、『タイム』誌はそれを「〝失踪〟」と表現した。この引用符は、ビリー・サンデーの「〝説教〟」同様、軽蔑的な意味で使われている。

　1927年には、シンクレア・ルイスの小説『エルマー・ガントリー』（邦訳は、三浦新市・三浦富美子訳、角川書店、1960年）がベストセラーになったが、これは、ビリー・サンデーのような福音主義者とマクファーソンのようなその愛人が登場する風刺劇である。1933年には、『タイム』誌が満足そうにこう記している。「アメリカの福音主義の力は衰え、次第に小さな町に追いやられている」。

憲法上の問題として見ると、スコープス裁判は、アメリカにおける科学と幻想との対立を解消するには至らなかった。控訴審での州最高裁判所の判断により、先の裁判自体が無効とされ、連邦最高裁判所に上告することもできなくなったからだ。だが奇妙なことに、続く数十年間、ＡＣＬＵは大規模な試験的訴訟を起こそうとはしなかった。そのため両者の闘いは事実上、休戦となった。南部の一部の州では、その後も反進化論法が効力を保っていたが、こうした法律もやがては廃止され、ほとんどの地域で、生物学の原理が何の疑義もなく教えられるようになった。

それでも、スコープス裁判が文化に及ぼした影響は絶大だった。裁判ではどちらの側も、それぞれの信念について譲歩しようとはしなかった。主流派はそれを見て、狂信者を現代社会になじめない田舎者と決めつけ、アメリカでは理性が粛々と勝利を収めつつあると思い込んだ。その結果、思想的指導者やグローバル主義者、『タイム』誌を読んでいる保守中流階級の人々（私の祖父母や両親もその一員である）はみな、幻想を熱心に信じるキリスト教徒がまだ何百万人も存在していることを、ほとんど忘れてしまった。だが、こうした（特に南部の）空想家たちは、北部人が20世紀にアメリカ全土で文化的勝利を収めたのは、南北戦争の再現にすぎないと思っていた。彼らはその後も信仰を保ち、聖書と矛盾する科学は真実でないと子どもに教え続けた。

超幻想的なキリスト教の炎は、アメリカで四半世紀にわたり燃え広がったが、公式記録を見るかぎり、スコープス裁判を過ぎたころから弱まっていった。国民ももう、あまり注意を払わなくなっていたようだ。しかし南部や大都市の郊外では、その炎は決して消え去ることなく、赤々とした熾火《おきび》となって残り、20世紀後半に再び、かつてないほど燃え上がることになる。

第19章

娯楽ビジネスこそアメリカの本分——映画、ラジオ、出版

永遠に若々しいわが国の国民は、新奇なものや驚異的なものに目がない。それは、教会内の奇跡を呼び物にした最新の「昔風の宗教」でもいいし、現在をSF的な未来に変えてくれる奇跡のような技術（電気、電話、レントゲン、飛行機など）でもいい。だが、20世紀になって、モルモン教、クリスチャン・サイエンス、ペンテコステ派、根本主義など、新奇な宗教が大成功を収めはしたものの、キリスト教徒の大多数は、昔からの良識ある普通の教会を離れなかった。

だからといって、その人たちがもう幻想に飢えてはいなかったというわけではない。彼らもやはり驚かされることが好きで、心躍るこの世のフィクションを現実のものと思いたがっていた。20世紀になると、スリルと興奮を提供する興行師や詐欺師が19世紀に据えた土台を基に、巨大な幻想・産業複合体が誕生した。それまでは、奇抜な芝居、メディスン・ショー、バーナムのアメリカ博物館、『バッファロー・ビルのワイルド・ウェスト・ショー』、万国博覧会など、娯楽は大半の人にとって、まれに経験する気晴らしでしかなかった。しかし幻想・産業複合体が生まれると、さまざまな形の娯楽が絶え間なく提供されるようになった。東海岸から西海岸まで、アメリカ人は週に7日間、ほかのどの国民にも増して、ショービジネスやメディアが生成・販売する卓越した幻想に浸った。これは新たな事態だった。こうして、「不信の一時停止」に陥って巧妙な見世物に耽り、非現実を現実として体験する楽しい時間が長くなればなるほど、アメリカ人は無意識的にフィクションを信じる傾向を強めていった(1)。

（1）アメリカの出版物における「不信の一時停止」という表現の使用頻度は、1920年代に突然4倍に増えた。この表現はもともと、イギリスの作家サミュエル・テイラー・コールリッジが1世紀前に、フィクションにおける超自然的幻想の復興を主張するために使ったものだった。アヘン中毒だったコールリッジは、啓蒙主義的合理主義に対抗するロマン主義運動の一翼を担った。

魔法のような仮想現実――映画

「アメリカ人の本分はビジネスにある」。１９２５年、再選を果たしたカルヴィン・クーリッジ大統領は、新聞編集者の総会でそう語った。当時は、あらゆる分野でビジネスが活況を呈していたからだ。しかし実際には、より幅広い意味で、アメリカ人の本分は幻想にあり、ビジネスもさまざまな幻想に基づいて展開されていた。

たとえば、アメリカは万国博覧会に夢中になり、数年ごとに別の都市で、1年近くに及ぶ大規模な祭典を開催した。また、キリスト教の二大祝日であるクリスマスとイースターでは、それぞれサンタクロースとイースターバニーという超自然的・幻想的（かつ商業主義的）キャラクターの採用が、宗派を超えて公式に認められた。手品や奇術が黄金時代を迎え、五指に余るスーパースターのほか、よく知られたマジシャンが何十人と登場した。その中でも、20世紀最初の四半世紀に世界的な名声を博したのが、フーディーニである。彼のショーは、真実と虚構が途切れなく融合していた。不屈の粘り強さで手かせ・足かせから逃れたかと思うと、巨大なブロードウェイのステージから5トンもあるゾウの姿を消した。観衆は不思議に思いながら、虚構も現実も信じた（無線通信ができる時代なのだから、人の心を読んだり巨大な獣を非物質化したりすることも可能なのでは？）。また、１９１０年から１９３０年の間に、現在ブロードウェイにある劇場のほとんどが開館した。地下鉄が開通してアクセスしやすくなったコニーアイランドには、巨大なアミューズメントパークが矢継ぎ早に3つ現れた。

だが、それ以上に大衆文化に影響を及ぼしたものがある。これまでの1世紀の間、アメリカ国民は驚異的な新技術に何度もあぜんとさせられてきた。だが、見せかけを現実に見せる、魔法と区別のつかない先進技術により、映画という一大産業の基盤が築かれると、文化に飛躍的な変化が起きた。一気に、幻想と現実との差が縮まったのだ。映画を見れば、読み書きができない人も、さほど想像力のない人も、誰でも容易に魔法の世界に入れる。その世界では、どこへでも瞬時に移動し、何でも目にすることができる。異国的な場所が絵で表現されているのでもなければ、想像上のキャラクターが文章で表現されているのでもない。実際の場所で実在の人間が、生き生きと動いている。これほど力強く、驚くほど現実らしく見えるメディアはそれまでなかった。映画は、演劇よりも容易に「不信の一時停止」ができる。単純に映画のほうが、舞台上で現実を装っている生身の人間を見るよりも、「驚き」が大きいからだ。また、映画館に行くのは、家で小説を読み、心の中で空想の世界を想像するのとも違う。それはむしろ、教会に行く行為に似ている。毎週、近所の人たちと連れ立って、特別な会場に一、二時間集まり、魔法のような、夢のような仮想現実を一斉に体験するのである。

1915年、チャーリー・チャップリンが大スターとなり、『国民の創生』が公開されると、映画は文化を形成する芸術・産業となった。その年、『サイエンティフィック・アメリカン』誌が、3巻から成る百科事典『The Book of Progress（進歩の本）』を出版した。その「映画」の項目の記述を見ると、執筆者の興奮が伝わってくる（この執筆者は後にＳＦ作家になった）。

> マジシャンの奇術も驚くべきものだが、（中略）スクリーン上に映し出される映画の魔術とは比べものにならない。（中略）そこには、出現、消失、驚異など、幼年時代に夢見た魔法がある。（中略）モノが運動力と知力を持っている。（中略）
>
> 　映画は、麻薬にしかできないことを実現する。（中略）出来事と出来事の間の時間を取り去り、実際には数時間の時間差がある二つの出来事を、あたかも連続して起きたかのように見せる。

　ウィリアム・ジェームズのもとで働いていたハーバード大学のある心理学教授も、幻想と現実を混同させるこの新たな技術のとりこになり、翌年出版した『映画劇――その心理学と美学』（邦訳は久世昂太郎訳、大村書店、１９２４年）にこう記している。「クローズアップの力は、舞台の力をはるかに超えている」。映画は「現実並みに鮮やかな幻覚や錯覚」をもたらす。実際、映画を見ると、「現実がその力強さを失ったような」「外世界が（中略）時間や空間や因果関係から解放されたような」気分になる、と。

　もちろん、映画製作はアメリカに限ったことではない。だがアメリカは、たちまち映画の本場となり、陽光麗らかな新たな都市がその拠点となった。映画産業を築いた人々が、1910年代に東海岸からロサンゼルスに移ってきたのには、現実的な理由がある。ロサンゼルスはまだ大都市になったばかりで地価が安いうえ、1週間のうち6日が晴れだったからだ。1907年にアメリカ全土に5000館しかなかった映画館は、7年後には1万8000館に増えた。1911年に公開された長編のアメリカ映画はわずか2本だったが、1919年には646本が公開された。第一次世界大戦後には、世界の映画の90パーセントがアメリカ産となった。

　1927年末にトーキーが登場すると、観客の「不信の一時停止」はますます容易になり、見せかけの現実は前例のないほど力強い説得力を持つようになった。1929年に出版された『The Film Finds Its Tongue（声を手に入れた映画）』には、著者が初めてトーキーを見たときの衝撃がつづられている。「翼なしで空を飛ぶ人間を見ているような感覚だった。尋常ではない。（中略）翌日、ある科学者が『キリストの復活にもっとも近いもの』と言ったのも当然である」。その後に登場したカラー映画は、幻想をさらに現実に近づけた。その幻想の現実化こそ、アメリカ人が望むものだった。

　ここで一言しておきたい。私は、映画（およびテレビやビデオなどあらゆる動画）が、現実と非現実の壁を打ち破る、前例のないほど強力なツールになったと述べたが、ハリウッドにそのような明確な意図があったとは述べていない（『国民の創生』のように、そのような意図があった場合もあるが）。

幻想をニュースに——広告

いずれにせよ、こうしてハリウッドは、ショービジネスの新たな中心地、いわば「エメラルドの都」（訳注：『オズの魔法使い』で魔法使いが住むとされる都）となった。だが幻想・産業複合体は、映画をはるかに超えて拡大しつつあった。もはやアメリカ人は、さまざまな場面で幻想を提供され、それにだまされて楽しんでいた。

たとえば広告である。「marketing（マーケティング）」という言葉は、そのころから現代的な意味で使われるようになった。「advertise（宣伝する）」も、かつては広く情報の公開を指す言葉だったが、やがて、事実や虚構、魅惑的な文句を組み合わせ、製品（や思想や人間）を有料で売り込むことのみを意味するようになった。広告がちまたにあふれ、それがほかの産業にとって欠かせないものになると、この事業は一大産業と化した。それを支配したのも、やはりアメリカである。確かに、かつての売薬産業も、深刻な症状に効く薬としていかがわしい製品を宣伝・広告していた。だが20世紀になると、その広告が、ありふれたものに新たな幻想的な意味合いを付与するようになった。たとえば、１９１１年に発売された「ウッドベリーの洗顔ソープ」の広告には、「触れたくなる肌」という文句が躍っていた。つまり、汚れ落ちのよさを訴えるのではなく、セックスにまつわる意味合いをほのめかしたのである。１９３０年代のウッドベリー社の石鹸の広告には、日光浴をする裸の女性が掲載されている。こうして広告は、幻想を巧みに利用し、基本的なニーズを満たす製品をさらに魅力的に見せることに成功すると、さらに幻想を利用して新たな欲望をあおり立てた。ありとあらゆる漠然とした表現を駆使して夢を見させ、その夢をすぐにもかなえたいという気にさせたのである。

それまでも、新聞や雑誌が広告スペースを販売してはいたが、以前の広告は、その内容が製品の情報に限られており、スペースが狭いうえに文字が小さく、出版物の主要な収入源にもなっていなかった。例外的に、安価なタブロイド紙は広告で稼いでいたが、こうした新聞は、自ら率先して幻想をニュースとして発表していた。一方、大半の新聞や雑誌はそれをためらい、フィクションとノンフィクションを区別した。そのため、そのどちらとも言えない広告は（売薬の広告を見てもわかるように、誇張が多く、ときにはまったくのでたらめもあった）、掲載が難しかったのだ。実際、アメリカ初のニュース雑誌として１８５７年に創刊した『ハーパーズ・ウィークリー』誌は、当初広告の掲載を拒否していた。だがやがて、各号ごとに半ページの広告スペースを販売するようになり、１８７０年代にはそれが3ページに増えた。こうして次第に、多ければ多いほどよいということになり、20世紀初頭には毎号90ページ以上が広告に充てられるようになった。１９００年から１９２０年代後半までの間に、アメリカの広告主の年間支出額は、現代の価値に換算して、60億ドルから４８０億ドルに増えている。

情報を無料で提供――ラジオ

１９２０年代まで、娯楽や情報の提供者側が、それらを無料で提供することはほとんどなかった。安価な新聞でさえ、数セント払わなければ読めなかった。そのころ、ラジオという新たな魔法のメディアが現れた。ラジオの場合、聴き手に課金する方法がない。だが、ラジオ産業を創設したアメリカの事業者たちは、やがてあるビジネスモデルを確立した。それは、メディスン・ショーを手本にしたものだった。つまり事業者側は、おもしろいフィクション（ラジオドラマの『アモス＆アンディ』や『ミステリー・ハウス』、子ども向けの『レッツ・プリテンド』など）や情報（ニュース）などを、聴き手に無料で提供する。その代わり企業に課金し、それらの放送を宣伝・広告に利用してもらうというビジネスモデルである。

ラジオは、映画ほど驚異に満ちたものでもなければ、映画ほど夢中になれるものでもない。だが、家にいながら無料で聴くことができた。それに、たった一つの無線の箱で、悲劇や喜劇、音楽、演芸、ニュースなど、何でも聴けるという便利さがある。ＣＢＳラジオネットワークが１９２０年代後半に設立されてから10年もすると、数か月前に始まったばかりの週刊番組『マーキュリー劇場』が、娯楽性とニュース性が入り混じるこの新たなメディアの利点をみごとに生かしたエピソードを放送した。大胆にも、幻想と現実の境界線を消してみせたのだ。

その番組の直前の天気予報では、こう告げていた。「ノバスコシア州上空で、わずかな大気の乱れが観測されています。原因は不明です」。その後、番組のいつものアナウンサーの声が静かに告げた。「ニューヨークのダウンタウンにあるホテル・パークプラザのメリディアンルームにご案内いたします」。そしてタンゴが放送されたが、しばらくして突如、別のアナウンサーが割り込んできた。「ダンス音楽の番組の途中ですが、インターコンチネンタル・ラジオニュースから入りました臨時ニュースをお伝えします。（中略）イリノイ州シカゴ、ジェニングス山天文台のファレル教授によりますと、火星で規則的な間隔をおいて白熱ガスの爆発が数回見られ、それが地球に向け、猛烈な速度で進行している模様です」。当時23歳のオーソン・ウェルズが仕掛けた有名な演出である。ウェルズは、H・G・ウェルズのSF小説『宇宙戦争』をこの番組用に翻案し、現場からのニュース報道を装い、1時間にわたり、火星人の侵略や、それにより壊滅するニューヨーク市の状況を語り続けた。現実の世界ではそのころ、ミュンヘン協定が成立し、ドイツがチェコスロバキアのズデーテン地方を占領していた。そのためこの番組のリスナーの中には、「火星人」の爆撃や破壊を、ナチスが侵略してきたものと勘違いする人もいた。

セレブ文化の洪水

20世紀最初の数十年の間に、「セレブ」という言葉は、現代のアメリカでよく使われる意味を持つようになったが、これは決して偶然ではない。もちろん、それ以前から有名人はいた。どんな国であれ、才能や権力を持つ人は有名になる。だが、アメリカが誕生する以前には、一個人が有名になり、一般大衆に愛され、夢想され、語られる存在になるような文化的仕組みがなかった。現代のセレブ文化の最初の土台となる新聞や雑誌は、アメリカと時を同じくして誕生した。写真が登場すると、間髪を入れず、マシュー・ブラディのような、セレブを撮影するセレブ写真家が現れた。1850年にはバーナムが、スウェーデンの若い歌手ジェニー・リンドのアメリカ初公演を企画し、事前に新聞で大々的な宣伝を行った。すると、ニューヨークの人口の10分の1にあたる人数が、彼女の到着を見ようと桟橋に殺到した。それこそまさに、「セレブ」という言葉が有名人を指すようになった瞬間だった。そのあとには、特定のセレブに夢中になる人を指す「ファン」という俗語も生まれた。

20世紀初めには、セレブをテーマとする出版メディアが急成長を果たした。20年でセレブのニュースを扱う日刊紙の数は2倍になり、同様の雑誌の総発行部数は3倍になった。それらの多くは、有名人の写真を多数掲載していたが、1920年代からはこうした写真を、電信でどこへでも即座に送信できるようになった。また、1910年代に、ある新聞が初めてハリウッドのゴシップ欄を設けると、同様の新聞は瞬く間に急増し、1920年代には系列新聞を通じて全国的に報道されるようになった。映画ファン向けの雑誌『フォトプレイ』が人気を博したのも同時期である。その後間もなく雑誌『ライフ』が、新たに写真中心のぜいたくな週刊誌に模様替えしたが、驚くべきことに最初の6か月間、表紙にハリウッドスターを掲載しなかった。だが、そんな抵抗も空しく終わり、１９３７年には4号、１９３８年には10号でハリウッドスターの写真を採用した。現代のセレブ文化の洪水が押し寄せようとしていた。

ほんの数十年前、ラジオや映画が登場する前には、そんな洪水など存在しなかった。全国的に有名な人などほとんどおらず、いたとしても、後のラジオや映画のスターほどなじみもなく、彼らのようにさまざまな姿を見せることもなかった。当時のアメリカ人の大半が、生涯にせいぜい1人の大物セレブの声を聞いたことがある程度だったに違いない。だが、１９１０年代、20年代、30年代と経るうちに、セレブの数も、一般大衆が彼らを目にする機会も、数十倍に増えた。19世紀の演劇界最大のスーパースターであるエドウィン・ブースが、その当たり役であるハムレットを演じる姿を見たアメリカ人は、そのキャリア全体を見ても、せいぜい１００万人程度だろう。一方、チャーリー・チャップリンの姿を目にした人は、たった1本の映画だけで２０００万人に及ぶ。しかも、こうして増えてきたスターたちは、新たに登場した不思議なメディアの産物であり、その中で幻影のように姿を変えるため、まるで超自然的存在のように見える。その結果、ラジオや映画（後にはテレビ）時代のファンは、最初から幻想に支配されやすい心理状態に置かれることになった。

このように、20世紀に入って初めて、アメリカの有名人の大半が、政治家や軍人や作家や画家ではなく、俳優になった。つまり、自分以外の役柄を演じることで有名になった人たちである。

私の祖父母も、チャップリンが一介の男にすぎないことを理解していたに違いない。だが、映画の中のチャップリンを見ては、彼を半ばフィクション化し、実在の人間であると同時に、山高帽にちょびひげのホームレスでもあると思い込んでいたのではないだろうか（いや、現代の人間もそう思っていないだろうか）？　映画スターはそういう意味で、新種の幻想的人物だった。新たなニュースメディアにより、一般大衆からかつてないほど身近に感じられるようになった半現実・半幻想の存在である。

第20章

郊外のユートピア
――陽光降り注ぐ理想の地

新たにアメリカに誕生した有名人製造装置により、中西部の中年建築家でさえ、世界的に名を知られた華やかなセレブとなった。フランク・ロイド・ライトのことである。47歳のころのライトは、建築家の間ではよく知られていたものの（またシカゴ周辺では、妻を見捨てて顧客の妻と駆け落ちしたことが世間話の種になっていたが）、誰もがよく知る有名人というほどではなかった。だが1914年8月、第一次世界大戦の勃発が話題をさらっていたころ、ニューヨーク・

タイムズ紙が紙面を割き、初めてライト（とその不倫相手）の記事を掲載した。

凶暴な黒人シェフ、6人を殺害、4人がけが
シカゴの元Ｃ・Ｈ・チェニー夫人、フランク・ロイド・ライトの別荘で殺害される

ライトは即座に有名になり、その後の長い後半生の間、（そのほかの不倫やスキャンダル、およびその絶えざるメディア報道により）さらに知名度を増していった。セレブであると同時に天才でもあった彼は、68歳のときに『タイム』誌の表紙を飾った。90歳のときには、1時間に及ぶインタビュー番組がＣＢＳのゴールデンタイムに放送された。91歳で死んだ際には、ニューヨーク・タイムズ紙が一面のトップで訃報を伝えるとともに、ほかの面にも5つの記事を掲載している。

郊外のユートピア

だが、ここでフランク・ロイド・ライトを紹介したのは、20世紀初頭に爆発的に誕生した新たなセレブ文化の一例を示したかったからだけではない。そのころ完全に実を結びつつあった実にアメリカ的なもう一つの幻想、すなわち郊外のユートピア化の立役者でもあったからだ。20世紀

は、アメリカで大規模に郊外化が進んだ世紀でもある。それは、アメリカを巧妙にフィクション化し、地球最大のテーマパークに変える一因となった。

ライトがまだ幼かったころ、後に彼が暮らすことになるシカゴ郊外の場所からさほど遠くないところ、イリノイ州リバーサイドにアメリカの郊外の原型が現れた。フレデリック・ロー・オルムステッドとカルヴァート・ヴォークスが設計し、ゼロから築き上げた郊外の町である。二人の念頭にあったのは明らかに、ノスタルジックな「田舎らしい心地よい雰囲気を持つニューイングランドの村」だ。コロンビア大学の歴史学者ケネス・ジャクソンは、『Crabgrass Frontier（メヒシバの辺境地）』という著書にこう記している。「間もなく郊外型スタイルとして一戸建て住宅が現れ、（中略）手入れをされた芝生や絵のように美しい庭の真ん中に安らう家が、アメリカの理想的な家と見なされるようになった」。まるで、前世紀アメリカの牧歌的な風景のようだ。「suburb（郊外）」と「utopia（ユートピア）」を結びつけたと思われる「suburbia」という言葉が生まれたのも、そのころである。

フランク・ロイド・ライトは、仕事を始めてから20年ほどの間（ちょうど世紀の変わり目にあたる）、シカゴ郊外の田舎に住んでいた。それから、自分が生まれ育った北のウィスコンシン州に戻り、そこに人口の池を備えた初めての堂々たる自邸、タリアセンを建築した。つまり彼は、アメリカの牧歌的幻想を追求・促進した重要人物と言える。この幻想の特徴は、都会と田舎双方のいいとこ取りにある。地位や名声、大金を利用できる近代的な都市で働きながら、孤独や自活といった田舎を装った夢を実現する。ライトは１９３２年にこう述べている。「都会の生活は、もはやその務めを終えた」。都会はもはや、「怪物の集合体」「恐ろしい犠牲を要求するもの」「悪性化した腫瘍」「人類の未来への脅威」でしかない、と。彼の作風があれほどアメリカ的だった一因は、こうした都市への憎しみにある。当時は、アメリカが日増しに都会化していた。20世紀最初の40年の間に、アメリカの人口の増加ペースは落ちていたが、大都市の規模は二、三倍に拡大していた。中には五倍に拡大した都市もある。

　ローラ・インガルス・ワイルダーの『大草原の小さな家』シリーズが出版されたのは、ちょうどそのころ、１９３０年代から１９４０年代初頭にかけてである。以前からあのイメージを熱愛していた人々は、アメリカの都会化が進むと矛盾や不安に苛まれた。ライトが大都会を軽蔑するようになったのも、若き建築家として10年間シカゴで働いてからだ。ちなみに、同時期にシカゴで働いていたＬ・フランク・ボームは、そのころ『オズの魔法使い』（邦訳は幾島幸子訳、岩波書店、２００３年）を執筆した。そこに登場する「エメラルドの都」は、シカゴ万博の「ホワイトシティ」にヒントを得ている。その後ボームはさっさとシカゴを離れてハリウッドに移り、その後『オズ』シリーズを十数作執筆した。その数十年の間に、アメリカの中心的な都市に暮らす人口の割合は、１・５倍に増えた。都市にはフラットアイアン・ビル、ウールワース・ビル、クライスラー・ビル、エンパイア・ステート・ビル、ロックフェラー・センターなどが立ち並び、まるで『オズ』の世界のような空想的な景観を生み出した。だが『オズの魔法使い』の主人公ドロシーは、物語の最後で魔法の都を離れ、彼女の本当の家、大草原のつつましやかな農場へと帰っていく(1)。

しかしもはや、中流階級のアメリカ人が、都会と田舎双方のいいとこ取りをする新たな方法があった。現実の世界では都心で働きながら、それ以外の時間は古い夢の世界を生きる方法、それは、郊外で暮らすことである。レオ・マークスは言う。「本物であれまがい物であれ、あらゆる田園趣味の精神は、間違いなく、国民としての経験を通じて（中略）強固に培われてきたものだ。都市化された風景に柔らかなベールのように覆いかぶさるノスタルジーは、かつて支配的だった汚れのない緑の世界、幸福の追求に打ち込んだ森林・村・農場から成る静かな土地のイメージの痕跡である」。

実際、郊外は二つの意味で幻想的だった。アメリカ人には以前から、都会を嫌う傾向があった。だが、数百万人もの黒人、カトリック、ユダヤ人、そのほか非白人の移民で都市が瞬く間に埋め尽くされてしまうと、生粋のアメリカ人の多くが、都会をさらに嫌うようになった。そういう意味で郊外は、汚れのない緑の世界へのノスタルジーに加え、白人（およびプロテスタント）

（1）『オズの魔法使い』にはもう一つ教訓がある。魔法使いを名乗っていた詐欺師がライオンやカカシやブリキの人形に教えたことが、この本の基礎を成すテーマとなっている。それは、アメリカでは、心から真実だと思えば、それが間違っていたとしても真実になる、ということだ。

だけがほかの誰も交えずに暮らしていた時代へのノスタルジーをも満足させることができた。17〜18世紀のアメリカ人は、支配的な宗教的傾向が気にくわなくなると町を離れ、新たな町を建設した。それと同じように20世紀のアメリカ人も、民族的・人種的傾向が気にくわなくなると町を離れ、そこからさほど遠くない新たな町に移動したのである。

自動車でどこへでも

郊外に暮らす夢が現実になり、一般的傾向にまでなった背景には、自動車（や電気）の普及がある。二度の世界大戦の間に、めったに目にしない珍しいものだった車は、大人１００人ごとに一台、果ては家庭ごとに一台を所有できるほど一般的なものになった。また、電気が通じている家庭は、１９０７年にはわずか8パーセントだったが、１９３０年には70パーセントに増えた。もはや、ニューイングランド風の村にある農家風の家に、夢のロードスターで帰宅することも夢ではない。１９３０年代になるとフランク・ロイド・ライトは、最悪の大都市に対するアメリカ人の嫌悪感を代弁するだけでなく（大都市を「捨ててしまえ」と言っていた）、郊外生活を大々的に推奨した。ライトは、以下のような持論を展開している。「私たちの開拓の日々はまだ終わっていない」。というのは、アメリカを東海岸から西海岸まで郊外にするのが、新たなアメリカの「自明の宿命」だからだ（ライトは、こうして生まれる郊外を「ブロードエーカー・シティ」と呼んでいる)。それは、「唯一可能な未来の町」、乱雑な繁華街などない「個人のための町」だ。そこでは、それぞれの家族が、自分の土地に建てた自分の家に暮らしており、いわばアメリカ人一人ひとりが「地主」となる。こうしてついに、ジェファーソン的な(訳注：中央集権を極力抑え、農村社会の優位性を強調する)幻想が実現される。「鳥が歌い、雨が降り、育ちゆく庭に恵みを与える」。そして一人ひとりが偉大な物思いに耽る。「これこそ個人主義だ」と。もしライトが実在していなかったとしても、アイン・ランド(訳注：人間が生きる目的は自分自身の幸福の追求にあるとする合理的エゴイズムを主張した作家・思想家)が同じような人物を生み出したことだろう。[2]

やがてアメリカの都市人口は、全人口の3分の1を占めるに至ったが、それを超えることは二度となかった。一方、郊外人口は30年で2倍以上になり、さらに倍増を続けた。大半のアメリカ人(およびアメリカの産業、連邦政策立案者)が、真新しい昔風の家屋敷、農場、小さな町が点

---

(2) 実際、ランドはそのようなことをしている。誇大妄想症だったランドは１９３７年、同じく誇大妄想症だったライトに手紙でこう述べている。「ある建築家の生涯に関する小説を書くつもりです。(中略)それは完全な人間の物語です。(中略)あなたはそういうふうに生きてきました。(中略)今世紀の男の中で、そう生きてきたただ一人の人間です」。この卓越した超個人主義者を描いた幻想的小説は、『水源』(邦訳は藤森かよこ訳、ビジネス社、２００４年)というタイトルで出版され、ランド初のベストセラーになるとともに、アメリカの自由至上主義者の聖典となった(第40章参照)。

在する国で開拓者風の暮らしをするという、幻想的でレトロな展望を共有するようになっていたのだ。

確かに、郊外の生活は都市での生活に比べ、多くの人にとってさまざまな利点がある。騒音も悪臭もなく、広々としていて秩序がある。だが実際のところ、ほとんどの人は、口には出さないものの、そんな利点よりもむしろこう考えていた。郊外の生活は、古きよき時代の静かな緑の地を模した、夢や幸福にあふれた、いかにもアメリカらしい生活様式だ、と。こうして郊外は、宗教やショービジネスへの極端な情熱や才能とともに、アメリカ的な幻想の一側面となった。ジャクソンが『メヒシバの辺境地』で記していた、「ほかの世界とは異なるアメリカ的な認識」である。

幻想のメタファー

先にも告白したとおり、そういう私も、アメリカ的な牧歌的幻想の世界を生きてきた。19世紀末から20世紀初頭にかけて、連邦政府が国立公園の制定、自然の保護に乗り出してくれたことには、深く感謝している。しかし、以下の事実を指摘しておきたい。国立公園の初代監督は元ニューヨーク・サン紙の記者で、バーナムのような男だった。開拓時代のノスタルジーにあふれた20頭立てのラバ隊を組織し、デスバレーのホウ砂を運んで大儲けをした人物である。また、ジークムント・フロイトは、精神病理学的な意味で、こうした公園は幻想のメタファーだと考えていた。１９１６に出版した『精神分析入門』（邦訳は高橋義孝・下坂幸三訳、新潮社、１９７７年）にはこうある。「心の中に幻想の領域を生み出すのは、農耕や交通や産業の侵入により変貌を遂げるおそれがある場所に〝保護区〟や〝自然公園〟を設立するのと、完璧に符合している。（中略）心の中の幻想の領域もまた、現実原則の侵入に対する保護領域なのである」。

それから数年後の１９２０年代、台頭してきた幻想・産業複合体の一分野である音楽業界に、ヘイワイヤ・マックというシンガーソングライターが現れ、アメリカのユートピア的・牧歌的幻想を壮大に歌い上げたバラードを録音した。タイトルは、『ビッグ・ロック・キャンディ・マウンテン』である（訳注：この歌は、ホーボーと呼ばれる渡り労働者の夢の世界を描いている）。その歌詞の世界には、「タバコの成る木」もあれば、「レモネードが湧く泉」もある。ニワトリは半熟の卵を産み、「やぶには施し物が育ち」「刑務所からもするりと脱け出せる」。この曲は、『ビルボード』誌のヒルビリー音楽部門のヒットチャートの1位を獲得し、その後も何度もカバーされ、フォークミュージックの定番となった。だが、その過程で歌詞が少し変わってしまった。たとえば、私が子どものころ、１９６０年代に覚えて口ずさんでいた歌詞は、「シチューやジンジャーエールの池もある」だったが、ヘイワイヤ・マックのオリジナルの歌詞では、「シチューの池もジンの池もある」だった。もっとも大きく変更されていたのは最後の一節で、きれいに削除されていた。その部分には、ホーボーのただ楽しいだけの夢想ではなく、そんな夢想に水を差すような、現実をベースにしたユーモアが織り込まれていた。

歩きに歩いて足が痛くなった
これ以上歩くなんてとんでもない
まるでケツに突っ込まれた
娼婦が感じるような痛みだ

実際、当時はさまざまな形で不適切な表現の削除が始まり、あらゆるものがより幻想的になるだけでなく、より上品にもなった。郊外化もその一環であり、ハリウッドでも、映画があまり俗悪で卑猥なものにならないように新たな規範が定められた。それは、日常的に使う言葉を見てもわかる。現実と非現実を区別する言葉、本物だと主張する幻想をばかにする言葉は特にそうだ。過去1世紀の間にアメリカ人は、そのような内容を示す幅広い語彙を生み出してきた。「hogwash（たわ言）」や、それにだまされる「sucker（カモ）」といった言葉だ。

ところが１９２０年代以後になると、そのような軽蔑的な言葉は次第に使われなくなった。「balderdash」「humbug」「bunkum」、あるいは「hooey」「claptrap」「malarkey」といった単語（訳注：いずれも「でたらめ」「たわ言」「はったり」を意味する）は、屋根裏部屋の奥に押し込まれ、半ば現役を引退するか抹殺された。一方、それとともに、古くからある単語にも奇妙な変化が起きた。「incredible（信じられない）」「unbelievable（信じられない）」「unreal（非現実的な）」「fabulous（寓話のような）」「fantastic（空想的な）」といった単語は、それまでずっと軽蔑的あるいは中立的な意味合いしかなく、疑わしいこと、想像上のこと、事実に反することを指す言葉だった。しかし、やがてどの単語も、最高のほめ言葉として用いられるようになり、「wonderful（すばらしい）」「glorious（輝かしい）」「outstanding（目覚ましい）」「superb（優秀な）」といった単語と同義になった。このような意味の浄化は、20世紀後半に「balderdash」「bunkum」「hooey」「malarkey」といった単語が完全に復活をするうえで重要な役割を果たすことになる。

＊＊＊

『ビッグ・ロック・キャンディ・マウンテン』には、「雪のないところへ行こう」「毎日太陽が輝いている」という歌詞もあるが、少なくともこの部分は現実になりつつあった。アメリカにおける初期の移民や移住は、宗教の自由や一獲千金、あるいは人生の転機を求めてのものだった。20世紀になっても、こうした理由は変わらない。だがそのころになると、幻想・産業複合体が発展してきた。すると、ほかの場所のほうが日常生活が容易で心地よく、夢にあふれているように見えるというだけの理由で、何百万ものアメリカ人が荷物をまとめて移動するようになった。その中には、新たにできた近くの郊外へ移動するだけの人もいれば、急速に都市化しつつあった南カリフォルニアや南フロリダへ移住する人もいた。この二つの地域は、20世紀最初の数十年間に、現実世界の理想郷として開発された。

望みの幻想の世界、カリフォルニア

当初、カリフォルニアに人が集まり、アメリカが「自明の宿命」を全うできたのは、金《きん》のおかげであり、どんな間抜けでも幸運さえあれば一晩でお金持ちになれるという夢のおかげだった。だが、カリフォルニアにはそれ以外にも、優れた気候と肥沃な大地という魅力があった。まるで「エデンの園」のように暖かく穏やかな環境に恵まれ、豊かな土と芳香に満ちている。たとえ有望な金脈を掘り当てられなくても、ここでなら夢を実現できる。できないことなど何もない。こうして、ゴールドラッシュにより何十万もの夢追い人に満たされたカリフォルニアは、あらゆる類の幻想を育む場となった。その結果、サンフランシスコの初期ボヘミアン社会、ペンテコステ運動、ハリウッドなど、さまざまなユートピア的理想や完全主義的な生活様式が生まれた。さらに後には、ビート族、サイエントロジー、ビッグサー（訳注：カリフォルニア州モントレーの雄大な海岸地区で、20世紀半ばに作家や芸術家のコミュニティが生まれ、その後のヒッピー文化の拠点にもなった）、ディズニーランド、ロナルド・レーガン、サマー・オブ・ラブ（訳注：多くのヒッピーがサンフランシスコに集結した1967年夏のヒッピー・ムーブメント）、シリコンバレーがこの地で誕生している。これらがカリフォルニアで生まれたことに、必然性はないかもしれない。だが、この地球上に、常軌を逸したさまざまな夢や計画を信じ推進する人々にこれほど適した場所が、ほかにあるだろうか？　アメリカ的発想が極度に凝縮されたところ、それがカリフォルニアだ。

1900年から1930年までの間、カリフォルニアの人口は10年ごとに倍増した。中でもロサンゼルスは急成長し、人口は10万人から100万人以上にまでふくらんだ。映画界の大物から何でもやってやろうと意気込む山師まで、その地に流れてくる誰から見ても、南カリフォルニアはごく基本的なアメリカ的特質を備えていた。文化的にも物理的にもまっさらな白紙状態という特質である。『ニューヨーカー』誌で映画批評を担当していたポーリン・ケイルはこう記している。「ロサンゼルスでは、（都会的な生活以外の）望みの生活ができる。幻想が混乱状態にあり、望みの幻想の世界を生きられる」。

東海岸では20世紀初頭、アメリカ最大の都市ニューヨークに隣接するコニーアイランドに、アミューズメントパークが建設された。一方、南カリフォルニアには、20世紀初頭にはまだ、活況を呈する巨大都市がなかった。そのため、新たに建設された野心的な娯楽地区が、都会化の基盤となった。たとえば、アボット・キニーという不動産開発業者（および並外れた夢想家）が、ロサンゼルスの南西の海岸沿いに、人工環礁に囲まれた、水路にゴンドラが浮かぶアミューズメントパークを建設し、「ベニス・オブ・アメリカ」と名づけた。すると、ほかの開発業者がこの奇想をさらに発展させ、さらに多くの水路を張り巡らせた。こうして、物語に出てきそうな作り物の町は、瞬く間にベニスという現実の町へと発展し、１９２０年代には正式にロサンゼルスの一部に組み込まれた。

アミューズメントパークが都市に変わるのなら、その逆はどうだろう？ コカ・コーラはかつて、頭痛薬や精力増強剤として販売されていたが、そのころから、元気を回復し気分を爽快にする飲み物という、より現実的な幻想をもとにブランドの修正を図った。それを受け、１９３０年代には、ロサンゼルス都心のびん詰め工場を、舷窓やキャットウォークを備えた巨大クルーズ船に見えるよう模様替えした。そこから5分ほど歩いたところには、人口の屋内水路、滝、雨、岩石、アカスギやヤシの木立を備えた巨大なカフェテリアもあった。

また、映画界の大物たちは、次々と撮影スタジオを開設した。そこはいわば、街の中の街であり、オフィスや工場、レストラン、バンガローが立ち並び、実際にセレブが住んでいた。中には、ほかの都市や町の一部を実物大で再現したところもある。これらはたちまち、ロサンゼルスにおける家庭生活の事実上のモデルとなった。門で出入りを制限されたこうしたスタジオ地区には、マリブ・ビーチ・モーション・ピクチャー・コロニー、ビバリー・クレスト（その入口は、「中世的」かつ「イングランド的」な「城」風の石塔に挟まれていた）、ロス・フェリスのローリン・パークがある。そこには映画人が暮らし、まるでイタリアやフランス、あるいは17世紀のイングランドや19世紀のアメリカ中西部に住んでいるような気分を味わっていた。そこに立ち並ぶ夢のマイホームが、極上の幻想的生活を実現するための舞台装置になったのだ。

太陽が毎日輝くフロリダ

　南フロリダも、日がさんさんと降り注ぐ、暖かな、ほとんど何もない土地だったため、発展した幻想・産業複合体により大規模なパラダイスが築かれた。１８９０年代には、柑橘類のビジネスの中心地としてマイアミが、リゾート地としてパームビーチが産声を上げた。マイアミはそのころまだ小さな町にすぎなかったが、やがて開発業者がそこを「魔法の都」と名づけ、生活や休暇に適した牧歌的な場所として地域全体を売り込み始めた。その結果、１９１５年ごろから不動産ブームが発生し、建設ラッシュが起きた。沼地を排水して建設用地とし、海の砂をさらい取って何千トンもの土を入れ、マイアミビーチが造成された。こうした南フロリダの開発に手腕を発揮したのが、アディソン・ミズナーという建築家だ。ゴールドラッシュ時に栄えたカリフォルニアの古い町で生まれ育ち、クロンダイク・ゴールドラッシュに参加した人物である。ミズナーを始め、開発業者はヨーロッパ的な魅力に満ちた絵のように美しい幻想を求め、コート・ダジュールやコスタ・デル・ソル、パリやベニスの風景をフロリダに再現した[3]。

　アメリカが「ファンタジーランド」へと推移していく過程をたどりたければ、20世紀の間にアメリカ人がどこへ移動したかを見るといい。１９００年には、アメリカの都市人口上位20都市のうち、気温が氷点下にまで下がらない都市は、ニューオーリンズとサンフランシスコのわずか2都市だけだった。ところが現在では、雪が降らず、太陽が毎日のように輝いている都市は、上位20都市のうち14都市に及んでいる。

（3）　こうした地中海風の幻想を体現している建築物の一つに、マー・ア・ラゴがある。フロリダが初めての不動産バブルに沸いていた１９２０年代に、シリアル会社を創設したC・W・ポスト（第11章参照）の娘が建築したもので、現在は、この「ファンタジーランド」最高の権力者にしてアメリカ合衆国の大統領でもある人物が所有している（第46章参照）。

第21章

アメリカの黄金時代
――まともに見えた1950年代

私は20世紀の中ごろ、この国の中部で、中流階級の両親のもとに生まれた。父は、ネブラスカ州の小さな町の出身で、太平洋戦争で兵役を経験し、毎日ネクタイを着用して出勤していた。母は生まれたときからずっとオマハに住んでおり、大学を卒業したあとは軍の暗号処理に携わっていたが、結婚後は私を含む4人の子どもを育てるのが主な仕事になった。私は、街の端にある繁華な郊外の、オランダニレが並ぶにぎやかな道路沿いの家で育った。家や庭は、大きくも小さくもなく、古くも新しくもない。6ブロック西へ行けば、トウモロコシ畑が広がっている。私がそこに暮らしていたころは、裕福そうな人も貧しそうな人もいなかった。歩いて通っていた学校の同級生はほとんど白人で、学校が休みの日は、ずっとテレビを見て過ごしていた。

典型的という意味では、ほぼ完璧に近い生活だ。当時は、「普通」を絵に描いたような時代だと思っていた。当時を振り返り、そんなふうに思う人もいるだろう。だが、一見平穏でおとなしそうに見えるこの時代に対し、今の私は違った見方をしている。

１９５０年代は、異常で空想的だった。

テレビと郊外――50年代の象徴

まずは、１９５０年代のアメリカを特徴づける二つのものを取り上げよう。テレビと郊外である。これはどちらも、実物のような見せかけを求めるアメリカ人の欲求の現れであり、それを実現したものである。カリアー&アイブズが大量生産した絵のような郊外、そして家庭用の電気映画箱とも言うべきテレビが急速に蔓延した結果、幻想にまみれたアメリカの戦後の生活様式がきわめて異常だという感覚が失われてしまった。

私が生まれる7年前、私のいちばん上の姉が生まれたとき、テレビを所有しているアメリカ人は、人口の1パーセントにも満たなかった。ところが、私が学校に通い始めたころには、ほとんどの家庭にテレビがあった。テレビは、宣伝を含め、超現実的な空想を大量に、無料で提供した。文字を読む必要もなければ、劇場に出かける必要もない。ラジオドラマのように想像力を駆使する必要さえない。1950年代末には、アメリカ人は平均して起きている時間の3分の1を、テレビを見て過ごしていた。これほど多くの人が、これほど多くの時間をフィクションや宣伝に費やしていた時代はかつてなく、そんな国はアメリカ以外になかった。催眠に近い状態が絶え間なく続いていたのだ。

また、第二次世界大戦の終了から1960年までの間に、郊外に暮らすアメリカ人の割合は2倍になった。これほどのペースで増えた時期は、それ以前にもそれ以後にもない。私たちは突如として田舎に生活域を広げ、西部へ馬を走らせた過去を再現した。20世紀の初めには、まだアメリカ人の3分の2が、古い小さな町や農場で暮らしていた。しかし1960年には、それが3分の1に減った。残りの3分の1は、昔のアメリカの田舎らしく新たに開発された郊外に住んでいた。都市に近い土地が次第に立て込み、やがていっぱいになり、さらに離れた地区が開発されるにつれ、求められるモデルは、ニューイングランド風の村から、開拓者風の農家に変わっていった。それとともに郊外は、アメリカ人になくてはならない理想となった。自分の土地に建つ独立した家屋は、アメリカの個人主義の現れであり、それを実現するのに必要不可欠なものだからだ。これほど広大な土地に、これほど多くの割合の人が、これほど低い密度で暮らしている先進国は、ほかにはない。

１９５０年代当時、アメリカ人はテレビや郊外のとりこになっていたが、それが、幻想にどっぷり浸かっている兆候のようには見えなかった。むしろ逆に、まじめな評論家は誰もが、アメリカの主導により、あらゆる方面で良識や合理性が勝利に向かって進んでいると考えていた。実際、国際連合が設立された。大学が急速に発展した。科学は確固たる地位を築き、遺伝情報は解読され、コンピューターやトランジスタが開発された。政府や大企業はおろか、主要宗派の教会までが、技術系出身の官僚や指導者により運営され、イデオロギーは過去の遺物となった。当時のある歴史・社会学者は言う。「アメリカの文化は、（中略）不合理を追放するという点では他を寄せつけない」。１９４７年には、自分が颯爽たるヒーローになった夢の世界を生きる変わり者を風刺的に描いた映画『虹を掴む男』が、大ヒットを記録した。だが、アメリカ人はみな、知らないうちにこの映画の主人公のようになりつつあった。それは、郊外の牧歌的幻想の中で暮らし、テレビで無限に放送される幻想にどっぷり浸かる生活が、新たな標準になってしまったからだ。

１９５０年代は、画一的で、体制順応的で、整然としているように見えるが、そこから外れた異常な現実も新たに生まれている。当時の人には、大して気にする必要もない奇妙なものや派手なものにしか見えなかったものが、後にアメリカの生活の主流を形成していくことになるのである。本章では、この時期に生まれ、最終的に「ファンタジーランド」の重要な土台となったものについて、詳しく見ていくことにしよう。具体的には、ラスベガス、『プレイボーイ』誌、ビート族、サイエントロジー、マッカーシズム、復活した福音主義などである。これらの大半は、楽しい幻想を広めたが、中には恐ろしい幻想を広めたものもある。また、快楽主義的なものもあれば、快楽主義的ではないが反体制的で、締め出しや取り込みを図る体制派の標的にされたものもある。その中に一つ、快楽主義的で楽しい幻想を広めはするが、反体制とは縁もゆかりもないものがあった。それは、現実とフィクションの融合に身を捧げたP・T・バーナムやバッファロー・ビルに触発され、想像上の小さな町とテレビを合成して作られた「山の上にある町」、すなわちディズニーランドである。

ディズニーランド構想

ウォルト・ディズニーは、自分の仕事に最適な時代（１９０１年）に生まれ、最適な技能（描画、物語作り）、最適な感性（上質の大衆主義）、最適な素質（起業家精神）を備えていた。父親は、シカゴ万国博覧会で大工として働いた経験があるという。ウォルトの子どものころには、アメリカだけでもバッファロー、セントルイス、サンフランシスコと、大規模な国際博覧会が三度開催されている。当時はまた、アメリカ全土があっという間に何百というアミューズメントパークに埋め尽くされた時代でもあった。しかし、それらはいずれも、かつての巡回ショーを多少豪勢にしただけのものだった。事業主が所有する土地の一角に、より大きな乗り物を設置し、より多くの奇人変人を集め、大がかりな余興や見世物を恒久的に実施していたにすぎない。

ウォルト・ディズニーは、１９３０年代から40年代にかけて、ショービジネスのメディアとして軽視されていたアニメを、有望かつ上質な大衆芸術に発展させる仕事に奔走した。そのころになるとアミューズメントパークは、手っ取り早く儲けられるいかがわしいお祭り騒ぎの場と化していた。だが、ディズニーなど中流階級のアメリカ人にとって、こうしたアミューズメントパークはあまりに都会的で、秩序ある郊外の理想にはふさわしくない。ディズニーランドを構想し始めたころ、ディズニーはこう述べている。「アミューズメントパークは、いかがわしい人物がうろうろしている歓楽街のようだ。あまり安全でなく、管理も行き届いていない。私は、どこよりも清潔で、そこにいる人すべてが一級の市民でいられるような場所を作りたい」。

当初のアイデアは、ショービジネスの経営者なら誰でも考えつきそうなものだった。自分がアニメーション映画を製作しているスタジオの近くのバーバンクに、わずか3万２０００平方メートルほどのミッキーマウス・パークを建設するというアイデアである。しかしディズニーは考え直した。いや、これでは狭すぎるし、あまりにつまらない。当時ウォルト・ディズニーといえば、絶大な名声を博していた。その人生の第二幕は、大衆をあっと言わせるものでなければならない。コペンハーゲンのチボリ公園は、自分のイメージどおりの上品さを備えており、構想の参考にはなったが、旧市街の真ん中に押し込まれたこの公園の面積は8万平方メートルほどで、まだ十分な大きさとは言えない。アメリカには、もっと驚異的で、もっと空想的で、もっと途方もないアミューズメントパークが必要だ。

結局ディズニーが採用したのは、１９４０年代にアメリカで誕生したばかりのモデルだった。それは、本当に古いものと偽りの古いものとをごちゃ混ぜにして展示した、博物館のような観光施設である。そのような施設は、たとえばロサンゼルスのすぐ南のオレンジ郡にあった。農業を営むウォルター・ナットという男が、妙に大きな新種のベリーの栽培を始め、それをボイセンベリーと名づけて直売所で販売した。そしてさらに、このフルーツを買ってくれる客を利用してもう一儲けしようと、そばに観光施設を建設した。アリゾナ州から19世紀のホテルを移築し、酒場などを追加して偽のゴーストタウンを作り、「古きよき西部」を再現した施設「ナッツベリー・ファーム」である。また、バージニア州ではロックフェラー一族が、１７６０年代のウィリアムズバーグの街並みの再建に出資していた。だが実際には、誰にも違いはわかるまいと、復元された古い建物に、古く見せかけた新しい建物が何百と混在していた。同様に、ミシガン州ではヘンリー・フォードが、自動車工場の近くの土地に「グリーンフィールド・ビレッジ」を建設していた。ここには、スティーヴン・フォスターやライト兄弟、エイブラハム・リンカーンが実際に生活したり仕事をしたりしていた建物が、ペンシルベニア州やオハイオ州やイリノイ州から移築されている。この施設では、まったく新たな試みがなされていた。１９３１年、ニューヨーク・タイムズ紙の記者は、驚きのあまりこう記している。「『不思議の国のアリス』から飛び出してきたような、さまざまな歴史から成る夢の世界だ。しかも、学校の教科書には載っていない類の歴史である。政治を想起させるものが少しあるだけで、戦争を想起させるものはまったくない」。そこでは「俳優たちが、アメリカのあらゆる工芸技術を披露し」「いにしえの風景」を再現している。だが周囲にある「品々は新しいもののようで、虫に食われ、サビで腐食した骨董品のようには見えない」。この報道によれば、「ジュール・ヴェルヌの未来の家」を建てる計画もあったらしい。

「魅力的な嘘の王様」

ウォルト・ディズニーは、ディズニーランドを構想していた10年の間に、こうした施設をくまなく訪問した。彼は、この時代のスティーヴ・ジョブズだった。ほかの人が作り上げたものを組み合わせ、その単なる総和よりも価値の高い、輝かしい新ブランドを生み出すことのできる、先見の明を備えた興行師だった。1953年にはついに、ナッツベリー・ファームのすぐ南にあるオレンジ畑の購入を決意した。面積は、アメリカの基本的な土地の単位である4分の1平方マイル、すなわち64万平方メートルである。

ディズニーが構想していたディズニーランドは、結果的に出来上がったものよりもはるかに空想的だった。声で作動し、「ジーニーのように言うことを聞く」ドア、「小型の生きたウマ、ウシ、ロバがいる実用的な農場」、言葉を話せる小さなロボットが暮らす「小人の国」まで考えていたという。現在では、映画やテレビや漫画のキャラクター、過去や未来の人物に扮している人と園内ですれ違っても、当然のことのようにしか思わない。また、ほかの時代やほかの国らしく見えるよう設計された空間で、買い物や食事をすることも珍しくない。だが、こうした経験が日常的になったのは、ディズニーランドができてからである。

ディズニーランドにはオープン時、5つのテーマランドがあった（そのうちの一つは「ファンタジーランド」という名称である）。当時、ハリウッドの撮影スタジオは、その街並みのセットを観光客に日常的に公開してはいなかった。ディズニーはいわば、その公開版を作ったのである。しかも、縫い目や歯車は一切見えないようにし、従業員は全員が演技をしている。テーマランドの中でも、一見していちばん現実に近いのが、メインストリートＵＳＡだ。昔風の街並みが再現されており、本物の店員が本物の商品を販売している。だがこれは、世界を一変させるようなディズニー最大の3次元フィクションだと言っていい。ディズニーが育った小さな町、ミズーリ州マーセリンをモデルにしているが、実際は、ほんの数十年前にアメリカ人の4分の3が暮らし、買い物をしていた場所をもとにした驚くべき夢の世界である。それは、古きよき時代の単なる物語やショーではない。古きよき時代そのものである。

メインストリートＵＳＡには、旋回する巨大なティーカップもなければ、機械仕掛けのワニもいない。そこは想像上の世界であり、いつも明るく清潔で、魅力的で楽しい場所だが、その一方で不気味なほど現実的でもある。いわば、魅力のないつまらない部分を取り除いた現実だ。入場者はここで、幻想に対する不信感を完全に拭い去る。幻想は、視界に入る設計のトリックにより、さらに強化される。19世紀風の建物はそれぞれ、下の階よりも上の階のほうがわずかに小さくなっており、それにより町の風景が実物よりも親しみやすく、かつ壮大に見える。アメリカの鉄道旅行の時代は終わりを迎え、蒸気はディーゼルに、乗客は貨物に変わろうとしていたが、メインストリートＵＳＡの端には昔風の駅があり、蒸気で走るディズニーランド鉄道に乗車することもできる。

１９５５年のオープンセレモニーの様子は、主要スポンサーだったＡＢＣネットワークにより、ニュース特番「デイトライン　ディズニーランド」としてゴールデンタイムに放送された。その際にホストを務めた著名人の一人が、映画俳優のロナルド・レーガンである。レーガンはそれから10年ほど後にカリフォルニア州知事となり、その後アメリカ合衆国大統領に就任する。

ディズニーランド好きの作家アンドリュー・オヘイガンは、ウォルト・ディズニーのことを「魅力的な嘘の王様」だと記している。ディズニーは写真でよく、右手の人差し指と中指をそろえて突き出しており、まるで二指の敬礼をしようとしているかのように見える。だがこれも、ディズニー本人やその側近ができるかぎり写真に手を加え、両指に挟まれたラッキーストライクを消したからにほかならない。実際、ディズニーはヘビースモーカーだった（死因も肺がんである）。オヘイガンは言う。「ウォルト・ディズニーは、ディズニーランドを通じ、よりよいアメリカの姿を提示しようとした。（中略）人生や夢に関する新たな考え方を生み出し、アメリカのエデンを作り上げたのだ」。ディズニーランドのオープンを機に、「テーマパーク」という言葉が生まれ、アメリカのさらに多くの部分がテーマ化されていった。ディズニーランドが「地球でいちばん魔法に満ちた場所」になるだけで終わるはずもなかった。

もう一つのアミューズメントパーク——ラスベガス

ディズニーランドと現代のラスベガスは、同時に誕生した。ディズニーランドは、「いかがわしい人物」や「歓楽街」的な雰囲気を否定したところから生まれている。一方ラスベガスは、そこからモハーベ砂漠を５００キロメートル近く横断した先にある荒れ地に、いかがわしい人物たちにより、歓楽街として作られた。いわば、ディズニーランドの対極の位置にある。ディズニーがアミューズメントパークを壮大なものに作り変えたように、新たなラスベガスを生み出した人たちも、賭博場や居酒屋など、既存の怪しげな施設を壮大なものに作り変えた。その結果ラスベガスは、別のホルモンや神経伝達物質に飢えている人、いちかばちかの賭けを必要とする人にとっての「アドベンチャーランド」となった。一夜にしてお金持ちになって浮かれ騒ぐか、一文なしになって酒浸りになる場所である。ラスベガスとディズニーランドは、幻想・産業複合体の延長線上に別々に生まれた新たなブランドだと言える[1]。

ロサンゼルスやマイアミが開発前は農業の町だったように、ラスベガスも20世紀初頭は、その未来の姿のささいなかけら程度の存在だった。ラスベガスのあるネバダ州は独自に、賭博や婚姻、売春に甘い法律を制定していたが、1920年代から30年代にかけてのラスベガスは、まだみすぼらしい小さな町にすぎず、鉱山やフーバーダム（当初はボールダーダムと呼ばれていた）の労働者が、賭けをしたり娼婦を買ったりするところでしかなかった。せいぜい、映画スターや億万長者が手っ取り早く結婚や離婚をするために訪れる場所として全国的に名が知られていた程度である。

だが、第二次世界大戦中に、邪悪なディズニーランドへと発展するきっかけとなる出来事があった。訓練のため、ラスベガスの陸軍飛行場に何万人ものパイロットが送り込まれてきたのだ。当初、こうした客を迎え入れるためにラスベガスで利用されたのは、地方色の濃いノスタルジックな幻想だった。ホテル・ラスト・フロンティアを建設・経営していた人物は言う。「このホテルのコンセプトは、できるかぎり西部らしい場所だった」。つまり、いかにも本物らしい、フィクション的な擬似西部である。「天井は切り出し丸太で作った。板も、古めかしく見えるよう粗びきの板を使っている」。また、地元の売春地区にあった古いバーをそばに移築し、そこに馬の鞍の形をした特注のスツールを追加した。こうして、間もなくそのあたりは、本物と偽物を寄せ集めたラスト・フロンティア・ビレッジへと発展していった。1870年代の監獄、1860年代に中国人鉄道労働者が通った寺院が、ネバダ州北部からトラックで運び込まれた。19世紀風の木造建築による教会やガソリンスタンドも建設された。飛行場から客を送り迎えする駅馬車まであった。[2]

　第二次世界大戦後の10年間で、ラスベガスは飛躍的に発展した。幻想のテーマは、「古きよき西部」から荒野全体へ拡大し、やがては異国情緒のある暑いところならどこでもよくなり、果てはどの時代のどの場所でもよくなった。「この世界の外へ」をスローガンに宇宙時代が始まると、宇宙船の形をしたシャンデリア、ラスベガスに向かう地球外生物を描いた壁画を備えたニューフロンティア・ホテル＆カジノが開館した。そのビーナス・ルームでは、土曜の夜のレイトショーが終わると、提供される幻想が、世俗的なものから宗教的なものへと様変わりした。毎週日

（1）ディズニーランドもオープンから10年後には、そのような場を部分的に受け入れた。追加された初めてのテーマランド「ニューオーリンズ・スクエア」は、ディズニー流のいかがわしい場所だ。そこには会員制の「潜り酒場」があり、園内で唯一アルコールを提供している。また、アトラクション「カリブの海賊」では、機械仕掛けの金の亡者がレイプを連想させるジョークを言う。

（2）もしタイムトラベルが可能なら、私はホテル・ラスト・フロンティアのラモーナ・ルームで行われた公演を見に、二度そこを訪れることだろう。１９４４年のクリスマスには、陸軍航空隊の兵士や将校を相手に（その中には、エノラ・ゲイのパイロットもいたかもしれない。当時このパイロットは近くの飛行場で、広島に原子爆弾を落とす作戦の訓練をしていた）、25歳のピアニスト、リベラーチェが公演を行った。彼にとって最初のラスベガス公演である。また、１９５５年のワシントン大統領誕生記念日（ディズニーランドがテレビ視聴者に紹介される直前）には、ロナルド・レーガンが週13万ドル相当のギャラをもらい、チンパンジーとのショーを行った。レーガンは公演の前に、興行主にこう不安をもらしていたという。「最前列の席にギャングや売春婦がいたらどうする？　私のイメージはどうなる？」。

曜日の早朝午前4時30分から、そこでカトリックのミサが挙行されたのだ。ちなみに、ラスベガス・ストリップなど、私たちがラスベガスと聞いてイメージするものの大半は、厳密に言えばラスベガス市内にはない。それらは現在も、同市に隣接するパラダイスという非法人地域にある。

評判の悪いものを作り変える

こうして1950年代には、ラスベガスでみだらな幻想に耽ることもできるようになったが、それでもネバダ州南部はどこから行くにも遠かった。それに比べると、『プレイボーイ』誌はどこの売店でも販売しており、わずか50セントで購入できる。ラスベガスがアメリカのどんちゃん騒ぎの中心地としてブランド化されつつあったころ、また、ディズニーランドの建設が始まろうとしていたころ、『プレイボーイ』誌は、シカゴ生まれの27歳のコピーライター、ヒュー・ヘフナーにより創刊された。

ディズニーランドを作ったウォルト・ディズニーや、ラスベガスを築き上げたバグジー・シーゲルやその一味同様、ヘフナーもまた、評判の悪いものを、現代的で高級感のあるものに作り変えた。それまでのヌード雑誌といえば、白黒印刷された見栄えのよくない粗悪品で、人目を忍んで販売され、発行部数もごくわずかだった。それに対し、『プレイボーイ』誌は1953年の創刊号で、中央見開きページ（これを指す「センターフォールド」という言葉はヘフナーの造語である）に、マリリン・モンローのしゃれたヌード写真をカラーで掲載した。すると3年後には、毎月１００万部の売上を誇る人気雑誌となった。裸の女性の写真がこれほどの発行部数を記録することなど、かつてないことだった。もちろん、『プレイボーイ』誌がマスターベーションの道具になったという点では、これまでの汚らしいポルノ雑誌と同じだ。しかし『プレイボーイ』誌の写真は、そのようなポルノ雑誌に登場する粗悪な写真とはまるで別物だった。

ヘフナーは、より高級感のある見せかけを提供した。間違いなく美しい女性を、腕のよいカメラマンにカラーで撮影させ、その写真に巧みな修整を施し、光沢紙に印刷した。だが、彼の天才的発想はそれだけにとどまらない。ヘフナーは、どこからどう見ても普通らしく見える幻想を提示した。つまり、世の男たちが写真の女性たちを見て、その女性がいる日常生活を空想できるようにしたのである。１９５６年、彼はスタッフにこう述べている。

> プレイメイトには、「自然」な環境でポーズを取らせるべきだ。（中略）モデルは、ごく自然で、リラックスしているように見えなければならない。（中略）本を読んでいたり、手紙を書いていたり、飲み物を作っていたり、新しいドレスを試したりしているときのように。（中略）私たちは、健康的で知的な表情を好む。優秀な秘書や、バッサー大学の学生のように見える若い女性を。（中略）プレイメイトは実在の人間であり、読者の日常生活におけるすばらしい娯楽の一つだ。

ヘフナーが革新的だったのは、プレイメイトの趣味や、好きな本や食べ物など、その生活に関する情報をいくつか提供したことだ。それが月並みであればあるほど、幻想はより現実らしくなった。さらに、読者は雑誌のほかの部分でも、性的な魅力に満ちた生活を送る自分を空想できた。どのページも、読者の男たちにこう訴えかけていた。「あなたは、うっとうしい家庭の用事やくだらない仕事を抱えた、孤独で臆病なまぬけではない。男らしいうえに洗練されており、上品で機知に富み、着こなしもセンスも趣味もよく、恋愛感情抜きでセックスをしたがる女性でいっぱいの愉快な国にいる」。

ジェームズ・ボンドと『プレイボーイ』

１９５０年代には、ジェームズ・ボンドが男らしさの新たなモデルとなった。イアン・フレミングによるボンド・シリーズは、『プレイボーイ』誌の創刊と同じ年に第一作が出版された後、毎年新作が発表された。だが、ヘフナーに言わせれば、「ジェームズ・ボンドが実在の人間なら、プレイボーイ誌を定期購読しているに違いない」という。実際、ヘフナーが現実の世界に「プレイボーイ・クラブ」を設立すると、フレミングは小説の中に同クラブを登場させ、ボンドをその会員にしている。ちなみに、ヘフナーの弟の説明によれば、そのクラブの目的は「会員に幻想の世界のすべてを垣間見せる」ことにあるらしい。

『007／カジノ・ロワイヤル』や『007／ゴールドフィンガー』の読者はみな、ジェームズ・ボンドが実在の人物でないことを知っている。一方、『プレイボーイ』誌は大半が、名目上はノンフィクションだ。だが、その中の裸の女性の写真や人生相談のコラム、あるいは、魅力的な車やオーディオ機器など、クールな独身男性向けアイテムやトレンディな文化的製品の記事（や広告）は、手に取ることさえできるような、現実と変わりのない空想の世界を生み出す。ヘフナーには、現実と空想の境界などなかった。当時、大統領選に立候補していたジョン・F・ケネディに選挙運動資金を提供したのも、ケネディなら「映画の『スミス都へ行く』や『群衆』の主人公のような大統領」になってくれそうだと思ったからだ。それにケネディは、『プレイボーイ』誌が理想とする男だった。名門大学出身で、洗練されており、見栄えがよく、性的関心が強く、空想が現実化したような人物である。実際ヘフナーは、「ジョン・F・ケネディは私たちの仲間だ」と述べている（ケネディは大統領になった直後、お気に入りの小説はボンド・シリーズの『007／ロシアから愛をこめて』だと述べ、ヘフナーの言葉を証明してみせた）。

　男性が自分をフィクション化できる雑誌を創刊してから数年後、ヘフナーは鏡の向こうの空想の国に分け入り、自分を主人公とする完全なフィクションの世界で暮らすようになった。パイプやバスローブ、ラスベガスのエンターテイナーとの交友、プレイボーイ・マンション（訳注：ヘフナーがロサンゼルスに築いた大邸宅で、そこで開催される豪勢なパーティが話題を呼んだ）、常に若いプレイメイトたちが暮らすハーレムなど、すべてが空想の産物だった。

ビート族――ファンタジーランドの別宗派

1950年代の終わりごろ、『プレイボーイ』誌はジャック・ケルアックに、「ビート世代の起源」と題する記事の執筆を依頼した。そして翌月号の中央見開きページに、「ビート族のプレイメイト」の写真を掲載した。ジャズミュージシャンの娘で、「ハリウッドのビート族向けのカフェ」で見つけたという女優である。紹介文には、こう記されていた。「興味があるのは、バレエ、ディラン・トマスの詩、クラシック音楽（『プロコフィエフの音楽にはクラクラする！』）。はっきりした意見の持ち主で、かなり反抗的。体制順応派にはかわいらしく眉をひそめる」。「健康食品に関しては〝ちょっとしたマニア〟で、「アウェア・イン」という〝自然食レストラン〟がお気に入り[3]」。

だが結局、ヘフナーも『プレイボーイ』誌も、ビート族とは距離を置いた。ビート族はいわば、「ファンタジーランド」の別の宗派（セックス！　酒！　ベンゼドリン！　ジャズ！　利己主義！）のメンバーだったが、それぞれのグループが互いに軽蔑し合うようになったからだ。キリスト教の福音派とペンテコステ派の間の相互不信と同じようなものである。ヘフナーは、怠け者のビート族に対し、最先端を行く裕福で洗練された人々を「アップビート世代」と呼び、差別化を図りさえした。

ビート族は一般的に、秩序ある１９５０年代を否定する、非アメリカ的な例外的存在と考えられている。だが実のところ、彼らはきわめてアメリカ的である。第一に、その創設者たちは、いまだに大衆の間で高い人気を誇っている。だが、それよりも重要なことがある。彼らを行動に駆り立てたのは、夢のような、壮大な非合理性に意義を求めようとする、昔からのアメリカ的発想なのである。ケルアックが最初に「ビート世代」という言葉を思いつき、それをある小説家に伝えると、その小説家は１９５２年、ニューヨーク・タイムズ紙にビート族に関するエッセイを発表した。それによれば、ビート族とは、ボヘミアン的な生活をしている人のことではない。「一か八か、全財産をたった一つの数字に賭けるのであれば、その人はビート族である」。ビート世代の人間は、「衝動的な個性」や「自由への欲求」を持ち、「ビバップ、麻薬、乱交」、およびウィリアム・F・バックリーの著書『God and Man at Yale（神とイェール大学の男）』（訳注：

（3）この「ビート族のプレイメイト」とは、イヴェット・ヴィッカースである。２０１１年にビバリー・クレストの自宅で、「ミイラ化した」遺体となって発見された。ビバリー・クレストとは、１９２０年代に映画スタジオとして建設された、イングランドの城のような塔があったロサンゼルスの一区画である。ヴィッカースの撮影は、ラス・メイヤーが担当した。メイヤーはその後、ソフトコア・ポルノ映画の監督となり、『ファスター・プシィキャット！　キル！　キル！』などの作品を残した。また、ヴィッカースが述べていた「自然食レストラン」は、ジム・ベイカーが経営していた。１９６０年代から70年代にかけて、ファーザー・ヨッドとして、ソース・ファミリーというロサンゼルスのカルト教団を率いた人物である。

学生に集団主義や世俗主義を強制するイェール大学の姿勢を批判している）を好む。「信じられるものを失った〝失われた世代〟とは違い、ビート世代は信じられるものを求める。その傾向は日増しに強くなるばかりだ。（中略）四方八方に目を向け、行き当たりばったりに、神に代わる信仰の対象をせっせと生み出している。（中略）何かを信じようとする過剰なほどの意志、（中略）信じたいという紛れもない欲求が、そこにはある」。

　ビート族がアメリカ的な現象だという理由がここにある。彼らはすべて、神秘主義的・個人主義的な信念にかかわり、そのような信念の中で生きている。確かに、宗教的に純粋な非物質主義的生活を送るという退屈なルールは拒否する。だがその姿は、イエスを重視せず、信者一人ひとりが司祭だという当初の思想を極限にまで高めた、あのやや常軌を逸したプロテスタント宗派に似ている。ビート族は、西部の猟師、無法者、辺境の変わり者、孤独な個人主義者、世界に向けて未開人のような叫び声を上げる自己陶酔的な異端者など、これまでのアメリカ人の血を間違いなく引いている。これに続くヒッピー・ムーブメントも、ケーンリッジの伝道集会、１８３０年代から40年代にかけての生活共同体、超越主義、田舎趣味、ソローなど、やはり同様の血筋から生まれた。どちらも、アメリカの伝統的な幻想を実現したものである。

　ビート族を代表するケルアックは、アメリカ史の中で回帰する二つのテーマをみごとに実践した。古きよき時代を神話化するとともに、一編のフィクションのような生活を送ったのである。ハーバード大学の文化史家ルイ・メナンドは、ケルアックの小説『オン・ザ・ロード』（邦訳は青山南訳、河出書房新社、２０１０年）についてこう記している。「１９５７年当時は、ノスタルジーがこの作品の魅力の一部になっていた。これは、１９５０年代を扱った作品ではなく、ホーボーや移民労働者やカウボーイや頭のおかしな車泥棒の世界が終ろうとしている１９４０年代を扱った作品だからだ」。さらに、この小説は、ケルアックがたまたま経験した冒険をフィクション化したものではない。『オン・ザ・ロード』に描かれた旅行は、『オン・ザ・ロード』を執筆するために行われた」という[4]。

　この小説では、ケルアックやその相棒ニール・キャサディをモデルにした人物が、ノワール風幻想作家の友人ウィリアム・バロウズをモデルにした人物を訪れる。バロウズをモデルにしたその人物は、「アメリカの古い時代に感傷を抱いている。（中略）この国が荒涼としていて、騒々しく、開放的で、豊かであり、誰にでもあらゆる種類の自由があった時代である」。そしてこう言う。「人類はいつか、私たちが実際に死者やほかの世界と交信していることに気づくだろう」。

　この人物は、バロウズ本人同様、自分が製作した「オルゴン蓄積機」に夢中だった。これは、

（４）この観点から考えると、アメリカ保守主義を代表する評論家ウィリアム・Ｆ・バックリーも隠れビート族と言える。また、自由至上主義の聖典とされるアイン・ランドのメッセージ性の強い小説『肩をすくめるアトラス』（邦訳は脇坂あゆみ訳、アトランティス、２０１４年）が、『オン・ザ・ロード』と同じ１９５７年の出版シーズンに登場したのも、意味があるように思えてくる。どちらの主人公も、素直に体制に従うことを拒否し、自分のしたいことをする極端な個人主義者である。

「水場のやぶの葉や枝で覆った」木製の箱で、その中に裸で座って使用する。ケルアックをモデルにした人物はこう説明する。「オルゴンとは、生命の原動力となる振動性の大気原子だ。これが不足するとがんになる」。

オルゴンエネルギー、ドラッグ、サイエントロジー

19世紀のメスメリズムやホメオパシーと同じように、オルゴン療法もドイツから輸入されたものだ。発明したのは、精神分析医のヴィルヘルム・ライヒである。ライヒはフロイトの弟子だったが、最終的にはフロイトから変人扱いされた。フロイトが同僚に宛てた手紙によれば、ライヒは「あらゆる神経症への対処法として、性器によるオルガスムを推奨している」とある。その後もライヒは、新たな基本物質「ビオン」を発見したと発表するなど、ますますおかしくなっていき、やがてアメリカに移住すると、「原子以前の根源的な宇宙オルゴンエネルギー」が人間の生命力の源だと主張するに至った。アメリカではしばらくの間、彼の主張がまじめに受け止められた。まじめに受け止めたのは、ビート族だけではない。その論文は主要医学雑誌にまで引用され、がん患者がオルゴン蓄積機の治療を受けに来た。また、大気中のオルゴンエネルギーを解放して雨を降らせる「クラウドバスター」を製作すると、農民がそれを利用した。ライヒによるとこの機械は、地球外生物の侵略を防ぐのにも効果があるという。ライヒには、ロックフェラー

家、共産主義者、食品医薬品局、司法省など、さまざまな敵がいたが、連邦政府上層部の秘密組織が自分を守ってくれるものと信じていた。だが、いかがわしい医療機器の宣伝や販売の停止を求める当局の命令を無視したため、やがて起訴され、最終的には禁固刑に処された。そして、ソ連のスプートニク一号が地球の周回を始めた1か月後、あるいは『オン・ザ・ロード』が出版された2か月後、連邦刑務所内で死去した。

アメリカの「ファンタジーランド」化の一翼を担っているのが、ドラッグである。１９５０年代、ビート族はドラッグを格好いいものと見なすきっかけを作った。バロウズはヘロインを、ケルアックはスピードを、ギンズバーグはマリファナを好んだ。当時は一般のアメリカ人も、新たに製造されるようになった合法的な向精神薬を受け入れていた。たとえば、合成アンフェタミンのベンゼドリンは、アメリカでは１９５９年まで店頭で購入でき、それよりも効き目の強いデキセドリンも導入されたばかりだった。驚くべきことに、１９６０年のアメリカ人の合法的覚醒剤の使用頻度は、一人あたり平均して週一回である。そのころからは、精神安定剤の大量服用も始まった。奇跡の精神安定剤と謳われたミルタウンが薬局に登場すると、それから2年後の１９５７年には、この薬がアメリカの全処方薬の3分の1を占めるに至った。

ビート族はまた、それ以前あるいはそれ以後の多くのアメリカ人同様、海外の宗教を含め、さまざまな教義をつぎはぎして、独自の信仰体系を作り上げた。キャサディやケルアック、ギンズバーグは仏教信仰を自認していたが、バロウズはサイエントロジーを信奉し、仲間にも宗旨替えを勧めた。

サイエントロジーは、起業家精神にあふれたＬ・ロン・ハバードが築き上げた空想である。ハバードは当初、ロサンゼルスでＳＦおよびファンタジー作家として生計を立てていたが、やがて大衆向けに独自の精神医学を訴えるようになり、果ては宗教的預言者となった。このサイエントロジーもまた、１９５０年代の秩序が嘘だったことを証明する当時のアメリカの産物である。ハバードは何もかも計算ずくのペテン師だった可能性もあるが、私が思うに、少なくとも当初はジョセフ・スミスと同じように、自分が言っていたことを心から信じていたようだ。おそらく、「西洋のテクノロジーと東洋の哲学を組み合わせ」、人間を幸福に導く方法を発見したと、本当に思い込んでいたに違いない。だいたい、ただの詐欺師なら、アメリカ医師会の学会誌にそれを発表したりするだろうか？　ハバードの著書『ダイアネティックス』（邦訳はトランスレーションズユニット訳、ニューエラパブリケーションズジャパン、２０００年）は、１９５０年代に2年にわたり全国的なベストセラーとなった。ハバードはその後、その考え方を拡大し、擬似科学を宗教に変えた。それがサイエントロジー教会である。

ライヒのオルゴン蓄積機同様、ハバードも、サイエントロジーによる精神浄化計画の推進に、ある機械を利用した。１９５０年代当時はモダンだったトランジスタとバッテリーを用いた電子精神メーター、通称Ｅメーターである。その使用方法を見ると、ハバードが精神的指導者として時代を先取りした存在だったことがわかる。サイエントロジーでは、信者にＥメーターを使用し、自分の前世を振り返らせた。その数十年後には、ニューエイジのセラピストやシャーマンが、催眠術を使って同じことをしている。また、やはり信者にＥメーターを用い、神のような魂に触れたという確信を与えた。その数十年後には、アメリカのキリスト教会に台頭してきた「カリスマ派」が、信者に同じような超自然的感覚を経験させている。このようにサイエントロジーは、きわめて主観的な形での自己改革を強調しているという点で、完全にアメリカ的だと言える。気分がよくなり、全能感さえ味わえるのなら正しいに違いない、というわけだ。

ハバードは、現実とフィクション（特にＳＦ）を区別することに、恥知らずと言っていいほど無関心だった。それはＥメーターだけにとどまらない。サイエントロジーの神学そのものが、信じがたいほど滑稽なＳＦ作品である。まるで、『２００１年宇宙の旅』と『スタートレック』と『スター・ウォーズ』と『マトリックス』と『プロメテウス』のストーリーを混ぜ合わせたかのようだ。簡単に説明すると、私たち一人ひとりには「セイタン」が宿っている。それは宇宙を生み出した空気のようなものだが、その一つひとつが地球に運ばれている間に、銀河連合の邪悪な独裁者による核攻撃を受けた。その結果、その神のような起源を忘れ、嘘の現実を信じるよう洗脳されてしまった。そのため、大半の人間がそれを現実だと思い込んでいるという。

もっと詳しく書けば、とてもこの章には収まりきらない。

＊＊＊

1957年の春、ヴィルヘルム・ライヒが獄死する数か月前、中年の熱烈な反共主義者が、やはり迫害され、怒りを胸に秘めながら、ベセスダ海軍病院で死去した。マッカーシズム（訳注：1950年代にアメリカに吹き荒れた反共産主義運動）という言葉の由来になった上院議員ジョセフ・マッカーシーである。

マッカーシズムの始まり

第二次世界大戦が終わると、最大の同盟国だったソ連は、瞬く間に最大の敵となった。1950年当時のアメリカ人にとって、共産主義者の国際組織が侵略してくるのではないか、アメリカでソ連がスパイ工作をしているのではないかという不安は、決して妄想などではなく、現実的な脅威となっていた。だがこうした問題には、陰謀説が絡みやすい。ごく一部の現実が過剰な恐怖を引き起こし、そこに想像上の説明がつけ加えられると、次第にそれは、強大な悪にまつわる空想の迷宮へと発展していく。そして、事実に基づいて入念に作られたそのフィクションを、現実と思い込むようになる。たとえば、何千もの熱心な共産主義者が、映画やテレビを利用し、ひそかに共産主義やソ連のプロパガンダを行っているという幻想がそうだ。つまり、反共産主義は現実に沿ったものだが、マッカーシズムは幻想が生み出したものである。

終戦の1年後、ハリウッドで「赤狩り」が始まった。まだマッカーシーが上院議員に選出される前のことである。もちろん、共産主義者であることが法に反するわけではない。だが連邦議会は調査を開始した。下院の非米活動委員会に映画の脚本家や監督10名を召喚し、公聴会を開いたが、10名はみな、自分の信念や交友関係に関する質問に答えるのを拒否した。ハリウッド・テンと呼ばれる彼らの多くは、実際に１９３０年代に共産主義活動をしていた。結局彼らは、証言拒否を理由に禁固刑に処せられ、その後も娯楽産業のブラックリストに名をとどめた。だが業界の関係者の中には、進んで証言をする者もいた。その代表的人物が、「アニメーション映画のプロデューサー」として活躍していたウォルト・ディズニーと、映画俳優組合の代表に選ばれたばかりのロナルド・レーガンである。とはいえ、二人の証言は個人的な反感や恨み、利己心に基づいたもので、その事実の歪曲ぶりには耳を疑わざるを得ない。これは、ソ連が原子爆弾を保有しておらず、中国が共産主義化しておらず、朝鮮戦争も始まっていない当時でさえすでに、反共産主義にヒステリーが広がっていたことを示している。

ウォルト・ディズニーは、自分のスタジオにいた破壊分子について質問され、こう答えている。「以前、間違いなく共産主義者だと思っていた人がいました」。ディズニーは、6年前にアニメーターたちが起こした5週間にわたるストライキを、いまだに根に持っていた。そのときに、「共産党の定期刊行物」上で、あるいは「さまざまな共産主義グループ」から直接「ひどい中傷」を受けたらしい。ディズニーは、あるアニメーターを名指しして、こう証言した。「そのアニメーターが、ストライキの真の黒幕でした」。「この人物の履歴を調べてみると（中略）無宗教でした」。また、ストライキのリーダー格だったほかの二人のアニメーターについて尋ねられ、こう述べている。「私の考えでは、彼らは共産主義者です。誰にもそれを証明する方法はありませんが」。

映画俳優組合の代表に選ばれたばかりの若き俳優、ロナルド・レーガンにしても、組合にいる敵対者が共産主義者だという確たる証拠はなかった。それでもこう証言している。「その小派閥は、共産党らしい戦術に多少なりとも従っていた疑いがあります。（中略）私が聞いた別の話では、彼らの一部は共産主義者だと言っていました」。

その数日後には、『ハリウッド・リポーター』誌のオーナーが、映画産業は左翼の正式なブラックリストを作成するべきだと主張し、「赤狩り」の扇動者として名乗りを上げた。この男は、6人の妻のうち3人との結婚式をラスベガスで挙げたほか、カジノホテルとして有名なフラミンゴ・ラスベガスの建設を手がけ、後にそれをバグジー・シーゲル一味に売り渡したという、いわくつきの経歴の持ち主である。共産主義者の陰謀に対する攻撃を紙上に初めて掲載する直前、彼はサンセット大通りのカトリック教会へ懺悔に行き、その場で司祭の許可を得て、「アカ」だと思う人物の名前を告げたという。

同紙の攻撃記事にはこうある。「共産主義者であろうと何であろうと、単なるリベラル派を装い、言論の自由や権利章典を口実に発言したり発言させたりする者、あるいは、この偉大な国にはびこる無数の陰謀に関与している者に、この国に住む資格はない」。その数週間後には、映画スタジオが同紙の要求に従い、以下のような共同声明を発表した。「これまでも破壊的な映画、非アメリカ的な映画がスクリーンに登場したことはない」が、映画産業の指導者は、下院非米活動委員会に協力しなかった「ハリウッドの10人の行動を遺憾に思う」。以後、映画スタジオは、「共産主義者と知りながらその人物を雇うことはない」。また、「破壊分子を排除するようハリウッドの組合に協力を要請する」。

当時発行された『Red Channels（「アカ」のルート）』と呼ばれるパンフレットには、ショービジネス関係の破壊分子１５１人がリストアップされている。「商業的なスポンサーがついたドラマシリーズに携わり、（中略）共産党が重大な関心を寄せる〝学問の自由〟〝市民権〟〝平和〟といった目下の問題の広告塔として使われた」人々である。そのほか、さまざまなブラックリストを合わせると、対象者は３００人以上に及んだ。

やがてソ連が、原子爆弾の最初の実験を行うと、反共産主義ヒステリーはさらに勢いを増して拡大した。連邦政府の各部署には「忠誠委員会」が設置され、何千もの連邦政府職員が解雇された。１９５０年になると、ついにウィスコンシン州選出上院議員ジョセフ・マッカーシーが表舞台に現れた。公職についてまだ3年目のこの若手議員は、共産主義者の陰謀を最重要課題として取り上げ、あるスピーチでこう述べた。「カール・マルクスは、神を作り話だとして片づけた。現在私たちは、共産主義的無神論とキリスト教との最後の全面的戦争に突入している」。そしてさらに、「共産党員」とされる国務省の職員数十名のリストを持っており、「その名前は国務長官に伝えてある」と告げた。そのリストに掲載された職員の数はスピーチのたびに変わり、57人になり、81人になり、205人になったが、これはまったくのでたらめである。だがマスコミはその主張を報道し続けた。何しろそう言っているのは、アメリカの上院議員なのだ。結局これは、アメリカ史上もっとも重大な影響力を持つフェイクニュースとなった。[5]

共産主義に対する過剰な恐怖

マッカーシーの幻想はやがて、さらに念の入ったばかばかしいものになった。それから1年後、3万6000人のアメリカ軍兵士および海兵隊員が死亡することになる朝鮮戦争のさなかに、上院の議場で以下のようなスピーチを行っている。ハリー・トルーマン大統領は共産主義者の閣僚の操り人形であり、その「捕虜」である。彼らは「過去のあらゆる企てが小さく見えるほど巨大な陰謀を遂行しようとしている。（中略）世界中に張り巡らされたその巨大な陰謀のネットワークは、モスクワに端を発している」。まるで荒唐無稽だが、アメリカ人は彼の主張を信じた。間もなく行われたギャラップ社の世論調査では、ジョセフ・マッカーシーに好意的な意見が50パーセントを占めた。

だが、そのような無茶な言い分が5年も続くと、さすがに大衆も権力層もうんざりしてしまった。そのころになると、マッカーシーの幻想はもはや地政学的な内容を超えていた。当時アルコール依存症で入院していた彼は、ウィスコンシン州での懇親会で、蛇に襲われる幻覚を見たという。[6] 上院は間もなく、67対22でマッカーシーの譴責決議を採択した。

人類史上かつてない規模の陰謀でこの世界を説明しようとしたのは、マッカーシズムが初めてというわけではない。だがマッカーシーはあっという間に信用を失い、「マッカーシズム」という言葉は、ヒステリックで不公正な嘘の告発を軽蔑的に表現する万国共通語になってしまった。しかしそれでも、共産主義者のアメリカ転覆計画に対する過剰な恐怖は、冷戦の期間を通じて続いた。その結果、転覆にまつわる幻想は現代のアメリカに根づき、広まり、かつてないほど発展

---

(5) 1950年のマッカーシーのスピーチの数か月後、ワシントンのある若手記者がこんな記事を発表している。「現在、マッカーシズムの到来により、一部の人に現実的な恐怖が訪れている。残念ながら、扇動政治家はアメリカに対してこんなことができ、マスコミも不本意ながらそれに協力せざるを得ないのである。(中略)だが、マッカーシー以上の者が現れないと誰が言いきれるだろう?」

(6) ここでも、「ファンタジーランド」にかかわる人々が絶妙に絡み合っている。この懇親会は、ウィスコンシン州にあるマッカーシーの故郷の町で行われたが、そこはハリー・フーディーニが少年時代の大半を過ごした町でもある。また、懇親会が行われたのは、マッカーシーの付き人で、上院議員選挙時に選挙運動本部長を務めたアーバン・ヴァン・サステレンの家だった。当時、アーバンの娘のグレタはまだ幼児だったが、その後成長して、14年間FOXニュースのニュースキャスターを務めるとともに、サイエントロジーの信者になった。ちなみに、サイエントロジーの創設者L・ロン・ハバードは、第二次世界大戦中に負傷したと嘘をついていたが、これはマッカーシーも同じである。

した。マッカーシズムは基本的に、政府やメディア、学界にいるアメリカ人が海外の共産主義者と結託し、必死になってわが国を破滅させようとしているという確信に基づいている。この確信は、１９４０年代から90年代にかけて数世代に受け継がれ、アメリカ人の気質に浸み込んでいった。

グラハムをほめたたえろ！

アメリカ人がこの史上最大の陰謀を信じ込んだのは、人口の3分の2がプロテスタントだったからだとも考えられる。彼らの大多数は敬虔で、預言された歴史や未来をそのまま信じていた。善なる神が悪のサタンと勝敗を決する。それなら、並外れてキリスト教信仰の篤いアメリカは神の側、無信仰のソ連や中国はサタンの側というわけだ。そんなときに、ビリー・グラハムという説教師のスーパースターが現れ、こう述べた。「この国にある１１００以上の社会事業系団体は（中略）共産主義団体、あるいは共産主義的傾向のある団体であり、わが国民の大部分の心を支配している」。こうした言葉は、アメリカ人を一つに結びつけた。マッカーシーの力が弱まりつつあったときでさえ、グラハムはこんな説明をしていた。「共産主義の黒幕はサタンだ。（中略）共産主義がこれほど勢力を拡大した理由は、それ以外に考えられない。（中略）共産主義者に、超自然的な力や見識や知性を授けたのだ」。まるで、先住民をサタンの兵士に見立てた17世紀のような発想である。

　１９２０年代以降、新たに生まれた昔風のキリスト教は、もはや主流派から注目されることもなく、身を潜めたままひそかに態勢を整え、自分たちが信じる別の現実を広めていた。それはほとんど目につかなかったとはいえ、軽蔑すべき主流派に強硬に抵抗する反体制運動だった。その間に、１００に及ぶ福音主義の聖書学校や本格的な大学が開校し、根本主義やペンテコステ派の教会が次第に数を増していった。

　ビリー・グラハムが登場したのは、そんなときだ。この男はまさに、１９５０年代のやや軽めの根本主義の復興にうってつけの人物だった。若く、背が高く、顔もよく、立派な頭はブロンドの髪に覆われている。南部出身だが、『エルマー・ガントリー』の主人公のような過激なところはなく、実直でまじめな上位中流階級の人間だ。演説は巧みで、強い信念と誠実さがにじみ出ており、ビリー・サンデーのような見世物的な厚かましさもなければ、エイミー・センプル・マクファーソンのようなカルト的な気味の悪さもない。グラハムは、南部に新たに設立された福音主義の二つの大学に通った後、歴史も格式もある北部のキリスト教系大学、ホイートン大学を卒業した。そして、保守系の宗派の中ではかなりの規模を誇る由緒ある宗派、南部バプテスト派の叙任を受け、聖職者となった。説教師としては、あらゆる点において、頑固な反体制派にも、中流階級のプロテスタントやメディアにも受け入れられる完璧な素地を持っていた。南部人でありながら無学な偏屈者ではなく、大衆主義者でありながら威厳があり、預言的な主張をしながらも荒々しいところや怒りに満ちたところがない。反体制的であると同時に体制的でもある。そして何よりも、以前にアメリカで大成功を収めた説教師同様、神への信仰心だけでなく、起業家精神やショービジネスの精神も十分に備えていた。

グラハムは25歳のとき、毎週司会を担当していたキリスト教系のラジオ番組の仕事を辞めると、「ユース・フォー・クライスト（キリストに向かう若者）」という福音主義の新たな巡回集会の説教師となって全国をまわった。この公演で彼は、日陰の存在だった根本主義者たちを現代的な幻想・産業複合体の中へと導き、スタジアムを埋め尽くす観衆に「固い地盤を足場に、現代に目を向けよう！」と訴えかけた。「ユース・フォー・クライスト」は、数十年後にアリーナで展開される派手なロックショーを先取りしたものだった。ローズボウルやソルジャー・フィールドといったスタジアムの真ん中に巨大な聖書が運び込まれ、拡声器が宗教講話を大音量でがなり立てた。閃光粉が大きな音を立てて燃え、煙がきのこ雲となって舞い上がり、１００羽の白いハトが飛び立った。

グラハムはその後、フリーランスでの活動を始め、小さな町をまわり、各地で数日に及ぶ信仰復興集会を展開した。有名になる転機となったのは、ロサンゼルスでの集会である。この街には、夢をかなえようとして堕落し、救いを求める罪人が無数にいた。そこでグラハムは、繁華街の駐車場にいくつかテントを張り、「ビリー・グラハムの大ロサンゼルス信仰復興テント聖堂」を設立した。ハリウッドのプレミア上映会のように、サーチライトで「光の尖塔」を作り、「聖霊の奇跡のテントで奇跡の超自然的爆発を体験しよう」と記した看板を掲げた。このロサンゼルスでの信仰復興集会は当初、3週間の予定で、12万5000人の参加を見込んでいた。ところがふたを開けてみると、集会は8週間続き、参加者は35万人を記録した。このニュースは全国に広まった。報道の中には、明らかにほめすぎのものもあったが（新聞王ウィリアム・ランドルフ・ハーストは、自分の新聞の編集者に「グラハムをほめたたえろ！」と打電したという）、いずれも文句のつけようのない内容だった。たとえば『タイム』誌はこう伝えている。「ロサンゼルスの著名な聖職者が一人残らず、混雑を極めるビリー・グラハムの演壇に姿を見せた。（中略）グラハムは言う。『無神論者などほとんど見当たらない。ここにはもう知ったような口をきく者は誰もいない』」。

「アメリカ」大主教

グラハムの信仰復興運動は全国に広がり、どこへ行っても驚異的な人気を博した。彼は、特定の宗派を押しつけようとはせず、細かい教義に触れるのを避けた。神がいつ、どのようにあらゆるものを創造したのかといった問題には踏み込まず、「終末」を重視しなかった。こうしてグラハムは、キリスト教のリベラル派と根本主義派との間に新たなスペースを作り上げた。そこは、プロテスタント主流派に比べれば、神学的に後退しており、やや熱狂的ではあるが、さほど常軌を逸しているわけでもない。

彼はまた社交好きで、政治的才能にも秀でていた。朝鮮戦争が勃発した3週間後には、全国的に有名になってからまだ1年しかたっていないにもかかわらず、ホワイトハウスの大統領執務室でハリー・トルーマンとともに祈りを捧げた（その後、一人でホワイトハウスの芝生にひざまずいて祈っているところを写真に撮ったため、大統領の怒りを買ったという）。また、後任のアイゼンハワー大統領の就任式に出席し、その後の大統領とも努めて交友関係を結ぶなど、アメリカ合衆国大統領が公に親しくつき合える唯一のプロテスタント指導者となった（それまでの31人の大統領が、プロテスタントの指導者と公に親しくすることはなかった）。こうして彼は、圧倒的にプロテスタントが多く、宗派が多様に分裂しがちなこの国で、全土の聖職者を代表する存在となった。いわばアメリカ大主教である。35歳になった年には『タイム』誌の表紙を飾っている。

「私たちは神を信じる」

実際、当時は宗派にかかわらず、アメリカのキリスト教界全体が盛り上がっていた。1953年には、アイゼンハワー大統領が63歳にして洗礼を受け、根本主義グループが主催するパーティ「ナショナル・プレイヤー・ブレックファスト」に出席した（その後、このパーティは毎年恒例となった）。翌年には、87年前から公式行事で暗誦されていた「忠誠の誓い」の文言に、「神のもとに」という言葉が挿入された。また１９５６年には、アメリカの公式の標語として「In God We Trust（私たちは神を信じる）」が採用され、紙幣に印刷されるようになった。ちなみに、アイゼンハワーは閣議での祈祷を定例化したが、最初の祈祷を主宰した農務長官は、モルモン教会の指導者だった。

積極的に行動しようとするアメリカ人の気質もまた、１９５０年代のキリスト教隆盛の一翼を担っている。ニューヨーク市に、20年にわたり活動してきたノーマン・ヴィンセント・ピールという大物牧師がいた。五番街から少し外れたところにしゃれた長老派の教会を構え、多数のCEOを友人に持ち、プロテスタント的要素がなくもないラジオ番組や全国誌を持っていた人物である。１９５５年、この牧師が『積極的考え方の力』（邦訳は月沢李歌子訳、ダイヤモンド社、２０１２年）という書籍を出版すると、ニューヨーク・タイムズ紙のベストセラーリストに3年間入り続けるほどの売上を記録した。ピールのアプローチは、この時期のアメリカにぴったりはまった。それは、読者を応援し、その奮起を促す軽い自己啓発的内容に、超自然的な励ましの要素を織り交ぜたアプローチである。いわば、カーネギーの著書に神の要素をプラスしたようなものだ。

この本の中でピールは、箇条書きにした確認事項を何度も口頭で繰り返し、「劣等感」をもたらす疑念を抑え込むよう読者に説いている。抜け目なく、タイトルには宗教的な言葉を避け、「元気が出ないときの処方箋」「人に好かれる方法」「負けを認めない」といった章で内容を構成している。だが、販売成績を上げたり、好条件の仕事に就いたり、勝利を収めたりする鍵となるのは、やはりキリスト教信仰だという。「自信を失ったときには、神がいつもそばにおり、自分を助けてくれると考えよう。（中略）要は、信仰、自信、安心で心を満たすことだ」。神はこれまで、経済的にも軍事的にもアメリカの行方を決めてきた。だが１９５０年代の今、神はあなたにも目を向けている。中流階級の働きバチであるあなた方一人ひとりに。ピールは20世紀になって以来、アメリカのキリスト教に入り込んできた二つの思想を明らかにしてみせた。第一に、富や成功に対する魔術的思考（20世紀初頭のある著名な牧師がこう説教している。「神の能力はわが能力、神の成功はわが成功。私は勝者だ」）、第二に、そのような思考に至る実用的手段としての「見ざる、聞かざる、言わざる」である。『積極的考え方の力』は、自己中心的で実利主義的で現実逃避的だとして、著名なプロテスタント神学者から毛嫌いされたが、ビリー・グラハムには好かれた。

主流派は、グラハムやピールの信者を受け入れはしたが、それよりも常軌を逸した狂信的なキリスト教徒については、時代錯誤の恥ずべき生き残りと考えていた。ニューヨーク・タイムズ紙の１９５５年の記事には、ペンテコステ派のような「急進派」は、「広くは知られていない」にせよ、まだあちこちにおり、「理性よりも感情を重視する過激な教義」を実践しているとある。

翌年、ペンテコステ派の聖職者オーラル・ロバーツが何百ものテレビ局から週一回の時間枠を購入し、信仰治療の模様を放送した。すると、ニューヨーク・タイムズ紙のテレビ評論家があきれてこんな記事を書いた。「福音説教師が即興で医学的な診断を行い、奇跡的に治癒したと主張しているが、合理的証拠はかけらもない。（中略）テレビという絶大な影響力を持つメディアを毎週利用して、立証できない〝奇跡〟を見せる。（中略）これは、責任ある放送産業の規律に反しているのではないだろうか」。

　私は、バイブル・ベルト（訳注：キリスト教信仰が篤いアメリカ南部および中西部一帯を指す）の北西の端で生まれ育ったため、当時知っていた人はほとんどが教会に通っていた。だが、私にイエスの話をする人は、間違いなく一人もいなかった。１９５０年代、根本主義や福音主義は公の場に出てきたが、それでもまだ物珍しい存在、取るに足りない偏屈者であり、それらがいずれ台頭してくるとは思えなかった。１９５０年代の終わりには、明らかに偏狭な宗教をばかにしたハリウッド映画が二本公開された。シンクレア・ルイスの小説を映画化した『エルマー・ガントリー』と、スコープス裁判を映画化した『風の遺産』（ブロードウェイの舞台劇の翻案で、クラレンス・ダロウをスペンサー・トレイシーが演じた）である。時代は、現代の世俗派の勝利を告げていた。体制派の人はみな、洗練されていない旧弊な宗教はついにアメリカから消えようとしていると思ったことだろう。プロテスタントの公的な信仰形態は、ほかの先進国と同じような道をたどり、近代的理性や科学、アメリカ的な楽観主義と仲よく共存できるような、控えめで、婉曲的で、不定形なものに変わっていくように見えた。１９６１年に『レッドブック』誌が、アメリカの主要なプロテスタント神学校7校で調査を行ったところ、イエスの再臨を期待している学生はわずか1パーセントだけだった。

こうして1960年代に入るころには、メインライン・プロテスタント（訳注：主流派を構成する穏健派とリベラル派のプロテスタントの総称）が絶対的な支配を確立した。当時は「メインライン」という言葉さえなかった。比較する相手がいなかったからだ。その言葉は、鉄道や電力の分野の専門用語であり、超自然的幻想を信じる小宗派を圧倒する権威ある大宗派を指す言葉ではなかった。メインラインは第二次世界大戦以来、信者を1・3倍に増やし、繁栄を謳歌していた。だが結局のところ、この時期がピークでもあった。

第4部

狂気と幻想のビッグバン

【1960〜1970年】

「私たちは幻想を、説得力や“現実味”のある真に迫ったものにし、その中で生きる最初の人間になるかもしれない」

——ダニエル・ブーアスティン著（1961年）『幻影《イメジ》の時代——マスコミが製造する事実』（邦訳は星野郁美・後藤和彦訳、東京創元社、1964年）

「妄想には確かに、慰めがある。たとえば、宗教がそうだ。妄想でないものは、何もかもがばらばらだ。そのような状況に長く耐えられる人はあまりいない」

——トマス・ピンチョン著（1973年）『重力の虹』（邦訳は佐藤良明訳、新潮社、2014年）

「何でもあり」の時代

ニューヨーク州ウッドストックは、1世紀以上前から、芸術家や夢想家、自由奔放なボヘミアンが暮らす場所だった。1932年のニューヨーク・タイムズ紙の記事には、「誰もが芸術を真剣に受け止める」ところだとある。ボブ・ディランも、数枚レコードを制作すると間もなく、そこへ引っ越した。この街を飛躍的に有名にしたのは、言うまでもなく、およそ40万人を動員した1969年のウッドストック・フェスティバルだ（ただし、実際にはウッドストックから100キロメートルほど離れた場所で開催されている）。翌年には、アメリカの若者を指す「ウッドストック世代」という便利な言葉が生まれた。私は1973年、大学1年生になると、兄に会いにウッドストックの町を訪れた。兄はロックミュージシャンで、バンドのメンバーとともに中西部からそこへ引っ越していた。理由はもちろん、そこが「ウッドストック」だからだ。

それから40年後のある土曜日、私は再びその地に足を運んだ。1960年代に関する講演を頼まれたからだ。その講演会を聞きに来たのは、私よりも年上の人が大半だった。ウッドストック世代を自認している人たちに違いない。やがて質疑応答の時間になると、ひげを伸ばした白髪の男が、何か訴えかけるような口調でこう尋ねた。自分たちが求めていた革命は、社会や文化のさまざまな面で成功を収めた。市民権、女性の権利、ゲイの権利、エコロジー、セックス、ドラッグ、ロックンロール、自然食品、薬などだ。その結果、何百万もの老人がこの男のように、ジーンズを穿き、髪を長く伸ばすこともできるようになった。ところが、経済面ではこの革命は失敗し、自由市場が勝利を収めた。それはなぜなのか？

長い沈黙があった。聴衆はうなずき、肩をすくめ、ため息をついた。

私はそのとき、ある事実に気づき、それを述べた。すると、その場にいた誰もががっかりした様子を見せた。私はためらいつつ、こう説明したのだ。１９６０年代から70年代初頭にかけての大変動以来、アメリカの政治や経済、文化、社会に起きたことに、矛盾があるわけではない。よくも悪くも、すべてつじつまが合っている、と。

１９６０年代から生まれたものについてウッドストック世代に尋ねると、返ってくる答えにはかなり偏りがある。一方の側に花を持たせ、他方の側をおとしめるような答えだけを選ぶ。『緑色革命《りょくしょくかくめい》』（邦訳は邦高忠二訳、早川書房、１９８３年）の著者チャールズ・ライクによれば、左派の人々は「いまだに１９６０年代の価値観を信じている」という。つまり、１９６０年代に獲得された自由という遺産を重視し、それを進歩と見なしている。だが、政治的・文化的に右寄りの人々は、自分たちが嫌うあらゆるものが１９６３年から73年までに生まれたと考え、その10年間を否定的にとらえている。

実際、左派と右派それぞれが好むもの、嫌うものは、１９６７年前後に生まれたものの表と裏の関係にある。確かに、私たちが反体制と呼ぶあらゆる思想は、１９６０年代および70年代に文化の表舞台に躍り出た。だがここで、大半の人が忘れていることがある。それは、急進的なキリスト教、本格的な陰謀説、自由至上主義、何ら妨げられることのない欲求などもまた、表舞台に躍り出たということだ。この時代はまさに「何でもあり」だった。

その時期、反体制派と体制派との間で、一種の暗黙の取引がなされた。これからは、個人が自己表現や快楽を求める衝動に耽ることを、今まで以上に認める。その代わり資本家にも、規制や税、社会的非難という足枷から逃れ、本能のまま行動する自由を認める、という取引である。「自分の好きなことをする」は、「自分の身は自分で守る」ということでもある。好きなことをするといっても、マリファナを吸ったりポルノを見たりする場合もあれば、銃規制に反対したり、従業員の４００倍の給与を受け取ったりする場合もある。

１９６０年代に、法的平等が発展したことは間違いない。だが、このような平等の拡大を超えたところ、法令とは違うところで、もっと根源的なアメリカ人気質が花開いた。つまり、一人ひとり誰もが自由に、自分の好きなことを信じ、好きなものになれるようになった。こうした考え方を突き詰めていけば、競合するあらゆる考えを否定することになる。もちろん個人主義は、アメリカが生まれ、幸福の追求や自由が解き放たれたときから存在する。以前から、「夢を信じろ」「権威を疑え」「好きなことをしろ」「自分だけの真実を見つけろ」と言われてきた。だがアメリカでは１９６０年代以降、法律が一人ひとりを同一に扱うだけでなく、一人ひとりが信じていることはどれも一様に正しいというところまで、平等の意味が拡大された。絶対的な個人の自由を容認するのがわが国の文化の原則となり、国民の心理として内面化された。自分が信じていることは正しいと思っているのであれば、それは正しい。こうして個人主義は、自己中心主義となって蔓延した。

だがその世界は、やや保守的な傾向を帯びている。ここで「保守的」というのは、最近使われているような意味ではない。１９６０年代、好きなことを信じるという気風が深く、幅広く行きわたると、それにより力を得たのは左派よりも右派だった。しかもその影響は、政治の世界を超えて広がっている。それはともかく、１９６０年代には、アメリカ人一人ひとりが独自の旗を掲げた。超利己的なアイン・ランド主義者やニューエイジのシャーマン、根本主義や福音主義やカリスマ派、サイエントロジー信者やホメオパシー医、カルト信者や知識相対主義者、左派・右派問わず陰謀説を支持する人、過去の戦争の再演を楽しむ人、サタンや地球外生物に誘拐されたと主張する人、取りつかれたようにポルノやギャンブルや銃を愛する人……。「好きなことをしろ」。これにより、認識論・存在論の堤防は木っ端微塵に砕かれ、以後修復されることはなかった。「権威を疑え」。その結果、現実らしく見える幻想が以前のように主流派から否定され、排除されることもなくなった。「自分だけの真実を見つけろ」。それ以降、自分が望むことが真実となった。一人ひとりが、侵すことのできない個人であり、権利を与えられたアメリカ国民であり、自分の宗教の司祭であり、自分の物語の著者なのである。

この国は、ほぼ何でもありの啓蒙主義的原則に基づいて築かれた。そして数世紀にわたり、開拓の発端となった夢、プロテスタント的な思考、極端な大衆主義や個人主義や主観主義、広々とした大地など、独自の条件に従って方向づけられてきた。その結果、かつてないほど多くの市民が、理性や合理性を永久に追放したのだ。

理性は啓蒙時代以後、長期にわたり全世界で魔術的思考と闘い続け、20世紀半ばにはついに勝利を収めたかに見えた。文化の近代化により、超自然的なもの、ありえないものへの信仰は次第に消え、もう後戻りすることはないかに思えた。当代有数の宗教社会学者が1967年に執筆した『聖なる天蓋――神聖世界の社会学』（邦訳は薗田稔訳、新曜社、1979年）にはこうある。現代の宗教には知的な合意が必要だ。西洋の宗教は、近代の下地を作った後、その近代の発展により抹殺されようとしている。いわば「キリスト教は、墓穴を掘っていたのだ」。

だがアメリカでは違った。プロテスタントの炎がまだ赤々と燃えていた。もう聖書の物語（やその二次創作）など信じられないという人たちでさえ、神の幻想が消えたあとに残った心のすき間を、さっさと別の幻想で埋めた。現代のアメリカが求めていた自由や豊かさの中には、選択肢の豊かさも含まれる。1960年代には、左派も右派も政治に無関心な人も、富裕層も貧困層も、不合理を受け入れる、世界に再び魔法をかける、背後に隠された陰謀を信じるといった形で、さまざまな反体制文化を生み出した。それぞれのグループは、合理主義者や別のグループと闘い、あちこちの戦線で攻勢に転じると、結果的にその大半が勝利を収めた。規模の差はあるにせよ、決して負けることはなかったのである。

第22章

ヒッピー
――60～70年代の若者文化

１９６０年代以来、アメリカの社会や文化のさまざまな面で再整理が進んだことについては、否定もしないし、残念にも思っていない。ただそこには、よく知られた利点とともに、あまり顧みられることのない欠点もある。

私が、姉とその二人の友人とともに、幻覚剤のメスカリンを初めて試したのは、17歳になる2か月前のことだ。その友人は二人とも、とてもきれいな女性だったが、間もなく服を脱ぎ、何時間も裸のままでいた。最高だった。私はその夜の間、誰もが経験するであろう驚異的な妄想や幻覚を経験した。温度自動調節器が自分の意思を持つ、地球上のあらゆる生物がつながる、といった不思議な感覚である。翌朝は汗だくになりながらも、幸せな気持ちで一人で家に帰った。するとある家の前に、聖母マリアの白い石膏像があった。私が見ると、その像がほんの数秒間生命を宿し、服をつまんで45度に身を屈めたように見えた。さっと優美なお辞儀でもしたかのように。これほど宗教的な幻覚は、その後も見たことがない。だが私は、その聖母マリアの幻覚を見ても、それが神からの超自然的メッセージだとは考えなかった。その後も、神を心から信じることはなかった。

1960～70年代の若者文化

残りの高校時代と大学時代の最初の数年間に、おそらく十数回はＬＳＤを試した。あるときには、念力で飼いネコを嘔吐させたと思い込み、またあるときには、7階下の歩行者が傘を何度も落とすよう意思の力で操ったような気になった。それでも、薬の効き目が弱まると、超自然的現象が幻覚だったことにいつも気がついた。こうして、トリップにより目の前にちらつく幻覚や妄想を無数に経験したことで、私にある変化が起きた。神秘的なものは当てにならないと気づき、青年期特有の頑固な思い込みを和らげられたのだ。

当時の私は、髪を長く伸ばし、アラン・ワッツ（訳注：西洋の大衆に東洋哲学を広めたことで知られる哲学者）に耽り、超越瞑想を学び、『The Movement Toward a New America: The Beginning of a Long Revolution（A Collage）– A What?（新たなアメリカを目指す運動――長い革命の始まり［コラージュ］――え、何？）』という分厚いペーパーバックを繰り返し読んだ。友人数名と古いスクールバスを購入して南のメキシコまでドライブし、ラスベガスへ北上した後（そこでＬＳＤをやった）、ディズニーランド（そこでもＬＳＤをやった）やビッグサーを訪れもした。大学の講義すべてに出席するのは、誰かの身代わりか、機械的な行動しかできない人だと思っていた。

それまでも、ビート族が徐々に数を増やしてはいた。だが、１９６０年代および70年代には、ベビーブーム世代がそろって青年期に達した。アメリカは突如として、かつてないほど多くの10代の若者に満ちあふれた。その若者の大多数が大学のキャンパスで一緒に暮らし、繁栄を謳歌した。マスメディアは、若者の文化を若者に向けて報道した。また当時は、若者が徴兵されるベトナム戦争もエスカレートしていた。[1] その結果、アメリカの自由奔放な思想は、１９６０年代に本格展開され、分野を超えて規模を拡大した。悩み多きビート族というベータ版から、拡大

（1） １９６３年には、ベトナムに派遣されたアメリカ軍兵士および海兵隊員は1万６０００人、戦死者は１２２人だけだった。ところが１９６８年には、派遣される兵員数が54万人に達し、1万６５９２人が戦死している。

を続ける幻想・産業複合体と完全にマッチした、人気の大量生産品へと発展したのである。

ここでは奇跡がいつでも起きる

大衆が「ヒッピー」という言葉を口にし始めた1962年は、ビートルズが初めてのヒット曲を発表し、ケン・キージーが『カッコーの巣の上で』（邦訳は岩元巌訳、冨山房、1996年）を出版した年にあたる。ハーバード大学では、心理学教授ティモシー・リアリーが幻覚剤の効果の研究のため、シロシビンやＬＳＤを学生に配布していた。その同じ年、スタンフォード大学の心理学部を卒業した若者二人（その一人は、ケルアックやギンズバーグの友人だった）が、ある協会を設立した。場所は、サンフランシスコから南へ3時間ほどのところにある、海岸沿いの崖が延々と絶景を形作っているビッグサーと呼ばれる場所である。彼らはその協会を、以前その地に住んでいた先住民の小部族にちなみ、「エサレン協会」と名づけた。創設者の一人が、40年後に当時を回想してこう述べている。

> 1968年当時、エサレン協会は若者の抵抗運動の台風の目だった。イスラム文化におけるメッカのような、中心拠点の一つである。エサレン協会は、超越感、意識の飛躍、ＬＳＤ、セックス革命、遭遇、鋭敏な感受性、身体の発見、ヨガなどに興味がある何百、何

千という若者の巡礼地だった。これらはすべて、当協会を通じてアメリカ文化に浸透していったと言っていい。１９６６年、67年、68年には世界的な影響力を持っており、生の神髄を求めてここに来る人がたくさんいた。

この言葉は決して誇張ではない。１９７０年代までにニューエイジとして知られるようになるもののほとんどが、このエサレン協会で考案・開発され、世に広められた。この協会はいわば、教会や宗教は好きではないが、それでも超自然的なものを信じたいという人が信仰する、新たなアメリカの宗教の中心的教会となった。協会の参加者たちは、恍惚状態で聖なるものを体験することにより、自分たちの信仰の正当性が証明されることを願った。その点では、１６３６年にボストンで宗教活動を展開したアン・ハッチンソンの支持者、１８０１年にケーンリッジで開かれた伝道集会に参加した人々、１９０６年にロサンゼルスに集まったペンテコステ派の信者と同じである。エサレン協会の現在のウェブサイトにはこうある。「ここは、奇跡が起きるだけの場所ではない。いつでも起きる場所だ」。

協会は、科学や理性を疑い、魔術的思考を受け入れた心理学や医学や哲学を大々的に再構成し、それを社会に広めた（これには、マッサージや温浴やセックス、あるいは温浴しながらのセックスも利用された）。協会の言葉を借りれば宗教味のない新宗教だが、「科学」を自称してはいるがほとんど科学的要素のない新宗教だとも言える。その内容については、アジアやアメリカ先住民の伝統的シャーマニズムなど、治療や現実の認識に役立つなら、どんなものでも取り入れた。目に見えないエネルギー、前世、幽体離脱など、異国的で、驚異に満ち、反証不可能なものであればあるほどよかった。

ゲシュタルトの祈り

そのころ、ヴィルヘルム・ライヒの患者からその弟子となった、フレデリック・パールズというドイツ人心理療法士がいた。この男は、第二次世界大戦後にアメリカに移住し、１９６０年代に入るとカリフォルニアに引っ越し、エサレン協会に入った。当時の精神医学は、話をして過去の出来事を思い出させ、それを分析するという、フロイトの方法論が主流だった。だがパールズは妻とともに、それに代わる「ゲシュタルト療法」を考案した。このアプローチは、患者の認識に焦点を絞り、判断を行わない。パールズは、このアプローチの理念を四つの文章にまとめた。これが有名な「ゲシュタルトの祈り」である。

> 私は私の好きなことを、あなたはあなたの好きなことをする。私はあなたの期待に応えるためにこの世界にいるのではなく、あなたは私の期待に応えるためにこの世界にいるのではない。あなたはあなた、私は私であり、この二人がたまたまどこかで出会うのであれば、そ

れはすばらしいことだ。出会わないのであれば、それはそれで仕方のないことだ。(2)

すばらしい内容である。だが、主観性を重視する危険な坂道にさしかかっていたアメリカでは、この新たな信条は、自分だけの真実を作り上げる文化や社会に向け、その坂道を滑降する速度を速めただけだった。

エサレン協会が設立される直前、創設者の一人が神経衰弱を患い、不本意ながら民間の精神科病院に入れられ、そこで1年を過ごした。その経験からエサレン協会は、精神疾患などの心の病は、保守的な世界が変人や夢想家に押しつけたレッテルにすぎないという過激な考え方を採用した。つまり、精神疾患は、病気でも何でもなく、抑圧と支配の道具だというのである。ケン・キージーのベストセラー小説『カッコーの巣の上で』が、同じ考え方に沿って書かれたことは言うまでもない（キージーは1964年の夏、初期のヒッピーを連れて伝説的な大陸横断バスツアーを敢行したが、その途中でエサレン協会に立ち寄り、「ケン・キージーとのトリップ」というセミナーを開催している）。

---

(2) これは一見すると、数十年前にプロテスタントの神学者ラインホルド・ニーバーが作成した「平安の祈り」とやや似ているが、両者には大きな違いがある。平安の祈りは、変えることのできない事実は受け入れ、それ以外の事実は変えることができるように、「その両者を区別する知恵」を身につけることを目指している。一方、パールズの祈りは、誰もが自分の好きな現実を生きられると訴えている。

精神医学を専門にしている学者の中にも、この考え方に賛同する重要人物が二人いた。ともに、１９６０年代初頭に伝統にとらわれない型破りな論文を出版している。その人物とは、『引き裂かれた自己――狂気の現象学』（邦訳は天野衛訳、筑摩書房、２０１７年）を発表したR・D・レインと、『The Myth of Mental Illness（精神疾患の神話）』を執筆したトマス・サースである。エサレン協会が設立されて間もないころ、レインはこう記している。「狂気は、解放や再生の可能性を秘めている」。精神疾患や統合失調症は「私たちが認めていないだけの自然なプロセス」「何かの始まりを告げる儀式」「正常という恐るべき疎外状態を癒やす自然な方法」なのかもしれない、と。エサレン協会の創設者たちはレインの大ファンであり、やがて協会は、狂気は現実を認識する別の方法、もしくはより優れた方法だと考える思想の温床になった。

考えているものが現実となる

左派のレイン、自由至上主義のサース、左派で自由至上主義のエサレン協会によるこうした初期の論調は、ある重大な悪影響を及ぼした。たとえばサースは、本人の意思に依らないいかなる精神医学的治療にも反対したが、これは『カッコーの巣の上で』の描写と相まって、アメリカの精神療養施設に壊滅的な打撃をもたらした。影響はそれだけにとどまらない。やがてはその思想を科学全体に敷衍し、科学の大半は市民を抑圧するための横暴な陰謀だという思想を世に広めるに至った。サースやレインによれば、精神疾患は「一つの説であって事実ではない」という。もはやそのような考え方が、あらゆる分野におけるもっとも重要な論拠となった。創造論者も、地球温暖化否定論者も、ワクチン接種反対派も、科学を無視し、自分の信じたいことを信じているという点では、これと同じである。エサレン協会は若者の抵抗運動の台風の目だったと述べた人物は、こうも語っている。この協会は「１９６０年代、頭のおかしい人たちに避難所を提供した」。その結果１９７０年代になると、「救世主的なカルト信仰を推進するペテン師たちが大勢押しかけてきた」。

エサレン協会はこうして、アメリカの非キリスト教的な魔術的思考の主要な源流となったが、ほかからの影響がまったくなかったわけではない。たとえば、知名度は低いながらきわめて重要な影響を与えたとされる人物に、ジェーン・ロバーツがいる。彼女は、サイエントロジーの創設者同様、当初はＳＦやファンタジー小説を書いていたが、やがて、自分の書いたフィクションは本当のことだと主張し始めた。ことの起こりは、ロバーツがニューヨーク州西部に引っ越した後の１９６３年に、あるひらめきを得たことにある。「そのとき、まったく新たな考えが、なだれのように、ものすごい力を伴って頭の中に押し寄せてきた。（中略）まるでこの物質世界がティッシュペーパーのように薄くなり、無限の大きさを持つ現実を覆い隠しているようだった。私は、引き裂くような激しい音とともに、このティッシュペーパーを突き破ってその向こう側に投げ出されていた」。彼女はその後、霊界との交信を行うウイジャ盤を使い、セスという名の超自然的存在を発見すると、その聖なる啓示を自ら口述し、夫にそれを転記してもらった。つまり、フィンガーレイクスの北端で1世紀前にジョセフ・スミスやフォックス姉妹が行ったことを、フィンガーレイクスの南端で行ったのである。ロバーツは言う。「私たちがこの生の中で見ているのは、私たちが考え、感じ、信じていることの物理的な姿である」。つまり、私たちは自分が考える現実を生み出しているということだ。後に、ニューエイジの神学の中心的信条になる考え方である。その後に出版されたロバーツの本はすべて、実際にはセスが記したものだというが、そこに見られる文章には、早くもニューエイジ風な言いまわしが散見される。すなわち、物理学由来の擬似科学、意識に関するあいまいな議論、経験的現実に対する冷笑的な態度である。以下に、著書の言葉を引用しよう。

通常の生活の中で知る自己は、エネルギーや生命力の源である根源的な自己が3次元的に顕在化したものでしかない。根源的な自己が作る現実は、創造物という枠組みには含まれないかもしれないが、自己は絶えず翻訳され、今ある人格となって現れる。(中略)セスの著作は、私の意識の中の、この現実に目を向けている部分とは別の部分の産物、それどころか、言葉では翻訳不可能なほかのものの産物なのかもしれない。セスは、いかなる「事実」よりも現実的な、偉大な霊的存在なのだから。

若者は常に、宇宙は自分を中心に回っていると考え、それを理解しているのは自分だけだと思い込んでいる。理性や合理性が宿る前頭葉が完全に成長するまでは、とかく幻想に流されやすいものだ。１９６０年代にはまさに、宇宙が若者を中心に回っているかのように見えた。青年期の利己心が肯定され、大切な幻想が現実のものとなり、即座に生まれ変わったり、容易に革命を起こしたりできるように思えた。アメリカは突如として若者に、あるいは若者が信じ、空想し、望んでいるあらゆるものに全意識を集中させた。

＊＊＊

１９６２年が１９６０年代の始まりの年だとすれば、１９６９年は、新たな価値観やその重要性について大人が論評を始めた年だと言える。理性や合理主義は最期を迎えた。反体制文化の奔流に保守派はひるんでいる。その保守派の中には宗教者も含まれるが、彼らは今、また別の「大覚醒」が進行しているのだということに気づいていなかった。それは、あらゆる信者を司祭と見なす新たな宗教だった。「技術主義の向こう側にある聖なる都市、新たなエルサレムに到達するまで、真っ直ぐ進んでいくことしか知らない」人々の宗教である。

若者につづいて大人も

1960年代の価値観に対する大人の論評は、『対抗文化《カウンター・カルチャー》の思想——若者は何を創りだすか』（邦訳は稲見芳勝・風間禎三郎訳、ダイヤモンド社、1972年）という書籍に端を発する。この本は、1969年のウッドストック・フェスティバルの3週間後に出版された。著者は、当時35歳のサンフランシスコ州立大学教授で、「counterculture（対抗文化、反体制文化）」という言葉を生み出したセオドア・ローザックである。歴史と文学の優秀な専門家だった彼は、270ページに及ぶこの本の中で、おおよそ理性的・合理的な筆致で若者たちをほめたたえ、こう述べている。若い世代は、専門知識や合理性など、「私たちの文化が〝理性〟や〝現実〟として重視しているすべてのもの」を「勇敢にも」拒否している。実際、いわゆる専門家は、「政府や企業に雇われた」存在である、と。また「客観的意識という神話」という章では、科学は国家的な宗教であり、科学者は現代版の魔法使いにすぎず、自分は前者（「悪い魔術師」）を嫌い、後者（「よい魔術師」）を好むとも述べている。論評はさらに続く。「非知性的能力が（中略）善と真の決定者になる新たな文化」を築くためには、「何よりもまず、科学的世界観を破壊し、主観的・直感的な意識モードに熱心に身を捧げることが必要だ」。ただし、「経済的な安全性」を生み出してくれた科学やテクノロジーには感謝すべきだろう。「若者たちはそのありがたみを忘れているかもしれない」が、「私たちは、労働力を必要としない自動制御の豊かな経済を手にしている」。いわば、自動制御された豊かな「ビッグ・ロック・キャンディ・マウンテン」である。
ローザックは、「神智学者や根本主義者、降霊術師、地球平面説支持者、神秘主義者、悪魔崇拝者」など、以前のアメリカの夢想家をばかにしている。だが、その同じ文章の中で、手のひらを返すように現代の夢想家を称賛し、こう述べている。「彼らはこの社会の周辺ではなく、中心を占める科学や技術的価値を徹底的に拒否している。（中略）合理主義を選択する人々はもはや、感情の大波の下に知性を沈めれば恐怖時代がやって来ると、悲観的な警告をするしかなくなっている」。

その少し前の１９６９年の夏には、41歳になるシカゴ大学の社会学者（およびカトリックの司祭）アンドリュー・グリーリーが、『ニューヨーク・タイムズ・マガジン』誌に以下のような警告記事を掲載している。若者の反抗を示す見慣れたもの（長い髪、セックス、ドラッグ、音楽、抗議）以上に、大学キャンパスで起きている真に衝撃的な変化とは、反合理主義の台頭である。「神秘主義や魔術」、超自然的な力、交霊会、黙示録ブームなど、聖なるものが復興している。つい先日、教室の黒板に統計表を書いていたときにも、それを見て慄然としたある学生から「グリーリー教授は経験主義者なんですね」と言われたという。その記事にはまた、神秘主義的な仏教、ヒンドゥー教、イスラム教を実践し、ティモシー・リアリーとともに幻覚剤を服用していたというマサチューセッツ工科大学（ＭＩＴ）の宗教学者の、こんな言葉が紹介されている。「正確な順番は覚えていないが」、現代のＭＩＴの学生は、『チベット死者の書』（邦訳は『原典訳チベットの死者の書』川崎信定訳、筑摩書房、１９９３年）、「天文学、天体、オーラ、ＵＦＯ、タロットカード、超心理学、魔術や魔法といった話題に興味津々だ。もちろん、そのすべての背後には幻覚剤がある」。ある学生の証言によると、超常現象好きの同級生たちはみな、「自分が考えていることは正しいと本気で思い込んでいる」らしい。その一方で、グリーリーが話を聞いた学生はみな、何かを本気で信じている人を「ばかにするのは断固として拒否する」と答えている。

合理主義からの離脱

それから３か月後のウッドストック・フェスティバルの直後には、同じ『ニューヨーク・タイムズ・マガジン』誌に、「若者の乱れ」は「歴史の転換点」を示していると主張する中年の知識人の記事が掲載された。その知識人とは、反体制文化の創始者の一人とも言われるポール・グッドマンである。１９６０年に、現代の若者に何が起きているかを解説したベストセラー『Growing Up Absurd（理屈に従わない大人になる）』を執筆し、フレデリック・パールズの『Gestalt Therapy（ゲシュタルト療法）』の共著者としても名を連ねている人物だ。グッドマンによれば、新たな信念の高まりと広まりは「新たな宗教改革」と呼ぶにふさわしいものであり、反体制的な怒りと霊的なものへの高潔な信仰が、キリスト教世界を再構成し、アメリカに超プロテスタント的なユートピアを生み出したという。また、1960年代の若い世代を特徴づけているのは、「以前の私が考えていたような、道徳性、政治的意思、良識ではなく」、「宗教」、あるいは反射的に「合理性を軽蔑する」態度だとも述べている。

1740年代には、イェール大学出身の40代の聖職者、ジョナサン・エドワーズが「若者の心に電光」を落としたことがあった。それに対応するかのように、1969年から70年に変わるころには、41歳になるイェール大学教授がニューヘイブンで、若者の新たな反体制文化に関する書籍『緑色革命』を書き終えようとしていた。最高裁判所の元書記官で、その当時はイェール大学法科大学院の教授を務めていたチャールズ・ライクである。イェール大学法科大学院といえば、アメリカの合理主義の総本山とも言うべき場所だが、ライクは若者と親しくつき合ううちに、中年にしてある悟りに達し、合理主義から離脱した。1966年には、ケン・キージーやノーマン・メイラーの小説をテキストに使用した「アメリカにおける個人」というセミナーを開講し、何を感じ取ったのか、翌年の夏をカリフォルニア州バークレーで過ごすことにした。すると実際、その年の夏に、多くのヒッピーがサンフランシスコに集結する「サマー・オブ・ラブ」という社会現象が発生した。

カリフォルニアに来たライクは、友人への手紙にこう記している。「ここの学生の雰囲気は、大いに反知性的だ」が、「彼らの価値観の中には、感心せざるを得ないものもある。（中略）毎週日曜日になると、公園はものすごい光景と音に満たされる。（中略）ビッグブラザー＆ザ・ホールディングカンパニー、グレイトフル・デッドといったエレクトリック・バンドが登場する」。ニューヘイブンへ帰る道すがら、ライクはすっかり若者の価値観に酔いしれていた。やがてイェール大学での彼の講義は大変な人気となり、何百、何千という学部生が殺到した。

三つの意識のタイプ

『緑色革命』は１９７０年に出版される直前、その内容の3分の1が『ニューヨーカー』誌に掲載された。同誌史上最長となる雑誌70ページ分に及ぶ抜粋である。その後に書籍として出版されると、アメリカでベストセラーとなり、ほぼ1年にわたり、ニューヨーク・タイムズ紙のベストセラーリストに掲載され続けた。それがどれほど熱狂的な注目を集めたかを示すエピソードがある。ＮＢＣのテレビ番組『トゥデイ』がこの話題に乗ろうと、ライクに出演を依頼したが断られたため、イェール大学付きのメディア好きな左派の牧師に出演を依頼し、ライクについて語ってもらったという。

私も16歳のとき、２００万部のうちの一冊を買って読んだ。今になってそれを読み返し、そのころの自分がどれだけ夢中になっていたかを思い出してみると、当時の若者の愚かさがよくわかる。ライクは恥も外聞もなく、無批判に、私のような若者を称賛していた。『緑色革命』は、主流派が新たな若者の虚栄や独善に迎合した、唯一にして最大の論評だと言っていい。本のカバーには、冒頭の一節が記されている。「革命が起こりつつある。（中略）新たな世代の革命である」。

この本がそれほどの人気を誇ったのは、タイミングが絶妙だったこと、著者が一流の学者だったことに加え、理論的枠組みがわかりやすく、若い読者にみごとにこびへつらう内容だったからだ。『緑色革命』によれば、アメリカ人の「意識」には三つのタイプがあり、それぞれが「一人ひとりの現実認識、（中略）考え方、生き方を決める」という。意識Ⅰは、古風な自力本願の人で、新たな「統合国家」では時代遅れと見なされる。これには、祖父母世代が該当する。意識Ⅱは、体制に怯え、それに順応する組織人間で、「統合国家」では、その合理主義が専制的な罠となる。これには、両親の世代が該当する。意識Ⅲには、こんな説明がある。「アメリカの若者の間に初めて現れ」「幅広い若者に急速に広まり、上の世代にも徐々に拡大している」。

ベトナム戦争に反対し、ラフな服装をし、マリファナを吸っている人は、ほぼ間違いなく意識Ⅲに該当する。同書にはこう記されている。「しわの寄ったジーンズに、粗悪な素材の上着を着て」、「裕福な社会の人間に見えることを意図的に拒否している」。「一部の大人が長髪に対して暴力的に反応するのは、彼らが築き、指針としてきた現実が脅かされていると感じているからだ」。「市民を閉鎖的な思考体系に押し込めようとする社会では、（中略）マリファナは革命の道具であり、そこから真実が生まれる」。

言い換えれば、形式張らない自由奔放な若者は、それだけで新たなユートピアを生み出しつつある。「ライフスタイルの選択は些末なことではなく、新たな覚醒の根幹を成す」。甘美な響きの言葉だ。まるで成功を収めたクールで格好いいおじから、こう断言されているようなものだ。そう、おまえたちの両親は哀れなペテン師だ。だがおまえたちは革命のヒーローだ。自分でもそれをよくわかっている、と。

ライクは、新たな意識Ⅲが持つ「陽気さやユーモア」を高く評価しているが、『緑色革命』にユーモアは一切ない。というのは、「この時代が、完全なる不毛、漆黒の闇、極度の危険にさらされている」からだ。当時は陰謀説が花盛りで、ライクもそれを信じた。「統合国家は、非人間化や抑圧など」、さまざまな不正義を行っており、「意義あるあらゆるものを破壊し、人生からあらゆる喜びを奪い取ろうとしている」。

ライクの魔術的思考は主に、革命がどう展開されるかに反映されている。「アメリカという統合国家」から生まれた新たな世代の人間、直感を信じ、自分だけの真実を見つけると主張する長髪の超個人主義者たちが、「どんな革命家も成しえなかったことを成し遂げつつある。（中略）機械は自ら滅び始めた」。誰もがリーバイスを穿き、ハイになれば、「古い形式は洪水により一掃されるだろう」。

だがもちろん、間近に迫った夢の大変動は起こらず、機械が自ら滅び始めることもなかった。だが、ライクの主張は、全体的にばかばかしいものだったにもかかわらず、半分は当たっていた。アメリカ人の思考に画期的な変化が起き、「おそらくもう後戻りすることはできなく」なった。つまり、「もう以前の意識に戻ることはなく」なったのである。ただしライクは、新たな感性の大波が防水壁を打ち砕けば、水は一方向へのみ流れ、あらゆる人々の心理や知性が自分と同じような変遷を経験し、平和的で協調的なすばらしいユートピアが新たに生まれるものと信じていた。すなわち、アメリカ全土がバークレー化、バーモント化するだろう、と（訳注：バークレーやバーモントにはヒッピーの大規模な生活共同体があった）。だが実際には意識Ⅲは、ポスト理性、ポスト事実の何でもありのアメリカの、初期の一形態にすぎなかった。ライクの夢想は、２００年前の啓蒙時代に合理主義者が抱いた夢想のまさに反対だった。当時、ジェファーソンやその仲間たちは、思想の自由が完全に認められれば、大半の人が理性に従うだろうと思い込んでいた。どちらも、そう思いたかったのだろう。

思想の自由がたどり着いた先に

１９７０年代初め、私のきょうだい二人が、グル・マハラジ・ジという若いインド人のとりこになった。何万もの信者を持つ「聖なる光伝道団」を率いていた人物である。「完璧な導師」「宇宙の主」として知られ、彼が教える瞑想方法は「完璧な知恵」と呼ばれていた。信者は、彼が新たに荘厳な時代を開こうとしていると信じ、当時20代だった私のきょうだい二人も、この男の教えに身を捧げていた。

信者の多くは、このマハラジ・ジを神だと信じていた。彼は1973年、信者への手紙でこう述べている。「今年、人類史上もっとも神聖にして重要なイベントがアメリカで起こる。（中略）このフェスティバルは、あなた方や私のためのものではない。全世界、ひいては全宇宙のためのものである」。その年のハロウィンの1週間後、私の両親が飛行機でオマハからヒューストンにやって来て、「ミレニアム’73」に参加した。マハラジ・ジの信者を集めてアストロドームで開催された3日間のイベントである。信者の中には、その週末に、UFOのような形をしたアストロドームが離陸し、地球から飛び立つのではないかと思っている人もいた。

私の両親は、信者の親に割り当てられた特別席に座った。反戦運動家として有名になり、当時はマハラジ・ジの使徒として活躍していたレニー・デイヴィスが、そのイベントの司会をしていた。「間もなく、これまでのあらゆる宗教が待ち望んでいた人物が、実際にこの世に現れたことに誰もが気づくでしょう」。観衆は導師の話に耳を傾けた。導師は宝石をちりばめた王冠を被り、10メートルほどの高さのアクリル樹脂製の舞台に設置された王座に座り、その姿に酔いしれる信者に説教を行った。それを見ていた私の両親は、何から何までいかがわしいと思っていた。だが、オマハにいる両親の友人も、紅海が割れたこと、処女が懐胎したこと、イエスが復活したこと、毎週日曜日の朝にキリストの血をすすり、キリストの肉を食べていることなど、信じられないことを無数に信じていた。両親はそれを告白されても、相変わらず交友を続けている。それならば、自分の子ども二人が風変わりな信仰を抱いていたとしても、それを否定するわけにはいかない。

薬物による影響

何もかもが急激に変化したことを考えれば、保守派の人々が驚きや困惑の反応を示したのも無理はない。マリファナの使用率の変遷を見れば、変化のスピードがいかに速かったかがわかる。たとえば１９６５年には、マリファナを吸ったことのあるアメリカ人は１００万人にも満たなかった。それが１９７２年には２４００万人に増えた。また１９６７年には、マリファナを吸ったことがあるアメリカの大学生は、わずか5パーセントだった。ところが4年後には過半数に達し、3分の1が毎日ハイになっていたという。

私は20歳になったころ、ハイになっていないのに数回幻聴が聞こえたため、大麻を除く違法ドラッグの使用をやめた。薬物により頭がおかしくなるおそれがあることは、誰でも知っている。だが私は、ゾッとした経験も含め、若いころに薬物（特にＬＳＤ）を使用したことを後悔していない。大いに勉強になったし、精神に何の支障もなく人格形成期を過ごせた。何ごとも経験である。私が思うに、マリファナを吸い、ＬＳＤを飲み、キノコを食べることで、大きな刺激を受け、人生を改善できた人はかなりいるに違いない。スティーヴ・ジョブズがいい例だ[3]。

だがその一方で、向精神薬を突然、熱狂的に受け入れたことで、アメリカの「ファンタジーランド」化がいっそう助長されたのではないかと思う。幻覚剤はおろかマリファナでも、現実と幻想の境界があいまいになり、あらゆる妄想や空想的なつながりを現実だと思い込みやすくなる。現存するアメリカ人のうち３２００万人が、幻覚剤を使用した経験がある。その人たちが幻想を信仰する宗教の信者だとすると、この国で二番目に大きな宗教団体となる。アメリカ人の大麻の生涯使用率は、北ヨーロッパよりも2～4倍高い。それだけ頻繁にドラッグが利用されていれば、それにより誘発される幻想は、ハイになっている数分間あるいは数時間を超え、普段の思考にまで浸み込んでいく。それは必ずしもプラスに働くとは限らない。

自己中心主義の時代

１９６０年代の同時代人によるドラッグ文化の目撃談としては、トム・ウルフの『クール・クールＬＳＤ交感テスト』（邦訳は飯田隆昭訳、太陽社、１９９６年）が有名だ。これは、ケン・キージーとその「愉快ないたずら者たち」によるＬＳＤの冒険を描いている。ウルフはそれから8年後の１９７０年代半ば、それ以上に重大な時代の変化を記録にとどめた。アメリカという宇宙に吹き荒れる主観性と快楽主義のビッグバンについて、『ニューヨーク』誌にエッセイを発表したのだ。その中で生み出された「ミー・ディケイド（自己中心主義の時代）」という言葉はいまだに、大仰な自己陶酔による自己改革が流行した１９７０年代を指す用語として利用されている。ウルフは、そのエッセイの1万２０００語の大半を自己発見セミナーやその類の説明に充てながらも、タイトルを「ミー・ディケイドと第三次大覚醒」としている。つまり、グリーリーやグッドマンが１９６９年に指摘していたように、この現象が過去と深いつながりがあることに注意を向けている。当時社会に広まっていたのは、アメリカ特有の源と前例を持つ、複雑かつ多様な意識の狂乱状態なのである。

　ウルフは、「超感覚的知覚や〝心霊現象〟のブームは、１９６０年代後半の新たな宗教的雰囲気の中で急速に発展を始めた」と述べ、こう続けている。

> 超感覚的知覚の信奉者は常に、宇宙を動かす「ほかの理法」があると信じており、それがときどき、テレパシーやサイコキネシス、非物質化といった形で現れるのだと思い込んでいる。そこまでいけば、あらゆる人間は物理的エネルギーに匹敵する「意識のエネルギー」を

（3）　ジョブズは１９７２年、17歳のときに、シリコンバレーと呼ばれるようになったばかりの場所にある小麦畑でトリップした経験について、伝記作家のウォルター・アイザックソンにこう語っている。「すばらしかった。バッハの音楽が無数に聞こえた。突然、小麦畑全体がバッハを演奏していたんだ。あのときまでの人生の中で、もっとも驚異に満ちた感覚だったよ。バッハの音楽が畑のあちこちから聞こえてきて、自分がその交響曲を指揮しているみたいだった」。

持っており、この神秘的なエネルギーで（神の光のように）宇宙を統合できるという確信にまで至るのに、さほど時間はかからない。（中略）最近ではUFOブームさえ、宗教に近い性質を帯びてきた。UFO好きな人は、（中略）ほかの惑星や太陽系から宇宙船で飛来する高等生物が、「ほかの理法」を駆使していると本気で信じている。（中略）

こうして私たちは、アメリカ史上最大の個人主義時代に入った。あらゆる規範は崩れ去る。（中略）この第三次大覚醒が向かうところなど、誰が予測できよう？　せいぜい、宗教の大波には独自の推進力があると言えるだけだ。

神秘主義にとりつかれる科学者たち

私の記憶では、１９７０年代には幻想的な信仰や信念が一般にまで及んだ。当時、私の母が『植物の神秘生活――緑の賢者たちの新しい博物誌』（邦訳は新井昭広訳、工作舎、１９８７年）という本を買って読んでいた。植物には知覚能力があり、「物理学と形而上学を結婚させる仲人になりうる」と主張し、大ベストセラーとなった本である。著者はその中で、植物の驚くべき真実は、食品医薬品局や農業関連産業により隠蔽されていると述べていた。母はそんな陰謀は信じなかったが、この本を読んで以来、まるでペットに話しかけるようにイチジクの木に話しかけるようになった。ニューヨーク・タイムズ紙は、日曜版の書評欄でこの本を取り上げ、「信じられないことが社会に認められていく」過程を示す一つの実例だと紹介している。

実際、当時は大手の出版社やメディアまでが、幻想をノンフィクションとして宣伝・販売しようと躍起になっていた。１９７５年には、スプーン曲げや読心術を行う若き詐欺師、ユリ・ゲラーの自伝がベストセラーになった。同年にはそのほか、哲学の博士号を持つレイモンド・ムーディの著書『かいまみた死後の世界』（邦訳は中山善之訳、評論社、１９８９年）も話題となった。瀕死の状態に陥り、臨死体験をした数十名のエピソードを、死後の世界の直接的な証拠として紹介した本で、「これらの話が嘘だとはまったく考えられない」と断言している。この本が数百万部の売上を記録すると、間もなく国際臨死研究学会が発足し、その第一回会議がイェール大学で開催された。

20世紀の最初の60年間、医学は擬似科学との闘いに勝ち、ホメオパシーを駆逐した。ところが、信じられない幻想が突如として社会で認められるようになると、まさに瀕死の状態にあったホメオパシーが息を吹き返し、西海岸からアメリカ全土へと広まった。ホメオパシーで利用される偽薬の売上は、１９７０年代の間に10倍以上に増えた。

本物の科学者たちも神秘主義に取りつかれていった。１９６５年には、ＮＡＳＡが火星で予定していたバイキング計画のため、生命探査装置を設計していたある化学者が、突然ある確信に至った。大気、森林、海洋、生物を含む地球全体が、生命を育むよう完璧かつ神秘的に調整された単一の有機体と考え、これを「ガイア仮説」と命名したのだ。ガイアとはその「有機体」を指すギリシャ神話由来の名称である。彼はその後、微生物学者と共同でこの仮説を発展させて科学論文を発表し、１９７０年代にはオックスフォード大学出版局から大衆向けに『地球生命圏――ガイアの科学』（邦訳は星川淳訳、工作舎、１９８４年）を出版した。[4] この本には、「ガイアは今、私たちを通じて目覚め、自分を意識している」といった言葉が並んでいる。また、「意図や企みが（中略）ガイア仮説を脅かしている」とあり、著者は残りの生涯をかけて「ガイアから粗野な横暴を取り除いて」いこうとしている。この思想は広く受け入れられ、創造論を新たに改良したインテリジェント・デザイン（訳注：「知性を持つ何か」によって生命や宇宙の精妙なシステムが設計されたとする説）など、希望に満ちたうさんくさい理論を大量に生み出すことになる。

（４）このＮＡＳＡの科学者とは、ジェームズ・ラヴロックである。その友人で、『蝿の王』（邦訳は黒原敏行訳、早川書房、２０１７年）の著者でもあるウィリアム・ゴールディングが、「ガイア」という名称を思いついたという。１９６５年当時、ＮＡＳＡで働いていたラヴロックの同僚の中にカール・セーガンがいたが、セーガンはガイア仮説を受け入れようとはしなかった（後に、科学と擬似科学を区別するための入門書『悪霊にさいなまれる世界――「知の闇を照らす灯」としての科学』（邦訳は青木薫訳、早川書房、２００９年）を執筆している）。ラヴロックがガイア仮説をひらめいたころ、セーガンは妻のリンとの離婚を考えていた。ラヴロックのガイア仮説の発展に協力した微生物学者というのが、このリンである。

第23章

知識人

——科学は信仰の一形態

私は大学時代、授業でウィリアム・ジェームズを読まされた。アメリカの心理学の基礎を築いた医学者・哲学者である。私が主に通った教室がある建物の名称も、この人物にちなんでいる。そしてその経験から、ジェームズが中年のころ、亜酸化窒素やペヨーテでハイになり、卓越した詩的な洞察を得ていたことを知った。１９０２年に出版された『宗教的経験の諸相』（邦訳は桝田啓三郎訳、岩波書店、１９６９年）にこうある。

通常の覚醒時の意識は合理的意識と呼ばれるが、これは意識の特殊な一形態にすぎない。そのまわりには、ごく薄い膜のようなもので分けられた、まったく異なるさまざまな形態の意識が存在する。(中略)私自身の経験を振り返ってみると、こうした意識を探索する経験はすべて、何らかの霊的な意味があるとしか思えない洞察に行き着く。その洞察の主題となるのは、常に和解や調和である。まるで、この世界で相対立しているもの、あらゆる困難や苦しみのもとになる矛盾や不一致が溶け合い、一つになったかのようだ。(中略)それはきっと何かを意味しているに違いない。(中略)聞く耳を持つ人に言おう。私の場合、それが現実のように生々しく感じられるのは、人為的に神秘的な心理状態にあるときだけだ。

私には私の真実

ジェームズは終生、経験主義者であり合理主義者であったが、普段の知覚とは根本的に異なる、まったく主観的な知覚の魅力やその重要性を理解していた。つまり、1890年代にはすでに、知覚は一人ひとり変わりうることに気づいていたのだ。それは、1970年代になるとたちまち日常的な原則となり、ハイであろうがなかろうが、現代アメリカ人の一般的な考え方となった。私には私の真実、あなたにはあなたの真実があり、私たちにはそれぞれの真実がある、ということだ。

20世紀の前半、苦渋をなめていたのは、保守派のキリスト教徒などの伝統主義者だった。そのころは、合理主義や近代主義が支配し、大衆の考え方を変え、あらゆる伝統を破壊していた。だが第二次世界大戦後になると、学界の体制派も、理性に対して疑いを抱くようになった。そのような動きを代表するのが、二人のドイツ人哲学者、テオドール・アドルノとマックス・ホルクハイマーである。二人は、ナチスから逃れてロサンゼルス西部の高級住宅地に移住すると、1947年に啓蒙主義の失敗をテーマとする代表作を執筆した。そこには以下のような内容が認められている。理性や合理主義は、効率や実用性、テクノロジーを過剰に重視する社会を生んだ。「啓蒙主義の目的は、世界を魔法や幻想から解放することにあった。神話を一掃し、知識で幻想を屈服させようとした。（中略）だが、すっかり啓蒙されたはずの地球で、災厄が意気揚々と活躍している」。大戦中のナチスの暴虐がいい例である。

1960年代になると、学界の大部分が同様の傾向を示し、従来の理性や合理主義に背を向けた。こうした流れの先駆となった学者の多くは思慮に富み、その著作は、現状に満足しきった戦後の学界を活性化するのに大いに役立った。ところが1960年代以降、これらの思想が安易に解釈されて広まると、もはやあらゆる前提、あらゆる理論的枠組みが利用したい放題というありさまになった。つまり、学界に偏狭でいいかげんな追随者が無数に現れ、その主張が社会全体に浸透していったのだ。

その結果、こう考えられるようになった。科学であれ寓話や宗教であれ、真実らしきものや信念はいずれも、自分に都合のいいように作られた物語でしかない。現実そのものも、社会的に形作られたもの、希望に満ちた便利な神話であり、それを社会や部族の構成員が信じさせられているにすぎない。フィクションとノンフィクションの世界は双方に移動が可能であり、その間の境界線など存在しないのかもしれない。迷信、魔術的思考、妄想はいずれも、西洋の理性や科学が想定する真実と同じように、正当な価値がある。要するに、こういうことだ。自分が好きなことを信じろ。それぞれが信じていることはどれも、同じように本当であり、同じように嘘なのだから。

科学も「信念」と考えられるように

この思想は、二つの基本的な形態を取って現れた。理論と応用である。哲学者や社会学者は、部屋に閉じこもって熟慮を重ねた。一方、心理学者や人類学者は現場に出向き、その世界に取り込まれていった。

それは、１９６０年代が始まると同時に始まった。１９６１年、フランスの哲学者ミシェル・フーコーが『狂気の歴史——古典主義時代における』（邦訳は田村俶訳、新潮社、１９７５

年）を出版し、精神疾患の概念に対して当時表明されていた疑念に同調する姿勢を示した。また１９７０年代には、合理主義は「真実という制度」であり、別の形での抑圧であると主張した。その間に、フーコーの理性に対する疑念は、アメリカの学界に広く、深く浸透していった。

また１９６２年には、カリフォルニア大学バークレー校の若き科学史教授、トマス・クーンが画期的な著作『科学革命の構造』（邦訳は中山茂訳、みすず書房、１９７１年）を出版した。クーンも、精神医学を信用しない精神医学者だったレインやサース同様、物理学を学んでいた。だがこの本は、その二人の著書のような既存の見解への反論ではなく、それよりもはるかに広い視野に立っており、結果的に大衆の間でベストセラーになるとともに、この時代の学界に多大な影響を及ぼした。出版されるやいなや、科学や科学者、ひいては、エリートや主流派、体制派が提唱していた合理主義への疑念をいっそう深めたのである。

　クーンがこの本を出版するまでは、科学の歴史は、観察や実験、科学者相互の論文批判、これまでのあらゆる知恵を駆使し、存在の本質に着実に近づいていく歩みだと考えられてきた。ところがクーンの主張によれば、科学革命（地球が太陽のまわりを回っている、原子を構成する粒子の動きは大きな物体とは異なるルールに従っている、など）は、実際には、より優れた証拠の積み重ねから生まれたものではない。「通常の科学」は、詳細を詰めて既存の理論を強化する「仕上げの仕事」をこつこつと続けることで成り立っている（神学者が信仰の主要部分の詳細を詰める作業に似ていなくもない）。ところが、やがてそんな世界にコペルニクスやアインシュタインのような人物が現れ、それまでに積み重ねられた証拠を大きく飛び越え、現実の本質に関するまったく新しい推測をもたらす（ルターが、カトリックは思い違いをしていると主張した事例に似ていなくもない）。そして、十分な数の科学者がその新しい理論に賛同し、観察や実験によりそれが立証されるように見えれば、「パラダイムシフト」が起き、誰もが考え方を改める。だがやがて、説明のつかない新たな事実が現れる。それがあまりに多くなると、次の革命的大転換が構想される。

　魅力的で、刺激的で、私たちを力づけてくれる考え方だ。しかし、このすばらしいアイデアが広まり、一般に理解されるようになると、それ自身が大衆の間にパラダイムシフトを引き起こした。つまり科学が、公正な事実の検証ではなく、単なる「信念」によって成り立っている、怪しげで疑わしいものと考えられるようになった。クーンはいわば、カーテンを払いのけてオズの魔法使いの正体を暴いたトトの役割を果たした。結局、影響力のある偉大な科学者たちというのは、自分の考えをほかの人に信じさせるだけの力があったペテン師にすぎないのか？

理性よ、さらば

　一方、社会学の分野では１９６６年、30代の二人の教授ピーター・バーガーとトマス・ルックマンにより、同分野にきわめて重要な影響を及ぼす『現実の社会的構成――知識社会学論考』

（邦訳は山口節郎訳、新曜社、２００３年）が出版された。その説明によれば、人間が作り上げたものの中で多少なりとも疑わしいと言えるのは、正気や狂気や科学的真実だけではない。あらゆるものがそうだ。社会や部族の支配者は、慣習や法を定めているだけでなく、あらゆる構成員の知覚を支配し、現実そのものを決定している。支配者は、社会のすべての構成員が共有する舞台装置を作るため、まずは大雑把な神話を、次いでもう少し精巧な宗教を、そして最後に近代科学という「極端な手段」を利用する。「現実？　知識？　細かい点にまでこだわるのであれば、この二つの言葉を使うたびに、その言葉を引用符で囲むことになるだろう」。「チベットの僧侶にとっての〝現実〟は、アメリカのビジネスマンにとっての〝現実〟ではないかもしれない」。

　私は18歳でこれを読み、こうした驚くべき言葉の数々に夢中になった。まさに１９６０年代的な内容であり、この新たなパラダイムに目からうろこが落ちる思いだった。そう思ったのは若者だけではない。この本は完璧なタイミングで出版され、学界を始めとするさまざまな分野の基礎的なテキストとなった。絶対的に正しいもの、永遠に真実なものなどないという思想は、まったく正しいように思えた。現実が、時の権力者が決めたルールにすぎないのなら、誰でも自分の現実を構築できるのではないか？　いや、むしろそうすべきではないのか？

　すべての真実は平等だという思想を学界に広めた、もっと急進的で１９６０年代的な人物がいる。カリフォルニア大学バークレー校の哲学教授、ポール・ファイヤアーベントである。クーンは『科学革命の構造』の序文で、この学者に「広範囲にわたり決定的な」影響を受けたと述べている。青年期をオーストリアで過ごしたファイヤアーベントは、ナチスの侵略により周囲の世界が崩壊していく状況にはまるで無関心で、それを喜んでさえいた。10代のころオーストリアがナチスに占領されたが、「占領やそれに続く戦争の時期は、不便ではあったが、精神的な苦しみはなかった」という。その後ナチスの国防軍の少尉となり、戦車隊や歩兵隊の指揮を執った。そして、30代前半に渡米してカリフォルニア大学バークレー校の教授となり、１９６０年代的な価値観の転換を経験する。経験的証拠や合理主義は、不合理な主観的信念に勝るわけではない。回想録のような論文集『理性よ、さらば』（邦訳は植木哲也訳、法政大学出版局、１９９２年）にはこうある。「私は気づいた。自分がこれまで多少なりとも洗練された聴衆に語ってきた複雑な論拠や驚くべき科学の物語は、そのような思想でほかの人を奴隷化してきた一部の人々の、うぬぼれに満ちた幻想でしかない。私には、考えるべき内容やその方法を人に教える権利などない」。つまりファイヤアーベントは、学界の新たな考え方の中に隠れていた相対主義を取り上げ、それを白日のもとにさらし、混沌を奨励したのである。[1]

ファイヤアーベントの著作の中でも有名なのが、１９７５年に出版された『方法への挑戦——科学的創造と知のアナーキズム』（邦訳は村上陽一郎・渡辺博訳、新曜社、１９８１年）である。そこには、「合理主義は、神の言葉の力への信仰が世俗化されたもの」であり、科学は「特殊な迷信」にすぎない、と記されている。この本の後の版では、アメリカの公立学校の生物の授業に創世記の教育を義務づける法律を成立させようとしていた創造論者に賛意を示し、彼らをガリレオにたとえる一節を追記している。

ファイヤアーベントの主張によれば、科学は単なる信仰の一形態にすぎない。そのため理性の殿堂もそれを認め、「科学をより無政府主義的なもの、より主観的なものに」しなければならない。それは、神話や啓示、天文学、魔術など、何にでも言える。「どのような環境にいようと、どのような発展段階にいようと」、存在の仕組みを理解しようとする人が「守るべき原則は一つしかない。それは〝何でもあり〟という原則だ」。

さらに言えば、近代的理性が誹謗・中傷してきた魔術的信仰は、理性より優れている場合が多い。科学やテクノロジーがなければ「月への団体旅行はできない。だが一人ひとりであれば、魂や精神に対する大した危険もなく自由に天体を行き来し、美しく輝く神そのものに出会うこともできれば、動物に生まれ変わってまた人間に戻ることもできる」。これは、単なる詩的幻想ではない。「呪術には、まだ十分には理解されていないが、確固たる物質的基盤がある。その研究を

（1）19世紀および20世紀のアメリカでは、ヨーロッパのドイツ語圏から輸入されたものや思想が多大な影響力を発揮した。ファイヤアーベントのほか、『現実の社会的構成』の著者二人やヴィルヘルム・ライヒも、オーストリア出身である。また、メスメリズム、骨相学、水治療法、ホメオパシー、売薬の「マイクローブ・キラー」を発明したのは、みなドイツ人である。戦後に啓蒙主義を批判したアドルノやホルクハイマー、エサレン協会のフレデリック・パールズもそうだ。さらに、１９７０年代に、古代に飛来した地球外生命体が初期人類の文化に影響を及ぼしたという説を大衆に広めたエーリッヒ・フォン・デニケン、東洋思想の影響が濃い小説を発表し、１９６０年代にティモシー・リアリーらに高く評価されたヘルマン・ヘッセは、ともにドイツ系スイス人である。

進めれば、生理学の知識を豊かにし、修正していくこともできるかもしれない」。ファイヤアーベントはそれを信じ、自分のさまざまな病気を治療してくれるシャーマンを探し求めたが、結局は脳腫瘍でこの世を去った。

呪術師の教え

一方、「伝統的」文化の風変わりな魔術的信仰を研究テーマとする人類学では、新たなパラダイムが絶対的な支配権を確立した。判断しない、疑わない、学者ぶって浅薄な批判をしない、というパラダイムである。これは、そのころの状況を考えれば無理もない。当時は、植民地主義が終わり、過去のアメリカ先住民の虐殺が事実だと認められ、アメリカ軍が第三世界で戦争をしていた。もはや自分たちに、ほかの社会や部族の信仰をあきれ顔で否定する資格はない。１９６０年代には大半の人類学者が、神託や占い、呪文などの魔術は、尊重すべきもの、理性や科学と同等なものと考えていた。あらゆる現実認識が社会的に作り上げられたものなら、ナイジェリアのカラバリ族の現実認識もアメリカの教授の現実認識も、信念や信仰に基づいた恣意的なものだという点で変わりはない。

ある著名な人類学者が１９６７年に発表し、多大な影響を及ぼした論文には、こうした考え方がはっきりと述べられている。科学もシャーマニズムも、「複雑そうに見えるものの背後にある簡潔なもの、無秩序らしく見えるものの背後にある秩序」を求める。またどちらも、「日常世界の現象を日常的・常識的な推論で説明・予測できないときには、奥に隠れて見えない現実が顕現したものと考える」。両者は結局同じであり、一方は、ビッグバンや原子を構成する粒子、重力、微生物について語り、他方は、神々や水の民、呪い、まじないについて語る、という違いしかない。合理主義的な大衆は、科学者が言うよくわからないことをうのみにしているが、これは第三世界の人々が魔術師を信用しているのと同じである。自然と超自然を区別するのは間違っている。そのどちらにも価値がある。ただし、科学的な価値観のほうが劣っている場合が多い。

１９６８年、カリフォルニア大学出版局が、同大学ロサンゼルス校人類学部の学生カルロス・カスタネダの博士論文を出版した。アメリカ南西部に暮らす先住民が使用している薬用植物を、アリゾナ州で現地調査して執筆したものだ。論文によると、カスタネダはユマのバスターミナルで、ファン・マトゥス（ドン・ファン）という老人と出会った。老人はトルテック族の呪術師で、洋種チョウセンアサガオやペヨーテ、シロシビンを含むキノコなど、幻覚剤となるものをカスタネダに与え、「知の人になる秘訣」を教えてくれた。カスタネダはこの幻覚剤の作用により、カラスになり、コヨーテと話をし、精霊と交信したという。この博士論文は『ドン・ファンの教え』（邦訳は真崎義博訳、太田出版、２０１２年）というタイトルで出版されたが、ドン・ファンにまつわる書籍はその後も１９７１年と72年にそれぞれ出版され、いずれもベストセラーとなった。これらは当時のアメリカの若者の必読書となり、その後の出版物も含め、カスタネダの著作の累計発行部数は数千万部に及んだ。[2] 彼より一世代前、1920年代から30年代にかけて活躍した著名な人類学者マーガレット・ミードが、いわゆる未開人に関する報告を通じて訴えたのは、セックスは自然な行為であり罪の意識を持つべきではないということだった。一方、そのミードの熱烈な支持を受け、1960年代から70年代にかけて活躍したカスタネダが、同様の報告を通じて訴えたのは、魔術は本物だということだった。

ある若手人類学者は、ニューヨーク・タイムズ紙の日曜版の書評欄でドン・ファンにまつわる三冊を取り上げ、「人類学がこれまでに生み出した中でも最高の部類に入る作品」と称えた。そしてその一つの理由として、「ドン・ファンの言葉を自由に受け入れることを妨げてきた西洋の標準的現実との苦闘」が表現されている点を挙げている。書評はさらにこう続く。植物の精霊メスカリトが犬に憑依し、カスタネダに「おまえは選ばれし者だ」と告げたのは、単なる老呪術師の空想ではなく、「実際に起きたこと」である。人類学のテーマはもはや、「ほかの人たちの世界のとらえ方を探ることではなく、（中略）世界の本当の在り方を学ぶことにある」。

「超」心理学

1960年代の学界を振り返る本章のツアーは、心理学に始まり、哲学、歴史学、社会学、人類学を通過してきたが、最後にまた心理学に戻ることにしよう。1930年代から40年代にかけて、植物学から心理学に転向したデューク大学の教授が、超心理学という学問分野を打ち立てた。超心理学とは、テレパシー、透視、サイコキネシス、生まれ変わり、幽霊が実在することを証明する学問である。この教授が超心理学協会を設立すると、1960年代後半には（マーガレット・ミードの勧めもあり）アメリカ科学振興協会への参加が認められた。そのころ、教授の若き弟子に、チャールズ・タートというカリフォルニア大学の心理学者がいた。タートを一躍有名にしたのが、1968年の実験である。その実験とは、以下のような内容だった。「頻繁に幽体離脱をする若い女性」を脳波記録装置につなぎ、研究室で4晩寝てもらう。この女性には、寝ている間に幽体離脱し、タートがベッドのそばで書いた5桁の数字を読むという課題が与えられている。すると彼女は、その数字をみごとに当てたという。

この実験がでたらめだと考える科学者もいた。だが、タートはカリフォルニア大学デイヴィス校の終身在職権を手に入れると、客観的な試みこそまやかしであり、魔術こそが本物であることを証明するために生涯を捧げた。1972年に『サイエンス』誌に掲載された論文では、トリップしてハイになっている間に獲得された知識を「科学機関がほぼ完全に黙殺していること」に

（2）カスタネダは1960年代初め、エサレン協会をよく訪れていた。ドン・ファンにまつわる最初の本を出版する前のことである。最終的には十数冊の本を出版したが、いずれも表向きはノンフィクションとされており、呪術師になってほかの宇宙を旅した経験がつづられている。その後は、母校の人類学部の大学院から女性数名を「魔女」として採用し、大学のそばの家でカルト教団の指導者として過ごした。

不満を訴えた。そして「恍惚状態や霊的和合、ほかの〝次元〟、歓喜、美、時空の超越といった経験」を科学が真剣に受け止めてくれることを願うだけでなく、実際にその領域へ足を踏み入れることに身を捧げた。タートは言う。「科学的な理論はデータに基づいているかもしれないが、そのデータは物理的には存在しない」。だから、科学的手法のルールを改変する必要がある。この新時代に心理学者として仕事をするためには、「データを収集する際」および「データの整理や理論化の間」、自分が研究している意識変容状態にいなければならない。すなわち、ハイになったり、幻覚を経験したり、聖霊に満たされたりしているような状態である。だが、本人も認めているように、この新たな研究の枠組みには、「合意による妥当性確認」という点で問題がある。「同じ意識変容状態にある観察者同士でしか、適切なコミュニケーションが取れない」からだ。

タートはまた、私たちが単に「現実」と呼んでいるものを「合意的現実定位」と呼び、その言葉を普及させた。その結果、１９７０年ごろには「合意的現実」という言葉が、学界のさまざまな分野で専門用語として定着した。だが後にタートは、その言葉が装っている中立性をはぎ取り、「合意的現実」を「合意的トランス状態」と言い換えるようになる。理性や合理主義に傾倒している人はだまされているのであって、自分やその仲間とは違うというわけだ。タートの論文はその後も、正規の科学雑誌やオックスフォード心理学辞典に掲載された。

こうして超心理学は、学界に確固とした足場を築いた。１９６０年代後半には、ＬＳＤ体験をつづった本がベストセラーになった元女優・脚本家が、カリフォルニア大学ロサンゼルス校に超心理学の研究室を設立した。１９７０年代には、プリンストン大学に特異現象研究室が設置され、超常現象を証明する研究を始めた。やがて水瓶座の時代（訳注：春分点の位置が水瓶座の中にある時代を指し、おおよそ西暦２０００～４０００年に相当する）に入ると、見せかけは一級品扱いされるに至った。

信念は真実に勝る

１９６９年には、１９６０年代に左派の若者に愛されたポール・グッドマンでさえ、教え子には驚かされると述べている。「知識がまったくない。あるのは、知識の社会学だけだ。（中略）研究は支配階級から助成を受け、支配階級のために行われていることをよく知っているため、純然たる真実というものがあるとは信じていない」。それ以来、社会に広がる相対主義を強硬に非難するのは、アメリカの右派の仕事になった。相対主義が生まれたころから、その顕著な影響をもっとも身近に感じていたからだ。右派は、人種や性別に従った権利の付与、道徳的な信念や美意識など、尊重すべき支配的な考え方の価値を低下させる相対主義を嫌った。保守派から見れば、理性から遠ざかろうとする学界も、高慢な若者たちも変わらない。理性の殿堂の内側にも外側にも、身の毛のよだつような、生意気で自由奔放な野蛮人がいるだけだった。

ところがやがて、現実や真実は無数にあり、いずれも等しく妥当なのだという考え方を、主流の知識人たちが全面的に受け入れた。すると、大学だけでなく文化全体を通じて理性の権威が失墜し、どんな野蛮な主張も真剣に受け止められるようになった。何でもありの相対主義は大学だけにとどまらないという保守派の指摘は正しかったわけだ。しかし相対主義がアメリカ全土にあふれると、次第に右派もその影響を受け、急進的なキリスト教や、重大な影響力を持つ幻想を生み出すようになった。銃を所持する権利を擁護するヒステリックな主張、「黒いヘリコプター」陰謀説（訳注：何らかの組織が黒いヘリコプターを使ってアメリカを監視しているとする説）、地球温暖化否定論などである。「役に立つばか」という言葉はもともと、急進左派に利用されているリベラル派を嘲笑する言葉だった。しかしそのころになると、ポスト実証主義者、ポスト構造主義者、社会的構成主義者、ポスト経験主義者、認識相対主義者、記述相対主義者など、ポストモダンの知識人が、右派に利用される「役に立つばか」となった。スティーヴン・コルベアは２００６年、「現実は、周知のとおりリベラル寄りだ」と述べ、「信念は事実に勝る」とする今日の右派の傾向を彼らしい言葉で嘲笑した。つまり、エリート左派も大衆主義の右派も気づいてはいないが、両者の大半は、別のユニフォームを着ているだけで同じチームに属している。「ファンタジーランド」というチームだ。

第24章

キリスト教
――異端派、急進派の巻き返し

私は、小学6年生の最後の日のことを今でもよく覚えている。その日、学校から帰宅すると、『タイム』誌の最新号の表紙が目に入った。そこに写真はなく、真っ黒な背景に大きな赤字で「神は死んだのか?」とだけ記されていた。私は、記事は読まなかったものの、それをおもしろいと思った。頭のいい人たちはすでに気づいていたが公の場では言いにくかったことを、アメリカ上位中流階級を代表する出版物がついに認めたのだ。現代世界では、もはや宗教の賞味期限は切れていた。

１９６６年にこの記事を書いた敬虔なカトリック教徒は後に、『タイム』誌における私の担当編集者となった。それはともかく、現代の形而上学に関するこの５８００語のエッセイは、哀れを催すほど合理的かつ知性的な内容だ。その前提には、合理主義や世俗主義が容赦なく西洋世界を覆い尽くしてしまった今、宗教が成功するには、理性や知性に適応していくしかない、とする考え方がある。実際、この記事では、根本主義への言及が一度しかなく、それが魔術的思考を発展させ、重要な反体制文化として台頭している点には一切触れていない。「このごろでは根本主義者でさえ、天文学者が提唱する最新の宇宙論に何の反応もしない。熱心な信者でも、経験主義的なものの見方をしている」。だが『タイム』誌には、同誌の表紙を飾るのは、その流行がピークを過ぎた証拠だというジョークがある。結局この「神は死んだのか？」も、主流メディアの先見の明のなさを示す格好の事例となった。そのちょうど1年後、『タイム』誌は「ヒッピー」に関する特集記事を掲載した。厳めしい「神は死んだのか？」の記事には、神秘主義や魔術的思考の波が押し寄せているとは一言も書いていなかったのだから、奇妙な話である。「神は死んだのか？」の記事には、それをほのめかすような部分は、次の一か所しかなかった。「意義を求め、精神医学や禅やドラッグに必死にすがる者もいる」。

宗教的な狂気の広がり

現代から見た１９６０年代の一般的なイメージは、若者、衝突、快楽主義である。確かに１９７０年代には、ハレー・クリシュナ・マントラやマンソン・ファミリー、ジョーンズタウンでの集団自殺など、目を引く奇妙な宗教活動があちこちにあった。だがいずれも、常軌を逸したこの十数年の間に生まれては消え、大した重要性を持つには至らなかった。瞑想やヨガに、これといった信仰など必要ない。だが実際のところ、１９６０年代を特徴づけているのは、「セックス」「ドラッグ」「ロックンロール」「非理性的な超自然信仰」だけではない。この時代の遺産の中には、一般的なイメージから抜け落ちているものがある。それは、キリスト教の急進化である。宗教的な狂気がきわめて広範囲に、爆発的に広まったのだ。

１９６０年代後半、カリフォルニアに増殖していたヒッピーの中に、福音主義的キリスト教を信奉する若者から成る、飛び抜けて陽気な小集団が生まれた。自称「ジーザス・ムーブメント」あるいは「ジーザス・ピープル」、ほかの人からは「ジーザス・フリークス」と呼ばれていた組織である。またバークレーでは、「キャンパス・クルセード・フォー・クライスト」が「福音電撃戦」を展開し、イエスを「世界最大の革命家」と呼んだ。そのほか、「キリスト教世界解放戦線」、「イエス・キリスト光と力の仲間たち」という組織もあった。トム・ウルフは言う。

「当初のジーザス・ピープルの若者は、ほとんどがＬＳＤ常用者だった。彼らはドラッグをやめることを誓ったが、（中略）それでも恍惚とした精神状態を望み、（中略）結局は、福音主義的できわめて熱狂的な根本主義キリスト教にそれを見出した。10年前には、アメリカでの再興はまず無理だろうと思われていた宗派である」。だが、こうした諸組織の誕生は、１９６０年代の実態から見れば、単なる興味深い余興でしかなかった。

福音派や根本主義は、１９８０年代にかつてないほど規模を拡大し、やがて政治的・文化的右派と同義になった。だが、そのころには誰も、エサレン協会やウッドストックが生まれた１９６０年代に、キリスト教が新しい命を吹き込まれ、常軌を逸したものになったことに思い至らなかった。当時発展しつつあった宗派の信徒たちは、あまり１９６０年代らしい雰囲気を備えているようには見えない。だが彼らもまた、理性を捨て、好きなことを信じる無制限の自由を共有していた。希望よりも恐怖を信じる人もいれば、妄想よりも魔法を重視する者もいる。恍惚状態に夢中になる人もいれば、極端な教義を信仰する者もいる。それもまた、ポスト理性のアメリカという荒海から生まれた一つの反体制文化だった。

当時は、アメリカのキリスト教徒もまた、ヒッピーや新左翼（訳注：１９６０年代に、旧来の左翼を権力にしがみつき闘争しようとしない既成左翼と批判し、急進的な革命を志向した左翼を指す）同様、権力者から文化的・政治的・実存的に耐えられないほど抑圧されていると感じていた。根本主義者たちは20世紀の初めごろから、不信心なエリートによる迫害を受けてきたが、

１９６０年代になると、公の司法の場でも無神論的な横暴に苦しめられた。最高裁判所が、１９６２年と１９６３年に行われた二つの裁判で、公立学校で組織的に祈りや聖書講読を行わせるのは違憲だという判断を示した。どちらの裁判でも、この判決に反対した判事は一人しかいなかった。また１９６８年には、州政府は進化論の教育を禁止できないとの判決を下した。こちらは全会一致である。１９６０年代までは、聖書を文字どおり解釈する人々（白人至上主義者など）が周囲の人間に自分の信念を強制しても問題はなかった。この法廷闘争での敗北が、熱心なキリスト教徒の狂乱をあおり立てた。それに当時の思想が追い風となり、１９６０年代はアメリカの急進的なキリスト教徒にとって願ったりかなったりの時代になった。何でもありの新たなパラダイムは、ヒッピーの登場や神への冒涜や放縦なセックスで彼らに衝撃を与えたが、その一方で反動を引き起こし、「伝統回帰」を熱心に促した。また同時に、魔術信仰を広め、さらなる急進化への道を開くことにもなった。

異言の流行

ペンテコステ派は、アメリカでアメリカ人により創設されて以来、ゆっくりと成長を続けていたが、いまだ末端宗派にとどまっており、実際に教義を実践しているアメリカ人信者は２００万人にも満たなかった。だが１９６０年代になると、こうした一風変わった刺激的な末端宗派が堰を切ったように規模を拡大し、主流派を追い越し始めた。ペンテコステ派の重要な指導者の一人、デヴィッド・デュ・プレシスは１９６０年代にこう述べている。「今日の若者はとにかくビジョンを求めている。だから〝トリップ〟しようとＬＳＤに向かう」。だがペンテコステ派はそんな彼らに、まるで現実のような、人生を一変させる幻覚を経験させることができる。もはや信者は、奇跡をたまに目撃するだけの初期キリスト教徒とは違い、まるでドラッグを用いるかのように、いつでも好きなときに魔法を経験できる。アメリカの豊かさに限界はない。

　１９６０年代、ペンテコステ派のテレビ伝道師オーラル・ロバーツが、スターやタレントが登場するゴールデンタイムの特別番組を定期的に（バーバンクのＮＢＣスタジオで）制作し、（何百もの放送局を通じて）放送した。また、ジョニー・カーソンやマーヴ・グリフィンの番組や、人気コント番組『ラフ・イン』やバラエティ番組『ヒー・ホウ』にも出演した。ロバーツはこうしてメジャーな存在になったが、その言っていることはまったく常軌を逸していた。異言体験の話をよくしていたのはもちろん、ペンテコステ派の聖職者が死者を生き返らせたと述べたこともあった。また、あるときには医療施設の建設、あるときにはがんの治療をイエスから直接命じられたとも語った。

　かつてペンテコステ派の信者には、地位の低い人、田舎者、スラムの住民といったイメージがあり、ほかのプロテスタントから見下されていた。だが１９６０年代に入ると、このような悪いイメージが、ペンテコステ派の空想的な信仰にまで及ばなくなった。１９６０年の復活祭の日曜日、中流階級が暮らすサンフェルナンド・バレーで、メインラインの米国聖公会の聖職者が信徒に向け、異言を話す力を授かったと告げた。これは全国的なニュースとなり、伝統主義的な米国聖公会の機関誌も興奮気味にこのような社説を掲載した。「異言はもはや、通りの向こう側にある妙な宗派だけの現象ではない。それは私たちの宗派の中にもあり、地位も名声もある信者や聖職者により実践されている」。そしてこの事件を以下のように解釈した。「神はこの時期を選んで（中略）〝米国聖公会の体裁第一主義〟を破壊したのかもしれない」。

そのころ、ジェームズ・パイクという米国聖公会の有名な聖職者がいた。コロンビア大学宗教学部の学部長やＡＢＣのトーク番組の司会を数年間務めた後、当時は北カリフォルニアの米国聖公会のリベラルな主教として改革運動を推進していた人物である。彼は、ベイエリアの司祭の10人に一人が異言を話していると知って驚き、正式な報告書を作成させた。すると、そう思い込んでいたのは聖書をそのまま文字どおり信じていた人たちであり、異言の流行は「精神科医にはよく知られた現象」だとわかった。一方、パイク主教自身は、聖書を文字どおり信じてはおらず、処女懐胎を「原始的な神話」と呼び、「イエスの昇天を信じて」いないと公言していた。そのため、米国聖公会により異端審問にかけられたが、結局は異端という考え方がもはや「時代遅れ」だと判断されただけだった。

つまりパイクは、きわめて理性的な人間だった。だが、理性を失うのも時間の問題だった。１９６０年代の思想が完全展開されたころ、その中心地だったサンフランシスコに住んでいたパイクは、中年にして自分を見失っていった。そのきっかけとなったのは、作家フィリップ・K・ディックとの親交である。不確かで流動的な現実世界を舞台に、才気あふれる思弁的な小説を執筆していたディックは、幻覚剤やアンフェタミンの熱心な愛好家でもあり、次第に現実の人生でも空想と現実の境界を見失っていった。その影響を受け、パイクも自分で幻覚剤を試すようになったのである。そのころのパイクは、愛人（ディックの妻の継母）と自宅のアパートでサイコキネシスを目撃したと述べていたという。ちなみにこの女性は1967年、そのアパートで睡眠薬を飲んで自殺している。またその3か月後には、霊能者を使い、死んだ息子との交信を試みる交霊会を開き、その様子をテレビで放送した。だが1969年、三番目の妻とビジョンを求めてイスラエルのユダヤ砂漠をさまよっているうちに道に迷い、そのまま帰らぬ人となった。ちなみにその砂漠は、異常な力を持つイエスをサタンが悪の世界へ誘惑しようとした荒野である。

カリスマ的キリスト教

パイクが当初糾弾していた異言に話を戻そう。やがて異言は、メインラインのあらゆるプロテスタント教会でも起こり始めた。異言の奇跡をLSDの幻覚にたとえたデュ・プレシスは、「ミスター・ペンテコステ派」として、ほかの宗派にも異言を広める大使の役目を果たした。学者や宗教ライターはこれを「新ペンテコステ運動」と紹介したが、そのようなエリートぶった訳のわからない言葉が人気を博するわけがない。そもそも「ペンテコステ」という言葉には、野暮ったいイメージがある。そこで、数年前から異言を話していたメインラインの聖職者で、広報の担当者だった男が、新たな名称を考案した。こうして、教会を席巻している日常的な魔法は「カリスマ的刷新」と呼ばれるようになった。

「カリスマ」という語は本来、神から特定の人間にまれに与えられる超自然的能力を指す宗教用語であり、神学的には何の問題もない。しかもそのころは、ケネディ大統領など、生まれつき人を惹きつける魅力を備えた人を指す言葉として普及してきた時期でもあり、なおのことよかった。こうして新たなペンテコステ運動は「カリスマ的キリスト教」という名称のもと、宗派を超えてプロテスタントの間に広まっていった。１９６７年には、カトリックの神学教師まで異言を話すようになり、カリスマ的カトリックが誕生した。しかしカリスマ派は、独自の教会や宗派も生み出した。これまで見てきたように、アメリカ人とはそういうものだからだ。その中でも重要な教会や宗派は、南カリフォルニアで発生している。

１９６５年、エイミー・センプル・マクファーソンが設立したペンテコステ派のロサンゼルス分派に所属するある聖職者が、その教会を離れ、オレンジ郡のディズニーランドから遠くないところに、独自の教会「カルバリー・チャペル」を設立した。この教会は、若者にターゲットを絞っていた。ベビーブーム時代に生まれ、その聖職者の後を継いだ義理の息子は、最近になってこう述べている。「私と同世代の人たちは、カルバリー・チャペルに親近感を抱いていました。何しろ聖書さえ持ってくれば、水泳パンツにTシャツ、サンダル姿で教会に来てもよかったんですから」。また、説教のあとにはいつも「余韻」の時間があり、信者はその時間に異言を話した。カルバリー・チャペルの礼拝は大変な人気となり、群衆を収容するため、サーカス用のテントを買わなければならないほどだった。

間もなく、週に7000人もの人々が礼拝に参加するようになると、この教会の種は周囲に飛び散り、アメリカ全土に何百ものカルバリー・チャペルが芽吹いた。アメリカのプロテスタントによくあるように、これらの教会は事実上、フランチャイズのようなものだった。つまり、カルバリー・チャペルというブランド（名称、格好いい音楽、神はいまだ庶民に不思議な力を与えているという信念など）を共有しているだけである。ただし、カルバリー・チャペルは結果的にかなり大きな宗派に成長したが、1960年代以降にアメリカで生まれた宗派らしく「宗派ではない」と主張している。当時、アメリカの政治家が自分のことを反政府勢力だと主張していたのと同じである。

カルバリー・チャペルの種子は、最初の拠点のすぐ近く、オレンジ郡の高級住宅街でも芽を出した。そこの聖職者だったジョン・ウィンバーは、どこの教会にも属していない南カリフォルニアのベビーブーム世代の若者をターゲットにしていたが、彼自身がそんな若者たちの格好いい兄貴のような存在だった。ひげが印象的なキーボード・プレイヤーとしてライチャス・ブラザーズのバックミュージシャンを務めた後、クエーカーの牧師となり、それから福音主義に転向し、やがて新ペンテコステ運動に加わった人物である。実際、もっと保守的だったカルバリー・チャペルの創始者から見ると、その存在はあまりにざっくばらんで、あまりに自由すぎた。そこでウィンバーはカルバリー・チャペルと袂を分かつと、サンタモニカの海岸でロックミュージックを使って礼拝を行っているカリスマ派のグループと合流した（ボブ・ディランもそこでイエスを見出した）。ウィンバーはそこで「霊的な父」となり、奇跡の力で病人を治したり、健康な人を恍惚状態にしたり、悪魔に取りつかれた人から悪魔を追い払ったりしたという。この教会はやがて「ビンヤード（ぶどう園）」と呼ばれるようになり、ウィンバーは「ミスター・サインズ・アンド・ワンダーズ（しるしを示し、不思議なわざを行う人）」として、その急速な全国展開を指揮した。「ビンヤード」は、ポスト１９６０年代のブランド戦略としては申し分のない名称だった。聖書に繰り返し登場する言葉であるだけでなく、自然をイメージさせながらも、しゃれていて高級感があり、しかもカリフォルニアらしかったからだ。

　こうしてビンヤードやカルバリー・チャペルがブームになったが、そのどちらも「ペンテコステ派」を名乗りもしなければ、異言にこだわりもしなかった。そのため、体制派の教会の信者もカリスマ派を受け入れやすかった。彼らの考え方を要約すればこうなる。「私は泣いている。笑っている。ひざまずいている。預言を述べている。異言を話している。背中の痛みが取れた。交通渋滞が突然解消された。こうしたことすべてが、神やイエスの御業である。私は本当にそう思っている。だからそれは本当なのだ」。この時期、アメリカのキリスト教にかつてないほどの魔術や特殊な効果が組み込まれた。１９７０年代末には、ビリー・グラハムでさえ異言を認めている。

１９６０年代後半から70年代にかけての熱狂的なキリスト教徒は、そのころ新たに生まれた自由奔放な大衆に似ている。カリスマ派はヒッピーやニューエイジ文化の支持者のようなものだ。クールな音楽や服装での礼拝を要求し、恍惚状態を経験し、しるしや驚異を目にする。一方、根本主義者は新左翼のようなものだ。教義にこだわり、不正を嫌い、最終的な闘争を待つ偏狭な狂信者である。１９７０年前後に何百万といたヒッピーは、腐った世界に対する急進派の批判に同意しないわけではなかったが、それよりもむしろ平和や愛や畏怖に関心を抱いていた。カリスマ派は、こうしたヒッピーのキリスト教徒版と言える。

天地創造は真実であるという思想の復活

そのころになると、根本主義者は自分たちのことを「保守的な福音主義者」と呼ぶようになっていた。彼らは、聖書を文字どおりに解釈し、ディズニーランドやラスベガスと同じように天国や地獄があると考え、「終末」とイエスの再臨が間もなく来ると確信していた。だが１９６０年代という時代を背景に、その教義はいっそう驚異的なものになりつつあった。

スコープス裁判から１９６０年代までの間に、福音主義者でさえ多くは、科学的な疑問にまつわる科学的な発見を受け入れつつあった。創世記に記された「1日」はきわめて長い時間に相当すること、地球は数十億年前に誕生したこと、植物や動物や人間は徐々に出現してきたこと、神が創造の手段として化学や生物学を利用したことなどだ。だが１９６１年、二人の急進派（一人は根本主義の神学校の聖書講師、もう一人は民間の工学教授である）が、『The Genesis Flood: The Biblical Record and Its Scientific Implications（創世記の洪水——聖書の記録とその科学的意味）』という本を出版した。この本は、プリンストン大学とライス大学を卒業した知識人により執筆され、内容が５００ページ以上に及ぶことから、まともな本だと判断された。その結果、この一冊だけで、キリスト教思想史のごみ箱から、天地創造は真実であるという思想が復活してしまった。これは、科学は必ずしも信用できないという主張が学界の主流になりつつあった時期と一致する。その著者の一人である工学教授は、１９６３年に「天地創造研究学会」を、１９７０年代初めには「天地創造研究所」を設立した。こうして、神が６０００年前に６日でこの世を創造したという、もっともありえない形での創造論が、科学の博士に率いられた組織的な運動と化した。一世代後にはこれが、アメリカの正統派キリスト教の一部を構成することになる。

　こうした動きを受け、保守的な福音主義者の中でも強硬派が台頭してきた。たとえば、ルター派の中でもかなり時代遅れな思想を持つミズーリ教会会議は、聖書のあらゆる記述を事実とする教義に再び傾倒していった。１９６５年の大会では、理性的な議長の反対を押し切り、こう宣言している。「ヨナ書に記載された出来事は実際に起きた」のであり、ヨナは「本物のクジラ」に飲み込まれ、祈りにより神に助けられた「実在の人物」である、と。これには、同教会会議傘下の権威ある神学校の学長も異議を唱え、ヨナの物語は聖書の数多くの記載同様、単なる寓話であって事実ではないと主張した。だが結局、この学長も先の議長も追放され、強硬派が勝利を収めた。

『創世記の洪水』と同じ年には、南部バプテスト派の聖書学者が、同派の出版局から『The Message of Genesis（創世記のメッセージ）』を出版した。この本には、創世記はだいたい真実だが、神による天地創造、アダムやイブやエデンの園のヘビなど、冒頭の有名な数章は神話であり、神に導かれて書かれてはいるが、厳密には事実ではないとある。またノアの洪水も、地球全体を覆ったわけではないという。21世紀の現代から見ると、福音主義者には、この程度の合理的見解でさえ合理的に過ぎると考えられたことに驚かざるを得ない。

こうした穏健派は支配権を失う運命にあった。大騒ぎの末、この著者は神学校を解雇され、史上初めて南部バプテスト派の公式教義が改訂された。今では彼らも、地獄や「終末」を信じ、イエスの再臨の可能性を受け入れている。また、反キリストがこの世を支配したあとにイエスが再臨すると説く人物を議長に選んでいる。

だが福音主義とは縁のない人たちは、こうした事態がどの程度の規模、どの程度の範囲で展開されているのかを知らなかった。1968年に最高裁が、進化論の教育を法的に禁止することはできないとの判決を下したときも、原始的なキリスト教が次々と滅びていったあとを、司法がきれいに掃除しているだけだと思っていた。「〝反進化論〟法がまだ残っているのは、アーカンソー州とミシシッピ州だけだ」。大衆の大多数は小ばかにしたようにそう考えていた。そもそもアーカンソー州ではこの法律で起訴された事例もなかったため、これら反進化論法は、「両州の生活にかかわる重大な事実というより、むしろ好奇の的」でしかなかった。

自信と自己満足に満ちた20世紀半ばの体制派には、この二州が氷山の一角のようには見えなかった。だが実際には、まさにそのとおりだった。それは、アメリカの深みから立ち上がってきた山の頂、姿を見せつつある「ファンタジーランド」大陸の一部だったのだ。そのころには、別の現実を主張するほかの宗派も、群島のように深海から現れようとしていた。

1960年代には、アメリカの日常生活のあらゆる部分を娯楽が占めるようになった。すると、古くから日曜日の午前中に放送されていた、型にはまった無宗派的な宗教番組は、どうしようもなくつまらないものと思われるようになった。だがちょうどそのころ、きわめて娯楽性の高い宗教が当然のように生まれ、ついには宗教界を支配した。そもそも福音主義やペンテコステ派、地獄の責め苦を強調する根本主義は、その性質上、メインラインのプロテスタントやカトリックよりもショービジネスに近い。エネルギッシュな説教師、幻想的なメロドラマ、スーパーヒーローと悪の帝王、驚異的な効果、みごとな結末など、実にショービジネス的である。こうして

１９６０年代には、キリスト教放送ネットワーク（ＣＢＮ）が開局した。設立したのは、上院議員の息子で、イェール大学法科大学院を卒業した31歳の南部バプテスト派の聖職者、パット・ロバートソンである。１９６６年からは、同局の中心番組となる『７００クラブ』の放送が始まった。バラエティと奇跡を融合した夜の2時間番組である。この番組で最初にスターになったのは、ペンテコステ派の聖職者ジム・バッカーだった。バッカーは妻のタミー・フェイとともにホストを務め、ペンテコステ派が設立したトリニティ放送という新たな放送ネットワークに移籍後も大活躍した。

心躍る預言

多くのアメリカ人は、１９６０年代から70年代初頭にかけて、さまざまな意味で崖っぷちにいるような感覚を味わっていた。ハルマゲドンや「終末」へのこだわりが復活したのも、そのような感覚があったからだろう。１９６７年には、オックスフォード大学出版局が『The Scofield Reference Bible（スコフィールド注解聖書）』を再版した。これは20世紀初頭に出版された同書の新装版で、６０００年前に生まれた地球や、迫り来る「終末」、携挙に関する補助的な説明が聖書に組み込まれている。この偏向したアメリカ製の聖書が、１９６０年代に新たに改訂され、いわば生まれ変わったのだ。

1970年にはもう、エゼキエル書やダニエル書、ヨハネの黙示録のややこしい言葉に悩む必要さえなくなった。古代の暗号めいた詩的散文に代わり、『今は亡き大いなる地球』(邦訳は越智道雄訳、徳間書店、1990年)という本が、聖書の理解しやすい断片をもとに、心躍る預言についてわかりやすく説明してくれたからだ。執筆したのは、テキサス州で伝道活動をしていた福音主義者のハル・リンゼイである。この本のタイトルを見ると、著者が迫り来る「終末」を説明するのに浮き浮きしている感じが伝わってくる。リンゼイは、この聖書解読本を発表した当時の思潮をよく理解していたようだ(ただし、「私たちは、自分が信じたいと思うことなら何でも信じる」というデモステネスから引用した冒頭の題辞は、本の内容にマイナスの影響を及ぼすのではないかという気がする)。冒頭にはこう記されている。昨今のように、ばかげたオカルトを信じるぐらいなら、この本を信じるべきだ。「占星術は史上最大のブームを迎えている。(中略)ヒッピーのミュージカル『ヘアー』にも専門の占星術師がついているという。(中略)確かに聖書には空想的な主張もある。だが空想的だという点では、現代の占星術師や予言者の主張と大した違いはない」。

陰謀説が突如として高まっていた当時、『今は亡き大いなる地球』には、巨大な悪の陰謀が詳細に記されている。サタンや反キリストや偽預言者、あるいはその手下が地位も名声もある人々を装い、この世を支配しようとしているという陰謀である。たとえば、聖書に頻繁に登場する、あのよくわからない「ゴグ」とは何なのか? これは明らかにソ連のことだ。「海の中を上ってくる10本の角を持つ獣」とは？　これはヨーロッパ経済共同体（ＥＥＣ）を指す（１９７０年にはまだ加盟国は6か国しかなかったが）。さらに、ＥＥＣはローマ条約により設立されたが、黙示録にある「大淫婦」バビロンとはローマを意味する、などなど。『今は亡き大いなる地球』は、ノンフィクションとして１９７０年代でもっとも売れた本となり、20世紀の間はその後も年間１００万部の売上を記録し続けた。というのもこの本は、新たなサタンの僕が現れるたびに、それを自由に組み込んで解釈できる仕組みになっていたからだ。たとえば、中国、イラン、ワクチン、オバマ、ローマ法王フランシスコ、ＩＳＩＳなどだ。

イスラエルの建国

リンゼイを含めアメリカの福音主義者にとって、１９４８年のイスラエル建国は、聖書の預言が成就する紛れもない証拠となった。聖書によれば、この世の最後の出来事が展開される前に、ユダヤ人はイスラエルに戻ることになっている。それが実現したのだ。アメリカで「終末」の幻想がまた盛り上がり始めていた１９６７年には、イスラエル軍がアラブ軍を破り、エルサレムを取り戻した。ルカによる福音書第21章24節にはこうある。「人々は剣の刃に倒れ、（中略）エルサレムは異邦人に踏み荒らされる」（訳注：以下も含め、聖書からの引用はすべて新共同訳による）。１９６０年代から70年代にかけて、中東は現実世界のハルマゲドンの瀬戸際にいた。

そのため「終末」という幻想が圧倒的な規模で復活し、爆発的に広まったのである。

新たにヒステリックなキリスト教がブームになるにつれ、アメリカ人は、毎週日曜日の朝に合理的かつあいまいな説教を行う宗派への興味を失っていった。南部バプテスト派は、１９６５年ごろにはアメリカ最大の宗派となり、さらに成長を続けた。長老派は、超幻想的な派閥が分離し、独自の宗派を形成して急成長した。こうして１９６０年代末には、アメリカのプロテスタントの大半が福音主義を信奉していた。ペンテコステ派の最大会派であるアッセンブリーズ・オブ・ゴッドのアメリカ人会員は、１９６０年には50万８０００人だったが、１９７０年代末には会員と「支持者」を含めて２６０万人に成長した。一風変わった革新的なキリスト教のパイオニアである末日聖徒イエス・キリスト教会（モルモン教会）も同様である。20世紀前半はゆっくりとした成長にとどまっていたが、１９６０年代から70年代の間にアメリカの信者数はおよそ3倍に増えた。モルモン教徒は、快活で勤勉、まじめ、正直、非１９６０年代的など、表面的にはきわめて普通に見える。それが、突飛な信仰の普及を促した側面もある。

やがて、こうした福音主義の隆盛に、とうとう誰もが注意を払わざるを得なくなった。福音主義が国内政治にかかわるようになったからだ。だが、当初その影響を受けたのは、共和党ではない。トム・ウルフは１９７６年の秋にこう記している。「政治家が大統領選で、非理性的で熱狂的・恍惚的な宗教を利用した奇妙な見世物を行うようになったのは、１９７６年からだ」。「ジミー・カーターは、神秘的・宗教的傾向を一身に帯びていた。福音主義のバプテスト派の信者で、最近になって〝新生〟〝救済〟され、〝イエス・キリストを個人的な救い主として受け入れた〟という。つまり、書見台を叩いてアーメンを唱える熱狂的な伝道師のような、ヤマハのキーボードを使って十指でハ長調の和音を奏でながら礼拝を行うような、テーダマツの森が広がる南部の人たちのような信仰を抱いている」。これは、画期的な瞬間だった。それまでは、モルモン教徒のジョージ・ロムニーにせよカトリックのケネディにせよ、妙な宗教を信仰している大統領候補者は、その信仰をあまり重視していないように見せかけなければならなかった。だがカーターの場合、福音主義信仰が大統領選の勝利につながったのだ。

　カーターは１９７８年、大統領として参加した二度目のナショナル・プレイヤー・ブレックファストでこう述べた。「今では〝新生〟という言葉は、その意味を知らない多くのアメリカ人の意識にも、鮮やかに刻印されている」。本当にそうだった。10年前に大統領がこんなことを言えば、いやそれどころか、説教師でもない有名人や権力者がそれほど信仰に熱心なことが明るみに出れば、大半の人が動転したことだろう。

　同じころには、パット・ロバートソンやジェリー・ファルエル（訳注：根本主義の牧師・テレビ伝道師）が、宗教の世界だけでなく政治の世界でも右翼的な活動を始め、ニュースメディアでもよく取り上げられるようになった。１９６０年代のオーラル・ロバーツ同様、彼らも１９７０年代に、それぞれリージェント大学と自由大学を創設している。一方、アメリカでもっとも敬愛された福音主義の牧師、ビリー・グラハムは、こうした恥知らずな新参者とは違い、あまり強硬に理性や科学を敵視するのは避け、あらゆる宗派の有力政治家との交友を絶えず心がけていた。グラハムの基本的な宗教的信念は、ロバートソンやファルエルとさほど違いはなかったが、グラハムのほうがはるかに穏健で、主流派に近いように見えた。

３００年にわたるアメリカの歴史の中で、キリスト教は全体的に、長い弧を描いて穏健化の方向へ、理性の方向へ進んでいった。ピューリタンはアン・ハッチンソンを追放した。メソジスト派は穏健化して普通の宗教になった。モルモン教徒は砂漠に、ペンテコステ派は田舎やスラムに追いやられた。創造論や「終末」の予定はジョークとなった。こうして20世紀半ばには、アメリカの宗教は当時のテレビのように、上品で口当たりのよいものになった。

ところが、１９６０年代から70年代にかけて、超自然的信仰が激化して氾濫し、支配権を確立した。それまで異端視されていた魔術的思考の急進派が、かつてないほどの勝利を収めた。その結果、原初の過去（天地創造）に関する古くからの間違った思想、あるいはやがて起こるはずの未来（「終末」）に関する古くからの突飛な思想、それらを熱心に支持する人が、一気に増大した。現代も、超自然的現象（異言、信仰療法、天からのお告げなど）が起きたイエスの時代と同じだという確信が、猛烈な勢いで広まっていったのである。

第25章

現実か、フィクションか
――20世紀の陰謀論

より大きな力や目的にまつわる信仰や思いも、理性の範囲内なら問題はない。別の現実を想像するのも、ある程度までなら許される。常軌を逸した恍惚体験も、ときどきならいい。それでも、やはり合理主義は欠かせない。だが、その合理主義も、抑制できないほど過剰な深みにはまり込んでしまう場合がある。１９６０年代初頭、アメリカの指導者たちは、ある種の超合理主義に心を奪われた。それは、冷戦やベトナム戦争が恐るべきピークに達していたころ、ちょうどいいタイミングを見計らったように現れ、アメリカ人の心に永遠に消えない理性の汚点を残した。

超合理主義の罠

そのきっかけを作ったのは、デジタル時代および核時代の父とも称される数学者、ジョン・フォン・ノイマンである。ノイマンは、ナチスが政権を掌握する直前にドイツからアメリカに移住し、間もなくゲーム理論を構築した。人間の意思決定を、純数学的な基本的要素にまで分解して分析する理論である。彼はまた、原子爆弾の開発に協力し、灰燼に帰すべき日本の都市の選定にも携わったが、良心の呵責を感じているようには見えなかったという。やがて１９６０年代になると、アメリカとソ連が、メガトン級の核弾頭や核ミサイル発射装置を無数に装備し、双方が相手の都市を何百と破壊できる力を持つに至った。その当時のアメリカの中心的な国防戦略は、ノイマンが構築に貢献した純粋ゲーム理論に基づいている。つまり、こういうことだ。「合理的なプレイヤー1が合理的なプレイヤー2に戦争を仕掛けた場合、プレイヤー2はいくら大々的な打撃を受けても、反撃してプレイヤー1を壊滅させる能力を保持している可能性がある。プレイヤー1がその可能性を信じているかぎり、プレイヤー1は絶対に攻撃を仕掛けない」。申し分なく論理的な考え方である。だがこの核戦争「ゲーム」は、単なる机上のゲームではない。場合によっては何億もの死者が出るおそれがある。ノイマンは、一方が核兵器を使用すれば最終的には双方が確実に破壊されるこの状況を「相互確証破壊（Mutual Assured Destruction）」と言い、略して「MAD」と呼んだ。それをまるでジョークのようにおどけて話すノイマンに、周囲の人々は慄然としたという。

ケネディは大統領選の際、アメリカの核ミサイルはソ連の核ミサイルより劣っていると主張し、それを一大争点にしたが、これは完全なフィクションである。そして大統領に就任すると、現代の合理主義的な技術官僚の典型とも言える人物を国防長官に任命した。ハーバード大学の経営学修士号を持つ元会計学教授で、フォード・モーターの社長を務めていたロバート・ストレンジ・マクナマラである。マクナマラは当時、「システム分析」に夢中だった。これは、ノイマンの数学的業績から生まれた最新のコンピューター制御のアプローチで、複雑な問題（特に軍事関連の問題）を数値データに還元して解決する分析方法を指す。そこで、いちばん重要な次官補には、ランド研究所のベテラン研究員を選任した。ランド研究所とは、第二次大戦後に設立され、システム分析発祥の地となったシンクタンクである。だが、システム分析には問題があった。この分析方法は、データや等式を処理するため、科学そのもののように見える。そのため、自信満々にこの分析を実践している優秀な研究員やその顧客たちは、それが非の打ちどころのない合理主義の頂点だと確信していた。

ランド研究所でいちばん名を知られていたのが、ハーマン・カーンである。カーンは、核戦争はさほど恐ろしいものではないという思想を広め、社会に多大な影響を及ぼした人物でもある。この男が、マクナマラ率いる国防省の顧問に就任したころ、アメリカは東南アジアに軍事介入する準備を進めていた。そこでマクナマラとカーンは、ペンタゴンに導入されたばかりの企画計画予算システム（ＰＰＢＳ）を駆使して分析を行い、ベトナムの共産主義を打倒する構想を練った。これにより現代の戦争は、改良型の新車の設計・製造と何ら変わらなくなった。ライクは『緑色革命』の中で、「ベトナム戦争は、論理が極端化して幻想にまで至った一種の狂気である」と述べているが、この主張は正しい。そもそも、善悪の判断は計算には還元できない。それに経験的な手法は、いくら完璧に採用したとしても、不完全であてにできない部分がある。たとえば、敵の死者数は簡単に数値化できるため、戦争の測定基準としては魅力的だが、ごく一面しか測定できないうえ、過大に報告されるおそれがある。そして何よりも、戦争を指揮していた合理主義者たちは、ベトナムでの戦争が、理性だけでなく感情に駆り立てられたものでもあることに気づいていなかった。その感情とは、共産主義に対する過剰な恐怖、超大国アメリカの威信に対する懸念である。

そのころ、ランド研究所はまた、軍事指導者が現実の戦争を管理する手段として、軍事シミュレーションを復活させた。ただし、船や飛行機の小型模型を使う、昔のあのたわいもないシミュレーションではなく、天才的な数学理論に裏打ちされた、コンピューターやゲーム理論によるシミュレーションである。今ではもう、まだ実際に起きていない戦争を、想像したり、計画したり、事前に「戦闘」したりできる。しかも、感情が入り込む余地がない分、いっそう合理的に見える。だが結局、ハーマン・カーンのある伝記にも記されているように、彼が主導したランド研究所のシステム分析は「でっち上げの絵空事」であり、「カーンの科学はＳＦと化していた」。軍事シミュレーションもまた、フィクションと現実を混同させる、魅惑的で実にアメリカ的な１９６０年代の所産と言える。

ペンタゴンを空中へ持ち上げる

論理を極端化して幻想にまで発展させたのは、戦争指導者たちだけではない。戦争に反対した一部の人たちもまた、別の形で論理を飛躍させていた。ベトナム戦争がエスカレートしていた時期には、反合理主義の１９６０年代が花開いていたからだ。反戦を主張する学生過激派のリーダーだったトム・ヘイデンは、後にこう記している。「何度も何度も考えざるを得なかった。この非現実的な時代の現実とは何なのか、と」。その結果、反体制派の妄想は例のごとく、恐怖に満ちた妄想と幸福に満ちた妄想という二つの形態を取って現れた。前千年王国説の信奉者は、悪を浄化する暴力的なハルマゲドンが今起きているのだと考え、後千年王国説の信奉者は、世界が徐々に罪をつぐなっていく過程にあるのだと想像した。

ベトナム戦争が激烈を極めていた１９６７年秋には、この両タイプの反体制派を巻き込み、ワシントンで大規模な抗議運動が起きた。いわゆる「戦争指導者に対抗するペンタゴンへの行進」である。当時44歳だったノーマン・メイラーは、この抗議運動を題材にした作品『夜の軍隊』（邦訳は山西英一訳、早川書房、１９７０年）の中でこう記している。「この世代は、ＬＳＤ、魔女、先住民の知恵、ばか騒ぎ、革命を信じていた」。「このＬＳＤ常用世代全体が突如として、天国ばかり見ている安易な状況に別れを告げたかのようだった」。「『悪魔よ、去れ。闇の世界に戻れ、サタンの僕たちよ』」とシュプレヒコールを上げ、「ペンタゴンを１００メートル上空へ持ち上げられるほど力強い悪魔払いの円を形成」しようと、数百人が輪になった。「ペンタゴンが浮遊し、オレンジ色に輝いて振動を続ければ、あらゆる邪悪な放射物が消える。その時点でベトナム戦争は終わる」と思っていたのだ。

　現代では、幸せな幻想は非政治的で、暗い幻想は政治的な傾向がある。これはそれぞれ、ヒッピーと新左翼の幻想の傾向でもある。１９６０年代末ごろには、急進的な左翼の多くが過激な魔術的思考に陥るようになった。ちなみに、１９６０年代の初めごろはそうでもなかった。１９６２年、「民主的社会を求める学生（ＳＤＳ）」という小規模の大学生グループが結成され、当時22歳のトム・ヘイデンが起草した設立宣言書が採択された。その宣言書は、好感の持てる合理的なものだった。アメリカの生活における不平等や貧困、「人種差別の蔓延」を非難し、工業オートメーションの潜在的利益と同時にその欠点にも目を向け、「基本的には共産主義体制への反対」を表明している。

新左翼の活動

ところが、そこへビッグバンが起き、どんなことでも信じられるようになった。理性が放棄され、ディストピア的あるいはユートピア的幻想が市民権を得た。こうして新左翼が生まれた。メイラーによれば新左翼は、「黒人の闘争を自分たちへの叱責」と考え、「新たな世界を求めて活動する、常軌を逸した中流階級の子どもたち」だという。SDSは新左翼の組織と化した。1969年には、その中でも破滅的でカリスマ性を秘めた「ウェザーマン」と呼ばれる一派が分離し、世間の注目を集めた。ウェザーマンのメンバーは、若い白人系アメリカ人が黒人の反乱者と連携し、やがて新たな内戦を引き起こすだろうと信じていた。「革命への唯一の道として武装闘争の必要性」を訴えた声明書にはこうある。「マリファナはわれわれの武器だ。（中略）若者の地下活動の中で、銃とマリファナが一つになる」。

やがて彼らは爆弾の製造に乗り出し、数多くの爆破事件を起こした。ニューヨーク警察本部（1970年）、連邦議会議事堂（1971年）、ペンタゴン（1972年）などの爆破事件が有名だが、1969年から70年にかけては、極左による爆破事件が週平均10件以上発生していた。1973年にはカリフォルニアで、革命を夢想する若者十数名により「シンバイオニーズ解放軍（SLA）」が結成された（彼らは「黒人およびマイノリティの指揮下にある」と述べていたが、実際には一人を除く全員が白人だった）。彼らもまた、オークランドの黒人の教育長を殺害し、新聞王の孫娘であるパトリシア・ハーストを誘拐する事件を引き起こした。ちなみにハーストは、これを機にＳＬＡのフィクションに魅了されてその仲間となり、タニアという偽名で1年半にわたり活動をともにし、銀行を襲撃したり、逃走用の車を運転したり、店舗を銃撃したりしている。

現在、地下活動を行う過激派分子がアメリカ全土に何百と爆弾を仕掛け、銀行を襲撃したりすれば、アメリカは言うまでもなく大騒ぎになり、誰もかれもがその話題に釘づけになり、戒厳令が敷かれるおそれさえあるだろう。だが当時は、爆破事件が全国的なニュースになることはめったになかった。それは、理性的で合理主義的な体制派がまだメディアの論調を支配しており、市民が理性的でいられるよう配慮していたからだ。ウルフは言う。「歴史家もいずれは、新左翼の行動はすべて、政治的なエピソードではなく、むしろ戦争やゲリラの衣をまとった宗教的なエピソードだったと見なすようになるかもしれない」。

だが、錯乱していたのは過激派のほうだけではない。１９７０年代には、ＣＩＡや国防情報局が、ばかばかしいことで有名なスターゲイト・プロジェクトを立ち上げた。情報収集やスパイ活動に超能力が利用できるかどうかを探るプロジェクトである[1]。また、ＦＢＩやＣＩＡ、軍情報局、都市警察は、ウェザーマンがアメリカのベトコンを自称する前から、反戦活動家や学生左派はみな危険な過激派だと思い込み、その組織に極秘にスパイを潜入させ、その評判を落とす活動を展開していた。このような活動は結果的に、新左翼側がそれまでに抱いていた妄想の正当性を証明することになり、彼らの革命的妄想をさらにあおることになった。つまり、過剰な不安を抱いていた政府側の夢想家と、同じく過剰な不安を抱いていた反政府側の夢想家とが、物騒な共生関係にあったのである。

ジョン・バーチ協会への非難

１９６０年代には、極右の幻想も満開となった。上院議員ジョセフ・マッカーシーが死んだ直後、その支持者だった富裕層の一人、ロバート・ウェルチが「ジョン・バーチ協会」を設立した。ウェルチはこう考えていた。共和党政権にも民主党政権にも、「ソ連の陰謀に意図的・計画的に加担している熱心な工作員」が閣僚として潜んでおり、「クレムリンが専制的・暴力的に支配する世界的な警察国家」を建設しようとしている、と。やがて１９６０年代初頭になると、ジョン・バーチ協会は全国メディアの多大な注目を集めるようになった。数十の州にある支部で何万もの会員を集めたほか、全国各地に機関誌『アメリカン・オピニオン』を置く書店を展開し、その「読書室」を設置したからだ。ウェルチは１９６１年にこう述べている。現在の連邦政府の「50パーセントから70パーセント」が共産主義者であり、「共産党の支配下」にある。学界や財団やニュースメディアに工作員が潜入しているのはもちろんだが、アメリカの医師会や商工会議所も「共産党シンパ」である、と。

やがてこうした陰謀は、ソ連や中国のために活動するアメリカ人共産党員やそのシンパだけにとどまらない広がりを見せるようになった。ジョン・バーチ協会が新たに採択した綱領によれば、共産主義は、全世界的なマスタープランの一部、「国際的な悪の結社」によるはるかに壮大な陰謀の道具にすぎないという。これは、18世紀ヨーロッパのイルミナティを想起させる。その病的な妄想が、一世紀ぶりにアメリカで復活したのだ。１９６６年にウェルチはこう記している。便宜上「この支配的な結社を〝インサイダーズ（内部の人間）〟と呼ぶことにしよう」。過去半世紀の社会主義的改革はすべて、間違いなくこの結社の仕業だ。「中央銀行制度、個人所得税の累進課税」、新設された「メディケア（訳注：高齢者向けの公的医療保険制度）という怪物」だけではない。水道水にフッ素を添加したのも、市民権を拡大したのもそうだ、と。人種統合の問題に関連していちばん悪者扱いされたのは、人権を擁護するリベラルな判決で有名な当時の連邦最高裁判所長官アール・ウォーレンだった。私自身、子どものころに、「アール・ウォーレンを弾劾せよ」と記されたジョン・バーチ協会の看板を見た覚えがある（中には、南北戦争時代の

（1）このプロジェクトの顧問を務めた人物には、あの超心理学教授チャールズ・タートがいる。また、スタンフォード大学研究所の超心理学者たちも顧問に加わっていたが、彼らは１９７０年代、ペテン師ユリ・ゲラーのスプーン曲げがペテンではないことを実証したと主張していた。

南部連合旗を描いた看板もあった）。共和党のウォーレンは、カリフォルニア州知事を務めたほか、副大統領候補に指名されたこともある人物で、アイゼンハワー大統領の指名を受けて最高裁判所長官に就任していた。そのアイゼンハワーについても、ウェルチはこう述べている。アイゼンハワーは、第二次世界大戦における連合国軍の最高司令官であり、アメリカの大統領を二期務めた人物でありながら、共産主義者に食い物にされる「カモ」である。それどころか、「そうと知りながら共産主義的秩序を受け入れてそれに従い、成人して以来ずっと共産主義の陰謀に意図的に加担している」。それが「合理的疑いのない」事実であることを示す「きわめて明白かつ広範に及ぶ詳細な証拠が無数に」ある、と。正気とは思えないフィクションである。

　しかし、ジョン・バーチ協会が異常な隆盛を見せたのは１９６０年代初めであり、理性が支配権を失い始める前だったため、社会の隅に追いやるのもたやすかった。まずは主流メディアが声を上げた。ニューヨーク・タイムズ紙は、ジョン・バーチ協会を「隠れ過激派」と明言する見出しを掲載し、『タイム』誌は「ばかばかしいほど尊大なつまらないジョーク」と一蹴した。ロサンゼルス・タイムズ紙は独自の調査記事を連載し、同協会を非難する社説を一面に掲載した。だが、決定的かつ効果的だったのは、体制内の右派からの批判である。保守運動（当時生まれたばかりの保守運動は、まだ本当の意味で保守的だった）の指導者たちが、こうした頭のおかしな人間たちに騒がれると、１９６４年の大統領選で勝利するチャンスを失いかねないと不安を抱いたのだ。

1962年、保守運動を牽引する重要な知識人ウィリアム・F・バックリーと、その同僚で新聞コラムニストのラッセル・カークが、次回の大統領選に立候補予定のアリゾナ州選出上院議員バリー・ゴールドウォーターとパームビーチで顔を合わせた。その際、ゴールドウォーターはある不安を抱き、誇張気味にこんな話をした。「私以外のフェニックスの人間はみな、ジョン・バーチ協会の会員だ。しかし私は、共産主義に取りつかれた農民やペヨーテ中毒者の話などするつもりはない。もっと地位の高い実業家の話がしたい」。その対策として、ウェルチやジョン・バーチ協会を批判することで3人の意見が一致すると、カークがこう提案した。「では私が、あの男は頭がいかれているからどこかへ監禁すべきだとでも書こう」。バックリーも、自身が主宰する『ナショナル・レビュー』誌の次号に、5000語に及ぶ以下のような批判記事を執筆した。「ジョン・バーチ協会を効果的な政治の道具として使えるわけがない」。その指導者の「時事問題に関する見解は、(中略)常識から大きくかけ離れている」。ゴールドウォーターもその雑誌に寄稿し、「現実からかけ離れた見解」を非難した。

それだけではない。現実的な保守運動や共和党の指導者たちが率先して、ジョン・バーチ協会は常軌を逸しており、国内の政治議論に公的に参加するにはあまりに非現実的だと宣告した。その結果、ギャラップの調査によると、ジョン・バーチ協会の見解は好ましくないとする市民が、3年もしないうちに少数派から多数派になった。ロナルド・レーガンでさえ、1965年にカリフォルニア州知事選に立候補した際、同協会を「一種の過激派」と呼んでいる。

増幅される陰謀説への恐怖

しかし、ジョン・バーチ協会やそのブランドがおとしめられたからといって、共産主義やリベラル派やエリートが絡む全世界的な陰謀というおかしな妄想を熱狂的に信じている人たちが、その妄想を放棄するわけもなく、増殖はさらに続いた。私の両親は、陰謀説をさほど信じてはいなかったが、ゴールドウォーターを支持していたため、『A Choice Not an Echo（言いなりではなく選択を）』を一冊購入していた。フィリス・シュラフリーが執筆して数百万部を売り上げた、ゴールドウォーターを支持する内容の書籍である。そこにはこんな言葉がある。「実際には、〝偶然〟と言われている出来事のほとんどが、人間が意図した結果である」。また同年には、セントルイス郊外に暮らすジョン・ストーマーという男が、『None Dare Call It Treason（誰もそれを裏切りとは言わない）』という本を自費出版した。こちらも、連邦政府や報道機関や非営利組織全体が、背信的な密告者や共謀者に支配されているという内容である。ミズーリ州共和党の代表を務めていたストーマーは、こう記している。「アメリカを破壊する陰謀計画があるのではないだろうか？　対外援助、計画的なインフレ、条約内容のゆがみ、軍備縮小のいずれもが、その計画に合致している」。この本も、発売した年だけで数百万部、それ以後も１９６０年代の間は毎年１００万部以上を売り上げた。こうした下地があったおかげで、１９７２年に出版された

『None Dare Call It Conspiracy（誰もそれを陰謀とは言わない）』もまた、大ベストセラーとなった。この本も、以下のような内容である。「陰謀家は、社会の最上層から現れる。彼らは非常に裕福で、高度な教育を受け、きわめて洗練されている」。つまり「インサイダーズ」やロックフェラー家、ロスチャイルド家、「学界やマスコミのエリート」、イルミナティらが、「全世界的な超政府」を樹立する陰謀を企んでいるという。この本のカバーに記された推薦文の中には、アイゼンハワー政権の閣議で最初の祈祷を主宰した、あのモルモン教徒の農務長官の名前もある。この本の発行部数は５００万部に及んだ。

ケネディ暗殺の「隠れた」陰謀説

大仰な怒りと疑念に満ちたこのような世界の見方は、１９６３年にケネディ大統領が暗殺されると、政治的立場を超えて広がり始めた。あのような暗殺が、頭のいかれたたった一人の負け犬の手で、通信販売のライフルを使って行われたとはとうてい思えない。きっと、共産主義者かＣＩＡ、ジョン・バーチ協会、マフィア、ロシアの財閥、あるいはそれらが手を組んで、裏で糸を引いているに違いない。とはいえ、アメリカ人の思考の変化は、この事件を機にただちに起きたわけではない。リチャード・ホフスタッターの重要な著書『The Paranoid Style in American Politics（アメリカ政治の妄想的思考様式）』を見ると、大統領暗殺の1年以上あとに出版されたにもかかわらず、暗殺に触れているのは本文内の2文と脚注しかない。しかもそこには、「ケネディの暗殺にまつわる陰謀説は、（中略）アメリカではあまり普及して」いないと記されている。当時はまだ、入り組んだ妄想に身を委ねるのは、ジョン・バーチ協会を支持する極右が大半だった。しかも彼らはケネディをあまりに毛嫌いしていたため、その暗殺を陰謀視する動機もなかった。世界を陰謀論的な観点から見ていた右派に左派が追いつくまでには、もう少し時間が必要だった。

１９６４年になると、左派のライターが、ケネディ暗殺を陰謀と主張する本をアメリカで初めて出版した。この本によれば、黒幕はテキサスの石油業者だという。すると間もなく、政府の調査委員会は隠れた陰謀に気づかないふりをしていると主張する本が、無数に出版されるようになった（ちなみにこの委員会の委員長は、極右に嫌われていた最高裁長官アール・ウォーレンだった）。その中の一冊で、左派の法律家マーク・レインが執筆した『ケネディ暗殺の謎――オズワルド弁護人の反証』（邦訳は中野国雄訳、徳間書店、１９６７年）は、6か月にわたりニューヨーク・タイムズ紙のベストセラーリストに掲載された。１９６７年には、ニューオーリンズの地区検事長が、何を血迷ったのか、頭のおかしな右派によるケネディ暗殺の陰謀に加担したとして、地元のビジネスマンを起訴した。その検事長によれば、暗殺は「テキサスの石油成金から資金を提供されたナチスの仕業」であり、ＣＩＡやＦＢＩやロバート・ケネディが隠蔽に協力しているという。ＮＢＣがこの主張を否定する独自調査を報道すると、検事長は、このドキュメンタリーは一種の「思想統制」であり、ＮＢＣの親会社であるＲＣＡから制作を命じられたに違いないと反論し、こう述べた。「ＲＣＡは十本の指に入る大軍需企業であり、私たちが彼らの陰謀を暴こうとしているため必死なのだ」。こうしてケネディ暗殺にまつわる巨大陰謀説は、アメリカ人の社会通念と化した。

その結果、かつてないほど多くのアメリカ人が反射的に陰謀説を支持するようになった。１９７４年には、全世界を舞台に、軍国主義者とイルミナティとハシシの相互関係や妄想的思考様式の妥当性を考察した、トマス・ピンチョンの複雑なファンタジー小説『重力の虹』が全米図書賞を受賞した。１９６０年代前半からすでにワシントンの陰謀を描いたサスペンス映画『五月の七日間』や『影なき狙撃者』が公開されていたが、１９７０年代に入ると陰謀をテーマにしたハリウッド映画が大流行した。『チャイナタウン』『カンバセーション…盗聴…』『パララックス・ビュー』『コンドル』といった映画が、わずか2年の間に公開されている。現実世界の出来事が、こうした物語に真実味を与えていたことは言うまでもない。当時は、ＦＢＩや情報機関による左派グループへの潜入捜査が明らかになっていた。また、実際にホワイトハウスが犯罪的陰謀を企み、不法侵入および隠蔽を試みたウォーターゲート事件もあった。

右派と左派のタッグ

こうして１９６０年代以降、とんでもない陰謀を信じようとする意思が復活して急速に広まり、アメリカ人の心象風景に永遠に定着した。アメリカ南東部で侵略的外来種として増殖を続けている葛《くず》が、アメリカ全土に生息域を拡大したようなものである。かつては、悪辣なエリート組織がひそかに全世界的な悪の政府を樹立しようとしていると考えるのは、頭のおかしな右派だけだった。それがわずか数十年の間に主流となった。妄想的な陰謀説は、左派には右派ほど広く深くは広まらなかったが、それでも右派・左派を問わず次第に多くの人が、こう信じるようになったのだ。強大な力を持つ陰謀団がひそかにアメリカを動かしている、国際的な組織やシンクタンクや大企業や政治家が邪悪な陰謀を企んでいる、と。

右派の陰謀説支持者と左派の陰謀説支持者は、表面上は互いに相手を敵視していたが、実際には同じタッグチームの仲間だった。相対主義的科学観が科学を否定する宗派を生み出し、１９６０年代に流行した反精神医学が左翼にも右翼にも（サイエントロジー信者にも）利用されたのと同じである。現代の陰謀説は、右派の思想として始まり、後にそこへ左派が加わる場合が多い。ただし、連邦政府には反体制派の収容所を設置する極秘計画があるといった陰謀説のように、左派が先になる場合もないわけではない。この陰謀説は、１９７０年代に被害妄想的な左派の間で生まれ、後に右派にも定着した。

　実際、この左派と右派のタッグは、１９６０年代から70年代にかけて流行した。たとえば、ホームスクーリング（自宅教育）運動は当時、キリスト教根本主義を奉じる右派の間でも、自由奔放な左派の間でも展開された。右派はこう考えた。ホームスクーリングにすれば、聖書を信奉する家族や教会以外の思想に子どもたちが触れることもなくなる。一方、左派はこう考えた。子どもたちは、期待に応えるためにこの世界にいるわけではない。だから、常に自分の好きなことだけをするべきだ。テストや成績評価は子どもたちを企業国家の働きバチにするだけだ、と。その結果１９７０年代には、裁判所も立法府もホームスクーリングを認めるようになった。何でも好きなようにすればいい。キリスト教徒もヒッピーも正しい。学校は任意にしよう。

　また、電気も通っていない隔絶された田舎へ引きこもり、自給自足の生活をするというのは、１９６０年代にはヒッピーの思想にすぎなかったが、１９７０年代には右派の思想として開花した。ユートピア的な田舎暮らしの夢が、「大地へ帰れ」運動（訳注：都会的な消費社会を離れ、田舎で自律的な生活を送ろうとする運動）へ発展したのだ（１９７０年前後の数年、当時10代だった私もまた、そのような生活を夢見ていた）。これは、サバイバリズム（訳注：政治的・社会的秩序の崩壊などの緊急事態を生き残れるよう準備しておくことを指す）と似ているが、同じではない。どちらも、企業や政府が活動する腐敗・堕落した不健全な都会を離れ、自分の知恵だけで生活を切り開いていくという点では同じだ。だが、「大地へ帰れ」運動は、ソローのように超越主義的で、古きよきニューイングランドの村での生活を想起させる。一方サバイバリズムは、アイダホの荒野で暮らす腕利きの毛皮猟師といったイメージである。前者は、新たなエデンを生み出そうとする楽観的な後千年王国説支持者に、後者は、「終末」の戦争を生き残ろうとする悲観的な前千年王国説支持者に似ている。だが結局は、幻想・産業複合体が提供する、より純粋で牧歌的なアメリカへのノスタルジーが、この両者を超えて台頭することになる。

人民が武器を所持する権利

1960年代には「銃マニア」という言葉が生まれた。そのころになって銃マニアが極右派と左派に同時に姿を見せたからだ。銃を所持する権利を真っ先に擁護したのが、ジョン・バーチ協会、マルコムX、ブラックパンサー党である。ブラックパンサー党は自らを、オークランドの黒人コミュニティを警察から守るために重武装した規律正しい民兵だと名乗っていた。そのためオークランドのあるカリフォルニア州では、その後間もなく、弾丸を込めた銃の公の場での所持を禁じる法律が制定された。ちなみに、この法律を提案したのは共和党の議員であり、発効の署名をしたのは当時カリフォルニア州知事だったロナルド・レーガンである。ブラックパンサー党の結成に携わった25歳のヒューイ・ニュートンは、アメリカを「武装解除する陰謀」の一環だとこの法律を非難した。

だが、銃の販売・使用の規制が重要な政治課題として扱われたのは、ケネディ兄弟やマーティン・ルーサー・キング牧師が暗殺された直後だけだった。しかも、銃規制に関して提案された法案も制定された法の内容も、実に控えめなものでしかなかった。１９６８年には連邦議会で銃規制法が可決されたが、全米ライフル協会（ＮＲＡ）の副会長はそれにこうコメントしている。「この法律ならば、アメリカのスポーツマンと共存できる」。確かに、共和党も１９６８年と１９７２年の綱領では、銃規制を支持していた。スピーチライターのウィリアム・サファイアの話によれば、ニクソン大統領も、「銃は嫌悪すべきもの」であり、できることならピストルを非合法化したいと述べていたという。だが、暴力的な犯罪は10年間で3倍に増え、１９７０年代後半には急進派がＮＲＡの実権を握った。以後、ＮＲＡのモットーは、「火器の安全教育、射撃技術の訓練、娯楽のための射撃」から、憲法修正第二条の後半の文言「人民が武器を所持・携帯する権利を侵してはならない」に変更された。共和党の公式的な立場もその10年の間に１８０度変わり、連邦政府による銃規制に反対するようになった。

その理由は、幻想が理性を上まわり始めたことにある。数年の間に、三人の重要な指導者が射殺された。それぞれの暗殺には、説得力のある説明があった。犯人はいずれも独自の幻想に駆られて、有名な指導者を射殺した。また、それに対する合理的な政治対応もあった。銃所持を控えめに規制する立法である。だが、暗殺された犠牲者は大衆に愛されたスターであり、その目を見張らせるような殺害事件により、いっそうフィクション化されたキャラクターとなった。また、暗殺者の一人は、警察に勾留されている間に、謎の人物によりテレビの生放送中に暗殺された。その結果、二つの幻想がアメリカ人の心に定着し、固定観念となった。陰謀は生存の鍵を握る基本的メカニズムであるという幻想、そして、銃は自分の自由を守るための手段であり、その自由を象徴するかけがえのない存在であるという幻想である。

＊＊＊

アメリカ人は、フィクションと現実を意のままに混ぜ合わせ、何でも好きなことを信じる権利を新たに手に入れたような気になった。おそらく、そのころＵＦＯの目撃例が前例のないほど増えたのも、地球に現れる地球外生物が増えたからではなく、魔術的思考が突如解放され、アメリカ人が何でも信じやすくなっていたからだろう。地球外生物が存在することを望み、それを信じた結果なのだ。だが、１９６０年代に始まるＵＦＯ熱は、ただ愉快なだけでなく、歴史的に重要な意味を帯びている。というのは、それをもとに、実に込み入った物語が作られるようになったからだ。飛行や着陸の目撃談だけではない。誘拐や政府の隠蔽、惑星間の極秘の盟約といった話まである。熱心なＵＦＯ信仰は、アメリカ人の途方もない陰謀思考の種をさらにまき散らした。その結果、20世紀の間に陰謀思考は隅々にまで蔓延し、きわめて有害な影響を及ぼすことになったのである。

宇宙からの訪問者

先にも述べたように妄想は、恐怖に満ちた妄想と希望に満ちた妄想という二つの形態を取って現れる場合が多い。これは、当時いきなりブームになった、宇宙からの訪問者という妄想にもあてはまる。この妄想も、１９６０年代から70年代になるころには楽観的な傾向が強かった。たとえば、映画『イージー・ライダー』で、ジャック・ニコルソン演じる人物が初めてハイになったときに熱心にこう語っている。「2週間前にメキシコに行った。そこで40機ものＵＦＯが編隊を組んで飛んでいるのを見たよ。世界中にあいつらの基地があるんだ。政府はやつらのことを全部知ってる。（中略）だが秘密にしておくことにした。（中略）金星人はアドバイザーという立場で、あらゆる階層の人間と会ってるらしい」。１９６０年代末の名作映画のこのエピソードは、笑い話であると同時に真実を語ってもいる。当時のアメリカのＵＦＯ熱を端的に説明しているのである。『イージー・ライダー』が公開されたのと同じ年のある日の夕方、ジョージア州知事選に敗北したばかりのジミー・カーターが、同州南部で、白や緑に光る月ほどの大きさの物体が空を移動しているのを見かけた。それは「固体でできているようには見えず」「だんだん近づいてきて」止まり、青になり、赤になり、また白に戻ると、猛スピードで飛び去っていったという。

一方、宇宙人に誘拐されたというノンフィクション物語が初めて大々的に登場したのも、このころである。ニューハンプシャー州の夫婦がある晩遅く、シボレーのセダンを運転していたときに起きたと言われるこのエピソードは、本で紹介されるとたちまちベストセラーになった。その本によれば、夫婦はその晩、空に明るい物体が浮いているのを見つけた。ＵＦＯマニアだった妻は、すぐに宇宙船だと思ったという。その後彼女は、宇宙人に誘拐される悪夢を見るようになった。そこで2年以上たってから二人は、催眠術をかけてもらうことにした。するとあの晩、実際に二人が宇宙人に誘拐されていたことがわかった。だが、誘拐した宇宙人や宇宙船の詳細が夫と妻で異なっていたうえ、その内容も時間がたつにつれ変わっていった。さらに、催眠術をかけられた夫が描写した宇宙人は、その直前にＡＢＣで放送されたＳＦドラマ『アウター・リミッツ』に登場した宇宙人に不思議なほど似ていた。それ以来、催眠術は、宇宙人に誘拐されたと思い込んでいる人がその経験を思い出す一般的な手段となった。また、この夫婦のエピソードは、宇宙人に誘拐される物語の標準的なフォーマットとなった。つまり、人間に似た姿をした生物が、人間を宇宙船内に連れていき、テレパシーや英語を使って話をし、人間に医学的な検査を行い、長い針のようなものを体内に挿入して解放する、というパターンである。

この夫婦は間違いなく、誘拐されたと本気で信じていたのだろう。こうしたことを本気で信じやすい人は、格好のカモになる。１９６０年代後半、窃盗や横領で有罪判決を受けた経験のあるエーリッヒ・フォン・デニケンなる人物が、このようなアメリカ人の性質を利用しようと、

『未来の記憶』（邦訳は松谷健二訳、角川書店、１９７４年）という本を出版した。数千年前に地球外生物が地球に飛来し、エジプトのピラミッドやイギリスのストーンヘンジ、イースター島のモアイ像の建造にかかわったという内容である。この本は、その後にいくつも登場した続編と併せ、数千万部もの売上を記録した。また、１９７０年代初めに公開された『未来の記憶』のドキュメンタリー映画も、莫大な興行収入を収めた。当時のアメリカ人は、それほどデニケンの空想を受け入れる下地ができていた。１９６０年代の大変動が起こる前なら、こうはいかなかったに違いない。10年前なら、ＮＢＣがこの本に基づいた1時間のドキュメンタリー番組をゴールデンタイムに放送することもなかったはずだ。ついでに言うと、１９６０年代から70年代前半までの期間を経験していなければ、「新生」を経験し、いろいろな色に変化する巨大なＵＦＯが近くに浮かんでいるのを見たなどと言う人物を、大統領に選ぶこともなかっただろう。

第26章

幻想・産業複合体

——子ども化する大人たち

これまでの4章で、突如アメリカ人の間に、どんなに非現実的で疑わしいものでも現実や真実になりうるという信念が広まった過程を考察した。そこで本章では、そのころフィクションであるはずの領域で何が起きたかを見ていくことにしよう。つまり、映画や小説、ディズニーランド、ダンジョンズ&ドラゴンズ（訳注：1974年にアメリカで販売されたロールプレイング型のテーブルゲーム）、戦争再現イベント、ポップカルチャーなどである。また1960年代から70年代にかけては、日常的な現実と幻想を融合させた領域が大幅に拡大した。ディズニーランドに似た繁華街や郊外、何らかのテーマに沿ったレストラン、美容整形やギャンブルやポルノの一般化など、本物と偽物の入り混じった独特の生活がアメリカに定着した。その点についても本章で触れたい。１９６７年には、ビートルズが初のサイケデリック・ソングで「現実に存在するものは何もない」と訴えた。自然科学や社会科学、宗教や政治などさまざまな分野で、現実の定義そのものがよりどりみどりの状況となった。そのような思潮の激しい奔流が、活況を呈する幻想・産業複合体により製作・販売される非現実と相乗効果を生み出したのだろう。

郊外に住みテレビを見る

１９６０年代、アメリカ人は郊外への大移動を続け、ノスタルジックで牧歌的な夢をかなえた。この時期に初めて郊外居住者は過半数を超え、多数派となった。１９７０年には、テレビを所有する家庭が95パーセントに達した。その大半はカラーテレビで、箱の中の世界はいっそう現実的な魅力にあふれたものに進化した。その結果アメリカ人は、ますます多くの時間をテレビに費やすようになった。実際その時間は、大半の先進国と比べても多い。

１９７０年代が始まると、アメリカのテレビ界は、「現実として通用するフィクション」という興味深い新たな形式を生み出した。当時のコメディは、ほとんどが観衆なしで撮影されていたが、そのサウンドトラックに観衆の笑い声を追加したのだ。また、番組の内容も一変した。テレビ放送が始まって最初の数十年間、ゴールデンタイムの番組は多少なりとも現実的なものだった。幽霊にまつわるホームコメディ『トッパー』がゴールデンタイムに放送されたのは、例外中の例外である。ところが、１９６０年代の初めにはこの不文律が撤廃された。『トワイライト・ゾーン』『アウター・リミッツ』『原始家族フリントストーン』『宇宙家族ジェットソン』がゴールデンタイムに登場すると、超自然的・幻想的傾向の番組がたちまち供給過剰なまでに増えた。たとえば、三大ネットワークでそのころ放送が始まった同傾向の番組には、わずか3シーズンだけでも、『奥さまは魔女』『かわいい魔女ジニー』『母さんは28年型』『ダーク・シャドウ』『いたずら天使』『ギリガン君ＳＯＳ』『ザ・ゴースト&ミセス・ミューア』『ブラボー火星人』『マイ・リビング・ドール』『タイムトンネル』『バットマン』がある。架空のバンドを主人公にしたドラマ『ザ・モンキーズ』では、主人公たちが実際にバンド活動を行い、大々的な成功を収めた。

　このころになると、ファンタジー小説もポップカルチャーに浸透していった。私自身、小学6年生だった１９６５年にそれを実感した。その年になって急に、二人の姉を含め、私が知っている10代の若者の半数が、トールキンという昔のイギリスの作家が書いた四つのファンタジー小説を買い求め、愛読し始めたのだ。数十年前に出版されたさほど名も知られていない本が、なぜ急にアメリカの若者の間で大ベストセラーになったのか？　それは、１９６０年代の若者にぴつたり合ったからだ。アメリカのベビーブーム世代の若者が独自の嗅覚で、「もう一つの現実」を教えてくれる作品をかぎつけたのだろう。『ホビットの冒険』や『指輪物語』は超自然的なファンタジー小説で、ひげを生やした魔法使いの賢者が登場する。その物語が、サンタクロースの存在を信じなくなり、『くまのプーさん』を読まなくなったばかりの若者に、みごとにマッチしたのだ。ヘルマン・ヘッセのアジア的・神秘的な小説同様、『ホビットの冒険』や『指輪物語』を読めば、さほど宗教的ではない人でもスピリチュアルなおののきを感じ、１９６０年代に全国的に広まった幻想への熱狂に参加することができた。

「フォース」というエネルギー

それから10年余り後の１９７７年にも、幻想がポップカルチャーを支配するだろうと思わせる出来事があった。映画『スター・ウォーズ』の第一作目が公開され、アメリカ人の大多数が映画館に足を運んだのだ。この映画が画期的な成功を収めた理由はいろいろあるだろうが、その一つは、この物語が単なるＳＦではなく、その核に「スピリチュアルな幻想」があったからだ。その幻想とは、物理学を形而上学に変え、ジェダイの騎士にテレパシーやテレキネシスの能力を与える「フォース」というエネルギーである。当時は、さまざまなニューエイジ的思想が融合して主流と化しており、世界一宗教的で裕福な国に、普遍的な神秘主義を新たに広めるにはうってつけの状況だった。フォースは実にアメリカ的だ。精神的な訓練が必要だが、きわめて実用的でもある。いわば、自分を勝利や成功に導く宗教である。私も当時、劇場を出ながら、フォースほど自分にぴったりな宗教はないと思ったものだ。

この『スター・ウォーズ』は遠い未来、トールキンの小説は遠い過去（のような世界）を舞台にしているため、現実の生活にまつわる幻想とは直接的なつながりがなかった。ところが間もなく、映画『未知との遭遇』が公開された。この作品は、20世紀の地球に地球外生物が訪れた事件を、まるでキリストの再臨のように輝かしい深遠な出来事として、きわめて現実的に描写している。それまでの10年間で、ＵＦＯはおろか、政府の隠蔽や救世主の預言など、どんなことでも信じるようになっていたアメリカ人には、この映画のようなことが実際に起こりうると信じ、それを喜んで受け入れる下地ができていた（この映画を監督したスピルバーグは、後にもう一つ、地球外生物を扱った大ヒット映画を製作している。こちらは、邪悪なアメリカ政府から地球外生物を救う物語である）。『未知との遭遇』公開直後に、フィリップ・Ｋ・ディックはこう記している。「おかしな言い方になるが、〝ＳＦ〟というジャンルの作品も大半は、ある意味では真実である。もちろん、文字どおり真実というわけではない。実際、ほかの恒星系の生物に侵略されたりはしていない。（中略）この映画の製作スタッフも、観客にそう信じ込ませようとしているわけではないだろう。いや、それとも、そう信じ込ませようとしているのか？」。結局、この映画はかつてないほどの興行収入を記録し、現代社会にまつわる幻想的信念を反映し、活性化するポップカルチャーとなった。

それまでは、ハリウッド映画にイエス・キリストが登場する機会はあまりなかった。ところが、聖書を文字どおり解釈する急進的なキリスト教が復興すると、かつてないほどイエス本人が注目を浴びるようになり、幻想・産業複合体が聖書の物語の再現に熱心に取り組むようになった。その結果、映画『偉大な生涯の物語』やNBCのミニシリーズ『ナザレのイエス』といった、イエスの本格的な伝記映画が登場した。１９６９年から74年の間には、ミュージカルも三つ制作された。イエスの生涯を題材にした二作品（『ジーザス・クライスト・スーパースター』と『ゴッドスペル』）と創世記を舞台化した作品（『ヨセフ・アンド・ザ・アメージング・テクニカラー・ドリームコート』）で、ブロードウェイで上演された後に映画化もされた。もちろんいずれも、時代物の楽しいファンタジー作品である。だがその一方で、同じキリスト教をテーマにした、現代のアメリカを舞台に展開される恐るべき幻想についても、新たな市場が開拓された。サタンに取りつかれる『エクソシスト』、人間の女性がサタンの子を産む『ローズマリーの赤ちゃん』や『オーメン』など、身近なところにサタンがいるという幻想が、ハリウッド映画の一ジャンルとなった。こうして異様な超自然的信仰はますます一般化していった。

＊＊＊

ディズニーランドは、南カリフォルニアの4分の1平方マイルの土地にアメリカの文化をみごとなまでに凝縮した、理想の場所だった。そこでは幻想が信じられないほど現実的であり、歴史的・日常的現実が美化されていた。つまり、そのすべてを生み出した、厳格だが慈愛に満ちたウォルト・ディズニーの監督のもと、幻想と現実が途切れなく融合していた。１９７０年には、ディズニーランドに行ったことのあるアメリカ人はおよそ40パーセントに達した。その少し前の１９６７年、ディズニーはウォルト・ディズニー・ワールド・リゾートの建設に着手した。そのために、楽園として作り上げられたもう一つの州フロリダに、ディズニーランドの敷地の１００倍もある陽光あふれる空き地が確保された。

偽物と本物の融合

ディズニーランド効果はすさまじく、同じような成功にあずかろうと、このテーマパークを模倣した観光業が発展した。メインストリートＵＳＡやフロンティアランドにならい、過去を再現した野外博物館が、あちこちにたくさん現れた。１９７０年には、オールド・スターブリッジ・ビレッジという野外博物館で、同業者協会が設立されたほどだ（現在でもそのような博物館はアメリカに１０００近くある）。そのころから国立公園局の森林警備員も、昔の衣装をまとって歴史の解説をするようになった。１９７０年代にはそれがさらに徹底され、歴史的人物になりきって訪問者の相手をする森林警備員も現れた。

　過去を再現した世界で仕事をする人々は、フィクションと現実の境界をあいまいにしようと、見せかけをいかに本物らしく見せるかにこだわった。その結果、過去を再現した野外博物館は大人気となり、しまいには学界のお墨つきまで得た。もはや単なる観光施設どころか、「実験考古学」や「模擬実験」の場となったのだ。１９６７年には、アメリカ植民地時代の考古学の権威とされていた学者が、ピルグリム・ファーザーズの村を一から再現した施設「プリマス・プランテーション」の副館長となった。この施設では間もなく、ピルグリム・ファーザーズの解説をしていた人たちが全員、当時の人間になりきり、役柄そのままに、歴史的に正しいイングランドなまりで17世紀の英語を話すようになった。副館長の教授は言う。「彼らが実際に、この家や離れを建てた。（中略）料理や食事の仕方さえ昔のとおりだ。（中略）彼らは泥にまみれ、髪を振り乱して畑仕事にいそしんでいる」。野外博物館の経営者は、いわば現代のＰ・Ｔ・バーナムだった（ただし、かなり洗練されており、バーナムほどでたらめではないが）。

　こうしてあらゆる博物館で、過去を再現したフィクションがますます現実的になり、偽物と本物がますます完璧に融合されていった。このようなショービジネスは、本物を圧倒してしまう場合が多い。１９７０年代、新たにローマ法王となったヨハネ・パウロ二世がアメリカを訪れ、アイオワ州の中部にやって来た。そこで法王は、野外ミサに集まった数十万人の信者にこう述べた。「このような村落を訪れなければ、（中略）アメリカを横断する旅も不完全なものになったことでしょう」。だが実は、その村落とは過去を再現したテーマパークだった。18世紀の先住民の農場、19世紀の農場や町、20世紀初頭の農場、に見せかけたものである。それはきわめて「ファンタジーランド」らしい瞬間だった。まるでテレビドラマ『ゲーム・オブ・スローンズ』の七神正教の総司祭がウェスタロスを離れ、『指輪物語』の中つ国を訪れたかのようである。

戦闘再現イベント

何もかもが娯楽に変貌していくにつれ、アメリカには次第に、手作りのミニ・ディズニーランド的な要素が増えていった。とりわけ南北戦争１００周年は、ちょうどタイミングもよく、新たな娯楽を生み出す格好の口実となった。１８６１年、ワシントンから東へ1時間ほどのところにあるバージニア州マナサスで、数千人が死傷し、さらに数百人が捕虜となる大会戦があった。いわゆるブルランの戦いである。それから１００年後の１９６１年夏のある週末、気温32度という猛暑の中、南北戦争当時の衣装をまとった数千人がその地に集まり、互いを攻撃し、殺害し、捕虜にするふりを演じた。１８６０年代の兵士になりきっていた人たちの中には、１９６０年代の本物の兵士が２２００人いた。州兵がこのイベントのために貸し出されていたのだ。この戦闘再現イベントで、南軍兵士役の人々の勝利の雄叫びが、5万人の観衆の盛大な歓声をもって迎えられたのは、決して偶然ではない。その後も、南北戦争の戦闘を再現するイベントは続いた。南部の「失われた大義」という1世紀前の幻想が、一般参加型の実演イベントという新たな装いで蘇ったのである。

間もなく何万ものアメリカ人（アメリカのほとんどの白人男性）が、南軍の騎兵隊や北軍の砲兵連隊に扮し、こうしたイベントにフル装備で定期的に参加し、殺したり殺されたりを演じるようになった。いわば男性版のコスプレイベントである。本物らしさなどまるで気にしない素人とは違い、熱心に本物らしさを追求する人たちはやがて、「ハードコア・オーセンティックス（筋金入りの本格派）」「スティッチ・カウンターズ（縫い目一つにもこだわる人）」「スレッド・ナチス（糸一本にもうるさい人）」と呼ばれるようになった。彼らは、大砲、布、ボタン、ブーツ、眼鏡、髪型、鉛筆、食料など、何から何まで１８６０年代当時に似せるよう主張した。徹底的に過去を模倣し、完全に過去に没入できるイベントにするためだ。この偽の戦いで、偽の兵士がこの戦いは本物だと実感できる瞬間は、「ピリオド・ラッシュ（時代と一体化した恍惚感）」と呼ばれた。この言葉そのものが、１９６０年代という時代を象徴している。

幻想が支配する場所

間もなくこうしたイベントは、あらゆる時代のあらゆる出来事の模倣へと広がった。カリフォルニアでは、若い女性たちにより、過去を再現した自由奔放なイベントが盛大に開催された。

１９６３年にはロサンゼルスで、最初のルネサンス市が開催された。31歳の女性とその夫の芸術家が運営する地元のパシフィカという公共ラジオ局の運営資金を集めるためのイベントである。ローレル・キャニオンにある自宅の裏庭を16世紀イングランドの海辺の町に仕立てた会場には、一度の週末だけで数千人が訪れた。主催した女性は言う。「この市は、自然や大地に触れていた今より単純な時代を想起させる」。そのモットーは「幻想が支配する場所」である。次いでこのルネサンス市は、西へ1時間ほどのところにあるパラマウント映画スタジオ内の大農場でも開催された。そのきわめて価値の高い擬似歴史的な舞台装置のおかげで、幻想はいっそう現実味を帯びた（幻覚剤がその効果をいっそう高めたのは間違いない）。１９７０年代には、そのほか十数名の興行主の手により、全国各地でルネサンス市が開催された。最初のルネサンス市を主催した女性は、コロニアル・ウィリアムズバーグなど、非営利で会場を提供してくれる優良な幻想・産業複合体を紹介するコンサルタントとなった。

１９６６年には、カリフォルニア大学バークレー校の女子学生が卒業祝いに、中世ヨーロッパをテーマにした仮装パーティを開いた。[1] その一環として中世騎士の競技会が催されると、数十名のＳＦファンタジー・マニアが参加した。参加者は、手製のチュニックやタバード（訳注：鎧の上に着る袖なしの上着）、ジャーキン（訳注：革製の袖なしの胴着）を身につけ、幅の広い剣や盾、大弓や槍を持って戦い、「20世紀に対する抗議の声」を挙げながらテレグラフ通りを行進した。そして、毎年このイベントを続けることに決め、「創造的時代錯誤協会」を設立した。

この協会はやがて全国に広まり、数多くの「王国（支部）」や数千人の会員を持つに至った。

　1970年代初めからは、中世後期の魔術的世界の戦闘や冒険に参加したいが、できれば普通の服装で、屋内でそれを楽しみたいという何百万もの若者が、テーブルゲーム『ダンジョンズ&ドラゴンズ』に夢中になった。このゲームでは、プレイヤーが特定の人物（ドルイド僧、蛮族、騎士、魔法使い）の役を演じる。いわゆるロールプレイングである（この言葉はもともと心理療法士や教育者が使う技法を指し、1960年代にはよく使われていた）。『ダンジョンズ&ドラゴンズ』を開発したのは、戦争シミュレーションゲームが好きな若者たちだった。ランド研究所やペンタゴンが戦争シミュレーションを復活・洗練させていたころには、一般のアメリカ人の間でも戦争シミュレーションゲームの人気が高まっていたのだ。彼らは、ミネアポリスのリビングルームでテーブルを囲みながら、自分たちの作った戦争ファンタジーは現実のようにスリリングだと感じていた。当時の一般人はまだ、実際の指揮官のようにコンピューターを使うことができなかった。

　1960年代、アメリカ人が自分をフィクション化し、古きよき時代を自由に再現するよう

（1）このパーティを主催したダイアナ・パクソンは、後にファンタジー小説の作家として成功を収めた。『Taking Up the Runes: A Complete Guide to Using Runes in Spells, Rituals, Divination, and Magic（ルーン文字入門――スペル、儀式、占い、魔術にルーン文字を使うための完全ガイド）』といった、ファンタジックなノンフィクション作品もある。

になると、突如として暴走族が社会問題と化した。暴走族は、南北戦争の兵士ではなく開拓時代の西部の無法者を模倣し、馬の代わりにオートバイを操った。ヘルズ・エンジェルス（地獄の天使）やバンディードス（無法者）など、いかにも三文小説に出てきそうな名称を名乗り、ならず者風の衣服をまとい、バーなどで騒々しい乱闘を繰り広げた。ヘルズ・エンジェルスというブランドが有名になると、メンバーたちは当然のごとく、グレイトフル・デッドやローリング・ストーンズといったロックバンドとつき合うようになった。やはりドラッグにおぼれる無法者という役柄を演じていた有名人たちである。このように芸術家を模倣していた犯罪者は、ヘルズ・エンジェルスのメンバーだけではない。１９６９年、ある小説家兼脚本家が「ゴッドファーザー」というマフィア用語を生み出した（訳注：この言葉は本来、洗礼式に立ち会い、父母に代わって霊的指導を行う人物を指す）。すると実際のマフィアも、ボスを「ゴッドファーザー」と呼び、市民に無理難題を押しつけてくるようになった。

　意図的な二次創作も、１９６０年代の産物である。これにより、フィクションの消費者もフィクションの世界に入れるようになった。二次創作を最初に生み出したのは、ＳＦテレビドラマ『スタートレック』である。第一シーズンが公開された１９６６年にはすでに、若者たちがファン雑誌を手作りし、エンタープライズ号や地球連合に関する創作小説を掲載していた。４年後にはテレビシリーズが打ち切られたが、すでに同様のファン雑誌は数十種類が発行されており、その後も増え続けた。登場人物のチェコフやマッコイ、スコット、スポックは、こうしたファン雑誌と交流を保ち（実際に交流していたのは、それを演じている俳優たちだったが、それでもよかった）、ファンイベントにはドラマの衣装で登場した。ファン雑誌に掲載された創作小説にはよく、英雄的な活躍を見せ、周囲から愛される若い人物が登場する。これは、23世紀を舞台に『スタートレック』の登場人物たちと冒険する（ときにはセックスもする）作者自身を表している。こうした表現方法は、後に現れるあらゆるジャンルの二次創作で利用されることになる。

それまでは、これほど多くの人が、自分だけのディズニーランドで暮らしたり、身近なフィクションの世界に入り込み、そこで創作した物語をほかの人と共有したりすることはなかった。南カリフォルニアでコミコン（訳注：漫画などの大衆文化に関する大規模イベント）が初めて開催されたのも、1970年になってからである。このコミコンでは、漫画やSFのファン数百人が、ノスタルジックな雰囲気が漂うサンディエゴのホテルの地下室に集まった。だがそれも、見せかけのノスタルジーにすぎなかった。そのホテルは、シカゴ万博で世に広まった擬古的な古典様式で建築されていたからだ。

フィクションは日常に入り込む

1967年、若き劇作家トム・ストッパードの画期的な戯曲『ローゼンクランツとギルデンスターンは死んだ』が上演され、話題を呼んだ。俳優が登場人物を演じているのか、登場人物が俳優を演じているのか判然としない、フィクションと現実がユーモラスに混然一体となった、才気あふれる作品である。ストッパードは、新たな時代の重要な変化に気づいていたようで、当時こう述べている。「現在では誰もが自分を、自分の外的なイメージに合わせようとしている気がする。まるでスクリーン上の自分の姿を見ているかのようだ」。

まさにそのとおりである。私が言う娯楽のビッグバンの核心はそこにある。このビッグバンは、普通の生活の中へ、個人の現実感覚の中へ、さざ波のように広まっていった。それまでは、ある特定の文化的製品、娯楽作品を消費していたとしても、映画が終わり、本を読み終え、テーマパークから外へ出れば、現実に戻り、日常生活を再開していた。ところが、１９６０年代および70年代以降、日常的な生活の大部分が、日常的なフィクションに置き換えられた。心躍る楽しい作り物を、誰もがごく普通の現実だと考え、何の疑念も抱かなくなった。ガブラーは『映画としての人生』の中でこう述べている。「まったく新たな概念が生まれ、スターはその存在自体が大衆の娯楽と化した。

スターはみな、何をしようがしまいが、大衆の注目を集めた」。スターを追いかけるニュースメディアは、20世紀初頭に誕生して以来、しばらくは怪しげでいかがわしい存在でしかなかった。ところが１９５０年代に入ると、10代の若者がほかの世代とは別の集団として認知されるようになった。それを受け、『16』や『タイガー・ビート』など、ややファンタジックな傾向を帯びた、スターを熱狂的に追いかける新雑誌が創刊され、有名人に親近感を抱く若者が増えた

（女性読者が歌手や俳優とデートできるコンテストまであった）。するとやがて、社会的地位のあるメディアも、スターにつきまとうことに抵抗を感じなくなった。タブロイド紙のナショナル・エンクワイアラーの発行部数がわずか数年で3倍に増え、数百万部に達すると、１９７４年にはあのタイム社が芸能雑誌『ピープル』を創刊し、記録的な成功を収めた。ニューヨーク・タイムズ社でさえ、芸能雑誌『アス』の創刊に踏み切っている。こうして大手メディア会社が一つ残らず自尊心を捨て、泥沼の中に飛び込んだ。その結果、アメリカ人全員が、輝かしい生活を送る他人について知りすぎるほど知り、心配しすぎるほど心配するようになった。

アメリカをディズニーランドにする

ディズニーはメインストリートＵＳＡにより、映画や舞台のセットのようだが舞台裏の見えない巨大な公共スペース、誰でも毎日12時間過ごせる網羅的な屋内・屋外環境を構想・創造したという点で天才的だった。この発想は、ディズニーランドを超えて広まった。その影響は、博物館やテーマパークに限らない。１９６６年にはディズニーランド内に、アメリカの昔の小さな町を模倣したメインストリートＵＳＡに続き、より国際的な19世紀の都市繁華街を模倣した１万２０００平方メートルに及ぶニューオーリンズ・スクエアが誕生した。これら二つは事実上、現実生活でよく見かけるショッピングモールなどの大規模建造物のモデルとなった。その建設を主導したのが、ディズニーランド開園の数か月後にジェームズ・ラウズがボルチモアに設立したラウズ・カンパニーである。この会社は不動産開発会社だが、単純にそう言ってしまうのは、ウォルト・ディズニーをアミューズメントパークの経営者だと言うようなものだ。ディズニーを除けば、アメリカの物理的な改造にラウズほど貢献している人物はいない。ラウズはいわばアメリカをディズニーランド化し、ショッピングモールやフードコートを生み出した（この二つの言葉を作ったのもラウズである）。ラウズ（およびディズニーランド）以前には、現在知られているようなアメリカ的なショッピングセンターは存在しなかった。すなわち、単一のデザイナーやオーナーによる、都市広場のような巨大公共スペースである。

ラウズは、友人だったウォルト・ディズニーを、先見の明のある人物として英雄視していた。１９６３年にハーバード大学で開催された都市計画会議年次総会で、こんなスピーチをしている。「私は、これほど洗練された聴衆の方々にはややショッキングに思われるかもしれない見解を抱いています。それは、現代アメリカの都市計画における最高の成果はディズニーランドだということです。ディズニーランドの実績を、その目的や大衆にとっての意味、あるいは開発プロセスにおける意味という観点から考えてみてください。そうすれば、それがアメリカの都市計画の中でも抜きん出た存在だということがおわかりになるでしょう。（中略）ディズニーランドは実際、まったく新しいものだったのです」。

そのころラウズは、ボルチモアの外れにあったもう使用されていないカントリークラブの敷地に、クロスキーズという新たな町を建設していた。「都市に、小さな町や村の雰囲気やペースを注ぎ込み」たいと思ったからだ。つまり、オルムステッドとヴォークスがシカゴ郊外に作ったニューイングランド風の村を、1世紀後にまた再現したのである。ウォルト・ディズニーがメインストリートUSAで、少年時代を過ごしたミズーリ州の町をノスタルジックに模倣したように、ラウズも、自分が育った東海岸の小さな昔ながらの町をクロスキーズに再現しようとした。それだけではない。1967年には、ボルチモアとワシントンの間の田舎に、後にコロンビア地区を構成することになる古風な「村」の最初の一つをオープンした。1970年代には、同地区にさらに七つの村が建設された。

同時期には、意欲に満ちた一部の建築家が歴史を再発見し、古典主義的な円柱や勾配屋根、破風を備え、カラフルに仕上げた「ポストモダン」な建築物が都市にも誕生していた。それらは、ディズニーランドやウォルト・ディズニー・ワールド・リゾートのように、漫画的でありながら過去を厳密に再現してもいた。それならいっそ、既存の大都市の繁華街も、ノスタルジックに改造してはどうだろうか？　その結果、1970年代には、ボストンに打ち捨てられていた200年前の残骸にノスタルジーという新たな魔法の粉が振りかけられ、クインシー・マーケットやファニエル・ホールが植民地時代をテーマにしたショッピングモールに生まれ変わった。マンハッタンのサウス・ストリート・シーポートも同様である（どちらのプロジェクトもラウズが担当している）。こうして、「祭日の市場」という新たなコンセプトに基づき、アメリカの都市が手っ取り早く中流階級向けに再生された。衰え、死にかけている都市の臓器や手足を、仮想の臓器や手足として復活させたのである。ありとあらゆるアメリカの空間を創造するうえで、「テーマ化」が標準的な方法となりつつあった。

私が生まれたころ、レストランは全国的に展開する事業でもなければ、テーマ化するような事業でもなかった。だが、アメリカ人の夢である古風な小さな町が郊外を覆い尽くし、ディズニーが商売をテーマ化する秘訣を解読すると、レストランのあり方も一変した。たとえば、地理的なノスタルジーを売り物にしたレストランが登場した。ボナンザやポンデローザ（西部を舞台にしたテレビ番組『ボナンザ』の舞台となる地名）、ロングホーン（アメリカ南西部産の肉牛）、アウトバック（「奥地」の意）といった「古きよき西部」をイメージしたステーキハウス、クラッカー・バレル（「単純素朴」の意）のような「古きよき南部」をイメージしたレストランなどである。そのほか、レストランのテーマに使用された幻想は無数にある。子ども向けの小説『宝島』をベースにしたロング・ジョン・シルバーズ、雑誌『プレイボーイ』にヒントを得たフーターズ、話をする動物が暮らすアニメの世界をテーマにしたチャッキー・チーズ（創業者がディズニーランドを訪れた際にヒントを得たという）などだ。マクドナルドのドナルドも、マクドナルドランドに住むピエロという設定である。１９６０年代、マクドナルドの創業者は繰り返しこう言っていた。「マクドナルドが行っているのはハンバーガー事業ではない。ショービジネスだ[2]」。

ギャンブルとセックス――急増する幻想・産業複合体

ファストフードと違い、ギャンブルやセックスを追い求めるのはアメリカ人だけではないが、そのどちらも幻想に刺激されることは言うまでもない。この二つはアメリカ史の大半を通じて下品なもの、わいせつなものと見なされてきたが、やがてその文化的意味が劇的に変わり、どちらも気軽に楽しめるものとなった。

それまでアメリカではほとんどの場所で、ギャンブル事業が非合法化されていた。だが1960年代に幻想が全国的に容認され、何でもありの風潮が浸透すると、州政府が次から次へと幻想・産業複合体の事業への参加を表明し、宝くじを販売するようになった。1964年のニューハンプシャー州を皮切りに、1975年までにニューヨーク州やニュージャージー州など13州が宝くじ販売に乗り出し、その後ほぼ全州に広まっている。ちなみに宝くじは、あらゆ

（2）興味深いことに、マクドナルドの創業者レイ・クロックは若いころ、二つの「ファンタジーランド」の産物にかかわっている。4歳のときには、骨相学者の診断を受け、いずれレストラン事業に携わることになると言われたという。また、第一次世界大戦中の15歳のときには、年齢をごまかして軍隊に志願し、赤十字の衛生隊に所属してドライバーの仕事をした。その1年後には、16歳のウォルト・ディズニーが同じように年齢をごまかし、同じ隊の同じ仕事に従事している。

るギャンブルの中でもっとも空想的要素が大きい。実際、どんなカジノゲームよりも勝算が低い。宝くじ事業とはすなわち、魔術的思考をする大衆に、ばかばかしいほど勝てる見込みのない賭けをさせるものなのだ。それに、政府運営の宝くじは、特別な細工を施して幻想をあおっている。たとえばスクラッチくじは、購入者に今後もくじを買い続けるよう仕向けている（「四つ出た。あと一つで当たりだったのに！」）。コンピューター選択のくじは、ランダムにチャンスが巡ってくるという幻想を購入者に与えている。

　セックスは、人間の歴史が始まって以来ずっと、フィクションと現実が混じり合う隠微なものだったに違いない。だがアメリカではそれが、突如としてあからさまなものになった。異性間のセックスでは、妊娠を望まなくても妊娠してしまう可能性が絶えずある。それが常に、見せかけのセックスの蔓延を防ぐ歯止めとなっていた（戦闘再現イベントでの戦闘中に、実弾がランダムに使用されたら、これほど人気を博すこともなかっただろう）。ところがやがて、前例のないほど効果的な経口避妊薬が開発され、１９６５年にはどこでも入手できるようになった。すると、異性間のセックスの様相ががらりと変わった。これまでよりも自由に、頻繁に、想像力に富んだセックスを楽しめるようになった。もう、幻想を台なしにする妊娠を心配する必要はない。また、一瞬魅力的だと思っただけの相手とも、軽い気持ちでセックスができるようになった。まるで、小説や映画の登場人物と寝る白昼夢を見ているかのような気分を味わえるわけだ。こうしてセックスは、重大な意味がなくなるにつれ、「現実」から離れ、刺激的なフィクションに近づいていった。

そのころになると、「後ろめたい快楽」という言葉も死語になった。それまで完全に妄想が支配していた一人でのマスターベーションから、悪いイメージが消えたのだ。１９６５年、ヘレン・ガーリー・ブラウンが『コスモポリタン』誌の編集長の座を引き継ぐと、同誌は定期的にマスターベーションに関する記事を掲載した。「stroke book（マスかき本）」という俗語が登場したのも、このころである。１９６９年には、マスターベーションに取りつかれた男性を主人公にしたフィリップ・ロスの小説『ポートノイの不満』（邦訳は宮本陽吉訳、集英社、１９７８年）が、ベストセラーリストに3か月間掲載された。この小説の中でポートノイは、自分の性的欲望がショービジネスの影響を受けていることを率直に語っている。「ぼくも、デビー・レイノルズ（訳注：アメリカの女優・歌手。後述のエディ・フィッシャーと結婚した）のボーイフレンドになりたい。ぼくの中のエディ・フィッシャーが頭をもたげてくるんだ」。だが彼は気づく。「いろいろな人の中のエディが一人のデビーを求めているけど、そのデビーが求めているのは一人のエディなんだ。あのマリリン・モンローがあのアーサー・ミラーを求めていたようにね」。当時35歳だったロスは、この画期的なヒットが時代精神の変化と関係していることを理解していたようだ。出版直後にこう記している。「１９６０年代の最後の年までの間に、不合理なもの、異常なものに関する教育が全国的に展開された。その結果、日常的な性的妄想を無神経に暴露する『ポートノイの不満』のような小説が、あっという間に一般的に受け入れられるものになってしまった」。

ポルノ映画が現実生活を変える

マスターベーションを利用した最初の大企業、プレイボーイ・エンタープライズは、1950年代にポルノを主流へと発展させる基礎を築いた。その後、1960年代後半から70年代前半にかけて、幻想・産業複合体のポルノ部門は急成長を果たした。ポルノ映画は、映画が誕生した当初から、フィクションと現実の奇妙な中間物として存在していた。（ひどい）俳優たちが（ばかばかしい）空想的な物語の役柄を演じ、実際に性器を口で愛撫したりセックスしたりする映画である。だが、ほとんどの人がそれを目にすることはなかった。ポルノ映画はいわば、リキュールやイワシと同じような、特殊な嗜好品だったのだ。ポルノが一般に受け入れられるきっかけになったのは、ほとんどポルノとは言えない、甘美で芸術的なスウェーデンの白黒映画『私は好奇心の強い女（イエロー篇）』である。この映画は、1969年にアメリカで公開されると、幅広いニュースメディアに取り上げられた。1972年には、『プレイボーイ』誌の1か月の売上が700万部に達した。これは、アメリカの成人男性および10代の若者10人につき一冊の割合である。女性向けのものでは、1972年に『炎と花』（邦訳は野口百合子訳、ソニーマガジンズ、2005年）が200万部以上の発行部数を記録し、「ロマンス小説」を性表現が露骨な、多大な売上が見込めるジャンルに変えた（「男のもう一方の手が胸を覆い、心ゆくまでもてあそんだ。（中略）彼女は体の奥深くに男性器を感じた」）。

1972年から73年にかけて、本格的なポルノ映画として『ディープ・スロート』『グリーンドア』『ミス・ジョーンズの背徳』が公開されると、全国メディアで大きく報道され、数千万人もの観客を動員した。『ラスト・タンゴ・イン・パリ』は大手映画会社によるまじめな映画だが、マーロン・ブランドが肛門性交を好む強姦者を演じ、1973年にアメリカで七番目の興行成績を記録した。そのころにはもう、ポルノは公式に認められた存在になっていた。その後、ポルノは新たなテクノロジーによりどこでも手に入るものとなり、現実との境界があいまいなもう一つのアメリカの幻想として、新たなセックスのモデルを提供し、大衆の生活を変えていくことになる。

当時、アメリカの女性の大半が急に毛染めを始めたのは、若く見せ、性的な魅力をアップさせるためだけではないだろうが、それがいちばんの理由であることは間違いない。毛染めもいわば、ささやかなフィクションであり、嘘の中でも軽い嘘と言える。こうした部分でも劇的な変化が起きたのは、現実生活で見せかけがそれだけ受け入れられるようになったということだろう。私が子どものころは、50歳以上の女性の髪の色はまずグレーか白だった。ところが、大学を卒業するころには、50歳から70歳までの女性の髪の色は、ほとんどがブロンドか茶か黒か赤になった。1956年に初めての家庭用毛染め製品としてクレイロールが販売された当時、毛染めをするアメリカ人女性は15人に一人程度だった。それが1970年になると、アメリカ人女性の3分の2が毛染めをするようになった。もはや女性の髪は白くならないという幻想が一般化していた。新たなパラダイムが美容にも影響を及ぼし、そんな幻想もおかしいとは思わなくなったのだ。[3]

より若く、より美しく

1960年代に入る以前、美容整形はきわめてまれだった。形成外科は第一次世界大戦中に登場したが、1950年代までは、自動車事故や火災や戦争による傷害、あるいは口唇裂のような先天性の障害を治療するだけだった。そのため、不運な事故や事件に巻き込まれなかった人が外科医を訪れ、より美しく、若く、魅力的に見えるよう顔や体を改造するよう依頼することもなかった。そんな依頼をされても、ほとんどの形成外科医が断ったことだろう。だが、それまでいかがわしい存在だった美容整形が、1960年代以降急成長を始めた。その理由の一つとして挙げられるのが、テクノロジーの発展だ。1962年にはシリコンによる豊胸手術が始まった。だがいちばんの理由はやはり、考え方が変化し、魔術的思考が台頭してきたからだろう。ニューヨークで早くから美容整形に携わってきたある開業医の話によると、1960年代に仕事を始めたころは、形成形外科医院はマンハッタンに8つしかなかった。しかし、1967年になるとアメリカ美容整形外科学会（ASAPS）が、1969年にはアメリカ美容外科協会が設立された。

ASAPSの理事たちに話を聞くと、このパラダイム変化は市民権革命だとでも言わんばかりの口調で答えてくれる。「そのころまで美容整形は、きちんとした教育を受けた形成外科医が行うべきまっとうな仕事とは見なされず、たいていは秘密裏に行われていた」。ニューポート・ビーチで開業している元理事もこう説明する。「1960年代、形成外科医の仕事は主に再生手術で、（中略）美容整形は陰の存在だった」が、「勇気と先見の明のある」一部の外科医が、金銭的余裕のある市民を相手に、胸を豊かにしたり、顔のしわを取ったり、鼻を小さくしたりする手術を行っていた、と。

私の友人の形成外科医ジェイ・アーサー・ジェンセンは、1970年代にイェール大学で医学の教育を受け、現在はカリフォルニア大学ロサンゼルス校で教鞭を取りながらサンタモニカで開業医もしている。彼はこんな話をしてくれた。「患者は幻想を抱いている。以前、あまり魅力的とは言えない女性に美容整形手術を行った。2回目か3回目の手術だったと思う。その手術を

（3）同時期には、食品もまた急激に、不自然なほどカラフルになった。1960年代から70年代初頭にかけ、赤色40号、黄色5号、青色1号など、平均的なアメリカ人が消費する着色料は2倍以上に増えた。過去にも未来にも例がないほどの上昇率である。

終えると、患者は私に向かって『全然ソフィア・ローレンじゃない』と怒鳴り散らし、何とかしろと言ってきかなかった。患者は幻想に浸っている。別の人間になった自分、別の人生を生きている自分を想像しているんだ」。

外科手術により改造された顔や体、人為的に染められた髪は、若いという幻想をもたらす。これらはちょうど、ベビーブーム世代が大人になったころに普及した。この世代が、年を取っても若さという特権を手放すことを拒否した最初の世代となったのは、決して偶然ではない。1970年代からは大人も、自由かつ熱心に、かつては若者や子どもにしか許されなかった行動に耽るようになっていく。

「内なる子ども」の日常化――フィリップ・K・ディックの不安

こうして、永遠の若さという幻想が国民全体に蔓延していった。

いくら年を取っても、子どものような服を着てもいい。スケートボードに乗ってもいい。ロックミュージックを聞きながらマリファナを吸ってもいい。びっくりするほどおいしいアイスクリームやクッキーのとりこになってもいい。漫画が原作の映画やアニメを見たり漫画を読んだりしてもいい。ディズニーランドに行ってもいい。セオドア・ローザックは、1969年の著作『対抗文化の思想』の中で、軽蔑的にこう指摘している。「商業界が、楽しみや遊びだけに基づく若者文化を全面的に生み出そうとしている」。だが、ローザックも当時は、新たな反体制文化のパラダイムがいずれ、完全かつ永久に、全面的な若者文化へ変異していくことになるとは気づかなかったようだ。

アメリカ人は、１９６０年代に初めて「内なる子ども」の存在に気づいた。それぞれが自分の願望に目を向け、大人になっても子どものようでありたいと願った。そのような考え方は、エサレン協会やその類から生まれたあらゆるセラピーや大衆心理学に含まれていたものであり、その時代に深く、永続的に大衆の心に刻み込まれた。「楽しいと思うことをしよう」。子ども時代を過ぎたばかりのアメリカ人が考えついたこのモットーは、「内なる子ども」という思想を活性化し、その言葉があっという間に消え去ってしまった後も生き続けていく。

１９７３年のボブ・ディランの歌『いつまでも若く』には、「大人になっても正義を貫け」「いつでも勇敢であれ」という歌詞がある。だがベビーブーム世代の大多数が、その正しい意味を理解することなく、ネバーランドにとどまることを選んだ。両親のようになることを拒否し、常に楽しみだけを追求するという信念を抱き続けた。「一人を除き、すべての子どもが大人になる」という『ピーター・パン』の原則は、抑圧的で不公正な過去のルールと化したのである。

ＳＦ作家のフィリップ・Ｋ・ディックは、死の少し前にあたる１９７０年代に、ディズニーランドから数キロメートルのところにあるオレンジ郡のアパートに引っ越した。その皮肉な意味については、彼自身も気づいていたようだ。そのアパートでディックは、現実と非現実が区別できなくなっていくアメリカの社会や文化への不安をみごとに表現した文章を書いている。「フィクションは真実をまね、真実はフィクションをまねる。この両者が不明瞭に重なり合っている状態は危険だ。これは間違いなく、慎重に検討されたうえでのことではない。実際、そこが問題なのだ」。私の文章ではディックほどうまく表現できないので、長くなるが、さらに続きを引用しよう。

> それは、単なる理論上の問題ではなく、現実的な問題だ。というのも、現在私たちが生きている社会では、メディアや政府、大企業、宗教団体、政治団体により、嘘の現実が作られているからだ。読者や視聴者の頭にまがい物の世界を送り込む電子機器もある。（中略）それは、驚異的な力を持っている。全世界、心の世界を生み出す力だ。私もよく知っている。同じことをしているのだから。世界を生み出すのが私の仕事だ。（中略）
>
> 現実とは何かを定義すること、それは大切な問題であり、死活的に重要な問題でさえあると思う。その中には、本物の人間とは何かという問題も含まれる。なぜなら、まがい物の現実が無数に提供されることで、次から次へと、本物でない人間、偽の人間が生まれているからだ。それは、四方八方から迫り来る偽のデータと変わらない。（中略）偽の現実は、偽の人間を生む。あるいは、偽の人間は偽の現実を作り、それをほかの人間に売り、その人間を

偽の人間に変える。その結果、偽の人間が偽の現実を、ほかの偽の人間に売り歩くことになる。これはいわば、きわめて大がかりなディズニーランドである。

【訳者紹介】

山田美明（やまだ　よしあき）

英語・フランス語翻訳家。東京外国語大学英米語学科中退。訳書に『ありえない138億年史』（光文社）、『ゴッホの耳』（早川書房）、『アメリカを動かす「ホワイト・ワーキング・クラス」という人々』（共訳、集英社）など。

山田　文（やまだ　ふみ）

翻訳家。イギリスの大学・大学院で西洋社会政治思想を学んだのち、書籍翻訳に携わる。訳書に『3つのゼロの世界』（早川書房）、『ヒルビリー・エレジー』（共訳、光文社）など。

ファンタジーランド（上）
狂気と幻想のアメリカ500年史

2019年1月31日発行

著　者——カート・アンダーセン
訳　者——山田美明・山田　文
発行者——駒橋憲一
発行所——東洋経済新報社
〒103-8345　東京都中央区日本橋本石町1-2-1
電話＝東洋経済コールセンター　03(5605)7021
https://toyokeizai.net/

装　丁……………橋爪朋世
本文レイアウト・DTP……朝日メディア
印刷・製本………図書印刷
編集協力…………パプリカ商店
編集担当…………岡田光司
Printed in Japan　　ISBN 978-4-492-44452-8

索　引

A〜Z

あ行

か行

さ行

た行

な行

は行

ま行

や・ら・わ行

略 語 表

1　主要法令名略語（同名規則は省略）

労契法＝労働契約法（平成 19 法 128 号）

労基法＝労働基準法（昭和 22 法 49 号）

割増令＝労働基準法第 37 条第 1 項の時間外及び休日の割増賃金に係る率の最低限度を定める政令（平成 6 政 5 号）

女性則＝女性労働基準規則（昭和 61 労 3 号）

年少則＝年少者労働基準規則（昭和 29 労 13 号）

最賃法＝最低賃金法（昭和 34 法 137 号）

賃金確保法＝賃金の支払の確保等に関する法律（昭和 51 法 34 号）

労安衛法＝労働安全衛生法（昭和 47 法 57 号）

労災法＝労働者災害補償保険法（昭和 22 法 50 号）

徴収法＝労働保険の保険料の徴収等に関する法律（昭和 44 法 84）

均等法＝雇用の分野における男女の均等な機会及び待遇の確保等に関する法律（昭和 47 法 113 号）

育介法＝育児休業，介護休業等育児又は家族介護を行う労働者の福祉に関する法律（平成 3 法 76 号）

パート労働法＝短時間労働者の雇用管理の改善等に関する法律（平成 5 法 76 号）

パート有期法＝短時間労働者及び有期雇用労働者の雇用管理の改善等に関する法律（平成 5 法 76 号，2020 年 4 月 1 日施行）

承継法＝会社分割に伴う労働契約の承継等に関する法律（平成 12 法 103 号）

個別労働紛争解決促進法＝個別労働関係紛争の解決の促進に関する法律（平成 13 法 112 号）

労組法＝労働組合法（昭和 24 法 174 号）

労調法＝労働関係調整法（昭和 21 法 25 号）

スト規制法＝電気事業及び石炭鉱業における争議行為の方法の規制に関する法律（昭和 28 法 171 号）

労委規＝労働委員会規則（昭和 24 中労委規 1 号）

行労法＝行政執行法人の労働関係に関する法律（昭和 23 法 257 号）

地公労法＝地方公営企業等の労働関係に関する法律（昭和 27 法 289 号）

労働施策推進法＝労働施策の総合的な推進並びに労働者の雇用の安定及び職業生活の充

実等に関する法律（昭和 41 法 132 号）（旧・雇用対策法）

職安法 = 職業安定法（昭和 22 法 141 号）

派遣法 = 労働者派遣事業の適正な運営の確保及び派遣労働者の保護等に関する法律（昭和 60 法 88 号）

派遣令 = 労働者派遣事業の適正な運営の確保及び派遣労働者の保護等に関する法律施行令（昭和 61 政 95 号）

派遣則 = 労働者派遣事業の適正な運営の確保及び派遣労働者の保護等に関する法律施行規則（昭和 61 労 20 号）

職能法 = 職業能力開発促進法（昭和 44 法 64 号）

雇保法 = 雇用保険法（昭和 49 法 116 号）

高年法 = 高年齢者等の雇用の安定等に関する法律（昭和 46 法 68 号）

国年法 = 国民年金法（昭和 34 法 141 号）

厚年法 = 厚生年金保険法（昭和 29 法 115 号）

健保法 = 健康保険法（大正 11 法 70 号）

一般法人法 = 一般社団法人及び一般財団法人に関する法律（平成 18 法 48）

任期法 = 大学の教員等の任期に関する法律

2　行政解釈等の略称

厚労告 = 厚生労働省告示

労　告 = 労働省告示

発　基 = 次官通達の名称で呼ばれる労働基準局関係の通達

基　発 = 労働基準局長名で発する通達

基　収 = 労働基準局長が疑義に答えて発する通達

基監発 = 労働基準局監督課長名で発する通達

女　発 = 女性局長名で発する通達

職　発 = 職業安定局長名で発する通達

3　判例集等の略語

民（刑）集 = 最高裁判所民事（刑事）判例集

集　民 = 最高裁判所裁判集（民事）

労民集 = 労働関係民事裁判例集

労裁集 = 労働関係民事事件裁判集

命令集 = 不当労働行為事件命令集

労　判 = 労働判例

労経速＝労働経済判例速報
判　時＝判例時報
判　タ＝判例タイムズ
中労時＝中央労働時報
別冊中労＝別冊中央労働時報

4　文献の引用（**ゴチック**の部分を略称で引用）

荒木尚志『労働法〔第3版〕』（2016年・有斐閣）
有泉亨『労働基準法』（1963年・有斐閣）
石井照久『新版労働法〔第3版〕』（1973年・弘文堂）
石川吉右衛門『労働組合法』（1978年・有斐閣）
片岡曻（村中孝史補訂）『労働法(1)〔第4版〕』（2007年・有斐閣）
久保敬治＝**浜田**冨士郎『労働法』（1993年・ミネルヴァ書房）
小西國友『要説労働法』（1991年・法研出版）
小西國友＝**渡辺**章＝**中嶋**士元也『労働関係法〔第5版〕』（2007年・有斐閣）
下井隆史『**労使**関係法』（1995年・有斐閣）
下井隆史『**労働基**準法〔第4版〕』（2007年・有斐閣）
菅野和夫『労働法〔第11版補正版〕』（2017年・弘文堂）
土田道夫『労働契約法〔第2版〕』（2016年・有斐閣）
東京**大**学労働法研究会『注釈**労**働**組**合**法**（上）・（下）』（（上）・1980年，（下）・1982年・有斐閣）
東京**大**学労働法研究会『注釈労働**時間法**』（1990年・有斐閣）
東京**大**学労働法研究会『注釈**労**働**基**準**法**（上）・（下）』（2003年・有斐閣）
西谷敏『**労**働**組**合法〔第3版〕』（2012年・有斐閣）
西谷敏『**労働**法〔第2版〕』（2013年・日本評論社）
野川忍『労働法』（2018年・日本評論社）
外尾健一『労働団体法』（1975年・筑摩書房）
水町勇一郎『労働法〔第7版〕』（2018年・有斐閣）
盛誠吾『労働法総論・労使関係法』（2000年・新世社）
山川隆一『雇用関係法〔第4版〕』（2008年・新世社）
山口浩一郎『労働組合法〔第2版〕』（1996年・有斐閣）
厚生労働省**労働基**準**局**編『平成22年版労働基準法（上）・（下）』（2011年・労務行政研究所）

〔本書でとりあげる各制度は2019年4月1日を基準に記述してあります〕

著者紹介

中窪裕也（なかくぼ　ひろや）

1980年　東京大学法学部卒業

現　在　一橋大学大学院法学研究科（ビジネスロー専攻）教授

〈主要著書〉

『労働法ロールプレイング』（共著）〔有斐閣，2000年〕，『アメリカの非典型雇用』（共著）〔日本労働研究機構，2001年〕，『国立大学法人の労働関係ハンドブック』（共著）〔商事法務，2004年〕，『アメリカ労働法〔第2版〕』〔弘文堂，2010年〕，リリー・レッドベター＆ラニアー・S・アイソム『賃金差別を許さない！――巨大企業に挑んだ私の闘い』（翻訳）〔岩波書店，2014年〕，『ケースブック労働法〔第4版〕』（共著）〔有斐閣，2015年〕

野田　進（のだ　すすむ）

1974年　神戸大学法学部卒業

現　在　九州大学名誉教授

〈主要著書〉

『休み方の知恵』（共著）〔有斐閣，1991年〕，『労働契約の変更と解雇』〔信山社，1997年〕，『「休暇」労働法の研究』〔日本評論社，1999年〕，『働き方の知恵』（共著）〔有斐閣，1999年〕，『労働法ロールプレイング』（共著）〔有斐閣，2000年〕，『国立大学法人の労働関係ハンドブック』（共著）〔商事法務，2004年〕，『労働紛争解決ファイル』〔労働開発研究会，2011年〕，『判例チャートから学ぶ労働法』（共編著）〔法律文化社，2011年〕，『解雇と退職の法務』（共編著）〔商事法務，2012年〕，『事例判例労働法〔第2版〕』〔弘文堂，2013年〕，『新・シネマで法学』（共編著）〔有斐閣，2014年〕，『判例労働法入門〔第6版〕』（共編著）〔有斐閣，2019年〕

I　労働法の世界へ

1　労働法の見取図

労働という言葉には，今日の日常用語の語感では，何か苦しみをともなう営みを感じる人が多いかもしれない。しかし，労働は，もともと広い意味で物を生産する活動とそれに付随する活動をいう。それは，古来より人が生きんがために，また喜びとして積み重ねてきた営為であったし，人間の創造力の最も基本的な発現であった。そのような創造活動は，私たち現代人にとっても，おそらく生涯最大のテーマである。

ところが，同時にそれは，取引の対象となる財貨（商品）の一種であり，契約の目的となり市場を形成する。そのことにより，高い利益を追求するために，労働の極度の効率化が図られ，労働者の酷使などの事態が生まれた。このように，人間の創造活動であるはずの労働が，同時に取引の対象とされること，この点に労働法の諸問題の原点があり，難しさがある。

労働は，人間の行う，地球環境への「働きかけ」でもある。そうした人間の存在と営みは，地球上の生命体としてエコシステムの中に組み込まれている。かくして，過度の労働と開発は，地球上の生活環境を破壊するとともに，生命を疲弊させる。労働法は，労働時間や労働環境の適正化などにより，生産活動を生態系に適合するスタイルに作り変えようとするための試みでもある。

§1　労働法の構成

1　労働法の意義と構成

労働法は，労働を中心にして成り立つ人の関係を規律する法の領域をいう。

労働は，独立の個人事業主のような場合を除き，他人との関係のもとで行われる。そのうちでも，労働法の対象となる労働は，他人のためにそのもとで報酬を得て行うものであり，そこには「働く者」と「働かせる者」との関係が成り立つ。このように，労働を中心に生じる労働者と使用者との個別的な合意によるつながりを，個別的労働関係という。他方，労働は工場や事業場で組織的に行われ，その条件は団体を通じて形成されるのが一般である。そこでは，労働者の団体と使用者（または使用者団体）との関係が成り立ち，さらには，個々の労働者とその団体との間，または労働者の団体相互にも利害関係が成立する。そうした団体の中心的な存在が労働組合であり，このようにして生じる人のつながりを，集団的労働関係という。

労働関係のかかる2分類に応じて，労働法も2つの体系から成るものと解されてきた。すなわち，個々の労働者と使用者の間の労働契約や労働条件基準などを規律する分野を個別的労働関係法（労働保護法）といい，わが国の制定法では労働基準法および労働契約法を中心に，最低賃金法，労災保険法など多数の法令がこれをカバーする。また，労働組合の結成・活動，あるいは団体交渉や労働協約などを規整する分野を集団的労働関係法（労使関係法）といい，わが国では労働組合法，労働関係調整法を中心とするいくつかの法令がこれを受け持っている。

こうした2分野に加えて，近年では「雇用保障法」ないし「労働市場の法」と称する第3の分野が独立の項目とされる。これは，労働関係が成立する以前に，不特定の働く側と使用する側が求職および求人の関係（労働市場）を形成しており，さらに能力開発などを通じた労働者のキャリア形成を重視すべきであるとして，これらを独立した分野とするものである。この分野には，労働施策推進法，職業安定法，雇用保険法，高年齢者雇用安定法，障害者雇用促進法，労働者派遣法など，多くの雇用関係立法が分類される。

2　本書の構成

労働法の教科書では，以上の分類に従い，2ないし3部構成とするのが一般である。しかし，そうした分類は，労働法の発展や理念の体系的理解には役立つとしても，現実に生じる問題の把握や解決には必ずしも有効とはいいがたい。

学業を終えて，1人の若者が社会に巣立ち，労働者として企業で働き始める。このとき，彼や彼女の企業における地位，処遇，労働条件，その他すべての職業生活は，労働関係全般の総合的な規律から形づくられているのであって，労働関係が集団的か個別的かに区別して規律されているわけではない。たとえば，労働時間ひとつ取り上げても，そこには就業規則や労働協約だけではなく，過半数組合による事業場協定という，いわば集団的労働関係と個別的労働関係との両方にまたがる制度が関係してくる。また，労働者が組合活動を理由に解雇されるときには，個別的労働関係法上の規制（解雇予告や就業規則による規制）だけでなく，集団的労働関係法（不当労働行為制度や労働協約による規制）や雇用保障などの論点が発生し，それらは重なり合って切り離すことのできない課題となる。

このように，労働法を，法律問題とその解決のための理論の体系として捉えるとき，そこに生じる多くの論点は，個別的か集団的かで別個に論じるよりは，総合的に有機的な関連づけのもとで考えるほうが，問題の核心に迫るうえで有効である。また，それにより労働関係に生じる諸問題を新たな切り口から見直し，解決のための新しい発想を生み出すことができる。

そこで，本書の構成は，労働者の職業生活の展開を体系の基点におくことにした。すなわち，学業生活を終えた諸君が，企業の募集に応じて採用されることに始まり（「企業」との遭遇），労働組合の組合員として団体に帰属し（「団体」との遭遇），仕事を開始して種々の処遇を受け（「労働条件」の諸相），時として使用者とのトラブルにぶつかってそれを解決しながら（「紛争」との遭遇），最後には職業生活を満了する（「企業」との訣別）という流れであり，そのような時系列を基本においた。

§2　労働法の位置

労働法は，法の全体系の中にあって，他の分野との密接な関係のもとで位置を占めている。その法体系上の位置をどのように理解するかは，労働法の解釈の方針に影響を及ぼすことになる。

1　憲法と労働法

労働法の基本原則の多くは，国の最高規範である憲法に宣明されている。特に，憲法の定めるいくつかの人権規定は，労働法規の指導理念そのものを，直接に，しかも労働法の体系に即して定めている。

まず，憲法25条は，福祉国家の理念にもとづき国民の生存権的基本権を定めるものであるが，かかる生存権原理は，次にみる憲法27条および28条の趣旨の基底をなす根本原則と考えることができ，それらを通じて労働法全体の規定と解釈のあり方についての指導原理となる。また，憲法25条の生存権に関する基本原則は，規定文言の類似から明らかなように，労基法の定める労働条件の原則（1条1項）に反映されている。

憲法27条は，第1項において国民の勤労の権利および義務を定めており，これにより先にふれた労働市場の法，すなわち雇用保障や失業対策についての，立法および行政上の国の責務の方針を定めている。第2項は，「賃金，就業時間，休息その他の勤労条件に関する基準」について，労基法や最賃法などの労働保護立法の制定を命じている。

憲法28条は，勤労者のいわゆる「労働三権」，すなわち団結権，団体交渉権，および団体行動権を保障している。これらの権利は勤労者に対して直接に保障されており，権利行使の相手方は，原則として使用者である。すなわち，憲法28条の保障する権利は，他の多くの基本的人権のように国家に向けられた権利ではなく，主として労使間，いいかえると私人間に適用される権利である。憲法28条を直接の根拠として労働者または労働組合の私法上の権利が導かれることがあるのは，このためである。また，かかる権利保障を具体的に実現するために労組法の各規定がもうけられており，労働組合の正当な行為，団体交渉および争議行為等についての，民刑事免責や不当労働行為制度による保護が定められている。

主要な労働法規が制定された時期は，戦後すぐの憲法制定の過程と符合していたこともあり，労働法には，憲法における人権に関する基本原則を労働関係の場面に反映する種々の規定がおかれている。たとえば，憲法14条と労働法の定める平等原則（労基法3条・4条，労組法7条1号など），憲法18条と労基法5条（強制労働の禁止），憲法22条と職安法2条（職業選択の自由）の関係などがそれである。これらの労働法規は，憲法の人権規定の趣旨を，労働関係の場面で私人間（労使間）に直接に実現する機能を果たしている。

2　市民法（民刑事法）と労働法

労働法は，伝統的な市民法に対して修正を加えることにより，独自の領域を形成してきた。

市民法は，近代法の支柱となる市民法原理，すなわち「契約自由の原則」，「過失責任の原則」，「所有権の絶対」などの原則から成り立っている。これらは，労働関係の側面においても，自由で対等な当事者が合意にもとづいて契約関係を形成することを意味していた。しかし，実際には，経済情勢の展開の中で，労働者は失業と困窮の脅威，劣悪な労働条件，人権の抑圧などの悲惨な状況に見舞われることになった。上記の法原則は，かかる状況の救済に役立たないばかりかむしろそれを助長し，これに対抗する労働団体の結成・活動を禁圧する法理さえ提供することになった。労働法は，こうした状況に対する強烈な反省から生み出された法分野であり，市民法原理を否定または修正する原則から成り立っている。

まず，「契約自由の原則」に対する修正は，最も悲惨な労働環境にあった年少者の労働契約について，その内容の一部（特に労働時間）を規制することから着手された。その後，労働契約に対する規制は拡張されて，労働者全体を対象として，労働条件のほぼ全分野に及ぶものとなり，ついには労働契約の締結，展開および終了をカバーする労働契約法の制定を見るに至った。また，「過失責任の原則」についての修正としては，労働災害が生産技術の機械化とともに大規模化・多発化するに伴い，使用者が無過失責任を負担する労災補償制度が採用されたことが，典型的な例といえよう。「所有権の絶対」についても，労働争議や組合活動の権利，あるいは解雇や懲戒を規制する法理等で，権利濫用法理などを通じて，部分的な修正を受けている。

刑事法の分野においても，市民法規範としての刑法は，いくつかの修正を受けている。争議行為の分野では，正当な争議権の行使については，それによる犯罪の成立が否定される（労組法 1 条 2 項参照）。また，労基法違反の罰則について両罰規定が採用されているのも（労基法 121 条），近代刑法の責任主義原則を修正するものである。

3　社会法としての労働法

このような労働法の市民法からの区別を，さらに一歩進めると，労働法が対象としている「人間像」そのものが，市民法と異なることに気づかれる。この点を強調するのが，社会法の考え方である。

社会法は，特に市民法の有する個人主義的理念に対比して位置づけられる。そこでは，人を個別の法主体としてのみ把握するのではなく，「社会的存在」

として，つまりさまざまな団体の形態をとる社会に帰属する存在であると認識する。また，人の関係も，市民的人格の抽象的な法主体としての関係でなく，社会的弱者や生活困窮者という評価を含む具体的人間像の存在を前提とした社会関係が構想される。こうした関係をもとに，「社会連帯原理」による法制が形成される。労働法は社会保障法と並んで，かかる社会法の法分野に属する。

このように考えることは，労働法を市民法の諸原理から全面的に切り離すことを意味するわけではない。重要なのは，法解釈の実践にあたって，労働法のもたらす固有の解決方法が，市民法の解決方法に対して，どのような領域で，どの程度まで修正しているかを論究し，これを画定していくことである。

§ 3　労働法の発展と課題

1　労働法の発展

労働法の幕開けは，19 世紀初頭に遡る。イギリスで制定された，「工場法」（1802 年の「徒弟の健康および風紀に関する法律」が最初）と総称される一連の立法がそれである。この立法は，当時の工場において低劣な労働条件で酷使されていた徒弟（あるいは少年工）を保護の対象とするもので，労働時間の制限を主眼とし，さらに衛生・教育面について使用者に一定の義務を課していた。工場法の規制は，後にその対象が成人女性にも拡張され，監督制度や罰則の導入によって実効性が高められるようになった。

イギリス以外の諸国でも労働保護法の発展がみられるようになり，それらは規制の内容を拡大し，労働時間だけでなく，安全衛生や労働災害，休日・休暇，さらには最低賃金率の規制にも及ぶようになる。また 20 世紀に至ると，規制の対象を年少者や女性に限定せず成人男性にも拡大する立法例が多くなった。

このように，個別的労働関係の立法は，最初は一部の労働者のための公法的な取締法規として出発したが，適用対象を拡大するにつれて，次第に労働契約の規制を目的とする契約法としての色彩が強くなった。現在の個別的労働関係法規は，これらの要素が混在する状態にある。

一方，集団的労働関係法の発展は，おおまかにいえば，禁止→放任→保障という経緯をたどってきた。まず，フランス革命期のル・シャプリエ法（1791

年）に代表されるように，市民革命によって達成された立法は，労働者の団体を経済活動の自由を妨げるものととらえ，組合の結成や活動に刑罰を科す法規をもうけた。しかし，労働運動の高まりや政治状況の変化の結果，19世紀後半から20世紀初頭の欧米諸国の立法は，組合の結成や団体行動を禁止する刑罰規定を廃棄し，それらを労働者の自由（取引の自由）に属するものとして，放任する立場をとるようになる。さらに，1918年ドイツ共和国憲法（ワイマール憲法）を皮切りに，20世紀の諸国の立法は，労働組合の組織・活動の権利（団結権）を保障する憲法の規定をもうけるようになった。それらは，国家が労働組合に対して不干渉であるにとどまらず，積極的に使用者による団結権の侵害を禁止する趣旨を含むものであった。また，憲法の規定とは別に，アメリカの全国労働関係法（1935年）による不当労働行為制度のように，団結権・団交権の保障と労使関係の安定のために，行政機関が積極的な役割を果たす方式もとられている。

日本では，明治期の富国強兵政策のもとで発展した工場労働が，前借金制度，長時間の連続労働，劣悪な作業環境など悲惨を極めるものとなり，これを憂慮する声が高まって1911年にようやく工場法が制定された（施行は1916年）。この法律は，女性および年少者の就業時間の制限（1日12時間），深夜業の禁止，児童の就労の禁止，災害扶助制度の設置などを主な内容としていたが，適用対象の限定や監督制度の未整備など不十分な点も多かった。また，1916年には成人男性の労働条件を規制する最初の立法として，鉱夫労役扶助規則が制定された（坑内就業時間の1日10時間制限など）。

他方，労働者の団結活動は，治安警察法（1900年）などの治安立法により厳しく規制されていたが，大正期に入ると労働組合法案の制定の気運が高まった。その結果1920年に，対照的な内容をもつ内務省案と農商務省案が作成され，その後，いくつかの労働組合法案が帝国議会に提出されたが，いずれも成立に至らなかった。1945年の終戦を機に労働立法は一気に加速した。

2　日本労働法の展開

第2次世界大戦後の荒廃と欠乏の中で，労働法の整備に向けての各界の精力的な動きは，驚嘆に値する。旧労組法は，実に終戦年（1945年）12月に制定され，これが現行労組法（1949年）に新しい理念で継承された。労基法は，1946年4月に立法作業が開始され，部分的に工場法の規定を残しながらも，国際労働基準や憲法の諸原則を組み入れた新しい理念と内容で，1947年に成立している（同日，労災保険法も成立）。その後の過程で，もともと労基法の内容の一部であった規制を発展・精緻化する趣旨で，最低賃金法（1959年，労基法28条参照），労働安全衛生法（1972年，労基法42条参照）などが独立して制定され，労働立法は充実期を迎える。

1960年頃からの高度経済成長は，その後1970年代のオイルショック等による曲折はあるものの，1980年代のいわゆるバブル経済期にピークを迎える。右肩上がりの経済成長を背景に，企業は設備投資を拡大しさらには投機的な利益追求に走りがちであった。賃金水準もベースアップ等により，常に上昇基調にあった。しかし，そうした高度成長は，長時間労働など労働関係にさまざまな歪みを生み出した。そこで法定労働時間や年休については，国際的な批判を受けたこともあって，繰り返し規制強化が試みられ，あるいは均等法や育休法など男女共同参画社会に向けての法整備の動きが見られた。この時期の労働立法は，全体として，高度成長により生じた弊害を，規制強化により是正する働きかけをしていた。

ところが，日本経済は1992年に急激に失速し，企業活動や雇用構造に大きな変化が生じた。高度成長を支えてきた終身雇用（長期雇用）慣行が後退し，中高年を中心とするリストラや労働条件の引下げの事態を招いた。パートタイムや派遣など非正規雇用が増加し，労働組合の組織率は大幅に低下した。そこで，企業競争力の確保による経済活性化が期待されるに至り，1990年代から2000年代にかけての労働政策は，全体として規制緩和の方向に傾き，職安法の改正による有料職業紹介事業の対象業務のネガティブ・リスト化，派遣法のあいつぐ改正，労基法改正による労働契約の期間制限の緩和などがなされた。

ただ，そうした中で，わが国社会の少子高齢化に対処するために，新たな規制が喫緊の課題と考えられるようになった。特に，仕事と生活の調和（ワークライフバランス）は，労働法の全分野を通底する基本理念と考えられるに至る。その結果として，育介法の改正による休業制度の充実，労基法における労働時間関係規定の規制強化の論議や改正が導かれる。また，非正規雇用についてのこれまでの規制緩和の路線が見直され，特に労契法18条以下の改正により，有期雇用労働者について雇用の安定や契約の無期転換を促進する方向で，規制枠組みを再構築する試みが2012年になされた。

これに対して，同年末の政権交代の後には，「成長戦略」の旗印のもとに，労働契約の期間，労働者派遣契約の期間，労働時間規制の適用除外，雇用特区などについて，多岐にわたる大幅な規制緩和の政策が次々と提案され実現した。ところが政府は，内需拡大やイノベーション促進のための「働き方改革」が必要であるとし，2017年3月に内閣府のもとで，「非正規雇用の処遇改善」や「長時間労働の是正」等を柱とする，「働き方改革実行計画」を策定した。これを受けて，同年9月に，同計画の内容に2015年に廃案になっていた労働時間関連法案を加えた一括法案として「働き方改革関連法案」が提出され，同法は紆余曲折の末，2018年6月に成立した。

このように，規制の緩和と強化とが，いずれも規制改革の名のもとに，これまでにないテンポで法令改正をもたらしているのが，日本労働法の現状である。繰り返される法改正や新立法の本質を，我々はしっかりと把握する必要がある。

なお，1896年に制定された民法については，「社会・経済の変化への対応を図り」，「国民一般に分かりやすいものとする」等の観点から，2017年5月26日に，債権法に関する規定を中心に大改正がなされた（施行は，2020年4月）。これにより「雇用」の規定の一部が改正され，「履行の割合に応じた報酬」の規定の新設（民法624条の2），「期間の定めのある雇用の解除」（同626条）および「期間の定めのない雇用の解約の申入れ」（同627条）の改正等がなされた。それ以外にも，消滅時効の改革や，債権法の一般ルールの改正も，労働契約の法理に影響をもたらす。

3　労働法の課題

労働法は，ほぼ2世紀にわたる発展の過程で，その時代の社会状況を背景に，多くの課題に直面してきた。

⑴　**従属労働**　　労働契約は，労働者が「労働に従事すること」（民法623条），あるいは「使用されて労働すること」（労契法6条），つまり労働者自身が現実に労働することを目的として締結される。ところが，労働者は，この契約の一

方当事者でもある。つまり，労働契約は，契約の目的と主体とが同一の者に属して不可分であるという，独特の性質をもっている。そのため，使用者が契約の目的である「労働」を使用することは，同時に，契約の相手方であるはずの労働者を使用することになる。こうして，使用者と労働者の間には，法構造的な意味で使用・従属関係が生じる。労働法が対象とするのは，このような意味での「従属労働」である（18頁参照）。

⑵ **継続的契約関係と「合意の原則」**　労働関係は，継続的契約関係の一種であるが，長期にわたり継続される法的関係であることに，重要な特色がある。このため，1個の労働契約の背景となる社会や経済の情勢は，長期間の継続の中で次々と変転していく。使用者は時代とともに経営の内容や組織を刷新し，それに応じて労働のあり方や技術の質に変化を求める。多くの労働者は，結婚し，家庭を築くことで生活環境に変化が生じる。こうした背景変化の中では，労働契約の締結に際しての労使間の合意はそのまま維持することはできず，労働関係を継続するためには，労働条件の変更の問題が立ち現れる。

労働条件の変更から生じる紛争について，労契法は「合意の原則」により解決を導こうとしている（労契法8条以下）。しかし，労働契約における合意は両刃の剣であり，一方的な労働条件の引き下げから労働者を守ることができる反面で，形式的な合意を理由に労働条件がやすやすと切り下げられることがある。また，労働契約法は就業規則による労働条件の設定・変更を予定しており（労契法7条・10条），自ら合意の原則を放棄する構造を保有している。労働契約法における「合意の原則」の真価が試されている。

⑶ **労働法における公序**　労働法の多くは，労基法をはじめとして，公序に裏付けられた強行規定であり，これに反する法律行為は無効となる（民法90条，労基法13条参照）。もっとも，労基法その他の法規では，事業所協定や労使委員会決議を前提として法定基準を下回ること（＝デロゲーション，derogation）が認められており，その領域は拡大している（48頁を参照）。さらに，近年の法令指針（「同一労働同一賃金ガイドライン」など）や裁判例では，非正規労働者の「同一労働同一賃金」の内容の決定について「労使の話合い」で決定することが推奨され，同一労働同一賃金という平等理念（公序）の内容決定が労使間合意に委ねられている。また，いわゆる高度プロフェッショナル制度（労基法41

条の2）による労働時間法制の適用除外について，対象労働者の「同意を得た」ことが要件とされており，労働時間法制という強行法規の適用が労働者個人の同意に委ねられる。こうした規範構造は，強行法規という硬直的な規範よりも，当事者意思による柔軟な規整のほうが妥当であるとする傾向の表れといえようが，なし崩し的に労働法規範の強行性が浸食される危うさも見てとれる。

(4) 労使関係法の改革　現行労組法は，1945年労組法を大幅に改正して，1949年に制定されたものであり，その当時の社会的・経済的情勢の中で，多様な政策課題を担って制定された。その後約70年が過ぎ，特に経済の高度成長とその後の低成長期を経て，労働組合の組織実態，労使紛争の態様・件数，労使関係のあり方など，労使関係法をめぐる環境はあらゆる面で変貌した。ところが，労組法は制定後38回（本法にもとづく改正は6回）の改正がなされたが，制度の理念や大枠は制定当時のまま変わりがない。労組法の規定の多くは現状と遊離してしまい，規定解釈の困難や実務の混乱さえ招いている。労組法の枠内での改正にとどまらず，労使関係法全体の改革こそが強く求められている。

§4　公共部門の労働法

1　労働法の適用

公務員も憲法27条および28条の保護を受ける「勤労者」であるから，労働法の適用対象の一角を占めていることは疑いない。

一般職の公務員（国公法2条，地公法3条）は，各労働法規にいう労働者の定義に合致するものであり，当初は労働法の適用対象者であることが原則とされていた（労基法112条，旧労組法4条参照）。ところが，各種の公務員法は，「公務」という職務の性格と地位の特殊性を強調することにより，労働法の適用を制限または排除するに至った。労基法および労組法についてみると，公務員への適用は次のように定められている。

(1) 国の公共部門　国家公務員については，労基法および労組法の規定は適用されない（国公法附則16条）。ただし，労基法およびその関連法規は，「別に法律が制定実施されるまでの間」，国公法等に矛盾・抵触しない範囲で準用される（同第1次改正法附則3条1項）。国家公務員の勤務条件等に対して定められた法律として，「一般職の職員の給与に関する法律」，「一般職の職員の勤務時間，休暇等に関する法律」，「国家公務員退職手当法」，「国家公務員災害補償法」などがあり，その下に多くの人事院規則が定められている。

独立行政法人の職員については，労働法の一部適用がある者と全面適用がある者との，複合的な構成になっている。すなわち，独立行政法人とは，2001年4月に，国の行政組織の減量，効率化を目的として，国家行政組織法8条の2に規定されていた施設等を独立させ，法人化させたものであり，現在では，中期目標管理法人，国立研究開発法人および行政執行法人に分けられる（独立行政法人通則法2条）。そして，このうち行政執行法人の役員および職員は，国家公務員とされる（同51条）。ただし，行政執行法人については，「行政執行法人の労働関係に関する法律」が適用され，労基法および労組法が適用されるものの，労組法については，行労法に定めのないものについて適用されるにすぎず，かつ労組法の一部規定は適用されない（行労法3条）。これに対して，中期目標管理法人・国立研究開発法人の職員は，公務員身分ではなく，完全に労働法の適用を受ける。

同様に，2004年4月に発足した国立大学法人の教職員，あるいは2007年10月に日本郵政公社から民営化された日本郵政グループの職員は，国家公務員ではなくなり，民間私企業と同様に，労基法や労組法の完全な適用を受ける。なお，国の直接経営する企業（国営企業）である国有林野の職員も，以前は，現在の行政執行法人（旧特定独立行政法人）と同様の取扱いを受けていたが，2013年4月以降は，国公法の全面的な適用下に置かれている。

⑵ **地方の公共部門**　一般職の地方公務員のうち，地方公営企業の職員以外の職員（非現業職員）は，労基法の一部の規定を除き適用されるが（地公法58条3項），労組法は全面的に適用されない（同条1項）。地方公営企業（地方公共団体の経営する交通，水道などの事業，地公労法3条1項）の職員の場合は，地公法58条は適用しないものとされ（地公企法39条1項），結果として労基法および労組法は適用される。ただし，労組法については，地公労法に定めのないものに限り適用され，かつ労組法の一部規定は適用されない（地公労法4条）。

また，労契法については，国家公務員および地方公務員には適用されておらず，（労契法22条1項），そのことから地方自治体の一般職の非常勤職員を再任用しなかったことにつき，同法 19 条を類推適用する余地もないと解されている（吹田市事件・大阪高判平成 29・8・22 労判 1186 号 66 頁，最 3 小決平成 30・2・13 労経速 2348 号 27 頁）。また，条例にもとづく退職手当の支給が一般職のみを対象とすることが明確な場合には，特別職職員（地公法 3 条 3 項 3 号）として任用された嘱託員には，退職金規定を類推適用することはできないとされる（中津市〔特別職職員〕事件・最 3 小判平成 27・11・17 労判 1135 号 5 頁）。

2003 年に成立した地方独立行政法人法にもとづき，特定地方独立行政法人と一般地方独立行政法人（公立大学から移行した「公立大学法人」を含む）とが発足した。このうち特定地方独立行政法人の職員は，公営企業の職員と同様に地公労法の適用を受けるが，一般地方独立行政法人の職員は非公務員とされ，労基法および労組法が完全に適用される。

2　公務員の労働基本権

⑴　労働基本権の制約　憲法 28 条による労働基本権の保障は，公務員に対しても及ぶのが大原則である（全農林警職法事件・最大判昭和 48・4・25 刑集 27 巻 4 号 547 頁）。しかし，実際には，公務員の労働基本権は，公務員法の関係規定により大幅な制約を受けている。

国家公務員の職員は，「職員団体」を結成することができる。職員団体には登録制がもうけられており，登録のない団体は一定の利益を受けることができない（国公法 108 条の 3 以下）。職員団体は，交渉事項も限定されており，いわゆる管理運営事項については交渉の対象にすることができない（同 108 条の 5 第 3 項）。また，団体協約を締結する権利が否定されている（同条 2 項）。争議行為は禁止され，争議行為をあおる等の行為をした者は何人であれ処罰される（同 98 条 2 項・3 項・110 条 1 項 17 号）。非現業の地方公務員も同様の取扱いを受ける（地公法 52 条以下）。なお，警察・消防職員などは職員団体の結成・加入が禁止されており（国公法 108 条の 2 第 5 項，地公法 52 条 5 項），これに違反して団体を結成した国家公務員は処罰される（国公法 110 条 1 項 20 号）。

行政執行法人および地方公営企業・特定地方独立行政法人の職員は労働組合を結成できるが，団体交渉事項について前記の職員と類似の制約を受ける（行労法 8 条，地公労法 7 条）。また，争議行為およびこれをあおる等の行為が禁止され，これに違反した職員は解雇される（行労法17条1項・18条，地公労法11条1項・12条）。ただし，罰則はもうけられていない。

⑵　**争議禁止をめぐる判例の動き**　公務員に対する，かかる争議行為の禁止規定について，最高裁の解釈方法が変遷したことがあった。最高裁ははじめ，憲法28条との関係で各禁止規定の合憲性を問題とすることはなかった。しかし，その後，労働基本権の実質的な適用という見地から，上記の禁止規定はその適用範囲を限定的に解釈することによってのみ合憲たりうると判断するに至り，目的・態様の面で特に違法性を伴うものでない限り禁止規定および処罰規定は適用されないと判断した（現業公務員につき，全逓東京中郵事件・最大判昭和41・10・26刑集20巻8号901頁，非現業公務員につき，東京都教組事件・最大判昭和44・4・2刑集23巻5号305頁）。ところが，最高裁はさらに一転して，公務員の勤務条件法定主義や労働基本権の制約に対する代償措置の存在などを理由に，かかる限定的合憲解釈の立場を否定し，各禁止規定の適用の幅を再び拡げた（非現業公務員につき，前掲全農林警職法事件，現業公務員につき，全逓名古屋中郵事件・最大判昭和52・5・4刑集31巻3号182頁）。

なお，代償措置である人事院勧告が機能していない場合には，その完全実施を求める時限ストを理由とする懲戒処分は許されないとする裁判例がみられたが（大分県教委事件・大分地判平成5・1・19労判627号34頁），現在では代償措置が機能していないことを容易には認めずに，懲戒処分を肯定するものが多い（全農林事件・最2小判平成12・3・17労判780号6頁。代償措置としての行政措置要求制度について同様の判断をする事例として，全日本国立医療労組事件・最3小判平成14・11・26労判840号18頁）。

ただ，公務員であった者の一部は，非公務員化により労働基本権の全部または一部を保障される結果となった。たとえば，郵政民営化によりかつての郵政職員は完全な労働基本権を保障されている（国立大学法人職員も同様）。また，国立病院の職員は独立行政法人国立病院機構の職員となり，同法人の職員として公務員身分を有しつつ旧特定独立行政法人等の労働関係に関する法律の適用の下で団結権と団体交渉権を保障された。その後，2014年6月成立の独立行政法人制度改革関連法により，2015年4月1日に中期目標管理法人に改められた（独立行政法人国立病院機構法4条）。

Brush up 国際労働機関（ILO）

どんなに優れた労働に関する国内立法を定めても，それが国際的に制定される同種の基準によって補強されない限り，個々の国家において十分に有効な働きをしない（ニコラス・バルティコス『国際労働基準とILO』）。一国で労働条件に法的な規制を加えても，競争国が，劣悪な労働条件により低いコストで作られた製品を輸出するならば，規制国は国際競争力を失ってしまうからである。このようなソーシャル・ダンピングは，国家間の摩擦と紛争の原因となった。第1次世界大戦の戦禍の反省から，ベルサイユ平和条約に労働問題に関する第13編が規定され，それにもとづき1919年にILO（国際労働機関。本部はジュネーブ）が創設された。ILOは，当初は労働条件を中心に規制を行っていたが，規制・活動の対象を次第に労使関係や雇用規制などに広げるようになり，国際労働法を作り出す最も代表的な機構となった。現在，加盟国数は187国であり，特に途上国の加盟拡大により，ILOの設定する国際労働基準が，どこまで実効性をもつかが，今後の発展のカギといえよう。

ILOは，いわゆる三者構成を採用しており，政府代表だけではなく，使用者と労働者の代表も構成員として組織される（総会の代表は，政府2，労使双方それぞれ1の割合，その他は三者同数）。この特色が，ILOに対する労使の信頼感と組織の強さを生みだしたといわれる。ILOの最も主要な機関は総会であり，年に少なくとも1回開催される。総会は，現在，189の条約と205の勧告を採択しており（2018年現在），これらの蓄積は国際労働法の基本的な法源となっている。

日本は，一時期を除き，常任理事国の地位を占めており，ILOの通常予算に対する2017年の分担金は，トップのアメリカ（22%）に次ぐ9.684%となっている。もっとも，日本の条約批准数（49条約）は，OECD諸国の平均批准数（75条約）に比べると，かなり少ない。しかし，これまでの条約批准は，国内法に種々の影響を及ぼしてきた。たとえば，官公部門の団結権をめぐる紛争の際に，組合側が第87号条約（結社の自由及び団結権の保護に関する条約）との関連等についてILOに提訴した結果，「結社の自由委員会」等の調査活動を通じて法改正が導かれ，同条約は1965年に批准された。また，1981年の第156号条約（家族的責任条約）は育児休業法制定の1つの契機となり，さらにその批准（1995年）が，育児・介護休業法への改正を促進した。

2 労働法のアクター

労働法の舞台に登場する主要なアクターは，「労働者」，「使用者」，そして，労働者の団結体である「労働組合」の３つである。

舞台の第１幕は「採用」であり，雇う側である使用者と，雇われる側である労働者が登場する。これらの両当事者は，労働条件について対等の立場で決定すべきものであるが，現実には，両者の立場は決して対等とはいえない。

そこで登場する第３のアクターが，労働組合である。労働組合は，労働者を代表して使用者との間で交渉し，合意に達すれば労働協約を締結する。その過程で，場合によっては争議行為を行うこともある。このように，労働組合は労働者の利益を守り，時には一戦を交えるという，華々しい役回りを演じるが，最近は出番が減ったとの声もある。なお，使用者の団結体である「使用者団体」も考えられるが，わが国では欧米諸国と異なり，使用者団体が労使関係の舞台に登場することは少ない。

これらのアクターとともに，国が果たしている役割も無視できない。国は，自ら労働法の表舞台で演じることはないが，労働条件の最低基準を定めて演技に枠をもうけるとともに，労働組合と使用者が団体交渉をするためのアリーナを整えるなど，劇場設計者としての役割を担っている。また国は，監督行政や，労使紛争の解決，労働施策の推進などを通じて，アクターの自主性を重んじながらも，舞台監督や演技指導係の一面ものぞかせる。

そして，こうした舞台を見守る観客兼厳しい批評家が，労働法を学ぶ私たちにほかならない。多くの人が，将来，自分で舞台に上がることになるし，もう上がっている人も少なくないだろう。

最近では外国人が舞台に登場することも珍しくないが，その場面が適切かつ公正に進行するように，国や他のアクターの力量が問われるところである。

§1 労 働 者

1 労基法・労契法上の労働者

(1) 法律上の定義　「労働者」という言葉は，労働法による保護の対象範囲を定める機能を担っている。労基法は，労働者を，「職業の種類を問わず，事業……に使用される者で，賃金を支払われる者」と定義している（9条。「事業」の意味については30頁参照）。「使用される」とは，使用者の指揮命令を受けてその支配下で働くことを意味し，また「賃金を支払われる」とは，そのような労働への対価として報酬を受け取ることを意味する。

このような労働者に対しては，労基法による労働条件の保護が及ぶ。労基法から分離した最低賃金法（2条1号），労働安全衛生法（2条2号）も，明文で労基法上の労働者の定義を準用している。さらに，労働者災害補償保険法，男女雇用機会均等法などについても，「労働者」は同様に解されている。

また，労働契約法2条1項は，労働者を「使用者に使用されて労働し，賃金を支払われる者」と定義している。ここでの労働者も，「事業」に使用されるという限定がない点を除き，労基法9条のそれと同義と理解されており（もっとも，労契法は罰則のない純私法的な法律なので，労基法と同一に考える必然性はないとして，より広く解する見解もある。西谷・労働56頁），労基法上の労働者は，個別労働関係における共通の保護対象を定める役割を果たしている。

民法では，労務給付に関する典型契約として，当事者の一方が労働に従事することに対して報酬を支払う「雇用」（623条）のほか，仕事の完成に対して報酬を支払う「請負」（632条），法律行為をなすことを相手方に委託する「委任」（643条）などを規定している。しかし，いずれの契約形式によっていても，実質的に見て使用者の指揮命令の下で従属的に働く場合には，「使用される」者として，労基法および労契法上の労働者となる。

⑵　**労働者性のメルクマール**　労基法上の労働者のメルクマールは，「使用される」こと（指揮命令下の労働）と，労務給付への対価たる「賃金」の支払いである。これらをあわせて「使用従属関係」とよぶこともある。いわゆる自営業者との区別が問題となることが多いが，労働者か否かは契約の形式ではなく，実態に即して判断される。

具体的には，仕事の依頼に対して諾否の自由があるか，業務遂行上の指揮監督を受けるか，勤務時間・勤務場所の拘束の程度，代替者や補助者の使用は認められるか，といった指揮命令関係のファクターと，支払われる報酬の性格が吟味され，さらに，事業者性の有無や，専属性の程度なども考慮しながら，総合的に判断される。

⑶　**具体的な判断例**　上記の判断基準に従って，たとえば，特定の映画撮影のために制作会社との間で契約を締結したフリーカメラマンについて，監督の指揮監督のもとに業務が行われ，時間的・場所的拘束性が高いこと，報酬も労務提供期間を基準に支払われていること等の事情に照らし，労基法および労災保険法上の労働者と判断された（新宿労基署長事件・東京高判平成14・7・11労判832号13頁）。また，病院を退職して新たに「業務請負契約」によりケアプランの遂行を担当した看護師およびヘルパーについても，実態に照らせば指揮監督下の労働であり，労基法上の労働者と認められた（医療法人一心会事件・大阪地判平成27・1・29労判1116号5頁）。

これに対して，自己所有のトラックで事実上専属的に製紙会社製品の運送業務を行っていた傭車運転手は，業務遂行に関して製紙会社から指揮監督を受けず，時間的・場所的な拘束の程度も緩やかであったこと等から，労働者にあたらないと判断された（横浜南労基署長事件・最1小判平成8・11・28労判714号14頁）。また，作業場をもたずに1人で工務店の大工仕事に従事していたいわゆる一人親方である大工についても，やはり実態に照らして労働者性が否定された（藤沢労基署長事件・最1小判平成19・6・28労判940号11頁）。

事案によっては，労働関係か教育かという区別が問題となることもある。大学付属病院の研修医について，病院が定めた時間・場所に指導医の指示に従って医療行為等に従事し，奨学金等という名称ながら金員を支払われ，給与所得として源泉徴収もされていたことから，労基法および最低賃金法上の労働者に該当するとされた（関西医科大学事件・最2小判平成17・6・3民集59巻5号938頁）。また，かつての外国人研修生について，制度の建前とは異なる実態に照らして「労働者」にあたると判断された事例も少なくない（32頁参照）。

⑷　**解約・更新拒絶の事例**　契約の解約や更新拒絶にあたり，「労働者」として解雇権濫用法理や雇止め法理の保護を受けるか否かという形で問題が生じることもある。この場合も，やはり当該契約関係の実態に即しながら，労基法・労契法上の労働者といえるか否か（労働契約に対する保護が及ぶか否か）が判断される。たとえば，肯定例として，テレビ局のタイトルデザイナー（東京12チャンネル事件・東京地判昭和43・10・25労民集19巻5号1335頁），運送委託契約

により貸与車両を運転する配送員（アサヒ急配事件・大阪地判平成18・10・12労判928号24頁）などがある。他方，否定例として，放送受信料の集金等を行う「地域スタッフ」（NHK神戸放送局事件・大阪高判平成27・9・11労判1130号22頁），業務委託契約により配達業務に従事するバイシクルメッセンジャー（ソクハイ事件・東京高判平成26・5・21労判1123号83頁）などがある（後者につき，基本的に労働者にはあたらないとしつつ，営業所長の業務に関する限りでのみ労働者性を肯定した事例として，ソクハイ事件・東京地判平成22・4・28労判1010号25頁も参照）。

(5) **経営者との区別**　法人の役員や株式会社の取締役・監査役等は，本来は委任契約により経営に携わる者であり，労働者にあたらない。しかし，実際には労働者としての地位や業務を維持したまま，これらの役員に就任する事例（いわゆる使用人兼務取締役）も多く，その実態に応じて労基法・労契法上の労働者と認められる可能性がある。

たとえば，会社の理事および取締役を経て執行役員に就任した者が，一般従業員であった時と同様の指揮監督を受けて業務を遂行し，対価として報酬を受けていた事例では，一度，退職金を受け取っているものの，労基法上の労働者にあたるとして，労災保険の適用が認められた（国・船橋労基署長事件・東京地判平成23・5・19労判1034号62頁）。また，やはり一般従業員から取締役を経て執行役員となった者が，従前の労働契約を維持しており，解雇権濫用法理が適用されるとされた事例もある（萬世閣事件・札幌地判平成23・4・25労判1032号52頁。他方，取締役就任時に労働契約が完全に終了し，労働者ではなくなったとされた事例として，佐川ワールドエクスプレス事件・大阪地判平成9・3・28労判717号37頁も参照）。そのほか，試用期間を終えた正社員全員を取締役とする制度の下で，取締役が労基法上の労働者と認められ，時間外手当の支払いが命じられた事例もある（類設計室事件・京都地判平成27・7・31労判1128号52頁）。

なお，経営者ではないが，相談役的な立場から，直接の指揮命令や厳密な時間管理を受けずに指導・研究業務に従事していた「嘱託」が問題となった事例でも，就労の実態に照らして労働者にあたると判断され，就業規則の適用が認められた（大平製紙事件・最2小判昭和37・5・18民集16巻5号1108号。解雇の効力を否定）。

2　労組法上の労働者

⑴　**法律上の定義**　労組法3条は，労働者を，職業の種類を問わず「賃金，給料その他これに準ずる収入によって生活する者」と定義している。この労働者にあたる者は，労働組合を結成し，その代表者を通じて使用者と団体交渉を行うことができ，使用者の不当労働行為から保護される。

労組法上の労働者と労基法上の労働者とでは，両者を統一的に解する見解もあるが，2つの法律の趣旨の違いから，異なる概念と考えるのが通説である。労基法上の労働者は，同法の労働条件の保護を及ぼすべき者を定めているのに対し，労組法上の労働者はより広く，団結活動の保護や団体交渉の促進助成という同法の目的に即した労働者の範囲を定めているからである（賃金等によって生活する者であれば，現に使用されていなくても労働組合に所属して活動することは可能であるため，失業者も労組法上の労働者に含まれる）。

実際上の考慮要素としては，労基法・労契法上の労働者の場合と同様，就業の実態や報酬の性質に関するさまざまな事実が検討される。しかし，その評価にあたり，法目的に照らして異なった角度から判断がなされるのである。

⑵　**最高裁の判断**　最高裁は，テレビ局との間で専属出演契約を結んでいたが後に自由出演契約に変更され，他社出演も自由とされていた楽団員について，恒常的な演奏労働力確保のために会社の事業組織に組み入れられ，実際には会社の出演依頼に対して原則として応ずる義務があり，報酬も演奏という労務提供それ自体の対価とみなしうるとして，労組法上の労働者にあたると判断した（CBC管弦楽団労組事件・最1小判昭和51・5・6民集30巻4号437頁）。また，劇場との間で年間の基本契約を結んだ合唱団員について，下級審が個別の公演については諾否の自由があることを強調して労働者性を否定したのに対し，実際の運用に照らせば団員は申込みに応ずべき関係にあったと判断し，その他の面についても実態に即した吟味を行ったうえで，労組法上の労働者と認めた（新国立劇場運営財団事件・最3小判平成23・4・12民集65巻3号943頁）。

さらに，業務委託契約により特定会社の製品修理等の業務を個人として請け負うエンジニアについて，最高裁は，やはり個別業務に関する諾否の自由や具体的な指揮監督の欠如等を理由に労働者性を否定した下級審判決を覆し，労組法上の労働者と認めた（INAXメンテナンス事件・最3小判平成23・4・12労判1026

号27頁)。そこでは，①会社の組織への組み入れ，②会社による契約内容の一方的決定，③報酬の労務対価性，を主たる考慮要素と位置づけ，諾否の自由，指揮監督，拘束の程度などは補助的な要素と考えているようであり，労基法上の労働者とは微妙に異なる枠組みが示唆されている（かかる枠組みを提示した労委命令として，ソクハイ事件・中労委命令平成22・7・15命令集147集912頁)。

ただ，この枠組みにおいても「独立の事業者としての実態を備えていると認めるべき特段の事情」があれば，例外的に労働者性が否定される可能性があり（ビクターサービスエンジニアリング事件・最3小判平成24・2・21民集66巻3号955頁を参照)，この「事業者」性をどう判断するかも重要となってくる。

⑶ **具体的な例**　業者から注文を受けて自宅で賃加工を行う職人について，毎日業者から仕事の指図を受け，作業内容も業者の従業員と同じであり，こうした労働の対価として工賃の支払いを受けていることから，労組法3条の労働者にあたるとされ，職人組合は労働組合としての適格性を認められた（東京ヘップサンダル工組合事件・中労委命令昭和35・8・17中労時357号36頁)。

プロ野球選手は，税制上では独立の事業者と扱われ，給与の決定方式や用具の調達からみても労基法上の労働者とはいいがたいが，労組法との関係では労働者に含まれる。プロ野球選手会は1985年に，労働委員会で労働組合の資格認定を受けている（プロ野球選手会が労働組合であり，団体交渉権を有することを認めた裁判例として，日本プロフェッショナル野球組織事件・東京高決平成16・9・8労判879号90頁も参照)。また2011年には，日本プロサッカー選手会についても労働委員会で選手の労働者性が肯定され，労働組合の資格が認められた。

コンビニエンス・ストアのチェーンの運営会社とフランチャイズ契約を結んだ加盟店のオーナーについても，労組法上の労働者と認めた都道府県労委の命令があるが，中労委は，労働者には該当しないと判断した（セブン‐イレブン・ジャパン事件・中労委命令平成31・3・15命令集未登載，ファミリーマート事件・中労委命令平成31・3・15命令集未登載)。

§2 使 用 者

1 労基法上の使用者

「使用者」という概念も多義的であり，労基法などに定められた法的義務を履行すべき者を意味する使用者と，労働契約の締結主体としての使用者とがある。労基法10条は，使用者を，「事業主又は事業の経営担当者その他その事業の労働者に関する事項について，事業主のために行為をするすべての者」と定義している。これは，前者の，労基法の諸規定の具体的な責任を負う者を定めたものであり，事業主に限らず，当該事項についての現実の担当者を含む点にポイントがある。この定義に合致する使用者が，労基法の定める義務の履行を怠った場合には，同法117条以下の刑罰の対象となる。

ここでいう「事業主」とは，当該事業の経営主体，つまり個人企業ではその企業主たる個人を，法人企業の場合は法人それ自体をいう（なお，121条の両罰規定における事業主の意味については，47頁を参照）。「事業の経営担当者」とは，事業一般について権限と責任を負う代表取締役や支配人をいう。さらに，「その他……事業主のために行為をする」者とは，労働条件の決定・管理，労務遂行の指揮命令などについて，権限と責任を有している者をいう。当該事項の性質に応じ，部課長から現場監督者や作業責任者まで，これに該当しうる。

なお，労基法以外の労働法規では，規制の対象として，使用者ではなく「事業主」（均等法，育介法など）や「事業者」（労安衛法）という用語が用いられることがある。これらは，いずれも経営主体の責任を明確にする趣旨であり，担当者を含まない点で，労基法10条の使用者よりも狭い。

2 労働契約上の使用者

労働契約上の使用者は，労働契約の主体となる者（個人使用者の場合にはその個人，法人企業であればその法人）であり，これが労働者に対して賃金支払義務などの契約上の義務を負う。労契法2条2項では「その使用する労働者に対して賃金を支払う者」と定義されている。

こうした意味での使用者は，労働者を雇い入れて労働契約を締結した個人または法人であり，通常は明らかである。ただ，例外的な状況では，誰が使用者なのかが問題となり，形式的には雇い主ではない者との間に労働契約関係が認められる場合がある。

⑴　**黙示の労働契約**　第1は，形式的な雇い主以外の者との間に，黙示的な労働契約の存在が認められる場合である。たとえば，社外労働者が受入会社でその直接の指揮命令を受けて就労し，かつ社外労働者の所属する会社が企業としての実体を有しておらず，受入会社の労務管理（募集と賃金支払い）の代行機関にすぎなくなっている場合には，受入会社と社外労働者との間に黙示の労働契約が成立していると考えられる（青森放送事件・青森地判昭和53・2・14労民集29巻1号75頁）。また，職業紹介所から派出される形式をとって病院で入院患者の世話をしていた付添婦について，病院との間に黙示の契約関係が認められた事例もある（安田病院事件・大阪高判平成10・2・18労判744号63頁，同事件・最3小判平成10・9・8労判745号7頁）。

他方，いわゆる偽装請負により，実質的な労働者派遣が派遣法の要件をみたさない違法な形で行われた事案では，その場合にも労働者と派遣元（請負企業）との労働契約が無効となるわけではなく，具体的な事実関係に照らせば，派遣先（発注企業）との間に黙示の労働契約は成立していないと判断された（パナソニックプラズマディスプレイ（パスコ）事件・最2小判平成21・12・18民集63巻10号2754頁。160頁・167頁を参照）。

⑵　**法人格否認**　第2は，形式的な雇い主の法人格そのものが否定され，その背後にある親会社等との間に労働契約関係が認められる場合である。たとえば，親会社が子会社の株式の全部あるいは相当部分を保有し，その役員や管理職を派遣するなどして，企業活動のすべての面で子会社が親会社の一事業部門にすぎなくなっている状況の下で，親会社が子会社の労働組合を嫌悪しこれを壊滅する目的で子会社を解散させた場合には，法人格否認の法理により，子会社の労働者は直接親会社に対して未払賃金の支払いや労働契約上の地位の確認を求めることができる（徳島船井電機事件・徳島地判昭和50・7・23労民集26巻4号580頁，布施自動車教習所・長尾商事事件・大阪地判昭和57・7・30労判393号35頁。なお，後者の事件の控訴審・大阪高判昭和59・3・30労判438号53頁は，賃金債権につき親会社の責任を肯定するが，労働契約上の使用者たる地位については否定す

る)。この場合には，親会社による子会社の解散は，団結権侵害という違法な目的のために別法人格を利用したものであり，法人格の濫用として法人格否認の法理が適用されるのである（最近の適用例として，第一交通産業ほか事件・大阪高判平成19・10・26労判975号50頁，サカキ運輸ほか事件・福岡高判平成28・2・9労判1143号67頁)。

法人格否認の法理は，法人格が濫用された場合だけでなく，それが全くの形骸にすぎない場合にも適用される（川岸工業事件・仙台地判昭和45・3・26労民集21巻2号330頁)。もっとも，同事件については，法人格の形骸化を容易に認めすぎており，法人制度自体の否認につながりかねないとの批判がある。

3　労組法上の使用者

労組法では，労働者についての定義規定は置いているが，使用者についての定義規定を置いていない。これは，労組法全体に共通の使用者が論じられることはなく，個々の事項ごとに考えられることが多いからである。

そのうち最も問題となるのは，労組法7条が定める不当労働行為の主体としての使用者である（435頁を参照)。労働契約の締結主体である雇用主がこれに該当するのは当然であるが，雇用主以外の事業主であっても，労働者の基本的な労働条件等について，部分的であれ使用者と同視できる程度に現実的かつ具体的に支配・決定できる地位にあるときは，その限りで使用者にあたるとされている（朝日放送事件・最3小判平成7・2・28民集49巻2号559頁)。

§3　労働組合

1　労働組合の種類

労働者が，労働条件について使用者と交渉したり，その他団体行動を行うために自主的に組織する団体が，労働組合である。ある具体的な問題の解決のために一時的に結成された「争議団」とは異なり，労働組合は，組織としての継続性を有していなければならない。

労働組合は，労働者が構成員となる単位組合と，単位組合により構成される連合団体に分けられるが，労組法ではそれらの両者を「労働組合」といっている（同2条）。

⑴　**単位組合**　日本では，単位組合の多くは，個別企業ごとにその従業員によって組織される「企業別組合」である。企業別組合は，企業内組合とも呼ばれ，当該企業の実情にふさわしい労働条件の確保に適した組織形態であるが，個別企業を超えた産業や職種全体の労働条件を設定する機能が弱い。また，多くの企業別組合は，組合員資格を正社員や本工に限定し，臨時工やパートタイム労働者などを排除してきた。もっとも，最近はこれらの者を組織化する例も増えている。

企業別組合のほかに，数は少ないが，企業の枠を超えて産業別に組織される産業別組合もある（たとえば全日本海員組合）。また，ある地域で労働者が企業や職種に関係なく個人加盟できる，いわゆる合同労組やコミュニティ・ユニオンもみられ（たとえば，地域一般労働組合，地域パートユニオン，管理職組合），企業別組合のない中小企業の労働者や，企業別組合に加入できない（あるいはしたくない）労働者の受け皿となっている。

⑵　**連合団体**　連合団体の代表的な例は，企業別組合が産業規模で結集する全国単産である（たとえば私鉄総連や電機連合）。また，企業内で事業所ごとに組織される労働組合が企業単位で結集する企業連も，連合団体にあたる。

なお，全国単産などが加入する労働組合の全国的な組織として，日本労働組合総連合会（連合），全国労働組合総連合（全労連），全国労働組合連絡協議会（全労協）といったナショナルセンターがある。これらは連絡協議機関にすぎず，自ら団体交渉等を行うわけではないので，労組法にいう労働組合ではない。

⑶　**混合組合**　労働組合の中には労働者個人と労働組合の双方を構成員とするものもあり，これを混合組合と呼ぶこともある。しかし，「混合組合」という言葉は，公共部門において，国家公務員法・地方公務員法が適用される職員と，労働組合法が適用される職員が，構成員として混在する労働組合をいうことが多い。そのような混合組合も，前者との関係で職員団体であると同時に，後者との関係では労働組合法上の労働組合に該当し，不当労働行為の救済申立てをなしうる（大阪府教委事件・東京高判平成26・3・18労判1123号159頁，泉佐野市事件・大阪高判平成28・12・22労判1157号5頁。449頁参照）。

2　労働組合の設立と性格

労働組合の設立に関し，特別の手続を定める法律の規定はない。労働組合は，複数の労働者が集まって組合規約を作成・承認し，代表者その他の機関を定めれば，許可や届出なしに，自由に設立することができる（自由設立主義。1945年の旧労組法には，行政官庁への届出制と，行政官庁による規約変更命令や解散命令の規定があった）。こうして作られた団体が労組法の定める要件に合致する限り，同法上の労働組合と認められる。

労働組合は，その設立が強制されず，かつ，その形態，単位，機関等についても規約に委ねられており法規制がないという意味で，任意団体といえる。したがって，その内部運営に関しては，できるだけ団体自治を尊重しなければならない。しかし他方で，労働組合には，憲法28条や労組法によって，通常の任意団体には見られないような特別の権限が与えられている（組織強制の承認，民刑事免責，規範的効力をもつ労働協約の締結，不当労働行為の行政救済など）。そのため，それにふさわしい団体として，労働組合には内部運営の面で民主主義と平等が強く要請され，資格審査という手続（29頁）が用意されている。

3　労組法上の労働組合

労組法上の労働組合の概念は，①労働者が主体となって（主体），②自主的に（自主性），③労働条件の維持改善その他経済的地位の向上を図ることを主たる目的として（目的），④組織する団体（団体性），という4つの要素から定義されている（労組法2条本文）。これは，労働組合の基本的な定義であり，憲法28条が予定している労働組合の概念を再確認したものといえる。

労組法はまた，自主性に関する付加的な要件を定め（同条但書），さらに，労働組合が同法の規定する手続に参加したり，その救済を受けるために，民主性という特別の要件を定めている（5条2項）。上記の基本定義に加えて，これらの付加的要件をみたしている労働組合を，「労組法適合組合」という。

これに対して，労組法2条但書および5条2項の要件をみたさなくても，2条本文の要件をみたす労働組合は，勤労者の自主的な団結体としての実質を有するので，憲法28条の保護（民刑事免責，団結権侵害の司法救済）を受けることができる（いわゆる憲法組合）。

4　自主性と民主性

⑴　**自主性**　　自主性の要件は，労働組合が使用者に対して独立な地位を確保するために必要とされる，本質的なものである。使用者の指示により結成・運営される組合（いわゆる御用組合）は，真正な労働組合とはいえない。

労組法2条但書は，本文の「自主的に」に加えて，①使用者の利益代表者が加入していないこと（1号）と，②使用者から経費援助を受けていないこと（2号）を要求している（なお，同但書の3号と4号は，本文の目的要件から導かれる帰結を念のために規定したにすぎず，要件を加重したものではない）。

①でいう使用者の利益代表者とは，役員（取締役，監査役など），人事権をもつ管理監督者，その他職務の性格上労働組合員としての誠意と責任に抵触する者（人事・労務に関係する下位の職制）をいう。管理職の地位にある者がすべて使用者の利益代表者にあたるわけではなく，いわゆる管理職組合であっても，会社の労働関係の計画と方針に関する機密事項に関与する人事課長や労務課長等が参加していない場合には，労組法上の労働組合といえる（セメダイン事件・東京高判平成12・2・29労判807号7頁）。

②の経費援助については，組合活動費として金員を支給することはもちろん，組合用務のための出張費用の負担や組合専従者の賃金の支払いもこれに該当する（使用者がそのような援助をすること自体，不当労働行為として禁止されている。労組法7条3号）。これに対して，勤務時間中に有給で使用者と交渉を行うこと，必要最小限の組合事務所を貸与することは，明文によって許容されている（2条2号但書・7条3号但書）。使用者が組合費のチェック・オフを行うことや，就業時間中の組合活動に対して賃金を控除しないことなども，経費援助にあたらないと解されている。

以上のように，労働組合の自主性の要件については，労組法2条本文に但書が加重されているため（1号・2号），本文と但書の関係が問題になる。但書を本文の例示にすぎないと考える見解も強いが（外尾40頁，片岡⑴78頁），但書は労働組合の自主性を制度的に確保するために設定された消極的要件として，独自の意義をもつと指摘されている（山口19頁）。労働組合の定義においてこのような絞りをかけることが適切かどうかは疑問であり，立法論として問題があるが，条文の構造からすれば，後説のように解するしかないであろう。

(2) **民主性**　次に，民主性の要件は，組合内部における組合員の平等な取扱いと参加権を確保するために，組合規約の中に一定の規定をもうけることを要求するものである（労組法５条２項）。規約に記載すべき事項として，組合の名称，主たる事務所の所在地のほか，組合員の参与権と均等待遇の原則，組合員資格における差別の禁止，役員選挙における直接無記名投票，毎年１回以上の総会開催，適正な会計報告，ストライキ投票などが求められている。

この要件をみたさない組合（規約不備組合）は，労組法５条１項により，手続参与と救済を受ける資格を否定される。しかし，自主性の要件をみたす限り，協約能力や争議行為の免責等，労組法上のその他の権利は認められる。

なお，労組法上は，民主性について組合規約への記載しか要求されていないが，労働組合の趣旨・目的からいえば，実体的にも組合内における平等と民主主義が確保されるべきことは当然である。

5　労働組合の資格審査

労働組合が，労組法の規定する手続に参加したり，同法が規定する救済を受けるためには，労働委員会に証拠を提出して，２条および５条２項の要件をみたす組合（労組法適合組合）であることを立証しなければならない（労組法５条１項，労委規22条）。これが「資格審査」と呼ばれるものである。

前述のように，労働組合の設立に特別の手続は要求されておらず，資格審査を受けなくても，労組法上の要件をみたす限り，労働組合としての権能が認められる。しかし，労組法が提供する特別の利益を享受するための条件として，資格審査の手続が定められ，これを通じて，労働組合が自主性と民主性の要件を具備することを促進しようとしているのである。

資格審査が必要なのは，不当労働行為の救済申立てをして救済を受ける場合（労組法27条），法人登記をする場合（同11条），労働組合が労働協約の地域的な一般的拘束力の申立てをする場合（同18条），および，労働委員会の労働者委員を推薦する場合（同19条の３第２項）である。なお，労働者個人が不当労働行為の救済申立てをする場合には，労働組合の資格審査は不要である。

資格審査は，上記の申立て等がなされて必要が生じた場合に，そのつど行われる。５条２項の民主性の要件については，規約の記載事項によって形式的に審査されるが，2条については実質的な審査が必要となる（日通会津若松支店事件・最3小判昭和32・12・24民集11巻14号2336頁。ただし「その方法程度はともかく」との文言も付されている）。

6　労働組合と法人格

⑴　**法人格の取得**　　労働組合は，この法律に適合する旨の労働委員会による証明を受ければ，登記をすることによって法人となることができる（労組法11条1項）。労働委員会の証明は，上記の資格審査により，当該組合が労組法2条および5条2項の要件をみたすことを確認するものである。

法人登記をしない労働組合は，権利能力なき社団として扱われるが，これについては特に財産の所有形態が問題となる（184頁参照）。

⑵　**法人である労働組合**　　以前の労組法では，法人である労働組合に対し，民法の社団法人に関する規定等を準用していた（旧12条）。しかし，民法の関係規定が削除され，「一般社団法人及び一般財団法人に関する法律」および「公益社団法人及び公益財団法人の認定等に関する法律」が制定されたことに伴って，2006年改正で同規定が削除され，新たに，代表者に関する規定（12条〜12条の6）と，解散による清算に関する規定（13条〜13条の13）が定められた。労働組合は，その目的が公益，営利のいずれともいえない団体であり，上記2つの法律のいずれかの規定をそのまま適用するのは適当ではないため，社団一般に共通する法原則に照らして，新たな規定をもうけたものである。

§4　事業・事業場・企業

⑴　**事業・事業場**　　以上のアクターが活動する労働法の舞台として，最も重要なのは，「事業」および「事業場」である。労基法は，「事業」に使用される労働者に適用され（9条），その適用事業として決定される単位は「事業場」と呼ばれる。そして，労基法上の事業場協定の締結や就業規則の作成は，企業ではなく，この事業場を単位として行われる（労基局㊦869頁以下）。

ここでいう事業・事業場とは，企業を構成する単位で，一定の場所において組織的に関連した支店・工場などをいう。支店・工場の中にあっても，従事する労働者，労務管理などの面から他と明確に区別できる食堂，診療所などは独立の事業となり，逆に，場所的に分散していても，その上位の機構の一部とみなせるような出張所，新聞社の通信部などは，独立の事業とはいえない（昭和22・9・13発基17号，昭和23・3・31基発52号，昭和33・2・13基発90号）。

なお，労基法は，かつては適用事業を17号にわたり列挙する方式をとっていたが（旧8条），1998年の改正で削除され，すべての事業が包括的に適用対象となる方式に変更された。ただし，労働時間等の規制にあたり事業の区別が必要であるので，同法の別表第1でこれを定めている。

⑵ **企　業**　　労働法の舞台として，「企業」という概念も登場する。企業内人事異動としての配転，企業間人事異動としての出向，懲戒処分における企業秩序，あるいはパートタイム労働者の整理解雇の事例で用いられる企業との結びつきの弱さなど，企業という表現はさまざまな場面で用いられる。

これらの「企業」は，法律上定義された明確な概念ではなく，会社等の法人格を基本としながら，継続的・計画的に経済活動を営む事業単位や，ある目的のために供される人的・物的設備の統合を，それぞれの文脈に応じて使い分けている。近年は企業の組織再編が活発になり，そのための法的ツールも豊富となって，個々の法人格ではとらえきれない場面も増えており，企業という概念を掘り下げる必要が増しているといえよう。

§5　外国人労働者

1　外国人雇用の進展

わが国で就労する外国人も，一般的には労働者にほかならず，労働法におけるアクターの一翼を担う点で変わりはない。ただ，外国人労働者を雇用政策や労働法の枠組みの中にどのように位置づけるかについては，特別の課題として検討する必要がある。外国人の就労をめぐる課題は，一方では，入管法（出入国管理及び難民認定法）上の労働可能な在留資格の問題であり，他方で，現に日本で就労する外国人の雇用対策や労働法の適用問題として表れる。

2　外国人の就労と対策

(1)　入管法による対応　　企業活動の国際化に伴い，優れた能力を身につけた，多くの外国人が雇用されるようになり，就労を求めて入国する外国人の数が急激に増加するに至った。外国人就労の基本となるのは，入管法であり，この状況に対処するために，1989 年に在留資格の整備・拡充などを目的とする改正がなされた。

入管法は，その後も改正が加えられ，2014 年入管法改正では，経済のグローバル化の中で，わが国の経済の発展に寄与する外国人の受入れを促進するとの目的で，新たな在留資格として「高度の専門的な能力を有する人材として法務省令で定める基準に適合する者が行う……活動であって，我が国の学術研究又は経済の発展に寄与することが見込まれるもの」として「高度専門職 1 号」がもうけられ，この在留資格をもって一定期間在留した者を対象に，期間が無期限の在留資格「高度専門職 2 号」がもうけられた（入管法 2 条の 2 第 3 項，別表第 1 の 2）。

また，2016 年改正では，わが国の質の高い介護ニーズの増大に対応する目的で在留資格の中に「介護」が創設され，その活動内容として，日本の「公私の機関との契約に基づいて介護福祉士の資格を有する者が介護又は介護の指導を行う業務に従事する活動」と定められた（同別表第 1 の 2）。

(2)　外国人技能実習制度　　外国人の研修・実習制度は，当初は労働法の適用を前提としない外国人研修（約 1 年以内で在留資格は「研修」）のみの受入れであったが，1993 年からは，外国人技能実習制度（最長 3 年で在留資格は「特定活動」）が導入され，労働法の適用を受ける実務研修を予定した実習生が受け入れられてきた。しかし，これら外国人研修および技能実習制度は，単純労働者受入れの抜け道になっているとの批判が強く，2009 年の入管法改正で，両制度を技能実習に一本化する改革がなされた。新しい技能実習制度は，入管法別表第 1 の 2 に「技能実習」としてまとめられ，技能修得活動も含めて労働法令が適用されることになった。

裁判例では，2009 年の入管法改正前に，労働法の適用がないものとされていた外国人研修生が，長時間の作業を命じられ，ノルマを課され，技能実習生とほぼ同じ作業に従事している実態があり，労務の対価として報酬が支払われるという認識があったときには，労基法9条および最賃法2条1号の労働者に該当するとの判断がされた（スキールほか事件・熊本地判平成22・1・29労判1002号34頁，三和サービス事件・名古屋高判平成22・3・25労判1003号5頁も同趣旨）。また，外国人研修生に最低賃金を下回る賃金で時間外労働をさせたことは不法行為にあたる（ナルコ事件・名古屋地判平成25・2・7労判1070号38頁）。

これら種々の問題に対処するため，2016年11月には，「外国人の技能実習の適正な実施及び技能実習生の保護に関する法律」が制定され，技能実習計画の認定制度や監理団体の許可の制度を通じた技能実習の適正な実施，および技能実習生の保護をはかろうとしている。たとえば，高い水準の技能修得をさせる実習（第3号技能実習，9条10号）については，通常の実習期間の終了後に2年以内の実習期間を認める制度がもうけられた（9条3号)。一方で，暴行・脅迫・監禁，違約金の定め，旅券・在留カードの保管などの人権侵害行為は罰則付きで禁止される（46条以下・108条以下)。

⑶　**新たな外国人材受入れ**　2019年4月からは，人手不足が深刻な分野についての新たな在留資格として，特定分野で一定の知識や経験を必要とする技能がある「特定技能1号」（技能実習生は3年の経験があれば試験なし）と，特定分野で熟練した技能がある「特定技能2号」（長期滞在や家族帯同が可能）の受入れを認めることになった（入管法別表第1の2)。受け入れられるのは，14業種とされ，労働者には労働法令が適用されて業種の範囲内では転職も可能であるが，一部（農業・漁業）を除き直接雇用によるものとされ，派遣は認められないとすることが予定されている。

3　外国人の雇用対策・労働法の適用

⑴　**雇用対策**　在留資格のうえでは就労することができないのに，報酬を得て活動する外国人は不法就労外国人と呼ばれ（その具体的定義は，入管法73条の2第2項)，著しい増加が入管行政の側面で困難な課題を生み出している。しかし，労働法の側面からは，外国人の就労が入管法上不適法であるか否かとは別に，雇用対策と適正な労働条件の確保が課題となる。

雇用対策の側面では，事業主は，雇用する外国人が能力を発揮できるように雇用管理の改善に努め，また離職する場合には再就職の援助のための措置を講じるように努めなければならない（労働施策推進法7条）。また，外国人を雇い入れ，または外国人が離職したときには，その氏名，在留資格等の事項を確認し，それらを厚生労働大臣に届け出なければならない。これに応じて，国は適正な雇用管理，および再就職の援助についての指導・助言を行い，職業紹介等や職業訓練を行う（同28条）。

⑵ **労働関係法規**　労働関係法規は，日本国内における労働であれば，日本人であると否とを問わず，また，不法就労であると否とを問わず適用される（昭和63・1・26基発50号・職発31号）。すなわち，労働関係法規は，各法規に定める労働者の定義（労基法9条，労組法3条など）に合致する限り，不法就労であれ外国人にも適用される。ただ，雇用保険については，相当の期間求職活動ができ，反復継続して就労可能な在留資格をもつ外国人に適用を限定する実務がなされている。

外国人労働者が労働災害を被った場合，労災保険制度の適用においては，保険給付の方法等について実務上の問題があるが，日本人と同様の取扱いが可能である。不法就労者が労災認定の申請をなした場合も，労働基準監督署の実務では，原則として入管当局に通報しない方針が採用されている。

労災について民事訴訟により損害賠償を請求する場合，不法就労であるからといって休業損害に対する賠償が否定されることはない。ただ，後遺障害がある場合の逸失利益の算定については，予想されるわが国での就労可能期間はわが国での収入等を基礎に，その後の期間は母国での収入等を基礎になされるべきであり，不法就労者の場合はわが国での就労可能期間が長期にわたると認めることはできない（改進社事件・最3小判平成9・1・28民集51巻1号78頁。同判決は，日本での失職後3年間は実収入額を，その後67歳までは母国での平均収入額を基準とすべきであるとした下級審の判断を是認した）。

⑶ **雇用管理・均等待遇**　外国人の募集・採用，適正な労働条件，解雇の予防等の雇用管理全般について，意思疎通の不十分さや雇用慣行の違いなどからトラブルが生じることが多い。使用者は，労働関係法令および社会保険関係法令を遵守し，在留資格の範囲内で能力を発揮しつつ就労できるよう，適切な措置を講ずることが求められている（具体的な行動指針として，平成19・8・3厚労告276号「外国人労働者の雇用管理の改善等に関して事業主が適切に対処するための

指針」を参照)。裁判例では,「研修を目的とする契約」であるか否かの対立をめぐる職場離脱の正当性が争われた例として,山口製糖事件(東京地決平成4・7・7労判618号36頁)がある。また,不法就労外国人の場合には,法的な地位の弱さもあって,不明確で劣悪な労働条件を押しつけられることが多い。外国人に不法就労をさせた使用者,または不法就労のために支配下に置いたり斡旋した者は,不法就労助長罪として処罰される(入管法73条の2第1項)。

労働者の国籍を理由として,労働条件について差別的取扱いをなすことは禁止される(労基法3条,日立製作所事件・横浜地判昭和49・6・19労民集25巻3号277頁参照。また,寮費である住宅費・水道光熱費の控除につき,外国人実習生と日本人従業員との間で大幅な格差があったことについて,労基法3条に反すると判断したものとして,デーバー加工サービス事件・東京地判平成23・12・6労判1044号21頁)。かかる禁止の趣旨は不法就労者の場合にも及ぶし,同条は外国人相互間(たとえば「定住者」の在留資格をもつ日系人とその他の外国人)の労働条件の格差にも,適用されると解すべきである。

以上のような外国人労働の雇用管理の改善等のために,労働施策推進法7条にもとづき,指針が定められている(平成19・8・3厚労告276号,2019年3月改訂)。

Brush up 国際的な労働紛争と裁判所

グローバル化の進展により，国際的な労働紛争も増加している。日本企業が外国で労働訴訟を経験する一方で，日本の裁判所が外国企業や外国人労働者をめぐる訴訟を扱うこともある。たとえば，フランス法人の日本営業所で雇用されたアメリカ人が退職金を請求した事案では，裁判所が契約書の英語とフランス語の記載を比較検討しながら判断を下しており，興味深いものがある（バンク・インドスエズ事件・東京地判平成5・3・19労判636号70頁）。

しばしば問題になるのは，裁判管轄と準拠法である。ドイツの航空会社の日本人乗務員（勤務のベースは日本）が手当の減額を争った事案では，①被告は日本に営業所を有するので日本の裁判管轄権が及ぶ，②雇用契約の準拠法は当事者の意思に従うところ（旧法例7条），本件の諸事情に照らせばドイツ法とする旨の合意があったといえる，③ドイツ法では，本件のような減額は認められる，と述べて，原告らの請求を棄却した（ルフトハンザ航空事件・東京地判平成9・10・1労判726号70頁）。他方，アメリカの航空会社の日本人乗務員をめぐる事案では，契約書の中で専属的裁判管轄としてアメリカの裁判所を指定していたため，日本の裁判所には管轄権がないとして，訴えが却下された（ユナイテッド航空事件・東京高判平成12・11・28労判815号77頁）。

その後，2006年には，旧法例に替えて「法の適用に関する通則法」が制定され，労働契約に関する特別規定（12条）がもうけられた。そこでは，当事者による準拠法の選択を基本としつつも，特に選択がなければ，「当該労働契約に最も密接な関係がある地の法」として，労務提供地の法が適用される（3項）。また，当事者による法選択がある場合でも，労働者が使用者に対して労務提供地の法の中の特定の強行規定を適用すべき旨を表示すれば，その保護を受けることが可能となった（1項・2項）。

また，2011年の民事訴訟法改正では，国際裁判管轄の規定が新設され，個別労働関係の訴訟について，①労働者から事業主に対する訴えは，労務の提供地がある国でも提起可能，②事業主から労働者に対する訴えは，原則として労働者の住所地国でのみ提起可能，③事前の国際裁判管轄に関する合意の効力は限定する，という扱いがとられた（3条の4第2項・3項，3条の7）。

労働者の保護のために，以前よりも労務の提供地が重視されている。現在なら上記の裁判例はどんな判断になるのか，それぞれで考えてみよう。

3　労働条件の決定システム

労働にあたって取り決めておくべきさまざまな条件，たとえば賃金の算定や支払いの方法，労働時間や休日・休暇，服務規律，安全衛生や労働災害の補償などを，労働条件といい，その多くは労働契約の内容となる。これらは，どのような仕組みで，どのような基準により決定されるのだろうか。

本来，労働条件は，個々の労働者と使用者の合意によって，自由に決定できるのが原則である。労働も一種の経済行為である以上，自由で対等な意思の合致で対価や条件を決定するのが，当然の出発点である。労基法は，「労働条件は，労働者と使用者が，対等の立場において決定すべきものである」と定め（2条1項），労契法も，「労働契約は，労働者及び使用者が対等の立場における合意に基づいて」締結・変更されると定めて（3条1項），労使の対等決定原則を明らかにしている。

しかし，個別的な合意のみによる決定方式は，現実には種々の不都合を生み出すことになった。労使は真に対等な立場に立つことはありえず，実際にも，不況などにより労働の需給バランスが崩れたときには，労働者は悲惨で劣悪な労働条件を余儀なくされた。このため，労働条件の決定には，次のような多様な規制が加わるようになった。

第1に，労働条件は立法による規制の対象とされている（憲法27条2項を参照）。労基法が，「労働者が人たるに値する生活を営むための必要を充たす」労働条件を追求すべき基本課題としている（労基1条1項）のも，その表現である。第2に，労働条件には団体交渉を通じての集団的な規制，すなわち労働協約による規制が加えられる（労組16条）。第3に，使用者の設定する就業規則や，労働慣行のような不文律も，労働条件を規制する要素としてあげることができる。

かくして，労働条件は，個別の合意を基本としつつも，複合的なシステムの「枠づけ」の中で決定されている。

§1　労使の自主的規範

1　労働契約

労働者が使用者に対して労働を提供し，使用者がこれに賃金を支払う合意を，労働契約という。こうした契約について，民法は「雇用」という名称で，第3編第2章に定める典型契約の1つとして種々の規定を置いている（623条以下）。労働基準法はこの契約について，労働契約という名称のもとに，労働条件の明確化や最低基準の設定などの現代的な政策目的を織り込んだ，独自の規制を行ってきた（13条以下）。そして，2008年3月に施行された労働契約法は，労働契約の諸原則を定めるとともに，労働契約の成立・展開から継続・終了等に関する基本的事項を定め，個別的労働関係の安定をはかろうとしている。

(1)　労働契約の成立　　労働契約は，労働者が「使用者に使用されて労働」する意思を，および使用者が「これに対して賃金を支払う」意思を有し，両者がこれらを「合意する」ことにより成立する（労契法6条）。これが，労働契約の成立要件である。このような意思の合致が確定的に生じていない段階では労働契約が成立したとはいえず，新規学卒者が内々定の状態であって確定的な意思の合致があるとはいえないときには，労働契約の成立に関する意思の合致はない。また，雇入れ通知書の交付に際し，労働者が「考えさせてほしい」として合意を留保していること等の事情があるときには，確定的な回答が留保されており，労働契約が成立したとまで認められない（わいわいランド事件・大阪高判平成13・3・6労判818号73頁）（黙示の労働契約の成立については，61頁を参照）。

労働契約は，諾成・不要式の双務契約であり，実際にも契約の締結にあたって，契約書が交わされることは少ない。ただ，後述のように（70頁参照），労働条件のうち賃金および労働時間その他命令で定める事項（労働契約の期間，就業の場所と従事すべき業務，労働時間関係，賃金関係，退職に関する事項）については，書面により明示することが義務づけられている（労基法15条1項，労基則5条2項・3項）。この書面は，契約書というわけではなく，また書面による労働条件の明示が労働契約の有効要件となるわけでもない。しかし，明示された労働条件は，少なくとも労使の合意事項としての推定を受け，契約解釈の重要な資料になるといえよう。また，パート・有期労働者の労働契約については，契約内容についての争いが生じやすいことから，労基法 15 条に定める事項のほかに，「特定事項」について文書の交付その他の方法で明示しなければならない（パート労働法 6 条，パート有期法〔2020 年施行〕6 条。153 頁参照）。

使用者は，労働契約の内容について労働者の理解を深めるようにするものとされている（労契法 4 条 1 項）。この「労働条件理解促進義務」は，労基法 15 条の労働条件の明示義務より広い場面で履行の必要があり，また，同条の明示事項（労基則 5 条参照）より広い範囲の事項に及ぶ。訓示規定であるが，労働条件の変更の合理性を判断するにあたって影響を及ぼしうる（労働契約法の施行前のケースであるが，退職金制度の移行をもたらす就業規則の変更につき，全体朝礼等における説明や休憩室の壁に掛けられていた就業規則の内容では「実質的周知」がされたとはいえないことから，同変更の効力を否定した裁判例として，中部カラー事件・東京高判平成 19・10・30 労判 964 号 72 頁参照）。また，使用者は，労働契約の内容について，できる限り書面で確認するものとされている（労契法 4 条 2 項）。

⑵ **労働契約の機能**　実際には労働者が労働契約を締結していると自覚することは必ずしも多くないから，労働契約が労働条件の決定において果たす役割は限られたもののようにみえるかもしれない。しかし，労働条件の決定システムを，より広い視野から見直した場合，現代の雇用情勢の中で，労働契約の役割は，以下の点でむしろ増大している。

第 1 に，労働契約は，労働条件を決定する形式的根拠である。労働条件の多くは，就業規則や労働協約などの規定により決定されるが，このことは，就業規則などの規定が労働契約の最低限を規律し，またはその内容になることを意味する。つまり就業規則などは，労働契約上の権利と義務となることによって，はじめて使用者と労働者を拘束することができる。その意味で，労働条件を決定する直接の形式的根拠はなお労働契約であり，契約についての種々の法技術が重要な役割を果たすことになる。

第 2 に，労働条件の中には，就業規則や労働協約などによる集合的な規律には適合しない，個別的にしか決定できないタイプのものがある。個々の労働者の勤務場所や具体的な業務内容などがその典型であり，これらの労働条件については，個別の合意によって定めるしかない（労契法 6 条）。労働契約の締結の際に明示すべき労働条件として「就業の場所及び従事すべき業務に関する事項」が掲げられているのに（労基則5条），就業規則の必要的記載事項としてはその事項が欠落しているのは（労基法89条），そのためである。近年では，賃金についても成果主義賃金などにより個別処遇の動きが強まり，個別合意の役割がいっそう重要になっている。

第3に，近年増加傾向の著しい，パート・有期労働者や派遣労働者など非正規雇用の労働条件の決定にあっては，通常の雇用に比べて，労働契約そのものに依拠する度合が高い。これらの労働者は，就業規則や労働協約の適用を受けることが一般の労働者に比べて少ないのが実情であり，また個別の労働者ごとに労働条件が設定されることが多いからである。

⑶　**合意の原則**　　労働契約の締結，内容とその変更，および終了など，労働契約を中心として生じる諸問題の規律を目的とする法が，一般的な意味での労働契約法である。わが国では，長らくこのような労働契約法がなかったが，2007年に「労働契約法」が制定され，2012年には，法的紛争の多い有期労働契約の部分（第4章）に18条〜20条の3ヵ条を加えた。

労働契約法の基本理念は，何より「合意の原則」にあり，労働契約はその成立から展開・変更の全過程において，「合意の原則」の支配下にあるものでなければならない（労契法1条）。すなわち，労働契約は労使対等の立場による「合意に基づいて」締結・変更すべきであり（同3条1項），労働契約は，労働者が使用されて労働し，使用者が賃金を支払うことについて，労使が「合意することによって」成立する（同6条）。また，労働契約の内容である労働条件の変更は，労働者と使用者の「合意により」可能となり（同8条），就業規則の変更による場合も，使用者は労働者と「合意することなく」労働条件を変更することができないのが原則である（同9条）。

労働契約法がこのように合意の原則を強調したのは，なぜだろうか。上述のように（39頁を参照），現在の労働条件の決定・変更のシステムにおいては，労働契約をめぐる個別の合意や交渉の機能は，理論的にも実際的にも，むしろ増大している。そこで，そのことを労働契約の各局面でくり返し確認することが，労働関係の安定に資すると考えられたのである。ただ，このように合意の存在を重視するようになると，逆に，労働者の同意さえ得ていればどのように不利益な変更であっても法的効力が生じることになりかねない。最高裁をはじめとして多くの裁判例で，単なる合意では足りずその合意が「自由な意思に基づいてなされた」ことが求められるのはそのためである（355頁を参照）。

他方，労働契約法は，かかる合意の原則が妥当しない，重要な例外も予定している（同9条但書）。就業規則の変更による労働条件の変更がそれである（同10条・11条）。このように労働契約法は，合意の原則を強調するにもかかわらず，合意を実質的に確保するためのメカニズム（手続や制度）を欠くだけでなく，合意によらない労働契約の変更方法を法律上承認している。

2 就業規則

就業規則とは，労働条件や服務規律などの事項について使用者が定める規則のことである（詳細は「8 就業規則」）。

労基法では，事業場で適用する労働条件のほぼ全般にわたって，就業規則を作成して届け出ることが，使用者の義務として課されている（労基法89条）。作成にあたっては，過半数組合か，それがないときには過半数代表者の意見を聴かなければならないが，その同意を得る必要はない（同90条）。いったん就業規則が制定されると，それを下回る労働契約は無効となり，無効となった部分は就業規則の定めが適用される（同93条，労契法12条）。しかし，就業規則の定めは，強行法規やその事業場の労働協約の定める基準に反してはならない（労基法92条，労契法13条）。

さらに，就業規則に合理的な労働条件が定められ，それが労働者に周知されているときには，労働契約の内容は，その就業規則で定める労働条件によるものとされる（労契法7条）。また，就業規則の変更により労働条件を変更する場合も，やはりその変更が合理的なもので，変更した就業規則を周知させているときは，労働条件は変更後の就業規則によるものとされる（同10条）。

就業規則のこうした法律上の位置づけからすると，就業規則を通じた労働条件の決定において，その主導権と最終的な決定権をもつのは，常に使用者そのものである。そこには，諸外国でみられるような，労使による労働条件の共同決定という考え方はみられない。また，その労働条件の内容については，当該事業場に労働協約が適用されないときには，強行法規や公の秩序に違反しない限り，使用者は合理性の範囲内で自由に設定することができる。そのため，事業場全体に適用される労働条件の決定において，使用者に託された権限の幅はきわめて大きい。

しかしながら，就業規則の作成による労働条件の決定は，使用者の権限ではなく，義務として課されたものである。その意味で使用者は，就業規則の作成を通じて，当該事業場において労基法の趣旨に合致した合理的な労働条件を設定する役割を法律にもとづき課されていることになる。

3 労働協約

労働協約とは，労働組合と使用者またはその団体との間の，労働条件その他に関する書面による協定である（労組法14条）。労働組合は，組合員の利益を代表して，使用者と団体交渉を行い，組合員その他の労働者の労働条件を設定する権限を有することになる（詳細は「12 労働協約」）。

労働協約の定める労働条件などの基準は，もとより強行法規に違反することはできない。労働協約の基準に違反する労働契約の部分は無効となり，無効となった部分はその基準の定めるところによる（労働協約の規範的効力，同16条）。また，就業規則は，その事業場に適用される労働協約の規定に反してはならない（労基法92条1項，労契法13条）。このように，労働協約は，労働条件を決定するにあたって，労働契約や就業規則の上位規範として位置づけられる。

労働協約の設定する労働条件が適用されるのは，原則として協約の当事者である労働組合の組合員に限られ，それ以外の労働者は労働協約の一般的拘束力が及ぶ場合に限り（労組法17条・18条），適用を受けるにすぎない。したがって，労働協約が労働条件を設定する機能の及ぶ範囲は，就業規則と一致しない。

こうして，労働協約には，労働組合という組織の力を背景とした交渉の成果であることにより，労働者の労働条件を設定する機能が与えられている。労働者はそのような労働協約の締結について，組合への加入行為によってこれに包括的な権限を与えており，組合は個々の条項の改定について組合員から個別的に授権される必要はない。もっとも，労働協約で設定しうる労働条件の範囲，あるいは労働協約の効力の及ぶ範囲については，「個人と集団」の問題とも関わる重要な論点となる（206頁を参照）。

4　労働慣行

一般に労働は，企業という独立した人的・物的な結合体（部分社会）の枠内で，長期にわたり，反復的に生産や事務処理活動を継続する行為であるから，企業内に一定の慣行が発生することが多い（企業の枠を超えて地域や産業レベルの慣行が存在する国もあるが，わが国ではあまり例をみない）。それらは，労働契約，就業規則，労働協約などの明示の規定にもとづくことなく，実際上長期にわたって労働関係のルールとなっており，労働条件の日常的・弾力的基準としての役割を果たしている。もっとも，労働慣行は簡単に成立するわけではなく，成立しているといいうるには，①同種の行為・事実が一定の範囲で長期間反復継続して行われ，②労使双方がこれを明示的に排除・排斥せず，かつ，③当該慣行が労使双方の規範意識により支えられ，特に使用者側における当該労働条件の決定権や裁量権を有する者が規範意識を有するといった実態にあることを要する（商大八戸ノ里ドライビングスクール事件・大阪高判平成5・6・25労判679号32頁，同事件・最1小判平成7・3・9労判679号30頁）。

労働慣行の存在形式はさまざまであり，それにともない法的意義も，多様な評価が必要である。

第1に，就業規則や労働協約の規定の予定しない労働条件その他の処遇に関して，一定の取扱いが長期にわたって反復・継続され，労働契約の当事者がそれに依拠する意思をもつと認められることがある（たとえば，転勤を命じる際にはあらかじめ内示する旨の慣行）。そこに「黙示の合意」が認められれば労働契約そのものになるが，そうでないときにも「事実たる慣習」（民法92条）として労働契約の解釈の基準となる。その場合には，労働者は自己の労働条件につき慣行による取扱いを請求することができる。また，使用者がこの種の労働慣行の廃棄を強行すると，権利の濫用や信義則違反の評価を受けることが多く，労働組合への対応いかんでは不当労働行為となることもある。

第2に，労働慣行の中には，就業規則等の一般的・抽象的な規定を，当該職場の事情に適合させたり，細目を定めることを目的とするものがある（たとえば転勤内示の規定のもとで，2週間前に内示する旨の慣行）。のみならず，就業規則等の定める基本方針をいくらか逸脱するような運用が慣行的になされている場合もある。そうした慣行は，その内容が合理的と認められるときには，就業規則等の規定の解釈基準としての意味をもち，就業規則等と一体となってそれと同一の効力を承認することができる。

第3に，就業規則等の規定が存在する労働条件についても，現実にはその基準と異なる取扱い，または規定文言の通常の文理解釈を逸脱する運用が，長期間にわたり実施されていることがある。たとえば，就業規則では「会社が特に必要と認めた」ときに嘱託として再雇用する定めとなっている場合でも，「特段の欠格事由のない限り，その従業員を直ちに嘱託として再雇用するとの労働慣行が確立している」ことがある（大栄交通事件・東京高判昭和50・7・24労判245号26頁，同事件・最2小判昭和51・3・8労判245号24頁）。使用者は確立した慣行の破棄を強行すると，権利の濫用や信義則違反の評価を受けることがある。破棄を望む使用者は，就業規則や労働協約の規定変更に準ずる手続を尽くして本来の規定どおりの取扱いに戻す必要がある。

§2　労働基準法などの強行法規

1　公序と強行規定

労働法の規範は労使間の合意をベースにするものであるとしても，国家が直接に規制することで，労使間で自由に合意することを許さない領域を含んでいる。すなわち，労働法の各立法における規定の多くは，「公の秩序」による強行法規であることが多く，これと異なる法律行為をしたときは，無効となる（民法90条・91条参照）。また，多くの判例は，労働法の各立法に規定がもうけられていないときにも，直接に公序を援用して，使用者の雇用上の措置等を無効と判断しており，公序は労働法の重要な規範として援用される。たとえば，均等法の成立以前には，定年差別に対する解決規範がなかったことから，日産自動車事件（最3小判昭和56・3・24民集35巻2号300頁）は差別定年を定める就業規則を，「性別のみによる不合理な差別を定めたものとして民法90条の規定により無効」と判断した。現在でも，たとえば，競業避止義務については労働法に解決規範がなく，その成否は公序を援用して判断される（初期のリーディングケースとして，フォセコ・ジャパン・リミティッド事件・奈良地判昭和45・10・23判時624号78頁）。その他，休暇・休業の権利行使に対する不利益取扱いなど，公序は多様な事案で解決規範として援用される。

強行規定については，労基法13条や最賃法4条2項には，以下にみるように片面的な強行的効力だけでなく，直律的効力を定めている。しかし，これらの定めのない強行規定に直律的効力を認めるべきかについては議論があり，判例はこれを否定している。その意味では，労働法上の強行法規には，その強行性の程度に濃淡（グラデーション）があることになる（4を参照）。

2　労働基準法とその実効確保

労基法は，労働条件に関する規定の実効性を確保するために，3つの方式を装備している。私法的側面においては労基法の強行的・直律的効力および付加金，刑事法的側面では各規定違反に対する罰則，さらに行政的側面においては労働基準についての監督行政，がそれである。

(1)　強行的・直律的効力　労基法の定める労働条件の基準は，当事者の合意によってもそれを下回ることはできない。このような性格をもつ規定を，片面的強行規定という。たとえば，労基法は「1日について8時間を超えて，労働させてはならない」と定めている（同32条2項）。このため，たとえ労働者の側から「1日10時間勤務にしてほしい」旨の申出があり，合意がなされたときにも，労働契約は「その部分について無効」，つまり1日10時間労働についての権利と義務が無効となる（同13条前段）。

この場合，無効となった部分は，この法律で定める基準による（同条後段）。つまり，労基法の定める労働条件が，直接に労働契約の内容に取り込まれて，労使の権利と義務を構成することになる。これを直律的効力（補充的効力ともいう）といい，最低労働条件の定立という政策目的を私人間の契約の中に直接に反映させようとする，独特の効力である。

以上の効力は，労働契約のうち労基法に違反する部分についてのみ生じ，それ以外の部分の効力には影響を及ぼさない。このことは，労働時間と賃金のように強い牽連関係がある労働条件の間についても例外ではない。たとえば，労働契約において「1日10時間労働・賃金1万円」と定めた場合には，時間給の定めと解釈される場合を除いては，この契約は「1日8時間・賃金1万円」と修正されるのであり，「1日8時間・賃金8000円」となるのではない（橘屋

事件・大阪地判昭和40・5・22労民集16巻3号371頁)。

なお，労働契約の存立そのものが労基法などの強行法規や公序良俗に反するとき（たとえば，労基法56条に反して最低年齢未満の児童を使用する契約)，その労働契約は全体として無効となる。ただ，労働契約が無効となるとしても，労働の提供という客観的事実の存在により，契約があったと同様の処理がなされうるから，すでに提供した労働に対する支払いを拒否したり，労働災害に対する賠償責任を免れることはできない。

⑵ **付加金**　裁判所は，労基法にもとづき支払うべき賃金ないし手当，すなわち20条（解雇予告手当)，26条（休業手当)，37条（割増賃金)，39条7項（年休中の賃金）を支払わなかった使用者に対して，その未払金に加えて，これと同一額の付加金を労働者に支払うよう命じることができる（同114条)。これらの規定に違反して各支払いを怠った使用者に対して，倍額に相当する支払いを課すことにより，実効性を高めようとする趣旨である。同条の文言からして，付加金を命じるか否かは裁判所の裁量によるが，近年は不払い残業など悪質な労働時間規制の違反事例等で，裁判所はしばしば付加金を命じている。ただ，「同一額」の範囲内でいかなる額とするかも，裁判所の裁量に委ねられており，裁判所は労基法違反の程度や態様，労働者の受けた不利益の性質や内容，違反の経緯や使用者の対応等を考慮して，多様な率や額で命じている（たとえば，同一額ではなく70％を認容した例として，学校法人関西学園事件・岡山地判平成23・1・21労判1025号47頁，また時間外手当の認容額約570万円に対して付加金300万円を認める例として，エーディーディー事件・大阪高判平成24・7・27労判1062号63頁)。

付加金は，労働者の損害補塡を本質とするのではなく，むしろ裁判所の判断にもとづく民事罰が法定されたものと考えられている。したがって，使用者に付加金の支払義務が発生するのは，労働者がこれを請求したときではなく，裁判所による支払命令の確定時である（江東ダイハツ自動車事件・最1小判昭和50・7・17労判234号17頁)。また，労働者による訴訟提起後であっても，上記の各規定の違反状態が除去されたとき，たとえば労基法20条違反の場合に訴訟提起後に解雇予告手当に相当する金額の支払いが完了されたときには，付加金の支払いを命じることはできない（細谷服装事件・最2小判昭和35・3・11民集14巻3号403頁)。さらに最高裁は，労働者が使用者に対し時間外労働の未払割増賃金を求める裁判で，事実審の口頭弁論終結までに，使用者が労働者に対し未払割増賃金の支払い（供託を含む）を完了したときには，義務違反の状況が消滅したものであるから，裁判所は，使用者に対し，未払割増賃金に係る付加金の支払いを命ずることができないと判断した（ホッタ晴信堂薬局事件・最1小判平成26・3・6労判1119号5頁）。しかし，これらの判例の動きについては，付加金制度の適用の範囲を過度に狭めるものとして，疑問が残る。

なお，民事訴訟費用の算定という観点では，最高裁は，休業手当（労基法26条）の請求に伴う付加金について，これを「使用者による……休業手当等の支払義務の不履行によって労働者に生ずる損害の塡補という趣旨も併せ有する」と解しており，民訴法9条2項の適用を認めて，その価額を訴訟の目的の価額に算入しないと判断している（最3小決平成27・5・19民集69巻4号635頁）。

⑶ **罰　則**　　労基法の労働条件の基準を定めるほとんどの規定には，違反に対する罰則が定められている（117条〜120条）。のみならずこの処罰については，いわゆる両罰規定によって，違反の実行行為者と事業主の両者が遺漏なくその対象となるよう定められている（121条）。

すなわち，121条1項によれば，事業主の代理人（委任を受けた弁護士を含む）や使用人が各条項の違反行為をしたときには，これらの行為者が処罰されるだけでなく，その事業主（法人，自然人のいずれも含む）に対しても各条の罰金刑が科される。事業主への処罰は，事業主（ここでは自然人。法人の場合は代表者）が，人員や予算などの面で違反の防止に必要な具体的措置を講じていたときに限り，免れうるにすぎない。以上が両罰規定の構成である。

それだけでなく同条2項によれば，事業主（自然人）は，違反の計画や行為を知りその防止・是正に必要な措置を講じなかったとき，または違反を教唆したときには，行為者として独立して処罰の対象となる（罰金刑だけでなく，懲役刑も科されうる）。こうして，本条全体の構成によれば，一の違反行為に対して，1項但書を充足せず，かつ2項に該当するときには，理論上は三者（行為者，法人，代表者）の処罰もありうることになる。

⑷ **監督行政**　　労働行政においては，労基法やその関連法規の施行を専門的に管掌する監督機関を設置することによって，法の遵守を確保しようとしている。そのような監督機関として，厚生労働省に設置される労働基準局があり，

またその下に都道府県労働局（労働基準部が所管），各都道府県管内に労働基準監督署などが設置されている（労基法97条1項）。その指揮監督は，厚生労働大臣→労働基準局長→都道府県労働局長→労働基準監督署長という，上下のライン構成とされている（同99条）。これらの監督機関には，労働基準監督官が配属される。労働基準監督官は，他の国家公務員とは別個の任免方法により，独立した資格と権限を有する専門職の監督行政官である。

以上の監督機関のうち，労働基準法等の監督行政の第一線にあたるのは労働基準監督署であり，同署長は労基法各規定の定めるところにより，臨検，尋問，許可，審査，仲裁などの事項を取り扱う。労働基準監督官は，事業場などを臨検し，帳簿等の提出を求め，必要な尋問を行う権限を行使することができ（同101条），また労基法違反の罪について，逮捕，捜査などの刑事訴訟法に規定する司法警察官の職務権限を行使する（同102条）。労働基準監督署長や労働基準監督官は，必要があれば，使用者または労働者に報告・出頭を命じることができる（同104条の2）。

こうした監督行政を実効あらしめるために，労働者は，事業場に労基法（または同法にもとづく命令）に違反する事実があると考えるときには，それを行政官庁または労働基準監督官に申告する権利をもち，使用者はそれを理由に解雇その他の不利益取扱いをしてはならない（同104条）。他方で使用者は，各事業場ごとに労働者名簿と賃金台帳を調製して所定の事項を記入しなければならず（同107条・108条），それらをその他の重要書類とともに3年間保存しなければならない（同109条）。

3　事業場協定・労使委員会決議

(1)　強行法規性とその緩和　　労基法その他多くの労働法規の定める労働条件は「最低のもの」である（労基法1条2項）。そのために，これらの法規は，労働条件の最低基準として「下支え」を確保する諸規定をもうけるのが原則である。しかし，この原則に対する例外として，事業場における労使の合意を通じて，労働条件の最低基準を緩和・変更するための2つの方式を定めており，弾力的な規制の可能性も認めている。

(2)　事業場協定　　労基法その他の法規にもとづき，使用者が当該事業場の

主要な事業場協定と労使委員会決議

事業場協定および労使委員会決議の種類	届出の要否(要が○, 否が×)	労使委員会決議への代替(可が○, 否が×)	労使委員会が行う決議のみ
労働基準法			
貯蓄金管理協定(18条2項)	○	×	
賃金控除協定(24条1項但書)	×	×	
1ヵ月変形労働時間制協定(32条の2第1項)	○	○	
フレックスタイム制協定(32条の3第1項)	×	○	
1年変形労働時間制協定(32条の4第1項・2項)	○	○	
1週間変形労働時間制協定(32条の5第1項)	○	○	
休憩時間の一斉付与除外協定(34条2項但書)	×	○	
時間外・休日労働協定(36条1項・2項・5項)	○	○	
時間外労働の代替休暇協定(37条3項)	×	○	
事業場外労働みなし時間協定(38条の2第2項)	○	○	
専門業務型裁量労働協定(38条の3第1項)	○	○	
企画業務型裁量労働決議(38条の4第1項)	○	−	○
年休時間単位付与協定(39条4項)	×	○	
計画年休協定(39条6項)	×	○	
年休賃金の標準報酬日額協定(39条9項但書)	×	○	
高度プロフェッショナル決議(41条の2第1項)	○	−	○
育児介護休業法			
育休対象労働者の除外協定(6条1項但書)	×	×	
介休対象労働者の除外協定(12条2項)	×	×	
労働者派遣法			
不合理な相違および不利な待遇の禁止の除外協定(30条の4第1項)	×	×	

従業員の代表と結ぶ書面による協定のことを事業場協定という（労使協定とも呼ばれる）。労働時間関係規定を中心に，幅広い分野でこの協定を利用した労働条件の設定が予定されており，労働条件決定システムの重要な要素となっている。その主要な適用分野は，**表**（前頁）に掲げるとおりであり，幅広い領域に及ぶ。いずれも，各規定の定める労働条件に関する原則に対して，協定締結を条件に例外を認める（基準を緩和する）ことを目的としている。

これらの事業場協定は，事業場を単位として締結される（本社事業場で締結された専門業務型裁量労働の事業場協定〔労基法38条の3〕が，これと区別される他の事業場の労働者には適用されないとした事例として，ドワンゴ事件・京都地判平成18・5・29労判920号57頁）。協定の一方の当事者は，労働者に対する権利義務の帰属主体となる使用者，つまり事業主である。他方の当事者は，事業場に過半数組合がある場合はその労働組合，過半数組合がない場合には労働者の過半数を代表する者である。この場合の代表の母体となる労働者は，事業場の全労働者であり，たとえば時間外・休日労働協定についても，それらが適用除外となる管理監督者や禁止される年少者なども含まれると解されている。なお，事業場協定の多くは，労働基準監督署長への届出が必要であるが，会社に事業場が分散して複数存在し，本社・本部の人事部門で統一的な人事・労務管理をしているときには，①本社と事業場の協定の主要な内容が同一であること，②届出を要する部数の協定が提出されていることを要件に，本社が一括して届け出ることが認められている（平成15・2・15基発0215002号）。

事業場協定の効力は，当該事業場の全労働者に及ぶ。つまりこの労働条件決定システムは，使用者の単独決定によらない点で就業規則と異なり，また過半数組合が当事者のときも組合員以外の労働者に対して当然に適用が及ぶ点で労働協約とも異なるのである。なお，使用者は労基法上，労働者への事業場協定の周知を義務づけられている（106条1項）。

事業場協定の適用領域が多彩になってきたため，それが労働契約にどのように効力を及ぼすかは，一律に論じることができなくなった。事業場協定の中には，その締結だけで適用対象労働者に私法上の効力が生じると解されるもの（たとえば労基法39条6項の計画年休協定）と，別に就業規則などの根拠を要するものとがある。また，後者の根拠についても，事業場協定の種類によっては，就業規則の規定で足りるものと，さらに労働者個人の合意が必要であると主張されるものとがある。それぞれの協定について，その趣旨に照らして性格を見極める必要がある。

⑶ **過半数代表者**　事業場協定の締結は，過半数組合がないときには，労働者の過半数代表者が担当する。過半数代表者は労働者の利益を代表して協定を締結するにふさわしい者でなければならず，労基法の労働時間等に関する規定を適用除外される管理監督者（労基法41条2号）が選任されてはならない（労基則6条の2第1項1号。会社役員を含む全従業員で組織する親睦団体の代表者が自動的に労働者代表となって締結された時間外労働協定を無効と判断したものとして，トーコロ事件・最2小判平成13・6・22労判808号11頁）。また，その選出は，労働者の投票・挙手といった民主的な手続による必要があり（同項2号），使用者の意向によって選出された者であってはならない（平成11・1・29基発45号，専門業務型裁量労働制のための事業場協定において，労働者代表の選出方法が従業員の意思にもとづくものとはいえず，同制度の適用はないと判断したものとして，乙山彩色工房事件・京都地判平成29・4・27労判1168号80頁）。なお，使用者は，労働者が過半数代表者であることや過半数代表者になろうとしたこと，または過半数代表者としての正当な行為をしたことを理由として，不利益な取扱いをしないようにしなければならない（同条3項）。

過半数代表者は，多彩な事業場協定の締結や労使委員会の委員の指名だけでなく，就業規則の制定および変更における意見聴取を受ける任務を担っている。

⑷ **労使委員会決議**　事業場に労使委員会を設置して，委員の5分の4以上の多数による議決をしなければ，企画業務型の裁量労働制（253頁参照）や高度プロフェッショナル制度（273頁）を行うことができない（49頁表右欄）。しかし，この労使委員会は，これら二つの制度だけのためのものではなく，一般に賃金，労働時間その他の当該事業場における労働条件に関する事項を調査審議し，事業主に対して意見を述べることを目的とする委員会として設置される（労基法38条の4第1項・41条の2第1項）。労使委員会は，使用者と労働者の代表者とで構成されるが，委員の半数が過半数労働組合または過半数代表者により任期を定めて指名されていることが要件とされる。また，その議事については議事録の作成・保存・周知が義務づけられている（同38条の4第2項2号）。

これらの要件をみたした労使委員会の決議は当該事業場の過半数労働者の意思を反映したものであるとの考えから，同委員会の委員の5分の4以上の多数による議決は，事業場協定に代わるものとして位置づけられる。すなわち，**表**（49頁）の中央欄に○のある12項目については，それぞれの事項に関する事業場協定等を締結する代わりに，労使委員会の決議によることができる。なお，これらの各項目のうち，協定を行政官庁へ届け出る必要のあるものについては，協定に代えて決議を届け出なければならない。

4　労基法以外の強行法規

労働条件の基準に関する強行規定は，労働基準法以外にも，種々の法規の中に含まれている。

強行規定には，行政の監督のもとに置かれ，違反すると罰則を科されるタイプがある。たとえば，最低賃金法では，同法の定める最低賃金額に達しない賃金を定める労働契約は，その部分について無効となり，無効となった部分については最低賃金の定めをしたとみなされる（同4条2項）。労基法13条と同じく，同法の定める最低賃金額についての強行的・直律的効力を定めるものである。また，労働安全衛生法にもとづき事業者の守るべき義務，たとえば，安全衛生教育（同59条）や健康診断（同66条）などは，罰則により義務づけられている。

次に，強行規定であっても，私法的な強制を中心とし，違反しても罰則は科されず行政の指導・助言のもとに置かれるタイプもある。たとえば，均等法では，使用者は募集・採用について均等取扱いの義務があり（5条），配置・昇進・降格・教育訓練（6条1号），福利厚生（同2号），職種および雇用形態の変更（同3号），退職勧奨・定年・解雇・労働契約更新（同4号）について性別による差別が禁止され，また，婚姻，妊娠，出産等を理由とする不利益取扱いが禁止されている（9条）。これらは強行規定であり，差別的取扱いが法律行為であるときには無効となる（9条3項に関して，広島中央保健生活協同組合事件・最1小判平成26・10・23民集68巻8号1270頁）。育児・介護休業法では，労働者は使用者に申し出ることにより，所定の育児休業や介護休業をすることができ（5条1項・11条1項），事業主はその申出を拒むことができない（6条・12条）。これらの休業の申出をし，または休業したことを理由として，解雇等の不利益取扱いをすることも禁じられている（10条・16条)。以上はすべて強行規定であり，育児・介護休業を取得しない旨の合意や就業規則の定めをしても無効である。なお，これらの規定では，当初は努力義務規定として制定されたものが，後に強行規定に改正されるという経過をたどるものも多い。

さらに，強行規定であっても，労基法13条や最賃法4条2項のような直律的効力の定めによらない規定も多く見られる。これらの規定に違反した場合に，直律効の定めがなくても違反のない状態の地位確認や差額賃金を請求することができるかについては，議論が見られる。この点，判例はこれを否定するものが多く，パート労働法9条（パート有期法〔2020年施行〕9条）について，同条は差別的取扱いの禁止を定めているものにすぎず，同項にもとづいて正規労働者と同一の待遇を受ける労働契約上の権利を有する地位にあることの確認を求めることはできないとする裁判例がある（ニヤクコーポレーション事件・大分地判平成25・12・10労判1090号44頁)。また，労契法20条（パート有期法〔2020年施行〕8条）についても，有期雇用労働者の労働条件に不合理な相違があるときには，その相違をもうける労働契約の部分は無効であるとしても，「同条の効力により当該有期契約労働者の労働条件が比較の対象である無期契約労働者の労働条件と同一のものとなるものではない」（ハマキョウレックス事件・最2小判平成30・6・1民集72巻2号88頁)。

§3　決定システムの全体像

以上のように，労働者の労働条件の決定方法は，はなはだ複合的である。しかし，その全体像は，次の2つの構造に要約することができよう。

第1に，労働条件は，強行法規→労働協約→就業規則→労働契約という，一連の規範の段階構造により決定される。このうち，後順位の規範の立てる労働条件の基準は，前順位のそれを下回ることはできない。ただし，これらの準則の人的適用範囲は必ずしも一致しない。そのため，同じ事業場において，労働協約と就業規則のうちのいずれかしか適用されない（あるいは事実上いずれも適用されていない）労働者も存在しうる。

第2に，以上の段階的な決定方式に対して，労働慣行や事業場協定，労使委員会決議が修正をもたらす。まず労働慣行は，労働契約の解釈基準として活用されるが，ときには労働協約や就業規則と同一の効力をもって労働条件の決定要素となることがある（もっとも，強行法規に違反することはできない）。また事業場協定や労使委員会決議は，その根拠規定の予定する範囲内においてではあるが，単独で，または就業規則などの規定とともに，強行法規の定める労働条件の原則に例外をもたらすことが認められている。

Brush up 企業人事とAI（人工知能）

近年，企業の人事に，人工知能（AI）を活用する例が広がっているといわれる。人手不足からくる，好人材の採用や離職の防止，あるいは人材の最適配置の必要に対処するために，AI，ビッグデータ，クラウドなどのITを組み合わせた技術・サービスが提供され，これをHRテック（Human Resource Technology）という。これにより，人間では処理しきれないような膨大な人事情報を蓄積して高速処理し，そこから人事上の決定を導きうるだけでなく，企業の特性も学習して人事政策にも指針を与えうるとされる。

たとえば，採用活動においては，書類選考よりも動画選考を重視し，面接における話し方・内容・表情などを数値評価して，採用すべき人材かを人工知能で判断する技術があるといわれる。また，応募に至った事情や面接官の評価傾向などの情報も組み入れて，採用の客観化を図りうるとされる。

人事評価においても，労働者1人ひとりの，日常業務における言動や勤怠情報を人工知能で分析し定量評価を行い，その評価から，離職しやすい社員の特徴を導き出す，あるいは出勤時の時刻パターンや表情さえも数値化し，仕事へのモチベーションを測るシステムもあるといわれる。さらには，労働者向けに行う健康アンケートを通じて，メンタルやフィジカルの状態を数値化し，適切なフォローに結びつけることができるといわれる。

しかし，そのような人事評価については，法的観点からは疑問が次々とわき起こる。

そもそも労働者の勤務自体がプログラム化されて，職場の人間関係が希薄化し，そのことが職場のストレスや対立につながるといわれている。そのようななか，ビッグデータを処理するアルゴリズムは，労働者の人間的な視線や感情をどこまで取り込むことができるだろうか。それを利用することが，かえって職場内ストレスを増長させると思う人は多いだろう。また，AIの結果として出された人事上の結論は，その根拠やデータがブラックボックス化される。使用者は，解雇，懲戒処分などの人事措置が，「客観的に合理的な理由」があり「社会通念上相当である」こと（労契法15条・16条）を示しうるだろうか。あるいは，使用者の意図しない間接差別的な人事措置を，AIは適正に回避できるだろうか。

夢のある話をぶち壊すようだが，労働法的な検証はこれからであろう。

II 「企業」との遭遇

4　募集・採用

労働者が使用者に採用されるまでのプロセスは，新規学卒者が会社に就職する場合を例にとると，次のようになる。

会社は，まずその年の採用計画を立ててから，会社説明会やインターネットなどを通じて募集の広報活動を行う。学生がインターンシップで会社との接触を図り，企業情報を得る場合もある。その後，学生がエントリーシートの提出等により応募を行うと，会社は面接などの選考活動を開始し，その後に事実上の決定（内々定）に至る。こうしたプロセスを通じて，多くの場合10月1日に採用が内定され，学生は翌春の卒業の準備に取りかかる。そして，卒業後，通常は4月1日の入社式から，労働者として働き始める。しかし，この段階ではまだ最終確定ではなく，労働契約に数ヵ月の試用期間が付されていることが多い。試用期間が終了して初めて，労働者は正社員として本採用されることになる。長い道のりである。

これに対し，中途採用の場合は，公共職業安定所や民間職業紹介，就職情報誌などを通じて募集が行われることが多い。また，臨時雇いやパート・有期労働者等の募集・採用は，不定期に，比較的簡便な手続で行われている。

新規学卒者について上記のような複雑な手続がとられるのは，その多くが定年までの長期雇用を前提に採用されるからであり，そのために入社の段階で慎重な採用手続がとられるのである。ただ，終身雇用という日本的特質が次第に薄れ，採用活動もグローバルになりつつある今日では，春期一斉採用という新規学卒者だけの特別の方式やルールの必要性は限定的になっている。大学教育との両立に配慮しつつ，制度いじりではない抜本的な制度改革が望まれる。

§1　労働者の募集

1　募集と職業紹介

⑴　募集の法規制　　採用過程は，まず使用者が，労働者を募集することから開始される。

労働者の募集は，縁故，求人貼紙，刊行物（新聞・就職情報誌など），インターネット，学校，公共職業安定所などを通じて行われる。

使用者が自己の被用者以外の者に委託して行う募集（委託募集）については，有報酬の場合には厚生労働大臣の許可が必要であり，無報酬の場合には同大臣への届出が必要である（職安法36条）。また，募集を行う者および委託募集の場合に募集に従事する者（募集受託者）が，募集に応じた労働者から報酬を受けること（同39条）や，募集を行う者が募集に従事する自己の被用者あるいは募集受託者に賃金以外の報酬を与えること（同40条）は禁止されている。

公共職業安定所および職業紹介事業者，その他労働者の募集を行う者などは，労働者に対し，「従事すべき業務の内容及び賃金，労働時間その他の労働条件」を明示しなければならず（職安法5条の3第1項），求人者もまた求人の申込みにあたり上記の機関に対して同様に労働条件を明示しなければならない（同条第2項）。これら求人者や募集者は，労働条件を変更する場合その他においても，その変更内容を契約の相手方である労働者に明示しなければならない（同条3項）。なお，これらの明示の方法は，書面の交付だけでなく，労働者が希望すればeメールの方法も認められる（職安則4条の2第4項2号ロ）。

(2) **職業紹介**　使用者は，職業紹介を通じて求人を行うこともある。職業紹介は，求人と求職の申込みを受け，求人者と求職者との間の雇用関係の成立をあっせんすることを意味する（職安法4条1項）。そして，この「あっせん」というのは，「雇用関係の成立のための便宜を図り，その成立を容易にさせる行為一般」をいうものであり，求人者と求職者を引き合わせるだけでなく，スカウト行為（求職者を探索し，就職するよう勧奨する行為）も含まれる（東京エグゼクティブ・サーチ事件・最2小判平成6・4・22民集48巻3号949頁）。

職業紹介については，戦前に職業紹介業者が労働者の利益を顧みずに契約の成立に走ったり，人身売買や中間搾取を行ったりするなど，人権侵害に及ぶ弊害が生じていた。これを除去するために，かつての職安法では，公的機関（公共職業安定所）による無料職業紹介を原則とし，有料職業紹介事業は，特別の技術を必要とする職業（美術家・音楽家・芸能家・医師・看護婦・家政婦・調理士・通訳など29）についてのみ，労働大臣の許可の下に，手数料の上限額を付して認められていた。しかし，規制緩和の一環として，1999年に職安法が改正され，有料職業紹介事業の許可の対象業務が，港湾運送業務と建設業務を除くすべての業務に拡大された（いわゆるネガティブ・リスト方式。同30条・32条の11）。また，求職者からの手数料の徴収は原則として禁止されるものの，求人者からは上限付きの手数料または手数料表による手数料を徴収できるようになった（同32条の3）。なお，求職者等の情報について，公共職業安定所や職業紹介事業者に管理責任が課されている（同5条の4）。

一方，若者の雇用を促進して能力を有効に発揮できるようにし，適職の選択に役立つよう，2015年に勤労青少年福祉法が改正されて，「青少年の雇用の促進等に関する法律」（若者雇用促進法）となった。その一環として，公共職業安定所は青少年が適職選択を可能にするための雇用情報等の提供を行うとともに（同9条），求人者が学校卒業見込者等の求人申込みをする場合に，その求人者が過去に労働法令に違反して処分等の措置が講じられたときには，その申込みを受理しないことができる（同11条）。具体的には，求人の申込み時点の6ヵ月以内に，労基法や最低賃金法の同一条項の違反について是正勧告を受けている場合などがこれにあたる（同法施行規則3条1号）。なお，青少年の対象年齢については，「35歳未満」とされている（平成28・1・14厚労告4号「青少年雇用対策基本方針」）。

2　募集と均等待遇

労働者の募集の規制について，重要性を増してきているのは，差別の禁止・均等待遇である。均等法5条は，労働者の募集・採用について，事業主は，「その性別にかかわりなく均等な機会を与えなければならない」と定め，男女の差別を禁止している（125頁参照）。また，事業主は，労働者の募集及び採用について，障害者に対して，障害者でない者と均等な機会を与えなければならない（障害者雇用促進法34条。§3を参照）。

一方，労働施策推進法は，募集・採用における年齢にかかわりない均等な機会の確保のために，事業主は，厚生労働省令で定める場合を除いて，労働者の募集及び採用について，「その年齢にかかわりなく均等な機会を与えなければならない」（9条）と定め，年齢制限の禁止を義務化している。これをうけて，厚生労働省令では，例外的に年齢制限をなしうる場合として，必要最小限の合理的な年齢制限として認められるものを列挙しており，その具体例として，①

長期勤続によるキャリア形成のため若年者等を期間の定めのない労働契約で募集・採用する場合，②技能等の継承のため労働者の少ない年齢層を対象として期間の定めのない労働契約で募集・採用する場合，③芸術・芸能における表現の真実性の確保のために必要な場合などがあげられている（同法則1条の3第1項)。①は，若年者をできるだけ長期の安定就労に誘導する趣旨である。全体として，雇用からの高年齢者排除を規制しようとしているが，広範な例外があるため，その規制がどこまで機能するか疑問である。

さらに，事業主は，労働者の募集・採用について65歳未満の上限年齢を定める場合には，求職者に対してその理由を明示しなければならない（高年法20条1項)。

§2　労働者の採用

1　労働契約の成立

⑴　**合意による成立**　　労働契約は，「労働者が使用者に使用されて労働」すること，および「使用者がこれに対して賃金を支払うこと」について，当事者が合意することによって成立する（労契法6条)。すなわち，労働契約は諾成契約であり，これらについて当事者の申込みと承諾の意思が確定的に合致したときに成立するといいうる。成立のためにいかなる内容について意思の合致が必要かについては個別に考えるしかないが，「賃金を支払うこと」についての合意は，同条の規定からして，労働契約の成立のための必須の要素である。

⑵　**黙示の合意による成立**　　労働契約は，成立についての以上の原則に依拠しつつも，特別な方式で成立することがある。すなわち，当事者意思の解釈のレベルでは，労使間に明示的な意思の合致がなくても，労務供給の具体的な実態によっては，「黙示の意思の合致」により労働契約が成立したと認められる場合がある。たとえば，職業紹介所から派出される形式により病院で勤務していた付添婦について，その勤務実態から病院との間に「実質的な使用従属関係が存在し」，両者の意思は労働契約の締結を承認していると客観的に推認されることから，「両者の間には黙示の労働契約の成立が認められる」（安田病院事件・大阪高判平成10・2・18労判744号63頁，同事件・最3小判平成10・9・8労判

745号7頁)。なお，同じく職業紹介所が介護施設に介護ヘルパーを派遣している場合に，その賃金支払いの実態や指揮命令実態から，介護ヘルパーと職業紹介所との間に労働契約が黙示的に締結されたとみる裁判例もある（福生ふれあいの友事件・東京地立川支判平成25・2・13労判1074号62頁)。

以上のほかにも，特に三者間の労働関係が存在するときに，実態いかんで黙示の労働契約の成立が認められることがある。たとえば，ウッブスほか事件（札幌地判平成22・6・3労判1012号43頁）では，出向中に出向元が解散した場合に，出向先との間で黙示の労働契約の成立が認められた。また，ナブテスコ（ナブコ西神工場）事件（神戸地明石支判平成17・7・22労判901号21頁）では，業務請負契約にもとづき受入企業に労働力を提供していた労働者が，実質的には受入企業から指揮命令を受けて労務に従事し賃金を支払われていたとして，受入企業との間に黙示の労働契約が成立していたとの判断がなされた（労働者派遣における派遣先との黙示の労働契約については，167頁を参照)。

⑶ **「みなし」合意による成立**　当事者間に特定の関係があるときには，「みなし」合意による労働契約の成立が法律上認められる場合がある。すなわち，①同一の使用者のもとで2回以上締結した有期労働契約の通算期間が5年を超える労働者が，無期労働契約の締結を申し込んだときには，「使用者は当該申込みを承諾したものとみな」され（労契法18条)，②有期労働契約が法所定の状況にある場合には，労働者がその更新を申し込み，使用者がそれを拒絶することが合理性や相当性を欠くときには，その「申込みを承諾したとみな」され（同19条)，③労働者派遣を受け入れた派遣先が，特定の派遣法違反の事実を知って労働者派遣の役務の提供を受けたときには，派遣労働者に対して，同一の労働条件で労働契約の「申込みをしたものとみな」される（派遣法40条の6)。

2　採用の自由

労働契約の当事者は，契約の自由の原則にもとづき，労働契約を締結するか否か，あるいは誰と締結するかの自由を有している。これを使用者の側からみたのが，採用の自由である。

三菱樹脂事件の最高裁判決（最大判昭和48・12・12民集27巻11号1536頁）は，

採用の自由の根拠と内容を，次のように判断した。すなわち，憲法 22 条，29 条等により財産権の行使，営業その他経済活動の自由が保障されているので，使用者は，かかる経済活動の一環として契約締結の自由を有し，いかなる者を，いかなる条件で雇うかについて，「法律その他による特別の制限がない限り」原則として自由に決定することができる。

採用の自由については，調査と試験による労働者の選択の自由と，労働者との労働契約の締結の自由という，2 つのレベルに分けて考えられる。

3　労働者の選択

使用者は，応募者の中から，いかなる基準によって，どの労働者を採用するかを決定する自由を有する。また，労働者選択にあたっての判断材料を得るために適切な方法により試験や調査を行うことも，基本的に自由である。しかし，この選択の自由も，法律による特別の制限がある場合には，限界が画される。

まず，不当労働行為に目を向けると，労組法 7 条 1 号にいう「解雇し，その他これに対して不利益な取扱いをすること」には採用拒否も含まれ，労働組合所属や組合活動を理由とする採用拒否は不当労働行為となる，とするのが多数説であった（外尾 230 頁，石川 330 頁。反対，石井 465 頁）。ところが，最高裁は，不当労働行為との関係でも使用者の採用の自由を強調し，特段の事情のない限り，採用拒否が労組法 7 条 1 号の不利益取扱いにあたることを否定している（JR 北海道・日本貨物鉄道事件・最 1 小判平成 15・12・22 民集 57 巻 11 号 2335 頁。詳細は 432 頁参照）。

次に，採用にあたり性別に関係なく均等な機会を与える義務を定めている均等法 5 条や，後述の障害者雇用促進法 43 条以下の障害者雇用率は，法律による特別の制限にあたる。

さらに，憲法 19 条の思想・信条の自由の保障，同 14 条の法の下の平等および労基法 3 条の均等待遇の原則は，使用者の採用の自由を制限する法規にあたらないのであろうか。

これに関して，三菱樹脂事件の最高裁判決は，以下のように判断し，ここでも使用者の採用の自由を強調する立場をとっている。すなわち，①憲法 19 条，14 条の規定は，国や公共団体と個人との関係を規律するものであり，私人相互間の関係を直接に規律することを予定するものではない，②私人間に事実上の支配関係が生じ，個人の基本的な自由や平等に対する侵害の態様・程度が社会的に許容しうる限度を超えるときには，立法措置による対処のほかに，公序良俗や不法行為に関する民法の規定の適用もありうるが，労働者の思想・信条を理由とする雇入れの拒否を直ちに公序良俗違反や不法行為とすることはできない，③また，労基法3条は，雇入れ後における労働条件の差別を禁止する規定であり，採用自体には適用されない，④かくして使用者が採用の自由を有し，思想・信条を理由として雇入れを拒んでも違法となしえない以上，使用者が労働者の採否決定にあたりその思想・信条を調査し，これに関連する事項についての申告を求めることも許される。

最高裁判決が採用の際に思想・信条についての無制限な調査の自由を肯定していることに対して，学説では，人の思想・信条は本来自由であるべきものであり，労働者の職業的適格性や態度に関係がないものについてまで質問や調査をすることはできないとの批判が強い（西谷138頁，菅野213頁など）。また，労基法3条の「労働条件」が採用を含まないと解することについても，採用段階での差別が労働関係における最も不合理な差別であり，労働条件から採用を除外することは，すべての人に職業の機会を保障しようとする法の趣旨に反するとの疑問を提起するものもある。少なくとも，使用者の採用の自由といえども公序の枠内にある以上，悪質な採用差別が行われた場合に，人格権侵害や公序違反による不法行為が成立する可能性は否定しえない。

4　採用の拒否と救済

使用者は，たとえ労働者の選択（採用拒否）が違法であったとしても，その者との間で労働契約を締結することを強制されない。この点は，近代市民法の原則である契約の自由によると考えられている。したがって，使用者が仮に思想・信条を決定的な理由として労働者の採用を拒否し，それが違法と認められたとしても（この場合，思想・信条が採否決定の判断要素の1つであるというだけでなく，採用拒否の直接の決定的な理由でなければならない。慶応大学附属病院事件・東京高判昭和50・12・22労民集26巻6号1116頁），使用者に損害賠償責任を生ぜしめるにすぎず，労働契約の締結（採用）自体は強制されない。

ただ，採用拒否が労組法7条1号の不当労働行為に該当する場合には，行政機関である労働委員会が救済として雇入れを命令することができ，使用者はそれに従う公法上の義務を負う（毎年季節的な雇用を反復している労働者が，労働組合への加入を理由に採用を拒否された事例で，労働委員会が雇入れ命令を発したものとして，万座硫黄事件・中労委命令昭和27・10・15命令集7集181頁）。1985年の均等法制定の際に，男女差別についても採用拒否の救済をなしうる特別な行政機関をもうけることが議論されたが，実現には至らなかった。

§3　障害者の採用

(1)　**障害者雇用率**　　障害者の採用については，差別の禁止という手法ではなく，雇用率を定め，それをみたさない企業に納付金を課すという独自の手法が採用されている。すなわち，障害者雇用促進法は，事業主に対して，身体障害者，知的障害者または精神障害者の雇入れ努力義務を課すのみならず（37条），それぞれの従業員数に応じて政令で定める雇用率に達するまで身体障害者，知的障害者または精神障害者の雇用を義務づけている（38条・43条）。この雇用率は，一般事業主（45.5人以上の常用労働者を雇用するもの）については2.2%（2021年4月までに，2.3%に引き上げられる）であり，国・地方公共団体については2.5%（都道府県等の教育委員会では2.4%。同じく，それぞれ2.6%，2.5%に引き上げられる），特殊法人（施行令別表第2に定める独立行政法人，事業団等）について2.5%（同じく，2.6%に引き上げられる）とされ（施行令2条・9条・10条の2），緊密な関係にある親子会社間では統合して算定される（特例子会社，法44条）。

雇用率を達成しない事業主は，その未達成分について，さまざまな障害者雇用促進事業を行うための「障害者雇用納付金」を徴収される（53条以下。特殊法人は適用除外されている）。この雇用納付金は，常用労働者が101人以上の事業主に適用される（同法附則4条等）。

厚生労働大臣は，雇用率未達成の事業主に対して，障害者の雇入れ計画の作成を命じ（法46条1項），計画が実施されない場合，実施勧告を出すことができ（同条6項），正当な理由なく勧告に従わない事業主についてはその旨を公表することもできる（47条）。

(2) **募集・採用における差別禁止と配慮**　障害者雇用促進法は，2013年に重要な改正がなされた。すなわち，事業主は，「賃金の決定，教育訓練の実施，福利厚生施設の利用その他の待遇について，労働者が障害者であることを理由として，障害者でない者と不当な差別的取扱いをしてはならない」（35条）として，差別禁止の原則が確立された。この原則のもと，「募集及び採用について，障害者と障害者でない者との均等な機会の確保の支障となっている事情を改善するため，……障害者からの申出により当該障害者の障害の特性に配慮した必要な措置を講じなければなら」ず（36条の2），いわゆる合理的配慮が求められる（たとえば，車いすの利用に応じた机の高さ調整など。ただし，事業主の過重な負担となる場合は除かれる。135頁を参照）。これらについての紛争には，紛争調整委員会による調停（74条の7第1項）や都道府県労働局長による勧告（74条の6第1項）等が用いられる。

§4　採用内定

1　採用内定の法的性格

新規学卒者の採用では，毎年4月の実際の入社・就労開始の相当以前の時期に，使用者が「採用内定」を通知する慣行が一般化している。また，中途採用の場合にも，新規採用に準じてやはり就労開始の一定期間前に採用内定がなされることが少なくない。労働者が採用内定を受けるのは1つの企業に限られるのが通例であり，ある企業に内定が決まると，他の企業に新規採用される可能性は事実上失われる。採用内定が取り消されると，労働者は就職の機会を奪われ多大の損害と失意をこうむる。このような事態から労働者を保護するために，採用内定の法的性格をめぐる議論がなされてきた。

この議論の過程でまず，採用の内定から辞令の交付までの一連の手続が労働契約締結の過程にあたるとする説（締結過程説）と，採用内定は将来の労働契約締結の予約であるとする説（予約説）が登場する。これらによれば，応募者には内定取消について期待権侵害ないし予約不履行として損害賠償請求が認められる可能性があるが，採用内定により労働契約が成立するわけではないから，採用内定者は不安定な立場に置かれる。そこで，採用内定者の地位を保護するために登場したのが，採用内定によって労働契約そのものが成立するという説(労働契約成立説）である。

最高裁は，このうち労働契約成立説を採用するに至った（大日本印刷事件・最2小判昭和54・7・20民集33巻5号582頁)。すなわち，新規学卒者の通常の採用内定の場合，内定通知以外の特段の意思表示が予定されていないので，①会社による労働者の募集は申込みの誘引にあたり，②労働者がこれに応募することが労働契約の申込みであり，③採用内定の通知が申込みに対する承諾となり，学生からの誓約書提出とあいまって労働契約が成立することになる。この労働契約成立説は，その後，中途採用者の採用内定についても用いられるようになった（インフォミックス事件・東京地決平成9・10・31労判726号37頁，オプトエレクトロニクス事件・東京地判平成16・6・23労判877号13頁)。

最高裁によれば，こうして成立する労働契約は，入社日を始期とするものであり，かつ一定の解約権が留保されている。始期については，これを効力はすでに生じて就労のみの始期と解するものと（前掲大日本印刷事件)，効力そのものの発生の始期と解するものがある（近畿電通局事件・最2小判昭和55・5・30民集34巻3号464頁)。採用内定期間中でも当事者には学業に支障を来さない範囲で一定の権利義務（レポートの提出や会社説明会への出席など）が発生しうるし，また，労基法3条のように就労を前提としない法の規定の適用は認めてもよいから，効力はすでに発生しているとみて，就労の始期付きと解するのが妥当であろう（採用内定につき効力始期付きと解し，入社前研修への参加には内定者の同意が必要であるとしたものとして，宣伝会議事件・東京地判平成17・1・28労判890号5頁。ただし，就労始期付きと解しても同じ結論となると述べている)。

なお，以上の法理は，私企業の採用内定について適用されるものである。これに対して公務員の場合は，地位の設定と変動について特別の厳格な法規制を受けている。したがって，明確な任用行為（辞令の交付）によってはじめて公務員関係が生じ，採用内定は採用手続を円滑にするための準備行為にすぎないと解されている（名古屋市水道局事件・最1小判昭和56・6・4労判367号57頁，東京都建設局事件・最1小判昭和57・5・27民集36巻5号777頁)。

2　採用内定の取消

採用内定によって労働契約が成立する以上，使用者がそれを取り消すことは労働契約の解約にあたり，内定に際して留保された解約権の行使によることになる。そして，判例によれば，「採用内定の取消事由は，採用内定当時知ることができず，また知ることが期待できないような事実であって，これを理由として採用内定を取消すことが解約権留保の趣旨，目的に照らして客観的に合理的と認められ社会通念上相当として是認することができるものに限られる」（前掲大日本印刷事件）。

採用内定の取消（解約）事由は，誓約書などに記載がある場合にはそれを参考にしながらも，上記の解約権留保の趣旨に照らして判断される。留保された解約権が行使される典型的な事例は，内定者が学校を卒業できない場合や，健康を著しく害したような場合である。裁判例では，公安条例違反の現行犯として逮捕され，起訴猶予処分を受けたことが発覚したためになされた採用内定の取消が有効とされている（前掲近畿電通局事件）。これに対し，採用内定当初から内定者がグルーミーな印象で従業員に不適格であると思いながら，これを打ち消す材料が出るかも知れないとして採用を内定したが，後にこの印象を打ち消す材料が出なかったことを理由になした内定取消は無効とされた（前掲大日本印刷事件）。採用内定後に新たに見つかった事実であっても，確たる証拠がなく単なる噂にすぎない事実は，採用内定の合理的な取消理由とはならない（前掲オプトエレクトロニクス事件）。また，使用者の経営上の理由による内定取消は，内定時に予測できなかったよほど重大な経営状態の激変がない限り，認められるべきではない。

使用者による内定取消は，労働契約の解約（解雇）にあたるので，労基法20条により30日前の予告を要すると考えるのが自然である。しかし，試用期間とのバランスから（労基法21条4号を参照）これを否定する見解もある（菅野226頁）。内定期間中における内定者の側からの解約は，2週間の予告（民法627条）をおけば自由になしうる。

2008年度に新規学卒者の採用内定の取消が多発したことを受けて，職安法施行規則が改正されている（職安則17条の4）。これにより，内定取消が2年度以上連続して行われたり，同一年度に10名以上について行われた場合，採用内定取消について経営上の事情が明らかに認められない場合，内定取消の理由について十分な説明を行わなかったり，就職先の確保に向けた支援を行わない場合には，企業名の公表がなされることになる。

なお，内定者の側には，原則としていつでも労働契約を解約する自由が保障されているから，内定辞退が著しく信義に反する態様で行われ使用者に損害を与えた場合に限り，損害賠償責任を負うにとどまる。内定辞退につき使用者が損害賠償請求をなした事案で，裁判所はその請求を棄却している（アイガー事件・東京地判平成24・12・28労判1121号81頁)。

3 採用内々定

大学新卒者の募集・採用活動は，それまで当時の文部省・労働省・経済団体・大学関係団体間で取り決められていた就職協定が1996年に廃止されると，この前後から早期化するようになった。その弊害に歯止めを掛けるために，次々と新ルールが試みられてきた。最近では，経団連が2015年に示したガイドラインで，2017年度春採用の大学・大学院新卒者に対して，広報活動の開始を卒業・修了年度に入る直前の3月1日以降，選考活動を同年度の6月1日以降とされた。いずれも内定日は，従来どおり卒業・修了年度の10月1日以降とされる。ところが，2018年には，経団連は2021年以降の新卒者に対して，このガイドラインを廃止することを表明し，以後は政府主導で新たなルールが検討されることになった。2018年10月に関係省庁等による会議で決定された方針によれば，2021年春卒業者には，現行のルールが維持され，2022年以降卒業者については，2019年以降に決定するとされている。ただ，実際にはこれらのルールが遵守されるとは限らず，採用内々定の実態も，その時期，通知者の企業内の地位，通知の方式など，企業側の考え方によってさまざまである。

上記のように，通常は正式の採用内定通知によって当事者の契約締結意思が確定すると考えられており，採用内々定の段階では一般には労働契約はまだ成立していない。しかし，採用内定が確実になされると相互に期待すべき段階に至っていれば，合理的な理由なく採用内定通知を出さないことは，不法行為となり当該学生に損害賠償請求が認められる（B金融公庫事件・東京地判平成15・6・20労判854号5頁は，この可能性を認めるが，同事件ではこうした段階には至っていなかったとして不法行為の成立を否定する)。特に採用内定通知書交付の数日前に至ったときには，労働契約が確実に締結されるであろうという期待は，法的保護に十分に値するといえ，同予定日直前の9月30日ころに内々定取消をすることは，経済状況の悪化によるものであれ，労働契約締結過程における信義則に反して不法行為を構成する（コーセーアールイー〈第2〉事件・福岡高判平成23・2・16労判1020号82頁)。また，当事者の契約締結の意思が確定的になっていれば，内々定を採用内定とみなしうる場合もありえよう（同事件は，内々定では誓約書の提出は求められていないこと，当該学生が会社への入社が確実であるとまでは知らなかったことから，採用内定の成立を否定している)。

§5　労働契約の締結時の使用者の義務

(1)　**労働条件の明示義務**　　使用者は，労働契約を締結する際に，労働者に対し，賃金，労働時間その他の労働条件を明示しなければならない（労基法15条1項)。明示すべき労働条件の内容は，12項目にわたって施行規則に定められ（労基則5条1項)，そのうち賃金および労働時間その他命令で定める事項(労働契約の期間，就業の場所と従事すべき業務，労働時間関係，賃金関係，退職に関する事項）については，特に書面による明示が義務づけられている（同条2項・3項)。ただ，使用者が明示すべき事項のうち，「労働契約の期間」，「就業の場所と従事すべき業務」，「所定労働時間を超える労働の有無」以外はいずれも就業規則の必要的記載事項でもあるから，使用者は，その労働者に適用する部分を明確にして就業規則を交付するとともに（平成11・1・29基発45号)，就業規則に記載のない事項については別に書面で明示することになる。パート・有期労働者の雇入れ時には，さらに「特定事項」の明示も必要である（153頁参照)。

労働条件の明示の時期は労働契約締結時であるので，採用内定により労働契約が成立する場合には，その段階で明示がなされなければならない。労働契約締結時に明示された労働条件が事実と相違する場合は，労働者は即時に労働契約を解約することができる（労基法15条2項。この場合，就業のために転居した労働者が，14日以内に帰郷するときには，使用者は旅費を負担しなければならない。同条3項)。

労働条件の明示義務は，公共職業安定所への求人申込みに際しても課されており，不当な求人の申込みについてはこれを受理しないことができる（職安法5条の3・5条の5）。また。新聞・雑誌等による文書募集の場合には，募集内容の的確な表示が求められる（同42条）。応募者はこれらを頼りにして希望の会社や職種を選択するからである。求人票に「退職金有り」との記載があり，採用に際してこれと異なる特段の説明がない場合には，この記載に従い退職金支給が労働契約の内容となる（丸一商店事件・大阪地判平成10・10・30労判750号29頁）。また，職業安定所の求人票で契約期間の定め・定年制なしと表示し，面接ではそれらについて「決めていない」と回答し，就業開始後に雇用期間1年・定年65歳と書かれて署名押印したという事案で，期間の定めがなく定年制もない労働契約が成立したと判断する例がある（福祉事業者A苑事件・京都地判平成29・3・30労判1164号44頁）。

⑵　**内容の理解促進と書面確認**　使用者は，労働条件を明示するだけでなく，その内容について労働者の理解を深めるように努めなければならない（労契法4条1項）。また，当事者は，期間の定めのある労働契約に関する事項を含む労働契約の内容について，「できる限り書面により確認するもの」とされている（同条2項）。前述したように労働契約は諾成契約であるが，当事者の意思を確定し，トラブルを防ぐためには書面があることが望ましいからである。

⑶　**契約締結過程における信義則**　労働契約の締結に至るまでの過程で，使用者は労働者に対して種々の信義則上の義務を負っている。これは，労働契約の過程では，特に労働者は不利で不安定な地位に置かれていることが多いという実情による。たとえば，他社からの業務委託契約による保育所開設を見込んで労働者を採用しようとしたが，同契約が成立しなかったため採用を撤回した場合，使用者は「自らが示した雇用条件をもって雇用を続けることができるよう配慮すべき信義則上の注意義務」を負うから不法行為責任を免れない（わいわいランド事件・大阪高判平成13・3・6労判818号73頁）。同様に，派遣会社が業務委託契約の成立を見込んで採用手続を進める場合には，同契約が不成立になれば就労ができなくなる可能性があることを告知して，労働者に手続を進行させるか否かの選択の機会を与える信義則上の義務がある（パソナ・ヨドバシカメラ事件・大阪地判平成16・6・9労判878号20頁）。

また，中途採用者の待遇に関して，求人広告では同年次定期採用者の平均給与と同等の待遇を受ける旨の記載があったのに，入社後には同年次採用者の「下限を勘案」する取扱いにしたことは，「雇用契約締結に至る過程における信義誠実の原則に反するもの」として不法行為となる（日新火災海上保険事件・東京高判平成12・4・19労判787号35頁)。

§6 試用期間

1 試用の法的性格

試用期間は，入社後，労働者を正社員として本採用する前に，職業能力や企業適応性をみるためにもうけられる制度である。多くの企業では，就業規則に，一定期間を試用期間とする旨の定めとともに，「試用期間の終了時に，社員として不適格と認めたときには本採用しない」との規定がおかれている。この制度は，学校新卒者の新規採用を中心に利用されていたが，近年では中途採用者についても重要性を増してきている。

試用の法的性格については，採用内定よりも早く，昭和30年代から学説・判例において議論されてきた。当初の学説では，試用は正社員の労働契約とは異なり，労働者の職業上の能力・適性を判断するための期間の定めある特別の契約と説明するものがある。この立場でも，期間満了時に使用者が正社員労働契約の締結について全く自由とするものは少なく，本採用の予約が併存している，あるいは使用者が職業能力等について否定的な評価を下さない限り，本来の期間の定めのない労働契約に転化する，などの構成がとられた。

しかし，試用期間満了後にはじめて本来の期間の定めのない労働契約が開始されると解するのは，試用期間中の労働者の地位を不安定にする。そこで学説では，特別の事情がない限り全員が本採用され，その際に別段の契約書を取り交わすこともないという一般的な試用については，試用期間の当初から期間の定めのない労働契約が成立し，ただ解約権が留保されているにすぎないと解されるようになる（解約権留保付労働契約説)。そして，この法理は，最高裁判決でも採用されている（前掲三菱樹脂事件)。このように解すると，試用期間中の労働者は，試用という目的からくる解約権留保の点を除くと，本採用後の労働者と同じ法的地位にあることになる。

2　本採用の拒否

試用期間の当初から期間の定めのない労働契約が成立すると解する場合，本採用の拒否は，留保された解約権の行使による解雇となる。三菱樹脂事件の最高裁判決によれば，採用の当初に労働者の適格性を判断する十分な資料を収集できないために，後日の調査や観察にもとづく最終的な決定を留保する趣旨で，合理的な期間にわたり解約権を留保することは，合理性を有するものである。

本採用の拒否は，「解約権留保の趣旨，目的に照らして，客観的に合理的な理由が存し社会通念上相当として是認されうる場合にのみ」許される。実際に働かせてみて従業員としての能力・適格性に欠ける場合が，その典型である。最高裁は，採用決定後の調査により判明した事情を理由として本採用を拒否することも許されるとしている。けれども，そのような補充的な身元調査は本来，採用内定期間中に行うべきものであり，それを試用期間にまで延長するのは，労働者の地位を不安定にする。試用期間は，労働者の適格性を判断するための期間と限定的に解すべきである（菅野 289 頁）。また，3 ヵ月の試用期間のうち 20 日を残して能力欠如を理由に解雇することは，残期間の教育により能力を高める可能性もあるのであるから，解雇すべき時期の選択を誤ったものであり，客観的に合理的な理由を有し社会通念上相当であるとはいえないとした裁判例がある（医療法人財団健和会事件・東京地判平成 21・10・15 労判 999 号 54 頁）。

とはいえ，本採用の拒否を，本採用後の通常の解雇と全く同視することはできない。従業員としての適格性の判断期間という試用期間の性格から，本採用拒否に関する使用者の裁量判断は，通常の解雇の場合よりも「広い範囲における解雇の自由が認められてしかるべきもの」と考えられる（前掲三菱樹脂事件，日本基礎技術事件・大阪高判平成 24・2・10 労判 1045 号 5 頁）。たとえば使用者が能力主義によりランク別に地位・賃金等に格差をもうける雇用形態をとっている場合に，A ランクで採用された労働者の能力不足を理由とした本採用拒否を有効とした事例がある（欧州共同体委員会事件・東京地判昭和 57・5・31 労民集 33 巻 3 号 472 頁）。その判断は公正であるべきだが，能力主義の雇用制度の採用や即戦力重視の中途採用のケースでは，かかる判断が増えていく可能性がある（零細ベンチャー企業の中途採用で，試用期間中であるから広い範囲で解雇の自由が認められるとして，業務不適格を理由とする普通解雇を有効と判断した例である，ブレーンベース事件・東京地判平成 13・2・27 労経速 1789 号 22 頁も参照)。

また，試用期間は期間の定めのある労働契約にもうけられることがあり，その場合の本採用拒否は労契法 17 条 1 項にいう「やむを得ない事由」がある場合でなければならない。これについて，証券会社に証券アナリストとして雇用期間約 1 年・試用期間 6 ヵ月で雇用された労働者に対する，期待したレベルには遠く及ばないものであることが判明した等の理由による留保解約権の行使(＝本採用拒否) を適法と判断した例がある (リーディング証券事件・東京地判平成 25・1・31 労経速 2180 号 3 頁)。

3　試用期間の長さと延長

試用期間には，一定の長さの期間が定められるのが一般である (ただし，期間の長さを定めなくても，適正を判断するための試用期間を定める合意が成立したとし，雇用から 2 ヵ間弱を経過してなされた解約は合理的期間内になされた本採用拒否と判断する裁判例もある。オープンタイドジャパン事件・東京地判平成 14・8・9 労判 836 号 94 頁)。その長さは本来，当事者の合意に委ねられるが，それが不当に長すぎる場合には，公序良俗違反として無効となりうる。たとえば，中途採用者はすべて 2 ヵ月の期間の定めある契約による見習社員として採用し，そのうち試用社員登用試験に合格した者 (最短で半年かかる) に，さらに正社員への登用のために 6 ヵ月ないし 1 年の試用期間が課されている事例では，試用期間としては前者の期間だけで十分であり，後者の期間は公序良俗違反で無効とされる (ブラザー工業事件・名古屋地判昭和 59・3・23 労判 439 号 64 頁)。

試用期間の延長は，就業規則などでその旨の規定がもうけられていない限り，認められない。また，就業規則などに「特に理由がある場合には試用期間を延長することができる」旨の定めがある場合にも，使用者は試用期間を満了した者について原則として正社員に登用する義務があり，試用期間の延長が認められるのは，すぐに正社員として登用するには問題があるが，本人の今後の態度いかんでは登用することがありうるような，特別の事情が認められる場合に限られる (大阪読売新聞社事件・大阪高判昭和 45・7・10 労民集 21 巻 4 号 1149 頁)。

Brush up ブラックバイト

本書で労働法を学ぶ大学生の多くにとって，現実に「労働」に接するのは，おそらく学生アルバイトではないだろうか。アルバイトは，以前は夏休みなどの小遣い稼ぎであったが，いまや授業の期間中でも当たり前の生活費の稼得手段となっている。学生アルバイトは，いうまでもなく，通常はパート・有期の「非正規」労働そのものである。簡易な募集・採用，有期契約，時間給，労働条件の個別合意など，学生アルバイトには正社員と異なる独自の世界がある。

学生アルバイトが増加するのには，企業側の要因もある。商業・サービス業（なかでも，飲食店，コンビニ，塾講師など）は，低価格競争のなかでの生き残り策として人件費を低く抑えるために，学生アルバイトを安価な労働力として大量に動員する。若い学生を使うことで店舗のイメージアップにもつながるし，長期雇用になることはないから人材の流動性も確保できて好都合である。そして，企業は学生の未熟さに乗じて，無理な労働条件を押しつけようとする。こうして「ブラックバイト」問題が生じるのである。

ブラックバイトユニオンのサイトによれば，その代表例は，①勝手にシフトに入れられる，②辞めさせてくれない，③長時間働かされる，④サービス残業させられる，⑤無給で早出をさせられる，⑥給料の支払いがない，⑦ノルマがあって達成しないと商品を買わされる，⑧ささいなミスでひどく怒鳴られるといったものであるようだ。その結果，学生としての本来の勉強・研究や就職活動に悪影響が生じて本末転倒の結果となる。思い当たる読者も多いだろう。

これらの問題が深刻化すると，ハラスメントや犯罪にもつながり，とうてい学生アルバイトのトラブルと軽視することはできない。しかし，ブラックバイトは，実は日本の労働・雇用問題の縮図でもある。したがって，その対策については，労働法が装備する一般的なツールに頼るしかない。正確な労働法の知識を武器に書面などできちんとした要求をなし，これがうまくいかなければ，労働局あっせんなど行政ADRの利用，労働組合を通じた要求，労基署への申告など，労働者のもつ種々の権利を組み合わせて，問題に対処したい。

5　労働契約の期間

労働契約は，継続的契約の１つである。その日限りのスポット的雇用もないわけではないが，ほとんどの場合，労働者による労務給付とこれに対する使用者の賃金支払いという関係が，一定期間にわたって展開される。

その期間を，あらかじめ当事者間で定めているのが，期間の定めのある労働契約（有期労働契約），そうでないものが，期間の定めのない労働契約である。フランスやドイツでは，有期労働契約の締結について一定の事由や合理的理由が必要と定められているが，わが国ではそのような制限はなく，期間の定めをおくか否かは当事者の自由に委ねられている。

一般に，正規従業員は，期間の定めのない労働契約により雇用される。これに対して，有期労働契約は，いわゆる非典型雇用に多く見られる。工場労働者の場合には，臨時工や期間工と呼ばれることが多く，また，商業やサービス業を中心に，契約社員という言葉もよく用いられる。そのほか，アルバイト，嘱託，パートなども，有期の契約で雇用されることが多い。

期間の定めには，その期間途中での解約が制約されるという側面と，期間の満了時に契約が自動的に終了するという側面とがある。労基法はもっぱら前者の側面に注目し，労働者の退職の自由を確保するために，契約期間の上限規制を行ってきた（14条）。しかし，今日ではむしろ，後者の側面が労働者にもたらす雇用の不安定さのほうが，大きな問題といえる。

この問題は，具体的には，期間満了時における使用者による契約更新の拒絶（雇止め）という形で現れる。これに関しては判例が，一定の場合には解雇法理を類推適用するという形で対処してきたが，2012年の労契法改正により，判例法理が条文化されるとともに，無期労働契約への転換などの新たな規制が導入された。

§１　期間の定め

1　有期労働契約の目的

有期労働契約による雇用は，さまざまな理由で用いられる。１つの類型は，純然たる臨時的な必要にもとづくものであり，たとえば，季節労働（リゾート地のホテル，酒の醸造など）や，企業の臨時の必要による場合（一時的な増産やプロジェクト，育児休業者の代替など），労働者側の臨時的必要による場合（出稼ぎ，アルバイトなど）である。また，有期労働契約は，期間の定めのない正社員として採用する前の，労働能力を評価するための期間として利用されることもある。また，労働者が定年退職した後に，有期労働契約により再雇用される例もよくみられる。

しかし，臨時工や契約社員と呼ばれる者の中には，有期労働契約を更新することにより，実際上は長期にわたって恒常的に雇用され，企業活動の基幹部分を担当している例も多い。これは，企業がそうした方式を利用することにより，余剰時には契約更新をしないという形で，好不況に即応した人員の調整をはかろうとする「雇用の安全弁」の目的によるものである。そのことの当否については古くから議論があるが，少なくとも現行法上，恒常的業務のために有期の労働契約を締結することも否定されていない。ただ，2012年の労契法改正により，更新後の契約期間の合計が5年を超える場合には労働者の申込みにより無期労働契約に転換させる制度が導入された（18条。82頁を参照）。

2　期間の定めの有無

労働契約に期間の定めがある場合，その間は契約が継続するという約束なので，期間途中における解約は原則として認められない。また，期間が満了すれば，当事者による特段の意思表示がなくても，契約は当然に終了する。ちなみに，定年制は，定年年齢まで労働契約が継続することを約するものではないので，期間の定めにはあたらない。

使用者は，労働契約の締結に際し，「労働契約の期間に関する事項」を書面により明示することを義務づけられており（労基法15条1項，労基則5条。70頁を参照）。契約期間の定めの有無は，通常は明らかである。しかし，この点について争いが生じることもあり，それぞれの事実関係に照らしながら，意思解釈によって決定される。

たとえば，ある裁判例では，求人票の雇用期間欄に「常用」と記載されていたことから，期間の定めのない労働契約がいったん成立したが，後に当事者間の合意により，有期労働契約に変更されたと判断された（千代田工業事件・大阪高判平成2・3・8労判575号59頁）。他方，当初に締結された期間の定めのない労働契約を有期労働契約に変更することについて，当事者間の合意が錯誤により無効と判断されたものもある（駸々堂事件・大阪高判平成10・7・22労判748号98頁）。最近の事例でも，求人票に雇用期間の定めがなかったことから期間の定めのない労働契約が成立し，後に雇用期間を1年と記した労働条件通知書に労働者が署名押印したが，有期労働契約への変更について自由な意思にもとづく同意があったとはいえないとして，期間の定めの存在が否定されている（福祉事業者A苑事件・京都地判平成29・3・30労判1164号44頁）。

最高裁によれば，使用者が新規採用にあたり，労働者の適性を評価・判断する目的で労働契約に期間をもうけた場合には，期間満了により契約が当然に終了する旨の明確な合意が成立しているなど「特段の事情」が認められない限り，それは契約自体の存続期間ではなく試用期間の定めにすぎないと解するのが相当とされる（神戸弘陵学園事件・最3小判平成2・6・5民集44巻4号668頁。かなり大胆な一般論といえよう）。試用期間の性質は，具体的事実関係に即して判断されるが，すでに見たように（72頁），期間の定めのない労働契約における解約権留保期間と解されることが多い。

3　期間途中での解約

契約に期間の定めがある場合，期間途中の解約は原則として認められない。民法では，それを前提に，例外として628条で，雇用の期間を定めた場合でも「やむを得ない事由」があれば直ちに解約が可能と定めている。この点は，期間の定めのない雇用であれば「いつでも」解約の申入れをなしうること（同627条1項）と，対照をなすものである。

上記の裏面として，民法628条は，期間の定めがある場合は「やむを得ない事由」がない限り期間途中での解約はできないという趣旨を含み，少なくとも使用者による中途解約（解雇）については，それが強行的な効力を有する，と理解されてきた（安川電機八幡工場事件・福岡地小倉支判平成16・5・11労判879号71頁）。ただ，裁判例の中には，民法628条を解約権保障のための片面的な強行規定と解し，当事者間で「やむを得ない事由」がなくても期間途中における解約を認める旨の合意があった場合には，解約を容易にすることは妨げられないとして，使用者による中途解約の権利を認めたものもあった（ネスレコンフェクショナリー関西支店事件・大阪地判平成17・3・30労判892号5頁。ただし，当該事案については，解雇権の濫用にあたり無効と判断）。

そこで，労働契約法は，有期労働契約については，「やむを得ない事由」がある場合でなければ，その契約期間が満了するまでの間に労働者を解雇することができない旨を明記した（17条1項）。これは当然ながら強行規定であり，現在では，民法628条をどのように解釈するにせよ，期間途中で使用者が解雇を行うためには，この要件をみたす必要がある。

期間の定めのない労働契約においても，労契法16条によって，解雇には「客観的に合理的な理由」があり「社会通念上相当」と認められることが必要とされているが（「21 紛争としての解雇」を参照），17条1項の「やむを得ない事由」はそれよりも狭く，期間の満了を待つことができないほど緊急かつ重大なものに限られる。労働者の比較的軽微な問題はこれに該当せず（たとえば，大阪運輸振興事件・大阪地判平成25・6・20労判1085号87頁，X学園事件・さいたま地判平成26・4・22労経速2209号15頁），経営悪化もよほど著しいものでなければならない。

裁判例では，有期労働契約で雇用されていた派遣労働者が，労働者派遣契約の解約に伴い，期間途中で解雇された事案が少なくない。雇用主である派遣元にとって，派遣先企業が労働者派遣契約を解除したことが直ちに「やむを得ない事由」にあたるわけではなく，新たな派遣先の確保や休業等により雇用の維持をはかることが求められており，それを尽くさずになされた解雇は無効となる（プレミアライン事件・宇都宮地栃木支決平成21・4・28労判982号5頁，アウトソーシング事件・津地判平成22・11・5労判1016号5頁など。166〜167頁を参照）。

§2　契約期間の上限

1　3年の上限

期間の定めのある労働契約を締結する場合，その期間が3年を超えることは原則として許されない（労基法14条1項）。前述のように，有期労働契約は「やむを得ない事由」がない限り期間途中での解約が許されないので，労働者が不当に長期間の契約によって拘束されることを防止しようという趣旨である。民法においても5年を経過すれば期間の中途でも解約を認めているが（626条），労基法は上限を3年に短縮し，かつ，これを超える期間を定めること自体を禁じている。

労基法14条による契約期間の上限は，かつては1年とされていたが，2003年の法改正によって，3年に延長された。しかし，労働者が最長で3年間も拘束されることへの懸念が強かったため，①政府は改正14条の施行後3年を経過した時点で施行状況を勘案しつつ検討を加え，その結果にもとづいて必要な措置を講ずる（改正法附則3条。現在まで特段の措置は講じられていない），②この措置が講じられるまでの間，1年を超える有期労働契約を締結した労働者は，民法628条の規定にかかわらず，契約期間の初日から1年を経過した日以降は，使用者に申し出ることにより，いつでも退職することができる（労基法附則137条），との規定がもうけられた。

したがって，現状では，期間を3年と定める労働契約を締結しても，1年を超えて労働者を拘束することはできず，1年を超える部分は，使用者による解約の制限（労働者からみれば雇用保障期間）としてのみ機能することになる。ただし，後記2または3による例外が適用される労働者は，②の対象から除外されており，期間全体を通じて労働者も拘束される。

なお，14条が定めるのは，各労働契約における期間の上限であり，それを更新して継続雇用する合計の期間が最長3年となるわけではない。

2　例外的な5年の上限

労基法14条1項は，3年の上限の例外として，一定の労働者との間に締結される労働契約については，最長で5年までの期間の定めを許容している。この例外の対象となるのは，(i)厚生労働大臣が定める基準に該当する高度の専門的知識等を有する労働者と，(ii)満60歳以上の労働者，である。

(i)は，自らの労働条件を決める交渉にあたって劣位に立たず保護の必要性が少ないと考えられたものであり，当該労働者が実際にそのような高度の専門的知識等を必要とする業務に就く場合に限られる（厚生労働大臣が定める基準として，平成 15・10・22 厚労告 356 号を参照。博士の学位を有する者，公認会計士・医師・弁護士・税理士など一定の資格を有する者，等々が列挙されている）。これに対して，(ii)は，高齢者の雇用機会を拡大する趣旨でもうけられた例外であるが，こちらについても 5 年もの拘束を認めることが適切か，疑問の余地があろう。

3　一定の事業の完了に必要な期間に関する例外

「一定の事業の完了に必要な期間」を定める労働契約については，上の 3 年および 5 年の上限は適用されず（労基法 14 条 1 項），それらを超える期間の定めが許容される（期間が 5 年を超える場合には，民法 626 条による解約が可能となる）。この例外の対象となるのは，一定期間で完了する土木工事のように，有期事業であることが客観的に明らかな場合に限られる。期間を示さないまま漠然と「事業の終了まで」といったものは認められない。

4　上限違反の効果

上記の上限を超える期間を定めた労働契約を締結した使用者は，労基法 14 条 1 項違反として処罰の対象となる。この場合の私法上の効果について，かつての 1 年という上限のもとでの通説および裁判例は，契約期間は労基法 13 条によって 1 年に短縮されるとの立場をとっていた（たとえば，旭川大学事件・札幌高判昭和 56・7・16 労民集 32 巻 3＝4 号 502 頁）。現行法のもとでの行政解釈も同様に，3 年（例外の場合は 5 年）の期間を定めた契約となると解している（平成 15・10・22 基発 1022001 号）。他方，労基法 14 条がもうけられた趣旨からいって，上限期間が経過すれば労働者は自由に辞職しうるが，それ以外の点では，もとの期間の定めは有効とする説もある（土田 85 頁）。

しかし，労働契約の期間には，期間の満了による契約終了という側面もあり，短いほうが当然に有利ともいえないので，これに関しては 13 条の直律的効力が生じないと考えることも可能である。期間の定めのない契約のもとでも解雇権濫用法理（労契法 16 条）によって雇用保障が確立している今日では，労働者の雇用の安定という利益を重視して，端的に，期間の定めが無効で，期間の定めのない労働契約となると解すべきであろう（当事者に期間を設定する意思があったことを無視するのは疑問との指摘もあるが〔荒木 482 頁〕，労基法に違反する内容であった以上，その効果を否定されてもやむをえない)。ちなみに，以前の裁判例も，契約期間が1年に短縮されると解しつつ，労働者が期間終了後もそのまま就労を続けているため，後述の民法629条1項（84〜85頁）によって期間の定めのない契約になった，という形で処理した事案がほとんどである。

5　大学教員の任期

「大学の教員等の任期に関する法律」(任期法）では，大学教員のうち特定の職について，その満了により労働契約が自動的に終了するが，途中での辞職は最初の1年間を除き妨げられないという「任期」をもうけることを，一定の要件のもとで認めている（同法2条4号・4条・5条を参照)。任期の長さについて，特段の上限は定められていない。

このような者との間に通常の有期労働契約を締結することも可能であるが，教員の流動化による大学の研究教育の活性化のために，それとは別の有期雇用の手段を，法律によって特別にもうけたものである（5年の任期の満了時における再任拒否が正当とされた事例として，京都大学事件・大阪高判平成17・12・28労判911号56頁)。

§3　無期労働契約への転換

期間の定めのある労働契約が，期間の満了時に更新され，実際上，長期間にわたって雇用が継続することが少なくない。このような場合，次項で見るように，期間満了時の更新拒絶（雇止め）に関して労契法19条による制約があるが，これが及ばないケースもあり，労働者の地位は不安定とならざるをえない。そこで，2012年の労契法改正で新たな規定（18条）をもうけ，有期労働契約が更新されて通算契約期間が5年を超える場合には，労働者の申込みにより，期間の定めのない労働契約に転換できることとした。他方当事者である使用者の意思にかかわらず期間の定めのない労働契約の成立を認める点で，従来にない踏み込んだ法規制である。

⑴　**転換の基本要件**　　労契法18条1項によれば，転換のための第1の要件は，当該労働者について，「同一の使用者との間で締結された二以上の有期労

働契約」の契約期間を通算した期間（通算契約期間）が，「5年を超える」ことである。「二以上の」契約であるから，最低1回は更新がなされていなければならない。また，経過措置として，新規定の施行日（2013年4月1日）よりも前の日が初日である有期労働契約の期間は，通算契約期間に算入しないとされている（改正法附則2項）。

第2の要件は，当該労働者が，「当該使用者に対し，現に締結している有期労働契約の契約期間が満了するまでの間に……期間の定めのない労働契約の締結の申込み」をすることである。ここでいう「期間の定めのない労働契約」は，現契約の期間満了日の翌日から労務が提供されるものを意味する。この無期労働契約の申込みは，当該契約期間中に通算契約期間が5年を超えることとなる有期労働契約の期間の初日から行うことができる。また，そのような有期労働契約の満了までの間にこれを行わなかったときにも，さらに有期労働契約が更新された場合には，再度，その期間満了までの間に，申込みを行うことが可能となる。

⑵　**申込みの効果**　　以上の要件をみたす労働者の申込みが行われた場合には，「使用者は当該申込みを承諾したものとみなす」とされており，これによって両者の間に，期間の定めのない労働契約が成立する。その労働条件は，別段の定めがある場合を除き，現に締結している有期労働契約の内容である労働条件と同一となる（もちろん，期間の定めはなくなる）。

⑶　**空白期間の取扱い**　　⑴で述べた「5年」の計算にあたり，1つの有期労働契約の満了日と，次の有期労働契約の初日との間に，6ヵ月以上の「空白期間」がある場合には，それ以前に満了した有期労働契約の期間は通算契約期間に算入されない（18条2項）。この空白期間（いわゆるクーリング期間）として認められるか否かについては，省令で詳細な基準が定められている（平成24・10・26厚労省令148号）。

なお，その直前の有期労働契約の契約期間（複数の有期労働契約が空白期間なしに連続している場合にはそれらの契約期間の合計）が1年未満の場合には，不算入の効果をもたらす空白期間は，6ヵ月以上ではなく，同期間に2分の1を乗じて得た期間（1ヵ月未満の端数は切り上げる。上記厚労省令148号）で定める期間以上となる。

⑷　**5年に関する特例**　　上記18条の成立後，職種等によっては，通算契約期間が5年を超えるときに無期転換を認めるのが適当ではないとの声が高まり，事後的に，以下のような特別の例外規定がもうけられた。

第1は，大学などの研究者に関する特例であり，①研究開発法人または大学等（以下「大学等」という）の研究者，技術者，リサーチアドミニストレーター，②大学等以外の研究者，技術者，リサーチアドミニストレーターであって，大学等との共同研究に専ら従事する者，③任期法にもとづく任期の定めがある労働契約を締結した教員等については，労契法18条1項の「5年」が「10年」となる（科学技術・イノベーション創出の活性化に関する法律15条の2，任期法7条)。

第2に，「専門的知識等を有する有期雇用労働者等に関する特別措置法」によって，①専門的知識等を有する有期雇用労働者が，当該専門的知識等を必要とする，5年を超える有期業務に就く場合（賃金額など一定の要件あり）と，②60歳以上の定年到達後，引き続いて同じ事業主に雇用される有期雇用労働者に関する特例がもうけられた。①については，本来の「5年」が当該業務の開始から完了までの期間（最大10年）となり，②については，定年後引き続いて雇用されている期間が，通算契約期間に算入されない（同法8条)。ただし，①②のそれぞれにつき，事業主は労働者のために一定の計画を作成し，厚生労働大臣の認定を受ける必要がある（同法4条・6条)。

§4　契約期間の満了と更新

1　期間満了の意義

有期労働契約において，その期間が満了した場合には，契約は当然に終了する。これは自動的な契約終了事由であり，どちらかの当事者から改めて意思表示がなされる必要はない。期間満了にあたって，前の契約を更新したり，新たな契約を締結し直したりすることはもちろん可能であるが，それは各当事者の自由に委ねられる。

ただ，契約期間終了後も労働者が引き続きその労働に従事し，使用者が特に異議を述べないときには，それまでと同一の条件でさらに雇用をしたものと推定される（民法629条1項。以前は「黙示の更新」と呼ばれていたが，民法の現代語化により，「雇用の更新の推定」となった）。更新後の労働契約は，前の契約と同じ期間の定めを有するとの見解もあるが（菅野 326 頁，土田 85 頁），期間の定めのない契約となると解するのが通説である（同項第 2 文を参照。裁判例として，前掲旭川大学事件，自警会事件・東京地判平成 15・11・10 労判 870 号 72 頁，学校法人矢谷学園ほか事件・広島高松江支判平成 27・5・27 労判 1130 号 33 頁など）。

2　使用者による契約の更新拒絶（雇止め）と判例法理

⑴　反復更新と雇止め　　現実には，有期労働契約が満了すると，前と同じ期間を定めて契約が更新され，雇用関係が継続していくことが少なくない。これが何度か繰り返されれば，期間の定めは一応存在していても，その意味が薄れ，契約期間の満了時にまた契約が更新されることへの期待が高まる。このような状況のもとで，使用者が新たな更新に応じなかった場合（「雇止《やといど》め」と呼ばれる），ごく形式的に，それは使用者の契約締結の自由であり，新契約が成立しなかった以上，労働契約は期間満了により当然に消滅する，と考えてよいのであろうか。

この問題について，判例は，一定の場合には，使用者の更新拒絶に対して解雇法理が「類推」されることを認めてきた。解雇については，客観的に合理的な理由を欠き，社会通念上相当と認められない場合には，権利濫用として無効という判例法理が早くから形成されている（現在では労契法 16 条が明記。373 頁を参照）。これを有期労働契約の更新拒絶（雇止め）に類推適用することによって，労働者の保護をはかるものであり，次の 2 つの最高裁判決が，それぞれ異なる枠組みを示している。

⑵　2つの判決　　第 1 は，東芝柳町工場事件（最 1 小判昭和 49・7・22 民集 28 巻 5 号 927 頁）である。この事件は，いわゆる常用的臨時工の雇止めのケースであり，期間 2 ヵ月の契約が 5 回から 23 回にわたって更新され，満了にあたって契約更新の手続が直ちにとられないこともあった。最高裁は，契約の期間は一応定められてはいるが，格別の意思表示がない限り当然更新が予定されており，労働契約は期間の満了ごとに当然更新を重ねて「あたかも期間の定めのない契約と実質的に異ならない状態」で存在していたと認めた。したがって，雇止め（更新拒絶）の意思表示は実質において解雇の意思表示にあたるので，

解雇に関する法理が類推され，剰員の発生など従来の取扱いを変更してもやむをえない特段の事情がなければ，雇止めは許されないこととなる。

第2は，日立メディコ事件（最1小判昭和61・12・4労判486号6頁）である。本件は，期間2ヵ月の契約が5回更新された臨時工の事案であるが，更新の都度，意思確認と契約書への押印が行われていたこともあり，期間の定めのない労働契約と「実質的に異ならない」関係が生じたとはいえないと判断された。しかし，最高裁は，この雇用関係はある程度継続することが期待され，現に5回にわたって契約更新がなされてきたのであるから，雇止めにあたって解雇に関する法理が類推され，解雇であれば解雇権の濫用等として無効となるような状況での雇止めは許されない，とした原判決を是認した。

この日立メディコ事件は，期間の定めが形骸化したとはいえない状況においても，更新に対する当事者の期待を基礎に解雇法理の類推を認めた点に意義がある。同時に，その場合でも，簡易な手続で雇用された臨時労働者の雇止めと，終身雇用の期待のもとで期間の定めのない契約を締結した正規従業員の解雇とでは，要求される合理性の程度におのずから差異があり，使用者が人員削減にあたって正規従業員の希望退職を募ることなく雇止めを行ってもやむをえない，と述べて，結論的に雇止めの効力を肯定した。

(3) **契約関係の継続**　上記いずれの枠組みにおいても，解雇法理が類推適用される場合には，合理的理由にもとづき社会通念上相当な更新拒絶の通知がなされる必要がある。そうでない限り，雇止めの効力は認められず，期間満了によっても労働契約は終了せずに，契約が更新されたのと同じ法律関係が継続していくことになる。

ただし，当初から1年契約の更新限度を3年としたうえで，そこで使用者が希望する労働者の勤務成績を考慮して必要と認めた場合にのみ期間の定めのない労働契約とする旨が明確に定められていた事例では，それが認められなかったときには，期間の定めのない労働契約には移行せず，3年の更新限度期間の満了時に契約は終了となる，と判断された（福原学園事件・最1小判平成28・12・1労判1156号5頁）。

3　労契法 19 条

労契法 19 条は，上にみた雇止めに関する 2 つの判例法理を条文化する目的でもうけられたものであり，①「当該有期労働契約が過去に反復して更新されたことがあるものであって，その契約期間の満了時に当該有期労働契約を更新しないことにより当該有期労働契約を終了させることが，期間の定めのない労働契約を締結している労働者に解雇の意思表示をすることにより当該期間の定めのない労働契約を終了させることと社会通念上同視できると認められること」(1 号) は，東芝柳町工場事件に，②「当該労働者において当該有期労働契約の契約期間の満了時に当該有期労働契約が更新されるものと期待することについて合理的な理由があるものであると認められること」(2 号) は，日立メディコ事件に，それぞれ対応する。

これら①②のいずれかに該当する場合，客観的に合理的な理由を欠き，社会通念上相当と認められない雇止めの効力は認められず，労働者が有期労働契約の更新または締結の申込みを行えば，「使用者は，従前の有期労働契約の内容である労働条件と同一の労働条件で当該申込みを承諾したものとみなす」とされている。

この 19 条によれば，労働者は，上記の保護を受けるためには，契約期間が満了する日までの間に契約更新の申込みをするか，または契約期間の満了後遅滞なく契約締結の申込みをすることが必要である。これに対する承諾のみなしという構成や，①②の要件の書き方を含めて，同条が従来の判例法理を的確に条文化したものといえるかどうか，疑問の余地もある。しかし，少なくとも労契法の施行通達（平成 24・8・10 基発 0810 第 2 号）では，同条は判例法理の「内容や適用範囲を変更することなく規定したものである」とされており，労働者の申込みについても，「使用者による雇止めの意思表示に対して，労働者による何らかの反対の意思表示が伝わるものでもよい」と，緩やかに解されている(契約更新を重ねた運転手の雇止めについて，仮に①でなくても②に該当し，かつ，労働契約の更新をしない旨の通知に対して撤回を求めたことが，労働者による契約更新の申込みにあたると判断した事例として，ニヤクコーポレーション事件・大分地判平成 25・12・10 労判 1090 号 44 頁。同申込みを拒絶したことは，客観的に合理的な理由を欠き，社会通念上相当とはいえないとして，承諾みなしを肯定)。

4　雇止め法理の適用

⑴　**類推適用の可否**　上記の判例法理や労契法19条によっても，いかなる場合に解雇法理が類推適用されるのかは明確でなく，更新の回数や手続，雇用期間の長さ，仕事の内容・性質，企業内での位置付け，採用時の事情などの諸要素を総合的に考慮しながら，ケース・バイ・ケースで決定せざるをえない。

期間の定めのない契約と実質的に異ならないという，第1の類型（19条1号）は，契約の更新手続が形骸化していた場合に認められやすい（たとえば，エヌ・ティ・ティ・ソルコ事件・横浜地判平成27・10・15労判1126号5頁，ジャパンレンタカー事件・名古屋高判平成29・5・18労判1160号5頁。前者は15年7ヵ月，後者は22年にわたって反復更新により雇用されていた）。

しかし，最近では，更新手続が毎回きちんと行われていたとして，むしろ第2の，当事者の合理的期待の有無（19条2号）が争われる事案が多い。更新への合理的期待があったとして1年契約の初回の更新拒絶に解雇法理が類推適用され，その効力が否定された事例がある一方で（医療法人清恵会事件・大阪地判平成24・11・16労判1068号72頁），当該契約の職務がもともと臨時的な性格のものであり，反復更新された後も，雇用継続に合理的期待はなかったと判断された事例もある（E-グラフィックスコミュニケーションズ事件・東京地判平成23・4・28労判1040号58頁，加茂暁星学園事件・東京高判平成24・2・22労判1049号27頁，シャノアール事件・東京地判平成27・7・31労判1121号5頁）。また，雇用契約書等に「契約の更新はしない」または「会社が特に必要と認めた場合契約の更新をすることもある」と定められていた事案でも，2回の更新がなされても合理的期待はなかったと判断されている（札幌交通事件・札幌高判平成29・9・14労判1169号5頁）。

もちろん，いずれかの類型により解雇法理の類推適用が認められても，雇止めに客観的に合理的な理由があり，社会通念上相当といえるならば，雇止めは有効で，期間満了によって労働契約は終了する（1年契約で雇用された労働者が2回目の更新にあたり適格性の欠如を理由に雇止めされた事例として，日本航空事件・東京高判平成24・11・29労判1074号88頁，1年契約を30年近く更新してきた労働者が事業譲渡による人員余剰のため雇止めされた事例として，三洋電機事件・鳥取地判平成27・10・16労判1128号32頁）。

(2) **更新の上限**　当事者間で更新の回数や期間について上限を定めていても，その後も契約継続の可能性があれば，これに対する労働者の合理的期待が保護されうる（カンタス航空事件・東京高判平成13・6・27労判810号21頁。期間1年で更新の期間を5年と区切った契約につき，5年で雇止めをされるような地位にあることを予想してはいなかったとして解雇法理の適用を肯定）。また，使用者が途中で一方的にそのような上限を定めた場合，すでに生じた労働者の信頼を排除することはできず，合理的期待にもとづき解雇法理が類推適用される（雇用継続期間の上限を3年とした事例として，立教女学院事件・東京地判平成20・12・25労判981号63頁，50歳を超えた場合には更新をしないと定めた事例として，市進事件・東京高判平成27・12・3労判1134号5頁。いずれも類推適用を肯定）。

しかし，当初から満65歳を更新の上限とし，労働者がこれに達した日以降に満了する有期労働契約については更新を行わない旨を定め，そのように運用していた場合には，以後の雇用継続に対する合理的期待は認められず，実質的に期間の定めのない労働契約と同視しうる状態にあったともいえないので，雇止めは適法となる（日本郵便事件・最2小判平成30・9・14労経速2361号3頁）。また，当初から更新限度を3年と定めていた場合，そこで期間の定めのない労働契約とするための条件がみたされなかったときには，契約は終了となる（前掲福原学園事件）。

(3) **不更新条項の問題，契約条件の不一致**　裁判例の中には，反復更新によっていったんは解雇法理が類推適用される関係が成立したと認めつつ，最後の更新にあたり使用者が次回の更新はしないことを説明し，契約書にもその旨の規定（いわゆる不更新条項）を入れたことから，解雇法理の適用を否定した事例もある（近畿コカ・コーラボトリング事件・大阪地判平成17・1・13労判893号150頁，本田技研工業事件・東京地判平成24・2・17労経速2140号3頁）。これに対して，解雇権濫用法理の適用を認めたうえで，権利濫用の成否の判断の中で，不更新条項の存在を考慮したものもある（明石書店事件・東京地決平成22・7・30労判1014号83頁，東芝ライテック事件・横浜地判平成25・4・25労判1075号14頁。前者は雇止めの効力を否定，後者は肯定）。

このような不更新条項は，それに応じなければ契約更新がなされないという形で，労働者に押しつけられ，事実上，次回か今回かという雇止めの選択を迫るものである。すでに雇用継続への合理的期待が成立している以上，労働者が真に自由意思にもとづき合意したと認められない限り，その必要性について，解雇に準じる審査がなされるべきであろう。

また，契約の更新にあたり，使用者が単純に更新を拒否するのではなく，従前とは異なる新たな労働条件を提示する場合もある。労働者がこれに応じず，結果的に契約更新がなされなかった場合，これも雇止めの一種と理解して解雇権濫用法理の類推を認めたうえで，変更提案の合理性を審査する裁判例が多いが（雇止めを認めた事例として，日本郵便輸送事件・大阪地判平成 21・12・25 労経速 2069 号 3 頁，否定した事例として，ドコモ・サービス事件・東京地判平成 22・3・30 労判 1010 号 51 頁），新たな契約の締結を労働者が自ら拒否したものとして，雇止めとは異なる観点から，契約終了を認めたものもある（河合塾事件・福岡高判平成 21・5・19 労判 989 号 39 頁。なお，同事件・最 3 小判平成 22・4・27 労判 1009 号 5 頁も参照）。

⑷　**定年後の再雇用，季節労働者**　　やや特殊な類型として，60 歳定年後の期間 1 年の嘱託雇用契約につき，本人が所定の継続雇用制度の基準をみたしていることから，上記契約の終了後も雇用継続を期待することには合理的な理由があると認められ，継続雇用制度による再雇用をせずに雇止めとしたことが，客観的合理性を欠き，社会通念上相当とはいえないとされた（津田電気計器事件・最 1 小判平成 24・11・29 労判 1064 号 13 頁。478 頁を参照）。

他方，約 17 年にわたり，毎年，春と秋に数ヵ月ずつ，季節的な作業のために有期労働契約を締結してきた労働者が新たな契約締結を拒否された事案では，労契法 19 条 2 号のいう契約更新への合理的期待があったとはいえず，同項を類推適用することもできないとして，解雇法理の類推適用が否定されている（A 農協事件・東京高判平成 27・6・24 労判 1132 号 51 頁）。

§ 5　有期労働契約の締結に関するその他の規定

1　有期労働契約の締結・更新・雇止めに関する基準

2003 年の労基法改正で，期間の定めのある労働契約の締結時および期間満了時における当事者間の紛争を未然に防止するために，厚生労働大臣は，期間満了の通知など使用者が講ずべき事項についての基準を定めることができる旨の規定がもうけられた（14条2項）。これにもとづき定められた「有期労働契約の締結，更新及び雇止めに関する基準」では，使用者に，以下のことを要求している（平成15・10・22厚労告357号，改正平成24・10・26厚労告551号）。

① 有期労働契約を3回以上更新した，または有期労働契約により1年を超えて継続勤務している労働者について，契約更新をしない場合には，満了日の30日前までに予告すること（あらかじめ契約更新しない旨が明示されている場合は除く）。

② ①に該当する労働者が更新しない理由の証明書を要求したときは，遅滞なくこれを交付すること。

③ 有期労働契約を1回以上更新し，かつ，1年を超えて継続勤務している労働者の契約を更新しようとする場合には，契約実態や本人の希望に応じて，契約期間をできる限り長くするよう努めること。

これらの違反について罰則があるわけではないが，労働基準監督署長は，使用者に対して必要な助言・指導を行うことができる（労基法14条3項）。

なお，以前は，有期労働契約の締結時に，労働者に対して満了後の更新の有無を明示し，かつ，更新がありうる場合はその判断基準を明示することも，上記基準に定められていた。しかし，2012年の労基則改正により，労基法15条1項の明示義務の対象事項の中に契約更新の基準が取り込まれ，規制が強化される形となった（労基則5条1項1号の2。違反には罰則がかかる）。いずれにしても，そこで明示された内容は，雇止めをめぐる紛争にあたり，当事者の合理的な期待を考えるうえでの重要な資料となりうる。

2 反復更新を避ける配慮

労契法17条2項は，使用者が，有期労働契約により労働者を使用する場合，その目的に照らして，「必要以上に短い期間を定めることにより，その有期労働契約を反復して更新することのないよう配慮しなければならない」旨を定めている。たとえば，1年間継続する仕事について1ヵ月契約を更新するようなことは避けよという趣旨であるが，配慮義務にとどまり，どれだけ実際に効果を有するかは問題である。

3　不合理な労働条件の禁止

労契法はもう1つ，有期労働契約により雇用される労働者と，いわゆる正規労働者との労働条件の格差の問題に対処するために，「期間の定めがあることによる不合理な労働条件の禁止」と題する規定をもうけた（20条）。この規定は，2018年の「働き方改革関連法」によって，労契法から削除され，パートタイム労働者に関する同様の規定と統合する形で，パート有期法に移されることとなった（新8条。施行は2020年4月。また，差別禁止規定として新9条も参照）。

この問題については，判例を含めて，「**9**　パート・有期労働，労働者派遣」で取り扱う（154頁）。

Brush up アメリカの健康保険と日本

アメリカのトランプ大統領が2017年1月に就任して最初に行ったのが，オバマ政権の下で2010年に作られた医療保険制度改革法（Affordable Care Act），いわゆるオバマケアの撤廃に向けた，大統領令の発布であった。

他の先進諸国とは異なって，アメリカでは，高齢者と貧困者のための特別の制度を除けば，公的な医療保険が存在しない。各人がそれぞれ民間の保険会社との間で契約を結び，保険料を支払う（保険を買う）こととなる。労働者の場合は，使用者が契約する団体保険にカバーされることが多いが，特に小規模な企業では，それがないことが少なくない。また，持病や既往症がある場合には，契約を断られることもあった。全米の無保険者は5000万人近くもいたといわれ，これらの人々が病気になったときの治療費を誰がどう負担するのかが大問題となった。また，医療費の心配から早期の治療ができずに重篤化したり手遅れになることも珍しくなかった。

2010年の上記法律は，かかる状況を改革するための画期的な試みであり，公的な保険制度は作らず，民間保険を買うという点は維持しながら，保険加入に関する制限や条件の規制，保険購入を容易にする州単位の市場の創設，全国民に対する保険加入の義務づけ，企業に対する従業員への保険提供の義務づけ（またはペナルティの支払い）などを定めた。2012年に連邦最高裁で際どく合憲判決が出されたものの，政権交代によって命運を絶たれたように見えたが，2017年7月，これを撤廃・代替する法案が連邦議会で不成立に終わり，何とか生き延びている（個人への加入義務づけは廃止）。保険料の上昇，新たな違憲訴訟の提起など問題は多々あるが，次第にそのメリットが理解され，撤廃への抵抗が高まっているようにも見える。

日本の場合は，1922年に制定され，1927年に施行された健康保険法によって，大企業は健康保険組合，中小企業は政府管掌健康保険（現在の協会けんぽ）という被用者保険の枠組みが作られた。1938年には，農民や漁民のために国民健康保険法が制定され，戦後，1958年の改正で適用範囲が拡大されて，1961年から，いわゆる国民皆保険体制となった。医療をめぐって多くの問題があることはいうまでもないが，時には公的な保険制度のありがたさについても，考えてみたいものである。

6　労働契約の基本原理

労働基準法の冒頭の7ヵ条は，しばしば「労働憲章」と総称される。まず，1条では，労働条件は労働者が「人たるに値する生活」を営むための必要をみたすべきものでなければならないことを，2条では，労働者と使用者が「対等の立場」において労働条件を決定すべきことを，それぞれ定めている。これらは，労働関係全体を通じる基本精神の宣言として重要である。

他方，3条〜7条は，罰則を伴う強行規定である。そのうち3条と4条は，不当な差別を禁止して「平等」を実現するための規定であり，その観点から次章で取り扱う。これに対して5条〜7条は，労働関係における労働者の自由と人権を保障するためにもうけられたものであり，同様の趣旨の規定は，労基法の第2章「労働契約」の中にもみられる。

労基法がこのように労働者の自由と人権の確保に格別の力を注いでいるのは，生身の人間の労働が取引の対象となり，使用者の支配下で継続的に労務提供をするという労働契約の性格に由来する。しかし，何よりも戦前の日本において，労働者の人権を踏みにじる悪習が多かったことへの反省が込められている。かかる行為は表面上は少なくなったようにみえるが，昨今の外国人労働者をめぐる状況などは，これが決して「過去の問題」でないことを示している。

労働契約に関するルールは，基本となる民法の規定に，労基法による規制や判例法理が積み重なって形成されてきた。2007年に制定された労働契約法は，それらを必要な修正を加えたうえで整理・体系化するためにもうけられた。もっとも，2012年の改正を経た後も，その内容は寂しいものがあり，今後の発展に期待せざるをえない。

§1　労働契約法による労働契約の原則

労契法3条は，労働契約について，以下の5つの原則を掲げている。

①　労働契約は，労働者および使用者が「対等の立場における合意」にもとづいて締結・変更すべきこと（1項)。

②　労働契約は，労働者および使用者が「就業の実態に応じて，均衡を考慮

しつつ」締結・変更すべきこと（2項）。「均衡」という言葉は，「均等」よりも緩やかに，就業実態の相違に応じたバランスある処遇を求めるものである。

③　労働契約は，労働者および使用者が「仕事と生活の調和にも配慮しつつ」締結・変更すべきこと（3項）。いわゆるワークライフバランスの理念を示したものである。

④　労働者および使用者は，労働契約を遵守するとともに，「信義に従い誠実に」権利を行使し，義務を履行すべきこと（4項）。民法における信義誠実の原則を労働契約に関して確認したものであり，労働協約や労働契約の誠実遵守を定めた労基法2条2項とも通底する。

⑤　労働者および使用者は，労働契約にもとづく権利の行使にあたって「それを濫用することがあってはならない」こと（5項）。これも，民法1条3項による権利濫用の禁止を，労働契約に関して確認したものである。

以上のほか，労契法4条では，使用者が労働条件および労働契約の内容について労働者の理解を深めるようにすること（1項）と，両当事者が労働契約の内容（期間の定めのある労働契約に関する事項を含む）をできる限り書面により確認すること（2項）を求めている（71頁を参照）。

§2　労働契約上の権利義務

1　労務提供義務と賃金支払義務

労働契約は，労働者が使用者のもとで労働し，使用者がその対価として労働者に賃金を支払う双務契約である。現実には，このような関係の具体的内容について，さまざまな定めがなされるものであり，両当事者の権利義務は，労働協約，就業規則，個別合意，慣行などを考慮して確定される。しかし，労働契約における最も本質的な義務（相手方から見れば権利）は，労働者の労務提供義務と，使用者の賃金支払義務である（後者については「13 賃金」を参照）。

労務提供義務は，使用者の指揮のもとにおいて労働を行う義務である。そこには労働者が使用者に対して「指揮命令権」（労務指揮権とも呼ばれる）を与えることの承認が含まれている。したがって，なすべき労働の種類・場所・態様・遂行方法など具体的内容については，労働契約の枠内で使用者がこれを決定し，労働者に対して必要な指示および監督を行う権限を認められる。

労働者の労務提供は，契約法の一般原則により，債務の本旨に従って誠実になされなければならない。これに関しては，公務員法の規定（国公法 101 条 1 項，地公法 35 条）にならって，労働者に「職務専念義務」があるといわれることもあるが，あくまでも合理的な注意を払って職務をまじめに行えば労務提供義務は尽くされるのであり，労働者が職務以外のことは一切考えないというような，高度で非現実的な義務ではない。

労働者が使用者に命じられたのとは異なる内容の労務の提供を行った場合には，通常，債務の本旨に従った履行の提供とはいえず，これに対する賃金請求権は発生しない。しかし，職種や業務内容を特定せずに労働契約を締結した場合には，労働者が病気のため，現に就業を命じられた特定の業務について労務提供が十全にできないとしても，「その能力，経験，地位，当該企業の規模，業種，当該企業における労働者の配置・異動の実情及び難易等に照らして当該労働者が配置される現実的可能性があると認められる他の業務について労務の提供をすることができ，かつ，その提供を申し出ているならば，なお債務の本旨に従った履行の提供があると解するのが相当」とされている（片山組事件・最 1 小判平成 10・4・9 労判 736 号 15 頁）。

また，債務の本旨に従った履行の提供の有無は，労働組合による争議行為との関係でも問題になることがある（417 頁を参照）。

2　使用者の業務命令権

使用者が業務遂行のために労働者に対して行う指示・命令は，しばしば「業務命令」と総称される。業務命令は，労務提供に関する指揮命令を中核とするが，それよりも広く，たとえば使用者が行う調査への協力，健康診断の受診など，当該労働者の本来の労務提供とは必ずしも直接に関連しない事項を対象とすることもある。業務命令は，特定の行為を使用者として明確に命じる点に意義があり，その違反に対しては通常，懲戒処分が予定されている。

最高裁によれば，使用者が業務命令を発しうる根拠は労働契約にあり，労働者が労働契約によって労働力の処分を許諾した範囲内の事項であれば，使用者に業務命令権が認められる（電電公社帯広局事件・最 1 小判昭和 61・3・13 労判 470

号6頁。健康診断受診命令の拘束力を肯定)。

結局のところ，その判断は労働契約の解釈によることになるが，当該事項の性格や業務上の必要性などから見て合理的限度をこえる業務命令は，許諾の範囲外として拘束力を否定されるべきである（生命の危険のある海域への出航命令につき，電電公社千代田丸事件・最3小判昭和43・12・24民集22巻13号3050頁。なお，放送番組のアナウンスおよび翻訳業務を担当するフランス人が，東日本大震災による原発事故の後，生命・身体の安全を危惧して国外に避難したことは非難できず，業務委託契約〔労働契約ではない〕の解除事由にあたらないとされた事例として，日本放送協会事件・東京地判平成27・11・16労判1134号57頁も参照)。また，贈賄，談合，官庁への虚偽報告などの違法行為や，選挙応援，宗教活動など労働者の個人的自由の侵害にあたる行為も，業務命令で強制することは許されない（朝礼で選挙演説を聴かされたことを理由とした労働者からの損害賠償請求を認めた事例として，ダイニンテック事件・大阪地判平成11・8・20労判765号16頁)。

さらに，本来の労働義務の範囲内の作業であっても，ことさらに労働者に不利益を課することを目的として命じるなど，行き過ぎたものである場合には，その業務命令は権利濫用となり不法行為が成立しうる（就業規則違反者に対する教育訓練として行われた就業規則の書き写し等の命令につき不法行為の成立を認めた事例として，JR東日本事件・最2小判平成8・2・23労判690号12頁。また，JRの「日勤教育」が教育として必要かつ相当な範囲を逸脱し，やはり不法行為に該当するとされた事例として，JR西日本事件・大阪高判平成21・5・28労判987号5頁も参照。他方，国鉄鹿児島自動車営業所事件・最2小判平成5・6・11労判632号10頁では，職場規律違反者を構内に降り積もった火山灰の除去作業に10日間にわたり1人で従事させたことにつき，不法行為の成立が否定された)。

配転や降格の命令についても，業務上の必要性に乏しく，むしろ労働者を退職に追いやる意図をもって行われたと認められる場合には，権利の濫用となりうる（バンクオブアメリカイリノイ事件・東京地判平成7・12・4労判685号17頁，新和産業事件・大阪高判平成25・4・25労判1076号19頁)。

3　付随的な権利義務

労働契約においては，メインとなる労務提供義務および賃金支払義務のほかに，労働者・使用者とも，それぞれ付随的な義務を負う。これらは，労働契約の人的・継続的性格および企業の組織性を反映した，信義則上の義務といえる（民法1条2項，労契法3条4項）。

⑴　**労働者の付随的義務**　まず，労働者の付随的義務としては，職務上知りえた企業秘密を守る義務（秘密保持義務）と，使用者の事業と競合する行為をさし控える義務（競業避止義務）があげられる。いずれも労働契約上の信義則にもとづく義務であるが，むしろ労働契約の終了後において，その存否や範囲が争われることが多い（481頁を参照）。ちなみに，使用者の営業秘密については，労働契約とは別に，不正競争防止法によって特別の保護が図られている（同法2条1項4号以下，3条・4条。これについても，労働契約の終了後に問題が生じることが多い）。

また，労働者は，労働時間外でも職場規律を遵守する義務を負い，さらに企業外においても，使用者の信用や利益を不当に害しない義務を負う。これらの義務は，しばしば「企業秩序遵守義務」や「誠実義務」という広範で漠然とした概念により論じられ，その限界が，特に懲戒との関係で大きな問題となる。

⑵　**使用者の付随的義務**　次に，使用者の付随的義務としては，職場において労働者の生命・健康を危険から保護するよう配慮すべき「安全配慮義務」が判例により確立されている（327頁参照）。使用者の支配下で労務提供がなされるという労働契約の特質に由来するものであり，指揮命令権に内在する不可分の義務といえよう。労働契約法では，これを踏まえ，「使用者は，労働契約に伴い，労働者がその生命，身体等の安全を確保しつつ労働することができるよう，必要な配慮をするものとする」との規定をもうけている（5条）。

そのほか，労働者の人格や私的自由を尊重する義務，セクシュアル・ハラスメントやいじめに関する職場環境配慮義務，公正な人事評価を行う義務なども議論されており，使用者の付随的義務は拡大する傾向にある（使用者が人事権を合理的な裁量の範囲内で行使すべき義務に違反したと認め，債務不履行による損害賠償を命じた事例として，トナミ運輸事件・富山地判平成17・2・23労判891号12頁）。

4　就労請求権

一般に労務提供は，労働者の「義務」である。しかし，使用者が何らかの理由で労働者を就労させない場合，労働者は，使用者に対して労務を受領する（つまり自分を働かせる）よう求める「権利」を有するであろうか。これが「就労請求権」の有無の問題であり，具体的には，違法な解雇がなされた場合に就労妨害排除仮処分が許されるか，という形で争われることが多い（労働者が債務の本旨に従った履行の提供をすれば賃金請求権が発生するが〔221頁を参照〕，就労請求権はこれとは別の，実際に職場で働くことができるかという話である）。

学説では，労働契約においては労働すること自体も労働者にとっての目的となっており，そこに人格実現的価値があること等を指摘して，就労請求権を肯定する見解が強い（下井・労基217頁，西谷・労働93頁など。また，労働者の「キャリア権」にもとづく主張として，諏訪康雄「労働市場法の理念と体系」講座21世紀の労働法2巻17頁も参照）。しかし，裁判例は，契約法の原則から使用者は労務受領の義務を負わないとして，就労請求権を一般に否定している。もっとも，労務提供につき特約または労働者の特別の利益が存する場合には，例外的に就労請求権が認められうる（調理師につき技能の維持向上のために就労利益が認められた事例として，スイス事件・名古屋地判昭和45・9・7労判110号42頁）。

なお，法律上の不利益取扱い禁止規定に違反して解雇等が行われた場合には労働者の就労請求権が認められるとの見解もあるが（小西＝渡辺＝中嶋162頁），かかる権利が仮に認められるとしても，それは当該法規定に由来するものであって，一般的な労働契約上の就労請求権とは区別されるべきであろう。

5　労働者の損害賠償責任

労働者が労働契約上の義務に違反して使用者に損害を発生させた場合，使用者は債務不履行による損害賠償の請求を行うことができる。それが不法行為の要件をみたすならば，そちらによることも可能である。次項で見るように，労基法16条は違約金を定めることや損害賠償額の予定をすることを禁止しているが，現実に発生した損害額について，使用者が事後に労働者に賠償を求めることは妨げられない。したがって，たとえば操作を誤って高価な機器を破損した場合には，職務上の過失のために，労働者はきわめて高額の損害賠償責任を負うことになりかねない。

そこで，裁判例では，信義則および衡平の見地から，賠償額を合理的な範囲内に限定するのが通常である。企業規模や業務の性格，労働者の過失の内容・程度，使用者による防止の努力，保険加入の有無，懲戒処分が行われたか否かなどの諸事情が，総合的に考慮される（たとえば，K興業事件・大阪高判平成13・4・11労判825号79頁では，トラック運転手の交通事故による車両損傷につき，修理費用の5％相当額の賠償のみが認められ，エーディーディー事件・大阪高判平成24・7・27労判1062号63頁では，労働者のミスによる業務未達で生じた売上減少等につき，本人に故意や重過失はなく本来的に使用者が負担すべきリスクであるとして，使用者の損害賠償請求が否定された。他方，自動車運転中の事故による第三者への賠償と車両損傷につき労働者に3割の責任が認められた事例として，信州フーズ事件・佐賀地判平成27・9・11労判1172号81頁も参照)。

労働者が職務遂行にあたって第三者に損害を与えた場合，使用者は民法715条の使用者責任を負うことになるが，労働者に求償（同条3項）を行うにあたっては，上記と同様の観点から，その責任額に合理的な制限が加えられる（茨城石炭商事事件・最1小判昭和51・7・8民集30巻7号689頁。使用者との直接の関係における上記の制限も，この判決が基礎となっている)。

§3　労働者の人権と自由の保障

1　強制労働の禁止，寄宿舎

労基法5条は，使用者が，暴行，脅迫，監禁その他精神または身体の自由を不当に拘束する手段によって，労働者の意思に反して労働を強制することを禁止する。この規定は，非人道的な強制労働がわが国でかなり広く行われてきたことを反省し，奴隷的拘束と意に反する苦役を禁じた憲法18条の理念を労働関係において実現するためにもうけられた。違反した使用者には，労基法上で最も重い刑罰が科される（同117条)。

暴行，脅迫，監禁はそれ自体で刑法上の犯罪を構成するが，それら以外でも，労働者に対する威圧など，精神・身体の自由を不当に拘束する手段が用いられれば，強制労働に該当する（後述する損害賠償額の予定，前借金契約，強制貯金なども不当な手段に含まれうる)。このような手段による労働の強要があれば，現実に労働がなされていなくても違反が成立する。

なお，労働者が使用者の管理する寄宿舎に住む場合には，しばしば労働者の自由が不当に拘束され，これが強制労働の温床となることも少なくなかった。そこで労基法では，第10章「寄宿舎」として，事業付属の寄宿舎における労働者の私生活の自由を確保し，あわせて安全衛生上の措置を義務づける諸規定をもうけている（同94条以下）。

2　中間搾取の排除

労基法6条は，法律により許される場合を除き，何人も「業として他人の就業に介入して利益を得てはならない」と定め，労働契約の当事者でない者（口入屋，手配師，労働ブローカーなど）が労働関係の成立または存続に関与して中間搾取を行うことを禁止している。

このような行為については，職安法によって，有料職業紹介事業の許可制と手数料規制（職安法30条・32条の3），労働者募集における有報酬委託募集の許可制および報酬規制（同36条・39条・40条），労働者供給事業の禁止（同44条）などの規制がなされており，労基法6条の違反と同時に，これら職安法の規定の違反も成立しうる（両違反は観念的競合となる）。

なお，労働者派遣の場合には，派遣元と労働者との間に労働関係があるので「他人の」就業に介入したことにはならず，労基法6条の中間搾取には該当しないとされている（昭和61・6・6基発333号）。

3　公民権行使の保障

労働者が労働時間中に，選挙権その他「公民としての権利」を行使し，または「公の職務」を執行するために必要な時間を請求した場合，使用者はこれを拒否してはならない（労基法7条）。主権者たる国民としての労働者の公的な権利・義務が，使用者に対する労働義務のゆえに行使・遂行できなくなることを防ごうという趣旨である。ただし，権利行使や職務執行に支障のない限り，使用者は，請求された時刻を変更することができる（同条但書）。

公民としての権利には，公職選挙における選挙権および被選挙権，最高裁判所裁判官の国民審査権，特別法の住民投票権，地方自治法上の住民直接請求権などがある。訴権の行使（訴訟の提起・追行）は，選挙訴訟など民衆訴訟の場合を除き，これに含まれない。公の職務としては，国会議員，地方議会議員，各種の行政委員会や法令にもとづき設置される審議会の委員，労働審判員，裁判員，裁判所・労働委員会等の証人，公職選挙の立会人などの職務がある（昭和63・3・14基発150号・婦発47号，平成17・9・30基発0930006号）。

7条は，これらの時間を有給とすることまで義務づけてはいない。もっとも，選挙権行使のための遅刻・早退の場合には，賃金を差し引かないことが望ましいとされている。また，就業規則の変更により従前は有給であったものを無給にする場合には，公民権の行使等に与える影響に鑑み，高度の必要性にもとづく合理性が求められる（全日本手をつなぐ育成会事件・東京地判平成23・7・15労判1035号105頁。証人出頭時の扱いの変更につき，合理性が否定された事例。なお，就業規則の不利益変更の問題については，354頁以下を参照）。

公の職務に関しては，たとえば議員に就任した場合のように，その執行に必要な時間が相当長期にわたり，労働義務との抵触が大きくなることもある。就業規則で，会社の承認を得ないで公職に就任したときには懲戒解雇すると定めることは，労基法7条の趣旨に反して無効である（十和田観光事件・最2小判昭和38・6・21民集17巻5号754頁）。しかし，最高裁も「普通解雇に付するは格別」と述べており，業務への支障の程度やその他の事情いかんによっては，普通解雇や休職処分が認められることはありうる（普通解雇につき，社会保険新報社事件・東京高判昭和58・4・26労民集34巻2号263頁，パソナ事件・東京地判平成25・10・11労経速2195号17頁。休職につき，森下製薬事件・大津地判昭和58・7・18労民集34巻3号508頁）。

4　賠償予定の禁止

使用者は，労働契約の不履行について違約金を定め，または損害賠償額を予定する契約をしてはならない（労基法16条）。一般に，契約違反に対する違約金や損害賠償額の予定は，損害額の立証・算定の困難を除去するものとして許容されている（民法420条）。しかし，労働契約においては，しばしば過大な額の賠償予定がなされ，労働者の身分的従属や退職の自由の制限など弊害が著しかったため，労基法はこれを禁止したのである。

不法行為にもとづく損害賠償額の予定も，やはり16条により禁止されると解されている。また，使用者が労働者の保証人との間で同様の契約を結ぶことも許されない。なお，懲戒解雇等の場合に退職金を減額または不支給とする旨の定めは，損害賠償や違約金ではなく退職金請求権が発生しないだけであり，16条違反にあたらないとされている（三晃社事件・最2小判昭和52・8・9労経速958号25頁を参照）。

使用者が労働者の研修や資格取得などの費用を負担する代わりに，以後一定期間にわたる勤務を約束させ，これを守らない場合に費用分の返還を義務づけることは，16条の違反となりうる。しかし，本来労働者本人が負担すべき費用を使用者が貸与し，それを返還させることを原則としながら，一定期間勤務した者について特にこれを免除するという実質のものであれば，違法とはいえない。費用負担の目的，業務との関連性，返還義務による拘束の期間・程度などが考慮されるが，実際の判断はかなり微妙である（海外留学費用の返還規定につき，労基法16条違反で無効とした事例として，新日本証券事件・東京地判平成10・9・25労判746号7頁，有効として使用者の返還請求を認めた事例として，野村證券事件・東京地判平成14・4・16労判827号40頁。また，タクシー運転手の第2種免許取得のための教習所授業料等について返還請求を認めた事例として，東亜交通事件・大阪高判平成22・4・22労判1008号15頁）。

5　前借金相殺の禁止

使用者は，「前借金その他労働することを条件とする前貸の債権」と賃金を相殺してはならない（労基法17条）。労働者本人や親族が使用者から借金をし，将来の賃金でそれを弁済するとの契約は，しばしば身分的拘束や人身売買の弊害を発生させた。本条はこれを防止しようという趣旨である。禁止されるのは賃金との相殺（賃金からの控除）にとどまり，労働を条件とする貸金契約自体は有効なので，使用者は，相殺以外の方法で返済を受けることはできる（もっとも，場合によっては貸金契約そのものが公序良俗違反で無効となることもありうる。酌婦前借金無効事件・最2小判昭和30・10・7民集9巻11号1616頁）。

また，使用者からの借金がすべて「労働することを条件とする」というわけではなく，労働者が使用者から人的信用にもとづいて受ける金融等で，身分的拘束を伴わないことが明白なものは，これに含まれない（昭和22・9・13発基17

号，昭和33・2・13基発90号)。かかる判断は，貸付の原因，期間，金額，金利などを総合的に考慮して行われる。

たとえば，生活資金や住宅資金の貸付の場合，それが労働者の申出にもとづく便宜のための措置であり，金額・期間・金利が合理的で，返済前の退職の自由が確保されていれば，その返済のために賃金との相殺を行っても17条違反とはならない。ただし，この場合でも，賃金全額払いの原則を定めた労基法24条1項の規制は受けるので，同項但書による事業場協定の締結が必要である。17条は，賃金との相殺を禁止される債権の範囲が限定されている反面，そのような例外手続を認めない点で24条よりも厳格であり，罰則も重い（119条1号。120条1号と比較せよ）。

6　強制貯金の禁止

使用者は，労働契約に付随して「貯蓄の契約」をさせ，または「貯蓄金を管理する契約」をしてはならない（労基法18条1項）。貯蓄の契約とは，第三者たる金融機関に預金をさせることである。貯蓄金管理契約には，使用者自身が貯蓄金を管理する場合と，金融機関に預金したうえで使用者が通帳や印鑑を保管する場合とがある。「労働契約に附随して」とは，これらの契約が，雇用の開始または存続の条件として労働者に強制されることを意味する。

このような強制貯金はかつて広く行われ，多くの場合，労働者を拘束する足止め策となった（外国人研修生に対する預金口座の強制管理を18条1項違反と認め，旅券の預かり行為とあわせて不法行為に該当するとした事例として，スキールほか事件・熊本地判平成22・1・29労判1002号34頁）。のみならず，使用者が経営困難等に陥った場合には，払戻しが受けられなくなる危険も大きかった。そのため労基法がこれを禁じたのであるが，同様の危険は，労働者が自由意思にもとづき使用者に貯蓄金管理を委託する場合にも生じる。

そこで，労基法18条は2項以下で，任意的な貯蓄金管理契約（いわゆる社内預金）についても，これを許容しつつ，事業場協定の締結と届出，貯蓄金管理規程の作成・周知，一定利率以上の利子の支払い，労働者の請求があった場合の遅滞なき返還などの規制を加えている。また，賃金確保法3条で，貯蓄金の保全措置も義務づけられている。

7　黄犬契約の禁止

以上に見た労基法の諸規定のほか，労組法では，雇用の条件として，労働者が労働組合に加入しないこと，または労働組合を脱退することを義務づける約定を，不当労働行為として禁止している（7条1号本文後段。432頁を参照）。このような約定は「黄犬契約」（yellow-dog contract）と呼ばれる。黄犬契約は憲法28条に保障された労働者の団結権を侵害するものであり，公序良俗に反して無効である。したがって労働者は私法上これに拘束されないが，さらに労働委員会に不当労働行為救済申立てを行って，その破棄を求めることもできる。

8　身元保証契約の規制

わが国では古くから，労働者の採用にあたり，身元保証人をたてさせることが広く行われてきた。「身元保証」とは，単なる人物の確認や推薦ではなく，当該労働者の行為によって使用者が損害を被った場合には保証人がその賠償責任を負うことを内容とする，使用者と保証人との間の契約である。このような契約も有効であるが，保証人の責任が不当に重くなるのを防止するために，1933年に制定された「身元保証ニ関スル法律」が規制を加えている。

この法律によれば，第1に，身元保証契約の有効期間は，契約に期間の定めがない場合には3年間（商工見習は5年間）となり（1条），期間の定めがある場合でも5年間を超えることはできない（2条。ただし契約更新は可能）。

第2に，労働者に業務上不適任または不誠実な事跡が判明した場合や，労働者の任務・任地に変更があった場合で，保証人の責任に影響を与えるときには，使用者は保証人に通知しなければならず（3条），通知を受けた保証人は，将来に向かって保証契約を解除しうる（4条）。

第3に，保証人の負うべき賠償責任の範囲は，使用者の監督上の過失の有無，身元保証をするに至った事由，保証人の払った注意の程度，労働者の任務や身上の変化など，一切の事情を斟酌して決定される（5条。身元保証人に本人の賠償責任額の4割分につき連帯責任を認めた事例として，丸山宝飾事件・東京地判平成6・9・7判時1541号104頁。なお，労働者本人の損害賠償責任については，99頁を参照）。

これらの規定は片面的強行規定であるが（6条），罰則はない。

§4　プライバシーと個人情報の保護

1　プライバシーと雇用

高度情報化社会の到来により，社会の隅々にまで大量の情報が瞬時に行き交うようになった。これにより，個人に関する情報が本人の知らないところで作成・加工され，世界規模で伝播することが可能になり，それがプライバシー権などの人権の侵害を伴う社会問題をこれまで以上に引き起こしている。とりわけ，人間関係と知的財産の集積する企業の場では問題の発生が多く，企業の取り扱う顧客・取引先などの個人情報とともに，雇用の場における労働者の個人情報についても，慎重な保護と管理が必要となる。

2　労働者の思想信条とプライバシー

身体，自由，名誉，信用またはプライバシーなどの法的保護の対象となる人格的利益は，総称して人格権といわれる。その1つであるプライバシーの権利は，「私の生活・領域を他人にみだりに干渉されない権利」を中核とする。しかし，後述のように，これにはより積極的に，自己の情報をコントロールする権利が含まれる。

労働という活動は人の社会活動の最重要の局面といいうるから，労働者としての思想信条や精神的自由は，プライバシーの重要な一部をなす。もっとも，最高裁は，労働者の採用の段階については，使用者の調査権は広範に及び，労働者の思想信条の調査についても原則として自由であると解しているから（三菱樹脂事件・最大判昭和48・12・12民集27巻11号1536頁参照），後述の個人情報の保護による規制を除けばプライバシーの法的保護は希薄とならざるをえない。しかし，採用の過程では人は労働者という地位を得るために最も脆弱な立場にあるともいえ，その意味ではプライバシーの保護の必要がより強く求められるべきである（5を参照）。

これに対し，採用後の労働者の思想信条への侵害については，判例は概して厳しい立場をとっている。最高裁は，現実に企業秩序を侵害するおそれがないにもかかわらず，労働者が共産党員またはその同調者であることを理由として，職場の内外で監視体制をとり，その思想を非難して職場で孤立させるなどした行為について，労働者らの「職場における自由な人間関係を形成する自由を不当に侵害するとともに，その名誉を毀損するもの」であり，また尾行したり，ロッカーを無断で開けて私物の手帳を写真撮影したりした等の行為について，「プライバシーを侵害するものでもあって，同人らの人格的利益を侵害するものというべく……不法行為を構成する」と判断している（関西電力事件・最3小判平成7・9・5労判680号28頁）。同判決は，最高裁として初めて，労働者が職場で自由な人間関係を形成する自由があり，使用者による特定の思想への非難，特定の労働者への継続的な監視や孤立化策が，この自由を侵害するとともにプライバシー侵害であることを明らかにしたものである。

3　労働者の自己表現の自由

プライバシーの一側面として，労働者が自己の外観をどのように表現するかという私生活上の自由がある。たとえば労働者の髪型や色，ひげなどの容姿，服装などは，労働者の人格や自由に関する事柄であり，一般的には職務遂行とは関わりがないといえる。しかし，企業が職場の規律を保ち，または顧客に対するイメージを向上させるために，一定の「身だしなみ」を求める服務規律も不合理とはいえない。そこで，そのような規律は，事業遂行上の必要性が認められ，その具体的な制限の内容が労働者の利益や自由を過度に侵害しない合理的な範囲で，拘束力が認められると解すべきである。

具体的には，トラック運転手が髪の着色を元に戻すよう命令されたことの当否が争われた事例では，企業の円滑な運営上必要かつ合理的な範囲を超えた制限は許されないとされている（東谷山家事件・福岡地小倉支決平成9・12・25労判732号53頁）。ハイヤー運転手について，乗務員勤務要領中の「ヒゲをそり，頭髪は綺麗に櫛をかける」という規定は，無精ひげや異様なひげを規制するものであるとして，口ひげを剃る義務のないことの確認請求が認容されている（イースタン・エアポートモータース事件・東京地判昭和55・12・15労判354号46頁）。また，会社の「身だしなみ基準」に反するひげ・長髪の労働者に対して，マイナスの人事考課にもとづく賃金カットをしたことは，裁量権を逸脱し不法行為となる（郵便事業事件・神戸地判平成22・3・26労判1006号49頁）。

いわゆるLGBTも，個人のアイデンティティーであり，雇用の場でもこれを理解し，配慮を行う必要がある（性自認による女性の服装での服務を禁止する命令に違反したこと等を理由とする懲戒解雇が無効と判断された例として，S社事件・東京地決平成14・6・20労判830号13頁。なお，394頁を参照）。

4　社内Eメールの私的利用とその監視

社内のコンピューター・ネットワークシステムを労働者が私的に利用することにつき，会社は，就業規則に定めるか，あらためて通知を出すことにより，その利用を原則として禁止する扱いができる。ただし，社内電話の私的利用と共通するもので，労働者の職務専念義務や職務遂行あるいは使用者の施設管理権の妨げにならない軽微な利用については，許容されているといいうる（グレイワールドワイド事件・東京地判平成15・9・22労判870号83頁）。

このように労働者が社内メールを私的に利用することは許されないわけではないが，その場合のプライバシーの保護は，管理者を置き適宜保守を行っているというメール管理の特殊性から，社内電話の私的利用の場合よりも相当程度に縮減されると解されている。つまり，メールサーバーの監視・閲覧等は，その目的・手段・態様等を総合考慮して，監視される側に生じた不利益を比較衡量したうえで，社会通念上逸脱した監視がなされた場合に限り，プライバシーの侵害になると解される。こうした判断基準から，メールの利用を監視する立場にない者の監視や，監視について職務上の合理的必要性がない場合，あるいは管理部署に秘匿したまま恣意にもとづく手段・方法により監視した場合には，プライバシー侵害となりうるとする裁判例がある（F社Z事業部事件・東京地判平成13・12・3労判826号76頁。逆に会社のファイルサーバーにおけるメールファイルの調査についての違法性を否定した事例として，日経クイック情報事件・東京地判平成14・2・26労判825号50頁）。なお，社内メールの監視は，個人情報保護法18条の問題ともなりうる。

5　個人情報の保護

⑴　個人情報保護法　　個人情報の収集や利用により個人の権利や利益が侵害されるのを防ぐために，個人情報に関するプライバシーの保護という考え方

が定着しつつある。ここでのプライバシーの保護は，自己情報の全体をコントロールする権利にもとづくものである。

労働関係においても，労働者の個人情報は最大限に保護されるべきである。しかし，企業の側にも，労働者を採用する際の判断資料や賃金・職務内容等の労働条件を決定するための資料として，あるいは労働安全衛生法上の諸義務の履行として，個人情報を収集し管理する必要がある。そのため労働の場における個人情報保護のあり方は，情報の内容，労働者の個人情報収集・管理に対する使用者側の必要性，収集の手段・態様の相当性，および労働者側の秘匿の理由などによって判断されることになる。

一方，インターネットなど高度情報通信社会の進展により個人情報の利用が著しく拡大したことから，公共部門と民間部門の双方における個人情報の保護を目的として，2003 年に個人情報保護法（個人情報の保護に関する法律）が制定された。雇用管理に関する個人情報は，同法 2 条 1 項にいう「個人情報」にあたり，企業は，同法 1 条でいう「個人情報を取り扱う事業者」，あるいは同法 2 条 5 項でいう「個人情報データベース等を事業の用に供している者」としての「個人情報取扱事業者」にあたる。同法によれば，使用者は個人情報を扱うにあたり，利用目的をできるだけ特定し（15 条），それを本人に通知しまたは公表しなければならない（18 条）。個人情報をあらかじめ本人の同意を得ることなく利用目的の達成に必要な範囲を超えて取り扱ってはならず（16 条 1 項），不正な手段により取得してはならない（17 条）。

なお，雇用管理に関する個人情報については，厚労省は 2004 年に「雇用管理に関する個人情報の適正な取扱いを確保するために事業者が講ずべき措置に関する指針」（平成 16・7・1 厚労告 259 号，雇用管理指針）を作成し，さらに，2017 年には，同法 8 条等の規定にもとづき，「個人情報の保護に関する法律についてのガイドライン（通則編）」等を策定して具体的な指針を定めている。

⑵　**健康情報の保護**　労働者の健康情報（過去の病気から現在の症状も含めて）は，みだりに公開されてはならないセンシティブ情報である。しかし，使用者は労働者に対して，労働契約上，安全配慮義務を負うとともに（労契法 5 条），労安衛法は使用者に対し，労働者の安全と健康確保のため種々の措置義務を課しており，こうした義務の履行の前提として労働者の健康情報を収集し

ておく必要がある。

裁判例ではHIV感染に関する情報が問題となったものがある。この病気に対する社会的偏見と差別意識が強いなかで，極度に秘密性の高いものとしてプライバシー保護が必要である。HIV検査の実施については客観的かつ合理的な必要性があり，かつ本人の承諾がある場合に限り違法性が阻却されるが，これに違反した検査はプライバシーを侵害する不法行為となる（東京都事件・東京地判平成15・5・28労判852号11頁，T工業事件・千葉地判平成12・6・12労判785号10頁）。かかる判断枠組みは，センシティブ情報である他の病気についても妥当する（労働者の同意のないB型肝炎ウイルス検査を違法とした事例として，B金融公庫事件・東京地判平成15・6・20労判854号5頁）。また，勤務先である病院が看護師がHIV感染症に罹患しているという情報を得て，勤務先病院の他の職員に伝達して情報を共有したことはプライバシー権を侵害する不法行為であり，さらに，感染を理由にその就労を制限したことも就労を妨げる不法行為に該当する（社会医療法人天神会事件・福岡高判平成27・1・29労判1112号5頁）。

使用者は労働者に対し健康配慮義務を負っているので，労働者に対しその疾病を告知することは特段の事情がない限り許される。しかし，HIV感染者に感染の事実を告知するに際しては，この疾病の難治性，社会的偏見，差別意識の存在等による被告知者の受ける衝撃の大きさ等に十分配慮し，被告知者に受け入れる用意と能力があるか否か，告知者に告知するに必要な知識と告知後の指導力があるか否か等慎重な配慮が必要で，こうした配慮を欠いてHIVの感染を労働者に告知することは，上記の特段の事情がある場合に該当し，不法行為を構成するとされる（A社ほか事件・東京地判平成7・3・30労判667号14頁）。

§5　職場のいじめ・ハラスメント

1　職場でのいじめ・嫌がらせ

近年，職場のいじめ・嫌がらせ問題が急増している。それは人間関係や個人間の好き嫌いの問題ではなく，重大な人権的課題となっている。特に，若年者等に対する，激しい叱責や執拗なからかい・脅しなどが問題となることが多く，高じて労働者が精神疾患に罹患し，自殺に至る事例もみられる。

職場の「いじめ」による精神障害や自殺については，労働災害に準じた解決がはかられることが多い。すなわち，市の水道局で，上司らが執拗にからかい，脅し，嘲笑などを繰り返したため，出勤できなくなり，自殺に至ったという事件で，使用者である市は，職員が他の職員からもたらされる生命，身体等に対する危険について，加害行為を防止し，安全を確保して事故を防止すべき義務があると判断したうえで，安全配慮義務違反を怠ったとして，市に対する国家賠償請求を認容した（ただし，過失相殺として7割減額。川崎市水道局事件・東京高判平成15・3・25労判849号87頁）。

他方，職場での同僚からの執拗なからかいやいじめ，あるいは上司からの度重なる暴言や嫌悪感の表れた言動が理由となって労働者が精神障害に罹患し，その結果自殺に至った場合には，業務災害と認定されることがある。たとえば，名古屋南労基署長事件（名古屋高判平成19・10・31労判954号31頁）では，業務の過重性に加えて，上司からの感情的な叱責，指導の範囲を超えた嫌がらせが精神障害発症の原因として重視されている。また，国・静岡労基署長事件（東京地判平成19・10・15労判950号5頁）では，上司である係長の発言が過度に厳しく，嫌悪の感情の側面があり，直截なものの言い方であったこと等から，「人生においてまれに経験することもある程度に強度のものということができ」るとの基準により，自殺に至る精神障害を発症させたと判断している。

2　パワーハラスメント

いわゆるパワーハラスメントも，「いじめ」と同様の背景を持つものであるが，職場で業務命令権を有する者がその権限や権力を媒介として人格権を侵害するときに，パワーハラスメント（または，単にパワハラ）という表現が用いられることが多い。ただ，パワーハラスメントという概念は抽象的で不明確であることから，ある裁判例は，人間関係，行為の動機・目的，時間・場所・態様等を総合考慮して，「企業組織もしくは職務上の指揮命令関係にある上司等が，職務を遂行する過程において，部下に対して，職務上の地位・権限を逸脱・濫用し，社会通念に照らし客観的な見地からみて，通常人が許容し得る範囲を著しく超えるような有形・無形の圧力を加える行為」と定義し，そのように評価される場合に限り，人格権侵害の不法行為となると判断している（ザ・ウィンザー・ホテルズインターナショナル事件・東京地判平成24・3・9労判1050号68頁は，かかる立場から不法行為の成立を認める）。なお，ハラスメントの防止については厚労省において法制化が準備されており，2018年12月14日労働政策審議会が厚労省に提出した「女性の職業生活における活躍の推進及び職場のハラスメント防止対策等の在り方について（建議）」においては，パワーハラスメントは，①優越的な関係に基づく，②業務上必要かつ相当な範囲を超えた言動により，③労働者の就業環境を害すること（身体的若しくは精神的な苦痛を与えること）の要素をみたすものと定義されている。さらに，事業主に対して防止のための雇用管理上の措置を義務づけ，その具体的内容を示す指針を策定することとしている。

パワーハラスメントもまた，「いじめ」と同様に，被害者の精神障害など深刻な結果をもたらす。たとえば，過剰なノルマを強要し，度重なる叱責によりうつ病を発症させ自殺に追い込んだとして，会社の安全配慮義務違反による損害賠償が認められた例として，前田道路事件（松山地判平成20・7・1労判968号37頁）がある。また，新人の臨床検査技師が，長時間の時間外労働とあいまって，指導員からのパワーハラスメントと評価しうる厳しい電話メッセージによりうつ病を発症し自殺に追い込まれたと判断する例として，医療法人雄心会事件（札幌高判平成25・11・21労判1086号22頁）などがある。これに対して，上司が「意欲がない，やる気がないなら会社を辞めるべき」という内容のメールを送信した行為は，侮辱的言辞を含み名誉感情を毀損するもので不法行為を構成するものの，メール送信がパワーハラスメントとまではいえないと判断する裁判例もみられる（A保険会社事件・東京高判平成17・4・20労判914号82頁）。

パワーハラスメントの防止のための使用者の義務について，一般的な法規定はもうけられていない。ただ，女性労働者が妊娠・出産し，産前産後休業を取得したこと等を理由とする，嫌がらせの言動（均等法11条の2），および，育児休業・介護休業その他の措置についての嫌がらせ等の言動（育介法25条）により就業環境が害されることについては，雇用管理上の措置義務が規定されている。しかし，企業は，これらの個別の措置義務の場合と同様に，パワーハラスメント一般を未然に防ぎ迅速な救済をはかるために，相談窓口や対策委員会を設置するなどしてその防止や対策を講じ，職場環境の改善を図る必要があろう

(パワーハラスメントについては，その防止対策の法制化のための議論が厚労省内部で進められている)。

Brush up 職務発明と職務著作

発明は人の頭脳に生じる独創的なひらめきと知的営為の結晶であり，特許法では発明をした個人に，特許を受ける権利を与えてきた。労働者が新たな発明をした場合，業務とは無関係な「自由発明」であればもちろんのこと，使用者の設備や時間を利用して行った「職務発明」であっても，特許を受ける権利は本来的に労働者に帰属する。けれども，2015 年の法改正で，大きな例外がもうけられた。職務発明については，契約，勤務規則等であらかじめ使用者に取得させる旨を定めておけば，特許を受ける権利は，発生時から使用者に帰属するとされたのである（特許法 35 条 3 項）。

今日の産業上の発明の多くは，企業による資本投下と組織的支援を受けて行われるものであり，職務発明については，使用者の利益を適切に守る必要がある。以前から，職務発明に関して，あらかじめ契約，勤務規則等で定めておけば，特許を受ける権利を使用者に承継させることが可能とされていたが，2015 年改正は，特許を受ける権利を最初から使用者に取得させることを認めた点で，より根源的な変更ということができる。

また，以前は上記の承継の場合，発明者たる労働者は「相当の対価」の支払いを受ける権利を有するとされ，その額をめぐって紛争が生じていた（オリンパス光学工業事件・最 3 小判平成 15・4・22 民集 57 巻 4 号 477 頁。また，200 億円の請求が認容された事例〔後に高裁で和解〕として，日亜化学工業事件・東京地判平成 16・1・30 労判 870 号 10 頁も参照)。2015 年改正では，これが「相当の金銭その他の経済上の利益」（相当の利益）に変更され，金銭以外による利益も認められるようになった。相当の利益に関する定めをもうける場合，労使間の協議や開示，意見聴取の状況等を考慮して，不合理であってはならない（35 条 5 項）という歯止めもあるが，このような法改正が発明へのインセンティブにどんな影響を与えるのか，注目しておく必要があろう。

他方，労働者が仕事の上で作成する著作物（職務著作）については，発明の場合と比べて労働者の利益の保護が薄く，使用者の名義で公表するものは，契約，勤務規則等に別段の定めがない限り，使用者が著作者となる（著作権法 15 条 1 項。プログラムの著作物は，同条 2 項により，名義を問わず使用者が著作者となる)。特許権と著作権とで性格に違いがあるにしても，はたしてこれでよいのか，再検討が必要かもしれない。

7 平等原則

労働関係は，決して純粋で理想的な世界ではない。多数の労働者がそれぞれに生活をかけて働くなかで，社会における不合理な偏見が持ち込まれ，一部の労働者に対する冷遇，敵視，疎外などの差別が行われることもある。

このような差別を排除するため，労働法においては，平等原則が重要な役割をになっている。同等の地位・条件にある労働者は同じように扱われるべきであり，その一部について，不合理な差別待遇を行ってはならない。これは，労働者の個人としての尊厳を守ると同時に，平等で公正な社会の実現という意味においても，不可欠の原則である。

憲法 14 条は，「すべて国民は，法の下に平等であって，人種，信条，性別，社会的身分又は門地により，政治的，経済的又は社会的関係において，差別されない」と規定している。これを受けて労基法は，3 条で，国籍・信条・社会的身分による差別的取扱いの禁止を定め，4 条で，賃金に関する性差別を禁止している。また，判例は，労基法の規定がない分野でも，民法 90 条を用いながら，特に男女差別に関して平等法理を発展させてきた。

こうした判例法理を受けて，また国際的な男女平等の要求の高まりの中で，1985 年には男女雇用機会均等法が制定された。当初は女性労働者の「福祉の増進」を掲げ，微温的な性格が目立った同法であるが，1997 年には努力義務規定が禁止規定に変更されるなどの改正が施され，さらに 2006 年には，男女を問わない性差別禁止法へと成長を遂げている。

また，2016 年に施行された改正障害者雇用促進法では，差別の禁止と並んで，事業主が合理的な配慮を行う義務が導入され，平等原則に新たな展開をもたらした。

§1 均等待遇

1 労基法 3 条の意義

労基法 3 条は，「使用者は，労働者の国籍，信条又は社会的身分を理由として，賃金，労働時間その他の労働条件について，差別的取扱をしてはならない」と定める。憲法14条の趣旨を，労働関係について具体化した規定である。

憲法14条と比較すると，労基法3条では，差別理由として「性別」が除外されている。これは制定当時，労基法自体が第6章で女性（女子）の労働条件について特別な保護規定をもうけており，3条に含めるのは不適当と判断されたことによる。しかし，そのことから逆に，労基法が性別による差別的取扱い一般を容認していると解すべきではない。後述のように，男女の平等取扱いは，憲法14条の下での「公序」を形成するものである。

使用者が差別的取扱いを禁止されるのは，賃金，労働時間だけでなく，昇進・昇格，配転，懲戒，安全衛生，災害補償など，すべての労働条件についてである（従業員寮の住宅費・水道光熱費につき3条違反の国籍差別が認められた事例として，デーバー加工サービス事件・東京地判平成23・12・6労判1044号21頁）。また，この「労働条件」には，解雇（解雇の基準だけでなく解雇自体）も含まれると解されている。これに対して，労働者の雇入れ（採用）が含まれるかについては争いがあるが，判例は否定的に解している（三菱樹脂事件・最大判昭和48・12・12民集27巻11号1536頁。62頁参照）。

本条は「労働条件」についての差別的取扱いを禁止するものであるが，その趣旨に照らすと，事実行為による不合理な差別も許されない。使用者が，労働者の思想・信条を理由として職場内外での監視や職場で孤立させるなどの行為を行えば，本条違反として違法性が認められ，不法行為が成立する（関西電力事件・大阪高判平成3・9・24労判603号45頁）。

2　禁止される差別理由

労基法3条で差別的取扱いが禁止されている差別理由は，労働者の「国籍」，「信条」および「社会的身分」である。

⑴　**国　籍**　　憲法14条は「国籍」による差別をあげていないが，労働関係においては，同じ労働をする労働者について国籍により別異に取り扱う理由はないため，労基法3条では「国籍」による差別を禁止している。外国籍の労働者に対する差別はもちろん，重国籍者や無国籍者に対する差別も，これに含まれる。就労資格のない外国人を雇用しないことは適法であるが，いったん雇用した以上は，労働条件について国籍による差別を行うことは許されない（35

頁を参照)。なお，人種も「国籍」に含まれるとの見解もあるが（菅野 229 頁)，両者は明らかに異なる概念であり，疑問である（後述のように「社会的身分」に該当するが，立法論としては，「人種」を明記すべきであろう)。

裁判例では，応募書類で在日朝鮮人であることを秘匿して（氏名・本籍欄に日本名と出生地を記載）採用内定を受けた者が後に内定を取り消された事例で，この内定取消は国籍を理由とする差別的取扱いにあたり，労基法 3 条違反で無効と判断されたものがある（日立製作所事件・横浜地判昭和 49・6・19 労民集 25 巻 3 号 277 頁)。もっとも，前述のように採用そのものは「労働条件」に入らないとされているため，国籍により最初から採用内定が出されない場合は，3 条違反とはいえないことになる。

⑵ **信　条**　信条は，人の内面的なものの考え方をいい，政治的信条と宗教的信条の両方を含んでいる。労基法 3 条は，こうした信条を理由とする差別的取扱いを禁じたものであるが，信条にもとづいた具体的行動が企業秩序を乱した場合には処分を禁じてはいない（大日本紡績事件・最 3 小判昭和 30・11・22 民集 9 巻 12 号 1793 頁。ただし同事件では，人員整理としての解雇の第一基準を共産主義的活動に関係する者としており，本条違反の疑いが強い)。

使用者の営む事業によっては，宗教団体や政党のように，その性質上，特定の宗教あるいは政治的信条と密接に結びついているものがある（ドイツでは，このような事業は「傾向事業」(Tendenzbetrieb) と呼ばれる)。このような場合には，労働者がそれと異なる信条を有する場合，例外的に信条の相違を理由とする解雇が認められる余地もある。しかし，雇用の前提として労働者に特定の宗教的・政治的信条の承認を求めるためには，事業とその信条とが単に関連しているだけでは不十分であり，両者が本質的に不可分である場合に限られる（日中旅行社事件・大阪地判昭和 44・12・26 労民集 20 巻 6 号 1806 頁)。

⑶ **社会的身分**　社会的身分は，人が生来的に有している属性をいう（たとえば被差別部落出身者，嫡出でない子)。憲法 14 条にある「人種」と「門地」については（人種は身体特徴による人類学上の区分であり，門地は封建制度に伴う家柄・生まれをいう)，いずれも労基法 3 条の「社会的身分」に含まれる（労基局(上) 75 頁)。後天的なものであっても，生来的属性に準ずるような地位で社会的に差別の対象とされやすいもの（たとえば帰化人，孤児）も，社会的身分に含めて

よい。これに対して，パートタイム労働者や臨時工，嘱託社員などの雇用上の区分は，雇用契約の内容の差異から生じる契約上の地位であり，本条の社会的身分にはあたらない（富士重工業事件・宇都宮地判昭和40・4・15労民集16巻2号256頁，京都市女性協会事件・大阪高判平成21・7・16労判1001号77頁）。

なお，労基法3条には刑罰（119条1号）の構成要件としての側面と，労働契約内容を規制する民事的な側面（13条参照）とがあり，後者においては「社会的身分」を柔軟に解釈することも可能との見解も主張されている（年齢差別も同条違反となりうるとした事例として，日本貨物鉄道事件・名古屋地判平成11・12・27労判780号45頁。ただし，結論的に差別の成立を否定）。

3　違反の効果

労基法3条に違反した使用者には，罰則が科される（労基法119条1号）。私法上は，同条に違反する使用者の行為が，配転命令，懲戒処分，解雇などの法律行為であれば，強行法規違反として無効となる。労基法3条に違反して賃金差別が行われた場合には，同条および労基法13条から，労働契約における差別的な賃金の定めが無効となり，差別がなかったならば得られたはずの賃金が明確である限り，差額賃金の請求が可能と考えられる。また，使用者の行為が差別的言動などの事実行為である場合には，民法709条の不法行為となる。

昇格・昇給・一時金等の査定差別の場合には，査定が使用者の裁量的な行為であるために，差別の立証に困難が伴う。そのため，政治的信条にもとづく長期で大量な差別が争われた事件では，統計資料により平均的処遇で差異が認められ，かつ，諸般の事情から使用者の差別意思が認定される場合には，それを覆す合理的理由の存在が立証されない限り差別的取扱いが推認されるという処理がなされ，不法行為の成立が認められた（福井鉄道事件・福井地武生支判平成5・5・25労判634号35頁，東京電力（群馬）事件・前橋地判平成5・8・24労判635号22頁，東京電力（千葉）事件・千葉地判平成6・5・23労判661号22頁等）。しかし，その場合も，具体的な損害額をどう算定するかは問題であり，平均的労働者との差額賃金額の支払いを認めたもの，差額賃金額の一定割合としたもの，差額賃金額が確定できないとして慰謝料のみの支払いを命じたものなど，裁判例は分かれている。

§ 2　男女同一賃金の原則

1　労基法 4 条の意義

労基法 3 条が，労働条件一般に関する差別について「性別」を除外しているのに対し，4 条では，特に賃金に的を絞って，男女間の差別を禁止している。男女が同じ仕事をしている限り賃金は同一であるべきであるが，歴史的に，女性に対する賃金差別が広く行われ，男女平等の実現への大きな障害となってきたことから，4 条が定められたものである。ILO においても「同一価値労働に対する男女同一賃金」は創立以来の最重要原則の 1 つとされており，これを定めた第 100 号条約（1951 年）を，わが国は批准している。

労基法 4 条により賃金差別が禁止されるのは，女性であること自体を理由とする場合はもちろん，一般に女性のほうが能率が悪い，勤務年数が短い，主たる生計の維持者ではない等のステレオタイプにもとづく場合も含まれる。これに対し，もっぱら労働者の職務内容，経験，技能などの個人的な差異により賃金額が異なる場合は，4 条に違反しない。わが国の賃金は一般にかなり複雑で，多様な要素にもとづいて決定されるため（222 頁以下参照），それらの要素が異なる労働者をどこまで同一と認めるべきか，しばしば困難な問題となる。

なお，女性の賃金を男性より有利に扱うことも，4 条にいう「差別的取扱い」にあたり許されないと解されている。条文上も，性別を理由とする差別的取扱いの禁止という形に明確化すべきであろう。

2　賃金差別の態様

性による賃金差別には，賃金の構成要素に対応して，基本給についての差別，家族手当などの諸手当についての差別，賞与・一時金についての差別，昇格・昇給についての差別がある。性による別基準をもうけることは明らかに違法であるが，性について中立的な基準を介した場合や，昇給・昇格をめぐる査定の中で差別が行われた場合には，その認定が容易でないことも多い。

⑴　**男女別の賃金**　　賃金差別の典型例は，職務内容の等しい労働者の基本給について 2 種類の賃金表をもうけ，高いほうを男性に，低いほうを女性に適

用したため賃金格差が生じた場合である（秋田相互銀行事件・秋田地判昭和50・4・10労民集26巻2号388頁，内山工業事件・岡山地判平成13・5・23労判814号102頁。男女別と明記されていなくても，実質的にそのような運用がなされていた)。男女の賃金差がこのように一見明白な場合には，使用者の側でそれが性別とは関係なく定められたことを立証しない限り，性別による賃金差別と推定される。

総合職と一般職という区別があっても，それらが実態として男女の区別にすぎないと認められる場合には，両者の賃金格差は労基法4条違反となる（東和工業事件・名古屋高金沢支判平成28・4・27労経速2319号19頁)。また，賞与や一時金に関して男女で異なった支給係数をもうけたり，昇給率について男女差をもうける場合（日本鉄鋼連盟事件・東京地判昭和61・12・4労民集37巻6号512頁）も，差別が明白な事例といえる。

他方，使用者が賃金表を作らず個別に賃金を決定する企業では，差別の立証は難しくなる（基本給・職務給と賞与に関する差異が職務にもとづくもので，性差別ではないとされた事例として，フジスター事件・東京地判平成26・7・18労経速2227号9頁。住宅手当と家族手当については性差別ありと判断)。しかし，職務内容，責任，技能等の面で違いがないのに男女間で基本給に差が出ていることが証明された場合には，労基法4条違反となる（日ソ図書事件・東京地判平成4・8・27労判611号10頁)。この事例は，当初は補助的業務を担当していた女性が，男性と同等の業務を行うようになったものであり，その時点以降は，賃金格差の是正がなさるべきであったと判断された（賃金表がある場合に同様の是正義務を認めた事例として，塩野義製薬事件・大阪地判平成11・7・28労判770号81頁)。

⑵　**中立的な基準を用いた差別**　賃金額の決定に際して，「世帯主」とか「勤務地限定」といった基準が用いられることがある。こうした基準は，男女を問わない点で性中立的といえるが，それが性差別の便法として用いられている場合には，労基法4条違反となる。

たとえば，世帯主たる従業員に対して家族手当を支給するとしつつ，配偶者に所得税法上の扶養控除限度額を超える所得があるときには男性のみを世帯主と扱う場合は，世帯主条項は性に中立的とはいえず，同じ条件にある男女で明らかに異なる取扱いがなされるので，違法な差別となる（岩手銀行事件・仙台高判平成4・1・10労民集43巻1号1頁)。また，基本給の中の本人給について，家族のある世帯主たる労働者には実年齢に即して上昇させ，非世帯主や独身の世帯主たる労働者には一定年齢で頭打ちにするという基準（世帯主は住民票上のそれを意味する）をもうけながら，実際には男性であればすべて家族のある世帯主と同じ本人給を支給し，女性とは異なる取扱いをしていた場合も，労基法4条違反となる（三陽物産事件・東京地判平成6・6・16労判651号15頁）。この事件では，後に本人給の基準が改訂され，勤務地無限定の労働者は前者，勤務地限定の労働者は後者とすることとされたが，男性についてはやはり全員が前者の本人給を支給されており，同じく労基法4条違反と認められた。

他方，これらの基準が実際に性中立的な形で適用されている場合には，労基法4条違反とはいえないとされてきた。たとえば，家族手当の支給対象者を世帯主とし，そこでいう世帯主を，家計の主たる担い手である収入の多いほうと定義した場合，それにより事実上，家族手当の給付対象者が男性に限られたとしても，性差別にはあたらないと判断された（日産自動車事件・東京地判平成元・1・26労民集40巻1号1頁）。このように，一見すると中立的な基準が結果的に男女で不均衡を生じさせる場合には，いわゆる間接差別の法理の適用も考えられるが，わが国の判例はそこまで踏み込んでいない（前掲三陽物産事件では，世帯主や勤務地非限定という基準の適用が女性に著しく不利益な効果を発生させることが指摘されているが，使用者の差別意図があまりに明白な事案であり，間接差別の肯定例とは言いがたい。なお，均等法の間接差別規定について，127頁を参照）。

⑶ 昇給・昇格をめぐる差別　昇給や昇格のための査定にあたり，同じ能力を有していても男女で異なる評価がなされ，その結果として賃金額に差が生じた場合には，違法な賃金差別となる（芝信用金庫事件・東京高判平成12・12・22労判796号5頁，住友金属工業事件・大阪地判平成17・3・28労判898号40頁）。裁判例の中には，事実として男女間に顕著な賃金格差があったことを認めつつ，制度や基準の中に男女で取扱いを異にするような定めがなかった等の理由から差別の成立を否定した事案もあるが（中国電力事件・広島高判平成25・7・18労経速2188号3頁），より実質的な検討がなされるべきであろう。

かつて多くの企業では，女性を補助的な職務に限定する人事制度がとられ，そのために女性の賃金が低く抑えられていた。現在では，このような男女別のコース制は均等法違反であるが，同法制定以前に補助的職務で採用された女性について，男性との間の賃金格差が争われた事例が少なくない。この場合，職務経験や学歴などに違いがあるため，直ちに4条違反が成立するとはいえないが，男女の間で職務内容や責任の重なりが進み，一定時点以後は従事する職務によって賃金格差を合理化できないと判断される場合には，労基法4条違反となる（兼松事件・東京高判平成20・1・31労判959号85頁）。

3　違反の効果

⑴　罰則と差額賃金の請求　　労基法4条違反の場合，使用者には罰則が適用される（119条1号。なお，後述する均等法には罰則はない）。また，私法上，差別を受けた女性労働者は，男性との差額賃金を請求しうる。

たとえば，就業規則に，家族手当を男性に限定するなど，女性に対する不利益取扱いを特に定める規定がある場合には，その部分が無効となるので，女性労働者は，就業規則の残余の規定にもとづく本来の賃金請求権を認められ，差額賃金の請求が可能である（前掲岩手銀行事件）。また，賃金表そのものが男女別になっている場合にも，女性に適用される賃金表は無効となるが，それに代わる賃金支払基準が明らかに存在するので，労基法4条および13条にもとづいて差額賃金の請求をなしうる（前掲秋田相互銀行事件，前掲三陽物産事件）。

裁判例には，体系的な賃金表を有しない企業で性別による基本給差別が行われた事例について，賃金支給額の確定には使用者の具体的な意思表示が必要であるため，差額分について賃金請求権そのものは認められず，不法行為にもとづく損害賠償請求しかできないとするものがある（前掲日ソ図書事件）。しかし，この事例でも，差別の認定にあたり，差別がなかった場合の賃金相当額は確定できるのであるから，労基法4条および13条により差額賃金の請求を行うことが可能と考えられる。

⑵　昇格差別の場合　　昇格差別の場合には，一般には使用者の昇格発令行為がなければ上位職の賃金請求権は発生しないため，昇格したならば得られたであろう賃金との差額分を直接に請求することはできず，不法行為による損害賠償として認められるにすぎない（社会保険診療報酬支払基金事件・東京地判平成2・7・4労民集41巻4号513頁を参照。なお，昇格した場合の賃金を認定できないとして賃金差額の損害賠償請求を否定し，慰謝料のみを認めた事例として，シャープエレク

トロニクスマーケティング事件・大阪地判平成12・2・23労判783号71頁)。

しかし，一定の要件をみたせば昇格することが労働契約や就業規則の内容となっている場合には，労働者は昇格した地位の確認と差額賃金の支払いを求めることができるというべきであろう。裁判例でも，労基法4条・3条・13条および当該企業の就業規則に定められた差別禁止規定等から，使用者には男女労働者を能力に応じて平等に取り扱う義務があり，男性については昇格試験の合否の有無にかかわらずほぼ年功的に自動昇格させている以上，賃金差別の根幹にある昇格差別を是正すべきであるとして，昇格後の地位（課長職）の確認と差額賃金の請求を認めたものがある（前掲芝信用金庫事件。この課長職は，具体的な職位としての課長ではなく，課長になりうる資格を意味する)。

§3　判例による男女平等法理

賃金以外についても，実際には女性に対する種々の差別的雇用慣行が行われてきた。労基法ではそうした差別を是認しているわけではないが，直接に禁止する規定を置いていない。そこで判例・学説は，均等法の成立以前から，かかる賃金以外の雇用上の性差別に，憲法14条や民法90条を利用して対処していた。こうして形成されたのが，男女平等に関する判例法理である。

判例法理は，まず「女子結婚退職制」の効力を否定することから始まった。女性を対象とする結婚退職制はかつて広く行われていたが，憲法14条の男女平等原則および憲法24条の婚姻の自由を侵害し，民法90条の公序良俗に違反して無効と判断された（住友セメント事件・東京地判昭和41・12・20労民集17巻6号1407頁)。続いて，定年年齢を男性は55歳，女性は30歳とするような，いわゆる「女子若年定年制」も，特段の事情がない限り著しく不合理な差別であり，民法90条の公序良俗に違反するとされた（東急機関工業事件・東京地判昭和44・7・1労民集20巻4号715頁)。

さらに，男性60歳・女性55歳という年齢差が比較的小さい男女差別定年制も，やはり公序良俗違反で無効とされた（日産自動車事件・最3小判昭和56・3・24民集35巻2号300頁)。この判決は，民法90条を通じながら憲法14条および民法1条の2（現2条）を引用して男女差別定年制を否定しており，最高裁として，賃金以外の労働条件についても男女平等の「公序」の設定を明確に認めたものである。男女に定年差をもうける場合には，その合理性は使用者が立証すべきことになるが，同事件では，通常の職務であれば男女とも 60 歳くらいまでは職務能力に違いはないとされており，実際上，定年年齢の男女差別に合理性が認められる可能性はほとんどない。

かかる男女平等法理により，たとえば「既婚女子社員で子供が 2 人以上いる者」との整理解雇基準は無効となる（コパル事件・東京地決昭和 50・9・12 労判 233 号 18 頁）。賃金以外の労働条件についても，合理的な理由なしに男女を差別して取り扱ってはならないことが，一般的なルールとして確立されたのである（前掲日本鉄鋼連盟事件）。

§ 4　男女雇用機会均等法（均等法）

1　均等法の制定と改正

判例により確立された男女平等法理は，民法 90 条の公序という性格から，雇用終了に関する差別の効力否定が中心であり，採用や配置など，それ以前の段階における平等を実現するためには，十分に機能しない。そこで，このような限界を克服するために，新たな立法の必要性が認識されるようになった。他方，国連において 1979 年に「女子に対するあらゆる形態の差別の撤廃に関する条約」が採択され，その批准のためにも国内法の整備が必要となった。こうして，労働法の分野では 1985 年に，男女雇用機会均等法（均等法）が制定された（1986 年 4 月施行）。

この法律は，わが国初の本格的な男女雇用平等立法であるが，新法ではなく，1972 年に制定された勤労婦人福祉法の改正として，同法の中に平等規定を追加する形式がとられた。実際，当初の均等法は女性の「福祉」増進のための法律と位置づけられ，「平等」立法としては多くの限界を有していた。たとえば，労働者の募集・採用および配置・昇進については，明確な差別禁止ではなく使用者の努力義務とされていた。また，機会均等調停委員会における調停手続の開始には当事者双方の合意が必要とされ，ほとんど機能しなかった。

そこで，1997 年に法改正が行われ（施行は 1999 年 4 月），法律名や目的（1

条）から「福祉の増進」が削除されるとともに，努力義務規定が禁止規定に改められ，また，ポジティブ・アクションに関する規定の新設や，一方当事者の申請による調停も可能にするなど，法内容が強化された。しかし，改正法においても，女性に対する差別だけを禁止し，男性に対する差別は直接の対象としない点で，福祉増進的な性格が残っていた。

これに対して，2006年にさらなる改正を受けた第3期の均等法（2007年4月施行）では，女性に対する差別の禁止から，男女を問わない「性別を理由とする差別」の禁止に改められた。同時に，差別が禁止される対象事項の拡充，間接差別に関する規定の新設，妊娠・出産による不利益取扱い禁止の強化などが行われている。

2　均等法における平等規定

⑴　**募集・採用**　　事業主は，労働者の募集および採用について，性別にかかわりなく均等な機会を与えなければならない（均等法5条）。制定当初は努力義務規定であったが，後に女性の差別禁止規定となり，さらに一般的な性差別禁止規定へと改められた。

本条によって禁止されるのは，ある雇用管理区分（職種，資格，雇用形態等の区分で，他の区分に属する労働者と異なる雇用管理を予定して設定されるもの。たとえば，総合職と一般職，営業職や，正社員，パートタイム，契約社員等の区分をいう）において，募集・採用にあたって男女のどちらかを対象から排除すること，男女で異なる募集・採用の条件や選考基準・方法をもうけること，募集・採用に際して男女のいずれかを優先すること（男女別の採用予定人数を定めることも，これに含まれる），情報提供について男女で異なる扱いをすることなどである（平成18・10・11厚労告614号）。

なお，芸術・芸能の分野における表現の真実性等の要請，警備員等における防犯上の要請，あるいは宗教上，風紀上，スポーツにおける競技の性質上等の要請がある場合や，労基法64条の2，保健師助産師看護師法3条など法令の規定により一方の性の者の就業ができず，通常の業務を遂行するために性別に関係なく均等取扱いをすることが困難な場合には，特定の性の者のみを募集・採用する措置は，本条違反とはならないとされている（前掲厚労告614号。次に述べる均等法6条についても同様)。特定の性であることが，いわば当該職務における不可欠の要件となっている場合のための例外である。

⑵ **採用後の諸事項（配置・昇進，教育訓練，福利厚生，職種変更，退職，解雇等）** 労働者が採用された後も，以下の諸事項について，性別を理由とする差別が禁止される（同6条)。すなわち，①労働者の配置，昇進，降格および教育訓練（1号)，②住宅資金の貸付その他これに準ずる福利厚生の措置であって厚生労働省令で定めるもの（2号)，③労働者の職種および雇用形態の変更（3号)，④退職の勧奨，定年，解雇および労働契約の更新（4号）である。

以前は別々の条文で規定されていたものが，2006年改正で1つの条にまとめられるとともに，対象事項として，降格，職種や雇用形態の変更，退職勧奨，労働契約の更新が追加された（とはいえ，差別禁止の対象事項を列挙する方式は，均等法の特色として維持されている)。前述のように，均等法の制定時には，配置・昇進についても努力義務規定とされていたが，後に差別禁止規定に改められた。なお，賃金については労基法4条がカバーしているので，均等法の対象には含まれていない。

本条によって禁止される差別には，対象から男女のどちらかを排除することはもちろん，男女により異なる条件や，異なる選考の方法・基準を用いたり，運用で異なる取扱いをすることも含まれる（前掲厚労告614号参照)。たとえば，昇進に関していえば，女性についてのみ一定年齢に達していることを理由として昇進させない場合，女性についてのみ昇進試験にあたって上司の推薦を必要とする場合，あるいは昇進試験の合格基準を男女で異なるものとする場合は，いずれも違法な差別にあたる。

これらの差別禁止規定に違反した場合，違反した法律行為は無効となる。たとえば，女性についてより低い定年年齢を定める就業規則については，今日では民法90条を持ち出すまでもなく，均等法違反として無効となり，男性と同じ定年年齢が適用されることになる（大阪市交通局協力会事件・大阪高判平成10・7・7労判742号17頁)。他の事項についても，就業規則の規定や当事者間の契約にもとづき，他の性の労働者と同じ扱いを求める私法上の権利が認められる可能性があり，また，公序違反として不法行為も成立しうる。

ちなみに，均等法制定前は，男性を幹部候補生である基幹職，女性を補助職と分けて扱う「男女別コース制」が広く行われていた。今日ではかかる扱いは均等法6条違反であるが，少なくとも当時の社会状況においては，公序良俗違反とまではいえないと判断されている（たとえば，前掲日本鉄鋼連盟事件）。しかし，その時代に採用された女性の処遇について適切な是正措置がなされなかった場合，努力義務規定が禁止規定に改められた1997年改正の施行以後は，違法な差別となるとした裁判例もある（野村證券事件・東京地判平成14・2・20労判822号13頁，岡谷鋼機事件・名古屋地判平成16・12・22労判888号28頁）。

⑶ **間接差別**　間接差別は，それ自体としては性別によらない中立的な基準であっても，結果的に男女間で大きな格差をもたらす場合には，違法な差別となりうる，という法理である。欧米諸国における発展を踏まえ，2006年の改正で，均等法の中に規定がもうけられたが，省令による限定列挙という特異な方式が用いられている。

この規定（7条）によれば，事業主は，上記5条および6条の対象事項に関する措置であって「労働者の性別以外の事由を要件とするもの」のうち，「措置の要件をみたす男性及び女性の比率その他の事情を勘案して実質的に性別を理由とする差別となるおそれがある措置として厚生労働省令で定めるもの」については，当該措置の対象となる業務の性質に照らして当該措置の実施が当該業務の遂行上特に必要である場合，あるいは事業の運営の状況に照らして当該措置の実施が雇用管理上特に必要である場合その他の「合理的な理由」がある場合でなければ，これを講じてはならない。つまり，性中立的な措置が，男女の間で不均等な結果をもたらす場合には，それを採用することについて，合理的な理由が必要とされるのである。

本条の対象となる措置は，「省令で定めるもの」に限られる。現在のところ，①募集・採用にあたり，身長，体重または体力を要件とすること，②募集・採用，昇進，職種の変更にあたり，転居を伴う転勤に応じられることを要件とすること，③昇進にあたり，転勤の経験があることを要件とすること，の3つである（均等則2条）。

こうした要件も「合理的な理由」がある場合には許容されるが，その有無は，個別具体的な事案ごとに，総合的に判断される。たとえば，①について，当該業務に必要な筋力よりも強い筋力があることを要件としている場合，②について，広域にわたり展開する支店や支社がない場合や，こうした支店等があるが，本人の希望した場合を除き転居を伴う転勤の実態がほとんどない場合，③について，本社での昇進に際し，異なる支店等での勤務経験が特に必要ではなく，そうした人事ローテーションを行うことが特に必要とも認められない場合には，合理的な理由とは認められない（以上につき，前掲厚労告 614 号）。

3　女性労働者に関する措置（ポジティブ・アクション）

⑴　ポジティブ・アクションの意義と均等法８条　　均等法が制定された当初は，女性に対する差別や排除は許されないが，女性をより有利に扱うことは同法の関知するところではないとされ，「正社員男女，パートは女性のみ」という扱いも許容されていた。しかし，こうした措置の多くは固定的な性分業意識にもとづくものであり，かえって女性の職域を限定してしまうとの批判が出された。現在では，こうした均等法の片面的性格は払拭され，女性に対する優遇も「性別を理由とする差別」として禁止の対象となる。

その一方で，過去の不平等の結果を放置したまま男女の「均等な」取扱いを求めるだけでは，平等を実現できないことも明らかである。そこで，上記に対する例外として，事業主が「男女の均等な機会及び待遇の確保の支障となっている事情を改善することを目的として女性労働者に関して行う措置」，いわゆるポジティブ・アクションに関する規定が，1997 年の均等法改正でもうけられた（8 条）。ポジティブ・アクションは，女性に対する支援や優遇という性格を有し，形式的な男女平等には反する面があるが，その必要性に鑑み，一定の要件をみたせば許容されるのである。

行政解釈によれば，ポジティブ・アクションは，1 つの雇用管理区分において女性労働者の割合が相当程度少ない（4 割を下回っている）場合に実施することができ，募集・採用の情報提供，試験受験の女性のみへの奨励，教育訓練の女性のみの実施等の優遇措置を講ずること，基準をみたす者の中から女性を優先して採用したり配置・昇進等を行うこと等の措置をとることができる（前掲厚労告 614 号，平成 18・10・11 雇児発 1011002 号。なお，女性管理職の中途採用が容易となるように，2015 年の告示改正で，特定の役職について女性が相当程度少なければ，募集・採用に関する措置が可能とされた）。また，各企業が行うこうした措置について，国は相談や援助を行うことができる（14条）。

⑵ **女性活躍推進法**　ポジティブ・アクションを実施するかどうかについては事業主に委ねられてきたが，2015年に成立した「女性の職業生活における活躍の推進に関する法律」（女性活躍推進法）は，常時雇用する労働者が300人を超える民間の事業主に対し，一定の措置を義務づけた。これらの事業主は，一般事業主行動計画を策定し，厚生労働大臣に届け出るとともに，労働者への周知と，公表をしなければならない（8条1項・4項・5項。なお，300人以下の事業主についても努力義務がある。同7項）。

この行動計画においては，①計画期間，②達成しようとする目標，③女性の活躍の推進に関する取り組みの内容，④実施時期，を定める必要があり（同2項），事業主は，所定の事項（採用時の女性割合，勤続年数の男女差，労働時間の状況，管理職の女性割合）について，状況の把握と課題分析を行ったうえで，これを定めなければならない（同3項）。特に②の目標に関しては，上記事項の少なくとも1つについて，数値を用いて定量的に定めることが要求される（同項）。内容については事業主の自由度が大きいが，いわばマイルドなポジティブ・アクションの実施を義務づけたものとして意義がある。また，女性活躍推進法では，積極的な取り組みへのインセンティブとして，優良な事業主に対する認定の制度ももうけられている（9条。その表示について10条も参照）。

4　女性の妊娠・出産に対する不利益取扱いの禁止

⑴ **均等法９条**　妊娠・出産は女性にのみ生じることであり，これに対する不利益取扱いがなされるならば，男女平等の実現は困難である。しかし，現実には，「妊娠リストラ」と呼ばれるような，妊娠・出産を理由とする解雇や雇止めが少なくない。

均等法6条4号は，男女を問わず，労働者の性別を理由として「退職の勧奨，定年及び解雇並びに労働契約の更新」で差別することを禁止するが，さらに女性労働者については，9条に，妊娠・出産等を理由として解雇その他の不利益取扱いを禁止する規定を置いている。これは，性別による差別禁止の理念と矛盾するものではなく，それをより実質化するものといえる。

9条により禁止されるのは，女性労働者について，①婚姻，妊娠，出産を退職事由として予定する定めをすること（同1項），②婚姻を理由として解雇すること（同2項），③妊娠，出産，産前産後の休業等を理由として，解雇その他の不利益取扱いをすること（9条3項，均等則2条の2），である。①と②にある「婚姻」は男性にも生じうるものであるが，特に女性について，結婚退職制が広く見られたことを考慮したものであろう。

特に重要なのは③であり，妊娠・出産そのものや産前産後の休業だけではなく，危険有害業務の就業制限，時間外・休日労働や深夜業の制限など，妊娠・出産に関する労基法の母性保護措置（労基法64条の2以下）や，均等法の母性健康管理措置（均等法12条以下）を受けたことを理由とする不利益取扱いも禁じている。均等法9条3項は強行規定であり，これに違反する不利益取扱いは無効となる（広島中央保健生活協同組合事件・最1小判平成26・10・23民集68巻8号1270頁。労基法65条3項が定める妊娠中の軽易業務転換を理由とする降格の事例）。

また，妊娠中および出産後1年を経過しない労働者に対する解雇は，当該解雇が法9条3項に規定する事由を理由とするものでないことを証明しない限り，無効となる（9条4項）。立証責任を事業主に転換するために，原則として無効という規定形式がとられている。なお，労基法65条1項・2項による産前産後の休業期間中とその後30日間については解雇がそもそも許されない点に，注意が必要である（労基法19条1項。472頁を参照）。

⑵　**不利益取扱いの判断**　　9条3項により禁止される不利益取扱いには，解雇のほか，有期契約の更新拒否，有期契約の更新回数の引き下げ，正社員からパートタイムなど非正社員への変更の強要，就業環境を害すること，不利益な自宅待機，降格，昇進・昇格上の不利益，減給や賞与等での不利益などが含まれる。退職や雇用形態の変更について労働者の同意を得ているが，それが労働者の真意にもとづくものではない場合や，賃金や賞与等の算定において不就労期間を考慮する際に，妊娠や出産等を，それにより休業した期間や労働能率が低下した割合を超えて不利益に扱う場合，妊娠した女性が業務遂行能力があるにもかかわらず，労働条件や通勤事情等が劣る配置変更を行う場合等も，不利益な取扱いに該当する（前掲厚労告614号）。

特に労働者本人の同意や承諾については，それが自由な意思にもとづくと認めるに足りる合理的な理由が客観的に存在することが必要である（前掲広島中央保健生活協同組合事件。降格に関し，適切な説明を受けて十分に理解したうえで諾否を決定したものとはいえないと判断された。また，妊娠判明を契機とする退職合意が，自由な意思にもとづくとは認められず無効とされた事例として，TRUST 事件・東京地立川支判平成 29・1・31 労判 1156 号 11 頁も参照）。

他方で，女性労働者に対し，妊娠・出産等ではなく他の正当な理由にもとづいて解雇その他の不利益取扱いをすることは，9 条 3 項・4 項によっても妨げられない。その判断は必ずしも容易ではないが（解雇が有効とされた事例として，ネギシ事件・東京高判平成 28・11・24 労判 1158 号 140 頁，無効とされた事例として，シュプリンガー・ジャパン事件・東京地判平成 29・7・3 労判 1178 号 70 頁），これらの規定がもうけられた趣旨を踏まえて適切に行う必要があろう。

(3) マタニティー・ハラスメントに関する措置義務　女性労働者の妊娠・出産については，いわゆるマタニティー・ハラスメントの問題が注目され，使用者による不利益取扱いを禁止するだけではなく，上司や同僚等によるさまざまな嫌がらせやネガティブな言動を防止する必要があるとの議論が高まった。

そこで，2016 年の均等法改正で，新たな規定（11 条の 2）がもうけられ，事業主は，職場において行われる，女性労働者の妊娠・出産，産前・産後休業，労基法の母性保護措置を受けること等に関する言動により「当該女性労働者の就業環境が害されることのないよう，当該女性労働者からの相談に応じ，適切に対応するために必要な体制の整備その他の雇用管理上必要な措置を講じなければならない」とされた。後に見るセクシュアル・ハラスメントに関する事業主の措置義務の規定（11 条。132 頁を参照）を下敷きに，環境型ハラスメントの防止のための措置を義務づけたものである。

なお，同時に育児・介護休業法にも同様のハラスメントに関する事業主の措置義務がもうけられたが（同法 25 条。289 頁を参照），同法では男女を問わない労働者が保護対象となっている点に，注意を要する。

5　均等法上の紛争解決

以上のような均等法の禁止規定について，事業主は，苦情の申出があれば苦情処理機関（事業主を代表する者と労働者を代表する者とで構成）に処理を委ねるなど，自主的な解決に努めることが要求される（均等法 15 条）。また，都道府県労働局長は，当事者の一方あるいは双方から要請があれば，必要な助言，指導または勧告を行うことができる（17条1項）。この要請を行ったことを理由とした労働者の差別的取扱いは禁止される（同2項）。

さらに，都道府県労働局長は，募集・採用以外の紛争について，当事者の双方または一方からの申請があった場合には，紛争調整委員会（同委員会については，462頁参照）に調停を行わせることができる（18条1項）。調停申請を行ったことを理由とした労働者の差別的取扱いは許されない（同2項）。かつては調停開始に両当事者の合意が必要とされていたが，現在では，当事者の一方の申請で調停が開始されるようになっている。もっとも，調停そのものに強制力がない点は同じであり，法実現の手段として必ずしも十分に機能していない。

厚生労働大臣は，この法律の施行に関し必要があると認めるときは，報告を求めたり，助言，指導または勧告を行うことができ（29条1項），また，差別禁止規定に違反している事業主がその勧告に従わない場合には，その旨を公表することができる（30条）。報告に応じない者や虚偽の報告をした者は，過料に処される（33条）。

§5　セクシュアル・ハラスメント

1　セクシュアル・ハラスメントに関する均等法の措置義務

均等法は，職場におけるセクシュアル・ハラスメント（性的いやがらせ）の発生を防止し，適切に対応するための措置を講じることを，事業主に義務づけている（11条）。セクシュアル・ハラスメントは，もともとはアメリカの雇用差別禁止立法（1964年公民権法第7編）のもとで発展してきた法理であり，上司が職務上の地位を利用して，解雇等の脅しのもとに，あるいは昇進などの条件として，性的関係を強要する「対価型ハラスメント」と，下品な性的言動・行為等の繰返しにより，女性（ないし男性）にとって不快で耐えがたい職場環境を作り出す「環境型ハラスメント」とに分けられる。均等法11条も，わかりにくい条文ながら，これらの両者を対象としている。

セクシュアル・ハラスメントの規定は，1997年改正で初めて導入された。当初は女性労働者に関してのみ，雇用管理上必要な「配慮」を義務づけるにすぎなかったが，2006年の改正によって，男女を問わない形に変更され，かつ，雇用管理上必要な措置を講じる義務へと強化された（11条）。

セクシュアル・ハラスメントに対する雇用管理上の措置として，具体的には，①セクシュアル・ハラスメントに関する方針の明確化とその周知・啓発，②相談に応じ適切な対応をするための体制の整備，③事後の適切かつ迅速な対応（相談申出があった場合の迅速かつ正確な事実関係の確認，事実が確認された場合の被害者の救済と加害者への適切な人事措置など），という3点が求められ，また，当事者のプライバシーの保護や不利益取扱いの禁止等の措置も講じなければならない（平成18・10・11厚労告615号）。また，セクシュアル・ハラスメントは同性に対するものも含まれること，性別役割分担意識にもとづく言動がセクシュアル・ハラスメントの原因となりうること，被害者の性的指向または性自認にかかわらず本規定の対象となることなども，明記されている。

なお，本条において措置を講ずる対象となるのは「職場」におけるセクシュアル・ハラスメントであるが，取引先の事務所，取引先と打合せをするための飲食店，顧客の自宅等であっても，当該労働者が業務を遂行する場所であれば，これに該当する（前掲厚労告615号。また，私費による懇親会の席上での言動につき使用者の賠償責任が認められた事例として，A市セクシュアル・ハラスメント事件・横浜地判平成16・7・8労判880号123頁）。

2　セクシュアル・ハラスメントと損害賠償

⑴　不法行為による使用者責任　均等法にセクシュアル・ハラスメントの規定がもうけられる前から，裁判例は，不法行為にもとづき，行為者本人および使用者の損害賠償責任を認めてきた。たとえば，男性の雑誌編集長が，部下の女性の追出しをはかって同人の性的交友関係に関する悪評・中傷をふりまいた行為が，人格権侵害等の不法行為による損害賠償の対象となり，従業員のこの行為が会社の業務に関連して行われたものである以上，会社も使用者責任（民法715条）を負うとされた（福岡セクシュアル・ハラスメント事件・福岡地判平成4・4・16労判607号6頁）。

また，男性上司が勤務時間中に女性労働者に対しわいせつ行為や下品な性的発言をした事例では，行為者本人の不法行為責任を認めたうえで，この行為は業務に密接に関連したものではないので会社は民法715条の使用者責任を負わないが，会社がそれに対し何ら対策をとらなかったことは労働契約上の「職場環境配慮義務」に違反するとして損害賠償責任を肯定したものもある（三重セクシュアル・ハラスメント事件・津地判平成9・11・5労判729号54頁。多くの裁判例は民法715条の責任を認めており，本件は異色の判断である)。

⑵　**事実認定と評価**　セクシュアル・ハラスメントは，しばしば，本人にも落ち度があった，社会的に許容された行為である等として切り捨てられ，行為者にも周囲にも加害者意識が薄く，広くて根深い性差別の問題である。また，密室で行われることが多いため，立証が困難であることが多い。事実の認定に際し裁判官は，性的被害を受けた者が複雑な心理的対応をすることを十分に理解しておく必要がある（この点で1審の判断を覆した事例として，横浜セクシュアル・ハラスメント事件・東京高判平成9・11・20労判728号12頁)。また，店長が未成年者の女性従業員に対して性的な発言をしたことについて，職場における雑談の域を出ないもので違法性はないとした地裁の判断が，控訴審で覆された事例もある（東京セクハラ（T菓子店）事件・東京高判平成20・9・10労判969号5頁)。事実の評価においても，裁判官の感性が問われるところである。

⑶　**使用者の対応**　いずれにしても，使用者は，均等法の措置義務に従ってセクシュアル・ハラスメントが許されないことを従業員に周知徹底するとともに，適切に対応する体制を整え，問題が起きた場合には迅速かつ厳正に対処しなければならない（女子トイレの盗撮事件に対する使用者の対応が不適切であったとして損害賠償が命じられた事例として，仙台セクシュアル・ハラスメント事件・仙台地判平成13・3・26労判808号13頁)。

なお，親会社が傘下のグループ会社に共通の行為基準を定め，法令遵守体制を整備していた下で，子会社で雇用されていた労働者がセクシュアル・ハラスメントの被害を受けた事案では，親会社は指揮監督を行ったり雇用契約上の付随義務を引き受けたりしておらず，また，グループを通じた相談窓口における対応についても信義則上の義務違反はなかったとして，損害賠償責任が否定されている（イビデン事件・最1小判平成30・2・15労判1181号5頁。勤務先だった子会社については原審で債務不履行による損害賠償責任を肯定)。

他方で，嫌疑をかけられた労働者の利益も守る必要があり，調査や処分にあたって慎重な手続をふむべきことはいうまでもない。しかし，行為が確認されたときに，使用者が適切な懲戒処分を行いうることは当然である（セクハラ行為を繰り返した労働者に対する出勤停止処分と降格が有効とされた事例として，L館事件・最1小判平成27・2・26労判1109号5頁）。

§6　障害者に対する差別の禁止

2013年に障害者雇用促進法が改正され，事業主に対して，障害者に対する差別の禁止と，いわゆる合理的配慮を行う義務が課された（2016年4月施行）。国連で2006年に採択された「障害者の権利に関する条約」を批准するために，雇用促進という従来の政策から一歩を踏み出し，障害者の人権の保障をめざしたものである。

同法によれば，事業主は，①労働者の募集・採用について，障害者に対して，障害者でない者と「均等な機会」を与えなければならず（34条），②賃金の決定，教育訓練の実施，福利厚生施設の利用その他の待遇について，労働者が障害者であることを理由として，障害者でない者との間で「不当な差別的取扱い」をしてはならない（35条）。

また，事業主は，③労働者の募集・採用について，障害者と障害者でない者との均等な機会の確保の支障となっている事情を改善するため，障害者からの申出により「当該障害者の障害の特性に配慮した必要な措置」を講じなければならず（36条の2），④障害者と障害者でない者との均等な待遇の確保または障害者の有する能力の有効な発揮の支障となっている事情を改善するため，「その雇用する障害者である労働者の障害の特性に配慮した職務の円滑な遂行に必要な施設の整備，援助を行う者の配置その他の必要な措置」を講じなければならない（36条の3）。

これら③と④は事業主に積極的な措置を求めるものであるが，「事業主に対して過重な負担を及ぼすこととなるとき」には，例外となる旨も定められている（両条但書）。

以上の規定については，厚生労働大臣が指針を定めることとされ（36条1項・36条の5第1項），差別の禁止と配慮措置のそれぞれについて，告示が出されている（平成 27・3・25 厚労告 116 号，同 117 号）。

なお，障害者に対する配慮措置は，障害者雇用促進法とは別に，労働契約にもとづいて求められる可能性もあり，その場合には，それぞれの契約の解釈問題となる（腰椎椎間板ヘルニアの手術の後遺症を有する労働者に対して行ってきた勤務上の配慮措置を，会社分割に伴う転籍時に打ち切ったことは不当であり，承継会社は勤務配慮の合意に拘束されるとした事例として，阪神バス〈本訴〉事件・神戸地尼崎支判平成 26・4・22 労判 1096 号 44 頁）。

§ 7　平等法理の課題

平等法理は，近年，新たな広がりを示している。上記の障害者差別の禁止のほか，募集・採用時の年齢制限を禁止して均等な機会の付与を義務づける規定（労働施策推進法 9 条。60 頁を参照），通常の労働者と同視すべきパートタイム労働者に対する差別の禁止（パート労働法 9 条。2018 年の法改正により，有期雇用労働者にも拡大される。パート有期法 9 条〔2020 年 4 月施行〕。151 頁を参照）など，さまざまな角度から「平等」の実定法化が進展している。

しかし，その一方で，平等原則の基本ともいえる，属性にもとづく不当な差別については，採用時における人種差別を禁止する法律さえ存在していないのが現実である。また，セクシュアル・ハラスメントについても，しばしば個人的欲求にもとづく猥褻行為と同視され，性にもとづく差別という側面が軽視されがちである。もっとも，均等法の指針では，前述のように性別役割分担意識や性的指向・性自認という言葉が盛り込まれ（133 頁），いわゆる LGBT 問題への対応が進むなど，若干の変化も感じられる。

平等法理の根底にあるのは，労働者はその属性によって差別されることなく機会を与えられ，各人の職業上の評価にもとづいて処遇されるべきである，という考え方である。これを正面から受け止め，体系的な平等法理・法制に発展させていくことが必要であろう。

Brush up 同一労働同一賃金

同一労働同一賃金（Equal Pay for Equal Work）は，男女の雇用平等を語るうえでの重要なキー概念である。同じ仕事をしているのに女性であるがゆえに賃金が低くなるのは，明らかに不正義である。しかし，男女の賃金格差は昔から広く見られ，その克服が大きな課題となってきた。

「男女同一賃金の原則」という標題を掲げる日本の労働基準法（1947年制定）4条は，これに関する最も早い立法例といえるが，条文の中に同一労働という言葉は出てこない。アメリカでは1963年の同一賃金法でこれを定め，同一労働を判断するうえでの要素として，技能，努力，責任，労働条件という4つを掲げている。イギリスでも1970年に同一賃金法が制定されたが（現在は2010年の平等法に統合），そのきっかけとなったのは，自動車工場で女性たちが立ち上がった1968年のストライキであり，後に映画も作られている（Made in Dagenham，邦題「ファクトリー・ウーマン」）。

けれども，職務そのものが男女で分かれてしまっていると，「同一労働」ではどうしても限界がある。ならば，異なる仕事でも実質的に等価であれば，男女で同一賃金が支払われるべきではないか。いわゆる同一価値労働同一賃金（Equal Pay for Work of Equal Value）の考え方であり，ILOの第100号（同一報酬）条約（1951年）は，これを採用している。狭い意味での同一労働を超えて，どこまでを同一価値労働と考えるか，さらにはコンパラブル・ワースというより広い概念を採用すべきか，議論がなされてきた。

また，最近では，新しいアプローチとして，透明性を通じた男女同一賃金原則の強化のためのEU指令（2014年）が出され，各国で賃金の透明性を高めるための立法が行われている。

日本では最近，男女ではなく正規・非正規の待遇格差の問題について「同一労働同一賃金」という言葉が用いられ，紛らわしい状況になっている。パート労働法や労契法の均等・均衡規定は，いずれも「賃金」に限らず，すべての労働条件を対象としており（2020年施行のパート有期法，改正派遣法も同様），また，少なくとも不合理な労働条件の相違を禁止する均衡は，「同一」よりも広い概念である。それらの中心部分を取り出してスローガン化したのかもしれないが，年功給か職務給かという議論でも同じ言葉が用いられる場合もあり，無用な混乱を招かぬことを願うばかりである。

8 就業規則

現代の企業では，多数の労働者が雇用され，組織された体制のもとで一緒に労働を行っている。この場合も雇用上のさまざまな条件やルールは，各労働者と使用者との間の労働契約によって，それぞれに取り決めるのが筋である。しかし，事業を秩序正しく効率的に運営していくためには，労働条件について統一的な基準をもうけ，また守るべき共通の規律を定めることが，多かれ少なかれ必要となる。

就業規則は，このような必要性にもとづいて，使用者が作成するものである。理想の姿からいえば，労働者に共通のルールは，労働組合あるいは事業場の労働者代表との合意によって決定すべきものであろう。しかし，わが国では，就業規則が大きな機能を果たしてきた。各労働者としては，就業規則と異なる内容の契約を交渉・締結するのはなかなか困難であり，その意味で就業規則は，使用者が決めた労働条件や服務規律を労働者に，いわば押しつける性格を有している。これを法的にどう評価し，どのように対処すべきかという点に，就業規則をめぐる議論の源がある。

労働基準法は一定規模以上の使用者に就業規則の作成を義務づけ，その届出と周知を命じている。他方，就業規則の効力，特に労働契約との関係については，学説や判例でさまざまな見解が示されていたが，2007 年制定の労働契約法で新たな規定がもうけられ，それらの解釈適用という形で議論が行われることとなった。

なお，就業規則に関しては，その不利益変更という重要問題もあるが，これについては「20 労働契約の変更」の中で，他の労働条件変更手段と対比しながら取り扱うことにする。

§ 1　就業規則の作成

1　作成義務と記載事項

⑴　**作成義務**　　常時 10 人以上の労働者を使用する使用者は，労基法上，一定の事項について就業規則を作成することを義務づけられている（労基法 89

条)。「作成」とは規則の文書化であり，これによって労働者がその内容を知ることを容易にし，使用者による恣意的なルールの適用を防止しようとするものである。

常時10人以上とは，それが常態であることを意味する（一時的に10人未満となることがあってもよい)。臨時工やパートタイム労働者なども労働者である以上，当然これに算入される。複数の事業場を有する企業の場合，労働者数は企業全体で計算するとの説もあるが，「事業」ごとに適用される労基法の構造や，後述の意見聴取の手続からいって，個々の事業場単位で計算するとの見解のほうが適切であろう（東大・注釈労基法㊦1003頁以下)。

⑵ **記載事項**　就業規則に規定すべき事項（必要的記載事項）は，労基法89条に1号から10号まで列挙されている。これらのうち，①始終業時刻，休憩時間，休日，休暇に関する事項（1号前段)，②賃金の決定・計算・支払方法，締切，支払時期，昇給に関する事項（2号)，③退職に関する事項（3号。解雇，辞職，定年など，労働契約の終了に関するすべての事項を意味し，「解雇の事由」を必ず含まなければならない）は，「絶対的必要記載事項」と呼ばれ，これらについては常に規定をもうけることが要求される。

他方，①〜③以外は，使用者が当該事項につき制度をもうける場合にのみ記載が義務づけられる「相対的必要記載事項」である（各号で「定めをする場合においては」という条件付の形で規定されている)。交替制の場合の就業時転換に関する事項（1号後段）のほか，退職手当（適用労働者の範囲，決定・計算・支払方法，支払時期)，臨時の賃金等および最低賃金額，食費や作業用品など労働者の負担，安全・衛生，職業訓練，災害補償および業務外傷病扶助，表彰および制裁（いわゆる懲戒)，その他当該事業場の全労働者に適用される定め（3号の2〜10号)，がこれに該当する。なお，使用者が，これら労基法で義務づけられた事項以外のこと（たとえば，会社の理念や沿革）を就業規則の中に記載することは特に禁止されておらず，自由である（任意的記載事項)。

⑶ **別規則の許容**　使用者は，必要的記載事項のうち一部を切り離して，別に規則を定めることもできる（退職金規程，安全衛生管理規程など)。こうして作られる別規則も，あくまで就業規則の一部であり，本体と同じ法規制に服する。事業場内に，たとえばパートタイム労働者のように，労働条件や就労形態

が他の労働者と大きく異なるグループが存在する場合には，通常の就業規則とは別に，それらの労働者だけに適用される就業規則を作成することも許される。

2　意見聴取義務

使用者は，就業規則の作成にあたり，事業場の労働者代表（当該事業場に労働者の過半数で組織する労働組合がある場合にはその組合，そのような労働組合がない場合には，労働者の過半数を代表する者）の意見を聴かなければならない（労基法 90 条 1 項）。この意見聴取義務は，いったん作成した就業規則を変更する場合にも適用される。

このような意見聴取を使用者に義務づけたのは，就業規則の内容にできるだけ労働者の意思を反映させようという趣旨である。しかし，「意見を聴く」とは単に諮問して意見を求めればよいのであり，相手方の同意を得たり，協議を行ったりすることは要求されていない。労働者代表の意見に拘束力はなく，その意味で就業規則は，使用者が一方的に作成・変更しうる性質のものである。

なお，就業規則の中でも，パートタイム（短時間）労働者に関する事項の作成・変更にあたっては，一般的な労働者代表の意見だけではそれらの労働者に特有の利益が反映されない可能性があるため，事業主は，当該事業所で雇用される短時間労働者の過半数を代表すると認められるものの意見を聴くように努めるものとされている（パート労働法 7 条。153 頁を参照。なお，2020 年 4 月以降は，有期雇用労働者に関する事項の作成・変更についても同様となる〔短時間労働者は有期雇用労働者と読み替え〕。パート有期法 7 条 2 項）。

3　届出義務・周知義務

使用者は，作成した就業規則を，行政官庁（労働基準監督署長）に届け出なければならない（労基法 89 条）。就業規則を変更した場合も同様である。届出にあたっては，事業場の労働者代表の意見を記した書面（労働者代表の署名または記名押印が必要）を添付しなければならない（同 90 条 2 項，労基則 49 条 2 項）。

また使用者は，就業規則を，①常時，各作業場の見やすい場所へ掲示し，または備え付ける，②書面を交付する，③その他厚生労働省令で定める方法（磁気媒体等に記録したうえで，各作業場に労働者が内容を常時確認できる機器を設置する），のいずれかによって，労働者に周知させなければならない（労基法106条1項，労基則52条の2）。会社の金庫に保管し，労働者が見るためには許可が必要というような取扱いは違法である。

4　法令・労働協約との関係

就業規則の内容は，法令または当該事業場に適用される労働協約に反してはならない（労基法92条1項）。法令（強行法規を意味する）の違反が認められないのは当然であるが，労働協約も，労使間の合意による規範として，使用者の作成する就業規則よりも優先し，これに反する就業規則の規定は無効となる。就業規則が労働協約の基準を上回ることも，当該協約がそれを許容していない限り「反する」場合に含まれる（この点は，協約における有利原則をどう考えるかにより異なってくる。205頁を参照）。

ただ，労働協約は，それを締結した労働組合に所属している労働者にのみ適用されるのが原則であり，就業規則のように事業場の全労働者に適用されるわけではない。したがって，上記の無効の意味も，労働者ごとに相対的に考えざるをえない。学説では，どのような協約であれ，それに反する就業規則規定はおよそ無効で全労働者に適用できなくなるとの見解もあるが，そうすると事実上，非組合員にも労働協約が自動的に適用されるのと同じ結果となる。そこまでの必要性があるとは思えず，労働協約に反する就業規則条項も，当該協約の適用を受けない労働者との関係では，なお効力を有すると解すべきであろう。

なお，労働契約法は，後述のように，就業規則に対し，労働条件の最低基準としての効力（労契法12条）と，労働契約の締結・変更にあたり契約内容を定める効力（同7条・10条）を認めている。しかし，就業規則のうち法令または労働協約に反する部分については，それらの効力は否定される（同13条）。労基法92条1項の趣旨を，労働契約との関係で確認的に定めたものといえよう。こちらにおいては，条文上も「当該法令又は労働協約の適用を受ける労働者との間の労働契約については，適用しない」という形で，労働者ごとに相対的に考えることが明らかにされている。

労働基準監督署長は，法令または労働協約に抵触する就業規則の変更を命じることができる（労基法92条2項）。このような就業規則も，放置しておくと事実上労働者に適用されてしまうおそれがあるからである。

§2　労働条件の最低基準としての効力

就業規則で定める労働条件は，個々の労働契約との関係で，強行的・直律的効力を有する（労基法93条，労契法12条）。すなわち，就業規則で定める基準に達しない労働条件を定める労働契約は，その部分について無効となり，無効となった部分は，就業規則で定める基準によることとなる。

労契法12条は，労基法旧93条の規定を労契法に移動したものであり，労基法自体の強行的・直律的効力を定めた同法13条と同じ文言が用いられている。当該事業場においては，労基法よりも高い水準を定めた就業規則が労働条件の最低基準となり，これを下回るような労働契約は，たとえ労働者がそれを望んで同意したとしても，効力が否定されるのである（退職金の算定につき就業規則よりも不利な内容の労使慣行があったとしても労契法12条により無効とされた事例として，代々木自動車事件・東京地判平成29・2・21労判1170号77頁）。この最低基準としての効力はもちろん片面的なものであり，就業規則を上回る内容の労働契約は影響を受けない。

事業場における労働条件の最低基準としての効力は，常時10人以上の労働者を使用せず，労基法89条による作成義務の対象とならない使用者が作成した就業規則についても，認められる（平成24・8・10基発0810第2号）。

§3　就業規則と労働契約の内容

1　就業規則の法的性質論と判例法理

就業規則をめぐる最大の争点は，就業規則の規定が，上に見た最低基準としての効力をこえて，個々の労働者を法的に拘束するか否かである。労働契約の締結にあたっては，当事者間でその内容が必ずしも詳細に定められず，就業規則の規定する事項に関して，特段の合意（それに従う旨の合意，あるいは，それと異なる内容の合意）が存在しないことが多い。このような場合，使用者が作成した就業規則の規定は，はたして，あるいは，いかなる理由により，労働者に適用されるのであろうか。

労契法は，この点に関して，後述のような規定（7条）をもうけているが，それを理解する前提として，学説と判例の経緯を見ておこう。

(1) **法規説と契約説**　学説では，この問題は，就業規則の「法的性質」という観点から議論がなされ，法規説と契約説とが対立していた。

法規説によれば，就業規則は，それ自体であたかも法律のように労使を拘束する法規範であり，これに対する労働者の同意や承認はそもそも不要である。問題は，一私人にすぎない使用者が作成する就業規則が，なぜそのような法規範たりうるかである。かつては使用者の「経営権」を根拠とする説や，就業規則は「慣習法」にあたるとの説も主張されたが，戦後は，労基法の旧93条（現在の労契法12条）に根拠を求め，同条が労働者保護に役立つ限りで就業規則に法規範としての効力を特に与えた，と解する説が主流となった。

他方，契約説の側は，法規説は近代法の原則に反すると批判し，就業規則はそれ自体では契約の「ひな型」にすぎず，これに対して労働者が同意を与えることによって初めて労働契約の内容となり，両当事者を拘束する，と考える。ただ，実際には，契約説でも，採用時に労働者が就業規則に従うことを黙示的・包括的に同意した，就業規則に従って異議なく就労することが同意にあたる，あるいは，労働契約の内容は就業規則の定めるところによるという「事実たる慣習」がある，といった形で，「同意」を抽象化して認定し，結論的に拘束力を認めることが多い。このような契約説に対し，法規説の側からは，現実を直視しないフィクションであるとの批判がなされた。

これらのほか，事業場の労働者の集団的意思にもとづく合意によって就業規則に法規範としての拘束力が生じるとする集団的合意説や，就業規則のうち労働条件部分は労働者の合意がなければ拘束力を生じないが，職場規律の部分は周知されれば拘束力を生じるとする根拠二分説などの見解も唱えられた。

(2) **秋北バス事件判決**　最高裁は秋北バス事件（最大判昭和43・12・25民集22巻13号3459頁）で，「労働条件を定型的に定めた就業規則は，一種の社会的規範としての性質を有するだけでなく，それが合理的な労働条件を定めているものであるかぎり，経営主体と労働者との間の労働条件は，その就業規則によるという事実たる慣習が成立しているものとして，その法的規範性が認められるに至っている（民法92条参照）」と指摘し，「当該事業場の労働者は，就業規則の存在および内容を現実に知っていると否とにかかわらず，また，これに対して個別的に同意を与えたかどうかを問わず，当然に，その適用を受けるものというべきである」との判断を示した。

この判決は，就業規則を，労働者の知・不知や同意の有無にかかわらず当然に適用される法的規範とする点で，法規説を採用したようにみえる。ところが，その根拠として，意思表示の解釈に関する規定であり，契約説の1つとして援用されていた，民法92条の「事実たる慣習」を掲げており，最高裁は理論的に混乱しているとの批判が浴びせられた。

ただ，これに対しては，秋北バス事件判決のいう「法的規範性」は法規説とは異なる意味であり，普通契約約款に関する法理を就業規則に応用した一種の契約説である，という見解が主張された（下井・労基365頁）。普通契約約款については，契約内容はその約款によるという事実たる慣習があり，事前の開示と内容の合理性を条件に，相手方の知不知を問わず契約としての拘束力を生じるとされていることから，最高裁は就業規則にこのような法的規範性を認めたにすぎない，と理解するのである。

この見解を裏付けるかのように，最高裁は後の電電公社帯広局事件（最1小判昭和61・3・13労判470号6頁）や日立製作所武蔵工場事件（最1小判平成3・11・28民集45巻8号1270頁）で，秋北バス事件判決を引用しつつ，就業規則の規定内容は合理的なものである限り「具体的労働契約の内容」をなす，との表現を用いている（もっとも，就業規則の懲戒規定に関し，労働契約に言及することなく秋北バス事件判決を引用し，「法的規範としての性質を有する……ものとして，拘束力を生ずる」と述べた判決として，フジ興産事件・最2小判平成15・10・10労判861号5頁も参照）。また，学説でも，判例法理をそのような約款理論的契約説と理解したうえで，支持を表明するものが見られるようになった。

以上のような経緯を踏まえて作られたのが，労契法7条の規定である。

2　労契法7条

労契法は，労働契約の締結にあたって，使用者が「合理的な労働条件が定められている就業規則を労働者に周知させていた」場合には，「労働契約の内容は，その就業規則で定める労働条件によるものとする」と定めている（7条本文)。つまり，労働契約の締結時に就業規則に定められていた労働条件は，労働者に対する周知と内容の合理性という2つの要件をみたせば，労働契約の内容となり，労働者を拘束するのである。ただし，労働契約において労働者と使用者が「就業規則の内容と異なる労働条件」を合意していた場合には，就業規則の定める条件を下回らない限り，当該合意が優先し，就業規則の定める労働条件は労働契約の内容とならない（同条但書)。

労契法7条における「労働契約の内容」という表現は，契約説的な理解になじみやすいが，他方で「よるものとする」という書き方は，当事者の意思とは別な法規的作用を思わせるものがある。7条の意義は，むしろ，そのような就業規則の法的性質の議論を不要としたところにあるといえよう。この規定は，最低基準としての効力の場合と同様，労基法89条による作成義務のない使用者が作成した就業規則にも適用される（前掲基発0810第2号)。

7条でいう「労働条件」は，このような形で労働契約の内容となって当事者間の権利義務を構成しうるものを意味する。企業の理念や労使協議の手続などは含まれないが，賃金・労働時間など狭義の労働条件には限られず，人事事項，服務規律，安全衛生，災害補償，教育訓練，福利厚生等も含まれる。

「就業規則で定める」という点については，「特に功労のあった者」には退職金を加算する旨の就業規則条項を具体化するために，その対象者と金額の基準を定めた「内規」は，就業規則の一部とはいえず，労働契約の内容として使用者を拘束するものではない，と判断した事例がある（ANA大阪空港事件・大阪高判平成27・9・29労判1126号18頁)。

3　労働者への周知と合理性

⑴　**周　知**　　労契法7条のもとで，就業規則の定める労働条件が労働契約の内容となるためには，第1に，労働契約の締結にあたり，使用者が就業規則を労働者に「周知」させていたことが必要である。

ここでいう周知は，事業場の労働者が知ろうと思えばいつでも就業規則の存在や内容を知りうるようにしておくことを意味し，労基法106条の定める3つの方法には限られない。そのような周知がなされれば，個々の労働者が実際に就業規則を知っていたか否かにかかわらず，「周知」の要件はみたされる（労契法7条本文における2つの「労働者」という言葉は，それぞれ意味が異なっていることに，注意を要する）。しかし，労働者の就労場所に就業規則が備え置かれておらず，近隣の本店所在地にそれがあることを告げてもいなかった場合には，7条の周知要件はみたされない（エスケーサービス事件・東京地判平成27・8・18労経速2261号26頁。60歳定年制が労働契約の内容になっていたことを否定）。

裁判例では，就業規則の一部というべき給与規程と，その下での退職金の算出方法に関する別表である基準表が，いずれも就業規則とは別のところで保管され，従業員の閲覧可能な状態に備え置かれていなかったことから，周知要件をみたさず，労契法7条による効力は認められないと判断したものがある（社会福祉法人健心会事件・大阪地判平成25・10・29労働判例ジャーナル22号10頁）。けれども，周知された就業規則の中に，給与については給与規程による旨が定められ，入社時の説明等からも，両文書の存在は知られていたという事案であり，少なくとも労働者に有利な方向においては，それらが就業規則の内容となっていたと解釈する余地があったように思われる。

(2) **合理性**　第2の要件は，その就業規則が「合理的な労働条件」を定めていることである。これも，前掲秋北バス事件判決以来の判例法理で述べられていたところであり，同意や認識がなくても労働者を拘束することを正当化できるだけの合理的な内容を定めていなければならない。また，そのような効力が労働条件の統一的・画一的な決定という観点から認められたものである以上，就業規則の定める労働条件が事業場の大多数の労働者の利益に反しないことが必要であろう。

もっとも，実際上，そこで要求される合理性の程度は高くなく，これを否定した裁判例はほとんどない。たとえば，前掲電電公社帯広局事件では，健康上の問題から特別の管理が必要と認められる労働者について，健康回復に努める義務および健康回復を目的とする管理担当者の指示に従う義務を定めた条項が「合理的」と認められた（これにもとづく精密検診受診命令の効力を肯定）。また，前掲日立製作所武蔵工場事件では，業務上の都合によりやむをえない場合には，組合との36協定にもとづいて時間外労働を命じうる旨の条項が「合理的」と認められた（この判決は，36協定の内容に照らしながら就業規則の合理性判断を行った点に特徴があるが，同じ規定が別文書である36協定の内容によって合理的であったりなかったりするのは，いささか釈然としない）。

なお，同じ「合理的」という言葉が用いられていても，本条は労働契約の締結時に存在していた就業規則の話であり，労働契約の成立後に使用者が既存の就業規則の内容を変更する場合（労契法10条）とは，問題状況も判断基準も異なることに，注意を要する（354頁以下を参照）。

最高裁は，旧郵政公社の非常勤職員だった者が郵政民営化後の承継会社に有期労働契約により雇用された事案につき，同人らは旧公社解散の前日に雇用期間満了により退職しており，旧公社の労働条件が引き継がれるわけではないと指摘したうえで，承継会社で新たに就業規則に定められた契約更新の年齢上限（65歳）について，労契法7条にいう合理的な労働条件を定めたものと判断している（日本郵便事件・最2小判平成30・9・14労経速2361号3頁。引き継がれた労働条件の変更の合理性を認めた原審の判断を否定）。また，下級審では，定年年齢を55歳から60歳に引き上げるとともに，55歳以上の者を嘱託として正社員よりも低い賃金額を定めたことにつき，就業規則の不利益変更にはあたらず，その内容が「必要最小限の合理性」を備えているので労働関係を規律する法的規範性を有する，と判断した事例もある（協和出版事件・東京高判平成19・10・30労判963号54頁）。

§4　意見聴取・届出・周知義務違反の効果

使用者が前述の意見聴取義務，届出義務または周知義務に違反した場合，就業規則の効力はどうなるのであろうか。

意見聴取義務と届出義務について，法規説では，効力要件と解してこれらの義務（特に意見聴取義務）に違反した就業規則を無効とする傾向にあったのに対し，契約説では，取締規定にすぎず有効とするものが多かった。しかし，労契法12条の最低基準としての効力と，7条の契約内容となる効力とを分けて考えることが可能であり，前者との関係では使用者が意見聴取や届出を怠っても効力を生じるが，後者に関しては，労基法上の作成義務を負う使用者である限り，適法な意見聴取および届出がなされていることが必要と思われる。

この点，労契法11条が，就業規則の変更についてのみ労基法89条・90条の手続による旨を定めたことから，7条との関係では手続履践は不要とする見解もある（菅野200頁，荒木368頁。反対，土田170頁）。しかし，そのような反対解釈は必然ではない。労契法は，労働契約の締結に際しても，就業規則の相当性を担保するための歯止めとして，労基法にもとづく意見聴取および届出を行った適法な就業規則であることを前提としている（11条は変更に関する確認規定）と解すべきであろう。

周知義務については，古い判例が，周知義務の違反があっても就業規則の効力は否定されないとの立場をとった（朝日新聞社事件・最大判昭和27・10・22民集6巻9号857頁）。この場合も，労働条件の最低基準としての効力を認めることは差し支えない。しかし，労働者に対する拘束力を認めるためには，労基法106条の定める方法でなくても，実質的な周知措置がとられ，労働者に知る機会が与えられていなければ不当であろう。

最高裁も後に，就業規則が労働者に拘束力を生ずるためには，その内容を周知させる手続が採られていることを要すると判示した（前掲フジ興産事件）。現在では，前述のように，労契法7条が，就業規則の定める労働条件が労働契約の内容となるためには，労働者への周知が必要であることを明示している。

§5　労働契約関係における就業規則の機能

以上を踏まえて，労働契約関係における就業規則の機能を整理すれば，次のようにいうことができよう。

第1に，就業規則には，各労働者と使用者との間における，労働契約上の権利義務の典拠としての機能がある。労働条件や服務規律を定めた就業規則は，多くの場合，労契法7条によって，当該事業場の労働者の労働契約の内容を定めることとなり，さらに最低基準としての効力も含めて，各人の労働契約関係を規律する。したがって，労働者と使用者との間の権利義務を確定するにあたっては，通常，まず就業規則の規定を吟味すべきこととなる。

第2に，就業規則は，事業場における労働条件等の統一的・画一的な形成という機能を果たしている。つまり就業規則は，個々の労働者との関係にとどまらず，事業場の労働者全員に適用される共通の権利義務の定型である。その作成にあたっては，労働者の総意が反映されることが望ましく，また，その解釈は，客観的立場から統一的になされなければならない。

第3に，就業規則は使用者の権利の自己制約としても機能しうる。就業規則を作成してその内容を定めるのは使用者であるが，いったん作成された就業規則に対しては，使用者の意図を超えて，客観的に合理的な解釈がなされねばならない。そして訴訟においては，裁判所が，就業規則の規定内容を，その作成者たる使用者に不利な方向に解釈することにより，労働者の保護をはかることが少なくない。

Brush up 職場の嫌煙権

たばこの煙は，多くの非喫煙者に対して，眼鼻の痛み，咳，動悸，頭痛，吐き気などの急性症状を引き起こし，著しい不快感と長期的な健康侵害をもたらす。国立がん研究センターも，2016年8月，受動喫煙による肺がんのリスク評価を，それまでの「ほぼ確実」から「確実」に引き上げた。

受動喫煙の害悪の防止は世界的に重要課題と認識されており，公共施設における禁煙は，もはや世界の常識である。喫煙に寛容なことで知られたフランスも，2007年より公共の場を罰則付きで全面禁煙とし，2013年にはロシアでも厳しい禁煙法が作られた。わが国でもようやく2018年に健康増進法が改正され，学校・病院・行政機関等に続いて，2020年4月からは事務所・飲食店でも原則禁煙となるが，小規模飲食店に対する抜け穴の広さには，あきれるばかりである。

労働関係においても，煙に苦しむ労働者が提起した訴訟で，使用者の安全配慮義務違反を認めて慰謝料の支払いを命じる判決（江戸川区事件・東京地判平成16・7・12労判878号5頁）や，分煙措置を求めた労働者に対する解雇（本採用拒否）を無効とする判決（ライトスタッフ事件・東京地判平成24・8・23労判1061号28頁）がある。喫煙に対して過度に寛容であった社会通念が改められるのは当然であり，喫煙者が不法行為者と判断される可能性も十分にある。因果関係さえ証明されれば労災認定も当然ありうる。喫煙は単なるモラルの問題ではなく，立派な法律問題なのである。

もちろん，損害賠償や労災認定は被害の発生を待って行われる事後的な処理にすぎず，使用者が積極的に受動喫煙を防止することが不可欠である。その意味で，就業規則に職場の禁煙を定めることには高度の合理性が認められる。また，労働安全衛生法にも2014年の改正で，受動喫煙防止対策の努力義務が盛り込まれた（68条の2）。しかし，当初の法案に含まれていた措置義務が努力義務に格下げされ，本気度の低さが露呈された。

日本も批准した，世界保健機関（WHO）のたばこ規制枠組み条約（2003年）の8条は，締約国が，たばこの煙への曝露が死亡・疾病・障害を引き起こすことは「科学的証拠により明白に証明されている」ことを認識したうえで，受動喫煙からの保護措置をとるよう求めている。空気を汚染するのは喫煙者であるという事実を直視し，真に実効的な規制を行う必要があろう。

9　パート・有期労働，労働者派遣

企業の現場では，期間の定めのない労働契約によるフルタイム勤務の「正社員」だけでなく，それ以外の多様な雇用形態の人たち（非正規あるいは非典型労働者）が働いている。これらの労働者のうち，企業で直接に雇用されている主要な形態には，期間の定めのある労働契約による雇用（有期雇用），パートタイム労働（パート労働）があり，勤務する企業とは直接に雇用関係のない外部労働者の形態には，企業内下請，派遣労働などがある。こうした労働者の割合は，増加して高止まりの状況にあり，2017 年の総務省「労働力調査」では，契約社員，パート，派遣など「非正規雇用労働者」の占める割合は 37.3 %にのぼる（厚生労働省「『非正規雇用』の現状と課題」）。

これらの雇用形態に従事する者は，いずれも労働契約にもとづく「労働者」であり，労働法規の適用を受けることに変わりはない。しかし，雇用の安定，労働条件の明示や均等取扱いなど，多様かつ重要な局面でそれぞれ固有の課題を抱えている。そのため，これらは雇用政策の重要な柱となっており，各法令の規定の改廃が著しい。有期契約については，2012 年の労契法の改正で契約期間や労働条件をめぐる改革がなされ，パート労働法においても 2014 年の改正で適正な労働条件確保等を目的とする改革がなされた。最新の改正では，2018 年の「働き方改革関連法」の一環として，それまでのパート労働法を大幅改正し，有期雇用の規制を組み入れて，「パート有期法」が制定され，パートタイム労働者と有期雇用労働者は同一の規制のもとに置かれることになった。また，派遣労働者についても，処遇改善を目的とする改正がなされた（いずれも，2020 年 4 月施行）。

本項目 9 では，こうした非正規雇用について，パートタイム労働，有期雇用労働の法的規整のうちパート有期法で定めている部分，それに派遣労働者の法律問題を取り扱う（有期雇用労働の上記以外の部分については，「5 労働契約の期間」を参照）。

＊上記のように，パート有期法および労働者派遣法の改正は 2020 年 4 月に施行され，それまでは，現行のパート労働法，労契法 20 条および労働者派遣法が適用されるが，本章では，2020 年の改正法施行後の立法の内容のもとに記述することにする。

§1　パート・有期労働者

1　パートタイム労働と有期雇用労働

パートタイム労働者とは，一般のフルタイム労働者と比べて労働時間数（ないし日数）の少ない者をいう（ただし，現実には，労働時間は短くないのに，正社員と区別されて「パート」と称される，「呼称だけのパート」もみられる）。1970年代から80年代の頃に，パートタイム労働者は数も割合も急速に増加し，その傾向は現在も続いている。一方，有期雇用労働者は，期間の定めのある契約により雇用された労働者であり，いわゆる「臨時工」「契約社員」として雇用されるとともに，契約の期間や解約の問題については労契法（17条〜19条）の適用により解決が図られる。

パートタイム労働と有期雇用労働とでは，正社員以外の括りの中で共通の問題を抱えることが多い。そもそも，パートタイム労働者のなかには有期雇用である者が多く含まれる。いずれも，給与が時給制であることが多く，昇給の有無だけでなく諸手当や退職金の支給において正社員と差異がもうけられることが多い。こうした観点から，有期雇用労働者の契約期間や解約の問題を除き，パートタイム労働と有期雇用労働とを同一規制のもとに置いたのが「短時間労働者及び有期雇用労働者の雇用管理の改善等に関する法律」（パート有期法）である。

2　パート・有期労働者の各定義

まず，パート有期法2条は，パート労働者のことを「短時間労働者」と称し（同1項），「1週間の所定労働時間が同一の事業主に雇用される通常の労働者（……）の1週間の所定労働時間に比し短い労働者」と定義し，原則として同種の業務に属する通常の労働者と比較すべきものとしている。ここにいう「通常の労働者」とは，いわゆる正規労働者のことをいい，雇用形態・賃金体系などから判断される（平成5・12・1基発663号）。その意味で，正規労働者の労働時間を一時的に短縮すること（操業短縮）は休業（230頁参照）にほかならず，パートタイム労働ではない。

同条はさらに，期間の定めのある労働契約を締結している労働者を「有期雇用労働者」と称し（同2項），そして短時間労働者および有期雇用労働者（いずれか一方であればよい）を合わせて，「短時間・有期雇用労働者」と称している（同3項。本書では，「パート・有期労働者」と称する）。

3　パート・有期労働者の雇入れ

パート・有期労働者は，労働時間が短く，または有期雇用であるとはいえ「労働者」であることに変わりはないので，労基法はもちろんのこと，最賃法をはじめとするその他の労働保護法規はすべて適用される。しかし，それらの法規をそのまま適用するだけでは，適正な労働条件を確保しがたいために，パート有期法は，雇入れに関して文書交付や就業規則に関する独自の規制を定めている（パート有期法6条・7条）。

⑴　**労働条件の明示**　事業主はパート・有期労働者を雇い入れたときには，労基法15条1項により書面により明示を義務づけられている事項（70頁参照）のほかに，速やかに，「特定事項」（昇給の有無，退職手当の有無，賞与の有無，相談窓口。パート有期法施行規則2条1項）を，文書の交付，または労働者が希望するときにはファクシミリもしくは電子メールの送信の方法により（同3項）明示しなければならない（パート有期法6条）。

⑵　**就業規則**　使用者は，労基法の定めにより，パート・有期労働者に適用される就業規則を作成しなければならず，また一般の就業規則でも，パート・有期労働者に関する事項の作成・変更については，その過半数代表者の意見を聴取するよう努めなければならない（パート有期法7条）。

⑶　**フルタイム労働者への転換**　事業主は，パート・有期労働者を通常の労働者に転換することを推進するために，①通常の労働者を募集する際のパート・有期労働者への周知，②通常の労働者の新規配置の際のパート・有期労働者への希望聴取，③通常の労働者への転換のための試験制度等のうち，いずれかを講じなければならない（パート有期法13条）。

4　パート・有期労働者の適正処遇

パート・有期労働者の労働条件については，通常の労働者との関係での適正な処遇が求められているが，その法律の定めは複雑であり，労働条件の不合理な相違の禁止および差別的取扱いの禁止から構成されて，均衡の考慮も求められる。

⑴　**不合理な労働条件の相違の禁止**　　まず，パート・有期労働者の待遇全般について，これに通常の労働者の待遇との相違をもうけるときには，その相違は，職務の内容（業務の内容や責任の程度），および職務内容や配置の変更の範囲等その他の事情のうち待遇の性質や目的に照らして適切と認められるものを考慮して，不合理と認められるものであってはならない（パート有期法８条）。

本条は，改正前の労契法20条が廃止されて統合されたものであるが，最高裁（ハマキョウレックス事件・最２小判平成30・6・1民集72巻２号88頁）は，労契法（改正前）20条の趣旨および解釈方法として，①同条は，有期契約労働者と無期契約労働者について，職務の内容等の違いに応じた「均衡のとれた処遇」を求める規定と解されること，②同条は，有期と無期との間の労働条件の相違が，期間の定めの有無に「関連して生じた」場合に適用されること，③同条の「不合理と認められるもの」とは，有期と無期との労働条件の相違が不合理であると評価することができるものであることをいい，相違が合理的なものであることまで求められないこと，④有期と無期との間の相違が同条に違反する場合でも，労働条件が同一のものとなるものではないが損害賠償を求めうることを判示し，さらに同事件の原審（大阪高判平成28・7・26労判1143号５頁）の判断を是認して，⑤相違の有無は，賃金総額ではなく各賃金項目を個別に判断すべきことを明らかにした。そして，同事案では，契約社員に対する無事故手当，作業手当，給食手当，皆勤手当の不支給と通勤手当の支給額の相違が不合理な相違と判断され，住宅手当の不支給については不合理とはいえないと判断された。また，最高裁は，同日言渡しの長澤運輸事件（最２小判平成30・6・1民集72巻２号202頁）においては，定年後に同じ企業で有期契約で雇用されたトラック運転手が同じ業務をしているのに賃金が引き下げられたことにつき，定年後再雇用であることが同条の「その他の事情」に該当するとして，精勤手当が支給されないことについてのみ不合理な相違と判断した。これらの法理は，労契法の改正後は，パート有期法８条の解釈においても，基本的に維持されよう。

これら２判決以後の下級審では，駅構内の売店で契約社員として販売業務に従事していた労働者らの賃金等が，同じ業務に期間の定めのない労働契約で従事している労働者と差異があることが，労契法20違反に当たるかが争われた事案で，東京高裁は，住宅手当，退職金，褒賞及び早出残業手当に関する相違について，同条違反と判断した（メトロコマース事件・東京高判平成31・2・20 LEX/DB25562230）。また，時給制契約社員が同一の郵便業務に従事しながら正社員と手当等に相違があるとの主張に対し，日本郵便（東日本）事件（東京高判平成30・12・13労経速2369号3頁）では，年末年始勤務手当，住居手当，夏期冬期休暇および病気休暇について，不合理な労働条件の相違があるとされた（厚労省のガイドラインとして，平成30・12・28厚労告430号「短時間・有期雇用労働者及び派遣労働者に対する不合理な待遇の禁止等に関する指針」も参照）。

⑵　**差別的取扱いの禁止**　　パート・有期労働者のうち，①職務の内容が当該事業に雇用される通常の労働者と同一であり，かつ，②当該事業主との雇用関係が終了するまでの全期間において，その職務の内容および配置が当該通常の労働者の職務のそれと同一の範囲で変更されることが見込まれる者（①と②の条件をみたす者を「通常の労働者と同視すべき短時間・有期雇用労働者」と称する）については，パート・有期労働者であることを理由として，基本給，賞与その他の待遇のそれぞれについて，差別的取扱いをしてはならない（パート有期法9条）。ここでは，⑴の不合理な相違の禁止と異なり，「理由として」と定めて因果関係の存在が要件とされ，他方で「その他の事情」の考慮が要件とされていないことに注意したい。

また，教育訓練については，通常の労働者に対して実施する教育訓練は，上記①にあたる労働者に対しても実施しなければならない（パート有期法11条1項）。さらに，福利厚生のうち，給食施設，休憩室，更衣室については，すべてのパート・有期労働者にも利用機会を与えなければならない（同12条，同施行規則5条）。

判例では，2014年改正前のパート労働法8条1項（改正後のパート有期法9条）にもとづき，「通常の労働者と同視すべき短時間労働者」にあたる貨物自動車運転手が，賞与額，年間の週休の日数，退職金の有無について，「短時間労働者であることを理由として賃金の決定その他の処遇について差別的取扱いをした」と判断した裁判例として，ニヤクコーポレーション事件（大分地判平成25・12・10労判1090号44頁）がある。

⑶　**均衡考慮**　以上に対して，「通常の労働者と同視すべき」パート・有期労働者以外のパート・有期労働者の賃金と教育訓練については，通常の労働者との均衡を考慮しつつ決定するように努めるものとされ（パート有期法10条・11条2項），均衡考慮の努力義務にとどまる。

⑷　**労働時間・休暇**　労働時間については，できるだけ所定労働時間を超えて，または所定労働日以外の日に労働させないように努め，その設定・変更に関しては当該労働者の事情を十分考慮するよう努める（平成19・10・1厚労告326号参照）。また，労働日数の少ないパート・有期労働者の年次有給休暇は，労基法39条3項の定めにより与えなければならない（279頁参照）。これは労基法の規定によるから，罰則付きの義務である。

⑸　**労災保険，社会保険**　使用者は1年以上使用するなど常時使用するパート・有期労働者で週の労働時間が通常の労働者の4分の3以上である者に対して健康診断を実施しなければならない（労安衛法66条，平成26・7・24基発0724第2号）。また，労災保険法についても，時間数にかかわらず完全に適用を受ける（労災法3条参照）。

労働時間が一定時間を超えるパート・有期労働者には，雇用保険や社会保険が適用される。まず，週の所定労働時間が20時間未満の者，および31日以上引き続き雇用されることが見込まれない者（前2ヵ月の各月に18日以上雇用された場合を除く）にあたるパート・有期労働者は，雇用保険の適用を受けることができないが（雇保法6条1号・2号），いずれにもあたらないパート・有期労働者はその適用を受ける。

また，パート・有期労働者であっても，1年以上使用されることが見込まれる者で，所定労働時間が週20時間以上・月額「賃金」が8万8000円以上であれば，法律上当然に厚生年金保険および健康保険に加入することになる（厚生年金保険法12条。2019年9月末までは，従業員501名以上の企業に限定）。

なお，配偶者がパート・有期雇用で働いている労働者が，所得税で配偶者控除を受けるためには，配偶者の給与収入が103万円以下かつ労働者本人の所得が1000万円以下でなければならない。また，配偶者特別控除は，当該労働者の所得が1000万円以下でかつ配偶者の所得が38万円超123万円以下等の条件で認められるが，所得が増額するにつれて控除額が逓減する仕組みである。一方，国民年金の第3号被保険者（いわゆる「サラリーマンの妻」など）および健康保険における配偶者の被扶養者になるためには，年間収入が130万円未満であることが主な条件とされている。これらが，パート・有期労働者の年収の増加に対するブレーキとして作用しているといわれている。

5 パートタイム労働者の解雇・雇止め

期間の定めのないパートタイム労働者については，一般の労働者の解雇と同様に，解雇権濫用理論が適用されるから，合理的で相当な理由がない限り解雇することはできない（労契法16条）。問題なのは，企業が経営不振により人員整理を行う場合に，フルタイム労働者に先立ちパートタイム労働者を解雇することの是非である。これについては，パートタイム労働者であるからといって常に臨時的であるとは限らないが，真に臨時的な労働者であって「企業との結び付きの度合が希薄」であるときには，優先的に解雇しうると判断した裁判例がある（東洋精機事件・名古屋地判昭和49・9・30労判211号38頁）。ただ，パートタイム労働者の適正な処遇という現在の政策動向からは，このような基準が妥当かは再検討を要するであろう。

パート・有期労働者のうち，有期雇用労働者の期間途中の解雇や雇止めについては，78頁・85頁を参照。

§2 労働者派遣

1 労働者派遣の政策と意義

⑴ 労働者派遣法　企業の多角的な業務活動に対応するためには，直接雇用の労働者だけでなく専門能力を備えた社外労働者を利用する必要があり，労働者派遣が事業として広く普及するようになった。労働者派遣は，受入れ企業が派遣労働者を直接雇用しないで指揮命令のみを行う方式であり，職安法との抵触が生じかねないため，これを規律するために1985年に制定されたのが労働者派遣法である。

この法律は制定以後，労働者派遣の適用対象業務を拡大する方向で，いくど

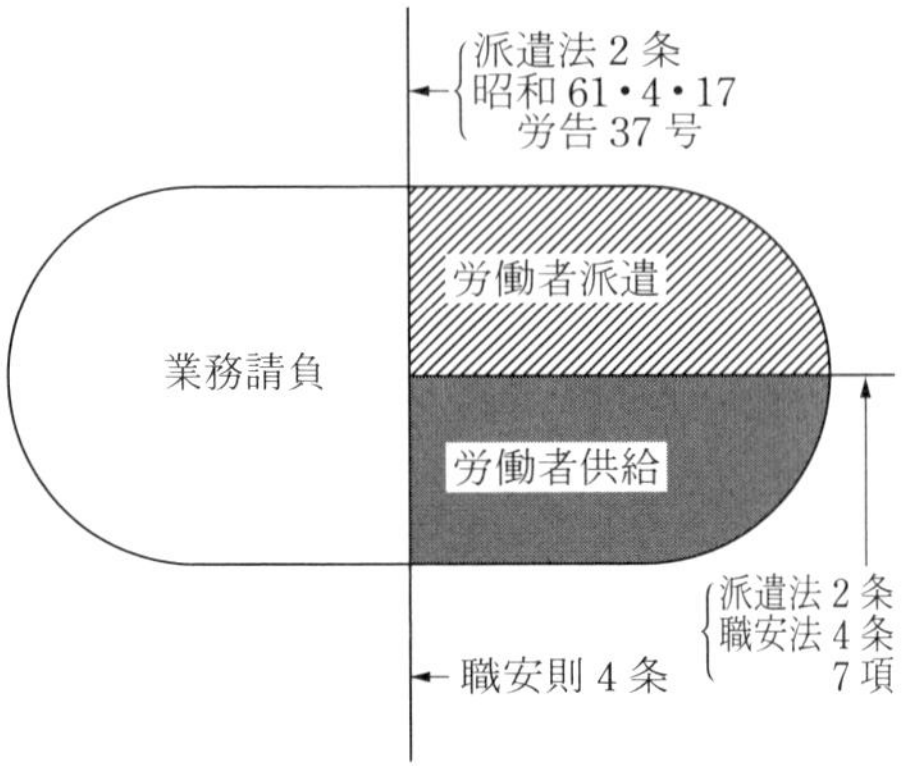

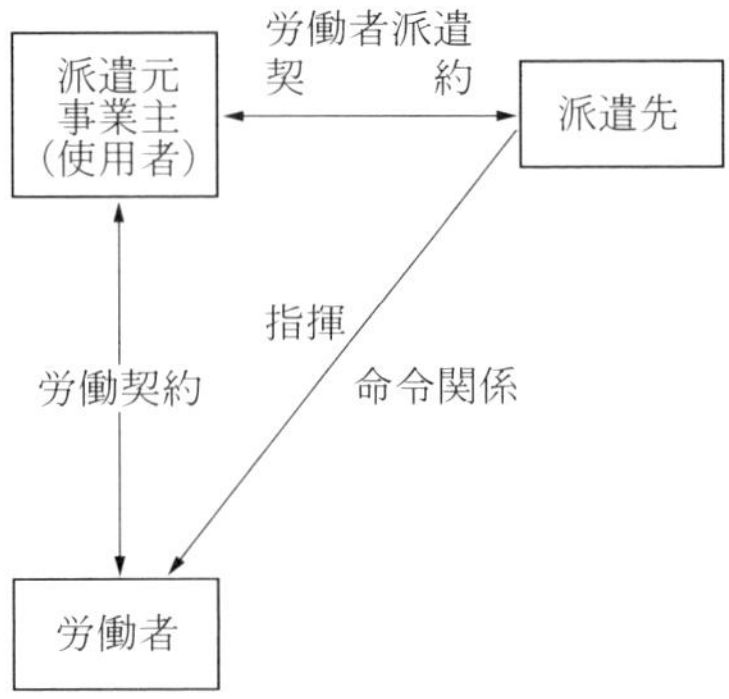

派　遣

も改正が加えられた。当初は派遣をなしうる業務は専門的業務に限定されていたが，その後に26業務に拡張され，さらに1999年の改正により，適用対象は特定された業務を除き原則自由に拡大された。また，派遣期間に制限がもうけられていたが，2004年にはその限度も延長された。さらに，同年に製造業への派遣が解禁されてから後は，労働者派遣の専門性はさらに失われ，むしろ2008年金融危機後の「派遣切り」に代表されるように，不安定雇用としての問題がクローズアップされた。

こうした労働者派遣法の規制緩和により，派遣労働者の就業条件や雇用に重大な障害が生じたことへの反省から，2012年には派遣労働者の保護を中心目的にした労働者派遣法の改正が行われた。改正法は，その名称に「派遣労働者の保護」を明記するとともに，事業規制の強化や，派遣労働者の無期雇用化や待遇の改善等の保護的規制を加えた。

ところが，その3年後の2015年9月には，政権交代を機に，労働者派遣の基本枠組みを大きく変更する改正がなされた（以下，2015年改正という）。この2015年改正により，労働者派遣法は，全体として規制緩和の政策のもとで，派遣労働の本来の臨時的労働たる意義を失わせ，常用代替的な長期受入れの可能性を開くことになった。さらに，2018年には，「働き方改革関連法」による「非正規雇用の処遇改善」の一環として，新たな改正がなされた（施行は，2020年4月）。

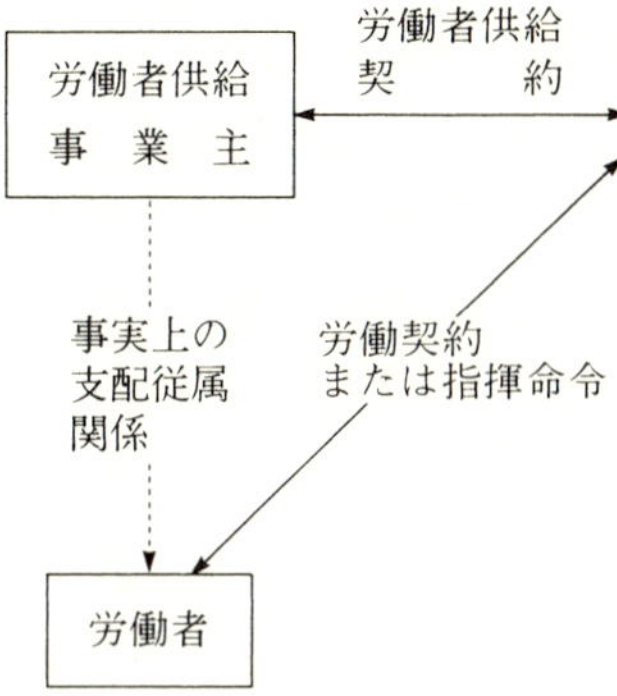

労働者供給(禁止行為)

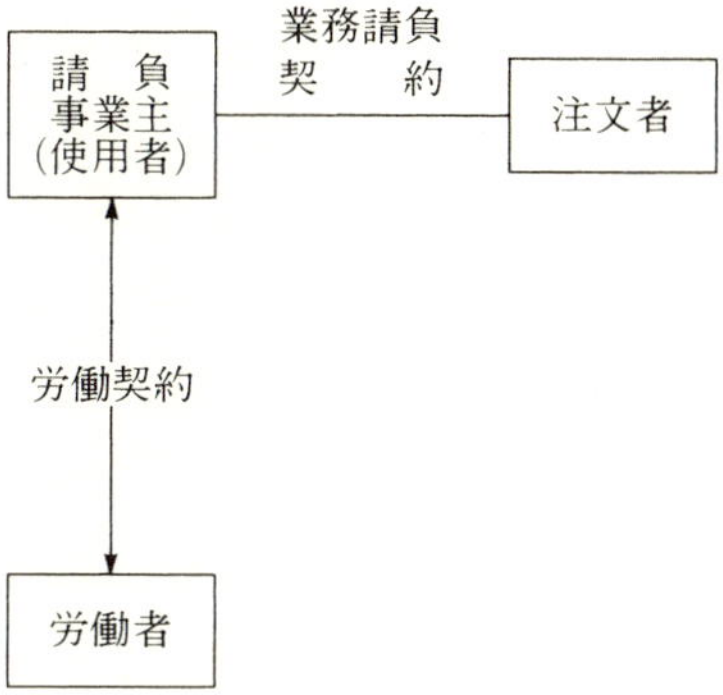

業務請負

⑵　労働者派遣の意義

⒜　労働者派遣とは　　他企業の労働者を利用する社外労働者の形態は，労働者派遣だけではない。そこで，労働者派遣法2条は，労働者派遣を他の就業形態と区別するために，労働者派遣の定義を定めている。それによれば，労働者派遣は，①「自己の雇用する労働者を，当該雇用関係の下に」労働させるものであるから，まず労働者供給と区別される。②また，「他人の指揮命令を受けて，当該他人のために労働に従事させる」点で，請負と区別されている（労働者派遣と請負との区別については，さらに昭和61・4・17労告37号「労働者派遣事業と請負により行われる事業との区分に関する基準」を参照)。③「当該労働者を当該他人に雇用させることを約してするものを含まない」から，この点で出向と区別される。

⒝　労働者供給との区別　　以上のうち，①の定義は，法律上禁止された弊害の大きい就業形態である労働者供給（職安法44条）との区別であるから，特に重要である。両者の違いは，派遣元使用者と派遣労働者の間には雇用関係がある一方，労働者供給では供給元と労働者の間には事実上の支配関係しかない点にある（労働者供給と労働者派遣の区別については，同4条6項参照)。

労働者派遣を受けた企業がその労働者をさらに派遣する「二重派遣」は，この定義①に合致しないから，職安法44条違反として禁止される。同様に，A社が自社で雇用する労働者をB社に派遣し，B社がその労働者をA社に派遣するという，「往復派遣」も違法である。

(c) 業務請負との区別（偽装請負）　労働者派遣と請負との区別は，派遣先と派遣労働者との間には指揮命令関係が存在するが，請負における注文主と労働者の間には指揮命令関係が存在しない点にある。しかし，両者の区別は微妙であるために，製造業や建設業を中心に，勤務の実態は労働者派遣にあたるのに，請負という形式で業務委託をして労働者派遣法の規制をかいくぐるという，「偽装請負」の問題が指摘されるようになった。この区別については，通達で詳細な基準が定められており（前掲労告37号），業務遂行の指示と評価，労働時間の指示，服務規律や配置，資金調達，機械・設備の提供その他の条件を1つでも欠いていると，労働者派遣とみなされ，さらに「故意に偽装されたもの」であるときには労働者派遣業としての責任を免れないとしている。

裁判例では，「業務委託契約」の名目でありながら社外労働者を正規従業員と混在・共同して作業に従事させる実態にある場合には，労働者供給契約または違法な労働者派遣であるとして，公序違反により無効と判断するものがみられた（松下プラズマディスプレイ（パスコ）事件・大阪高判平成20・4・25労判960号5頁）。しかし，最高裁は，それが派遣法違反であることを認めつつも，「特段の事情のない限り，そのことだけによっては派遣労働者と派遣元との間の雇用契約が無効になることはない」として，偽装請負の実態もそうした「特段の事情」にあたらないと判断した（パナソニックプラズマディスプレイ（パスコ）事件・最2小判平成21・12・18民集63巻10号2754頁，神戸刑務所事件・大阪高判平成25・1・16労判1080号73頁も同旨）。

この最高裁判決の後，偽装請負の事案にかかる下級審裁判例では，それが「特段の事情」にあたらないとして，派遣労働契約の効力を認める判断を示している（一例として，前掲神戸刑務所事件。ただし，同判決を含む一部の裁判例は，不法行為の成立については認め，派遣先に対して慰謝料の支払いを命じている）。

なお，上記最高裁判決以後の法改正により，現行法においては，これら偽装請負による派遣就業の場合に，派遣先がそれを知って役務の提供を受け入れていた場合には，後述のように，派遣先が同一内容の労働契約の締結の申込みをなしたものとみなされる（派遣法40条の6第1項5号）。

(3) 労働者派遣事業の規制

(a) 労働者派遣事業　労働者派遣事業は，すべての業務について行うことができるのが原則であり（派遣法4条1項，派遣令1条・2条），例外として，港湾運送業務，建設業務，警備業務，政令で定める業務（医師，歯科医師，薬剤師，看護師等の業務）は実施できない。前述のように，1999年の改正までは，適用対象が26業務の専門業務に限定されていたが，同年改正により上記の業務を除き原則自由に拡張された（ネガティブ・リスト方式）。なお，2015年改正までは，派遣業務のうち特定の26業務だけは，派遣期間制限のない取扱いを受ける専門業務とされていたが，同改正によりその区別が廃止された。

2015年改正は，さらに労働者派遣事業の制度に大きな改革をもたらした。すなわち，同事業は，従来は一般労働者派遣（許可制）と特定労働者派遣（届出制）とに区別されていたが，すべて「許可制」に一本化された（派遣法2条・5条以下）。許可にあたっては，許可申請書に所定の事項を記載しなければならず，労働者の数，派遣料金の額等の事項を記載しなければならない（同5条4項）。その許可基準においては，たとえば特定の者に役務を提供することを目的とする派遣（専属派遣）が禁止され，派遣労働者に対する適正な雇用管理の能力を有することが求められる（同7条1項1号・2号）。

一方，労働者派遣事業の許可を受ける前提として欠格事由がもうけられており（同6条），たとえば，許可の取消し（同14条）から起算して5年を経過しない者は，許可を受けることができない（同6条4号）。

(b) 紹介予定派遣　派遣就業の開始前または開始後に，派遣就業が終了した後に当該派遣先に雇用される旨を約束する「紹介予定派遣」（ジョブサーチ派遣）という方式が認められている（同2条4号）。これをするには，労働者派遣の事業主が，同時に民営職業紹介事業の許可を受けていなければならない。

この制度を利用する場合，派遣元事業主は，労働者に紹介予定派遣として雇い入れようとする旨を明示しなければならず（同32条），また労働者派遣契約にもきちんとその旨を定め，台帳に記録しておかねばならない（同26条1項9号・37条1項11号）。紹介予定派遣では，派遣期間は6ヵ月以下に限定される。派遣先が労働者を雇用することを希望しなかったとき等には，派遣労働者の求めにもとづき，派遣先は派遣元に対してその理由を書面等で明示しなければならないとともに，派遣元も明示された理由を労働者に対して書面で明示しなければならない（「派遣先が講ずべき措置に関する指針」〔以下，「派遣先指針」〕最終改正平成28・10・20厚労告379号，「派遣元事業主が講ずべき措置に関する指針」〔以下，「派遣元指針」〕最終改正平成28・10・20厚労告379号）。

2　労働者派遣をめぐる当事者の権利・義務

(1)　労働者派遣契約　派遣元事業主と派遣先事業主が締結する労働者派遣契約には，業務の内容，就業の場所など法律の規定する10の項目（派遣法26条1項）が定められる。もっとも，労働者派遣は派遣先が派遣労働者を雇用するのではなく，役務の提供を受けるにすぎないから，この契約では，派遣先は契約の締結に際して，履歴書の取り寄せや事前面接など，派遣労働者の特定を目的とする行為（「特定行為」という）をしないように努めなければならない（同条6項。紹介予定派遣の場合は直接雇用を予定しているから，例外的に認められる）。

また，派遣先は，国籍，信条，性別，社会的身分，正当な組合活動等を理由として，労働者派遣契約を解除してはならない（同27条）。航空会社を経営する派遣先が派遣契約を解除したのは，派遣労働者の正当な組合活動（団体交渉，争議行為の通知等）を理由とするものであり，同解除は派遣法27条に違反して無効と判断した例として，トルコ航空ほか1社事件（東京地判平成24・12・5労判1068号32頁）がある。なお，派遣労働者が，「公益通報」をしたことを理由に派遣先が労働者派遣契約を解除した場合も，その解除は無効となる（公益通報者保護法4条）。

(2)　派遣可能期間　従来の制度では，労働者派遣が正規雇用の代替とならないように，派遣期間は1年または3年に制限されていた。しかし，2015年改正により，期間制限については大幅な見直しがなされた。まず，上記のように，これまで期間制限のない取扱いであった26専門業務の特例が廃止された。一方で，期間の定めなく雇用されている派遣労働者や60歳以上の労働者等については派遣受入れ期間の制限がなされない（派遣法40条の2第1項但書，派遣則32条の5）。

有期雇用派遣労働者については，派遣先の事業所単位と派遣労働者個人との組み合わせで，派遣可能期間が決せられる。すなわち，有期雇用派遣労働者については，派遣先の事業所単位の受入れ期間の上限は3年とされる（派遣法40条の2第1項・2項）。もっとも，過半数代表等への意見聴取を経て，3年ごとの期間延長が可能である（同条3項）。他方，有期雇用派遣労働者の個人単位の期間制限として，派遣先は「組織単位」ごとの業務に3年を超えて同一の労働者を受け入れることができない（同40条の3）。この組織単位とは，「課，グループ等の業務としての類似性や関連性がある組織」等とされ（派遣先指針第2.14.⑵），また3年の派遣受入れの後に3ヵ月のクーリング期間を経過すれば，再び同じ組織単位に受け入れることが可能とされる（同指針第2.14.⑷）。

⑶ 派遣元事業主および派遣先の労働者に対する義務　派遣元事業主および派遣先は，法律により労基法等の使用者の義務を分担する（派遣法44条）。派遣元事業主の義務は，主として労働契約の締結にともなう義務や，派遣労働者の管理に関する義務が割り当てられている。派遣先の義務としては，就業にともなう労基法上の義務を負担するものが多い。ただし，36協定などの事業場協定やその届出は，派遣元事業主の義務である。

また，派遣先は，派遣労働者を雇用する事業主とみなされて，育児・介護休業等に関する不利益取扱いが禁止されるとともに，育児・介護休業等の取得に関する嫌がらせ等の言動（ハラスメント）を防止する措置義務を負う（同47条の3）。さらに，セクシュアル・ハラスメントに関する雇用管理上の措置義務（均等法11条）や，妊娠・出産等を理由とする不利益取扱いの禁止，妊娠中・出産後の健康管理に関する義務（同12条以下）も，派遣先としても負担する（派遣法47条の2）。

⑷ 「比較対象労働者」についての情報提供と派遣禁止　次の3の規制をなす必要から，派遣先は，派遣契約を締結するにあたって，派遣労働者の従事する業務ごとに，派遣先の「比較対象労働者」の賃金等の情報を提供しなければならない。派遣元事業主は，この情報提供がなされないときは，派遣契約を締結してはならない。なお，この比較対象労働者とは，派遣先に雇用される通常の労働者であって，職務の内容や配置の変更の範囲が派遣労働者と同一と見込まれる者などをいう（派遣法26条7項〜9項）。

現行法における労働条件格差是正のタイプと規定

	短時間労働	有期雇用労働	派遣労働
不合理な相違の禁止	短時間労働者の待遇（パート労働法8条）	有期雇用労働者の労働条件（労契法20条）	（規定なし）
差別的取扱いの禁止	通常の労働者と同視すべき短時間労働者の賃金その他の待遇（パート労働法9条）	（規定なし）	（規定なし）
均衡を考慮した決定（の努力・配慮義務）	上記以外の短時間労働者の賃金決定法（パート労働法10条（努力義務））	（規定なし）	派遣労働者の賃金，教育訓練等（派遣法30条の3（配慮義務））

2018年改正による労働条件格差是正のタイプと規定

<table>
<tr><th></th><th>パート・有期労働</th><th colspan="2">派遣労働</th></tr>
<tr><td>不合理な相違の禁止</td><td>短時間・有期雇用労働者の基本給，賞与その他の待遇（パート有期法8条）</td><td>派遣労働者の基本給，賞与その他の待遇（派遣法30条の3第1項）</td><td rowspan="2">要件をみたした事業場協定を締結した派遣元には，左の規定を適用しない（派遣法30条の4）</td></tr>
<tr><td>差別取扱いの禁止</td><td>通常の労働者と同視すべき短時間・有期雇用労働者の基本給，賞与その他の待遇（パート有期法9条）</td><td>職務内容・配置変更同一派遣労働者の基本給，賞与その他の待遇（不利なものであってはならない）（派遣法30条の3第2項）</td></tr>
<tr><td>均衡を考慮した決定の努力義務</td><td>上記以外の短時間・有期雇用労働者の賃金（パート有期法10条）</td><td colspan="2">上記以外の派遣労働者の賃金の決定（派遣法30条の5）</td></tr>
</table>

3　不合理な相違および不利な待遇の禁止

2018年の「働き方改革関連法」による改正の一環として，派遣労働者についても，従来の均衡処遇だけの取扱いを改善して，派遣元事業主に労働条件の格差是正の措置が義務づけられることになった。これにはパート・有期労働者の場合と同様に，2つのものがある。

(1) 不合理な相違の禁止　派遣元事業主は，派遣労働者の「基本給，賞与その他の待遇のそれぞれ」について，派遣先の通常の労働者との間で，職務の内容，職務・配置の変更の範囲その他の事情のうち，各待遇の性質・目的に照らして適切と認められるものを考慮して，「不合理と認められる相違」をもうけてはならない（派遣法30条の3第1項。なお，前掲厚労告「短時間・有期雇用労働者及び派遣労働者に対する不合理な待遇の禁止等に関する指針」も参照）。

(2) 「不利な」待遇の禁止　派遣元事業主は，派遣労働者のうち，派遣終了までの全期間において，派遣先の通常の労働者と職務内容が同一で，かつ職務内容および配置の変更の範囲が同一と見込まれるものについては，正当な理由がなく，基本給，賞与その他の待遇のそれぞれについて，通常の労働者の待遇に比して「不利な」ものとしてはならない（同第2項）。なお，この「不利な」とは，使用者を異にする労働者間の比較であることから用いられたものであり，実質的には差別的取扱いと同趣旨である。

(3) 事業場協定による適用除外　上記の(1)および(2)の規制は，派遣元事業主が当該事業で事業場協定（労使協定）を締結し，一定の記載項目を定めたときは適用されない。その項目は，①協定の対象となる派遣労働者の範囲，②賃金決定の方法（同種業務の平均的な賃金額として厚労省令で定めるものと「同等以上の賃金の額」となるものであり，改善されうること），③賃金の公正な評価による決定等，④賃金を除く待遇の決定方法，⑤教育訓練の実施，⑥厚労省令で定めるその他の事項，である。ただし，このうちの②④⑤の定めを遵守せず，または③の公正な評価に取り組んでいないときには，なお(1)と(2)は適用される（同30条の4）。

(4) 均衡考慮　上記2つの禁止規定に該当する場合を除く一般規制として，派遣元事業主は，「派遣先に雇用される通常の労働者との均衡を考慮しつつ」，派遣労働者の職務の内容，職務の成果，意欲，能力または経験等を勘案し，その賃金を決定するように努めなければならない（同30条の5）。

4　派遣労働契約関係

(1) 派遣元と労働者の関係　派遣元での常時雇用の派遣を常用型派遣，そうでないものを登録型派遣という。常用型派遣の場合には，派遣元と派遣労働者とは常に労働契約で結ばれており，有期雇用派遣と無期雇用派遣とがある。労働者が派遣就業中でないときには，労働者は派遣元で勤務するか，一種の休業（原則として，使用者の責に帰すべき事由による休業）の状態に置かれることになる。これに対して，登録型派遣の場合には，労働者が派遣就業に応じる旨を約束したときに，その時点で労働契約が締結される。

まず，派遣元事業主が派遣労働者に関する就業規則の作成・変更をするときには，「雇用する派遣労働者の過半数を代表すると認められるもの」の意見聴取に努めなければならない（派遣法30条の6）。

次に，派遣元の義務として，有期雇用派遣労働者に対して「雇用安定措置」（同30条）を講じなければならない。すなわち，有期雇用派遣労働者の派遣期間の上限は上記のように3年とされるところ，雇用する有期雇用派遣労働者のうち1年以上派遣する見込みの者（特定有期雇用労働者）については，①派遣先への直接雇用依頼，②新たな派遣先の提供，③派遣元での無期雇用，④その他について，努力義務を課せられ（同1項），3年派遣する見込みのある特定有期雇用労働者についてはこれらの事項につき法的義務が課せられる（同2項）。

派遣元は，無期雇用派遣労働者については，労働者派遣契約の終了のみを理由として解雇してはならず，また有期雇用派遣労働者についても，労働者派遣が終了した場合であって当該労働者派遣にかかる労働契約が継続しているときには，当該労働者派遣の終了のみを理由として解雇してはならないとされる（派遣元指針第2.2.(4)）。

さらに，労働者派遣の実施にあたって，次のような制限が加えられる。①いわゆる日雇派遣（日々または30日以内の期間を定めて雇用する労働者派遣）は，適正な雇用管理に支障を及ぼすおそれがないと認められる業務，あるいは雇用機会の確保が特に困難な場合等として政令で定める場合を除き，原則として禁止される（派遣法35条の4，派遣令4条）。②派遣元事業主は，会社グループ内など「関係派遣先」に労働者を派遣するときには，その派遣割合（労働時間数で算定）が，80％以下となるようにしなければならない（派遣法23条の2）。

また，派遣元事業主は，一定の雇用情報の公開を求められており，①事業ごとの派遣労働者の数，役務の提供を受けた者の数，および派遣料金と派遣労働者の賃金の差額の派遣料金に占める割合（マージン率）その他の所定の情報を公開しなければならない（同23条5項）。②労働者を派遣労働者として雇い入れようとする際，および労働者派遣をしようとする際に，派遣労働者に対して，1人あたりの派遣料金の額を明示しなければならない（同34条の2）。

派遣先が，派遣契約にもとづき派遣受入れした労働者を，別の労働者に変更を求めたり（差替要求），派遣契約そのものを解約したりすることは禁止されていない。この場合に，派遣元は労働者を直ちに解雇できるわけではなく，解雇については，期間の定めのない労働者の場合には労契法16条の，有期雇用労働者については労契法17条1項の規制に服すことになる。また，解雇が無効である場合，有期雇用労働者の場合には，契約期間の満了までの残余期間につき，休業手当（労基法26条）を請求しうるにとどまるか，それとも賃金の全額を請求しうるかが問題となるが，差替えや解約の事情によって，判断が分かれている（前者の立場を示す裁判例として，三都企画建設事件・大阪地判平成18・1・6労判913号49頁，後者の立場として，アウトソーシング事件・津地判平成22・11・5労判1016号5頁）。

⑵　**派遣先と労働者の関係**　派遣先は労働者派遣法にもとづき，次の義務を負担する。①派遣先が役務の提供を受けようとする労働者が，当該派遣先を離職した者であるときには，離職の日から1年以内に派遣労働者として受け入れることが禁止される（派遣法40条の9）。②派遣先は，その都合により派遣労働契約を解除するときには，労働者の新たな就業機会の確保，派遣元事業主が支払う休業手当の費用負担その他の労働者の雇用の安定を図るために必要な措置を講じなければならない（同29条の2）。③派遣先は，特定の派遣法違反の事実，すなわち具体的には，ⓐ派遣禁止業務の派遣受入れ，ⓑ派遣元事業主以外の労働者派遣事業主からの派遣受入れ，ⓒ事業所単位での派遣可能期間の制限を超える派遣の受入れ，ⓓ労働者単位での派遣可能期間の制限を超える派遣の受入れ，ⓔいわゆる偽装請負等による役務の受入れ，という事実を知って労働者派遣の役務の提供を受けたときには，派遣労働者に対して，その受入れの時点で同一の労働条件で労働契約の申込みをしたものとみなされる（同40条の6）。

派遣先と派遣労働者との間には，指揮命令関係のみ存在し，労働契約は存在しない。しかし，派遣先が派遣労働者に対して労務給付請求権を有し，賃金を支払っているとみるべき事情などがあるときには，実質的にみて派遣契約は有名無実なものとなり，派遣労働者と派遣先との間に黙示の労働契約が締結されたと認めるべき場合がある（伊予銀行・いよぎんスタッフサービス事件・高松高判平成18・5・18労判921号33頁）。しかし，前掲パナソニックプラズマディスプレイ（パスコ）事件最高裁判決は，上記のように当該偽装請負が派遣契約を無効と判断すべき「特段の事情」に当たらないことを前提に，派遣先が派遣元による労働者の採用に関与していたとは認められないこと，また，労働者の給与額を派遣先が事実上決定していた事情もうかがわれないことから，派遣先との間に雇用契約関係が黙示的に成立していたと評価することはできないと判断した。

もっとも，その後の下級審である，マツダ防府工場事件（山口地判平成25・3・13労判1070号6頁）は，同一の労働者を1年間の派遣受入れの後に3ヵ月プラス1日のクーリング期間に直接雇用し，その後さらに派遣受入れを繰り返すという「サポート社員制度」を採用していた事案において，派遣先が「組織的かつ大々的な違法状態の創出に積極的に関与した」として，「派遣労働契約を無効であると解すべき特段の事情がある」と判断し，さらに派遣先が派遣労働者の成績に応じて派遣料金に差をもうける「ランク制度」を採用していたことから，派遣先が派遣労働者の給与の「額を実質的に決定する立場にあった」として，派遣先との間の黙示の労働契約の成立を認めた。

他方，派遣先の労働者に対する対応いかんでは，不法行為にもとづく損害賠償が肯定される場合がある。たとえば，派遣先が3ヵ月のクーリング期間の終了後に再び派遣就業ができる旨の約束をして，労働者もそれを期待していたのに派遣契約を更新しない旨の決定をした例（積水ハウスほか事件・大阪地判平成23・1・26労判1025号24頁），派遣料金の高さを理由に突然に派遣切りをしたような事情が見られる場合に，「ただでさえ不安的な地位にある派遣労働者としての勤労生活を著しく脅かす」とした例（パナソニックエコシステムズ事件・名古屋地判平成23・4・28労判1032号19頁，同事件・名古屋高判平成24・2・10労判1054号76頁も参照）などがある。

(3) **派遣先の団交義務**　派遣先と派遣労働者との間には，指揮命令関係のみ存在し，労働契約は存在しないから，派遣先の使用者は派遣労働者の加入する労働組合との団体交渉を拒否しても，当然に不当労働行為となるわけではない（労組法7条2号参照）。しかし，派遣先は，派遣「労働者の基本的な労働条件等について，雇用主と部分的とはいえ同視できる程度に現実的かつ具体的に支配，決定することができる地位にある場合」には，その限りで使用者にあたり，団交義務を負う（朝日放送事件・最3小判平成7・2・28民集49巻2号559頁。437頁を参照）。したがって，事業場外みなし労働時間にともなう労働時間の管理に関する要求事項については，団交に応じる義務がある（阪急交通社事件・東京地判平成25・12・5労判1091号14頁を参照）。これに対して，中労委命令では，派遣先は「派遣労働者の所属する組合との関係では原則として労組法第7条の使用者には該当しない」としつつ，派遣法の枠組みや派遣契約の基本的事項を逸脱して労働者派遣が行われている場合や，派遣法上の責任や義務を履行していない場合等に限り使用者に該当する場合がありうるとする判断がみられるが（ショーワ事件・中労委命令平成24・9・19別冊中労時1080号78頁），不当な限定といわざるをえない。

他方，賃金や派遣料金の問題など，派遣先だけでは処理しきれない問題については団交義務は生じない。派遣先が派遣労働者の直雇用化を決めた後に，派遣労働者を組織する労働組合が直雇用化後の労働条件等について派遣先に交渉を求めた場合には，「労働契約関係ないしはそれに隣接ないし近似する関係を基盤として成立する団体労使関係上の一方当事者として」団交申入れに応ずるべき使用者に該当すると判断している（クボタ事件・東京地判平成23・3・17労判1034号87頁）。

Brush up 地方自治体の非正規公務員

非正規労働者は，民間企業だけではなく，公務員の世界でもその割合は拡大している。常勤職員なみの業務をこなしながら，雇用の期間や給与・労働条件について格差が著しいことは，よく知られているとおりである。

2016年の総務省の調査では，臨時・非常勤職員の総数は約64万人で急速に増加している。職種別では，事務補助職員約10万人，教員・講師約9万人，保育士約6万人，給食調理員約4万人，図書館職員約2万人である。任用根拠別では，特別職非常勤職員（地方公務員法3条3項3号）約22万人，一般職非常勤職員（同17条を根拠に任用）約17万人，臨時的任用職員（同22条）約26万人とされる。常態的な勤務なのに，臨時的な雇用を求めざるをえないのは，財政面の厳しい制約にもかかわらず住民サービスを維持することによるしわ寄せである。また，自治労の2016年調査によれば，非正規職員の比率は，全体では28.4%（町村では37.2%）であり，「月給の賃金分布」は16万〜18万円が最多層で30.5%を占め，賞与など一時金を受ける者は3〜4割程度，退職金については「支給なし」が9割以上である。

こうした実情にかんがみ，2017年に地方公務員法と地方自治法が改正されて，新制度が発足した（施行は2020年4月）。これにより，第1に，自治体の非正規職員の多くが，新設された「会計年度任用職員」に組み入れられて，採用方法や任期等が明確化され（地公法22条の2），さらに「条例で期末手当を支給することができる」旨の規定が置かれた（地方自治法203条の2第4項）。第2に，特別職非常公務員の範囲を「専門的な知識経験又は識見を有する者」に厳格化し（地公法3条3項3号），さらに「臨時的任用」についても常勤職員に欠員が生じた場合に限るとして（地公法22条の3第1項），拡張的な利用を制限することとした。もっとも，中心となる「会計年度任用職員」は会計年度1年が原則となるが，再雇用もありうる含みであり，どこまで厳格に運用されるか不透明である。

新制度は，規定を整理することに力点が置かれるが，非正規公務員の処遇改善という点では不十分というしかない。非正規公務員には労働契約法やパート有期法は適用されず（労契法21条1項，パート有期法29条），雇止め法理（労契法19条）や無期転換法理（同18条）はもちろん，労働条件の格差是正（パート有期法6条以下）も適用されない。問題の抜本解決にはほど遠い。

III 「団体」との遭遇

10 労働組合

労働組合は，いくつかの顔をもっている。

労働者にとっては，それは「利益代表者」である。労働者には，賃金その他の労働条件や企業内での処遇などについて，使用者に主張すべき多くの利害がある。また，対社会的にも，発言し追求すべき利益をもつ。労働組合は，民主的ルールにもとづいてそれらの利益を調整・統一して主張・要求することにより，労働者の利益を代表して行動する。

使用者にとって，それは「対話者」である。使用者は，労働条件の設定・変更はもちろん，企業の運営などに関する事項についても，労働者とのコミュニケーションなくしては円滑に行うことはできない。そうした意思疎通は，個別労働者とのバラバラの対話をなすことは生産的でなく，その統一的意思を代表する労働組合との対話が不可欠となる。

労働組合は「団体」であり，労働者の自発的な結集による任意団体である。ところが，上に述べた労働組合の役割にかんがみ，労組法その他の法律は，労働組合の組織や運営に対して種々の保護を与える一方で，特別の規制を行っている。また，労働組合は，法律の規定により（労組法 19 条の 3 第 2 項参照），あるいは事実上，労働行政その他について公的に関与している。その結果，労働組合は純然たる私的な任意団体にとどまらず，「準公的な団体」としても位置づけられる。

労働組合の活動や役割を考えるとき，戦後の日本社会で一般的であった企業別組織だけでなく，企業を超えて地域レベルで組織される個人加盟方式の合同労組（コミュニティ・ユニオン）の存在に目を向けることも重要である。

§ 1　労働組合への加入と脱退

1　加入資格

労働者は，後述の組織強制が及ぶ場合を除き，労働組合へ加入するか否かを自由に決定することができる。労働組合への加入は，労働者の任意の加入申込と労働組合による加入承諾との意思の合致による契約とみることができる。しかも，加入のための資格や方式は組合規約の定めによりあらかじめ定められていることが多いから，一種の附合契約にあたる。

このように，組合加入は契約にほかならず，また自由設立主義の原則からみても，労働組合が組合規約で一定の加入資格をもうけ，その資格に合致しない労働者の加入を拒否することは，原則として自由である。たとえば，組合員資格を正社員に限定し，契約社員やパートタイム労働者の加入を認めないケースも見受けられる。このように組合が組織目的や利害に応じて，加入資格を正規労働者に限定することについては，その合理性を一般的に否定することはできない。

これに対して，加入資格を，抽象的な基準（たとえば「団結活動に有害な者」の加入を認めない）で制限し，また特定の人種，宗教，性別，政治的信条などに限ることは，組合民主主義の要請，および労働組合が団結権の担い手として法的保護を受けている団体であることからすると，その合理性は疑わしい（労組法5条2項は，組合規約の記載事項として，この趣旨を明記している）。

もっとも，労働組合が合理的な理由なく労働者の加入を拒否した場合，裁判所がその加入を強制することは，特別な立法がない限り困難といわざるをえず，労働者は，これを不法行為として損害賠償を請求しうるにとどまる。その損害額は，慰謝料が基本となるが，組合に加入して協約の適用を受けたならば受領したはずの賃金や諸手当との差額なども，それを明確に算定しうる限り含めうると解すべきである。

2　脱退の自由

労働組合は，労働者の任意加入の団体であり，組合加入は一般に期間の定めのない契約であるから，労働者がそれを解約して組合から脱退することは自由である。したがって，脱退には組合大会や執行委員会等の承認を要する旨の組合規約の規定や（日本鋼管鶴見製作所事件・東京高判昭和61・12・17労判487号20頁），異常に長い予告期間を定めるなど脱退に過度の手続を課す規定は，効力を否定される。このことは，争議中の集団脱退についても同様であり，脱退が争議の成否を左右する結果となったからといって，その効力を否定することはできない。また，労働者が会社に対して，労使紛争解決の一環として，労働組合から脱退する権利を行使しないことを約束する合意を結んだとしても，同合意のうち，労働組合から「脱退する権利をおよそ行使しない」ことを労働者に義務づけて，脱退の効力そのものを生じさせないとする部分は，「脱退の自由という重要な権利を奪い，組合の統制への永続的な服従を強いるものであるから，公序良俗に反し，無効である」（東芝労組小向支部・東芝事件・最２小判平成19・2・2民集61巻1号86頁）。

§２　労働組合の組織・運営上の原則

労働組合の組織および運営は，以下にみるさまざまな原則を基礎にして成り立っている。ただ，これらの原則は実際には対立することがあるから，どのような調整を図るかが重要な課題となる。

労働組合は，届出などの必要はなく，自由に設立することができる（自由設立主義）。また，労組法適合組合としての要件をみたしている限りは，いかなる労働者から構成され，どのような組織により運営されるかについて制限は存在せず，また使用者に明らかにする必要もない。こうした組合自治の考え方は，憲法28条の保障する団結権の趣旨に包含されている。

労働者が，労働組合の意思決定や行動に自己の意思を反映させ，自己の利益を主張できるためには，民主的ルールが必要となる（組合民主主義）。かかる民主性の要請も，団結権の保障から導かれる，組合運営上の基本原則といえよう。労組法適合労働組合となるために，組合規約に一定の記載をなす義務を通じて民主性の要件が課されているが（労組法5条2項），これとは別に，実質的な意味で労働組合の民主的運営が要請されるのである。たとえば，組合員の選挙権および被選挙権の保障，組合の運営および意思決定に対する参加の保障，組合員に対する均等待遇の保障，あるいは，直接無記名投票や多数決尊重などの適正手続（デュー・プロセス）の原則などがそれである。

これらの基本原則に反する組合規約や決議等は，公序違反として，効力が否定されよう。ただし，定期全国大会で実施された組合長選挙の際に，これに立候補していた原告組合員が大会への入場を拒否されたという事案で，東京高裁は，入場拒否は裁量権の濫用にあたり違法であるとして新組合長の当選を無効と判断した地裁判断を取り消して，選挙結果からすると選挙を無効とするほどの重大な手続上の瑕疵があったとは認められないと判断した（全日本海員組合事件・東京高判平成24・9・27労判1062号22頁）。

労働組合は，労働者の利益を代表することを目的として設立された団体である。したがって，労働組合は，組合員の一般的利益に反するような行為をしてはならず，団体交渉などで組合員の一部に不当に不利益をもたらすことは許されない。また，事業場の労働者の過半数を組織する労働組合は，事業場協定の締結にあたって，組合の内外を問わず，事業場の労働者全体の利益についても公正に代表することが求められる。

§3 組 合 費

1 組合費納入義務

労働者が労働組合に加入することにより，組合に対する権利と義務が発生する。組織面では，組合の意思決定や活動への参加権（議決権，選挙権，被選挙権など）および組合の機関決定や統制に服従する義務がある。そして，財政面における主要な義務として，組合費の納入義務がある。

組合費の納入義務は，組織運営の財政基盤を確保するための組合員の基本的義務をなすものであり，組合費不払いは正当な除名理由となる。

組合費には，一般組合費のほかに，争議資金に備えることを目的とした特別組合費，特定の一時的な目的のために臨時に徴収する臨時組合費などの種類がある。これらのうち，納入義務の存否がしばしば争われるのは臨時組合費であり，特にその徴収目的に反対する組合員が，納入する義務を負うかが問題とされている。

これについて最高裁（国労広島地本〈第1〉事件・最3小判昭和50・11・28民集29巻10号1634頁，国労広島地本〈第2〉事件・最3小判昭和50・11・28民集29巻10号1698頁，国労四国地本事件・最2小判昭和50・12・1労判240号52頁）は，「多数決原理に基づく組合活動の実効性と組合員個人の基本的利益の調和という観点から，組合の統率力とその反面としての組合員の協力義務に合理的な限定を加えることが必要」として，比較衡量の判断方法を示している。そして，①違法な争議行為の資金，②違法争議行為で処分を受けた組合員の救援資金，③他の組合への争議支援資金，④安保反対闘争の被処分者の救援資金，および⑤水俣病患者救済資金については，臨時組合費としての納入義務を認めた。しかし，⑥参議院選挙での組合出身の立候補者への選挙応援資金については，組合員個人に選挙運動の協力を強制することは許されないと判断した。

2　チェック・オフ

組合費の徴収をより確実なものにするために，労働組合と使用者の協定により，使用者が組合員の賃金から組合費を控除し，それを組合に引き渡す方式がとられることが多く，これをチェック・オフという。その法律関係は，労働組合と使用者の間に取立委任契約がなされ，かつ組合員と使用者の間に支払委任契約が併存することにより生じる。チェック・オフ協定が労働協約として定められているときにも，その協定のほかに，使用者が個々の組合員から組合費の控除と支払いについて委任を受けていなければ有効なチェック・オフをすることはできない。また，チェック・オフ開始後においても，組合員がその中止を申し入れたときには，使用者は当該組合員に対するチェック・オフを中止しなければならない（エッソ石油事件・最1小判平成5・3・25労判650号6頁）。もっとも，組合と組合員との関係では，組合の指示に反して組合費を直接納入することは，統制違反の可能性が生じることになろう。

チェック・オフは賃金の一部を控除するものであるから，労基法24条1項の賃金の全額払い原則（228頁）との関係が問題となる。それが同条但書にいう賃金控除協定であるならば，当該事業場の過半数組合に限って，チェック・オフ協定を締結することができるにすぎない（判例はこの立場をとる。済生会中央病院事件・最2小判平成元・12・11民集43巻12号1786頁）。この考え方では，過半数に達しない少数組合は過半数代表者による控除協定を別途に結んだうえでチェック・オフ協定を締結しなければならないことになる。しかし，チェック・オフ協定は，労働組合が組合費の確実な徴収を通じて団結を維持・強化しようとするものであり，そもそもその適用の対象が締結組合の組合員以外の者に及ぶことはありえない。少数組合の締結したチェック・オフ協定は，これを機械的に同条にいう賃金控除協定とみるべきではなく，労働協約として要件を備えていれば労基法24条の例外としてその効力を認めるべきであろう（西谷・労組271頁）。

§4　労働組合の統制処分

1　労働組合の統制権

一般に団体が統制力を失うと，構成員はまとまりのない主張をして，対外的に統一的な意思を表明することができず，これを1個の団体として承認することは困難になる。特に労働組合は，その構成員を統制力により組織することによって交渉力を確保することのできる団体であり，その機能発揮のために強い統制権が必要となる。

労働組合の統制権の根拠として，これを団体一般が共通してもつ権限と捉える団体固有権説，憲法28条の保障する団結権を根拠とする説，組合員相互の合意の表現としての組合規約を根拠とする説などがある。しかし，これらは，統制権のどのような側面を捉えるかによって，いずれも成り立ちうる見解であり，各説は相互に排斥しあうものではない。

2　統制権の限界

労働組合の統制は，その組合の内部社会だけで通用するものであってはならず，客観的にみて妥当な民主的ルールに基礎づけられるものでなければならない。したがって，違法な行為を強制できないのはもちろん，労働者の基本的自由を奪うものであったり，組合内部での自由で活発な批判の機会を奪うような統制は認められない。もっとも，統制問題の事例は多様であり，統制処分の可否は，個々の事実関係に応じて，具体的に判断する必要がある。

労働組合は，公職選挙の際に，特定候補者や特定政党への支援決議を行うことがあり，そのような決議を組合員に強制できるかが，憲法15条1項による選挙権の保障との関係で問題となる。これについては，支援決議は組合の多数意思の確認にすぎず違反者を処分できないとする考え方があり（事実確認説），次にみる最高裁判決を含めてこれを支持する見解が多い。しかし他方で，決議は原則として有効であり違反者の処分の効力は違反行為の具体的態様により判断すべしとする見解や，逆に決議そのものが無効となると解する見解もみられる。

最高裁はまず，市議会選挙に立候補した組合員に対して，立候補を思いとどまるよう説得し，同人が当選するや権利停止処分に処したことが公職選挙法違反に問われた刑事事件で，「立候補を思いとどまるように勧告または説得することも，その限度においては，組合の政治活動の一環として，許される」が，その「域を超え，立候補を取りやめることを要求し，これに従わないことを理由に当該組合員を統制違反者として処分するがごときは，組合の統制権の限界を超える」と判断した（三井美唄労組事件・最大判昭和43・12・4刑集22巻13号1425頁）。次いで最高裁は，特定候補者の推薦決議に反して別の候補者の支援活動をなした組合員を除名した事案においても，上記判決の「理は……立候補した者のためにする組合員の政治活動の自由との関係についても妥当する」として，除名決議を無効と判断した（中里鉱業所事件・最2小判昭和44・5・2裁判集民事95号257頁）。

組合員が執行部等に対して行う批判活動は，労働組合の民主的運営を確保するためにむしろ欠くことのできないものであり，最大限に保障されるべきである。したがって，組合の既決事項への批判は原則として差し控えられるべきだが，組合運営上の一般的事項や決定されていない事項についての幹部批判は，事実の歪曲や中傷による個人攻撃でない限り，統制処分の対象にはなりえない（名古屋・東京管理職ユニオン事件・名古屋地判平成12・6・28労判795号43頁）。また，組合が正規になした決議に反対して，一部の組合員が独自に行う活動（分派活動）についても，除名等の処分をなしうるには，その目的や活動方法が処分を正当化しうるほどに組合の団結をみだす場合に限られる（東海カーボン事件・福岡地小倉支判昭和52・1・17労判273号75頁）。

労働組合が違法な指令を発したときには，組合員がそれに服しなかったときにも，指令違反を理由に統制処分に処することができないとみるべきである。裁判例では，正当なロックアウトに対抗する強行就労指令に組合員が従わず，それを理由になした除名処分の効力が争われた事件で，「争議中の組合員は指令が重大明白な違法を犯していない限り服従する義務がある」との主張に対して，「指令或は指令に基く行動が客観的に違法であればそれに服従する義務を認めるわけにはゆかない」と判断して，組合員の服従義務を否定したものがある（大日本鉱業発盛労組事件・秋田地判昭和35・9・29労民集11巻5号1081頁）。

3 統制処分

組合の統制処分の種類や手続は，組合規約の定めるところによる。実際には，除名，権利停止，罰金，戒告，譴責などが予定されていることが多い。処分の決定は，事柄の重要性からすると，総会の専属議決事項とみるべきだが，規模の大きい組合では，迅速な処理のために中央委員会や執行委員会に委ねる旨定めておくことが許されよう。

統制処分は関係組合員の意に反して不利益を課すものであるから，一般的な適正手続の原則が適用される（招集状の交付を開催時の2〜3時間前に行った臨時組合大会は有効に成立しておらず，したがって同大会の統制委員会の選出手続は無効であることから，同委員会の決議した統制処分も無効と判断した裁判例として，全日本建設運輸連帯労組近畿地本事件・大阪地判平成19・1・31労判942号67頁）。したがって，処分対象者には，あらかじめ統制事由を明示した通知がなされ，その審査手続の開催が通知され，かつ審査手続にあたっては弁明の機会が保障される必要がある。また，同一の処分について再度の決議を行うことは，一事不再理の原則に反して無効となる（日本液体運輸事件・東京地判昭和54・10・11労民集30巻5号947頁）。

組合本部が，支部組合との対立状態を清算するために，支部組合の全組合員の資格を一時停止し，改めて「組合員再登録申請書」を提出させ，適格性審査で合格した者を組合員とする方式を用いることがある。しかし，かかる手続は再登録申請をしなかった者にとっては実質的な除名にほかならないから，除名手続を経ていない処分として無効と解されている（全逓福岡支部事件・最1小判昭和62・10・29労判506号7頁）。

§5 組織強制——ショップ制

1 意義と種類

労働組合が使用者に対する交渉力を強化するためには，労働市場を掌握して，労働力の供給を独占するか，それに介入できることが望ましい。そこで労働組合は，組合運動の歴史の中で，組合に加入しない労働者を労働市場や企業から追放することを使用者に約束させ，組合の関与なくしては使用者が労働力を確保できないようにする制度を生み出してきた。そのような約束のもとにある職場（ショップ）を増やすことにより，労働者が組合の影響下にあることを強制する制度（組織強制）を，ショップ制という。

このようにショップ制は，組合員の確保と離脱防止を目的とする制度であるが，そのために両刃の剣のような作用をもたらすことに注意すべきである。たしかに，労働組合が安定した多数勢力であるときには，ショップ制は組織の安定を保障する作用をもたらす。しかし，いったん組織に動揺を来して，たとえば組織内部の主流派が交替したり，組合分裂が生じたときなどには，組合対立の様相をいっそう激化させ，一方による他方の企業からの追放という修復不能の結果をもたらす。このため，ショップ制の効力をどこまで認めるかについては，慎重な配慮を必要とする。

ショップ制の主な種類として，クローズド・ショップ（就職するためには，当該組合に加入していなければならない），ユニオン・ショップ（その企業の従業員になった者は，当該組合に加入しなければならない）が代表的であるが，そのほかにも，歴史的には各国で多様な組織強制の方法が試みられてきた。企業別組合が支配的であるわが国の現状では，ユニオン・ショップが一般的である。

ユニオン・ショップ協定（以下，本章ではユ・シ協定という）は，①従業員は協定締結組合に加入しなければならず，②使用者はこれに加入しない労働者を解雇する，という2つの要素からなるのが原則であり，これを「完全ユニオン」という。しかし実際には，このうちの前段または後段だけ定める不完全な規定や，組合に加入しない者は「原則として解雇される」旨の表現のものが多い。

2　ユ・シ協定の適法性と要件

ユ・シ協定は，労働者が組合に加入しない自由（消極的団結権）だけでなく，複数の組合のうち自己の加入する組合を選択する自由も制約するものである。このため，学説では，いずれかの組合に加入を強制することは許されるが，特定の組合に加入強制する協定は違法とする見解（石井78頁）がある。また完全ユニオンは個人の尊重（憲法13条）や消極的団結自由（同28条）を侵害し，または協約自治の限界を越えるものとして無効とする見解（西谷・労組101頁）もみられる。

たしかに，憲法28条によって，労働組合に加入しない自由が否定されたとはいいがたい。しかし，そうした消極的団結権は，団結を助長し強化する積極的団結権の保障に対して，少なくとも劣後に位置していると解さざるをえない。他方で，労働者の組合選択の自由は，積極的団結権の一内容として，正当に評価されるべきである。したがって，ユ・シ協定による特定の組合への加入強制は，労働者の組合選択の自由や他の組合の団結権を侵害しない限りにおいて，認められるものといえよう（三井倉庫港運事件・最1小判平成元・12・14民集43巻12号2051頁）。

なお，労組法7条1号但書は，工場事業場の従業員の過半数を代表する労働組合がユ・シ協定を締結しても，不当労働行為にならない旨を定めている。この規定からすると，使用者が少数組合とユ・シ協定を締結したときには，不当労働行為（支配介入とみるべきである）となる可能性が強まる。しかし，同規定の意義はそれ以上のものではなく，過半数組合との間で締結することがユ・シ協定の有効要件となる趣旨までも含むものではない。

3　ユ・シ協定の効力範囲

ユ・シ協定についての消極的認識を背景に，判例は，労働者の組織選択権を根拠として，同協定の効力が及ぶ範囲を次第に限定してきた。

まず，同一企業に複数の組合が併存する場合に，初期の判例は，ユ・シ協定の効力は他組合の現有組合員に限って及ばないものと解していた。ところが後に，ユ・シ協定締結組合を脱退して他組合に加入した場合や，新たに別組合を結成したときにも，協定の効力は及ばないと判断するようになった。また，ユ・シ協定の非締結組合の大部分が脱退して別組合を結成し，ユ・シ協定を締結した場合には，同協定の効力は旧組合の残存組合員には及ばない（住友海上火災事件・東京地判昭和50・5・13労民集26巻3号421頁）。さらには，併存する複数の組合のうち一方のみがユ・シ協定を締結している場合に，新規採用の労働者が非締結組合に加入しても，同協定の効力は及ばないと判断している。

このような展開の中で，最高裁も，「締結組合以外の他の労働組合に加入している者」および「締結組合から脱退しまたは除名されたが，他の労働組合に加入しまたは新たな労働組合を結成した者」について解雇義務を及ぼすユ・シ協定は，公序違反として無効と判断した（前掲三井倉庫港運事件）。結局，ユ・シ協定の効力が及ぶのは，①ユ・シ協定締結組合を脱退しまたはそこから除名されたのに，別組合に加入せずまたは新組合を結成しない者，②ユ・シ協定締結組合があるのに，その組合にも他の組合にも加入しない者，に限定されることになろう（日本鋼管鶴見製作所事件・最1小判平成元・12・21労判553号6頁）。

4　ユ・シ協定にもとづく解雇

ユ・シ協定の効力が及ばないのに，使用者が労働者を解雇したときには，その解雇は理由を欠くものであって解雇権の濫用にあたり（前掲三井倉庫港運事件），または事情によっては不当労働行為に該当するものとして無効となる。

これに対して，ユ・シ協定の効力の及ぶ範囲にある場合には，使用者のなした解雇は，同協定の効果としてなされたものである。また労働者には，こうした解雇を免れるために，他組合に加入したり，別組合を組織するなど種々の対抗手段が残されている。したがって，適法なユ・シ協定の及ぶ範囲での解雇は，解雇権濫用などに該当しない。

問題なのは，ユ・シ協定のもとで，労働組合が労働者を除名したが，それが合理的理由を欠いたり，重大な手続違反により後に無効と判断された場合である。かかる場合の解雇の効力については，2つの見解がみられた。

多数説は，ユ・シ協定にもとづく解雇を，同協定による使用者の解雇義務の行使と考え，除名が結果的に無効となった以上，解雇はその原因を欠く行為となるから，やはり無効と解する（牽連説）。これに対して少数説は，ユ・シ協定にもとづく解雇であるとはいえ，解雇そのものは使用者の自由な意思によるものであり，ただユ・シ協定は使用者が自由な解雇権を行使する契機を与えたにすぎないとする。この見解によれば，多数説の立場だと，使用者は組合の決定する除名処分の適法性に無関心ではありえず，その介入を招くことになりかねない。したがって，除名が無効となっても，解雇は使用者の自由な判断によるとみるべきであるから無効とはいえないと解している（切断説，石川 78 頁）。最高裁はこのうち牽連説を採用し，除名が無効な場合には使用者に解雇義務が生じないから，そのような解雇は客観的に合理的な理由を欠き社会的に相当なものとして是認することはできず，解雇権の濫用として無効になると判断した（日本食塩製造事件・最 2 小判昭和 50・4・25 民集 29 巻 4 号 456 頁）。

§6　組合活動と便宜供与

わが国の労働組合の多くは企業別組合であることから，日常的な組合活動は企業の中で行わざるをえない。いきおい，組合活動において企業の施設を利用したり，使用者に多少の便宜をはかるよう求めるのが常態となり，使用者もある程度それを許容することが多い。たとえば，労働組合は企業から組合事務所や掲示板の提供を受け，企業の集会所を利用して組合集会を開催することがある。また，組合役員が在籍専従となって，一定の期間組合活動に専念することを認められたり（その期間中は無給の休職扱いとなる），組合休暇制度により組合用務のための休暇または離席が認められたりする。チェック・オフも，使用者の認める便宜の一種である。

使用者が労働組合に認めるこれらの利益を，広く便宜供与という。労組法では，労働者が労働時間中に賃金を失うことなく使用者と協議・交渉すること，組合の福利基金などに使用者が寄付をすること，および最小限の広さの事務所を供与することは，経理上の援助ではないとして，自主性の欠格要件から除外し（2 条 2 号但書），また経費援助にあたらないと定めている（7 条 3 号但書）。

しかし，労組法はこの限度で便宜供与を許容しているにすぎず，それ以上に，労働組合が団結権にもとづき便宜供与を当然に請求できるわけではない。たとえば，労働組合は在籍専従制を当然に請求しうるものではなく，使用者が在籍専従を認めるかは，その自由に委ねられている（三菱重工業長崎造船所事件・最 1 小判昭和 48・11・8 労判 190 号 29 頁）。したがって，労働組合が便宜供与を請求できるためには，労働協約の規定などの一定の権原が必要である。裁判例では，組合事務所の無償貸与は，企業施設の一部を企業経営に支障のない限り組合事務所として使用させるという無名契約であり，使用者は経営上の必要があるときには契約を解除することができ，同契約が労働協約としてなされたときは90日後に効力が生じるとするものがある（仲立証券事件・大阪地判平成13・5・30労判814号93頁）。

ただし，それまで認めていた便宜供与を廃止することは，事情によっては組合の組織運営への介入となる場合がある。たとえば，組合休暇の不承認が，組合活動に対する牽制手段としてなされたと解されるときには，その不承認は不当労働行為になる（全逓都城郵便局事件・最1小判昭和51・6・3労判254号20頁，複数組合下の便宜供与の廃止については，442頁）。また，従来無償で行ってきた組合費のチェック・オフにつき事務手数料を求め，これに関する団体交渉に応じないでチェック・オフを廃止することも不当労働行為と判断される（泉佐野市事件・大阪高判平成28・12・22労判1157号5頁）。

§7　組織変動と組合財産

1　組合財産の帰属

労働組合の組織変動について労組法が定めをおいているのは，解散だけであるが（10条），現実には解散以外のさまざまな方式で組織の変動が起こる。かかる組織変動にともない生じる中心問題の1つは，組合財産の帰属方である。

労働組合が法人であるときには，組合財産はその法人の単独所有に帰す。

法人格のない労働組合の財産の所有形態については見解が分かれているが，判例によれば，その資産は組合員の「総有」に属する（品川白煉瓦事件・最1小判昭和32・11・14民集11巻12号1943頁）。したがって，組合員は財産の持分権をもたず，除名や脱退においては，組合規約に特段の定めのない限り分割請求権を有しない。いいかえると，組合財産の管理および処分の権利は組合に属し，組合員はその使用収益権をもつことになる。これに対して，組合事務所などの組合財産については，労働組合が使用収益権をもつと解するほうが実態に即しており，このことは法人格の有無によって異なるものではないとして，法人格のない場合も，組合は単独所有をなしているとする見解もみられる。

2 分　　裂

組合財産の所有形態について上記のいずれの見解に立とうとも，組合員は持分権を認められず，脱退する組合員の分割請求権は否定されることに変わりはない。しかしながら，相当の割合の組合員が集団で脱退したような場合に，なお財産の分割を否定すべきかは問題である。そこで，こうした事態を，個人の脱退が集団的になされたものとは区別されるべきであるとして，共有持分の請求を認めるための法的構成として考案されたのが，「分裂」概念である。この見解によれば，たとえば分裂のための組合大会などを開催する努力がなされ，過半数による決議やそれに準ずる相当の事情があると認められるときには，組合財産はいったん共有物となったのち，請求にもとづきその分割がなされることになる（民法256条以下参照）。

しかし，判例は，分裂概念に消極的な立場を示してきた。たとえば，全国組織の単一組合の下部機関だが独自の財政的基礎をもつ地方本部で3分の2の組合員が脱退した場合には，「分裂を生じたかのごとき観を呈するとしても，国鉄労組そのものが統一的組織体としての機能を保持するかぎり，それは一部組合員の国鉄労組からの集団脱退にほかなら」ない（国労大分地本事件・最1小判昭和49・9・30民集28巻6号1382頁）。また，混乱の組合大会において組合規約の定めによらない方法で解散決議がなされ，多数派が離脱して別組織を結成したときには，「旧組合の内部対立によりその統一的な存続・活動が極めて高度かつ永続的に困難になり，その結果旧組合員の集団的離脱およびそれに続く新組合の結成という事態が生じた場合に，はじめて，組合の分裂という特別の法理の導入の可否につき検討する余地を生じる」と判示しており（名古屋ダイハツ労組事件・最1小判昭和49・9・30労判218号44頁），分裂法理を適用するための条件はきわめて高度である。

思うに，組合財産は，過去からの組合員の拠出の累積により形成されてきたものであり，ある時点で反主流派が多数派となり集団脱退して新組合を結成したとしても，これに分割請求を認めないことが必ずしも不公平とはいえない。また，労組法10条は解散について特に規定をもうけて特別多数決を課すなど解散事由を制限しており，組織の解体に慎重さを要求しているとみることができる。分裂の成立に高度の要件を設定している判例の立場は，支持されるべきであろう。

3　組織変更・解散

⑴　**組織変更**　労働組合が，その組織の原則を変更することを組織変更という。たとえば，組合員の範囲の重大な変更，組織形態の変更（連合体を単一体に変更するなど），上部団体への加入やそれからの脱退などである。

単位組合が上部団体から脱退するとき，脱退した上部団体が連合団体であり，単位組合を構成員としているにすぎないときには，単位組合の組合員は上部団体に直接加入しているわけではないから，脱退と同時に関係が失われる。これに対して，上部団体が個人加盟の単一組織としての性格も備えているときには，組織関係の実態を考慮して判断せざるをえず，下部組織が独立した単位組合としての実態をもつときにはその脱退決議は反対組合員を拘束するが，下部組織が上部団体の運営上の一単位にすぎないときには反対組合員を拘束しないと解すべきである（脱退派は個人として集団的に脱退したにすぎないとして，脱退反対派の組織の維持を認めた例として，東洋シート労組事件・広島地判昭和59・2・29労民集35巻1号45頁）。

⑵　**合　併**　企業の合併や事業譲渡などに伴い，労働組合の合併がなされることがある。労組法には合併についての規定がないが，これに旧組合の解散と新組合の新設という手続を要件とするのは，実態に合わないため，解散決議に準じた取扱いで合併という独自の方式を認めるのが一般である。

合併がなされると，旧組合の債権債務関係は包括的に新組合が承継する。労働協約の承継が問題となるが，規範的部分については，使用者との関係で労働条件の調整ないし統一がなされるのが先決である（会社分割にともなう労働協約の承継については，214頁）。

⑶　**解　散**　解散は，組合規約で定めた解散事由の発生（労組法10条1号），または4分の3以上の多数による総会の決議により（同条2号）行うことができる。この4分の3という要件については，組合規約で緩和することができるとの見解があるが，特別多数を要件とした法の趣旨からは片面的な強行規定とみるべきであり，組合規約によってもこれを緩和することはできない。

解散した法人である労働組合は，清算の目的の範囲内において，清算結了に至るまでは存続するものとみなされる（労組法13条）。規約に別段の定めや総会で特別の決議がなされない限り，組合の代表者が清算人に就任し（同13条の2），解散の登記をするとともに（同13条の5），所定の職務（同13条の6）に服する。また，財産の不足があるときは，破産手続を開始しなければならない（同13条の9）。法人である労働組合の残余財産は，規約で指定した者に帰属するが，その指定がないときには，総会の決議を経て，当該組合の目的に類似する目的のために財産を処分することができる（これにより処分されない場合は，国庫に帰属する。同13条の10）。

法人でない労働組合の解散については，労組法に定めがないので，財産関係については事実上の清算手続が行われる。残余財産の帰属については，社団の目的という共通の観点から，法人である労働組合の場合に準じた取扱いがなされるべきであろう。

Brush up 日本の労働組合

日本の労働組合の特色は，同じ企業に雇用される労働者が集まって１つの組合を結成する「企業別組合」が，大部分を占めることである。職業別あるいは産業別に企業の枠を超えて組織される欧米の労働組合とは，対照的である。企業別組合は，終身雇用，年功賃金と並んで，日本的雇用の三大要素に数えられてきた。しかし，少なくとも組合運動の初期の段階では，これが当然だったわけではない。

日本における本格的な労働組合運動は，1897年７月の「労働組合期成会」の結成により始まるが（大河内一男＝松尾洋『日本労働組合物語・明治』を参照），これを母体として作られた鉄工組合や活版工組合は，立派な職業別組合であった。他にも，日本鉄道矯正会，洋服職工組合，靴工クラブ，東京船大工職組合，木挽組合などが結成され，1898〜99年は労働組合運動の最初の開花期となった。

期成会をリードした高野房太郎と片山潜は，いずれもアメリカで長く生活して労働運動を学んだ人物であり，ことに高野は，アメリカ労働組合の父，サミュエル・ゴンパーズに傾倒し，さまざまな指導や援助を受けている。当時のアメリカでは，８時間労働制を要求するゼネスト（メーデーの起源となったシカゴのヘイ・マーケット事件〔1886年〕もこの中で発生した），カーネギー鉄鋼会社やプルマン鉄道会社などの大争議，ゴンパーズによるアメリカ労働総同盟（AFL）の結成など，重要な出来事が相次いだ。このような経験が，わが国の組合運動にも確かに伝えられていたのである。

その後，明治期の労働運動は治安警察法（1900年）の下で壊滅状態となり，大正デモクラシーの中で組合が再興されたときには，大企業を中心とする企業別組合が主流となった。昭和に入ると，戦時体制の下で労働組合は実質的に消滅したが，戦後の民主化の過程で，戦前の組合を参考にしながら企業別組合として急速に再結成されていく（隅谷三喜男『日本労働運動史』）。

近年，組合組織率が低下する一方で，合同労組やコミュニティ・ユニオンの活動が注目され，新たな労働運動のあり方が模索されている。労働組合再生へのヒントを発見するためにも，柔軟な発想で組合運動の歴史を見直すことが必要かもしれない。

11　団体交渉

労働組合結成の主たる目的は，使用者と対等な立場で交渉し，労働条件その他経済的地位の向上を図ることにあり（労組法２条），そうである以上，団体交渉は労働組合の最も重要な活動である。団体交渉は，使用者との間で，労働者の団体がその代表者を通じて行う交渉であり，憲法28条は，団体交渉を行うことを勤労者の権利として保障している。これを受けて，労組法７条２号は，使用者の正当な理由のない団交拒否を不当労働行為として禁止している。

団体交渉は，歴史的に，賃金について行う集団的取引（collective bargaining）として出発した。その後，次第に対象事項が拡張され，今日では賃金，労働時間のほか，雇用，安全衛生，福利厚生，懲戒，人事など労働条件全般に及ぶようになっている。さらに団体交渉の対象は，労働組合と使用者の関係である組合活動や団体交渉あるいは争議行為に関するルールにも及んでいる。

団体交渉は，特に企業別交渉では対立的な取引の場であるとは限らず，企業内の労使コミュニケーションの重要な柱となるし，ときには企業の方針や運営を決定する「共同決定」の役割を事実上担うこともある。また，団体交渉の経過いかんでは，争議行為が行われることがある。このように団体交渉は，集団的労使関係において，中枢の位置を占めている。

§１　団体交渉の方式

団体交渉の方式には，大別すると企業別交渉と産業別交渉とがあるが，日本では労働組合の多くが企業別（内）組合であるため，団体交渉の方式も企業別交渉が中心をなしている。

企業別交渉には，労働条件その他について企業の実情に合わせて交渉ができるというメリットがある（そのために，産業別交渉が支配的であったヨーロッパでも次第に企業別交渉に力が入れられるようになった）。しかしその反面で，企業別交渉には労働組合の交渉力に限界があるため，昭和30年代以降の春闘の中でそれを克服するためのさまざまな産業別交渉の方式が編み出された。

産業別交渉の典型的な例としては，産業別組合である全日本海員組合が使用者団体である外航労務協会などの船主団体との間で行う統一交渉，あるいは，連合団体である私鉄総連がその傘下の単位組合と共同して私鉄数社との間で行っていた集団交渉などがある。

§2　団体交渉の当事者・交渉担当者

1　団体交渉の当事者と担当者

団体交渉の「当事者」とは，自らの名において団体交渉を行い，その成果である労働協約を締結する主体である。これと区別して，当事者のために団体交渉を現実に行う者は，「交渉担当者」と呼ばれる（労組法6条）。団体交渉は，労使双方が同じテーブルに着いて合意に至るよう話合いを行う事実行為であるから，これを実際に行う担当者は，その性格上自然人に限られる。労組法6条は，労働者側の団体交渉の担当者についてのみ定めている。

2　労働者側の当事者

団体交渉の労働者側の当事者は，労働者が自主的に結成した団結体であり（憲法28条），これが団体交渉権の行使主体である（これに対して，団体交渉権の帰属主体は労働者である）。通常は労組法2条に定められた労働組合がこれにあたるが，ある個別具体的な紛争の解決のみを目的とした争議団も，憲法28条の団結体である以上，団体交渉権の保障を受ける（石川136頁，外尾367頁）。

企業別交渉が圧倒的であるわが国では，団体交渉の当事者となるのは，ほとんどの場合，労組法2条の労働組合のうち単位組合である。ただし，単位組合の支部・分会であっても，独自の規約，組織，財政基盤などを有し，それ自体で労働組合としての実体を備えている場合には，当該組織に関する事項について団体交渉権の主体となりうる。これに対し，労働組合としての実体を有していない支部・分会は，独自の団体交渉権を有せず，組合中央から委任を受けた場合に団体交渉を行うことができるにすぎない（三井鉱山三池鉱業所事件・福岡高判昭和48・12・7労判192号44頁）。

単位組合の上部団体である連合団体は，加盟組合に対して統制力をもつ場合には，連合団体に固有の問題あるいは加盟組合に共通の問題について，団体交渉権が認められる。また，規約にその旨の定めがある場合には，単位組合固有の問題についても団体交渉権を有する。これらの場合には，単位組合と上部団体の交渉権が競合するが，二重団交を避けるためには，両組織の権限を調整する必要がある。

同一企業内に複数の組合が存在するときには，組合員数の多寡にかかわらず，各組合が平等に団体交渉権を有する。特定の組合と使用者との間で，「会社は○○労働組合を唯一の交渉団体として承認する」との取決めがなされることがあり，これを唯一交渉団体約款（条項）という。こうした約款は，他組合の固有の団体交渉権を否認する点で無効と解されるため，使用者はこの約款を盾に，団体交渉権を有する他組合からの団交申込を拒否することはできない（住友海上火災事件・東京地決昭和43・8・29労民集19巻4号1082頁）。なお，近年の日本の労働紛争の特色として，解雇や雇止め等を言い渡された1名または数名の労働者が，コミュニティ・ユニオン（地域合同労組）に加入し，そのうえでこの組合が組合員の雇用について団体交渉を申し入れることがあり（いわゆる「駆け込み訴え」），この場合もこうした労働組合は等しく団体交渉の権利を有する。

3　労働者側の交渉担当者

労働者の側で団体交渉を担当する権限を有するのは，労働組合の代表者またはその委任を受けた者である（労組法6条）。労働組合の代表者とは，通常は委員長，副委員長，書記長，執行委員を指す。もっとも，これらの者が，交渉の妥結権限や労働協約の締結権限までも当然に有するわけではない。交渉権限を一任されている執行部も，組合規約で協約締結権が認められているか，組合大会での議決による委任がなされていない限り，交渉の妥結については，さらに組合大会にかけて承認を受けなければならない（大阪白急タクシー事件・大阪地判昭和56・2・16労判360号56頁。締結権限のない者が締結した労働協約の効力について，202頁参照）。

交渉権限の委任を受けられる者の範囲については，特に制限はなく，当該組合の組合員以外にも，上部団体の役員や弁護士などへの委任も可能である。団体交渉の事実行為としての性格上，委任を受けられる者は自然人に限られるが，団体への委任がなされた場合は，その代表者への委任と解釈するのが適切であろう（これに対し，姫路赤十字病院事件・大阪高判昭和57・3・17労民集33巻2号321頁は，団体への委任も認める）。

交渉権限の委任に関しては，上部団体の役員など第三者の交渉への参加をおさえるため，労働協約に「労働組合は第三者に交渉を委任しない」との規定がもうけられることがある。これを第三者交渉委任禁止約款（条項）という。その効力について，交渉担当者に関する当事者間の自主的な合意として有効とする説もあるが，学説の多数は憲法28条の団体交渉権の不当な制限であり，無効と解している（石川141頁，外尾616頁）。

4　使用者側の当事者と担当者

団体交渉の使用者側当事者は，使用者および使用者団体である。実際には，使用者団体が当事者として登場することはあまりない。使用者団体が団体交渉の当事者となるためには，その旨が定款に明記されているか，構成員である使用者から委任を受けていなければならない（土佐清水鰹節水産加工業協同組合事件・高松高判昭和46・5・25労民集22巻3号536頁）。

団体交渉の使用者側担当者として，個人企業における事業主本人や法人企業における代表者が，団体交渉についてのすべての権限を有することはいうまでもない。これに対し，その他の者がどのような権限を有しているかは，企業内におけるその者の地位・権限にかかっている。事業所長，支店長，工場長などは，少なくともその事業所に関する事項についての交渉権限は有しているといえる。また，使用者から交渉権限を与えられている者は，交渉妥結権限や協約締結権限を与えられていない場合でも，それを理由に交渉を拒否することはできない。この場合には，交渉に応じたうえで，妥結や協約締結については権限を有する者に具申し，協約が成立するよう努力しなければならない（全逓都城郵便局事件・最1小判昭和51・6・3労判254号20頁）。なお，社外労働者の結成した労働組合の求める団体交渉について，一定の場合には派遣先も団体交渉の当事者たることが求められる（168頁を参照）。

§ 3　団体交渉事項

1　団体交渉事項の区分

団体交渉の対象となる事項は，使用者にとって義務的なものと任意的なものとがある。義務的団交事項は，法によって使用者に団体交渉が強制される事項である。かかる事項に関する労働組合の団交申込みを使用者が拒否した場合には，不当労働行為が成立する（労組法7条2号）。他方，任意的団交事項は，法による団体交渉の義務づけはなく，労使が任意に団交の対象となしうる事項である。

2　義務的団交事項

義務的団交事項の範囲は，憲法28条や労組法によって団体交渉権が保障されている趣旨から判断される。労使対等な労働条件の決定と労使自治の形成という法目的に照らし，義務的団交事項に含まれるのは，組合員の労働条件や団体的労使関係の運営に関する事項で，かつ使用者に処分可能なものである（菅野850頁以下）。

ここでいう労働条件とは，賃金，労働時間，安全衛生，福利厚生，人事異動，懲戒，解雇の基準・手続などをいう。人事異動や解雇の基準だけでなく，個々の人事異動や解雇それ自体も義務的団交事項にあたる。労働者が，解雇された後に労働組合を結成したり，これに加入した場合でも（上記「駆け込み訴え」），労働組合が，その結成・加入の後直ちに団体交渉の申込みをしたときには，使用者には団交応諾義務があるとされる（日本鋼管鶴見造船所事件・東京高判昭和57・10・7労判406号69頁，同事件・最3小判昭和61・7・15労判484号21頁）。また，当該解雇の効力が裁判所において争われていても，使用者はそれを理由に団体交渉の申込みを拒否できない（同事件）。

非組合員である労働者の労働条件は，一般には義務的団交事項ではないが，将来にわたり組合員の労働条件や権利等に影響を及ぼす可能性が大きいため，組合員の労働条件と関係が深い場合には，義務的団交事項に該当する（非組合員である新規採用者の初任給の引上げを義務的団交事項と判断したものとして，根岸病院事件・東京高判平成19・7・31労判946号58頁）。

次に団体的労使関係の運営に関する事項は，ユニオン・ショップ制，組合事務所の貸与，チェック・オフ，団体交渉のルール，労使協議の手続，争議行為のルールなどである。

以上に対し，生産計画，業務計画，工場の統廃合，経営者の人事などについては，しばしば使用者側からその経営権に属する専権事項であり，団体交渉の対象にはならないと主張される。しかし，生産計画や作業計画に関する職場の再編成問題も，それらが労働者の職種や就労場所などの諸条件に関連する限り，義務的団交事項となる（栃木化成事件・東京高判昭和34・12・23労民集10巻6号1056頁。プロ野球球団の統廃合に伴う選手の労働条件が義務的団交事項にあたるとする事例として，日本プロフェッショナル野球組織事件・東京高決平成16・9・8労判879号90頁）。経営・生産に関する事項のうち，こうした関連性がないものが，任意的団交事項となる。

3　雇用関係の消滅と団交事項

まず，整理解雇など雇用関係の消滅それ自体については，雇用の終了以後であっても団体交渉を申し入れることができる。また，問題の特性によっては，雇用関係が消滅した後に生じた事項に関する紛争についても，義務的団交事項と認められる。会社の元従業員らが退職後に組織した組合分会が，同人らの勤務中の石綿使用実態を明らかにするよう求めた団体交渉については，当該紛争を適正に処理することが可能であり，かつ，そのことが社会的にも期待される場合には，使用者は団交応諾義務を負うとされている（住友ゴム工業事件・大阪高判平成21・12・22労判994号81頁）。同様に，約50年前から25年前の間に退職し，後に発病した5名の労働者に関する団体交渉であっても，アスベスト被害の実情や補償についての会社の考え方は，組合員の労働条件に関し会社が処分可能な事項であるから，義務的団交事項にあたる（ニチアス事件・中労委命令平成29・3・15中労委命令データベース）。

§4　誠実交渉義務と団交拒否の正当理由

⑴　誠実交渉義務　　使用者は，労働組合からの団体交渉の申入れに対し，

これに応じて交渉のテーブルに着かなければならない。書面の交換によることを主張して直接交渉を拒否することは，違法な団交拒否にあたる（清和電器事件・東京高判平成2・12・26労判632号21頁，同事件・最3小判平成5・4・6労判632号20頁）。

また使用者は，この交渉の過程で，合意の到達をめざして誠実に交渉に対応する義務（誠実交渉義務）を負う。すなわち，使用者は，①自己の主張を相手方が理解し，納得することをめざして，誠意をもって団体交渉に当たり，②労働組合の要求や主張に対する回答や自己の主張の根拠を具体的に説明したり，必要な資料を提示するなどし，③論拠を示して反論するなどの努力をすべき義務がある（カール・ツアイス事件・東京地判平成元・9・22労判548号64頁）。組合の要求を拒否するだけで，その根拠となる資料や対案を示さない場合（潮文社事件・東京地判昭和62・3・25労判498号68頁，東北測量事件・最2小判平成6・6・13労判656号15頁など），当該事項について決定権限のない者を出席させ，決定権限のある者に具申するなどの手続をとらない場合（大阪特殊精密工業事件・大阪地判昭和55・12・24労判357号31頁など），交渉ルールないし合意の前提として不合理な条件を提示し，それに固執する場合（日本シェーリング事件・東京地判平成2・3・8労民集41巻2号187頁，文英堂事件・東京高判平成4・2・6労民集43巻1号429頁，エス・ウント・エー事件・東京地判平成9・10・29労判725号15頁など）などは，誠実交渉義務に反すると考えられる。

労働組合の具体的な賃金要求などに関連して，資料の提示が不可欠である場合には，資料を提示しなければ誠実交渉義務違反になることがあり，また具体的な要求との関連がないときにも，提示に応じられない理由を具体的に説明する義務がある（日本アイ・ビー・エム事件・東京地判平成14・2・27労判830号66頁）。さらに，複数組合併存下では，多数派組合との間で設置された経営協議会で提示された資料や説明内容が団体交渉における説明・協議の基礎となることがありうるときは，会社は，少数派組合との団体交渉において必要な限りで同様の資料の提示や説明を行う必要がある（NTT西日本事件・東京高判平成22・9・28労判1017号37頁）。

⑵　**交渉の行き詰まり**　誠実交渉義務は合意までも強制するものではない。誠実な団交を十分尽くしたにもかかわらず，労使間の主張が対立し，譲歩によ

り交渉が進展する見込みはなく，団体交渉を継続する余地がなくなったときには，交渉の行き詰まり（impasse）であり，使用者はそれ以上団体交渉を続ける義務はない（池田電気事件・最2小判平成4・2・14労判614号6頁，論創社事件・東京地判平成22・10・27労経速2092号3頁も参照）。ただし，交渉決裂後相当期間が経過し，紛争当事者間の緊張が沈静するなど交渉の再開を有意義なものとする事情が生じた場合には，使用者は交渉再開に応じなければならない（寿建築研究所事件・東京高判昭和52・6・29労民集28巻3号223頁。ただ，同事件では，交渉決裂後，組合の暴力行為等が続いていることから，交渉再開の意義を否定した）。

⑶ **団交拒否の正当理由**　以上をまとめると，使用者は，つねに団交に応じなければならないわけではなく，次の場合には団交義務が存在しないか，消滅している。第1に，団交を申し入れた主体に問題がある場合であり，これには，①団交を申し入れた者が団交権の正当な主体といえない場合，②交渉担当者の交渉権限が一本化されていない場合（この観点から，複数組合による共同交渉要求への拒否が正当とされた例として，旭ダイヤモンド工業事件・東京高判昭和57・10・13労民集33巻5号891頁）などがある。第2に，交渉事項に問題がある場合で，これには，①求められた交渉事項が義務的団交事項といえない場合，②交渉事項が，すでに労働協約で決められている事項で，その有効期間中に労働組合が団体交渉を申し込んできた場合などがある。そして第3の交渉拒否事由として，上記の交渉行き詰まりがある。

§5　団交拒否の救済

1　労働委員会による救済

使用者が，雇用する労働者の代表からの団体交渉の申込みに対し，正当な理由なくこれを拒否した場合には，団交拒否の不当労働行為となる（労組法7条2号）。また，場合によっては，同条3号の労働組合に対する支配介入となることもある。団交拒否の具体的態様には，使用者が当該組合の当事者適格を否定しもしくは自己の使用者性を否定する場合（企業内に複数組合が存在する場合や合同労組事案などにみられる），当該事項が義務的団交事項にあたらないと誤認している場合，交渉参加者や交渉時間などで不合理な条件を提示している場合

(第三者交渉委任禁止約款がある場合などにみられる)，交渉のテーブルには着いたが，誠実に交渉を行わない場合などがある。

こうした使用者の団交拒否に対して，労働組合は労働委員会に不当労働行為の救済申立てを行うことができる（労組法 27 条)。労働委員会は，申立てを審査し，それに理由があると認めたときには，具体的事案に応じて適切な救済命令を発する（たとえば「会社は，申請人が○月○日申し入れた団体交渉について，誠実に応じなければならない」等の団交応諾命令)。ただ，現実には，団交拒否の救済事件では，労働委員会の救済命令の確定を待ったのでは遅きに失し，救済の実を挙げることができないことが多い。このため労働委員会では，不当労働行為審査の迅速化とともに，和解の勧試（労組法 27 条の 14）を積極的に行い，さらには立会団交を提案するなどの工夫により，実効的な解決を図っている。

労働組合は，団交拒否を労調法上の労働争議（6 条）として，団交促進等を求めて労働委員会に斡旋の申請を行うこともできる（12 条)。強制力を伴う救済ではないが，実務上はこれが重要な機能を果たしている。

2　裁判所による救済

⑴　団交応諾仮処分と地位確認訴訟　団交拒否がなされた場合に，労働組合がその実施を求めて裁判所に直接提訴することができるかについては，学説・判例上の論議がみられた。これは，団体交渉請求権を被保全権利とする団交応諾仮処分の可否の問題としてまず争われた（先の団交拒否の行政救済には時間を要するため，比較的短期間に決定が下される仮処分申請がしばしば行われる)。

肯定説は，憲法 28 条および労組法 7 条 2 号の規定から私法上の団交請求権を導き，また団体交渉の履行強制について間接強制を認める。昭和 30 年代には，この立場に立つ裁判例が多かったが，昭和 40 年代の後半以降次第に否定説の裁判例が多くなった。否定説は，憲法 28 条は労使間の団体交渉に関する具体的な権利義務を設定したものと解せないこと，労組法 7 条 2 号は，同 27 条などと相まって使用者の公法上の義務を課しているにすぎないこと，私法上の団交請求権を認めるとしても，それに対応する使用者の給付内容の特定が困難であること，団体交渉の履行の間接強制は実効性に乏しいこと，を論拠としている（新聞之新聞社事件・東京高決昭和 50・9・25 労民集 26 巻 5 号 723 頁)。

以上に対し，団体交渉権を，団体交渉を求める基礎となる法的地位と，誠実交渉という具体的行為を請求する権利とに分け，前者については確認請求やそれを被保全権利とした仮処分申請を認め，後者についてはこれを否定する説が主張され（山口151頁以下，菅野862頁以下。ただし，両説は，労組法7条2号を私法上の団体交渉権の根拠規定とみるかどうかで意見を異にしている），判例はこの見解に立っている（国鉄事件・東京高判昭和62・1・27労民集38巻1号1頁，同事件・最3小判平成3・4・23労判589号6頁）。同判決は，労働者に対する乗車証交付の廃止問題について，組合が団体交渉を求める地位にあることの確認を求めた事案において，当該組合には労組法7条から直接にこの法的地位が生じることを肯定している。

(2) **損害賠償請求**　使用者の団交拒否が，同時に民法709条の要件をみたしている場合，労働組合は損害賠償（無形損害に対する慰謝料）を請求することができる。たとえば，組合帰属問題を口実とした1年半にわたる約10回の団交拒否について，労働組合の社会的評価・信用の毀損にあたるとして損害賠償請求を認めたもの（佐川急便事件・大阪地判平成10・3・9労判742号86頁）や，便宜供与復活の検討について形式的団交を継続したことは労働組合としての社会的評価や信用の毀損等による「無形の財産的損害」が発生したとするもの（太陽自動車事件・東京地判平成21・3・27労判986号68頁）などがある。ただし，団交拒否によって，労働者個人につき損害が発生したと解すことはできない（神戸刑務所事件・大阪高判平成25・1・16労判1080号73頁）。

§6　労使協議制

労働協約において，団体交渉とは別に，労使協議制がもうけられることがあり，2014年の調査では，労使協議機関が設置されている事業所の割合は40.3％にのぼる。また，労使協議機関に付議される主な事項は，多い順序で，「労働時間・休日・休暇」，「安全衛生」，「賃金・退職給付」，「定年制・勤務延長・再雇用」などである（厚労省「平成26年労使コミュニケーション調査」）。西欧諸国のように，団体交渉が産業別ないし職種別に行われ，これと区別して企業での従業員代表制が行われているところでは，両者の違いが明瞭である。しかし日本における団体交渉と労使協議制では当事者や対象事項などが重複するため，その機能の違いがはっきりしない場合が多い。

労使協議制の機能には，①団体交渉の予備折衝タイプ，②団体交渉と同じ対象事項について行う事前交渉タイプ，③労働協約の人事協議条項にもとづく人事協議タイプ，④経営問題などについて使用者が労働組合に説明し意見を聴取する諮問タイプなどがあるといわれる。非正規労働者の処遇や労働時間の規制に関して，労使の話合いの重要性が指摘されており，今後は，過半数代表制度や労使委員会制度との関係にも留意しつつ，団体交渉とは異なるもう１つの労使コミュニケーションの場として重視すべきであろう。

Brush up 春闘とメーデー

日本における団体交渉の戦後史を考えるとき，春闘の存在を見逃すわけにはいかない。

春闘というのは，もともと多くの企業で，会計年度に合わせて，春期に賃金交渉を行う習慣があったことから，これを産業レベルで組織化し，計画的にスケジュールを組んだ闘争方式をいう。1954年に，当時の総評（日本労働組合総評議会）の中で民間5単産（合化労連，炭労，私鉄総連，紙パ労連，電産）による共闘会議が結成されて春闘が発足し，その後加盟単産は年々拡大して，春闘は日本の労働運動の最大イベントとなった。

春闘の賃金引上げ方式，つまり重化学工業部門で春闘相場を決定し（パターン・セッター），これをストライキをともないつつ他産業や公共部門にも波及させる方式は，経済の高度成長期には効果的に機能してきた。春闘は，「対角線交渉」や「統一交渉」などの独特の団交スタイルを生みだし，企業別交渉の弱点を補う機能を果たしてきた。しかし，経済が低成長を迎える1970年代からは，パターン・セッターがかえって低い相場を設定したり，賃金引上げが中小企業などの未組織労働者に波及しないなどの問題が顕在化した。近年では，一部大手企業の利益状況を他企業に波及させることは困難になり，ベースアップ要求も難しくなって定期昇給の達成だけにとどまることが多い。2015年以降の春闘では，政権が労使の団体に対してベースアップを要請する事態も生じており，労使対立の構図が様変わりしている。

こうして経済の高度成長を前提にした賃金水準の向上という春闘の役割は，すでに終焉した。しかし，個別企業や国境を越えた産業再編成が進行する今日では，その対抗軸として，労働組合の側も企業を超えた結集が要請されている。春闘に表現されてきた「連帯」の精神を，賃金水準だけでなくどのような場面で発揮しうるかで，今後の労働運動の意味は大きく左右されよう。

春闘が一段落すると，5月1日のメーデーを迎える。よく知られているように，メーデーは米国シカゴでの「8時間労働制」を求めるストライキを起源としており，日本でも明治期からデモが組織され，戦後の一時期は激しい闘争の場ともなった（1952年「血のメーデー」）。世界の多くの国では，労働者の祭典として国民の祝日になっている。この日は，フランスでは「スズラン祭り」でもあり，多くの労働者がスズランを胸や髪に飾ってデモに参加する。

12 労働協約

労働組合と使用者との団体交渉が合意に達した場合，その結果は通常，労働協約という形に結実する（このため，英語で労働協約は，“collective bargaining agreement” と呼ばれる)。

労働協約は，いくつかの社会経済的な機能を果たしている。第1に，労働協約は，団体交渉の成果として，個々の労働者では獲得できないような労働条件を実現し，保障する。労働者が労働協約に最も期待するところであり，労働条件保護機能といえる。第2に，協約の有効期間中は当事者間の関係がこれに従って整序され，その変更を求めて争議等に訴えることは許されない。使用者が労働協約に最も期待するところであり，労使関係安定機能といえる。第3に，労働協約の対象事項は狭い意味の労働条件に限られず，使用者の専権とされてきた経営権や人事権にも及ぶようになっている。企業における民主主義の一翼を担うものであり，経営参加機能といえる。

労働協約の制度を支えているのは，当事者間の自由・対等な交渉によって労働条件を決定すべきであるという，労使自治（協約自治）の考え方である。労基法を中心とした労働保護法は，労働条件の最低基準を定めるにすぎず，それを上回る自主的な労働条件決定のメカニズムとして，労働協約は位置づけられる。そのための具体的なツールが，労働協約の「規範的効力」である（労組法16条)。さらに労働協約には，社会的に公正な労働条件基準を設定するという機能もあり，事業場や一定地域を単位として，組合員以外の者に対する拡張適用も認められている。

いずれにしても，労働協約の実態は国によって異なり，それが法的枠組みにも影響を与えている。わが国の労働協約法理は，どのような特徴を有するのであろうか。

§1 労働協約の成立要件

1 当事者と締結権限

労働協約の締結当事者は，「労働組合と使用者又はその団体」である（労組法14条)。労働協約は団体交渉の結果であり，その締結当事者は，団体交渉の当事者（190頁以下参照）と基本的に同じである。しかし，たとえば労働組合の支部や上部団体について，規約上，交渉は行うが協約の締結主体とはならないとされることもある（使用者団体についても同様)。また，争議団については，一時的な存在であるため，その協約締結能力について見解が分かれている。

他方，現実に締結行為を行うのは，団体交渉の担当者となる。ただ，労働協約の締結は労働組合にとって重要な意思決定であるから，組合規約に定めがあるか，または組合大会の議決による委任を受けていない限り，組合代表者といえども当然に協約締結権限を有しているわけではない。たとえば，組合規約に，執行委員長は組合を代表してその業務を統括する旨が定められていた事案では，退職金の支給基準を変更する労働協約の締結権限を付与したものとはいえず，組合大会または執行委員会による権限の付与が必要と判断された（山梨県民信用組合事件・最2小判平成28・2・19民集70巻2号123頁)。また，組合規約で協約締結が組合大会の付議事項とされていながら，実際には長期にわたって職場会での意見聴取と代議員会の決議のみで協約が締結されていた事案でも，組合大会の決議がない以上，組合の協約締結権限に瑕疵があり，協約は無効とされた（中根製作所事件・東京高判平成12・7・26労判789号6頁)。

こうした締結権限をもたない者が労働協約を締結した場合には，一般法人法82条（民法旧54条も参照）や表見代理に関する民法110条などは適用されない。労働組合と使用者の間における労働協約の締結に，私的取引の安全を保護するための法理を適用するのは適切でなく，組合員の利益保護にも欠けるからである（大阪白急タクシー事件・大阪地判昭和56・2・16労判360号56頁)。

2 要式性

労働協約が成立するためには，書面の作成と，当事者の署名または記名押印が必要である（労組法14条)。労働協約に要式性が求められているのは，労使間の複雑な交渉によって成立した合意であり，かつ労組法16条以下によって特別の効力が認められているため，後日の紛争防止のために，その存在と内容を明確にしておく必要があるからである（都南自動車教習所事件・最3小判平成13・3・13民集55巻2号395頁。解約についても同じ理由から要式性が定められている。

212頁を参照)。しかし，こうした形式を備えている限り，賃金協定，覚書，確認書等の名称のいかんは問題とならない。

書面化の要件をみたしていない労使間の合意については，労組法16条の規範的効力は否定されるが（前掲都南自動車教習所事件)，通常の契約としての効力まで否定する必要はないであろう（同旨，山口170頁)。

3 期　　間

労働協約には，期間を定めても定めなくてもよいが，期間の定めをおく場合には，3年を超えることができない（労組法15条1項)。あまりに長期間の拘束を定めることが，状況の変化により当事者に不満を発生させ，かえって労使関係の安定を害する可能性があるためである。3年を超える期間を定めた場合には，3年の有効期間を定めたものとみなされる（同条2項)。

§2　労働協約の法的性質

労働協約は，労働組合と使用者（または使用者団体）との間に締結されるものであるが，後述する労組法16条によって，個々の組合員と使用者との関係を直接に規律する特別の効力（規範的効力）が認められている。そこで，こうした特殊な効力をもつ契約の法的性質をどのようなものとして理解すべきかについて，議論が行われた。

まず，労働協約に，それ自体として法規範性を認める見解（法規範説）がある。すなわち，社会規範として機能している労働協約は労使という部分社会の自主法であり，慣習法（旧法例2条。現在の，法の適用に関する通則法3条）として，あるいは労使当事者の法的確信を通じて，法律と同じ効力が認められるという（たとえば片岡(1) 227頁以下)。これに対して，労働協約は本来，当事者間の契約にすぎないが，国家が労働協約の機能に着目して特別に規範的効力を付与した，いいかえれば，労働協約の当事者に法規範設定権限を与えた，と解する見解（授権説）もある（久保＝浜田183頁以下)。

前者のように，労働協約自体を法規範とみるには，法律上の根拠が十分でない。また，企業横断的に共通の労働条件基準を定めているドイツのような産業別協約ならば，国家法と同様の性格が認められやすいが，わが国の企業別協約はその基盤を欠いている。したがって，労組法16条の解釈としては後者の授権説が妥当である。

§3　労働協約の規範的効力

1　規範的効力の内容

労組法16条によれば，労働契約の内容が，労働協約中の「労働条件その他の労働者の待遇に関する基準」に違反する場合，その部分は無効となり（強行的効力），無効となった部分は，労働協約の基準の定めるところによる（直律的効力）。後者の効力は，労働契約に定めがない部分についても同様である。

たとえば，労働協約に賞与の支給基準について定めがある場合に，労働契約で特に賞与について取り決めなかった労働者，あるいはそれよりも低い内容を取り決めた労働者が，協約締結組合に加入したとしよう。この場合，上記の16条によって，当該労働者は使用者に対し，自らの労働契約上の権利として直接に，協約の基準に従った賞与の支払いを求めることができる。

また，労働者が事後的に協約基準を下回る個別合意をしても，労働協約の適用を受ける限り，その効力が認められないのは当然である（協約で定めた退職金制度を廃止する就業規則変更について，たとえ労働者の同意があっても無効とされた事例として，音楽之友社事件・東京地判平成25・1・17労判1070号104頁）。

このように労働協約が労働契約を規律することの説明の仕方については，労働協約が定める基準が個々の労働契約の内容になるとする考え方（内容説あるいは化体説，久保＝浜田188頁，西谷・労組341頁，野川902頁）と，労働協約はあくまで労働契約を外部から規律しているにすぎないとする考え方（外部規律説，菅野876頁，荒木616頁）とがある（前者をとる裁判例として，明石運輸事件・神戸地判平成14・10・25労判843号39頁，後者をとる裁判例として，京王電鉄事件・東京地判平成15・4・28労判851号35頁）。この議論は，具体的には労働協約が終了した場合や労働者が労働組合を脱退した場合に，労働契約の労働条件はどのようになるかの説明で，違いが出てくる。

労組法16条の文言は，労働契約中の違反部分を無効としたうえで，その部分を自らの基準により置き換えるというのが，素直な解釈である。また，労働協約失効後の処理についても，特に変更されない限り従前の労働条件がそのまま労働契約の内容として維持されるという結論が，無理なく導き出せる（215頁を参照）。これらのことを考えると，内容説が妥当といえる。組合脱退者に関し，外部規律説のほうが柔軟な処理が可能との主張もあるが（外部規律説にもとづき，組合脱退者の労働契約は脱退後，協約とは異なるものとなったと判断した事例として，永尾運送事件・大阪高判平成28・10・26労判1188号77頁），脱退により強行的効力は失われ，その内容を当事者間で変更することが可能なのであるから，従前の条件が契約内容として存続することが特に不都合とは思われない。

2　有利原則，労働条件の引下げ

労組法16条の，労働協約に定める基準に「違反する」という部分は，同基準を下回る場合だけではなく，それを上回る場合を含むと解されている。つまり，労働協約よりも有利な労働条件を定める労働契約も，規範的効力によって，協約の定める基準にまで引き下げられることになる（規範的効力の両面性）。

一般にドイツのような産業別協約では，いわば法律に代わるものとして，産業全体に共通の労働条件の最低基準を定めている。そのため，労働契約等が労働協約の基準を下回る場合には強行的効力により無効となるが，労働協約の基準を上回ることは許容されるという「有利原則」（Günstigkeitsprinzip）が認められ，法律上もその旨が明記されている。

これに対して，わが国の企業別協約は，通常は企業内での労働条件そのものを定め，これを上回る条件の存在を予定していない。そして，このような協約を締結しうることを前提に労使間で交渉が行われ，また労働組合の統制力が保たれている。労組法16条は，かかる両面的な協約基準についても規範的効力を認めたものと解すべきであり，個別の労働契約によって労働協約の基準を上回ることができるのは，それが労働協約で認められているか，または組合の統制力を乱すことがない特別な事情がある場合に限られる。

こうした有利原則の否定は，本来，労働協約の発効後にこの基準を上回る個別契約を結ぶことを禁ずるものであるが，もう1つの側面として，協約成立前からあった契約，あるいは旧協約によって規律されていた契約の内容を，新協約によってより不利に引き下げることができるかという問題がある。労働条件の維持改善という労働組合の目的に反するとして，これを否定する少数説や裁判例もあるが（大阪白急タクシー事件・大阪地決昭和53・3・1労判298号73頁。労働条件の不利益な変更には個別組合員の授権が必要とする），現在では，この場面でも，原則として規範的効力の両面性を肯定する立場が支配的である。つまり，労働条件を切り下げる協約も，特定の労働者をことさらに不利益に扱うなど労働組合の目的を逸脱して締結されたものでない限り，規範的効力を有する（朝日火災海上保険事件・最1小判平成9・3・27労判713号27頁。なお，労働協約による労働条件の変更については，363頁以下も参照）。

3　協約自治の限界

上の有利原則の考え方にみられるように，労働協約の当事者に与えられた労働条件規制権限（協約自治）はかなり強力である。しかし，こうした権限にも内在的な限界があり，それにふさわしい事項を対象とするものでなければならない。労働組合が取り上げる事項の中には，多数決原理になじまず，労働者個人に留保されるべきものもあるからである（東大・労組法㊦816頁以下）。これらの事項については，個人の授権なしに権利を剥奪・制限する協約規定をもうけても，規範的効力が認められない。

たとえば，将来の労働条件は，労働者の待遇に関する基準として規範的効力の対象となるのに対し，すでに労働したことにより具体的に発生した賃金請求権は，労働者個人に属する権利であって，労働組合が勝手に処分することはできない（既発生の退職金債権の額を引き下げる協約について，香港上海銀行事件・最1小判平成元・9・7労判546号6頁）。また，組合員の雇用そのものの終了も，労働組合ではなく個人が決定すべき事項である（定年年齢に達していながらも定年不適用とされている者を退職させる協約の効力が否定された事例として，北港タクシー事件・大阪地判昭和55・12・19労判356号9頁）。

また，使用者の時間外労働命令，配転命令，出向命令などに従う義務については，判例は労働協約の規定を根拠の1つとして認める傾向にあるが，学説では，個人の意思が尊重されるべき事項であり，協約によって個人に義務を負わせることはできないとする見解も有力である。

4　規範的部分

労働協約の規定のうち規範的効力が認められるのは，賃金，労働時間，休暇，安全衛生，災害補償，服務規律など「労働者の待遇に関する基準」であって，労働契約上の権利義務の内容となりうるものである。このような部分は規範的部分と呼ばれる。

これに対して，非組合員の範囲，組合事務所等の便宜供与，組合活動のルール，団体交渉のルール，争議行為の手続，労使協議制などは，個々の労働契約を規律するものではないので規範的効力が認められず，協約当事者相互間の約束にとどまる。これを一般に債務的部分という。

解雇，懲戒，配転等の人事につき，組合との事前協議や同意などの手続を定める，いわゆる人事条項については，意見が分かれている。かかる人事条項には当事者間の契約としての効力しか認められないが，これに違反する解雇等は重要な手続違反として権利濫用により無効になるとの説がある（久保＝浜田187頁）。しかし，人事条項が解雇等に関する協約上の準則を定めていることは確かである。その限りで規範的部分に属し，これに違反する解雇等は権利濫用という構成をとるまでもなく無効と解される（山口180頁以下。完全な規範的効力ではなく，強行的効力のみが認められる）。

労働協約は，規範的部分を含めて，当事者間の契約としての効力（債務的効力）を有しており，協約当事者はその規定内容を誠実に履行すべき義務を負う。これに違反する場合には，相手方は履行請求や（たとえば組合事務所の貸与契約を履行しない場合），損害賠償請求をすることができる（賞与の最高額と最低額の差額を1万円以内におさめるという規定に反し2万円以上の差を付けたのに対して，労働組合の損害賠償請求を認めた事例として，山手モータース事件・神戸地判昭和48・7・19判タ299号387頁）。

もっとも，規範的部分については，使用者がそれを遵守しない場合，個々の組合員が労働契約上の権利にもとづいて直接使用者に対して履行請求や確認請求することが可能であり，通常，権利救済にはそれで十分である。したがって，この場合に，労働組合のなす履行請求や確認請求には訴えの利益が認められない。しかし，労働協約の労働条件規定をめぐって労使間で紛争が生じ，判決によって公権的にその規定の効力を確定することが紛争解決の必要かつ有効な方法である場合には，労働組合による確認請求にも訴えの利益が認められる（佐野安船渠事件・大阪高判昭和55・4・24労民集31巻2号524頁は，「1日の実働時間を原則として7時間とする」規定の有効確認請求を肯定）。

§4　平和義務・平和条項

(1)　**平和義務**　　労働協約の有効期間中は，そこで定められた事項について改廃を求めて争議行為を行わないことが，当事者に求められる。これを「平和義務」という。平和義務は労使双方に及ぶが，使用者の争議行為（ロックアウト）はもともと狭く限定されているので，ほとんどの場合，労働組合の争議行為に対する制約として機能する。

契約の両当事者が自らの合意を尊重すべきことは，すべての契約について信義則上認められるのであるから，労働協約の平和義務の根拠も，また信義則に求められる。この平和義務を排除する約定の効力については，労働協約法制の趣旨が没却されるとして否定する見解もあるが，労働協約それ自体が労使の合意によるものであるので，こうした約定も有効と解される（山口178頁）。

以上の平和義務は，その対象が労働協約所定の事項に限られることから，「相対的平和義務」と呼ばれる。これに対して，労働協約の有効期間中は一切の争議行為を禁ずるという，「絶対的平和義務」が取り決められることもある。このような約定は，憲法上保障された争議権を奪うものであり無効との見解が強いが，当事者の明確な意思にもとづいている限り有効との見解もある。なお，前者の相対的平和義務も，協約所定の事項について期間途中での変更を求める争議行為を禁ずるにすぎず，協約有効期間中に次の協約交渉のために争議行為を行うことまで禁止するものではない。

相対的平和義務に違反して労働組合が争議行為を行った場合，その正当性については意見が分かれている（争議行為の正当性については，409頁以下を参照）。多数説によれば，刑事免責との関係では正当性を失わないが，民事免責は否定され，組合は，それによって生じた損害について賠償責任を負う（ただし，その範囲については，相当因果関係にある全損害とする説と，信義則違反の慰謝料にとどまるとする説がある）。また，違反行為の差止請求も可能である。しかし，かかる争議行為については組合が債務不履行責任を負うにすぎず，それ自体が参加した労働者の懲戒事由となるわけではない（弘南バス事件・最3小判昭和43・12・24民集22巻13号3194頁）。

⑵　**平和条項**　　労働協約で，争議行為開始にあたって遵守すべき手続（争議の予告期間，斡旋の前置など）が定められることがあり，これを「平和条項」という。平和条項に違反した争議行為については，やはり民事免責が否定され，債務不履行として，手続を怠ったことによる損害への賠償責任が生じる。

§5　労働協約の効力の拡張

1　労働協約の拡張適用（一般的拘束力）

労働協約は，労働組合が構成員の労働条件の維持改善を目的として交渉・締結するものであり，その効力は組合員にのみ及ぶのが原則である。しかし，1つの労働協約がある範囲の労働者の大部分に適用されている場合，これを組合員以外にも適用させることが望ましいと考えられることがある。これを可能にする制度が，労働協約の拡張適用（一般的拘束力）である。

労組法は，①事業場内拡張（17条）と，②地域的拡張（18条）という2つのタイプを定めている。②はドイツ法をモデルにしたものといわれるが，実際にはほとんど利用されていない。他方，①はわが国に独自のものであるが，趣旨目的が明らかではなく，問題が多い。

2　事業場単位の拡張

⑴　**趣　旨**　　労組法17条によれば，「一の工場事業場に常時使用される同種の労働者の4分の3以上の数の労働者が一の労働協約の適用を受けるに至ったとき」は，当該工場事業場に使用される同種の労働者に関しても，その労働協約が適用される。同条の立法趣旨については，見解の対立がある。

第1の説は，組合未加入者による労働力の安売りを阻止することによって，大多数組合の労働条件規制力を強化するための規定と理解する。第2の説は，組合未加入者の労働条件を引き上げて，これを保護するための規定と考える。第3の説として，大多数組合が合意した協約条件を事業場内での公正な労働条件基準とみなし，それにより労働条件を統一するための規定と解するものもある（朝日火災海上保険事件・最3小判平成8・3・26民集50巻4号1008頁は，第1と第3の趣旨を両方掲げている）。第1説は，締結組合の利益のための制度なので，使用者との合意により排除することは構わないとして，拡張適用を否定する協約条項を有効と解するのに対し，第2説と第3説は，強行規定に反して無効と解することになる。

17条の拡張適用が，第2説のいうように，協約締結組合よりも組合未加入者の利益のための制度であるとは考えにくく，また，立法趣旨が明確でないことを考えると，第3説のように大多数組合に強力な労働条件設定機能を与えたと解するのも無理がある。第1説の機能を中心に置くのが妥当であろう。

⑵　**拡張適用の要件**　「一の工場事業場」とは，一般に労基法における「事業」と同じと解されている（事業の概念については，30頁参照）。「常時使用される」者には，労働契約に期間の定めがない者だけでなく，有期労働契約が反復更新され，実質上常時使用されているとみなしうる者も含まれる。

「同種の労働者」にあたるか否かは，原則として協約の適用対象を基準として決められる。しかし，臨時職員やパートタイム労働者については，職務内容や勤務形態などから実質的に判断すべきである（日野自動車工業事件・東京高判昭和56・7・16労民集32巻3＝4号437頁は，労働組合が加入資格を認めていないことを理由に臨時従業員を同種の労働者といえないと解するが，妥当ではない）。

18条の地域的な拡張とは異なって，17条では特段の手続的要件は定められておらず，4分の3以上の労働者に対する適用という事実が生じれば，直ちに拡張適用が認められることになる（組合の組織率が4分の3以上とは認められず，拡張適用が否定された事例として，代々木自動車事件・東京地判平成29・2・21労判1170号77頁）。

⑶　**効　果**　拡張適用によって，組合に加入していない労働者の労働契約に対しても，協約基準が強行的に適用される。拡張適用されるのは，本条の趣旨から考えて，労働協約の規範的部分のみである（在籍専従協定の拡張適用を否定した事例として，三菱重工業長崎造船所事件・最1小判昭和48・11・8労判190号29頁）。規範的部分のうち，人事協議・同意条項のように直律的効力がないものも拡張適用されない。

また，この場合の規範的効力は，労組法16条の規範的効力とは異なり，有利原則が認められると解すべきである（山口198頁，西谷・労組381頁以下）。拡張適用を受ける労働者は，当該協約についての組合の意思決定に参加できないのであるから，拡張適用により労働条件を引き下げる結果まで甘受させるのは適当でないからである。

けれども最高裁は，労働協約の労働条件が不利益であっても，そのことだけで本条の拡張適用がないとはいえないとして，有利原則を否定した（前掲朝日火災海上保険事件・最3小判平成8・3・26)。ただし，それによってもたらされる不利益の程度・内容，労働者の組合員資格の有無等から判断して，本条の拡張適用が著しく不合理であると認められる「特段の事情」があるときには，例外的に協約の規範的効力が及ばないとしている。この事件では，組合員に対しては規範的効力が認められた労働協約条項（前掲朝日火災海上保険事件・最1小判平成9・3・27。206頁を参照）について，特段の事情を理由に拡張適用が否定されており，その限りで非組合員の立場への配慮がなされている。

⑷　**他組合員への適用**　本条の拡張適用の人的範囲は，非組合員のみか，それとも他組合員も含むのかについても，見解が分かれている。他組合員への拡張も認める見解は，本条にはそれを排除する規定がないこと，また拡張適用を認めても少数組合独自の団体交渉は可能であり，その自主性を奪うものでないことが理由としてあげられる。他方，拡張を認めない見解では，少数組合も平等な団結権・団体交渉権を有しており，少数組合員への拡張適用はこれと矛盾するうえに，大多数組合の成果にただ乗りして上積みを求めることを許容する結果となることが理由とされる（菅野893～894頁)。

判例では，本条は他組合員には及ばないとするもの（前掲佐野安船渠事件)，他組合が労働協約を締結している場合にこれを否定するもの（桂川精螺製作所事件・東京地判昭和44・7・19労民集20巻4号813頁)，会社が少数組合との団体交渉を拒否しているため労働協約が締結されていない状況でこれを肯定するもの（福井放送事件・福井地判昭和46・3・26労民集22巻2号355頁）がある（いずれも，他組合員のほうが拡張適用を求めた事案である)。本条の拡張適用は，原則として非組合員であるか他組合員であるかにかかわらず認められるが，他組合が労働協約を締結している場合には，独自の団体交渉権がすでに具体化しているので，拡張の効力を妨げると解するのが妥当であろう。

3　地域単位の拡張

労組法 18 条 1 項によれば，①「一の地域において従事する同種の労働者の大部分が一の労働協約の適用を受けるに至ったとき」に，②「当該労働協約の当事者の双方又は一方の申立てに基づき，労働委員会の決議により，厚生労働大臣又は都道府県知事」が「決定」をすれば，③「当該地域において従業する他の同種の労働者及びその使用者も当該労働協約……の適用を受ける」こととなる。①が実質的要件，②が手続的要件となって，③の効果，すなわち地域単位の拡張適用（一般的拘束力）が認められるのである。

手続的要件により拡張適用の開始が明確化される点は，17 条と異なる特徴である。なお，労働委員会が決議をするにあたり，当該労働協約に不適当な部分があれば，これを修正することができる（同条 2 項）。

労働協約の地域的拡張は，産業別協約を前提としたドイツの制度を導入したものである。企業別協約が支配的なわが国では，普及するための前提を欠いており，実例は少ない。その中で，1981 年 8 月に，愛知県尾西地域に 130 社前後ある糸染会社の中の主要 42 社とゼンセン同盟が年間休日を 86 日とする労働協約を締結し（この協約は申立て地域の同種の労働者の 74.2% に適用されていた），ゼンセン同盟からの申立てにもとづき，愛知県地方労働委員会（当時）の決議を受けて，1982 年 5 月に愛知県知事が地域拡張適用の決定を公告した例がある（中労時 688 号 8 頁）。

§6　労働協約の更新と終了

1　労働協約の終了事由

労働協約に有効期間の定めがある場合には，期間の満了によって協約は終了する。また，労働協約に有効期間の定めがない場合には，当事者は，90 日前に署名または記名押印した文書によって解約の予告をなすことができる（労組法 15 条 3 項・4 項）。労働協約の解約も締結と同様に要式行為とし，かつ長い予告期間をもうけることによって，権利義務関係の明確化と安定がはかられているのである。

この解約には，理由の存在は特に必要とされていない。しかし，組合事務所の貸与，在籍専従，あるいはチェック・オフなどに関する労働協約の解約が，組合の壊滅を目的として行われるときには，不当労働行為とされることがありうる（組合専従協定の解約を不当労働行為にあたると判断したものとして，駿河銀行事件・東京地判平成2・5・30労判563号6頁）。

両当事者間の合意により解約する場合には，90日の予告期間をおく必要はない。ただ，他の要式性との権衡上，署名または記名押印した文書によることが必要と解すべきであろう（菅野898頁）。

そのほか，労働協約は，労働組合の解散などによる当事者の消滅によっても終了する。

2　労働協約の一部解約

労働協約が複数の事項について取り決めている場合，全体の合意はギブ・アンド・テイクで成立しており，各条項は相互に密接に関連している。そのような中で，当事者の一方が一部の条項のみを取り出して解約することは，いわゆるつまみ食い（いいとこ取り）の危険があり，許されない。

ただ，当該条項について，労働協約の中での独立性の程度，定める事項の性質，それを維持することが著しく妥当性を欠くような契約締結後の事情の変化の有無，解約のための交渉の経緯といった諸事情を総合的に判断して，例外的に一部解約が許される場合もある（日本アイ・ビー・エム事件・東京高判平成17・2・24労判892号29頁は，こうした総合判断から，非組合員の範囲に関する条項について，労働組合による解約を有効と判断している）。

3　労働協約の延長・更新

労働協約に期間の定めがある場合に，当事者の合意によって当該協約を延長したり更新したりすることは当然可能であるが，合意の不成立等による無協約状態を回避するために，多くの協約で，自動延長や自動更新の規定がもうけられている。自動延長は，「本協約改訂交渉中に有効期間満了になったときには，新協定締結まで本協約を有効とする」といった規定である。また，自動更新は，

「協約の有効期間満了1ヵ月前までに当事者のいずれかから改廃の申入れがないときには，さらに同一期間，有効とする」といった規定である。

自動更新の場合は，現協約と同一の有効期間の協約が新たに成立する。これに対して自動延長の場合には，当事者の明示の取決めがない限り，労働協約は期間の定めのないものとなる。また，自動延長の際に期間の定めがもうけられる場合には，延長期間はもとの協約の有効期間とあわせて3年を超えることはできない（労組法15条参照）。

4　労働協約の承継

会社の組織変更に伴って，労働協約の当事者が変更することがある。たとえば，会社の合併の場合には，合併の効果（全財産の包括承継）として，消滅会社の労働協約は，吸収会社や新設会社に当然に承継される。

また，会社分割の場合には，「会社分割に伴う労働契約の承継等に関する法律」（承継法）の6条により，労働協約の特別な承継方法が定められている（同法については，367頁を参照）。まず，労働協約の債務的部分は，分割会社と労働組合の間で，分割計画書等に記載されたとおりに承継される旨の合意があれば，それに従い設立会社等に承継される（同条2項）。他方，規範的部分については，設立会社等と労働組合との間で，同一内容の労働協約が締結されたものとみなされる（同条3項）。

なお，これらの結果として，合併会社や設立会社等に複数の労働協約が併存し，それらの間の調整が必要となる場合もある。

5　労働協約終了後の法律関係

一般の契約法理では，契約が終了すれば，そこで定められていた権利義務も当然に消滅することになる。しかし，労働協約が終了しても，それが規律する使用者と労働組合あるいは組合員たる労働者との関係自体は消滅しないから，その処理が問題となる。

労働協約の規制事項のうち，便宜供与，団体交渉のルールなどの債務的部分については，労働協約が失効すると，その法的根拠が失われる。ただ，場合によっては，それまで続いてきた労使間のルールが労使慣行となり，それにもとづいて一定の権利が認められることもありうる。また，使用者が協約失効を奇貨として合理的理由なく一方的に従来の取扱いを破棄することは，組合弱体化をねらった不当労働行為と判断される可能性もある。

他方，労働協約の規範的部分については，協約の失効によって規範的効力が消滅すると，労働契約の労働条件がどうなるのかという問題が生じる。この点，たとえばドイツでは，労働協約の規範的部分は，協約失効後も他の新たな定めがなされるまでは効力を失わないと法律に規定されている。これを労働協約の余後効（Nachwirkung）という。

わが国の労組法にはこうした規定がないから，労働協約そのものの余後効は認められない。ただ，労働協約の規範的効力に関する内容説（204頁参照）によれば，協約が定めていた労働条件はすでに個々の労働契約の内容となっており，当事者間で特に変更されない限り，そのまま存続する。この点，外部規律説では，労働協約の失効により規範的効力が消滅すると，労働契約の当該部分がいったん空白になるが，継続的債権関係である労働契約関係では従前の労働条件をできるだけ維持するのが当事者の合理的な意思であるという，かなり技巧的な解釈を通じて，同じ結論が導かれている。

かくして労働協約終了後も，協約が定めていた労働条件は労働契約の内容となって残るが，労働協約による強行的な枠組みは消滅し，使用者は個別合意や就業規則の変更などによりこれを変更することができる（「20 労働契約の変更」参照）。ただし，その場合でも，従前は労働協約で規制されていた労働条件であるから，労働組合との交渉なしに変更した場合には，不当労働行為となる可能性がある。

なお，判例では，「退職金は退職金協定による」との就業規則の規定があり，退職金の支給要件や計算方法に関する退職金協定（労働協約）が締結され，これが就業規則とともに労基署に届け出てある場合について，退職金協定は就業規則の一部となっているので，この協定が失効したとしても，労働者は就業規則の規定にもとづき従前の基準による退職金を請求する権利があるとされた事例がある（前掲香港上海銀行事件）。一般的な労働契約の内容としての存続ではなく，就業規則条項への化体を認めたものといえよう。

Brush up　欧米諸国の労働協約

労働協約のあり方は，国によって大きく異なっている。ここでは独仏米英の4ヵ国について，それぞれの特徴を見てみよう。

ドイツでは，労働組合は通常，地域ごとに産業別に組織されており，労働協約も，それぞれに対応する使用者団体との間で締結される。組合の組織率は17%程度であるが，使用者団体の組織率がかなり高く，さらに地域的な拡張制度が利用され，協約のカバー率は全労働者の約6割に及んでいる。ドイツの労働協約は，その地域・産業における最低労働条件を定めるものであり，各企業や事業所では，労働協約に抵触しない範囲でのみ，事業所協議会（Betriebsrat）と使用者との協定で労働条件を定めることができる。

フランスでは，1つの産業部門ごとに，全国または地方レベルで締結する労働協約が基本である。しかし，近年は企業レベルの協約の発展が著しく，2016年には，産業別協約よりも企業協約を優先させる法改正まで行われた。団体交渉では，複数の組合が同じテーブルで交渉するのが普通であり，妥結した協約にも複数の組合が署名する。また，協約が締結されると，署名した使用者の雇用する労働者全員に効力が及ぶうえに，拡張適用の制度も多用されている。組合組織率は低いのに（7% 程度），協約のカバー率が90% 以上もあるのは，このためである。

アメリカでは，一部の産業を除き，団体交渉は企業ごとに行っており，労働協約は基本的に企業別協約である。したがって，協約では，地域や産業の最低基準ではなく，当該企業の労働条件そのものを決めることになる。独仏とは違って拡張適用という制度はなく，労働協約のカバー率は，組合組織率（約11%）を若干上回る程度にすぎない。もう1つの特徴は，自主的な紛争解決の仕組みが発達していることであり，協約上の紛争が生じた場合には，裁判所ではなく，労使が選んだ仲裁人の判断に委ねられる。

イギリスでは，労働協約は紳士協定にすぎず，法的拘束力が認められない点が，最も特徴的である。そのため個別労働契約の中に，協約内容を取り込むためのブリッジ条項がもうけられている。かつては産業別協約が中心であったが，現在では個別企業の協約が多い。1980年に60% 近くあった組合組織率が現在では23%，協約のカバー率も70% から30% 以下に低落したことは，サッチャー改革以後の労使関係の変化の大きさを物語っている。

Ⅳ 「労働条件」の諸相

13 賃　　金

賃金は，いうまでもなく労働契約の基本的な要素である。そもそも労働契約は，使用者が「賃金を支払うことについて……合意すること」を成立要件としており（労契法6条），民法にいう雇用契約も労働に対して「報酬を与えることを約する」ことを本質としている（民法623条）。賃金を支払うことについての合意がなければ，労働契約は成立しないのである。

賃金はまた，労働条件のうちの最も重要な領域である。それは，労働者の生活のための不可欠の原資であり，労働時間とならんで労働者が最も重視する。一方，それは企業の費用支出の上でも大きな部分を占めて，その支払額が企業収益を大きく左右する。したがって，賃金の額の決定は労働協約の最重要の項目であったし（ドイツ語の労働協約（Tarifvertrag）は，直訳すると「賃率契約」である），その支払方式は法律により規制されている（労基法24条以下）。

賃金の体系や決め方は，その背後にある労働関係の実態を反映している。日本の企業では，賞与や退職金の普及，多種多様の諸手当，年功賃金制（定期昇給制）などの伝統的な特色があり，職務給が中心となっている西欧諸国と異なる。しかし，終身雇用制の見直しとともに，能力・成果主義的で多様な雇用管理が提唱される今日では，年功的要素を低くした職能給制度や年次評価を組み入れた年俸制を導入する動きが活発になってきている。

§1　賃金の意義

1　賃金の二義性

「賃金」という言葉は，性格の異なる2種類の意味で語られている。第1に，賃金は，「労基法上の賃金」という意味で用いられる。労基法は，労働者の有する賃金についての権利を確保するために種々の規定を置いており（労基法12条・15条・17条・23条・24条その他多数），それらの規定の適用対象を確定するために賃金の意義を定めておく必要がある。第2に，賃金という用語は，「労働契約にもとづく賃金」という意味で用いられる。これは，労働契約にもとづき労働者が請求できる賃金，逆にいうと使用者に支払義務のある賃金である。

その内容や範囲は，当該の労働契約の定めにより確定されるものであり，労基法上の賃金と必ずしも同じでない。

2　労基法上の賃金

労基法上の賃金は，「賃金，給料，手当，賞与その他名称の如何を問わず，労働の対償として使用者が労働者に支払うすべてのもの」をいう（労基法11条）。問題の中心は，使用者が労働者に支給する金銭を，いかなる場合に「労働の対償」といいうるかである。

一般に，就業規則やこれと一体をなす賃金規則において，支給条件が明確に規定されて，使用者がその支給を約束しているときには，その支給金は「労働の対償」であり，賃金と解されている。したがって，基本給や所定外賃金はもちろん，仕事手当の多くも賃金である。家族手当も，かかる要件をみたす限り賃金である（日産自動車事件・東京地判平成元・1・26労民集40巻1号1頁)。これに対して，明確な支給条件が規定されず，任意的・恩恵的な性格をもつものは賃金でない。使用者の任意に支給する慶弔金や，会社の創立記念日に臨時に支給する祝儀金などは，その意味で一般に賃金とはいえず，法的な性格は贈与である。福利厚生費も，同様の理由から賃金ではない。

現物の給与は，その分だけ賃金が減額されるとき，または契約上その支給が明確に義務づけられているときには，賃金である。別途にその代金が徴収される場合には原則として賃金ではないが，それが実際費用と比較して甚だしく低額（3分の1以下）なときには，徴収金額と実際費用の3分の1との差額分はやはり賃金とみなされる（昭和22・12・9基発452号)。また，社宅の提供は，その提供を受けない者に対して一定の支給基準により住宅手当が支給されているときには，福利厚生費ではなく，やはり賃金である。

会社があらかじめ取締役や従業員に与える，一定数の株式を一定価額で取得できる権利のことをストックオプションといい，会社法で新株予約権の一類型として認められている（会社法238条1項2号・3号)。これも，労働者の報酬の一部として認められるが，権利行使の有無や株式売却の時期が対象労働者の判断に委ねられているため，その利益は賃金にはあたらない（平成9・6・1基発412号)。ただし，労働条件の一部ではあるので，同制度をもうける場合には就業規則に記載する必要がある（労基法89条10号）。一方，ストックオプションと異なり，株式付与の形をとる株式褒賞の場合は，付与時点で付与額に相当する会社の普通株式を取得する権利を得るから一定の確定性があり，賃金性は否定されない（リーマン・ブラザーズ証券事件・東京地判平成24・4・10労判1055号8頁）。なお，ストックオプションの権利行使益は，所得税法上は，雇用契約等にもとづき提供された労務の対価として給付されたものとして，給与所得（同28条1項）にあたると解されている（荒川税務署長事件・最3小判平成17・1・25民集59巻1号64頁）。

作業用品費，役職員交際費，作業服の提供，自己所有の機器の損料などは，企業設備費，業務費にあたり，労働の対償でないから賃金でない。また，賃金は「使用者が労働者に」支払うものであるから，労働者が顧客から受け取るいわゆるチップは賃金でない（昭和23・2・3基発164号）。

3　平均賃金

労基法には，種々の理由から賃金額の概数が必要な規定があり，そのために「平均賃金」が利用されている（労基法20条・26条・39条7項・76条・77条・79条〜82条・91条）。平均賃金は，このように労基法の技術的必要にもとづくおおよその賃金額を意味するものであり，労働契約で定まる賃金の平均額と一致するものではない。

平均賃金の算定方法は次のとおりである（労基法12条）。まず，平均賃金は，それを算定すべき事由が発生した日以前の3ヵ月の支払賃金総額を，3ヵ月の総日数（非労働日を含む）で除する方式で算定する。これが原則である。ただし，賃金が，日給もしくは時間給または出来高給であるときには，3ヵ月の賃金総額の60％をその期間中に労働した日数で除した額を，また一部月給または週給等の場合には合算方式によって算出された金額を，それぞれ下回ってはならない（同1項）。この計算にあたって，賃金締切日がもうけられているときには直前の締切日から起算する（同2項）。業務上傷病，産前産後の休業，使用者の責に帰すべき事由による休業，育児休業・介護休業および試用期間については，総日数と賃金総額から除外する（同3項）。臨時に支払われた賃金および3ヵ月の期間を超えて支払われる賃金（一時金・賞与等）は算入しない（同4項）。雇入れ後3ヵ月に満たない者については，雇入れ後の期間について計算する（同6項)。また，日々雇い入れられる者と，以上の方法で算定できない者の平均賃金の算定方式は，いずれも厚生労働大臣の定めるところによる（同7項・8項，昭和38・10・11労告52号，労基則4条)。

4　労働契約にもとづく賃金と賃金カット

労働契約にもとづく賃金の範囲は，基本的に労使間の合意によって定まるものであり，労使は最低賃金の額を下回らず，あるいは公序に反する内容でない限り，自由に定めることができる。賞与や退職金の支払いの有無や算定方法も，基本的に自由である。また，たとえば，使用者が無効な解雇をなした場合に労働者の請求できる未払い賃金の範囲に，解雇期間中の昇給，一時金・賞与，各種の手当などが含まれるかは，いずれも個々のケースにおける就業規則や労働協約の規定のあり方や取扱いの実態に即して判断される（ただし，便宜的に平均賃金を算定基礎とする裁判例も多い)。

他方，労働者が欠勤やストライキなどにより，労務提供義務を履行しなかった場合には，使用者にはその対価たる賃金を支払う義務はない。これを「ノーワーク・ノーペイの原則」という（416頁を参照)。したがって使用者は，本来の賃金額から，欠務の期間分を減額して支払うことができ，これを一般に「賃金カット」と呼んでいる。もっとも，以上は契約解釈上の一般原則であって，労働契約において別途に定めることは，もちろん認められる。

5　賃金請求権の発生

労働者の賃金請求権は，現実に就労したときではなく，労働者が債務の本旨に従った履行の提供をしたとき（一般には，指示されれば就労する旨の意思表示をしたとき）に発生する。したがって，労働者が職種を特定せずに労働契約を締結したときには，現に就業を命じられていた特定の業務には病気治療のため労務の提供が十全にできなくても，種々の事情に照らして他の業務への配置が現実に可能であり，かつ労働者がその提供を申し出ているならば，なお債務の本旨に即した履行の提供があったと解される（片山組事件・最1小判平成10・4・9労判736号15頁。下級審では，トラック運転手という職種を特定した労働契約においても，例外的にその可能性を認める裁判例もある。カントラ事件・大阪高判平成14・6・19労判839号47頁)。

これに対して，債務の本旨に従わないで労務の提供がなされた場合，使用者は，その労務の受領を拒否して，当該労務の提供に係る賃金部分の支払いを拒否することができる（争議行為の一環として，労働者が出張・外勤業務を拒否して内勤業務に従事した場合には，使用者は賃金支払義務を負わない。水道機工事件・最1小判昭和60・3・7労判449号49頁)。

なお，毎月固定額が支給される基本給とは別に，年単位で，会社及び従業員個人の業績等の諸要素を勘案して会社の裁量により支給の有無及びその金額を決定する業績連動型の給与については，その具体的な請求権は，当該年度分の支給の実施・具体的な支給額・算定方法についての使用者の決定や労使間の合意があって初めて発生するものというべきであり，会社においてその決定がされていない以上，労働者にはその支給を求めうる具体的な請求権が発生したとはいえない（クレディ・スイス証券事件・最1小判平成27・3・5判時2265号120頁)。

§2　賃金の構成要素

1　賃金体系と諸手当

⑴　基本給　　賃金は，一般に，月々に支払われる月例賃金と，それ以外の特別の賃金に分けられる。月例賃金には，労働契約によってその金額が定まっている所定内賃金（基本給および諸手当）と，毎月の労働実績によって金額の変化する所定外賃金（時間外・休日労働手当，深夜業手当など）がある。また，特別の賃金としては，一時金（年末・夏季賞与など）や退職金などがある。

基本給は，多くは月給制，日給制，時間給制，年俸制などのように，時間を単位として計算される。これらのいずれであるかは，労働者の遅刻，欠勤の場合の基本給の取扱い，あるいは通常の労働日が祝日などで休日扱いになったときの基本給の計算に差異をもたらす。月給制の場合では，勤務した日数・時間にかかわらず定額であるのに対して，日給制や時間給制の場合には，これが変動する。なお，日給や時間給を，月ごとに合計して支払われている場合（日給月給，時間給月給）でも，それらが日給または月給であることに変わりない。

職能資格賃金のイメージ

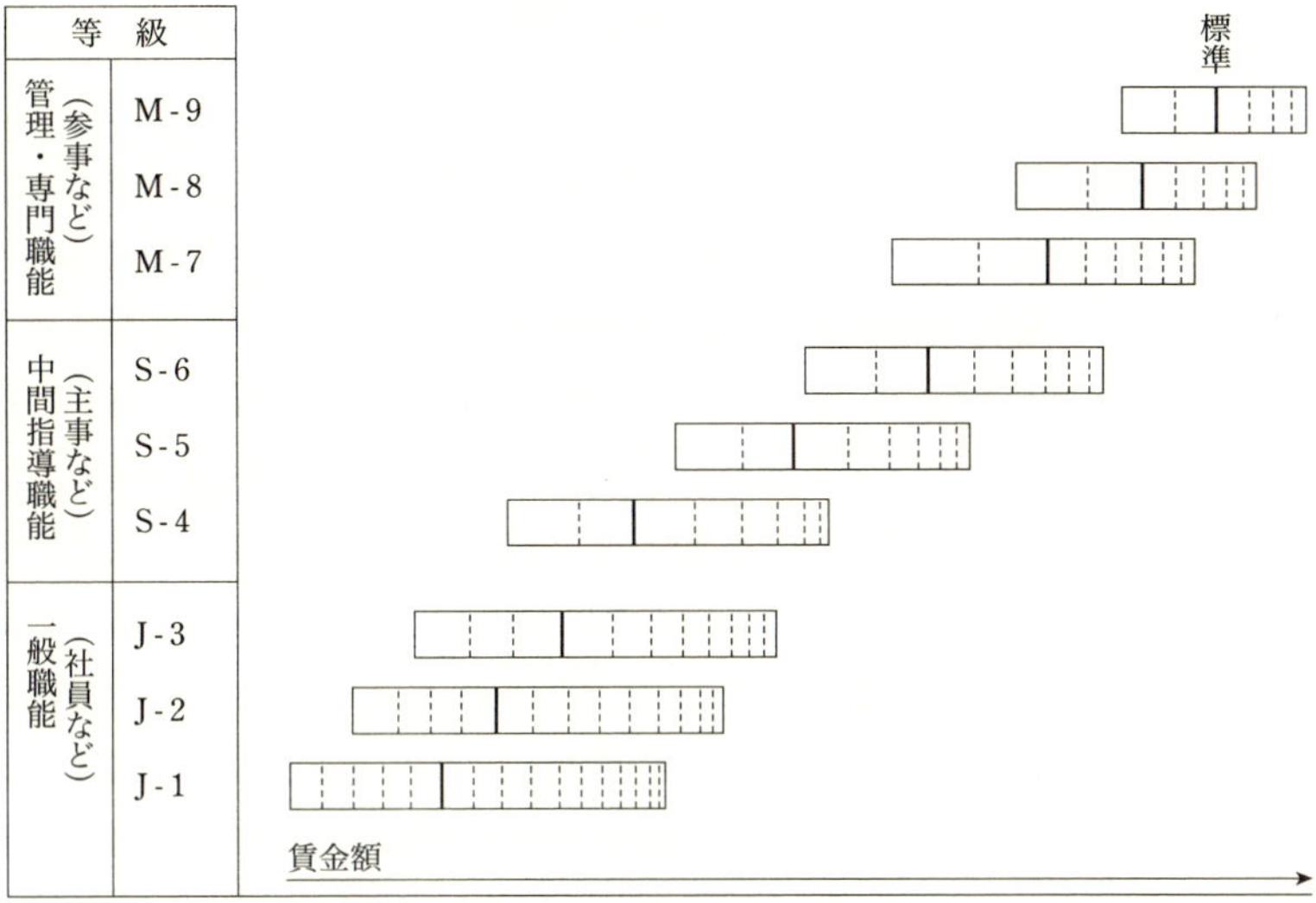

基本給は，売上や生産個数などに応じた出来高払いで計算されることもあるが，全額を出来高給にすることはできず，労働時間に応じた一定額を保障給として支給しなければならない（労基法 27 条）。なお，年俸制を採用する場合も，後述のとおり，毎月 1 回以上支払わなければならないのは当然である（同 24 条 2 項）。年俸額の一部を年 2 回の賞与に充当する方法が用いられることもあるが，その場合の賞与はすでに額が確定しているから，割増賃金の算定基礎に算入すべきものとされている（平成 12・3・8 基収 78 号，268 頁を参照）。

⑵ **職能資格制，成果主義，職務給**　基本給の金額は，多くの企業では「賃金表」に定められている。職能資格制度のもとでは，賃金表は，労働者の職務内容（事務職，技術職，専門職など）ごとに作成され，各々が資格または等級区分（参事，副参事，主事など）でランクづけされる。その各等級はさらに段階的に細分され（号と呼ばれる），各号に対して具体的な基本給額が割り当てられる。労働者の資格ないし等級区分が上昇することを昇格といい，人事考課がその決定の大きな要素となる。同じ資格の中にあって号が上昇することを昇級といい，毎年度ごとに号が 1 ランクずつ上昇することにより定期昇給がなされる（図「職能資格賃金のイメージ」を参照）。

他方，団体交渉などを通じて，物価上昇率などを見込んで賃金表の金額そのものを改定することを，ベースアップという。わが国では，主要な労働組合（単産）が毎春行う交渉によってベースアップの率が決定され，それが他の労働組合や未組織労働者の賃金上昇率に波及する春闘方式がとられてきた。しかし，近年の経済情勢では，ベースアップは容易に実施されない状況にある。

以上の従来型の職能資格制度による賃金に対して，賃金に占める属人給の要素（年齢，学歴，勤続年数）を弱めて，より顕在的な能力を評価する体系に修正する動きが生じている。たとえば，ある等級から上の等級に昇級するまでに必要な年数（必要滞留年数）を大幅に短縮しようとする動きである。これにより，能力の高い労働者に，年齢や勤務年数を飛び越えて昇級させることができるようになり，いわゆる抜擢人事が可能になる（その反面で，降格や降給の可能性も生じやすい）。他方，賃金を，個人ごとに担当する仕事の重要度と達成度で決定するのが，成果主義賃金である。その評価は目標管理制度のもとで行われ，より困難で重要な仕事に対して，高い目標を立て，高いスコアで達成したとき，賃金は高額となる。ただ，成果主義については，個人の仕事の成果を１年という短期間のサイクルで評価する点や，評価者の評価能力の点などで，妥当性を疑問視する見解もある。

なお，ヨーロッパ諸国などでは伝統的に，職務給制度が発達している。これは，基本給の額を人に対してではなく，職務に対して付けるものであり，産業レベルで詳細な職務分類を行ってそれにより賃率（単位時間あたり賃金）を決定する。職務給においては，同じ職種であるならば，労働者の属性（年齢，性別，経験年数等）にかかわらず同じ時間あたり賃金となるのが原則となる。

⑶　**諸手当**　所定内賃金としての諸手当は，一般に仕事手当と生活手当に分けることができる。仕事手当には，労働者の担当する労働の態様や個性を評価して支給されるもの（役職手当，技能手当，特殊勤務手当，交替手当など）と，労働者の出勤率や勤務意欲の向上を目的に支給されるもの（精皆勤手当，業績手当など）がある。生活手当は，労働者の生活上の出費を，勤務内容とは無関係に補助するもので，家族手当，住宅手当，単身赴任手当，通勤手当などがある。このように，諸手当の種類が豊富で，賃金総額に占める割合が高いのが，わが国の賃金体系の１つの特色である。

2　一時金（賞与）

年末や夏季に支給される一時金（賞与）は，その支給が就業規則や労働契約で定められている限り，いかなる意味でも賃金である。一時金の支給額は労使交渉により決定され，一定期間の勤務実績についての人事考課や企業の財政状況により決定される部分が多い（期末勤勉手当について，給与規程に「その都度理事会が定める金額を支給する」と規定されている場合には，理事会が支給すべき金額を定めることにより初めて具体的権利として発生する。福岡雙葉学園事件・最3小判平成19・12・18労判951号5頁）。しかし，そのような決定方法によるからといって，一時金が，賃金としての性格を失うわけではなく，その意味で，平均賃金や割増賃金の算定に，一時金が含まれていないのは，立法論としては問題である。

一時金は，勤務インセンティブの向上という目的も持つから，その支給にあたって，支給日に労働者が企業に在籍することを要件とする取扱い（支給日在籍要件）が多く，その効力が争われている。一時金は，賃金の一種ではあるが，必ずしも具体的な勤務に対応して把握される賃金ではない。したがって，その支給条件は就業規則（一時金支給規則）等で自由に定めうると考えざるをえず，その意味で支給日在籍要件も，それが合理的で明確な基準である限り違法とはいえない（大和銀行事件・最1小判昭和57・10・7労判399号11頁）。もっとも，整理解雇のように，使用者が一方的に解雇の効力発生日を設定する場合に，支給日在籍要件を根拠に一時金を支払わないのは，同条項の合理的解釈により認められないと解すべきである（前掲リーマン・ブラザーズ証券事件）。

3　退職金

(1)　退職金の性格　　退職金も，かつてはその法的性質が議論されたが，現在ではほぼ一致して，支払条件が明確であれば後払賃金という性格をもつと解されている。ただ，労基法では，退職金は「退職手当」という用語のもとに，賃金と相対的に区別して取り扱われている（たとえば，労基法89条3号の2）。

退職金は，雇用期間に単純に比例して算出するのではなく，長期に雇用すればするほど有利に算定される方式がとられることが多い。また，労働者がなした勤務全体について，退職時に使用者が改めて再評価する趣旨の算定方法を定めることもある。判例は，退職金は「功労報償的な性格を併せ有する」と判断しているが（三晃社事件・最2小判昭和52・8・9労経速958号25頁），そこにいう「功労報償」とは，そのような勤務の再評価の趣旨を意味すると解される。

かかる観点からすると，いわゆる自己都合退職と会社都合退職との間で，退職金の金額に一定の差異があっても，これを違法とすることはできない。また，労働者に競業避止義務を遵守させる目的で，退職後に同業他社に就職したときに退職金の一部を返還させる規定も違法とはいえないが，そこには，労働者の職業の自由を不当に拘束する程度に至るものであってはならないという限度が画される（前掲三晃社事件，競業避止義務については482頁）。

⑵ **懲戒解雇と退職金**　労働者が懲戒解雇に処せられるときに，退職金の一部または全部を不支給とする取扱いが一般であり，退職金の後払賃金としての性格と両立しうるかが問題となる。退職金の減額について，減給に対する労基法の規制（91条）を類推して，10分の1を超えるような不支給は許されないとする見解も主張された（有泉233頁）。しかし，退職金の決定は，上記のように退職時における労働の再評価によるものであるから，減額した請求権しか発生しないこともありうる。したがって，減額制度自体を不合理なものとして否定することはできない。ただ，懲戒解雇の効力を認めるにあたっては，退職金の不支給にまで値するかについて相当性の判断を厳格に行うべきであり，「労働者に永年の勤労の功労を抹消してしまうほどの不信行為がない限り，退職金の不支給は許されない」（日本高圧瓦斯工業事件・大阪高判昭和59・11・29労民集35巻6号641頁）。

こうした観点から，近年では退職金を全額不支給とするのではなく，一部の支払い請求を認める裁判例がみられる。たとえば，鉄道会社の従業員が休日に他社鉄道で痴漢行為で逮捕されたことを理由として懲戒解雇（退職金不支給）としたところ，本来の支給額の3割について退職金請求を認容した裁判例（小田急電鉄事件・東京高判平成15・12・11労判867号5頁），強制猥褻事件を起こし執行猶予の付された懲役刑に処せられたことを理由とする懲戒解雇につき，私生活上の非行であること等の事情から，7割を減じた退職金の支払いを認めた例（NTT東日本事件・東京高判平成24・9・28労判1063号20頁）などがある。また，同様の理由から，長期勤続ドライバーの勤務後における自家用車の酒気帯び運転を理由とする懲戒解雇につき，裁判所の判断で退職金の本来支給額の3

分の１の支払いを命じる裁判例（ヤマト運輸事件・東京地判平成19・8・27労経速1985号3頁）もみられる。

§3　賃金の支払いとその規制

1　賃金の支払時期

労働者は，約束した労働が終わった後でなければ，報酬を請求することはできない（賃金の後払い原則。民法624条1項)。また，たとえば月給制の場合には，毎月の支払期日までは，原則として賃金の支払いを請求することはできない(同2項)。しかし，後払い原則の例外として，①使用者に帰責できない事由（すなわち，労働者側に帰責される場合や不可抗力の場合）で労働に従事できなくなり，②理由のいかんを問わず履行の中途で雇用が終了したときには，労働者はすでにした履行の割合に応じて報酬を請求することができる（新624条の2，施行は2020年4月)。

さらに，労基法では，すでになした労働に対する賃金については，労働者が非常の場合の費用に充てるために支払期日前に請求したときには，使用者はこれを支払わなければならない。こうした「非常時払い」が認められるのは，具体的には，労働者本人および労働者が扶養する者の出産，疾病，災害，結婚，死亡，やむをえない事由による帰郷の場合である（労基法25条，労基則9条)。

2　賃金支払いの諸原則

労基法24条は，賃金の支払方法について下記の諸原則を定めている。いずれも，生活の原資としての賃金の重要性に配慮してその支払いを確実なものにするために，例外の生じる余地を極力抑制しようとする，厳格な規制である。

(1)　通貨払いの原則　　賃金は，通貨で支払わなければならない。現物給与による弊害を防止し，労働者にとって最も安全で便利な支払方法を命じたものである。この原則により，小切手による賃金の支払いは禁止される。しかし，退職手当については，労働者の同意がある場合には，銀行振出小切手，銀行支払保証小切手，郵便為替による支払いが可能である（労基則7条の2第2項)。

労働協約に別段の定めをするときには，通貨以外のもので支払うことが認められる。この協約は，事業場協定の場合と異なり，少数組合との間で締結することも認められるが，その効力が及ぶのは組合員に限られる。

賃金の口座振込は，「労働者の同意」を条件として，「当該労働者が指定する銀行その他の金融機関」の当該労働者の預貯金口座への振込み，または「当該労働者が指定する金融商品取引業者」に対する当該労働者の預り金（一定の要件をみたすもの）への払込みが認められる（労基則7条の2第1項，なお昭和50・2・25基発112号を参照）。

⑵　**直接払いの原則**　　賃金は，労働者に直接支払う必要がある。第三者の介在によるピンハネを防止するために，確実に労働者本人の手に支払うことを命じるものである。したがって，親権者などの法定代理人や任意代理人であっても支払いは禁止される。ただ，受領のための使者であることが明らかな場合は，これに支払うことが認められる（昭和63・3・14基発150号）。

賃金債権は譲渡が許されないものではないが，支払いを受ける前に譲渡しても本条が適用される。したがって，使用者は譲渡人である労働者に直接支払わなければならず，譲受人は，使用者に対して自らに支払うことを請求できない（小倉電話局事件・最3小判昭和43・3・12民集22巻3号562頁）。

賃金債権が，民事執行法の規定にもとづき差し押さえられたときには，使用者が同法により賃金を差押債権者に支払っても直接払いの原則に違反しない。ただし，原則として賃金の4分の3に相当する部分については，差押えが禁止されている（民事執行法152条，なお国税徴収法76条も参照）。

⑶　**全額払いの原則**　　使用者は，当該計算期間の労働に対して約束した賃金の全額を支払わなければならない。労働者の生活原資を保障するために，賃金全体の受領を確保させる趣旨である。なお，遅刻・欠勤の時間の賃金の不払いは，賃金請求権そのものが発生しないのであるから，この原則に反しない。

この原則は，相殺禁止の趣旨も含んでおり，使用者が労働者に対して有する債権をもって，賃金債権を相殺することは，全額払いの原則に違反する（日本勧業経済会事件・最大判昭和36・5・31民集15巻5号1482頁）。しかし，全額払いの趣旨からすれば，労働者が退職に際し自ら退職金を放棄する旨の意思表示の効力までは否定されないが，その意思表示が労働者の自由な意思にもとづくものであると認めるに足る合理的な理由が客観的に存在していなければならない

(シンガー・ソーイング・メシーン事件・最2小判昭和48・1・19民集27巻1号27頁)。使用者が労働者の同意を得てなす相殺についても，最高裁はその同意が労働者の自由な意思によると認めることのできる合理的な理由が客観的に存在するときには，本条に違反しないと解している(日新製鋼事件・最2小判平成2・11・26民集44巻8号1085頁)。しかし，この点については，全額払い原則の強行法規としての性格からすれば，疑問の残るところである。

前支払期までの賃金が，何らかの理由で過払いとなっているときに，使用者は今期分の賃金から過払い分を控除することができるだろうか。そうした調整的相殺は，賃金と無関係な債権を自働債権とする相殺とは異なり，賃金の清算という技術的な必要によるにすぎない。判例は，過払いの生じた時期と合理的に接着した時期に，労働者の経済生活の安定をおびやかすおそれのない態様でなされる相殺は，許されると解している(福島県教職員事件・最1小判昭和44・12・18民集23巻12号2495頁)。

法令に別段の定めがある場合，または事業場協定を締結したときには，賃金の一部を控除して支払うことができる(労基法24条1項但書，この事業場協定は届出を要しない)。法令の定めによる控除としては，所得税法による給与等の源泉徴収(所得税法183条以下)，各種社会保険料の控除(健保法167条，厚年法84条等)などがある。また事業場協定によるものとしては，社宅や寮などの費用，社内売店の購入代金，各種ローンの支払いなどに利用されることが多い。また，労働組合費のチェック・オフについても，事業場協定によらねばならないかが問題となる(176頁参照)。

就業規則や労働協約の変更によることなく，労働条件の変更をする際には，労働者と使用者の間の合意による必要がある(労契法8条，「20 労働契約の変更」を参照)。その変更が労働条件の一方的な引き下げである場合，同条にいう合意の認定は安易に行うことはできないが，そのうちでも賃金の減額による不利益変更の場合には，本条の全額払いの原則の適用により，さらに厳格な制約のもとに置かれる。すなわち，経営不振により年俸額を減額した事案において，最高裁は，「労働基準法24条1項に定める賃金全額払の原則の趣旨に照らせば，既発生の賃金債権を放棄する意思表示の効力を肯定するには，それが労働者の自由な意思に基づいてされたものであることが明確でなければならない」との基準を示し，同事件では同意の意思表示は自由な意思によるものではないと判断した（北海道国際航空事件・最１小判平成 15・12・18 労判 866 号 14 頁）。

⑷ 毎月１回以上・定期払いの原則 賃金は，毎月１回以上，特定した日に支払わなければならない。この原則は，賃金決定の方法のいかんにかかわらず適用され，時間給や日給はもちろん，年俸の場合にも毎月定期払いをする必要がある。ただし，賞与や，１ヵ月を超える期間についての精勤手当，勤続手当，奨励・能率手当は，それ以外の期間で支払うことができる（労基法 24 条２項，労基則８条)。なお，支払日が休業日にあたる月には，先立つ直近の営業日に支払うことが認められる。

3 賃金・退職金の時効

賃金請求権の消滅時効は２年，退職金請求権のそれは５年と定められている（労基法 115 条。民法 174 条１号・２号の短期消滅時効〔１年〕の特則)。ただし，民法改正により，2020 年４月からこの短期消滅時効の規定（174 条）が削除されるため，賃金にも一般の債権の消滅時効（改正後民法 166 条１項１号）が適用され，「知った時から５年間」となる。このため，労基法 115 条の改正が議論されている。なお，時効により請求権が消滅した場合にも，賃金不払いについての罰則は適用される（昭和 23・3・17 基発 464 号)。

§4 休 業 手 当

1 休業手当の意義

労働者が労務を提供しうる状態にあるにもかかわらず，使用者側から生じた原因により就労ができず，その結果賃金が全く支払われないことになると，労働者の生活に過度の負担を強いることになる。このために，使用者に平均賃金の 60% 以上の手当を支払うことを強制して，労働者の生活保障を図ろうとするのが，休業手当の制度である（労基法 26 条)。

休業手当は，このように「休業」の場合に支払われる手当であるが，その意義はかなり広く理解されている。事業場の操業を本来の労働日に全部停止する場合だけでなく，事業場の一部門の操業停止や１日のうち数時間の操業短縮も，やはり休業である。また，違法な解雇をして仕事をさせない場合のように，使用者が労働者に対して個別的に就労不能の状態におくことも，休業に含まれる。

2　使用者の責に帰すべき事由

契約法の原則によれば，債務者（労働者）は「債権者の責めに帰すべき事由」により契約の履行が不能になったときには，「反対給付を受ける権利を失わない」，つまり相手方の債務（賃金支払義務）の履行の全部を請求することができる（民法536条2項）。なお，改正民法の施行される2020年4月以降は，同様の場合に，「債権者は，反対給付の履行を拒むことができない」，つまり，債権者たる使用者は反対給付である賃金支払いを拒絶することができない（改正後民法536条2項）。

いずれの規定によっても，これを休業手当制度と比較すると，一見すれば休業手当の方が労働者にとって不利のようにみえる。そこで，両者を矛盾なく適用するために，民法の定める「債権者の責めに帰すべき事由」と，労基法26条にいう「使用者の責に帰すべき事由」との関係をどのように理解するかが問題となる。

労基法にいう「使用者の責に帰すべき事由」とは，取引における過失責任主義を前提とした「債権者の責めに帰すべき事由」と異なり，労働者の生活保障という観点から理解される。したがって，前者は後者より広く，単に使用者の故意，過失または信義則上これと同視すべき事由にとどまらず，「使用者側に起因する経営，管理上の障害も含む」ものと解されている（ノースウエスト航空〈休業手当請求〉事件・最2小判昭和62・7・17民集41巻5号1283頁）。

たとえば，経営困難のために新入社員を自宅待機させる場合のように，「使用者に起因する管理・経営上の障害」は，使用者の責に帰すべき事由にあたる。取引先の経営困難のために，企業が原料や資材の供給を受けることができない場合，あるいは資金難による経営障害に陥った場合も，これに該当する（昭和23・6・11基収1998号）。以上に対して，休業が不可抗力による場合や，法定義務にもとづく場合には，これに該当しない。たとえば，天災のための公共交通機関運休や停電による休業，あるいは安全管理のための法定の機械検査による休業，労基法33条2項にもとづく代休付与命令による代休は，使用者の責に帰す休業とはいえない。なお，東日本大震災後に実施された計画停電に関して，停電の時間帯における休業については，原則として労基法26条の使用者の責に帰すべき事由による休業には該当しないとされた（平成23・3・15基監発0315第1号）。

次に，労基法26条は休業期間中の労働者の最低限度の生活保障を目的として，平均賃金の60％以上の手当を強行法として保障するものであって，民法の適用を排除する趣旨ではない。したがって，民法536条2項にもとづく履行不能に該当する場合には，なお100％の請求ができる（池貝事件・横浜地判平成12・12・14労判802号27頁）。リーマンショック後の世界同時不況による有期契約労働者の休業の場合であっても，賃金債権の維持についての期待は保護されるべきであり，正社員には基本日給の100％の給与保障をしていることの均衡から見ても，有期契約労働者は民法536条2項の適用により，平均賃金の全額を請求することができる（いすゞ自動車事件・東京高判平成27・3・26労判1121号52頁）。したがって，労基法26条は反対給付の請求権を60％に縮減するものではなく，両規定は競合しうる関係にある（駐留軍小倉補給廠事件・最2小判昭和37・7・20民集16巻8号1684頁。なお，解雇期間中の賃金請求権と休業手当の関係については383頁）。

§5　最低賃金の規制

最低賃金の制度は，労働者の生活の安定や労働そのものの質的向上を図るだけでなく，企業間の公正な競争の確保を図ることを目的として，各国で発達してきた。わが国では，最賃法は，1959年に，労基法上の最低賃金制度（28条以下）を分離独立して制定されたが，その後，最低賃金決定方式を整理統合する目的で大幅改正がなされ，さらに2007年12月には，就業形態の多様化という社会経済情勢の中で，地域別最低賃金を中心に最低賃金制度を十分に機能させることを目的として，全面にわたる改正が施された。

最賃法にいう労働者，使用者，賃金は，労基法と同一である（最賃法2条）。ただし，心身の障害により著しく労働能力の低い者，試用期間中の者等については，使用者が都道府県労働局長の許可を受けることを条件に，特例として減額した最低賃金を支払うことが認められる（同7条）。

最低賃金額は，時間によって定める（同3条）。使用者は，最低賃金の適用を受ける労働者に対して，その額以上の賃金を支払わなければならない。それに達しない賃金を定める労働契約は，その部分について無効となり，無効となった部分は最低賃金額と同様の定めをしたものとみなされる（同4条2項）。このように最低賃金には，労基法の定める基準（労基法13条）と同様に，片面的強行性と直律的効力が認められている。

最低賃金の決定方式には，「地域別最低賃金」と「特定最低賃金」の2つの制度がある。地域別最低賃金は最低賃金の中心となるものであり，賃金の最低額を確保するために「あまねく全国各地域に」決定しなければならない（最賃法9条1項）。

地域別最低賃金は，一定の地域ごとに，最低賃金審議会の調査・審議と意見を尊重して，厚生労働大臣または都道府県労働局長が決定する（同10条）。その額は，当該地域における労働者の生計費および賃金ならびに通常の事業の賃金支払い能力を考慮して決定されるが，生計費については，「労働者が健康で文化的な最低限度の生活を営むことができるよう，生活保護に係る施策との整合性に配慮する」とされている（同9条3項）。この地域別最低賃金を守らなかった者は50万円以下の罰金に処せられ，両罰規定により法人等も処罰される（同40条・42条）。

特定最低賃金は，一定の事業または職業について，労働者または使用者の代表が申出をしたときに，厚生労働大臣または都道府県労働局長が決定するものである（同15条）。この最低賃金額は，その適用を受ける使用者の事業場の所在地を含む地域の地域別最低賃金の額を上回るものでなければならない（同16条）。特定最低賃金の場合は，これに違反しても最賃法上の罰則はない。

なお，派遣労働者については，派遣先事業に適用される地域別および特定最低賃金が適用される（地域別最低賃金につき同13条，特定最低賃金につき同18条）。

最低賃金の金額は，労働者の生活や経済の成長力にかかわる重要課題であるが，わが国では国際的にみて過度に低い水準であるという批判が強く，その引上げに向けた努力がなされている。

§6　賃金債権の履行確保

1　先取特権および倒産手続

企業の経営困難や倒産のために賃金や退職金の支払能力が失われたとき，労基法では，賃金債権そのものを確保する特別の措置は予定されていない。そこで，債権法および倒産法による履行確保の措置が考えられる。

民法においては，「給料その他債務者と使用人との間の雇用関係に基づいて生じた債権」については，期間の制限なく債務者の総財産に先取特権が認められる（民法306条・308条）。しかし，これは一般先取特権にすぎず，実際には貧弱な総財産から弁済を受けることは難しい。

企業倒産の場合には，法的手続として会社更生，民事再生，破産などの手続がとられることになる。しかし，実際には多くの倒産例はそうした法的手続をとらずに私的整理による事実上の倒産により財産の整理をなしており，その場合には賃金債権の保護の可能性は乏しい。

会社更生手続においては，手続開始前6ヵ月間の賃金と手続開始決定後の賃金の請求権は共益債権となる（会社更生法130条1項・4項，127条2号）。退職金は，更生計画認可の決定前に退職した労働者については，退職前6ヵ月の賃金総額と退職金の3分の1のうちいずれか多い方が（同130条2項），また同決定後の退職者については全額が（同条4項），共益債権となる。手続開始後の解雇の場合も同様である。共益債権は，更生計画の定めによらないで随時弁済される（同132条）。

民事再生手続においては，手続開始前の賃金・退職金の一般先取特権の部分は，一般優先債権とされ再生手続によらないで随時弁済される（民事再生法122条）。これに対して，手続開始後の賃金・退職金は共益債権となり（同119条2号），一般優先債権を含む再生債権に先立って随時支払われる（同121条）。

破産法では，破産手続開始前3ヵ月間の賃金債権は，財団債権とされる。破産手続の終了前に退職した労働者の退職金請求権については，そのうち退職前3ヵ月間の賃金総額（破産手続開始前3ヵ月間の賃金総額の方が多いときはその額）に相当する部分が財団債権とされる（149条）。さらに，破産手続開始前の原因にもとづく賃金債権で財団債権にならないものについては優先的破産債権となり，配当手続で優先弁済を受ける（同98条1項）。

2　賃金の支払の確保等に関する法律（賃金確保法）

賃金確保法は，先取特権や倒産手続による賃金債権の確保措置が不十分であるとの認識のもとに，未払賃金，退職金，社内預金の保全等を目的として1976年に制定された。

政府は，事業主が破産手続開始の決定を受け，会社更生や民事再生等の開始決定がなされ，または中小企業においては賃金支払能力がないことが労働基準監督署長に認定された場合に，労働者の請求にもとづき，未払賃金の立替払いを行う（7条以下。労災保険法の社会復帰促進等事業として行われる〔29条1項3号〕）。対象となる労働者は，上記の開始決定または認定の6ヵ月前から以後2年間に，この事業主を退職した者に限られる。立替払いの範囲は，基準退職日の6ヵ月前からの賃金および退職手当のうちの未払賃金総額の80％に相当する額であるが，限度額がもうけられており，その額は労働者の基準退職日における年齢によって異なる（賃金確保法施行令4条）。

退職労働者の未払賃金については，遅延利息が年14.6％と高率に定められている（6条，施行令1条）。なお，退職した労働者が時間外割増賃金等を未払賃金として請求をする場合にも，その遅延利息をこの利率とするのが一般である。（レガシィほか1社事件・東京高判平成26・2・27労判1086号5頁参照）。貯蓄金（社内預金）の保全措置として，事業主は，毎年3月31日に受入預金額について，その後1年間についての貯蓄金の保全措置（払戻債務の金融機関による保証に関する契約の締結その他）を講じなければならない（3条）。義務違反の場合には，労働基準監督署長はその是正を命令し（4条），この命令に違反したときには罰金に処せられる（18条）。退職金の保全措置として，事業主は社内預金に準ずる保全措置を講じる努力義務を負う（5条）。

Brush up 賃金のデジタル払い？

労基法24条1項が定める賃金の通貨払い原則には，なかなか奥の深い歴史がある。たとえば，インターネットで「炭鉱札」という言葉を検索してみよう。戦前に各地の炭鉱で使われた，さまざまな私的紙幣の画像を見ることができる。「斤券」，「炭券」，「山札」などとも呼ばれ，元々は坑夫に対し，掘った石炭の重さに応じて渡されていたが，後に坑夫以外の者にも，賃金に代えて支払われるようになったという。炭鉱直営の売店か指定店でしか使えないため，労働者としては割高であってもそこで買い物をするしかなく，また，他所に移ると使えないので，事実上の足止め策ともなった。

このような私的通貨はアメリカの炭鉱でもよく使われた（scripと呼ばれる）。これもインターネットで多くの画像が見られるが，あちらでは，紙よりも金属製のものが多いようである。今ではコレクターズアイテムとして取引されているが，当時の労働者の苦労に思いをはせながら，どこでも通用する通貨のありがたみを考えてみる必要があろう。

アメリカでは，賃金のことをペイチェック（paycheck）と呼ぶように，小切手による支払いが広く普及している。これに対して日本では，一般人が日常生活で小切手を使うことはほとんどなく，通貨払いとは認められていない。とはいえ，さすがに現金だけでは不便なので，1970年代以降，銀行振込みが普及した。労基法24条はそれを想定していなかったので，当初はさまざまな議論がなされたが，1987年の法改正で，賃金の銀行振込みを許容するための規定が整備された。濫用を防止するために，労働者の意思にもとづき，本人が指定する本人名義の預貯金の口座に，かつ，支払日に確実に払い出しが可能となるように，という制限が付されている。

新聞報道によれば，今後，デジタル・マネーでの賃金支払いを可能とする方向で，法改正が検討されるようである。フィンテックの発展によって銀行の枠にとらわれない多彩なサービスが可能になる一方で，事業者の信頼性やセキュリティの問題など，課題も多々あるようである。時代にふさわしい便利さと，労働者の生活を守るためのセーフガードを，どのようにバランスさせながら制度がつくられるのか，注目しておきたい。

14 労働時間

労働時間は，労働者が行う労務給付の長さを画するものであり，賃金と並ぶ，最も基本的な労働条件である。生身の人間が働く以上，これが過度にわたって健康を害することのないようにすべきことは当然であるが，労働時間の規制はさらに，労働者の家庭や社会における生活時間との調和や，雇用機会の拡大（ワークシェアリング）といった観点からも，重要な意味をもっている。

労基法は，第４章「労働時間，休憩，休日及び年次有給休暇」において，広い意味での労働時間に関する諸規定をもうけている。これらのうち，本章では，１日および１週の労働時間数そのものに対する法律上の枠である，法定労働時間について論じる。これを超える時間外労働および時間規制の適用除外については，休憩・休日と合わせて次章で取り扱う。

労基法の法定労働時間は，かつては１日８時間・週 48 時間であったが，1987 年の改正で週の法定労働時間が引き下げられ，週 40 時間制となった。その一方で，ホワイトカラーの増加やサービス産業の拡大を踏まえ，従前の工場労働を念頭においた労働時間規制を柔軟化するために，変形労働時間制，フレックスタイム制，裁量労働制などが拡充された。また，かかる柔軟化措置の要件として，労働時間に関する事業場協定の数が著しく増加し，さらに，企画業務型の裁量労働制については労使委員会の設置が要求されるなど，労働時間の規制体系はかなり複雑化している。

さらに 2018 年の改正によって，時間外労働や適用除外に関する規定がいっそう複雑化し，労基法の第４章は迷宮のような状態となっているが，まずは労働時間規制の基本の姿を，正しく理解しておく必要があろう。

§1 労基法における労働時間の規制

労基法の労働時間規定は，1987 年の改正で大きな修正を受けた。その背景には，日本の労働者の長時間労働の是正が進まず，総労働時間が年 2100 時間あまりで停滞していたという事実がある。労使の取り組みが鈍い中，政府の方針として年 1800 時間程度にまで減らすという目標が示され，法による労働時間短縮（時短）政策が強く打ち出された。

労働時間が長くなる要因としては，①週休2日制の普及の遅れと，②時間外労働の多さが大きく作用していた。1987年改正は何よりも①に焦点をあて，それまで48時間であった週の法定労働時間を，完全週休2日制に対応する「40時間」と明記した（経過措置によって当初は週46時間であったが，1991年に週44時間，1994年に本来の週40時間となった）。

他方，②については，その後の改正で，休日労働や月60時間を超える時間外労働に対する割増率の引上げ，厚生労働大臣が時間外労働の限度等の基準を定める権限の法定等の措置がとられたが，十分な効果が上がらなかったため，2018年に，法律の中に絶対的な上限を定める改正がなされた（263頁を参照）。

なお，現在の年間総労働時間は1700時間台の半ばまで低下しているが，この数字は全労働者の平均であり，パートタイム労働者が増加したことによる影響が含まれている。

§2　法定労働時間

1　週40時間・1日8時間の原則

使用者は，労働者を，休憩時間を除き，1週間について40時間を超えて労働させてはならない（労基法32条1項）。また1週間の各日については，休憩時間を除き，1日8時間を超えて労働させてはならない（同条2項）。つまり，「週40時間・1日8時間」が法定労働時間である。

1987年改正以前は，1日8時間・週48時間と，1日単位を基本に法定労働時間が定められていた。これに対して現在では，週40時間を基本とし，それを週の各日に割り振るうえでの上限として1日8時間という数字が定められている。週40時間・1日8時間の基準は完全週休2日制を想定したものであるが，たとえば1日6時間で週6日，計36時間という制度ももちろん適法である。

法定労働時間を超える労働（時間外労働）は，労基法33条または36条の要件をみたした場合にのみ許される（261頁以下）。使用者が，かかる要件をみたさずに時間外労働をさせた場合には，労基法32条違反として刑罰が科される

(同 119 条 1 号)。

また，私法上も，法定労働時間を超える労働時間を定めた労働契約は，その部分が無効となり（就業規則や労働協約も同様)，代わりに法定基準によることとなる（同 13 条)。もっとも，後述する変形労働時間制を用いれば，その枠内で例外が認められる。

2　零細な商業・サービス業に関する特例

商業（労基法別表第 1 第 8 号)，映画演劇業（同 10 号。ただし映画製作を除く)，保健衛生業（同 13 号）および接客娯楽業（同 14 号）の事業のうち，常時 10 人未満の労働者しか使用しないものについては，労基法 40 条にもとづき，週の法定労働時間は 44 時間と定められている（労基則 25 条の 2 第 1 項)。これは，「公衆の不便を避けるために必要なものその他特殊の必要あるもの」としてもうけられた，恒常的な例外である。

§3　労働時間の概念

1　実労働時間と拘束時間

労基法上の規制対象となる労働時間は，使用者が実際に「労働させ」ている時間（実労働時間）であり，休憩時間は除外される（32 条 1 項・2 項)。休憩時間とは，労働者が労働義務から完全に解放されている時間を意味する。

労働者が具体的な作業を行っていなくても，業務が発生したときに直ちに作業を行えるよう待機している時間（手《て》待《まち》時間）は，労働時間である（客が来たときには即時に業務に従事しなければならない「休憩時間」が労働時間とされた事例として，すし処「杉」事件・大阪地判昭和 56・3・24 労経速 1091 号 3 頁，クアトロ事件・東京地判平成 17・11・11 労判 908 号 37 頁)。最高裁も，ビル管理人の仮眠時間について，実作業に従事していなくても労働からの解放が保障されておらず，労基法上の労働時間にあたると判断した（大星ビル管理事件・最 1 小判平成 14・2・28 民集 56 巻 2 号 361 頁)。

労働時間と休憩時間を合わせた，1 日の労働の開始から終了までの時間は，「拘束時間」と呼ばれる。休憩時間が異常に長い場合，労働時間は法定基準内であっても拘束時間が長くなって労働者の生活に悪影響を与えるが，労基法では拘束時間の規制はなされていない。ただ，自動車運転者については，特殊な勤務実態や疲労による交通事故の危険などの考慮から，拘束時間，運転時間，勤務と勤務の間の休息時間などの基準を定めた特別の指導が行われている（平成元・2・9労告7号「自動車運転者の労働時間等の改善のための基準」）。

2　所定労働時間

常時10人以上の労働者を使用する使用者は，就業規則に，始業および終業の時刻と休憩時間を定めなければならない（労基法89条1号）。また，就業規則作成義務のない使用者も，何らかの形でこれらを定めざるをえない。このような，あらかじめ定められた始業時刻から終業時刻までの時間を「所定就業時間」，そこから休憩を除いた時間を「所定労働時間」と一般に呼んでいる。

所定労働時間は，労働契約上，労働者が労務を提供する義務を負う時間である。所定労働時間が法定労働時間を超える場合には，その超える部分は無効となって労働義務が否定される（所定労働時間は法定基準内であっても，その前後に点検や清掃などの労働が義務づけられていて合計で法定労働時間を超えるならば，同様となる）。他方で，所定労働時間中でも遅刻や欠勤により労働がなされなかった時間は，労働時間に算入されない。

所定労働時間が法定労働時間よりも短い場合，所定労働時間外に労働（早出や残業）を行っても，法定労働時間に達するまでは労基法に抵触しないため，33条・36条による時間外労働の要件や，37条の割増賃金の支払いは不要である。このような労基法の枠内で行われる所定時間外労働を「法内超勤」という。しかし，法内超勤も本来の労働義務の範囲を超える以上，使用者がこれを命じるためには，労働契約上の根拠が必要であり，また，労働契約にもとづく追加的な賃金請求権も発生しうる。

3　労働時間の定義と判断例

⑴　**指揮命令下の時間**　　労基法の規制対象となる労働時間は，「労働者が使用者の指揮命令下に置かれている時間」と定義される（三菱重工業長崎造船所〈使用者側上告〉事件・最1小判平成12・3・9民集54巻3号801頁，前掲大星ビル管

理事件）。手待時間は，休憩時間と異なり，労働者が使用者の指揮命令下にとどまっているので，労働時間に含まれるのである。

学説では，企業外研修や小集団活動などを念頭におき，使用者の明示または黙示の指示によりその業務に従事すれば労働時間たりうるとして，「業務性」を補充的な判断基準として位置づける説が見られる（菅野478頁）。また，これをさらに推し進め，「使用者の関与」と「活動内容（職務性）」という相補的な2要件による説も主張されている（荒木184頁）。労働時間の判断基準を明確化する努力として有意義であるが，労働者がどのような労働をなすべきかは，労働契約の枠内で，使用者の指揮命令によって具体化するものであり，「業務」や「職務」もこれと無関係には存在しえない。抽象的ではあっても，使用者の指揮命令は，労働時間概念を統合する本質的な要素というべきであろう。

なお，労働者が使用者の指揮命令下に置かれたか否かという判断自体は客観的になされ，当事者の意思や労働契約・就業規則等の定めによって労基法上の労働時間を左右できるわけではない（前掲三菱重工業長崎造船所〈使用者側上告〉事件）。労働者が業務の準備行為等を事業所内で行う場合，それを使用者から義務づけられ，または余儀なくされたときは，特段の事情のない限り，使用者の指揮命令下に置かれたものと評価され，労働時間に該当する（前掲三菱重工業長崎造船所〈使用者側上告〉事件）。

⑵　**いくつかの具体例**　　労働時間か否かに関する若干の具体例を示せば，労働者が所定労働時間中に本来の職務を行っている時間（手待時間を含む）は，問題なく労働時間である。その準備・後片付け，報告，仕事の引継ぎ等の時間も，それを行うことを使用者から義務づけられ，または余儀なくされた場合には，やはり労働時間となる（所定労働時間の前後にそれぞれ30分，このような労働時間が認められた事例として，東京シーエスピー事件・東京地判平成22・2・2労判1005号60頁）。始業前の朝礼や体操なども，参加が義務づけられていれば労働時間となる。

就労にあたって作業服の着用や保護具の装着が義務づけられ，始業前・終業後に事業所内の更衣所で着脱を行うものとされていた場合，その着脱に要する時間および更衣所と作業現場との間の移動時間は，労働時間にあたる（前掲三菱重工業長崎造船所〈使用者側上告〉事件）。他方，事業所の入退場門から更衣所までの移動時間や，終業後の洗面・洗身・入浴の時間（使用者の義務づけや通勤上の特別の必要性がない場合），更衣所から入退場門までの移動時間は，労働時間に含まれない（三菱重工業長崎造船所〈労働者側上告〉事件・最1小判平成12・3・9労判778号8頁）。

なお，労働者が，始業時刻前の一定の時刻までに入門していることを義務づけられているとき，学説では，その時刻から使用者の指揮命令下に入ったので労働時間と考える見解（遅刻認定時説）も強いが，その時点から始業までの時間を労働者が自由に利用しうる限り，労働時間とはいえないであろう（住友電気工業事件・大阪地判昭和56・8・25労判371号35頁）。

所定労働時間外に行う販売促進活動や業務関連学習も，業務上の指示による場合は，やはり労働時間である（NTT西日本ほか事件・大阪地判平成22・4・23労判1009号31頁）。また，労安衛法で義務づけられている安全教育の時間や安全衛生委員会の会議は，労働時間に含まれる（昭和49・9・18基発602号）。

ビル管理人等の「仮眠時間」は，その時間中も警報等への対応を義務づけられていれば，労働時間にあたる（前掲大星ビル管理事件）。ただ，実作業に従事する必要が生じることが皆無に等しい場合には，実質的に労働の義務づけがされておらず労働時間にあたらないと判断されることもある（ビル代行事件・東京高判平成17・7・20労判899号13頁，ビソー工業事件・仙台高決平成25・2・13労判1113号57頁）。

住み込みのマンション管理人が，所定労働時間の前後の一定時間帯に，使用者の指示により，照明の点消灯，冷暖房装置の操作，住民や外来者への対応などの断続的な業務に従事していた場合，同時間帯は，管理人室の隣の居室で過ごした不活動時間（実作業に従事していない時間）も含めて，使用者の指揮命令下に置かれていたものであり，労働時間にあたる（大林ファシリティーズ（オークビルサービス）事件・最2小判平成19・10・19民集61巻7号2555頁）。他方で，この事件では，所定労働時間内に病院への通院や犬の散歩を行った時間は，業務と関係のない私的な行為であり，労働時間にあたらないとされた。

⑶ **賃金請求権との関係**　ある時間が労基法上の労働時間であるからといって，賃金請求権が当然に発生するわけではない。賃金をどのように決めるかは基本的に労働契約の問題であり，当該労働契約において，その時間に対して

いかなる賃金を支払うものと合意されているかによって定まることになる（前掲大星ビル管理事件。有償双務契約としての性質から，通常は労基法上の労働時間であれば労働契約上も賃金支払い対象時間となると指摘しつつ，問題となった仮眠時間について，これを否定）。ただし，その時間が労基法上の労働時間とされることにより，労基法37条による法律上の時間外労働や深夜労働に対する割増賃金の支払義務が発生する場合には，使用者はその支払いを免れない（267頁を参照）。

4　労働時間の把握・管理

労基法による労働時間規制の当然の前提として，使用者は，各労働者の労働時間をきちんと把握し，適正に管理する責務を負う。使用者が調製を義務づけられる賃金台帳においても，各労働者の「労働時間数」は必要的記載事項に含まれる（労基法108条，労基則54条1項）。

しかし，実際には，使用者が労働時間の把握・管理を適正に行わず，その結果，長時間労働やサービス残業の問題が生じることが珍しくない。そこで厚生労働省は，2001年の通達を補充・アップデートする形で，2017年に「労働時間の適正な把握のために使用者が講ずべき措置に関するガイドライン」（平成29年1月20日策定）を発した。そこでは，①使用者は労働者の労働日ごとの始業・終業時刻を確認・記録すること，②その方法としては，使用者が自ら現認またはタイムカード等の客観的な記録を基礎として確認し，適正に記録すること，③自己申告制をとらざるをえない場合には，適正な運用がなされるよう労働者および管理者に十分な説明を行ったうえで，申告時間の正確性につき必要に応じて実態調査と補正を行い，かつ申告時間数の上限をもうけるなど労働者による適正な申告を阻害する措置を講じてはならないこと，等が定められている（なお，§5で述べる「みなし労働時間制」や，労基法41条2号の管理監督者〔271頁参照〕の場合は，実際の労働時間の把握が求められないので，本ガイドラインでも対象外とされている。ただし，使用者はこれらの者についても，健康確保のために適正な労働時間の管理を行わなければならない）。

割増賃金等の支払いを求める訴訟において，現実の労働時間数をめぐる争いが生じた場合，裁判所は，証拠に照らして合理的な時間数を推認せざるをえない（銀行員が「黙示の指示」により毎日少なくとも午後7時までは時間外労働を行っていたと認定された事例として，京都銀行事件・大阪高判平成13・6・28労判811号5頁)。タイムカードの記録については，必ずしも労働時間数と一致しないとして否定的な態度をとった裁判例もあるが，近年は，これにもとづく労働時間数の算定を認める裁判例が多い。また，パソコンのログデータにもとづき労働時間の算定がなされることもある（PE & HR事件・東京地判平成18・11・10労判931号65頁，十象舎事件・東京地判平成23・9・9労判1038号53頁)。

§4　変形労働時間制とフレックスタイム制

1　両制度の意義

労基法では，法定労働時間枠の修正型として，1ヵ月単位（32条の2)，1年単位（32条の4)，1週間単位（32条の5）という3種の変形労働時間制と，フレックスタイム制（32条の3）を定めている。

⑴　変形労働時間制　　変形労働時間制とは，一定の期間を単位とし，期間中の週平均労働時間が週の法定労働時間（40時間）を超えないことを条件として，1週あるいは1日の法定労働時間を超える所定労働時間の設定を許容する制度である。この場合，超えた時間はあくまで変形された法定労働時間の枠内であり，時間外労働には該当しない。つまり，各週・各日ごとに固定的に週40時間・1日8時間を適用する代わりに，単位期間を通じた法定労働時間数の総枠がもうけられ，その枠内で各週・各日については法定労働時間の弾力的な配分が可能となるのである（なお，1ヵ月および1年の単位はいずれも最長でという意味であり，それよりも短い期間を単位とすることは差し支えない)。

このような変形労働時間制は，業務のサイクルが週40時間・1日8時間の枠組に適合しない場合のための柔軟化措置であるが，同時にそれは，事業の繁閑に合わせて労働時間を効率的に配置することによって時間外労働を削減し，総労働時間の短縮をもたらすという積極的な意義をもちうる。しかし他方で，労働時間が集中する時期に負担が過重になる危険があり，また，労働時間の不規則さが労働者の生活に与える影響も考慮しなければならない。

それぞれの変形労働時間制の要件については以下に述べるが，いずれの場合にも，使用者は，育児・介護を行う者，職業訓練・教育を受ける者，その他特別の配慮を要する者について，必要な時間を確保できるよう配慮しなければならない（労基則12条の6）。

⑵　**フレックスタイム制**　　フレックスタイム制は，3ヵ月以内の一定期間（清算期間と呼ばれる）に働くべき総時間数を決めたうえで，各日の始終業時刻を個々の労働者の決定に委ねる制度である。単位期間における法定労働時間の総枠内で弾力的な時間配分がなされるところは変形労働時間制に類似するが，フレックスタイム制では，各日・各週の法定時間枠そのものがなくなる点が，決定的に異なる（ただし，清算期間が1ヵ月を超える場合には，月平均で50時間以内という制限がかかる）。使用者ではなく，労働者自身が各日の労働時間数を決めるところにフレックスタイム制のポイントがあり，職務と個人生活との調和をはかるうえで有効な制度といえよう。

⑶　**特例との関係**　　労基法40条による週44時間制の特例（239頁）が適用される事業の場合，1ヵ月単位の変形労働時間制およびフレックスタイム制に関しては，週40時間に代えて44時間を基礎とすることができる（労基則25条の2第2項・3項）。しかし，1年単位および1週間単位の変形労働時間制は，週40時間制を前提としているため，特例の適用は否定される（同4項）。

2　1ヵ月単位の変形労働時間制

⑴　**内容と特徴**　　使用者は，事業場協定または就業規則で，1ヵ月以内の一定期間を変形の単位とし，その期間を平均して1週間あたりの労働時間が40時間を超えない定めをした場合には，特定の週に40時間を超えて，または特定の日に8時間を超えて，労働させることができる（労基法32条の2第1項）。

これは変形労働時間制の基本型というべきものであり，交替制の事業や運輸業などで多く利用されている。変形後における各週・各日の労働時間の上限は，特に定められていない。また，事業場協定の締結が必須ではなく，使用者が就業規則により採用することができる点も（就業規則の作成義務のない常時10人未満の事業場については「その他これに準ずるもの」でも可能），特色といえる。

かつては変形期間の上限が4週間とされていたが，業務の周期や賃金計算が月単位となることが多いため，1987年改正で1ヵ月単位に拡大された。1ヵ月を単位とした場合，労働時間数の総枠は月の日数によって変わり，たとえば

31日の月では177.1時間（40×31／7）となる。

⑵ **就業規則と事業場協定**　就業規則によってこの変形制を採用する場合，使用者は，変形期間における各週および各日の労働時間を具体的に特定しておかなければならない。また，就業規則に各日の始終業時刻を規定する義務（労基法89条1号）も免れない。

業務の実態から固定的な定めができず，月ごとに勤務割を作成する必要がある場合には，就業規則に一定の基本的事項や手続を定めておけば，各日の勤務割を変形期間の開始前までに特定することが認められる（昭和63・3・14基発150号）。ただし，作成される勤務割の内容，作成時期や手続に関する就業規則の定めなどから見て，各週および各日の所定労働時間の特定が十分になされたと評価しうるものでなければならない（前掲大星ビル管理事件。「特定」要件に欠けるとして変形制の効力が否定された事例として，JR東日本事件・東京地判平成12・4・27労判782号6頁，岩手第一事件・仙台高判平成13・8・29労判810号11頁）。

事業場協定による場合には，変形期間における各週・各日の労働時間の特定を，協定の中で行うべきことになる。この方式は1998年の法改正で追加されたものであるが，事業場協定を締結した場合，使用者はそれを労働基準監督署長に届け出なければならない（労基法32条の2第2項）。

⑶ **変形の効果**　この変形労働時間制がとられた場合，時間外労働となるのは，①8時間を超える労働時間を定めた日についてはその時間を超えて労働した時間，それ以外の日については8時間を超えて労働した時間，②40時間を超える労働時間を定めた週についてはその時間を超えて労働した時間，それ以外の週については40時間を超えて労働した時間（いずれの場合も，①により時間外労働とされた時間を除く），および，③変形期間における法定労働時間の総枠を超えて労働した時間（①または②により時間外労働とされた時間を除く）である。

3　1年単位の変形労働時間制

⑴ **内容と特徴**　使用者は，事業場協定で一定の事項を定めた場合には，1年以内の期間を平均して1週間あたりの労働時間が40時間を超えない範囲内で，特定の週に40時間を超えて，または特定の日に8時間を超えて，労働させることができる（労基法32条の4第1項）。

これは，季節などの長期的な業務の繁閑に対処し，年間計画によって効率的な時間配分を可能にするためにもうけられた制度であり，ことに休日増による労働時間の短縮が意図されている。しかし，変形期間が長期になる分，濫用防止のために，事業場協定の締結が要件とされ（届出義務もある。同条4項），かつ，後述のような変形の限度がもうけられている。

⑵ **事業場協定**　事業場協定で定める事項は，①変形制が適用される労働者の範囲，②変形の単位となる1年以内の「対象期間」（最短でも1ヵ月を超えることが必要），③対象期間の中で特に業務が繁忙となる「特定期間」，④対象期間における労働日および各労働日ごとの労働時間，⑤有効期間（労働協約による場合は不要），である（労基法32条の4第1項，労基則12条の4第1項）。

ただし，④については，対象期間を1ヵ月以上の期間ごとに区分し，最初の区分期間に関して労働日および各労働日の労働時間を定めた場合には，以後の各区分期間については，期間中の労働日数および総労働時間だけを定めればよい。長期にわたる対象期間の全体につき，あらかじめ具体的な特定を要求することが困難を伴うことを考慮した緩和措置である。この場合，使用者は，各区分期間が開始する日の30日前までに，当該期間中の労働日および労働日ごとの労働時間を，過半数労働組合ないし過半数代表者の同意を得たうえで，書面により定めなければならない（労基法32条の4第2項）。

⑶ **変形の限度**　変形の限度は，次の3つの側面から定められている（同条3項，労基則12条の4第3項～5項）。

第1に，対象期間における労働日数の上限は，1年あたり280日として比例計算した日数である（対象期間が3ヵ月を超える場合にのみ適用）。

第2に，1日および1週間の労働時間の上限は，1日10時間・週52時間である。ただし，対象期間が3ヵ月を超える場合には，(a)対象期間を通じて，労働時間が48時間を超える週が4つ以上連続せず，かつ，(b)対象期間を初日から3ヵ月ごとに区分した各期間の中に，労働時間が48時間を超える週（の初日）が4つ以上含まれないこと，という制限が付加される。

第3に，連続して労働させる日数の限度は，業務が繁忙な特定期間については週に1日の休日が確保される日数（つまり最大で12日），それ以外の期間については6日である。

⑷　**変形の効果**　　この変形制のもとで時間外労働となる時間は，1ヵ月単位の変形制の場合と同じ考え方によって，①1日，②1週，③変形期間，の3段階で決定される。なお，長期にわたる労働時間の変形により時間外労働の必要性は減少するはずなので，36協定による時間外労働の限度時間（労基法36条3項・4項）は，1年単位の変形制（変形期間が3ヵ月を超えるものに限る）がとられている場合，通常よりも短い時間とされている（263頁）。

1年単位の変形制は，期間途中での採用や退職等により対象期間の一部しか勤務しない労働者にも適用される。ただし，そのような労働者が勤務した期間の労働時間が平均で週40時間を超える場合には，使用者は，その超えた時間分（変形の枠内であれば時間外労働に該当しない）に，時間外労働に対する法定割増賃金と同額の割増賃金を支払わなければならない（同32条の4の2）。

4　1週間単位の非定型変形労働時間制

1週間単位の変形労働時間制は，日ごとの業務に著しい繁閑が生じることが多く，これを予測したうえで各日の労働時間を特定しておくことが困難な，一定の事業のみを対象とする特殊な制度である（労基法32条の5第1項）。具体的には，小売業，旅館，料理店および飲食店で，常時30人未満の労働者しか使用しないものについて認められている（労基則12条の5第1項・2項）。

そのような事業で事業場協定を締結すれば（届出義務もある。労基法32条の5第3項），使用者は，1日8時間を超えて10時間まで労働させることができる。労働時間の配分は，1週の枠内で，かつ，上限付きで弾力化されるにすぎないが，各日の労働時間を就業規則等により特定しておく必要はないという「非定型」性に特徴がある。この場合，事業場協定では週の所定労働時間の総枠のみを規定し，使用者は，当該1週間が開始する前に，各日の労働時間を書面により労働者に通知すればよい（同2項，労基則12条の5第3項。なお，緊急でやむをえない事由がある場合には，前日までに書面により変更できる）。ただし，使用者は労働時間を定めるにあたり，労働者の意思を尊重するよう努めなければならない（労基則12条の5第5項）。

5　フレックスタイム制

(1)　内容と特徴　　フレックスタイム制（労基法32条の3）は，各日の始業時刻および終業時刻（ひいては労働時間数）を，個々の労働者が決定する制度である。つまり，労使間で，一定の期間（清算期間）に労働者が労働すべき総時間数を定めておき，それをどの日に何時間働くかについては，労働者自身に委ねるのである。1日のうちで労働者が必ず労働しなければならない時間帯（コアタイム）や，労働することのできる時間帯（フレキシブルタイム）を定めることもできるが，一切自由としてもよい。ただし，フレックスタイム制のもとでも，労働時間の規制はかかるので，使用者は，各労働者の各日の労働時間を把握しておかなければならない（昭和63・3・14基発150号）。清算期間の上限は，以前は1ヵ月であったが，2018年の法改正で，3ヵ月に延長された。

(2)　就業規則と事業場協定　　フレックスタイム制を採用する使用者は，就業規則（作成義務のない事業場では「その他これに準ずるもの」も可）に，各労働者の始業および終業の時刻を当該労働者の決定に委ねることを定めたうえで，事業場協定を締結しなければならない。

事業場協定で定める事項は，①適用対象となる労働者の範囲，②清算期間（3ヵ月以内に限る），③清算期間における総労働時間（労働すべき時間数），④標準となる1日の労働時間（年休の際の計算の基準となる），⑤コアタイムを定める場合には，その開始・終了時刻，および，⑥フレキシブルタイムを定める場合には，その開始・終了時刻，である（労基法32条の3第1項，労基則12条の3）。

③の総労働時間数は，期間を平均した1週あたりの時間数が，週の法定労働時間（特例を除き40時間）を超えてはならない。つまり，清算期間における法定労働時間の総枠が上限となる。なお，⑥のフレキシブルタイムが極端に短く，労働者の決定の余地がほとんどない場合には，労基法上のフレックスタイム制とは認められない。労働者が始業時刻・終業時刻のいずれか一方しか決定できない場合も，同様である。

以上が基本的な要件であるが，清算期間が1ヵ月を超える場合には，清算期間の開始日から1ヵ月ごとに区分した各期間の平均で週労働時間が50時間以内という限定が付加され（労基法32条の3第2項），また，事業場協定の届出義務も発生する（同4項）。

⑶ 効 果　フレックスタイム制がとられた場合，労働者が，1週や1日の法定労働時間を超えて労働しても，直ちに時間外労働とはならない。労働者自身が各日の労働時間を決定することから，1週および1日の労働時間規制は排除され，ただ，清算期間における法定労働時間の総枠（清算期間を1ヵ月と定めた場合，31日の月であれば40×31／7＝177.1時間）を超えた場合にのみ，時間外労働が成立する。事業場協定で定めた総労働時間が，法定労働時間の総枠を下回っている場合，総労働時間を超えて法定労働時間の総枠に達するまでの労働は，法内超勤となる。

ある清算期間中に総労働時間分の労働がなされなかった場合に，使用者が当該期間の賃金はそのまま払っておき，不足時間（借り時間）分を次の清算期間の総労働時間に上乗せすることは，それが法定労働時間の総枠内である限り適法である。逆に，総労働時間を超えて労働した時間（貸し時間）分を，当該清算期間の賃金はそのままにしておいて，次の清算期間の総労働時間に充当することは，たとえ法定労働時間の総枠内であっても賃金全額払いの原則に反するので許されない，というのが行政解釈の立場である（昭和63・1・1基発1号。これに対する批判として，菅野515頁）。

§5　労働時間算定の特別規定

1　労働時間の通算

労働者が複数の事業場で労働する場合，労基法上の労働時間規定の適用にあたって，各事業場での労働時間は通算される（労基法38条1項）。したがって，複数の事業場での労働を合計して週40時間または1日8時間を超える部分は，時間外労働となる。

この規定は，同一使用者の複数事業場での労働のみならず，事業主を異にする場合にも適用される（昭和23・5・14基収769号）。派遣労働者が複数の事業場に派遣される場合も同様である（昭和63・6・6基発333号）。立法論として疑問との意見もあるが，使用者としては，労働者の他企業での労働に注意が必要である（誰が違反者となるのかにつき，有泉283頁を参照）。

2　坑内労働の坑口計算制

坑内労働では，その特殊な労働環境から，労働者が坑口に入った時刻から坑口を出た時刻まで，休憩時間も含めてすべて労働時間とみなされる（労基法38条2項。ちなみに，坑内での休憩時間は，労働時間とみなされる反面で，一斉付与および自由利用の原則が排除される。259頁参照）。坑内労働者が坑外で行った労働は，坑口計算の労働時間とは別に，労働時間に加算される。

3　事業場外労働のみなし時間制

(1)　趣旨と所定労働時間のみなし　　営業や取材などで，労働者が事業場の外で業務を行う場合，使用者の直接の指揮監督下を離れるために，労働時間の把握が困難となることが多い。労基法は，このような場合，原則として「所定労働時間労働したものとみなす」としている（38条の2第1項本文）。

これが適用されるのは，事業場外労働のうち「労働時間を算定し難い」場合のみであり，管理者の随行や無線の指示などにより使用者の具体的な指揮監督が及んでいる場合は含まれない（昭和63・1・1基発1号。海外旅行の添乗員について，旅行日程によって詳細に業務内容が定められ，変更時には個別の指示や事後報告がなされていたことから，労働時間を算定しがたいとはいえないとされた事例として，阪急トラベルサポート〈第2〉事件・最2小判平成26・1・24労判1088号5頁）。

みなしの対象となるのは事業場外での労働であり，労働時間の一部を事業場内で労働する場合には，その部分の労働時間を別途に把握しなければならない（昭和63・3・14基発150号）。ただ，事業場内労働が所定労働時間いっぱいに達しない限り，結果的に，両者を合計して所定労働時間労働したものとみなされることになる。

(2)　通常必要とされる時間のみなし　　業務を遂行するために，いつも（通常）所定労働時間を超えて労働することが必要という場合にまで，所定労働時間労働したものとみなすのは不当であるから，その場合は「当該業務の遂行に通常必要とされる時間」労働したものとみなされる（労基法38条の2第1項但書）。それが何時間になるかは，個々の事情に応じて客観的に決定していかざるをえない。

ただ，その点について労使が合意しうる場合には，事業場協定で「当該業務の遂行に通常必要とされる時間」を定めることができる（同条2項）。事業場協定による定めは，所定労働時間数を超えることが前提となっていることに注意を要する。事業場協定は，そこで定められた時間が法定労働時間を超える場合にのみ届出が必要である（同条3項，労基則24条の2第3項）。ただし，この場合には，時間外労働として別途に36協定の締結・届出が必要であるから，それに付記することもできる（同24条の2第4項）。

4 裁量労働のみなし時間制（専門業務型）

⑴ 趣旨と対象業務　研究開発やデザイナー，プロデューサーのように高度に知的で専門的な業務においては，使用者が具体的な指示を行わず，時間配分も含めてその遂行方法を大幅に労働者自身の裁量に委ねることが，しばしば必要となる。このような場合，使用者が個別的に時間管理を行うことが困難であるため，裁量労働に関する「みなし時間」制がもうけられ（労基法38条の3），事業場協定によって，実際の労働時間数にかかわらず一定の時間働いたものとみなすことが認められている。

この制度の対象となるのは，裁量性ゆえに具体的指示が困難なものとして命令で定める業務に限られる。すなわち，①新商品・新技術の研究開発または人文・自然科学の研究，②情報処理システムの分析・設計，③新聞・出版・放送における取材・編集，④衣服・室内装飾・工業製品・広告等の新たなデザインの考案，⑤放送番組・映画等の制作におけるプロデューサー・ディレクター，⑥その他，厚生労働大臣の指定する業務（コピーライター，システムコンサルタント，証券アナリスト，大学での教授研究，公認会計士，弁護士，弁理士，税理士など，14の業務が指定されている），である（労基則24条の2の2第2項，平成9・2・14労告7号。「税理士の業務」は法令にもとづく税理士の業務を意味し，補助的業務はこれに該当しない。レガシィほか1社事件・東京高判平成26・2・27労判1086号5頁）。

⑵ 事業場協定　事業場協定では，対象業務，みなし時間数のほかに，その業務遂行手段・時間配分決定等に関して「使用者が具体的な指示をしないこと」を明記し，さらに，労働者の健康・福祉を確保するための措置と，労働者からの苦情の処理に関する措置を講ずる旨を定めなければならない。もちろん，過半数代表者による事業場協定の締結にあたっては，適法な手続により選出が

なされる必要がある（選出手続が不明で不適法とされた事例として，乙山彩色工房事件・京都地判平成29・4・27労判1168号80頁）。

事業場協定に定めるみなし時間は，1日あたりの時間数とされている（昭和63・3・14基発150号。なお，菅野521頁は，1週の労働時間についても認められるべきであるとする）。使用者は，事業場協定につき，届出義務を負う（労基法38条の3第2項）。また，みなし時間数が法定労働時間を超える場合には時間外労働となるので，そのための手続（同36条）が別途に必要である。

5　裁量労働のみなし時間制（企画業務型）

⑴　制度の概要　1998年の法改正で，特別の専門的技能を持つわけではないが，企業における事業運営上の中枢的な業務（企画・立案・調査・分析）で自律的に働くホワイトカラー労働者を想定した，第2のタイプの裁量労働のみなし時間制が導入された（労基法38条の4）。その要件として，事業場協定ではなく恒常的な労使委員会の設置を求めている点に，大きな特徴がある。

当初，この制度を採用できるのは，本社など「事業運営上の重要な決定が行われる事業場」に限られていたが，2003年の法改正により，対象業務が存在するすべての事業場で利用が可能となった。そのような事業場で，使用者および当該事業場の労働者を代表する者を構成員として「賃金，労働時間その他の当該事業場における労働条件に関する事項を調査審議し，事業主に対し当該事項について意見を述べることを目的とする委員会」（労使委員会）が設置され，その委員会が委員の5分の4以上の多数による決議（2003年改正で全員一致から5分の4に緩和）を行い，かつ，使用者がその決議を労働基準監督署長に届け出た場合に，労働時間のみなしが認められる。

⑵　労使委員会の決議　労使委員会の決議においては，①対象業務，②対象労働者の範囲，③労働時間として算定される時間，④対象労働者の健康・福祉確保のための措置，⑤対象労働者からの苦情処理に関する措置，⑥当該労働者の同意要件と不同意者に対する不利益取扱いの禁止，⑦その他命令で定める事項（決議の有効期間，労働者ごとの記録の保存），を定めなければならない（38条の4第1項，労基則24条の2の3第3項）。

①および②に関して，みなし制度の適用対象となるのは，「事業の運営に関

する事項についての企画，立案，調査及び分析の業務」のうち，「当該業務の性質上これを適切に遂行するにはその遂行の方法を大幅に労働者の裁量に委ねる必要があるため，当該業務の遂行の手段及び時間配分の決定等に関し使用者が具体的な指示をしないこととする業務」であり，かつ，そのような対象業務を「適切に遂行するための知識，経験等を有する労働者」でなければならない（職務経験のない新人などは不可）。また，⑥により，個々の労働者がみなし時間制の適用を拒否する権利を有する点に，注意が必要である（専門業務型にはこのような同意要件はない）。なお，使用者は，④の措置の実施状況その他命令で定める事項について，定期的に労働基準監督署長に報告することを義務づけられている（38条の4第4項）。

⑶　**労使委員会の意義と要件**　　労使委員会は，労基法38条の4で初めてもうけられた独自の組織であり，その要件に関しては同条2項（および労基則24条の2の4）が定めをおいている。第1に，労使委員会の委員のうち半数は，過半数組合があればその組合，過半数組合がない場合には過半数代表者によって，任期を定めて指名された者でなければならない（他の半数については，使用者が指名することができる）。第2に，労使委員会の議事について議事録を作成・保存するとともに，その内容について労働者への周知がはかられていることが必要である。第3に，その他命令で定める要件（委員会の運営に関する規程の存在）をみたすことが求められる。

労使委員会は，企画業務型裁量労働のみなし時間の問題にとどまらず，広く「事業場における労働条件に関する事項」を調査審議して事業主に意見を述べることを目的とする，恒常的な機関である。労基法で要求される事業場協定のうち，労働時間や休暇に関するものについては，労使委員会の委員の5分の4以上の多数による決議によって代替することが認められている（38条の4第5項，49頁を参照。なお，後述する労働時間等設定改善法の要件をみたす労働時間等設定改善委員会の決議にも，同様の効力が認められている。同法7条）。

労使委員会を，いわゆる従業員代表制への布石と見ることもできるが，労働者側の委員について選挙がなされるわけではなく，また，当初はあった，指名された委員に対する事業場の労働者の過半数による信任の要件も，設置の容易化のために2004年改正で撤廃されている。2018年の法改正で，高度プロフェッショナル制度についても労使委員会の決議が要件とされることとなったことでもあり（41条の2。273頁を参照），事業場の労働者を適正に代表するシステムについて，本格的な検討がなされるべきであろう。

§6　労働時間等設定改善法

かつて1987年の労基法改正では，法定労働時間を週40時間に引き下げるなど，「労働時間の短縮」が重要な目標とされた。しかし，取引先からの圧力や同業者との競争など，個々の企業の努力のみによっては達成困難な面があるため，社会的な環境を整備するための方策として，1992年に「労働時間の短縮の促進に関する臨時措置法」（時短促進法）が制定された。その後，働き方の多様化が進む中で，全労働者に一律の時短目標を掲げることは必ずしも時宜に適さなくなったとして，同法は，2005年に，「労働時間等の設定の改善に関する特別措置法」（労働時間等設定改善法）へと改変された。

この法律は，事業場における労働時間等の設定を，個々の労働者の健康や生活に配慮したものへと改善することを目的とするものであり，①厚生労働大臣による労働時間等設定改善指針の策定（4条），②事業主による労働時間等設定改善実施体制の整備（労働時間等設定改善委員会の設置など）の努力義務（6条），③複数の事業主による共同の労働時間等設定改善実施計画の承認（8条。独禁法との抵触に関する調整につき10条を参照），が柱となる。

ここでいう「労働時間等の設定」は，労働時間，休日数，年次有給休暇を与える時季，深夜業の回数，終業から始業までの時間，その他労働時間等に関する事項を定めることを意味する（1条の2第2項）。事業主は，労働者の労働時間等の設定の改善を図るために必要な措置を講じる努力義務を負うとともに（2条1項。「健康及び福祉を確保するために必要な終業から始業までの時間の設定」，いわゆる勤務間インターバル制度も，措置の例示に含まれている），健康の保持に努める必要がある労働者への特別の努力義務や，育児・介護を行う労働者，単身赴任者，教育訓練受講者などへの配慮も要求される（同条2項）。

Brush up　勤務間インターバル？

勤務間インターバルというのは，1日の終業時刻から翌日の始業時刻までの時間のことである。長時間の残業の後に翌日勤務を開始し，あるいは，交替制の当番の変更がうまくいかず「連直」などとなると，インターバルが不十分になり，睡眠時間などが失われる。その確保のための時間規制の動きが，日本でもようやく始まった。

もともとヨーロッパでは，こうした時間を「夜間休息（repos de nuit）」と称して，女性と年少者の労働時間保護のために法制化する国があった。しかし，1993年（2000年に改正）のEU労働時間指令では，これを一般的な規制にして，「1日の休息時間」を少なくとも連続11時間とすることを定め，各国にその実施を求めた。そこで，フランス，ドイツなど各国で，11時間の「日休」制が法律上義務づけられた。この考え方では，休息には週の休息と1日の休息の2つがあり，前者が日本でいう週休であって，後者が「日休」となるはずだが，日本では勤務間インターバルと称されている。

「働き方改革」では，勤務間インターバルが取り入れられたが，まだ緒に就いたばかりである。一般の労働者においては，事業主の「責務」として終業から始業までの時間の設定に努めなければならないとするにとどまっているし（労働時間設定改善法2条1項），高度プロフェッショナル制度の対象労働者について，4つの健康確保措置の1つとして「始業から24時間を経過するまで」の一定時間以上の休息時間の確保が求められるにすぎない（労基法41条の2第1項5号イ）。実情でも，すでに制度を導入している企業（従業員30人以上）は1.8％にすぎず，89.1％が導入を検討していないといわれる（厚労省「平成30年就労条件総合調査」）。また，医師の時間外労働の限度の改正議論では，勤務間インターバルは，時間外労働の規制を緩やかにして長時間労働を許容する代わりの，見返りとして用いられる傾向があり，制度趣旨がゆがめられる心配がある。

「勤務間インターバル」という言い方は，週休2日制を「週5日勤務制」といいかえるのに似て，発想の乏しさを感じる。ヨーロッパの，週休は週に最低1日，「日休」は日に最低11時間とする考え方は，明快かつ痛快とさえいえる。休むこと自体の意義を主張して，「日休」の考え方を定着させるべきではないだろうか。

15　休憩・休日・時間外労働

休憩および休日は，労働時間に密接に関連する事項であり，労基法第４章には，法定労働時間とともに，これらに関する規定がもうけられている。

休憩は，１日の拘束時間の中で，労働者が連続的な労働から解放される時間である。また休日は，週の中で連日の労働から解放されるための日である。宗教上の安息日を起源として，特定の曜日を休日と定める国もあるが，労基法はそのような限定をしていない。

これら２つは，次章で述べる休暇との連続の中で，大きく「休息」ないし「自由時間」として位置づけることができる。休憩および休日は，その単位が日か週かに違いはあるが，いずれも労働者が労働義務の拘束を脱し，自分自身のための時間に立ち帰るという目的をもっているからである。

労基法における休憩・休日の規定は，そのような労働者自身のための時間の最低基準を定めるものである。また，かかる観点からすれば，週および１日の法定労働時間も，それを超える時間は労働者自身のために確保する趣旨を含んでいる。

これに対して，時間外労働および休日労働は，法により労働者自身のものとして確保されているはずの自由な時間に，労働に従事させるものである。業務の運営上，それが必要な場合があることはいうまでもないが，例外であるはずの時間外・休日労働が恒常化し，しばしば過労死やメンタルヘルスの問題を引き起こしているのも，わが国の現実である。

2018年の「働き方改革」による法改正では，時間外労働に対する規制が強化される一方で，新たな適用除外の制度ももうけられた。その意味でホットな領域であるが，その奥に，将来のあるべき労働社会を見すえた理念はあるのだろうか。

§1　休　　憩

1　休憩時間の長さと位置

使用者は，労働時間が6時間を超える場合には45分以上，8時間を超える場合には1時間以上の休憩時間を，労働時間の途中に与えなければならない（労基法34条1項）。したがって，1日の所定労働時間が8時間であれば休憩時間は45分でよいが，時間外労働をさせる場合には，全部で1時間の休憩を与えなければならない。

休憩時間の位置は，労働時間の途中であればどこでもよく，また，休憩時間を分割して与えることも禁止されていない。ただし，休憩時間のうちある程度まとまった時間を，食事時間として与えるのが通常である（外国では，食事時間として30分以上といった基準を定める例もある）。

2　一斉付与の原則

休憩時間は，一斉に与えなければならない（労基法34条2項）。業務継続により邪魔されず，同僚にも気兼ねなく休めるようにして，休憩の効果をあげるためである。ただし，一定のサービス業については，後述のように，特例が認められている（同40条，労基則31条）。また，それ以外の事業においても，事業場協定に定めがあれば，一斉に与えなくてもよい（労基法34条2項但書）。

3　自由利用の原則

使用者は，休憩時間を自由に利用させなければならない（労基法34条3項）。労働から完全に解放されるという休憩時間の趣旨を保障するための規定である。

この原則から，労働者は休憩時間中に労働義務から解放されるだけでなく，労働場所から離れる自由も保障されなければならない。休憩時間中の外出も原則として自由であり，使用者は合理的な理由がある場合にのみ，届出制など必要最小限の規制を加えることができる。

使用者が休憩時間の利用の方法や場所について合理性のない規制を及ぼすことは，休憩時間付与義務の債務不履行となり，この場合に使用者は労働者が被った肉体的・精神的損害について慰謝料の損害賠償責任を負う（住友化学事件・最3小判昭和54・11・13判タ402号64頁）。

また，単に休憩時間の自由利用を妨げているだけでなく，手待時間にあたると判断される場合には，労働時間に該当し，これに対して賃金の支払いが必要となる可能性が高い（242頁参照）。また，この結果，時間外労働が生じる場合には，割増賃金の支払い（労基法37条1項）も必要である。

ただし，休憩時間中といえども，労働者が事業場の中で過ごす場合には，施設管理上の必要性や服務規律に関する規制を受ける（自由利用だからといって立入禁止の場所に入ってよいわけではない）。事業場内でのビラ配布につき事前許可制や届出制がとられているときに，これに違反して休憩時間中にビラ配布を行うことの可否が争われた事案もあるが，判例は，休憩時間中の無許可ビラ配布に対する懲戒処分は労基法34条3項に違反しないとの立場をとっている（目黒電報電話局事件・最3小判昭和52・12・13民集31巻7号974頁）。

4　休憩の特例

労基法は，事業の性格から原則どおりに休憩時間を与えることができない場合のために，いくつかの特例をもうけている。

第1に，坑内労働については，休憩時間の一斉付与の原則と自由利用の原則が排除される（労基法38条2項但書）。第2に，旅客・貨物運送業，商業，旅館・飲食店などのサービス業については，一斉付与の原則が排除される（同40条，労基則31条。これらの事業においては，労基法34条2項但書の事業場協定は不要となる）。第3に，児童養護施設などの職員については，自由利用の原則が排除される（労基則33条）。第4に，運送・郵便事業では，休憩時間付与義務の例外がある（同32条）。

§2　休　　日

1　週休制の原則

使用者は，労働者に対して毎週少なくとも1回の休日を与えなければならない（労基法35条1項）。休日とは，労働契約上あらかじめ労働義務がないとされている日をいう。一般には日曜日を休日としている企業が多いが，日曜日以外を休日とすることも差し支えない。また，法律で定められた国民の祝日についても，それを休日とするか否かは自由である。

週休2日制がとられている場合は，そのうち1日のみが，労基法35条により義務づけられた「法定休日」となる。他方，もう1日は，労基法35条の基準を超える「法定外休日」である。また，国民の祝日や，会社の創立記念日，年末年始，お盆なども，あらかじめ不就労日とされていれば休日であり，通常は法定外休日となる。

労基法上の休日は，原則として暦日（午前零時から午後12時まで）で与えなければならない。ただし，交替制の場合には，一定の場合に連続24時間でよいとする例外が認められている（昭和23・11・9基収2968号）。また，拘束時間が長くなりがちなタクシー，トラック等の運転手については，30時間以上の連続した時間が休日とされる（平成元・2・9労告7号）。

他方，35条1項の「毎週」とは，7日の期間ごとにという意味であり，必ずしも暦週を意味しない。

2　休日の特定と振替

労基法は，休日が，週のいずれかの日に特定されることを要求してはいない。しかし，週休制の原則の趣旨から，それが望ましいことはいうまでもないので，就業規則で休日を特定するよう行政指導がなされている（昭和23・5・5基発682号，昭和63・3・14基発150号）。

就業規則などで休日が特定されている場合には，それが労働契約の内容になる。したがって，使用者は，労基法の枠内においても，休日の変更（休日振替）を一方的に行うことはできず，事前に，対象となる労働者の同意を個別的に得るか，または就業規則や労働協約などの根拠にもとづく手続を履践することが必要である。後者については，就業規則等に休日振替が可能である旨と，その事由と手続について規定があり，かつ，振り替えられた後の休日が，労基法の基準をみたす範囲の中で特定していなければならない（三菱重工業横浜造船所事件・横浜地判昭和55・3・28労民集31巻2号431頁）。こうした要件を備えた場合には，本来の休日が労働日に変更される（代わりに他の労働日が休日となる）という効果が生じ，その日の労働は労基法上の休日労働にあたらない。

なお，休日労働を命じた代償として，後に代休が与えられることがある。この場合，代休付与の要否や，その日に賃金が支払われるか否かは，労働契約等の定めによる。いずれにしても，事前に振替がなされていない以上，休日労働がなされたことに変わりはないので，それに対して割増賃金を支払わなければならない（労基法37条1項）。

3　変形休日制

週休制の原則は，4週間を通じて4日以上の休日が与えられる場合には適用されない（労基法35条2項）。この変形休日制をとる場合，就業規則において変形の単位期間の起算日を定めなければならないが（労基則12条の2），それ以上に，どの週のどの日を休日とするかの定めは要求されていない。これによって，労基法における週休制の原則は，実質上，4週4休制に緩和されており，立法論として疑問といわざるをえない。

なお，変形休日制によってある週の労働時間が法定労働時間を超える場合には，1ヵ月変形労働時間制の適用により，その日も特定しておかなければならない（昭和63・1・1基発1号，平成3・1・1基発1号）。

§3　時間外・休日労働

1　時間外・休日労働の法規制

労基法における「時間外労働」とは，1週または1日の法定労働時間を超える労働のことであり，「休日労働」とは，労基法上要求される法定休日における労働を意味する。

これらは，労基法の本来の原則からいえば，許されないはずの労働である。しかし，臨時的な必要が生じることもあるので，①非常事由等にもとづく場合（労基法33条），および，②事業場協定（いわゆる36協定）が締結され，届け出られた場合（同36条1項）には，例外的に，時間外・休日労働が認められている。いずれの場合も，時間外・休日労働に対しては，特別の割増賃金の支払いが要求される（同37条1項）。

かかる枠組みは，労基法の制定時以来のものであるが，現実には，②の36協定による時間外・休日労働が恒常的に行われ，例外であるべき時間外・休日労働を抑制するうえで十分に機能してこなかった。そこで，2018年の改正では，労基法そのものの中に，②による時間外労働の上限を罰則付きで定め，従来よりも規制を強化している（中小企業については1年の猶予期間がもうけられ，

2020年4月より施行)。

なお，法定労働時間の枠内であっても，当該事業場で就業規則等により定められている本来の労働時間を超える労働を「時間外労働」ということもある(たとえば，1日7時間の職場で1時間の残業を行う場合)。しかし，それは所定時間外の労働という意味であり，いわゆる法内超勤であって，労基法の規制は及ばない（したがって，賃金の割増率についても就業規則等により自由に定めることができる)。法定外の休日における労働についても，同様である。

2　非常時等の時間外・休日労働

災害その他避けることのできない事由によって，臨時の必要がある場合には，使用者は，行政官庁（労働基準監督署長）の許可を受けて，時間外・休日労働を行わせることができる（労基法33条1項)。行政官庁の許可が得られるのは，急病やボイラーの破裂など人命や公益を保護するために必要な場合，事業の運営を不可能にするような突発的な機械の故障が生じた場合などである（昭和22・9・13発基17号，昭和26・10・11基発696号)。事態急迫のため事前に許可を受けられない場合には，事後に遅滞なく届け出なければならない（同項但書。時間外・休日労働が不適当であった場合の扱いにつき，同2項も参照)。

なお，官公署で勤務する公務員（実際には非現業の地方公務員のみが該当）については，公務のために臨時の必要がある場合，特別の手続をふむことなく時間外・休日労働をさせることができる（同3項)。

3　36協定の締結・届出

労働者が日常的に直面する時間外・休日労働は，事業場内の過半数組合ないし過半数代表者と使用者との間で締結された書面の協定，いわゆる36協定にもとづいて行われるものである（労基法36条1項)。そこで定められた事由と時間数・日数の枠内で，時間外・休日労働が可能となる。

(1)　事業場の過半数組合・過半数代表者　　36協定は，事業場協定の代表例であり，事業場を単位として締結される。協定の労働者側当事者は，当該事業場に過半数組合がある場合にはその労働組合，過半数組合がない場合には，労働者の過半数を代表する者である。この場合の代表の母体は事業場の全労働者であり，労働時間規制の対象外である管理監督者や，時間外・休日労働が許されない年少者なども含むと解されている。

労働者の過半数代表者は，労働者の利益を代表して協定を締結するにふさわしい者で（管理監督者は，過半数代表者になりえない。労基則6条の2第1項1号），投票等の民主的な手続によって選出されなければならない（51頁参照。親睦団体の代表者が自動的に労働者代表となって締結された36協定の効力が否定された事例として，トーコロ事件・東京高判平成9・11・17労判729号44頁，同事件・最2小判平成13・6・22労判808号11頁）。

⑵ **協定の内容と限度時間**　36協定においては，①時間外・休日労働をさせる労働者の範囲，②対象期間（1年間に限る），③時間外・休日労働をさせることができる場合，④対象期間における1日・1ヵ月・1年の時間外労働の時間または休日労働の日数，⑤その他厚生労働省令で定める事項（有効期間，後述の限度時間を超える場合に関する諸事項など），を定めなければならない（労基法36条2項，労基則17条1項）。

④の時間数は，「当該事業場の業務量，時間外労働の動向その他の事情を考慮して通常予見される時間外労働の範囲内において，限度時間を超えない時間」に限るとされている（労基法36条3項）。ここでいう「限度時間」は，1ヵ月について45時間，1年について360時間である（同4項）。ただし，1年単位の変形労働時間制がとられ，かつ，変形期間が3ヵ月を超える場合には，1ヵ月について42時間，1年について320時間となる（同項）。

しかしながら，上記の限度時間は絶対的なものではなく，36協定の中に「当該事業場における通常予見することのできない業務量の大幅な増加等に伴い臨時的に……限度時間を超えて労働させる必要がある場合」には，限度時間を超えて時間外労働をさせることができる旨を定めることも許容される（同5項）。以前から利用されてきた，いわゆる特別条項である。

ただし，2018年改正により，これに対する法律上の上限として，⒜1ヵ月あたり100時間未満（休日労働を含む），⒝1年あたり720時間以内，⒞1年のうち1ヵ月の限度時間（上記のように通常は45時間）を超えることのできる月数は6ヵ月以内，という枠がはめられた（同項）。さらに，⒟対象期間のいずれの2ヵ月間ないし6ヵ月間においても，月の平均で80時間（休日労働を含む）

を超える時間外労働をさせることは禁止されている（同条6項3号）。

以上のような限度時間およびそれを超える場合の上限は，研究開発の業務には適用されない（同11項）。また，建設業，自動車運転の業務，医師の業務についても，それぞれ5年間（2024年3月まで）の猶予期間がもうけられ，その後についても特別の扱いが定められている（139条・140条・141条）。

⑶ **特別の上限**　坑内労働や高熱物体を扱う業務など健康に特に有害な業務については，36協定による場合であっても，1日2時間を超えて時間外労働を行わせることは許されない（労基法36条6項1号）。

また，育児（小学校就学前の児童）または家族介護を行う労働者が請求したときには，事業主は，1ヵ月につき24時間，1年について150時間の制限時間を超えて労働時間を延長してはならない（育介法17条・18条。ただし，事業の正常な運営を妨げる場合は例外とされている）。

⑷ **届　出**　36協定は，必要事項を記載した書面により締結したうえで，所定の様式によって労働基準監督署長に届け出なければならない（労基法36条1項，労基則17条1項）。届出は必須の要件であり，協定を締結しても届出を怠れば，時間外・休日労働は違法となる。

⑸ **指　針**　厚生労働大臣は，36協定による時間外・休日労働を適正なものとするために，かかる労働について留意すべき事項，割増賃金の率，その他必要な事項について，「労働者の健康，福祉，時間外労働の動向その他の事情」を考慮したうえで，指針を定めている（労基法36条7項，平成30・9・7厚労告323号）。36協定の締結にあたり，労使の当事者は，協定の内容が指針に適合したものとなるようにしなければならず（労基法36条8項），行政官庁は，この指針に関し，両当事者に必要な助言・指導を行うことができる（同9項。その際には，労働者の健康が確保されるように特に配慮しなければならない。同10項）。

4　36協定の効果と刑事罰

36協定の締結・届出によって，使用者が労働者に時間外労働・休日労働を行わせても，同協定の枠内である限り，労基法32条・35条の違反とはならないという効果が発生する。したがって，使用者は労基法違反の刑事責任を負わず（免罰的効果），また，私法上も，時間外・休日労働についての取決めが違法・無効と扱われなくなる。

他方，使用者が，36協定の枠を超えて時間外・休日労働を行わせた場合には，その部分について32条・35条の違反が成立し，刑事罰の対象となる（協定が「延長することができる時間」を1ヵ月単位で定めていた場合における32条違反の成立部分について，X社事件・最1小判平成21・7・16刑集63巻6号641頁を参照）。

また，2018年改正によって36条に固有の禁止規定がもうけられ（6項），これに違反した場合には，別途に罰則が適用される（119条1号）。具体的には，①坑内労働等の有害業務に関する1日2時間以内の上限，②1ヵ月あたり100時間未満（休日労働を含む）の上限，③対象期間の2ヵ月間ないし6ヵ月間における月の平均で80時間（休日労働を含む）の上限，をそれぞれ超える場合である。

5　時間外・休日労働義務の発生要件

36協定の締結・届出は，上記のように，法違反の状態を解消する効力をもつが，それは時間外・休日労働が適法になされうる（させてもよい）という意味にすぎない。使用者の時間外・休日労働の命令に対して，労働者がこれに応じることを義務づけられるか否かは別の問題であり，36協定とは別に，労働契約上の根拠が必要となる。

これに関して，多くの企業の就業規則には，「業務上やむをえない理由がある場合，使用者は，36協定に従って時間外・休日労働を命じることができる」といった規定がもうけられている。また，労働協約が同旨の規定を置いている場合もある。そこで，このような就業規則や労働協約の規定が，時間外・休日労働義務を発生させる労働契約上の根拠となるか否かが争われてきた。

学説の多数は，労働契約，就業規則，労働協約のいずれによっても，労働者にあらかじめ時間外労働を義務づけることは労基法32条に違反して無効であり，使用者が具体的な日時や場所を指定して時間外労働の申込みをし，労働者がその都度これに同意した場合にのみ，時間外労働義務が生じる，と解していた（山本吉人『労働時間制の法理論』99頁以下など。裁判例として，明治乳業事件・東京地判昭和44・5・31労民集20巻3号477頁）。この見解によれば，労働者個人の判断で時間外労働を行うかどうかを決められるが，事前の合意がすべて違法・

無効となるのに，その都度の合意があればなぜ時間外労働は違法とならないのか，という点の説明で難点を抱えていた。

これに対して判例は，就業規則に時間外労働義務を定めた規定がある場合，それが合理的なものである限り，労働者はこれにもとづいて時間外労働を行う義務を負うとする（日立製作所武蔵工場事件・最1小判平成3・11・28民集45巻8号1270頁）。そして，この判決では，就業規則の規定内容が抽象的で，業務上の都合によりやむをえない場合には組合との協定により労働時間を延長することがあるとしか書かれていなくても，36協定が時間外労働の事由をある程度限定していれば，就業規則の規定は合理的と認められるとしている。なお，労働協約の規定の場合には，協約自治の限界（206頁）という観点からの問題が生じるが，多数意見はこれについて判断を下していない（味村裁判官の補足意見は，協約による義務の発生も肯定）。

このような判例の立場は，就業規則法理に照らして一応論理的であり，わが国の時間外労働の実態を反映したものともいえる。また，労働者にやむをえない事情があって時間外労働を拒否した場合は，使用者の時間外労働命令権の濫用，あるいは命令拒否に対する解雇権や懲戒権の濫用という形で対処することも可能である。しかし，労働者にとって予測不能な事情にもとづいて使用者が一方的に時間外労働を命じることを肯定する点で，時間外労働の例外性と，労働者の私生活を営む利益を軽視するものといわざるをえない。

36協定の締結・届出によって，たしかに時間外・休日労働は違法とはいえなくなるが，だからといって労基法32条・35条の労働時間・休日の原則が全く意味を失うわけではない。労基法上，時間外・休日労働はあくまで例外的な現象であるのだから，それを行うには労働者の意思を尊重し，またその私生活との調和を図ることが，労基法により求められていると考えられる（この点で，労基法上の時間外労働は法内超勤と異なる意味をもつ）。したがって，就業規則等の規定から直ちに時間外・休日労働義務が発生するとはいえず，使用者は，個々の労働者との間で労働の具体的日時や内容などについて事前に合意が成立した場合にのみ，時間外・休日労働を命じうる，と解するのが妥当であろう（蓼沼謙一『労働法実務大系11巻』142頁など）。

6 割増賃金

(1) 基本の割増率　使用者は，労基法上の時間外労働・休日労働をさせた場合，一定率以上の「割増賃金」を支払わなければならない（労基法37条1項）。通常の労働時間または労働日の賃金の計算額を基準として，政令で定める率（2割5分以上5割以下の範囲内）を上乗せしたものである。

現在，政令で定める割増率は，通常の日の時間外労働の場合が2割5分，休日労働の場合が3割5分である（割増令）。以前はどちらも2割5分であったが，時間外労働と休日労働はもつ意味が違うとして，後者が引き上げられた。

労基法がこのような割増賃金の支払いを義務づけたのは，「時間外労働等を抑制し，もって労働時間に関する同法の規定を遵守させるとともに，労働者への補償を行おうとする趣旨」によるものである（医療法人社団康心会事件・最2小判平成29・7・7労判1168号49頁）。

時間外・休日労働に対しても通常の賃金は支払われなければならないから，結局，時間外労働には通常の賃金の125%，休日労働には通常の賃金の135%が，それぞれ支払われるべきことになる（ただし，出来高払制の場合は，通常の賃金分はすでに支払われているので，25%および35%）。

この割増賃金は，条文では33条または36条1項による場合のみを掲げているが，法定の要件をみたさずに行われた違法な時間外・休日労働についても支払われる必要がある（小島撚糸事件・最1小判昭和35・7・14刑集14巻9号1139頁）。

(2) 月60時間を超える時間外労働の場合　2008年の法改正により，1ヵ月の時間外労働の時間数が60時間を超えた場合には，その部分の割増率は5割以上に引き上げられた（労基法37条1項但書）。経済的圧力による時間外労働の抑制を狙ったものである。ただし，この引上げ部分については，事業場協定の締結を条件として，割増賃金を支給する代わりに有給の休暇を付与することが認められている（同3項）。これらの規定は，中小企業には適用が猶予されていたが，2018年の法改正で，2023年4月より適用されることとなった。

なお，1ヵ月60時間超という数字は，36協定の限度時間（1ヵ月45時間）を超えるものであり，特別条項付き36協定の締結が想定されている。この場合，協定当事者は，45時間から60時間の間の時間外労働についても，基本の25%

を超える割増率を協定中に定める努力義務を負う（平成30・9・7厚労告323号〔5条3項〕）。

⑶　**割増賃金の基礎**　割増賃金の基礎となる「通常の労働時間又は労働日の賃金の計算額」は，時間給の場合はその額であり，月給制の場合はそれを月の所定労働時間で除した額，出来高払制の場合はそれを賃金計算期間内の総所定労働時間で除した額である（労基則19条）。

この基礎となる賃金には，①家族手当，②通勤手当，③別居手当，④住宅手当，⑤子女教育手当，⑥臨時に支払われた賃金，⑦1ヵ月を超える期間ごとに支払われる賃金，は算入しない（労基法37条5項，労基則21条。住宅手当は1999年改正で追加）。①～⑤は具体的な労働との関係が薄く，⑥と⑦は支給額があらかじめ確定していないからであるが，その結果，多くの場合，賞与も算定基礎から除外されることとなり（賞与額があらかじめ確定していれば，算定基礎から除外することはできない。平成12・3・8基収78号），割増賃金による時間外・休日労働の抑制効果は大きく減殺されている。これに対しては，立法論として問題があるとの指摘もなされている。

なお，算定基礎から除外されるこれらの手当等（名称にとらわれず，それぞれの要件に照らして実質的に判断される）は限定列挙であり，それ以外の賃金を算定基礎から除外することはできない（住宅手当〔当時は列挙外〕，乗車手当，役付手当につき除外が否定された事例として，小里機材事件・最1小判昭和63・7・14労判523号6頁，無事故手当・運行手当につき，やはり除外が否定された事例として，日本郵便輸送事件・大阪高判平成24・4・12労判1050号5頁。また，大星ビル管理事件・最1小判平成14・2・28民集56巻2号361頁では，生計手当，特別手当等につき，内容を確認しないまま除外を否定した原審の判断が破棄された）。

⑷　**定額手当の支払い**　時間外労働の時間数にかかわらず，毎月，一定額の時間外手当が支給されることがある。実際の労働時間数に照らし，労基法37条の要求する金額以上が支払われていれば，違法ではない（業務手当という名目の定額手当も，時間外労働に対する対価であることが明確にされていれば37条の割増賃金とみなされる。日本ケミカル事件・最1小判平成30・7・19労判1186号5頁。他方，営業手当が時間外労働への対価と認められなかった事例として，マーケティングインフォメーションコミュニティ事件・東京高判平成26・11・26労判1110号46頁）。

しかし，実際に行った時間外労働が多く，定額がカバーする時間数を超える場合には，割増賃金の不足分を追加支給しなければならない。

したがって，定額の手当の場合，どこまでが通常の労働時間に対する賃金で，何時間分の時間外手当が支給されているのかが，明確になっていることが必要である。これに対して，通常の労働時間に対する部分と割増賃金に相当する部分とが区別されず，両者を含めて一定額を支給するとされている場合には，37条の割増賃金を支払ったものとは認められず，その全体を「通常の労働時間又は労働日の賃金」に算入して計算される割増賃金が，労働者に支払われなければならない（高知県観光事件・最2小判平成6・6・13労判653号12頁。タクシー運転手の水揚げ額に一定の比率を乗じて賃金を計算するオール歩合制の事案。また，テックジャパン事件・最1小判平成24・3・8労判1060号5頁および前掲医療法人社団康心会事件でも，基本給の中に時間外労働等の割増賃金が含まれているという主張が，やはり区分がなく判別不能として退けられた）。下級審では，給与がきわめて高額で，裁量的に勤務している労働者について，時間外労働に対する対価は区別がなくても毎月の基本給の中に含まれていると判断した裁判例もあるが（モルガン・スタンレー・ジャパン事件・東京地判平成17・10・19労判905号5頁），疑問といわざるをえない。

他方で，下級審の中には，使用者が定額の手当を支払う場合，それを上回る額の時間外手当が発生したときに，労働者がその事実を直ちに認識して支払いを請求することができる仕組みが備わっていること等，より厳しい要件を示すものもあるが，最高裁は，そのような事情は必須ではないとして否定した（前掲日本ケミカル事件）。時間数についても明確な制約はないが，月80時間の時間外労働に相当する金額を基本給の中に組み込んだ事例では，労働者の健康を損なう危険があり公序良俗に反して無効と判断されている（イクヌーザ事件・東京高判平成30・10・4労判1190号5頁）。

また，タクシー運転手の歩合給について，割増賃金として支払われた額を控除する数式を用いたため，時間外労働をいくら行っても賃金額が増えない結果となった事案につき，最高裁は，公序良俗違反で無効とした下級審の判断を覆し，労基法37条に従った額以上の支払いがなされたかどうかを精査するよう命じて差し戻した（国際自動車事件・最3小判平成29・2・28労判1152号5頁。差戻し後の高裁判決として，同事件・東京高判平成30・2・15労判1173号34頁も参照)。

⑸ **割増率の重複**　割増率は，時間外労働と深夜業が重なる場合には，時間外割増と後述の深夜割増（2割5分以上）が合計されて5割以上（月60時間を超える場合は7割5分以上）となり，また休日労働と深夜業が重なる場合には6割以上となる（労基則20条)。これに対し，休日労働と時間外労働とが重なっても割増率は加算されないと解されているが（昭和22・11・21基発366号，昭和33・2・13基発90号)，この場合も加算を認めるべきであろう（有泉343頁)。

§4　深夜業

労基法の労働時間の規定の多くが，その長さに関するものであるのに対し，深夜業の規制は，労働時間の位置に着目する。深夜における労働は，たとえ所定労働時間の中であっても，労働者の身体に特別の負荷をもたらす。

そこで労基法は，第1に，午後10時から午前5時までの時間帯における労働に対し，常に2割5分以上の率の割増賃金の支払いを義務づけている（労基法37条4項。厚生労働大臣が必要と認める場合には時間帯を1時間遅らせる旨の規定があるが，実際に利用されたことはない)。時間外労働や休日労働が深夜の時間帯に行われた場合には，前述のように，両方の割増が合計される。

第2に，18歳未満の年少者については，一部の例外を除き，深夜業そのものが禁止されている（61条。307頁参照)。また，妊産婦についても，本人が請求した場合には，深夜業が禁止される（66条3項。302頁参照)。

そのほか，育児・介護休業法では，育児（小学校入学前の児童）または家族介護を行う労働者についても，本人からの請求があれば，深夜業が禁止される（育介法19条・20条。事業の正常な運営を妨げる場合は例外とされている。なお，19条による深夜業制限時の労務提供をめぐる紛争事例として，日本航空インターナショナル事件・東京地判平成19・3・26労判937号54頁も参照)。

§5　適用除外

1　労基法41条

事業や業務の性質によっては，労働者に対して労基法上の労働時間等に関する規制を適用するのが適切でない場合がある。労基法41条は，そのような労働者として，①農・水産業に従事する者（1号），②管理監督の地位にある者または機密の事務を取り扱う者（2号），および，③監視・断続的労働に従事する者（3号）を掲げている。

これらの者に対しては，労基法第4章，第6章および第6章の2における「労働時間，休憩及び休日に関する規定」の適用が除外される。しかし，深夜業についての規定（37条4項・61条）と，年次有給休暇に関する規定（39条）は，上記に該当せず，適用を除外されない（2号の管理監督者にも深夜割増賃金の規定は適用されることを確認した判決として，ことぶき事件・最2小判平成21・12・18労判1000号5頁）。

(1)　農・水産業従事者（1号）　農・水産業では，業務が天候，季節，繁殖などの自然的条件に大きく左右され，労働時間を人為的・画一的に規制することが適切でないことから，適用除外が認められる。以前は林業も適用除外とされていたが，1993年改正により除かれた。なお，農・水産の事業であっても，加工設備を有する場所における加工は，天候などによる影響を受けないため，適用除外の対象とならない。

(2)　管理監督者（2号）　管理監督者は，職務の性質上，通常の労働者と同じ時間規制になじまず，また出退社についてある程度自由裁量を働かせることができるので，厳格な労働時間規制をしなくても保護に欠けるところがない，というのが適用除外の趣旨である。また，機密の事務を取り扱う者（重役秘書など）も，管理監督者の活動と一体不可分であるために適用除外とされる。

管理監督者とは，部長や工場長などのように，労働者の労務管理について経営者と一体的な立場にある者をいう（昭和22・9・13発基17号，昭和63・3・14基発150号）。具体的事案においては，適用除外の趣旨を考慮しながら，その者の職務内容，権限，勤務態様，賃金面での待遇（役職手当の有無）などに着目して，実態に即して判断されなければならない。たとえば，銀行の支店長代理の地位にあり，役席手当が支給されていても，部下の労務管理に関与することがなく，逆に自己の労働時間が管理されている労働者は，管理監督者とはいえない（静岡銀行事件・静岡地判昭和53・3・28労民集29巻3号273頁）。

また，ファーストフードのチェーン店の店長が，店舗責任者として，アルバイトの採用，従業員の勤務シフトの作成，販売促進活動の企画と実施等の権限を有していても，その権限が店舗内の事項に限定されており，勤務時間についてもある程度の裁量はあるが営業時間帯における勤務の拘束があり，かつその職務をこなすのに長時間の勤務を要し，賃金処遇も十分ではない場合には，管理監督者といえない（日本マクドナルド事件・東京地判平成20・1・28労判953号10頁。なお，この事件を契機として，小売業や飲食業等のチェーン店における管理監督者の範囲の適正化を図るための通達が出された。平成20・9・9基発0909001号）。最近でも，会員制スポーツクラブの支店長（コナミスポーツクラブ事件・東京地判平成29・10・6労経速2335号3頁）や，弁当チェーン店の店長（プレナス事件・大分地判平成29・3・30労判1158号32頁）について，実態に照らし，管理監督者の該当性を否定する判断が出されている。

管理監督者に類似の概念は，労働組合の組合員から除外される，使用者の利益代表者（労組法2条但書1号，28頁を参照）にも見られる。どのような者がこれらに該当するかは，それぞれの規定の趣旨から判断され，たとえば，労基法41条2号の管理監督者には，人事上の指揮命令権のラインにはない企画・調査部門での「スタッフ職」も，この者が職務資格の待遇上「ライン管理職」と同等以上に格付けされていれば含まれる（昭和63・3・14基発150号）。他方，労組法2条但書1号には，こうした人事・労務上の権限のない者は含まれない。

⑶　監視・断続的労働従事者（3号）　監視労働とは，一定の部署で監視することを業務としており，常態として肉体的・精神的緊張の少ないものをいう。断続的労働とは，業務の性質上断続的にのみ仕事があり，手待時間が多い（おおむね半分程度）ものをいう。これらの労働に従事する者は，通常の労働と比べると労働密度が薄く肉体的・精神的負担が少ないため，労基法の労働時間規定を適用しなくても保護に欠けるおそれがないと考えられることから，適用除外とされる。

ただし，使用者の恣意的な判断により労働者に不利益を及ぼさないために，本号については，行政官庁（労働基準監督署長）の許可が条件とされている。許可を受けなければ，適用除外の効力は発生しない（ゆうな学園事件・那覇地判昭和54・3・27労判325号66頁など）。

宿日直は，一般に労働密度が薄く監視・断続的労働にあたるので，これを本来の業務として行う場合には，通常の許可がなされる（労基則34条)。本務として通常労働に従事する者が付加的に宿日直を行う場合は，本号の対象とは認められないとの議論もあるが，実務上は，これについても，勤務内容，回数，手当等の基準を定めたうえで，許可がなされている（同23条)。

ここでいう宿日直とは，「構内巡視，文書・電話の収受又は非常事態に備えて待機するもの等であって常態としてほとんど労働する必要のない勤務」をいう。たとえば，医師については，病室の定時巡回，少数の要注意患者の定期検脈などの業務をいい，頻繁に行われる救急医療はこれに含まれない（平成14・3・19基発0319007号・0319007号の2)。

2　高度プロフェッショナル制度（労基法41条の2）

2018年の法改正により，上記41条の後に「41条の2」として，特定高度専門業務・成果型労働制（高度プロフェッショナル制度）と呼ばれる，新しい適用除外の規定がもうけられた。「高度の専門的知識等を必要とし，その性質上従事した時間と従事して得た成果との関連性が通常高くないと認められる……業務」（同条1項1号）については，通常の労働時間規制を適用するのは不適当という判断にもとづき採用されたものである。労働時間，休憩，休日に加えて，深夜の割増賃金に関する規定まで適用が除外される点に特色があるが（同条1項本文)，そのための手続や条件がきわめて煩雑である。

その骨子を記せば，第1に，この制度の対象となるのは，上記のような性質を有する業務のうち，厚生労働省令で定めるものに限られる。現在，通称でいえば，①金融商品の開発，②ディーリング，③アナリスト，④コンサルタント，⑤研究開発，という5つの業務が列挙されている（労基則34条の2第3項)。

第2に，この制度を採用するには，企画業務型の裁量労働制（労基法38条の4。253頁を参照）の場合と同様に，労使委員会が設置され，その委員の5分の

4以上の多数による議決がなされなければならない（労基法41条の2第1項）。また，本人の同意要件と，同意を拒否した場合の不利益取扱いの禁止も，同様に求められている（同項本文，9号）。

第3に，この制度の適用対象となる労働者は，その全期間につき，使用者との書面等による合意にもとづき職種が明確に定められ，かつ，一定の方法により厚生労働省令で定められる，相当に高い基準年間平均給与額（1075万円以上）を支払われると見込まれる者でなければならない（同項2号，労基則34条の2第6項）。

第4に，使用者は，対象労働者の健康管理のために，本人が「事業場内にいた時間」と「事業場外において労働した時間」を合計した時間（健康管理時間）を把握する措置を，講じなければならない（労基法41条の2第1項3号）。

第5に，使用者は対象労働者に対し，1年に104日以上，かつ，4週間に4日以上の休日を与えなければならない（同項4号）。また，使用者は労使委員会の決議に従い，①勤務間に11時間以上の休息時間を確保し，かつ，深夜業の回数を1ヵ月に4回以内とすること，②健康管理時間を，1ヵ月あたり100時間以内または3ヵ月あたり240時間以内とすること，③1年に1回以上の継続した2週間の休日を与えること，④健康管理時間等の状況が厚生労働省令で定める基準に該当する労働者に健康診断を実施すること，の4つのうち，いずれかの措置を講じなければならない（同項5号，労基則34条の2第9項以下）。

その他にも，対象労働者の健康・福祉の確保や，苦情の処理に関しても，労使委員会の決議の中に盛り込むことが必要とされている（労基法41条の2第1項6号・8号）。

Brush up 公立学校教員の時間外手当

公立学校の教員には時間外手当がつかないという話を，どこかで聞いたことがあるかもしれない。1971年に制定された，公立の義務教育諸学校等の教育職員の給与等に関する特別措置法（給特法）を見ると，「教育職員については，時間外勤務手当及び休日勤務手当は，支給しない」と書いてある（3条2項）。また，本来なら，地方公務員には一部を除き労基法の規定が適用され，32条，35条と並んで，37条の割増賃金の規定も適用されるはずであるが，給特法は教育職員について，37条の適用を排除している（5条）。

この法律が作られる以前，公立学校教員が時間外手当の支払いを求める訴訟が相次ぎ，最高裁も，職員会議への参加や，修学旅行，遠足の引率を時間外労働と認めて，労基法37条による割増賃金の支払いを命じた（静岡県事件・最1小判昭和47・4・6民集26巻3号397頁，静岡市事件・最3小判昭和47・12・26民集26巻10号2096頁）。そこで給特法は，時間外手当を不支給とする一方で，教育職員には給与月額の100分の4に相当する「教職調整額」を支給する旨を定めた（3条1項）。その意味で代償措置があるようにも見えるが，100分の4という数字は，1966年当時の週平均超過勤務時間（1時間48分）にもとづいて決めたものであり，現状に合っているのか疑問であろう。

のみならず，給特法は，正規の勤務時間を超える勤務を行わせるのは，「政令で定める基準に従い条例で定める場合に限る」としている（6条1項）。これに該当するのは，①校外実習など生徒の実習，②修学旅行など学校の行事，③職員会議，④非常災害などやむをえない場合，という4つの業務（かつ，臨時または緊急のやむをえない必要があるときに限る）のみであり，その他の業務については「正規の勤務時間の割振り」を行い，時間外勤務は命じないものとされている。その結果，授業の準備やクラブ活動の指導などは，すべて正規の勤務時間内に行われるか，命令にもとづかない自主的な労働という建前になっている。これも，全く非現実的というほかない。

最近の「働き方改革」の動きの中で，中央教育審議会は2019年1月，時間外労働の上限の適用や，今は排除されている1年単位の変形労働時間制の導入などを内容とする答申を行った。時間外手当については現状のままのようであるが，今後の動きを注視しておきたい。

16　休暇・休業・休職

労働者が職業生活を継続する長い過程では，さまざまな理由から，ある程度の長期間にわたって仕事を中断する必要が生じる。そこで，これを労働義務の不履行とするのではなく，本来は労働義務を課されていながら，この義務を一定の期間免れることを制度として保障すべきことになり，これが，ここで取り扱う休暇・休業・休職の諸制度の共通の意義である。

広く休暇・休業・休職と称される「休む」制度は，まず，法定の制度と法定外の制度とに分けることができ，前者には，年次有給休暇，生理日の休暇，産前産後休業，育児休業，介護休業がある。後者は労働協約や就業規則にもとづき実施されるもので，慶弔休暇，病気休職，起訴休職，リフレッシュ休暇などがある。次に，有給の休暇（典型は年次有給休暇）と無給の休暇とが区別される（産前産後休業や育児休業などは無給だが公的な給付がなされる）。また，多くの休暇は休む目的が特定されているが，年休やリフレッシュ休暇は目的が無限定である。その他，期間の長短，出勤扱いか否かなどの分類もなしうる。

このように多様にみえる休暇・休業であるが，日本の休暇・休業のカタログは，まだまだ貧弱である。特に，私傷病の療養のための休暇・休業について，法的な制度が存在しないことが問題であり，会社で病気休職を保障されていないことが多い中小企業や非正規の労働者は，風邪で寝込んだら年休で休むしかない。このことがまた，年休の取得実態にもゆがみをもたらしている。職業生活において，「働くこと」「休むこと」は，生活のポジとネガの関係である。休暇・休業・休職が貧弱な雇用社会では，職業生活もまた，貧弱で弱々しいものにちがいない。

なお，上にあげた休暇・休業のうち，生理日の休暇と産前産後休業は「17 女性（妊産婦等）・年少者」で取り扱う。

§1　年次有給休暇

1　年休権の趣旨と構造

年次有給休暇は，文字どおり，有給性と，年次性を備えた休暇であり，労基法にもとづき権利として保障されたものである。また，この休暇は，本来の趣旨からすれば，国際基準にみられるように，ある程度の長さの連続休暇として保障されるものである（ILO 第 132 号条約〔1970 年，日本は未批准〕は 3 週間の休暇のうち 2 週間を連続休暇とする）。しかし，日本の年休には，そのような保障はない。

年休権は，労基法 39 条 1 項および 2 項の要件をみたす勤務をすることによって労働者に当然に生じる。しかし，それだけでは労働者にその年度に一定日数の年休を取得できる地位が生じるだけであり，具体的に年休を取得するためにはさらに同条 5 項または 6 項による年休日の特定のための権利（手続）を行使しなければならない。5 項に定める手続が，時季指定権（労働者が時季を指定して年休を請求する権利）の行使であり，6 項に定める手続が，事業場協定の締結による年休の計画取得である（6 項による年休を計画年休という）。このように年休権とは，労基法 39 条 1 項・2 項の要件をみたすことによって発生し，同条 5 項あるいは 6 項に従って行使される権利である（白石営林署事件・最 2 小判昭和 48・3・2 民集 27 巻 2 号 191 頁，国鉄郡山工場事件・最 2 小判昭和 48・3・2 民集 27 巻 2 号 210 頁参照。年休権をこのようにとらえる考え方を，二分説という）。

労働者の年休権に対して，使用者にはそれを付与する義務，つまり労働者が年休を取得する日に労働義務を免除し，賃金を支払う義務がある。さらに，この義務は，労働者が当該年度内に年休を完全に取得することを前提に，人員を配置しておくことを要請する（なお，事業主は，労働時間等設定改善法 2 条 1 項により，「年次有給休暇を取得しやすい環境の整備」を含む措置の努力義務を負う。同法については 255 頁参照）。これがなければ，年休権保障も結局は画餅に帰してしまうからである。使用者はまた，労働者の時季指定に対して，代替勤務者を確保するなどしてできるだけ労働者の希望する時季に休暇が取得できるように配慮しなければならない（弘前電報電話局事件・最 2 小判昭和 62・7・10 民集 41 巻 5 号 1229 頁，横手統制電話中継所事件・最 3 小判昭和 62・9・22 労判 503 号 6 頁）。

一方，2018 年の改正により，使用者による時季指定という方策が導入された（後述）。年休取得実績の乏しい労働者に対して使用者が時季指定を行うことが求められることになり，これにより使用者のイニシアティブによる年休の取得という，新しい発想で年休制度が動き出すことになる。

なお，労働者に年休を取得する権利が発生したときには，「使用者は，労働者が同権利を行使することを妨害してはならない義務を労働契約上も負っている」のであり，使用者が労働者の年休取得に種々の妨害をすることは，労働契約上の債務不履行にあたる（出水商事（年休等）事件・東京地判平成 27・2・18 労経速 2245 号 3 頁）。

2　年休権の成立と年休日数

⑴　**年休権発生の要件**　　年休権は，労働者が 6 ヵ月間継続勤務し，全労働日の 8 割以上出勤した場合に発生する。このうち，「継続勤務」は，形式的に労働者としての身分や労働契約の期間が継続しているかによって決められるのではなく，勤務の実態，契約期間，有期契約を締結する理由，契約期間の間隔等から実質的に判断される（日本中央競馬会事件・東京高判平成 11・9・30 労判 780 号 80 頁）。かかる判断からすれば，臨時労働者の正社員への採用，定年退職者の嘱託への採用，短期労働契約の更新，在籍出向などは「継続勤務」となりうる（昭和 63・3・14 基発 150 号）。高年法 9 条にもとづき，同一事業に継続雇用される場合も，同様に解することができよう。また，月曜から土曜まで，使用者から日々就労する場所を指定されて現場作業に従事し，1 つの作業現場で 6 時間勤務するごとに 1 万円の支給を受けるという雇用形態（フリーシフト制）も，勤務場所を指定することにより具体的な勤務日・勤務場所が定まる（指定されない場合には就労義務が免除される）という契約であり，継続勤務といいうる（アールエス興業事件・横浜地川崎支判平成 27・9・30 労判 1125 号 16 頁）。

「8 割以上」の出勤率は，全労働日を分母とし，就労日数を分子として計算される。ここにいう全労働日は，就業規則などの規定により労働契約上労働義務がある日をいう（エス・ウント・エー事件・最 3 小判平成 4・2・18 労判 609 号 12 頁）。ただし，その算定においては，「不就労日のうち，労働者の責めに帰すべき事由によるとはいえないものは，不可抗力や使用者側に起因する経営，管理上の障害による休業日等のように，当事者間の衡平等の観点から出勤日数に算入するのが相当でなく全労働日から除かれるべきものは別として，……出勤日数に算入すべきものとして，全労働日に含まれる」（八千代交通事件・最 1 小判平成 25・6・6 民集 67 巻 5 号 1187 頁）。

年休日数

勤続年数	6月	1.5年	2.5年	3.5年	4.5年	5.5年	6.5年以上
年休日数	10日	11日	12日	14日	16日	18日	20日

以上により，①全労働日からは，法定休日のほか法定外休日も除かれる。②労災による療養のため休業した日，育児・介護休業をした期間，産前産後の休業期間は，いずれも労働日にあたるが，法律の規定によって出勤したものとされる（労基法39条8項）。③年休取得日も出勤したものとして扱われる（昭和22・9・13発基17号）。また，④無効な解雇のように使用者の責めに帰すべき事由による不就労日も「衡平等の観点」により全労働日から除外すべきとはいえないから，「出勤日数に算入すべきものとして全労働日に含まれる」（前掲八千代交通事件）。

以上に対して，正当なストライキによる不就労日，使用者の帰責事由による休業日，生理休暇日，慶弔休暇日は，全労働日に含まれないものと解されている（前二者について，昭和33・2・13基発90号，昭和63・3・14基発150号）。これらの日は，上記のように「衡平等の観点」から，出勤日数に算入するのが相当でないとともに全労働日からも除かれるのである（以上につき，平成25・7・10基発0710第3号を参照）。

⑵ **年休の日数**　この要件をみたした労働者には，半年継続勤務した翌日に10日の年休権が生じる（労基法39条1項）。1年半以上継続勤務した場合には，前年度1年間に全労働日の8割以上出勤すると，当該年度には1日，3年半以降は2日加算した年休が付与され，この加算は年休日数が20日（6年半継続勤務後）になるまで認められる（同条2項，**表**参照）。前年度に8割以上出勤できなかったために，当該年度には年休が付与されないときにも，その年度に8割以上出勤すれば，翌年度には前年度より1日ないし2日加算した日数となる。

パートタイム労働者のうち，週の所定労働時間が30時間未満で，所定労働日数が4日以下の者については，通常の労働者の週労働日を5.2日として所定労働日数の割合に応じた日数（端数は切捨）の年休権が与えられる（同条3項）。たとえば，週の所定労働日数が4日のパートタイム労働者は，6ヵ月の継続勤務後は，7日の年休権を取得する（具体的日数表は，労基則24条の3参照）。

⑶ **年休権の発生時期**　年休権発生の起算日は，労働契約の成立日ではなく，労働者が実際に就業を開始した日である。実務では使用者が労働者のばらばらな起算日を画一的に処理するために特定の日を設定することがあるが，この場合も勤務日数が6ヵ月未満の者について6ヵ月までの残余日数を出勤したとする取扱いであれば有効である。したがって，たとえば4月1日入社の者について，入社時に10日，翌年の4月1日に11日付与する方法，あるいは入社時に5日，入社して6ヵ月後の10月1日に5日を分割付与し，翌年の4月1日に11日付与する方法等が考えられる（昭和63・3・14基発150号，平成6・1・4基発1号）。

3　年休の時季指定

⑴ **労働者の時季指定権**　労働者は，その有する年休権を，時季を指定して請求することによって行使する（労基法39条5項）。これを，時季指定権という。請求という文言が使われているが，労働者の一方的な行為であり，相手方の承諾を必要としない。労働者の時季指定権は，後述する使用者の時季変更権の行使があることを解除条件とする形成権であり，時季指定権の行使により，指定された日の労働義務が消滅する。

時季とは，季節と具体的時期の両方を含む概念である。したがって，時季指定には，労働者が休暇を取得したい季節と日数を指定し，使用者との調整により具体的時期を確定する方法と，労働者が最初から具体的時期を指定する方法とがある（ただし，前者の方法は定着しなかった）。

請求できる年休は，継続しまたは分割した労働日であるから，本来その最小単位は1日である。しかし，2008年労基法改正により，事業場協定において労働者の範囲や年休日数等を特定した場合には，年休の5日までを時間単位で付与することができるようになった（39条4項）。

就業規則などにおいて，年休の時季指定を休暇取得日の数日前までに行うよう定められている場合がある。こうした制約は，その日数や手続などからして，使用者が代替要員の確保を容易にするためにもうけられたものであれば合理性が認められ，有効な定めといえる（此花電報電話局事件・最1小判昭和57・3・18

民集36巻3号366頁)。

年休の時季指定を，たとえば交替制が実施されている場合の夜勤日のように，特定の業務を回避する目的で行うことは，時季指定権の濫用にあたると解するものがある(日本交通事件・東京高判平成11・4・20判時1682号135頁)。しかしながら，法律では年休取得の効果を阻止する主要な手段として，使用者には次に述べる時季変更権の行使が認められており，その判断をしないで時季指定権の濫用で問題を処理することには疑問がある。

(2) **使用者による時季指定**　2019年4月より，年休の取得率を向上させるために，使用者による時季指定の方式が導入された。取得日数を増加させるために，使用者は，年次有給休暇の日数が10日以上である労働者に対して，そのうち5日については，年次有給休暇の1年ごとの付与日（基準日）の後1年以内に，時季を定めて与えなければならない(労基法39条7項)。ただし，労働者の時季指定権の行使や計画的付与制度により与えた日数は，時季を指定して与えることを要しない(同条8項)。したがって，これらの方式で5日以上の休暇を取得した労働者には使用者の時季指定は不要であり，また，5日未満の休暇を取得した労働者には5日に足りない日数分を時季を指定して与えなければならない。

労働者としては，望まない時季に休暇を指定されると，仕事に混乱を来すことも考えられ，使用者は指定すべき時季について希望を聴取するなど，労使間の話合いが必要となろう。

4　年休の時季変更

(1) **時季変更権の要件**　労働者の時季指定に対して，請求された時季に年休を与えることが「事業の正常な運営を妨げる場合」には，使用者は他の時季にこれを与えることができる(労基法39条5項但書)。これを時季変更権という。時季変更権の行使は，指定された日における年休の成立を阻止するものにすぎず，「変更」という語が用いられているが，使用者が他の時季に年休日を指定しても労働者はそれに拘束されない。

ここでいう「事業」とは，当該労働者の担当する業務を含む業務活動の一定単位（具体的には部あるいは課）を指す。また，「正常な運営を妨げる」かどうかは，企業の規模，労働者の職務の内容，業務の繁閑，代替要員の確保の難易，同時期における年休取得者の有無などを総合して判断される。このうち業務の繁忙については，平常時の能率や成果が著しく低下することにつき蓋然性が認められなければならない。勤務割を変更することによって代替要員の確保が客観的に可能な状況にある場合には，使用者がその配慮をしないで時季変更権を行使することは許されない（前掲弘前電報電話局事件，横手統制電話中継所事件）。なお，1ヵ月の研修期間中に1日の年休請求がされた事例においては，研修内容からみて欠席しても知識・技能の修得に不足が生じないと認められない限り，事業の正常な運営を妨げると判断されている（NTT 事件・最2小判平成12・3・31民集54巻3号1255頁）。

日本の年休取得は，1日あるいは数日単位の細切れのものが多く，休暇制度の本来の趣旨からすれば長期休暇の保障が重大な課題である。しかし，長期休暇は一般に，使用者において代替勤務者の確保を困難にするなど業務に支障を来す蓋然性が高くなるため，他の労働者の休暇予定等との事前の調整を図る必要がある。つまり，長期休暇には，何らかの形で計画化が必要であることになる。労働者が，こうした調整を経ずに長期休暇を請求した場合には，そのうちどの程度の年休を認め，どの部分について時季変更権を行使するかに関して，使用者はある程度の裁量的判断ができ（時事通信社事件・最3小判平成4・6・23民集46巻4号306頁），これにより時季変更権の範囲が広がる。このように長期連続休暇を，時季指定権の行使により実現することは実際上困難であり，そのために次にみる計画年休制度が導入された。

⑵ **時季変更権の行使**　使用者の時季変更権の行使には，他の時季に年休を与える可能性があることが必要である。したがって，退職予定者が未消化年休分を請求する場合には，こうした可能性がないから時季変更権は行使できない。なお，代替要員の確保努力を怠ったため，恒常的要員不足を理由に使用者が時季変更権を行使し，その結果労働者の年休権が時効消滅した場合，労働者は使用者の債務不履行によって被った精神的損害について賠償請求ができる（西日本ジェイアールバス事件・名古屋高金沢支判平成10・3・16労判738号32頁）。

5　計画年休制度

使用者は，事業場協定において年休を与える時季についての定めをした場合，年休日数のうち5日を超える部分をこれに従って与えることができる（労基法39条6項）。少なくとも5日分の年休は，労働者個人の時季指定により取得することができるように残していなければならない。

計画年休のタイプには，①事業場一斉休暇型，②グループ毎交替型，③年休計画表の作成による個人別付与型などがある。①②については，事業場協定で休暇日を定めなければならないが，③については計画表を作成する時期や手続だけでもよい（昭和63・1・1基発1号）。

事業場協定での年休日の特定は，それに反対する労働者も拘束する（三菱重工業長崎造船所事件・福岡高判平成6・3・24労民集45巻1＝2号123頁）。ただし，特別な事情により年休の特定が適当でない労働者については，年休の計画的付与からの除外も含め，事業場協定当事者は十分配慮しなければならない（昭和63・1・1基発1号）。

6　年休付与の方式

⑴　休暇の継続・分割取得　労基法39条1項・2項により確定する年休の日数について，使用者は「継続し，又は分割した」休暇を与えなければならない（同条1項）。いいかえると，使用者は年休を連続休暇の形で与えることを義務づけられていない。こうした立法は諸外国でほぼ例をみないものであり，わが国で年休を「細切れ休暇」として取得する慣行を助長し，長期連続休暇の定着を妨げる要因となっている。

⑵　年休の時間付与　年休は「労働日」として付与するものである以上（同条1項），最小単位は暦日でなければならないのが原則である。しかし，2008年の労基法改正により，一定の要件のもとで，年休の時間単位の付与が認められるようになった。すなわち，事業場協定に，①時間単位で有給休暇を与えることのできる労働者の範囲，②時間単位で与えることのできる有給休暇の日数，③時間単位で与えることのできる有給休暇1日の時間数，④1時間以外の時間単位で有給休暇を付与する場合にはその時間数，を定めたときには，①で定めた範囲に属する労働者が求めたときには，時間単位で付与することが

できる（同条4項，労基則24条の4）。

7　年休の利用目的

年休の本来の制度趣旨は，労働からの解放による休養やバカンスといえるが，だからといって，そのことが年休の利用目的を限定するわけではない。「年次休暇の利用目的は，労基法の関知しないところであり」，年休をどのように利用するかは労働者の自由である（前掲白石営林署事件，国鉄郡山工場事件）。労働者は年休の取得にあたりその目的を告げる必要はないし，また，あらかじめ告げた目的に反して利用したとしてもなんら問題はない。

かかる原則により，労働者が，年休を取得して，他の事業所での争議行為の支援に行くことも問題はない。しかし，年休を利用して自分の属する事業所でのストライキに参加できるかについては，見解が分かれている。争議行為に突入すると，年休取得の前提である労働日でなくなるので年休が成立しないと解する見解（有泉356頁），あるいは年休の取得により労働義務がなくなるから，ストライキの可能性がなくなるとの見解がある（東大・時間法691頁）。年休の時季指定日に，たまたま予定を繰り上げてストライキが実施されることになり，労働者がこれに参加した場合，年休は成立しないとする裁判例（国鉄津田沼電車区事件・最3小判平成3・11・19民集45巻8号1236頁）があるが，疑問である。

労働者が争議目的で一斉に年休の時季指定をすることを一斉休暇闘争といい，特に法律によって争議行為が禁止されている公務員等においてみられた。最高裁判決は，一斉休暇闘争は実質的には年休に名をかりた同盟罷業（＝ストライキ）にほかならず，本来の年休権の行使ではないと判断した（前掲白石営林署事件，国鉄郡山工場事件）。ここで年休権の行使と認められないのは，使用者の時季変更権の行使があっても始めからそれに従わないことを前提としている場合であると解されている（夕張南高校事件・最1小判昭和61・12・18労判487号14頁）。

8　年休中の賃金

使用者は，労働者が年休を取得した場合，その間の賃金を支払わなければならない。支払われる賃金額は，①平均賃金か，②所定労働時間労働した場合に支払われる通常の賃金，③あるいは事業場協定によって健保法40条1項に定める標準報酬月額の30分の1に相当する金額を支払う旨を定めたときには，この額である（労基法39条9項）。

9　未消化年休の処理

当該年度内に消化されなかった年休の扱いについては，見解が分かれている。裁判例の中には，当該年度内に実際に休むことが年休権保障の趣旨であるとして，年休の繰越しを認めないものもある（国鉄浜松機関区事件・静岡地判昭和48・3・23労民集24巻1＝2号96頁）。年休権保障の本来の趣旨（年休権の年次性）からいえば，例外的な場合を除いてその繰越しを認めないのが妥当な解釈であるといえる。しかし，行政解釈（昭和22・12・15基発501号）も含め学説の多くは，年休の繰越しを認め，その場合に繰り越した年休権は労基法115条の2年の時効に服すると解している。実務でも，年休権は発生した年度の翌年度末まで，行使できるという運用である。

年休権に当該年度分と繰越し分とがある場合，当事者の合理的な意思解釈として，労働者の時季指定は繰越し分からなされたものと推定すべきである。

10　年休取得と不利益取扱い

年休を取得した日を，それが属する期間に対応する賞与の計算において，欠勤として扱うことは許されない（前掲エス・ウント・エー事件）。労基法が年休を有給で保障しているのは，その期間を出勤したものとして扱うべきであるとの要請を含んでいると解されるからである（その意味で，労基法附則136条は当然のことを規定したにすぎない）。同様の理由から，昇給の基準，整理解雇の人選基準などで年休の取得を欠勤扱いにすることは，年休権保障の趣旨から違法と解すべきである。また，年休取得に対して，上司が評価を下げる旨の発言等をして撤回させたことは違法性を有し，休暇予定日に業務を割り当てることは人格権侵害と認められる（日能研関西ほか事件・大阪高判平成24・4・6労判1055号28頁）。

もっとも，最高裁は，勤務予定表作成後に年休を取得すれば皆勤手当を支給しない旨の取扱いは，それが年休権の行使を抑制し，この権利を保障した趣旨を実質的に失わせるものでない限り，公序に反して無効とすることはできないとしている（沼津交通事件・最2小判平成5・6・25民集47巻6号4585頁。この判決は，労基法附則136条が使用者の努力義務を定めたものにすぎないと判断している）。この判断は，勤務予定表作成後の年休取得という，特別の事情のもとでの判断と理解されよう。

§2　育児休業・介護休業

1　育児休業・介護休業の意義

労働者が長期にわたって雇用を継続していくうえで，育児や家族の介護などの家庭の事情によって一時的に雇用を中断しなければならない事情が生じることがある。それによって労働者が退職に追いやられることは，労働者本人にとっても，企業や社会にとっても好ましいことではない。こうして「職業生活と家庭生活の調和」を図ることが，強く意識されるようになり，育児休業や介護休業の制度が導入された。

育児休業法は，男女を問わず労働者が平等に家族的責任を負えるように就労条件を整備することを各国に義務づけたILO第156号条約・第165号勧告を受けて，1991年に制定された。また，育児休業制度は，出生率の低下した現状で，次世代育成のための有力な対策として位置づけられている（次世代育成支援対策推進5条）。

一方，介護休業制度は，高齢社会の進展に対処する方策として1995年に導入されたが，当初は事業主の努力義務として育児休業法に組み入れられ，同法は1999年改正で育児・介護休業法として，育児休業と介護休業との両制度を柱とする法律となった。その後の改正では，2001年に育児休業の対象が拡大されるとともに，子の看護休暇や介護休暇などがもうけられ，2009年には，父親の育児休業の取得を推進させる等の目的で種々の改正がなされた。さらに，2016年には，「介護離職ゼロ」政策のもと，介護休業の保障を強化することを中心とする改正がなされた。他方で，こうした「仕事と生活の調和」の理念は，労働契約の締結および変更における基本原則としても位置づけられている（労契法3条3項）。

こうした制度の発展を通じて，育児介護休業法は，育児休業や介護休業の制度にとどまらず，子の看護休暇，介護休暇，所定外労働の規制，深夜業の制限，事業主が講ずべき措置など，多彩な両立支援措置を制度として備えている。

2 育児休業

⑴ 育児休業の権利　1歳に満たない子（実子または養子，特別養子縁組の監護期間中の子，および養子縁組里親に委託されている子等を含む）を養育する労働者は，育児休業を請求することができる。

日々雇用されている者は上の労働者から除かれるが（育介法2条1号），期間を定めて雇用される労働者については，①同一事業主に引き続き雇用された期間が1年以上であり，②子が1歳6ヵ月になるまでの間に労働契約が満了することが明らかではないときには（不明の場合には取得可），育児休業の申出をすることができる（5条1項但書）。

育児休業は1歳に満たない子についてなすことができるのが原則だが（5条1項），① 2016年改正では，子が1歳に達した段階で保育所に入れないなど休業の継続が特に必要と認められるときには，1歳6ヵ月に達するまで休業することができるとされ（同条3項），② 2017年改正では，さらに1歳6ヵ月に達した時点で保育所に入れない等の事情がある場合には，再度申請することにより，2歳に達するまで休業することができるとされた（同条4項）。これに合わせて，育児休業給付の支給期間も延長されている（雇保法61条の4）。

父と母が同じ子について育児休業を取得する場合には，休業可能期間は1年2ヵ月（各人の上限は1年間）に延長される（育介法9条の2）。また，父親が子の出生後8週間以内に育児休業を取得した場合には（母親はこの期間は産後休業中），再度の取得が可能である（5条2項）。

⑵ 申出と変更・撤回　休業の申出は，休業開始予定日，休業終了予定日など所定事項を記載して書面で行う（5条6項，規則5条）。休業申出は，休業予定日の1ヵ月前までに行わなければならないが，出産予定日前の出産などの場合には1週間前までに行うことができる（6条3項，規則9条～11条）。

事業主は，労働者からの育児休業の請求を拒否できない（6条1項）。育児休業請求権は，年休権などと同じように，労働者の意思表示によってのみ効果が生じる形成権である。ただし，勤続1年未満の者，1年以内に雇用関係が終了することが明らかな者などについて，事業場協定で除外した場合にはこれを与えなくてよい（同項但書）。なお，法5条1項に該当していたにもかかわらず，その者の育児休業の請求を使用者が拒否した場合には，不法行為にもとづく損害賠償責任が成立しうる（2004年改正前の事例であるが，日欧産業協力センター事件・東京高判平成17・1・26労判890号18頁）。

労働者は，予定日前の出産などの場合には1回に限り休業開始予定日の変更を申し出ることができる（7条）。また，休業開始予定日までは，休業の申出を撤回できるが，この場合には同じ子については原則として再び申し出ることはできない（8条，規則18条）。育児休業の期間は，休業開始予定日とされた日から休業終了予定日とされた日までの継続した期間である（9条）。

⑶　**不利益取扱い・嫌がらせの禁止**　　事業主は，労働者が育児休業の申出をしたこと，あるいはそれを取得したことを理由に，その労働者に対して解雇その他不利益な取扱い（たとえば，非正規社員化，降格，自宅待機等）をしてはならない（10条）。本条は，事業主が育児休業制度の目的（1条）に反して講じる不利益取扱いの措置を禁止するものであり，強行規定と解すべきである（広島中央保健生活協同組合事件・最1小判平成26・10・23民集68巻8号1270頁〔櫻井裁判官補足意見〕を参照）。したがって，育児休業を取得した労働者に対して「退職通知」と退職金を送付し，復帰の際に再度面接するなど告げる行為がなされたため，休業明けに労働者が出社せずに労務を提供しなかったとしても，労働者に帰責事由はなく民法536条2項により賃金請求権を失わず，また退職通知を送付した行為は育介法10条に違反して不法行為に該当する（出水商事事件・東京地判平成27・3・13労判1128号84頁）。これに対して，育児休業明けに子の保育所が見つからない労働者に，合意のうえで短時間の有期契約（期間1年）に切り替えた取扱いは，それまでの無期契約を合意解約し，「別途の契約」としてパート有期契約を締結したものであり，不利益取扱いにあたらないとする裁判例がある（ジャパンビジネスラボ事件・東京地判平成30・9・11労旬1925号47頁）。

また，育児休業の取得後に業務復帰した際の人事考課において，成果報酬をゼロ査定とすることは，育休等を取得して休業したことを理由に成果報酬を支払わないとすることであり，不利益な取扱いをすることを意味し，人事権の濫用と評価されうる（コナミデジタルエンタテインメント事件・東京高判平成23・12・27労判1042号15頁）。さらに，3ヵ月間の育児休業を取得した労働者に対して，規定にもとづき職能給を昇給させず，かつ所定年数に満たないとして昇格試験の受験機会を与えないことは，本条の定める不利益取扱いにあたり，不法行為を構成する（医療法人稲門会事件・大阪高判平成26・7・18労判1104号71頁）。なお，事業主は，育児休業中の待遇や育児休業後における労働条件などについて，あらかじめ労働者に周知させるよう努めなければならない（21条）。

他方，使用者は，育児休業や介護休業その他の制度の利用に関する嫌がらせの言動（ハラスメント）により職場環境が害されることのないように，雇用管理上の防止措置を講じておかなければならない（25条）。派遣労働者を受け入れる派遣先も，派遣労働者の事業主とみなされ（派遣法47条の3），上記の育介法25条が適用されるから，その雇用する労働者と同様に，派遣労働者の育児休業の取得等を理由とする不利益取扱いが禁止されるだけでなく，上記の嫌がらせ等の防止措置が義務づけられる。

⑷　**育児休業期間中の所得保障**　育児休業中の賃金については，就業規則等に規定がない限り使用者が支払う必要はない。しかし，育児休業期間中の所得保障として，雇用保険により「育児休業給付金」が支給される（雇保法61条の4以下）。その給付額は，育児休業を開始してから180日目までは，休業開始前の賃金の67%，それ以後については同じく50%である（上限額・下限額がある。雇保法61条の4，同法附則12条）。なお，育児休業期間中も社会保険（健康保険，厚生年金保険）関係は継続するが，保険料は免除される。

3　介護休業

⑴　**介護休業制度**　労働者は，「負傷，疾病又は身体上若しくは精神上の障害により」要介護状態にある家族（配偶者，父母，子，または配偶者の父母）の介護のために，介護休業をする権利が認められる（育介法2条2号～4号・11条）。有期労働契約による労働者であっても，その企業での雇用期間が1年以上であり，介護休業開始予定日から起算して93日を経過する日から6ヵ月を経過する日までにその労働契約が満了することが明らかでない者は，介護休業の申出

をすることができる（11条1項）。

介護休業は，対象家族1人につき要介護状態ごとに取得でき，93日を限度に3回に分割して取得することができる（11条2項）。労働者からの介護休業の申出に対して使用者が拒否できないこと（12条），休業申出および休業したことを理由とする解雇その他不利益な取扱いの禁止（16条）などは，育児休業の場合とパラレルである。

介護休業中の賃金についても，法律上は無給扱いとされている。しかし，その期間中の所得保障として，雇用保険より「介護休業給付金」が支給される（雇保法61条の6以下）。その給付額は，2016年8月から，介護休業給付は従前の40%から67%に引き上げられている（同61条の6）。介護休業期間中は育児休業の場合と異なり社会保険料は免除されない。

(2) 介護のための支援制度　使用者は，要介護状態にある家族の介護をする労働者に対して，①所定労働時間の短縮措置，②フレックスタイム制度，③始業・終業時刻の繰り上げ・繰り下げ，④介護サービス費用の助成その他これに準じる制度のうち，いずれかの措置を選択して講じなければならず（選択的措置義務），それは介護休業とは別に，利用開始から3年の間で2回以上の利用が可能であるものとされる（育介法23条3項，育介則74条3項）。使用者は，要介護状態にある家族の介護をする労働者に対し，その労働者が請求したときには，対象家族1人につき，介護の必要がなくなるまで，所定時間外労働を命じてはならない（育介法16条の9）。

4　子の養育を容易にする措置

事業主は，労働者の子の年齢区分ごとに次の義務を負う。第1に，事業主は，3歳までの子を養育する労働者で，育児休業を取得していない者（育児休業をしてその期間を終えた者を含む）が申出をすれば，「所定労働時間の短縮措置」を講じなければならない（ただし，事業場協定で雇用期間が1年未満の者などを除外することが可能。以上につき育介法23条1項）。第2に，事業の性質や業務体制から短縮措置が困難と認められる者については，「始業時刻変更等の措置」を講じなければならない（同2項）。なお，これら23条1項にもとづく申出と同条2項にもとづく措置を理由とする不利益取扱いは，独自に明文で禁止されている

(23条の2)。同条違反の不利益取扱いは，原則として無効である（社会福祉法人全国重症心身障害児（者）を守る会事件・東京地判平成27・10・2労判1138号57頁)。第3に，事業主は，1歳未満の子を養育するが育児休業を取得していない者には，「始業時刻変更等の措置」，1歳以上3歳未満の子を養育する者には，「育児休業に関する制度又は始業時刻変更等の措置」，3歳以上就学始期に達するまでの子については，育児休業に関する制度，育介法第6章の規定による所定外労働の制限その他の措置を講ずることについて，それぞれ努力義務を負う(24条1項。育介法にもとづく時間外労働の制限については264頁を，深夜業の禁止については270頁を参照)。

以上に加えて，小学校就学始期までの子を養育する労働者に対して，それを容易にするための措置として，労働者の申出にもとづき，「育児に関する目的のために利用することができる休暇」（育児目的休暇）がもうけられている。事業主は，この休暇を与えるための措置を講ずるように努めなければならない(24条1項本文)。

5　子の看護休暇・介護休暇

「子の看護のための休暇」として，小学校未就学児を養育する労働者は，子の負傷や疾病における看護のために，申出により1年度に5日までの休暇を取得することができる（育介法16条の2)。従前は1日単位で取得するものとされていたが，2017年1月より半日（所定労働時間の2分の1）単位での取得が可能となった（同条2項，育介則34条1項)。事業主は，労働者からの休暇の申出があった場合，これを拒むことはできない（16条の3)。ただ，この休暇には，法律上，賃金は保障されていない。

要介護状態の家族がいる場合，対象家族が1人であれば年5日，2人以上であれば年10日の，介護休暇を取得することができる（16条の5)。介護休暇についても，半日（所定労働時間の2分の1）単位での取得も可能である（同条2項，育介則40条1項)。申出があったときには，事業主は拒むことができない点，および賃金が保障されていない点は，子の看護休暇の場合と同じである（16条の6)。

§ 3　休暇・休業・休職の共通の意義

1　用語法の多様性

以上みたように，法令や企業実務では，労働者が仕事を「休む」ことについて，休暇，休業，休職という語が多様に用いられている。労働関係法令（公務員の勤務関係法令を除く）では，休暇は，これまでみた年次有給休暇（労基法39条），子の看護休暇（育介法16条の2）および介護休暇（同16条の5）ならびに育児目的休暇（同24条）のほかに，生理日の休暇（労基法68条）がある。休業については，すでにみた育児休業および介護休業（育介法2条1号・2号）のほかに，産前休業（労基法65条1項）および「使用者の責に帰すべき事由による休業」（同26条）がある。休職については，使用者が「明示しなければならない労働条件」の1つとして，「休職に関する事項」があげられている（労基則5条1項11号）。

企業実務では，法定外の休暇・休業・休職の制度がもうけられており，ここでも用語法はまちまちである。各企業の就業規則等で，病気休職（休暇），起訴休職，リフレッシュ休暇，ボランティア休暇といった制度が，大企業を中心に普及している。

2　休暇・休業・休職の法的意義

このように，休暇・休業・休職の意義は多様であるが，法定の制度であるか，また有給であるか等を問わず，その法的意義は共通である。それは，労働者が①本来は労働義務があるのに，②何らかの理由でその義務が消滅した，③一定の長さの期間を意味する。

すなわち，本来は労働義務がある日であるという点で，休暇・休業・休職は，休日（週休，あるいは休日扱いされる祝日）と区別される。後者は，法律または就業規則等にもとづき，始めから労働義務が存在しない（出勤を要しない）日であるのに対して，休暇・休業・休職は，本来は義務があるがそれが消滅することを意味する（したがって，休暇等においては，有給・無給，出勤扱いの有無等を決定する必要があるが，休日にはそれらを観念できない）。

次に，「労働義務が消滅した」とは，債権法上の債権の消滅原因としては，労働義務の免除（民法519条）を意味する。なお，諸外国では，「労働契約の停止（suspension）」という観念で，年休やそれ以外の休暇・休業における労働義務の消滅を説明することがある。

さらに，休暇・休業・休職は，連続した「一定の長さの期間」である趣旨が，本来は当然に包含されている。休暇についていえば，最初の国際基準であるILO第52号条約（1936年）は，一般労働者は6労働日の年休権を有するとしたうえで，この最低日数は連続付与されなければならず，これを超える日数についてのみ国内法令で分割を許容するものとされた。ILO第132号条約（1970年）では，連続付与の最低日数は3週間である。また，育児・介護休業や病気休職等が，その性質上連続日数とされるのは当然である。

以下では，法的紛争を引き起こすことの多い，病気休職制度（§4）と起訴休職制度（§5）を取り上げる。

§4 病気休職

1 病気休職の意義

労働者が私傷病により一定の期間労働不能となったとき，契約法理としては，労働者側の債務不履行となり，使用者は契約を解除（＝解雇）できるのが原則である。しかし，労働法の見地からすれば，労働者が私傷病になって療養のために一定の期間休んだ場合に，直ちに解雇しまたは損害賠償を請求することは，労働契約を支配する信義誠実の原則に反し（労契法3条4項），解雇権濫用にあたるものとして無効と判断されよう（同16条）。いいかえると，使用者は病気の労働者を一定の期間「休ませ」なければならず，労働者は病気の療養を要する場合には，解雇されることなく「休む」ことのできる信義則上の権利を有する。労働者が休みうる期間の長さは，労働者の在職期間，職位，勤務内容，企業の規模や業種などを総合して信義則の見地から決定されようが，それではまちまちに決定することになるため，これを就業規則等で統一的・定型的に定めて制度化したものが，病気休職（傷病休職ともいう）の制度である。

なお，病気休職制度の有無にかかわらず，病気による不就労については，就労不能日の4日目から賃金の3分の2にあたる傷病手当金が，1年6ヵ月の期間を上限として健康保険より支給される（健保法99条）。

2　休職命令

病気等の休職事由が生じたときに，使用者は労働者の意思に反して休職を命じることができるのか。このことは，労働者の労務提供義務の履行が可能かどうかにかかっている。もしこれが可能であるにもかかわらず使用者が休職を命じ，労務提供の受領を拒否したら，賃金支払義務を免れない（民法536条2項）。

労務提供が可能であるかどうかの判断は，職務内容が特定しているかどうかによって異なる。職務内容が特定されていない場合には，現に就労を命じられた職務についてだけでなく，労働者の経験，能力，配転の可能性等に照らして他の業務への配置が可能で，かつ労働者もそれを希望しているならば，労務提供は可能であると判断される（片山組事件・最1小判平成10・4・9労判736号15頁，同事件差戻審・東京高判平成11・4・27労判759号15頁）。

これに対し職務内容が特定している場合には，労務提供の可否は当該業務について判断される。たとえば体育教師として採用されたが，脳出血により半身不随になった者について，教員免許がある他の教科の担当への配転可能性を検討することなく体育の業務での労務提供が不可能であると判断されている（北海道龍谷学園事件・札幌高判平成11・7・9労判764号17頁）。しかし，この場合でも，他に現実に配置可能な業務が存在し，経営上もそれを担当させることにそれほど支障がなく，労働者がそれを希望しているときには，この配転の可能性を検討すべきであろう（病気休職中の復帰に関する事例であるが，カントラ事件・大阪高判平成14・6・19労判839号47頁は，一般論としてこの旨を述べる）。

3　病気休職と職場復帰

病気休職の場合，病気が「治癒」して，労務提供が可能な健康状態に戻ると職場に復帰することになるし，逆にその状態に至らないと退職あるいは解雇となる。したがって，何をもって治癒し労得提供が可能な状態になったといえるかが問題となる。なお，休職期間満了時に自動的に退職扱いとする場合には，あらかじめ休職処分自体の効力を厳密に判断しておかなければならない（石川

島播磨重工業事件・東京高判昭和56・11・12労民集32巻6号821頁，同事件・最2小判昭和57・10・8労経速1143号8頁）。

職場復帰の可否についても，休職の発令の場合と同様に，職務内容の特定の有無が問題となる。職務内容が特定されていない事例では，他への配転可能性を検討せずになした復職不可の決定を違法と判断するものがある（JR東海事件・大阪地判平成11・10・4労判771号25頁）。職種が特定されている場合にも，当初は夜間勤務のない軽易な作業に就かせれば徐々に通常勤務に戻れる状態にあるが，このことを考慮せずになされた退職扱い（エール・フランス事件・東京地判昭和59・1・27労判423号23頁），あるいは短期の復帰準備期間を与えたり教育措置をとるなどすれば従前業務への復帰が可能であるにもかかわらず，このことを考慮せずになされた解雇（全日本空輸事件・大阪高判平成13・3・14労判809号61頁）が，無効とされている。また，休職事由が消滅したことの主張立証は労働者側にあるとはいえ，その困難さからすれば，労働者は配置される可能性がある業務について労務の提供をすることができることの立証がなされれば，休職事由の消滅について事実上の推定が働くとする裁判例がある（第一興商事件・東京地判平成24・12・25労判1068号5頁）。

4　メンタルヘルスに起因する休職

労働者の精神疾患など，メンタルヘルスに起因する休職が，多くの企業で問題となっている。このような休業については，身体的な病気休職とは異なる独特の法的問題が生じる。

メンタルヘルスの不調は，身体的なそれと異なり，その自覚（気づき）が困難であることが多い。労働者自身の自覚を促進できるような健康管理が必要であり，加えて，管理監督者や保健指導等を通じた使用者側の把握も必要である。ただ，その場合には，労働者の個人情報の保護に十分留意する必要がある。また，労働者本人にメンタルヘルスの病識がないときには，使用者は一方的に休職措置をとるのではなく，家族の協力やセルフチェックの制度を利用して，組織的な対応をなすべきである（平成27・11・30厚労省「労働者の心の健康の保持増進のための指針」）。この点につき，最高裁は，労働者が精神的な不調のために欠勤を続けているときに，使用者は精神科医による健康診断を実施し，それに応じて休職等の措置を検討すべきであり，そのような検討なく無断欠勤を理由に諭旨退職の懲戒処分を行うことはできないと判断している（日本ヒューレット・パッカード事件・最2小判平成24・4・27労判1055号5頁）。

精神疾患では治癒についても判断が困難なことが多い。これについて，就業規則で定める「休職の事由が消滅」とは，労働者が労働契約における債務の本旨に従った履行の提供がある場合をいい，「原則として，従前の職務を通常の程度に行える健康状態になった場合，又は当初軽易作業に就かせればほどなく従前の職務を通常の程度に行える健康状態になった場合をいう」との裁判例がある（日本電気事件・東京地判平成27・7・29労判1124号5頁。同判決は，アスペルガー症候群に罹患した労働者について，「休職の事由が消滅」していたとは認められないと判断した）。その判断のために，使用者は，治療経過や回復可能性について，医師からの事情聴取をする必要があり，主治医に対し問い合わせをしないのは，「現代のメンタルヘルス対策の在り方として，不備なもの」とする裁判例もみられる（J学園事件・東京地判平成22・3・24労判1008号35頁を参照）。

また，いったん治癒して復職しても再発することがあり，この場合に，同一の疾患について休職を繰り返す必要があるかが問題となる。疾病の同一性や，前の発病と再発の間の期間，治療効果の期待などを総合して判断すべきであるが，裁判例では，休職期間に残余期間があるときは，その部分を付与すべきであるとするものがある（K社事件・東京地判平成17・2・18労判892号80頁）。また，治癒したというには，原則として，従前の職務を通常の程度に行える健康状態に回復したことを要するが，他の軽易な職務へ配置転換することが現実的に可能であったり，当初は軽易な職務に就かせれば程なく従前の職務を通常に行えると予測できるときには，復職を認めるべきである（独立行政法人N事件・東京地判平成16・3・26労判876号56頁）。

精神疾患による休職の場合，復職が可能かを確認するために，休職期間満了の時期近くにテスト期間をもうけて勤務させる制度がもうけられることが多い。この場合に，3ヵ月の「試し出勤」中に1日しか欠勤せず，医師の診断書に通常勤務が可能とされていたのになされた解雇は権利濫用と判断される（綜企画設計事件・東京地判平成28・9・28労判1189号84頁）。これに対して，医師の面談記録からは，トライアル就労期間の満了をもって労働者が休職期間満了までに回復したという事実の立証は尽くされていないと判断する例もみられる（伊藤忠事件・東京地判平成 25・1・31 労判 1083 号 84 頁）。また，精神疾患による傷病休職中に実施される放送局の「テスト出局」について，無給であるとの合意があり，債務の本旨に従った労務の提供を要するものではないとはいえ，業務の実態からすれば労基法 11 条にいう「労働」といいうるから最低賃金法の適用があり（同法 4 条 2 項），その限りで賃金請求権があるとする裁判例がある（NHK 名古屋放送局事件・名古屋高判平成 30・6・26 労判 1189 号 51 頁）。

§ 5　起訴休職

労働者が刑事起訴されたが，勾留されることなく出勤できる状態であるとき，使用者としては，この労働者を出勤させることが望ましくないと考える場合がある。そこで，使用者が就業規則等の定めにもとづき，出勤させない措置が起訴休職である。この制度は，企業秩序違反に対する懲戒処分として行う出勤停止とは異なり，使用者が就業規則にもとづき行う労働契約上の人事措置にすぎない。なお，起訴休職は，一般に無給が原則である。

起訴休職については，労働者が単に起訴されたというだけではこの処分は許されない。休職期間中賃金が支給されないなどの不利益を考えると，それが許されるのは，起訴事件の内容，労働者の職務内容あるいは会社における地位などから判断して，当該労働者を引き続き就労させることにより会社の社会的信用を失墜したり企業秩序に支障を来したり，あるいは勾留や公判期日の出頭のため労務提供が不可能となり業務遂行が著しく阻害されるなど，合理的な理由がある場合に限られる（日本冶金事件・東京地判昭和 50・2・7 労判 219 号 49 頁，アール・ケー・ビー毎日放送事件・福岡高判昭和 51・4・12 判タ 342 号 227 頁）。

また，起訴休職の可否あるいは期間は，起訴事件に対してなされうる懲戒処分等と比較して適切なものでなければならない（全日本空輸事件・東京地判平成 11・2・15 労判 760 号 46 頁）。一方で，休職期間の運用には難しい面が残る。就業規則において，起訴休職の期間は刑事事件の裁判の係属期間であるとし，係属期間が 2 年を超えて雇用を継続しがたい場合は解雇するとの定めがある場合に，刑事裁判の第 1 審で懲役 8 年の刑を受け，控訴審の係属中に 2 年の期間が到来して解雇され，その後の控訴審では罰金刑に変更されたという事案において，休職期間2年の上限は合理性があり，その満了時点では雇用を継続しがたい状況にあったとして，解雇相当と判断した裁判例がある（国立大学法人大阪大学事件・大阪高判平成30・4・19労経速2350号22頁)。やや機械的な制度運用にみえるが，やむをえない結論でもある。

Brush up 「休暇として休む」ということ

東日本大震災のことを思い出してみたい。被災地域に居住・勤務する人が，復旧や救援活動のために仕事を休むとき，どのような方法が可能だっただろうか。日本の労働法の枠組みでは，これに使う休暇としては，「年休をお取りなさい」というしかない。現に，厚労省は，当時そのように指導している(「東日本大震災に伴う労働基準法等に関するQ&A〔第3版〕」2011年4月27日版)。しかし，活動するのに十分な年休日数を保有している人は少ないだろうし，会社の方も有給を保障できるだけの財政状況でなかったであろう。年休ではなく，無給の欠勤扱いで活動した人が多かったのではないだろうか。

ところで，フランスには，「大規模自然災害のための休暇（congé pour catastrophe naturelle)」が法律に定められている。これは災害の発生した地域に居住または勤務する労働者に保障された休暇で，1回または数回に分けて最長20日間，復旧活動のために休暇を取ることができる。この国には，実に多種多様の休暇制度が法律上定められており，私傷病の病気休暇はもちろんのこと，家族関連では育児介護休暇や看護休暇のほかに，障がいのある子の付添い休暇，家族の末期の看取り休暇など。職業関連では資格試験の準備と受験日休暇，起業の準備休暇など。社会活動関連では青少年にスポーツ指導をするための休暇，ボランティア消防団活動のための休暇等々，多彩な休暇が目白押しに用意されている。大規模自然災害休暇もその一例である。

もっとも，これらの休暇は，一部を除いて無給であり，給与の保障はない。だとすれば，上述の震災の救援活動と同じように，届け出て欠勤扱いで休むのと同じではないかと思われるかもしれない。

しかし，法律で保障された休暇として休むことと欠勤とでは，意味が異なる。休暇で休むのは，法律上の制度である以上，いかなる企業でも，また正社員・非正規の区別なく行使できる権利であるし，取得を理由に不利益に取り扱うことも禁止される。このことは，私傷病休暇のことを考えれば明らかだろう。無給であれ休暇をとって療養することと，事実上の欠勤状態で療養することとの間には，休みの質に大きな開きが生じる。

そして，何よりも，多くの休暇メニューが法律に存在することが，その取得を積極的に促進する。そのことが，人生を仕事だけで過ごすのでない，「もう1つの生き方」を保障することにつながるのである。

17　女性（妊産婦等）・年少者

女性や年少者の保護は労働立法の出発点であり，戦前の工場法でも，その主たる規制対象は，「保護職工」と呼ばれる女性・年少者であった。かかる伝統を受けて，かつての労基法は，第６章「女子及び年少者」をもうけ，弱者保護の立場から，労働時間，深夜業，危険有害業務などについて，特別の規制を加えていた。けれども現在では，女性労働者に対するそのような「保護」の多くは，パターナリスティックな固定観念にもとづく，少なくとも今日では合理性のない制限であり，かえって女性の雇用機会を狭めて男女「平等」の妨げになる，という認識が国際的に定着している。

わが国でも1985年，均等法の制定と同時に，労基法の女性保護規定の改正が行われ，女性の妊娠・出産に関する保護を強化する一方で，それ以外の面における女性労働者の保護（就業制限）は縮小された。また，規定の形式も，第６章「年少者」と第６章の２「女子」とに分けられた。続いて，1997年の均等法改正で「平等」が強化されたのに伴い，労基法のほうでも，女性の時間外・休日労働の制限と深夜業の禁止が全廃された。また，労基法全体について，「女子」という言葉が「女性」に改められた。

さらに，2006年の均等法改正では，女性の坑内労働の制限が緩和されるとともに，第６章の２のタイトルが「妊産婦等」と改められた。女性一般への保護もわずかに残るものの，労基法による保護のターゲットが妊娠・出産機能であることを明確にし，男女の平等を推し進めたものといえよう。

他方，年少者については，成人と異なる特別の保護の必要性は明らかである。労基法では15歳と18歳で区切りをもうけ，さらに未成年者の保護規定をもうけているが，民法改正によって2022年４月から成年年齢が18歳に引き下げられるので，その影響を受けることになる。

§１　妊産婦等に関する法規制

1　坑内労働の制限

女性の坑内労働について，以前は，満18歳以上であっても，医療，取材，研究など一部の臨時的な業務を除き，禁止されていた。しかし，2006年の法改正で，①妊娠中の女性（妊婦）と，坑内業務に従事しない旨を使用者に申し出た，産後1年を経過しない女性（産婦）については，坑内で行われるすべての業務で使用が禁止されるが（労基法64条の2第1号），②それ以外の満18歳以上の女性については，坑内で行われる業務のうち，「人力により行われる掘削の業務その他の女性に有害な業務として厚生労働省令で定めるもの」での使用が禁止されることとなった（同条2号）。つまり，妊産婦以外の女性については，原則禁止ではなく，人力掘削など特定業務のみの禁止（いわゆるネガティブ・リスト方式）とされたのである。

もっとも，これを受けて定められた省令では，動力（遠隔操作を除く）や発破による掘削等の業務も禁止の対象としており，実際に女性に許容されるのは，技術上の管理や指導監督の業務に限られる（女性則1条）。現場作業員として女性を使用することは，日本が批准している1935年のILO第45号条約（女性坑内労働）に抵触するためであるが，少なくとも，管理監督的な技術者として女性が活躍することは可能となった。

なお，ILO条約の対象は鉱山での坑内労働に限られるが，わが国の労基法における「坑内」労働は，鉱山のみならず，建設中のトンネル内での作業を含むと解されている。

2　有害業務の禁止

かつての労基法は，すべての女性につき「危険有害業務」として広範な就業制限を定めていたが，1985年改正によって，使用者は，妊娠中の女性および産後1年を経過しない女性を，重量物を取り扱う業務や有毒ガスを発生する場所での業務など「妊娠，出産，哺《ほ》育等に有害な業務」に就かせてはならないという，妊産婦の保護規定に改められた（労基法64条の3第1項）。具体的な業務は省令で定められているが（女性則2条），産婦に対する禁止業務の範囲は妊婦の場合よりも狭く，かつ，本人の申出を条件とするものが多い。

これらの妊産婦に対する制限業務のうち，女性の妊娠・出産機能に有害な業務については，省令により「妊産婦以外の女性」にも準用することが可能とされている（労基法64条の3第2項）。その結果，現在でも，満18歳以上の女性労働者一般について，①一定以上の重量物（断続作業で30キロ，継続作業で20キロ）を取り扱う業務と，②一定の有害物を発散する場所における業務は，禁止されている（女性則3条，同2条1号・18号。②について，以前は「鉛・水銀など有毒物のガスや粉じんを発散する場所での業務」と定められていたが，2012年に改正され，対象物質と業務の態様が詳細化された）。

3　労働時間・休日・深夜業

妊産婦に関しては，労働時間等について特別の保護が定められており，本人が請求した場合には，変形労働時間制（労基法32条の2・32条の4・32条の5）は適用が排除される（同66条1項）。

また，時間外・休日労働（同33条・36条）と，深夜業（午後10時から午前5時までの間の労働）についても，妊産婦が請求した場合には，禁止される（同66条2項・3項）。

4　産前・産後の休業

女性労働者が出産する場合には，産前6週間（多胎妊娠の場合には14週間），産後8週間の休業の権利が認められ，休業の期間中，使用者はその者を就業させることを禁じられる（労基法65条1項・2項）。

産前休業の開始時期は，自然の分娩予定日を基準に計算される。産前休業は，本人の請求が条件となっており，請求がなければ勤務を継続させてよい。

これに対して産後の休業は，現実の出産（妊娠4ヵ月〔85日〕以上の分娩をいい，流産・死産・中絶も含む）の日から8週間，労働者の請求いかんにかかわらず休業を強制するものである。ただし，そのうち最後の2週間については，本人が請求すれば，医師がさしつかえないと認める業務に就業することが許されている（同65条2項但書）。

産前・産後の休業期間中の賃金の支払いは，義務づけられていない。ただ，健康保険から，1日につき標準報酬日額の3分の2の出産手当金が支給される（健保法102条）。

なお，産前・産後の休業期間中およびその後30日間は，再就職の困難な時期における女性労働者の保護をはかるために，天災事変等のやむをえない事由のため事業の継続が不可能となった場合を除き，使用者による解雇が禁じられる（労基法19条1項。472頁）。

5　軽易業務への転換

使用者は，妊娠中の女性が請求した場合には，「他の軽易な業務」に転換させなければならない（労基法65条3項）。妊娠中に就業する女性を保護しようとするものであり，原則として当該女性の請求した業務に転換させる趣旨であるが，新たに軽易な業務を創設して与える義務まで課したものではないとされている（昭和61・3・20基発151号・婦発69号）。

この転換の請求を行ったこと，あるいは転換したことを理由として，使用者が不利益取扱いを行うことは，均等法により禁じられている（均等法9条3項，均等則2条の2第6号。130頁を参照。降格の事例として，広島中央保健生活協同組合事件・最1小判平成26・10・23民集68巻8号1270頁）。

また，均等法では，妊娠中および出産後の女性労働者に関し，母子保健法による保健指導・健康診査を受けるために必要な時間を確保することや，そこでの指導事項を守ることができるように勤務時間短縮などの必要な措置を講じることを，事業主の義務として定めている（同12条・13条）。

6　育児時間

1歳未満の生児を育てる女性労働者が請求した場合，使用者は，法定の休憩時間のほか，1日2回，各々30分以上の育児時間を与えなければならない（労基法67条）。もともとは授乳の時間という趣旨であるが，それに限らず生児の世話のために必要であれば認められる。また時間帯も，労働時間の途中という限定はなく，たとえば，託児所への送迎のために勤務時間の最初と最後に取るという形でもよい。その意味で，育児時間を女性に限定する理由はかなり希薄化しているといえよう。

なお，育児・介護休業法によって，育児休業せずに3歳未満の子を養育する労働者（男女を問わない）については，本人の申出にもとづき所定労働時間を短縮する措置をとることが事業主に義務づけられているが（23条1項），これによる勤務時間の短縮を行う場合も，労基法上の育児時間は，請求があれば与えなければならない。

7　生理日の休暇

使用者は，生理日の就業が著しく困難な女性が休暇を請求した場合，その者を生理日に就業させてはならない（労基法68条）。妊娠・出産に直結する女性特有の機能に対する保護であり，わが国独特の制度といわれる。かつては「生理日の就業が著しく困難な」女性のほか「生理に有害な業務に従事する」女性にも認められていたが，1985年改正で後者は削除され，あくまで個々の女性労働者における就業困難を前提とする制度となった（同時に，それまでの「生理休暇」という文言が「休暇」に改められた）。

就業困難の判断は，個人差の大きいデリケートな問題だけに容易ではないが，医師の診断書のような厳格な証明を求めることは不適当とされている（昭和23・5・5基発682号）。

なお，休暇中の賃金は保障されていないが，就業規則等で有給とされていれば，それにもとづき賃金請求権が発生する（休暇取得時に支払われる賃金を，基本給の100%から68%に引き下げた紛争事例として，タケダシステム事件・最2小判昭和58・11・25労判418号21頁。359頁参照）。

8　休暇・休業中の賃金

上にみたように，産前・産後の休業や生理日の休暇については，法律上，賃金は保障されていない。有給とするか否かは就業規則等の定めによるのであり，無給であっても特段の問題は生じない。

また，精皆勤手当の算定にあたって生理休暇取得日を欠勤扱いとすることも，それが生理日の休暇取得を著しく困難とし，労基法が特に規定をもうけた趣旨を失わせると認められない限り，許される（エヌ・ビー・シー工業事件・最3小判昭和60・7・16民集39巻5号1023頁）。上記の判断にあたっては，当該措置の趣旨目的や，経済的不利益の程度，休暇取得に対する事実上の抑制力の強弱など諸般の事情が，総合的に考慮される。

したがって，労働者が被る不利益が大きくなれば，権利行使への抑制効果が過大と判断される可能性もある。たとえば，ベースアップも含む昇給の条件として出勤率が80% 以上であることを要求しつつ，産前・産後の休業，生理休暇取得日，育児時間を欠勤扱いとすることは，経済的不利益の大きさから労基法上の権利行使への抑制効果が強く，公序良俗に反して無効である（日本シェーリング事件・最1小判平成元・12・14民集43巻12号1895頁）。

また，賞与支給の要件である出勤率90% の算定にあたり，産前・産後の休業期間および育児のための勤務時間短縮措置による短縮時間分を欠勤扱いとしたことも，やはり抑制効果が大きく権利保障の趣旨を失わせるとして，公序良俗違反とされた（東朋学園事件・最1小判平成15・12・4労判862号14頁）。もっとも，この事件では，90% をみたさないことによって賞与が一切支給されなくなる点が不当とされたものであり，賞与の額を一定の範囲内でその欠勤日数に応じて減額することは可能とされている（差戻後の高裁判決として，高宮学園（東朋学園）事件・東京高判平成18・4・19労判917号40頁も参照）。

9　不利益取扱い禁止とハラスメントの措置義務

均等法では，女性労働者の妊娠・出産や，労基法による産前休業の請求，産前・産後休業をしたこと等を理由として，事業主が解雇その他の不利益取扱いをすることを禁止している（均等法9条3項，均等則2条の2。129頁を参照）。妊娠中の軽易業務への転換を契機として女性労働者を降格させる措置も，原則として同項の違反にあたり，本人が自由な意思にもとづいて降格を承諾したと認められる場合や，業務上の必要性等に照らして同項の趣旨・目的に実質的に反しないと認められる特段の事情が存在する場合を除き，違法となる（前掲広島中央保健生活協同組合事件）。

また，均等法の2016年改正で，上記の事由にもとづく女性労働者に対するハラスメント（マタニティー・ハラスメント）を防止するための措置（妊娠，出産等に関する言動に起因する問題に関する雇用管理上の措置）を講じることも，事業主に義務づけられた（均等法11条の2，均等則2条の3。131頁を参照）。

§ 2　年少者に関する法規制

1　最低年齢

労基法は，「児童が満15歳に達した日以後の最初の3月31日が終了するまで」は，労働者として使用することを禁止している（労基法56条1項）。かつては満15歳に達した日から使用が可能であったが，1998年の法改正で，ILO条約の基準に合わせて，義務教育の終了時まで引き上げたものである。

このような最低年齢の例外として，①満13歳以上の児童については，非工業的事業における，児童の健康および福祉に有害でない軽易な労働のために，労働基準監督署長の許可を受けて，修学時間外に使用することが認められ（同条2項。許可がなされえない業務につき，年少則9条も参照。飲食店における業務も含まれている），②満13歳未満の児童についても，映画製作または演劇の事業に限っては，①と同じ条件で使用が許される（労基法56条2項但書）。

これらの場合の許可申請には，修学に差し支えない旨の学校長の証明書と，親権者または後見人の同意書の添付が要求されている（年少則1条）。

2　未成年者の労働契約

未成年者（20歳未満の者。民法4条参照）が雇用される場合，本人に代わって親権者または後見人が労働契約を締結することは許されない（労基法58条1項。なお，2018年の民法改正によって2022年4月以降は成年年齢が引き下げられ，18歳未満の者が未成年者となる）。このような行為は，民法上は，取引における判断力の不十分な未成年者を保護するために，本人の同意を条件として認められているが（民法824条・859条），親権者等が子どもを無理やり働かせるなどの弊害が多かったため，労基法で禁止したのである。

したがって，未成年者が働く場合，自分自身で使用者との間で労働契約を締結することになるが，この場合，親権者・後見人の同意は必要である（民法5条）。また，未成年者がかかる同意を得たうえで使用者と締結した労働契約の内容が，本人に不利と認められる場合，親権者・後見人または労働基準監督署長は，その契約を将来に向かって解除（解約）する権利を有する（労基法58条2

項)。ただし，本人の交友関係や思想傾向，家庭の事情など，未成年者保護の趣旨を超えるような理由により解除がなされた場合には，解除権の濫用として解約の効力が否定されうる（倉敷紡績事件・名古屋地判昭和37・2・12労民集13巻1号76頁)。

労働契約の締結後，労働者たる未成年者は独立して賃金を請求することができ，親権者・後見人が本人に代わって賃金を受け取ることは禁じられている(労基法59条)。これは「未成年者が独立して法律行為をすることができる場合」にあたるので，訴訟能力も認められ（民訴法31条但書)，紛争が生じた場合には，未成年者自身が使用者を相手に訴訟を提起することもできる。

なお，意思能力のない幼児の映画等への出演は，もはや本人が労働契約を締結するものではなく，親権者・後見人と使用者との間の特殊な無名契約（労基法の基準は適用される）と解されている（有泉401頁)。

3　18歳未満者の労働時間規制と深夜業の禁止

⑴　労働時間・休日　満18歳未満の労働者については8時間労働制が厳格に適用され，通常の変形労働時間制およびフレックスタイム制，36協定による時間外・休日労働，労基法40条による特例は，いずれも適用が否定される(労基法60条1項)。

ただし，当人が満15歳に達したのちの最初の4月1日以降については，特別の変形労働時間制が認められており，①週の法定労働時間の枠内で，週のうち1日の労働時間を4時間以内に短縮する代わりに他の日の労働時間を10時間まで延長すること，または，②週48時間，1日8時間を上限とする1ヵ月単位または1年単位の変形制，が可能である（同条3項，労基則34条の2)。また，労基法33条の非常事由または公務による時間外・休日労働は，労働者が18歳未満であっても禁じられていない。

⑵　深夜業　満18歳未満の者の深夜業は，原則として禁止されている（労基法61条1項。なお，同条2項の深夜時間帯の変更に関する規定は，現在まで用いられたことがない)。しかし，交替制による事業では，労働基準監督署長の許可を受けて，午後10時30分まで（つまり深夜時間帯に30分食い込んで）労働させることができる（同条3項。早番と遅番の2交替制において，34条の休憩の要件をみた

しながら実働8時間を可能にするためにもうけられた規定である)。また，さらに大きな例外として，16歳以上の男性労働者を交替制（ここでは同一人が昼勤と夜勤を繰り返す勤務を意味し，事業全体で交替制となっていなくてもよい）で使用する場合には，深夜業が許容されている（同条1項但書）。

そのほか，33条1項の非常事由による時間外・休日労働の場合と，農林，畜産・水産，保健衛生または電話交換の事業に従事する者については，深夜業の禁止は適用除外となる（同61条4項。保健衛生の事業の範囲が争われた事案として，上六観光事件・最2小決昭和42・11・8刑集21巻9号1216頁）。

⑶ 児童の場合　労基法56条2項にもとづき許可を受けて使用される児童については，より厳しい規制が必要であることから，修学時間を通算して週40時間・1日7時間が労働時間の上限となり（同60条2項），深夜業禁止の時間帯も，午後8時から午前5時までに延長される（同61条5項）。

なお，2005年1月より，演劇の事業に使用される児童（子役）については，当分の間，深夜の時間帯を1時間遅らせて，午後9時から午前6時までの間の使用が禁止とされている（平成16・11・22厚労告407号。この告示は「労働基準法第61条第5項により読み替えられた同条第2項」にもとづくとされるが，両項の趣旨から見て疑問である）。

4　18歳未満者の危険有害業務・坑内労働の禁止

満18歳未満の者を，一定の危険業務や有害業務に就労させることは，禁止されている（労基法62条1項・2項）。年少者の身体的・精神的未発達や経験・技術等の不十分さを考慮した保護規定であり，対象となる危険・有害業務は，命令で詳細に定められている（同条3項，年少則7条・8条。妊産婦の場合よりもはるかに広範である）。また，満18歳未満の者の坑内労働も禁止されている（労基法63条）。なお，いずれについても，職業訓練に関しては特例が認められる（同70条）。

5　18歳未満者の証明書

満18歳未満の労働者について，使用者は，その年齢を証明する戸籍証明書を事業場に備え付けなければならない（労基法57条1項）。年少者に関する特別規制の監督実行に資するための規定である。例外的に最低年齢未満の者を使用する場合の学校長の証明書および親権者・後見人の同意書についても，備え付け義務がある（同条2項）。

6 帰郷旅費

満18歳未満の労働者が解雇され，その後14日以内に帰郷する場合には，使用者は必要な旅費を負担しなければならない（労基法64条）。旅費がないため帰郷できずに浮浪化したりするのを防ぐ趣旨といわれる。本人の責に帰すべき事由による解雇で，使用者が労働基準監督署長の認定を受けたときは，例外となる（同条但書）。ちなみに，かつては女性についても解雇時の帰郷旅費の支給が義務づけられていたが，1985年改正で削除された。

Brush up 児童労働

歴史をさかのぼると，労働法による労働の規制は，児童労働の規制に始まる。イギリスの産業革命期の児童労働や日本の紡績産業の年少女工など，当時の苛酷な児童労働の実態は，よく知られているところである。これらは重大な社会問題と意識され，人道主義的な観点から規制が提唱され，各国で労働立法が始まった。児童を酷使することで屈強な兵力が育成できなくなるという，富国強兵の発想も背景にあった。

その後の労働立法でも，児童労働について多様な規制がなされてきた。各国の労働立法は，児童労働禁止の規定をもうけるようになり，日本でも明治44（1911）年の工場法で，年少者の労働保護が図られた。国際労働基準では，いくつかの条約制定を経て，ILO 第 138 号条約（1973 年）で最低就労年齢（原則 15 歳）が定められ，義務教育の終了を労働の要件とすることが定められた。また，ILO 第 182 号条約（1999 年）では，児童売買，強制労働や売春など，最悪の形態の児童労働（worst forms of child labour）が，18 歳未満の者について禁止されている。

児童労働は，決して過去の問題ではない。世界に眼を向けると，今日でも児童労働は廃絶されるどころか，ますます深刻な課題を提起している。特に，多国籍企業が発展途上国に生産拠点をもうけたとき，その下請け・孫請け企業において児童労働が横行していることが指摘されている。よく知られているのが，パキスタン，インドなどのサッカーボール製造のケースであり，国際的に著名なスポーツ用品メーカーの支配のもとで，貧困階層の子どもたちが，なかば強制労働でサッカーボール製造に駆り立てられている。先進国の子どもが楽しむサッカーのボールを，最貧国の児童が，教育を受ける機会も与えられず劣悪な環境で製造するよう追い込まれるという現実は，胸の痛む不条理というしかない。児童労働には，そのほかにバングラデシュの船舶解体作業，エジプトの綿花採取労働などが知られており，いずれも経済のグローバル化による国際競争のあおりを受けた，インフォーマルな最底辺労働である（香川孝三『グローバル化の中のアジアの児童労働』）。「子どもの貧困」に警鐘が鳴らされている日本でも，無関係でなくなる日が来るかもしれない。

児童労働をなくすために，国内法・国際法の枠組みや，CSR など法を超えた手法で，どのような解決が効果的か。じっくり考えてみたい。

18　安全衛生と労災補償

安全衛生は，人間たる労働者の生命・身体・健康を守る，最も根源的な労働条件である。職場に存在するさまざまな危険を適切に管理し，設備・環境・体制を整えて，事故や病気を発生させないことが，何よりも大切である。しかし現実には，効率や経済性のために，これが犠牲にされることも少なくない。また，労働者にとっても，知識や情報の壁があるうえに，危険な仕事ゆえに賃金が高い場合もあり，十分な関心の対象になりにくい面がある。安全衛生のために法が果たすべき役割は大きい。

労基法は当初，第５章「安全及び衛生」で，使用者の各種の措置義務や安全衛生管理体制を定めていた。しかし，技術の高度化と生産過程の複雑化が進み，労働災害を防止するための総合的な立法の必要が高まったため，1972年に労働安全衛生法が制定され，労基法の規定はそこに吸収統合された。

他方で，不幸にして労働災害が発生した場合には，傷病を被った労働者や遺族に対する救済が，迅速かつ適切になされねばならない。市民法のもとにおける被災者の悲惨な経験の末に，かかる目的のために発展してきたのが，労災補償制度である。これを定める労基法第８章の「災害補償」および労災保険法の諸規定は，労働法体系の中でも独自の意義を有している。

最近では，過労死やメンタルヘルスなどの問題が注目され，労働者の私的な生活領域とも交錯する「健康」の確保が重要性を増している。その一方で，職場でのプリミティブな労災事故も根絶されたわけではなく，雇用形態が多様化する中で，新しい課題も生じている。

§1　労働安全衛生法

1972年に制定された労働安全衛生法は，労基法と相まって，職場における労働者の安全と健康を確保するとともに，快適な職場環境の形成を促進することを目的とする法律である（労安衛法１条。いわゆるドッキング規定として労基法42条も参照）。制定後も必要に応じてたびたび改正されており，最近では2018年の「働き方改革関連法」で，産業医の機能を強化する等の改正が行われた。

(1) **事業者等の責務**　労働安全衛生法では，雇用主である事業者の責務として，この法律で定める最低基準を遵守するのはもちろん，快適な職場環境の実現と労働条件の改善を通じて，職場における労働者の安全と健康を確保するよう求めている（3条1項）。また，リース業やジョイント・ベンチャーの発達を踏まえて，機械・原料等の製造者・輸入者・貸与者，請負事業の注文者や元方事業者など，直接の労働契約関係の外にある者に対しても，災害防止のための責務を定めるとともに（3条2項・3項），一定の具体的な措置を義務づけている（29条～34条。製造業等の構内下請けについても，2005年改正で30条の2がもうけられた）。さらに，労働者に対しても，法の遵守や協力に関する努力義務を定めている（4条）。

労安衛法上の義務（努力義務は除く）や最低基準は，労基法と同様に，罰則および労働基準監督署の監督によって履行・遵守が強制される。ただ，労基法13条に対応する直律的効力の規定はもうけられておらず，同法の基準がどこまで私法上の義務となるかについて議論が分かれている。

(2) **安全衛生の基準や規制**　労安衛法の中心をなすのは，職場の安全衛生に関する基準を定める「労働者の危険又は健康障害を防止するための措置」（第4章）と，「機械等並びに危険物及び有害物に関する規制」（第5章）の部分である。これらの規定を受けて，「労働安全衛生規則」をはじめ，「ボイラー及び圧力容器安全規則」，「クレーン等安全規則」，「四アルキル鉛中毒予防規則」，「電離放射線障害防止規則」，「事務所衛生基準規則」など，詳細な規則の体系がもうけられ，さらに，VDT作業に関するガイドライン（平成14・4・5基発0405001号）や，労働者の心の健康の保持増進のための指針（平成18・3・31健康保持増進のための指針公示3号）などの指針類も出されている。

また，労安衛法では，安全衛生教育の実施や無資格者の就業制限など「労働者の就業に当たっての措置」（第6章）や，一定業務における作業環境測定の実施や労働者の健康診断など「健康の保持増進のための措置」（第7章）等についても定められている。労働者の健康診断（66条）には，雇入れ時および定期の普通健康診断のほか，有害業務従事者の特殊健康診断がある（定期健康診断の一環として行われるエックス線検査を労働者が拒否することの可否が争われた事例として，愛知県教委事件・最1小判平成13・4・26労判804号15頁）。

最近では，長時間労働による過労死等の問題に対処するために，労働時間の状況等が一定の要件に該当する労働者について，医師による面接指導の実施が事業者に義務づけられており（66条の8以下。2018年改正で研究開発業務従事者や高度プロフェッショナル制度の対象者にも拡大し，労働時間の状況把握も義務化），また，労働者の心理的な負担の程度を把握するための，医師等による検査（ストレスチェック）の実施も義務づけられた（66条の10）。

⑶　**安全衛生管理体制**　労安衛法は，「安全衛生管理体制」（第3章）の整備にも力を注いでいる。一定規模以上の事業場ごとに，総括安全衛生管理者を選任し，その下に所定の資格をみたす安全管理者および衛生管理者（小規模なところでは安全衛生推進者）を選任することが義務づけられ，また，労働者の健康管理を担当する産業医の選任や，特定の作業について作業主任者の選任も求められている（10条～14条）。

さらに，一定規模以上の事業場では安全委員会および衛生委員会（または安全衛生委員会）の設置が義務づけられており，議長以外の委員のうち半数は，事業場の過半数組合ないし過半数代表者の推薦により指名される（17条～19条）。これらの委員会は議決権のない調査・審議・意見表明のための機関であるが，安全衛生に関して労働者の参加がはかられているのである。

⑷　**履行の確保**　労安衛法上の義務の本来的主体である「事業者」は，事業主（個人企業であればその個人，法人企業であれば法人自体）を意味する。「使用者」に代えてこの言葉が用いられたのは，安全衛生の責任が事業主体そのものにあることを明確化する趣旨であるといわれる。もっとも，法違反に対する罰則は現実の行為者に科され，事業主については労基法と同様に両罰規定（122条）によることになる。

労安衛法の履行の監督の仕組みは基本的に労基法と同じであり，労働基準監督署長および労働基準監督官により実施されるが（90条以下），産業安全専門官，労働衛生専門官（93条）などの専門職もおかれている。

⑸　**その他の法令**　労安衛法以外にも，労働者の安全衛生のための法令として，粉塵作業から生じるじん肺の予防と健康管理の措置を定めたじん肺法や，作業環境測定法，労働災害防止団体法などがもうけられている。また，鉱山の保安に関しては，労安衛法（第2章「労働災害防止計画」を除く）の適用は排除さ

れ（同法115条1項），代わりに鉱山保安法が規制を行っている。

(6) **権限不行使による国家賠償**　労働者保護のために安全衛生に関して適切な規制を行うことは，国の義務でもある。それを怠った場合には，被害者に対する国家賠償が命じられうる（炭坑労働者のじん肺罹患について，通商産業大臣が鉱山保安法にもとづく規制権限を適切に行使しなかったことが違法とされた事例として，筑豊じん肺〈国賠〉事件・最3小判平成16・4・27民集58巻4号1032頁，労働者の石綿関連疾患について，労働大臣が石綿工場に局所排気装置を設置することを義務づけなかったことが違法とされた事例として，泉南アスベスト事件・最1小判平成26・10・9民集68巻8号799頁）。

§2　労災補償制度の意義

1　制度の趣旨と労基法上の災害補償

労災補償は，労働者が仕事の上でこうむった傷病や死亡（労働災害）に対し，一定の補償をなすよう使用者に義務づける制度である。労働災害である限り，使用者の過失の有無にかかわらず補償義務が生じる点に特色がある。

このような制度が成立する以前，労働災害には一般に不法行為法理が適用され，被災労働者や遺族が損害賠償を得るためには，使用者側の故意過失と因果関係の存在を証明しなければならなかった。しかし，実際上そのような証明は相当に困難であるし，仮に証明できても，労働者にも過失があれば，過失相殺によって賠償額が減額されてしまう。また，そもそも傷病に苦しむ労働者や働き手を失った遺族にとって，使用者を相手に時間と費用のかかる訴訟を起こすこと自体，過大な負担である。企業活動により利益をあげる使用者と，その過程で生じる労働災害の被害者との落差は，顕著であった。

労災補償制度は，このような状況を是正するために，労働災害につき使用者に無過失責任を負わせたものであり，19世紀末以降，各国で次々に採用されて広まった。その一方で，補償の額は一定の基準によって定額化ないし定率化され，現実に発生した全損害をカバーするわけではない。この点も，損害賠償とは異なる労災補償の特色といえる。

労基法では，第8章の「災害補償」がこれを定め，療養補償（75条），休業補償（76条），障害補償（77条），遺族補償（79条）および葬祭料（80条）という5種類の補償を使用者に命じている（特則として，打切補償（81条）および分割補償（82条）の規定もある）。これらは，労働者の傷病や死亡が「業務上」のものであることのみを要件とする無過失責任であり，補償額は，療養補償を除き，いずれも平均賃金を基礎として定率的に定められている。また，補償責任の履行に関しては，労基法上の罰則および監督手続が適用される。

もっとも，2で述べるように，現在では労災保険が労基法の災害補償を肩代わりしており，実際にこれらの規定が適用される余地は，ほとんどない。

2　労災保険制度

労災補償においても，労働者や遺族に対して確実に補償がなされるとは限らない。たとえ訴訟を提起してみても，使用者に資力がなければ（大事故の発生により経営が行き詰まることは珍しくない），補償請求権は画餅に帰してしまう。そこで，使用者をあらかじめ保険に加入させておき，労働災害が発生したときには保険者から労働者・遺族への補償を行わせる制度が，労災補償制度と一体となって発展してきた。これが労災保険制度である。

わが国の労災保険制度は，労基法と同時に制定された労働者災害補償保険法（労災保険法）により定められている。労災保険は政府が保険者となって運営しており，労働者を使用する事業主から保険料を徴収する。労働災害が生じた場合には，労働者・遺族は，政府から直接に，労災補償に対応する一定の保険給付を受ける。そして，労災保険法上の給付がなされるべき場合，使用者はその限度で労基法上の補償責任を免れる（労基法84条1項）。

このように労災保険は，基本的に，使用者の労基法上の労災補償義務を前提として，その履行を担保するための責任保険である。しかし，現在では全事業が労災保険法の強制適用対象とされ（ごく小規模な農林水産業には暫定的な例外措置がある），しかも，保険給付の内容が拡充されて労基法の補償を大幅に上回るため，労災保険法のほうが，労災補償制度の中心的地位を占めている。

労災保険法の独自性は，①障害補償給付および遺族補償給付の一部年金化，②傷病補償年金の導入，③通勤災害に対する給付制度の創設，④社会復帰促進等事業による追加的給付の拡充，⑤中小事業主や一人親方など「労働者」以外の者の特別加入制度，⑥財源への国庫補助などに現れており，労災保険法は，労基法の枠をこえて，社会保障制度の一環としての性格を強めている。

§3　労災保険法の概要

1　保険の手続

⑴　保険関係と保険料　労災保険関係は，法適用対象となる事業が開始された日に成立する（労災法6条，徴収法3条)。事業主は労働基準監督署長に届出を行ったうえで，所定の保険料を納付しなければならない。事業主が届出・保険料納付を怠っている場合でも，労働災害が発生すれば労働者は保険給付を受けることができ，政府は事業主から保険料を追徴する（事業主に故意・過失があれば保険給付費用も徴収しうる)。

保険料は，事業主が支払う賃金総額に，保険料率を乗じた額である（徴収法11条)。保険料率は事業の種類ごとに定められており（徴収則別表第1)，現在は最高で8.8％（金属鉱業・石炭鉱業等)，最低で0.25％（時計等製造業，通信業，出版業，金融業，保険業など）となっている。また，一定規模以上の事業については，過去3年度の保険給付収支率に応じて保険料を増減するメリット制が適用される（徴収法12条3項)。

⑵　給付の請求と不服手続　災害が発生した場合，保険給付は，被災した労働者（または遺族）の請求により行われる。具体的には，労働基準監督署長に保険給付の申請書を提出し，これに対して署長が，支給または不支給の決定をなす。

労働基準監督署長の決定に不服のある場合，労働者・遺族は，各都道府県の労災保険審査官に審査請求をすることができ，さらにその決定に不服であれば，厚生労働大臣の所轄の下に設置されている労働保険審査会に再審査請求をなしうる（労災法38条1項後段)。また，労災保険審査官の決定が出た後であれば，労働基準監督署長の決定の取消しを求める訴訟を提起することも可能となる（40条。以前は，労働保険審査会の判断を経ることが必要であった)。なお，審査請求に対して3ヵ月以内に労災保険審査官の決定が下されない場合には，同審査官が審査請求を棄却したものとみなすことができる（38条2項)。

労災保険の給付を受ける権利は，給付の種類により，2年または5年の時効によって消滅する（42条）。

⑶ **特別加入制度**　労災保険は「労働者」の業務上の災害に対して給付を行うものであるが，たとえば小さな工場で事業主が労働者と一緒に同じ作業を行っている場合，事故が発生したときに事業主だけが何の保護も受けられないのは問題であろう。そこで，労災保険法では，労働者とはいえない一定の者について，任意に加入して保険料の支払いを行えば，保険給付の対象とする制度（特別加入制度）をもうけている（33条以下）。具体的には，①中小事業主およびその事業従事者，②一人親方等の自営業者およびその事業従事者，③特定作業従事者，④海外派遣者，である。もっとも，特別加入の場合，事業主の立場で行う業務は対象から除かれるなど（たとえば，国・広島中央労基署長事件・最2小判平成24・2・24民集66巻3号1185頁を参照），特有の制限がある。

なお，上記④の海外派遣者は，労災保険法の施行地外（海外）で行われる事業で使用される者を意味する。労務の提供の場が海外にあっても，国内の事業場に所属して当該事業場の使用者の指揮命令に従い勤務する労働者は，④ではなく海外出張者にあたり，特別加入の手続をしていなくても労災保険の給付対象となる（国・中央労基署長事件・東京高判平成28・4・27労判1146号46頁）。

2　業務上・外の認定

使用者に労災補償責任が発生し，労災保険法の業務災害に関する給付が行われるのは，労働者の「業務上」の負傷・疾病・障害または死亡の場合である（労基法75条〜81条，労災法7条1項1号）。

⑴ **業務起因性**　法律に「業務上」の定義は特におかれていないが，行政解釈は，業務と傷病等との間に経験則上相当な因果関係が存在することと理解し，これを「業務起因性」と表現する。そして，その第1次的判断基準として，まず「業務遂行性」がみたされることを要求している。

業務遂行性とは，「災害」（傷病等を発生させた事故・出来事）が，労働者が労働契約にもとづき事業主の支配下にあるとき（現実の作業中には限られない）に発生したことを意味する。かかる業務遂行性が認められても，その災害が，労働契約にもとづき事業主の支配下にあることに伴う危険が現実化したものといえない場合には，業務起因性は否定される。

より具体的には，①労働者が就業している時間中（用便等による短時間の中断も含む）の災害には明らかに業務遂行性があり，飲酒や喧嘩など私的逸脱行為による場合や，全くの天災地変で業務ゆえに危険が増大したのではない場合を除き，業務起因性が認められる。②労働者が休憩時間や始業前・終業後など就業時間外で事業場内にいる間の災害は，なお事業主の施設管理下にあるので業務遂行性を肯定されるが，業務起因性は原則として否定され，それが事業場設備の不備・欠陥に起因する場合や業務付随行為と認められる場合にのみ，業務上となる。③出張の場合には，全体が業務のための行為であり事業主の支配下にあると考えられるので，往復や宿泊の時間も含めて業務遂行性が肯定され，その災害が特に積極的な逸脱行為によるものでない限り，業務起因性が認められる。④運動会・慰安旅行・宴会などの行事は，事業運営上のものとして参加が強制されていた場合でなければ，「業務」と認められない（以上につき，詳しくは，労務行政研究所編『改訂 4 版・労災保険・業務災害及び通勤災害認定の実際（上巻）』を参照。工場での仕事を中断して飲食店での研修生の歓送迎会に参加した後，工場に戻る途中での交通事故による死亡が「業務上」と認められた事例として，国・行橋労基署長事件・最 2 小判平成 28・7・8 労判 1145 号 6 頁）。

なお，①に関し，大地震の発生による建物倒壊等で被災した場合も，作業方法や作業環境，事業場施設の状況などに照らし，危険環境下の業務に伴う危険が現実化したと認められるならば，業務上にあたることが確認されている（平成 23・3・11 基労補発 0311 第 9 号）。また，顧客など第三者による暴行を受けた場合も，職務内容が他人の反発や恨みを買いやすいものであり，かつ，個人的な怨恨によるものでなければ，業務上にあたる（競馬場で案内担当者として働く女性が，職場で男性警備員につきまとわれた末に殺害されたことが業務上と認められた事例として，尼崎労基署長事件・大阪高判平成 24・12・25 労判 1079 号 98 頁）。

⑵　**業務上疾病**　　上の基準は，災害により生じる負傷や疾病を想定しているが，疾病については，明確な事故・出来事を伴わずに発生する，非災害性の疾病も多く存在する（いわゆる職業病はこれにあたる）。この場合，業務遂行性の判断は意味を失う一方で，長年の蓄積や潜伏期間を経た後に発症するなどの問題から，業務起因性の立証がしばしば困難となる。そこで労基法は，「業務上

の疾病」の範囲を命令で定めることとし（75条2項），これを受けて施行規則（労基則35条・別表第1の2）が，医学的知見に照らして業務上の有害因子との因果関係が確立していると考えられる疾病を，災害性疾病も含めて類型的に列挙している（さらに通達により詳細な認定基準が示されている）。

これらの例示疾病に該当すれば，業務起因性が推定されるという効果が生じる。それ以外の疾病でも，因果関係が証明されて「その他業務に起因することの明らかな疾病」（同表11号）と認められれば，業務上疾病に含まれる（既往症である慢性十二指腸かいようの再発・悪化が過重な業務に起因し，業務上の疾病と判断された事例として，神戸東労基署長事件・最3小判平成16・9・7労判880号42頁）。

3　脳・心臓疾患の労災認定

(1)「過労死」の問題　いわゆる「過労死」は，直接的な死因からいえば，虚血性の脳・心臓疾患（脳出血，くも膜下出血，脳梗塞，心筋梗塞など）による死亡である。死亡に至らない場合も含めて，これらの脳・心臓疾患は，本人が有していた動脈瘤，動脈硬化等の基礎疾患が悪化してある時点で発症に至るものであり，業務上の有害因子が特定できないので「業務上の疾病」の列挙には含まれず，個別的に「その他業務に起因することの明らかな疾病」であることの認定が必要とされていた。

しかし，以下に述べるような経緯を受けて，2010年に労基則の改正が行われ，「業務上の疾病」の中に，「長期間にわたる長時間の業務その他血管病変等を著しく増悪させる業務による脳出血，くも膜下出血，脳梗塞，高血圧性脳症，心筋梗塞，狭心症，心停止（心臓性突然死を含む。）若しくは解離性大動脈瘤《りゅう》又はこれらの疾病に付随する疾病」が追加された（労基則別表第1の2第8号）。「長期間にわたる長時間の業務」等が血管病変等を著しく増悪させて発症の引き金になりうることを，公的に承認したものといえる。

労働者がこれらの疾病の既往症を有し，それが相当に重篤であった場合でも，その自然の経過により発症する寸前にまで増悪してはいなかったと認められるならば，業務上の負荷との間に相当因果関係の存在が肯定されうる（地公災基金鹿児島県支部長事件・最2小判平成18・3・3労判919号5頁を参照）。

(2)　行政解釈による認定基準　かつての行政解釈は，発症の直前（少なくとも当日）に，業務上の突発的な出来事や過激な業務への従事による特別の負荷があったことを要求するなど，非常に厳しい態度をとっていた。これに対する批判の高まりや不支給決定を争う取消訴訟の頻発を受けて，1987年と1995年に認定基準が緩和され，発症前1週間程度における過重負荷も考慮されるようになった。しかし，最高裁が，長期間にわたる疲労の蓄積についても明確に考慮する判断を示したため（横浜南労基署長事件・最1小判平成12・7・17労判785号6頁），2001年に，現行の基準が出された（平成13・12・12基発1063号）。

この基準は，業務上の過重負荷のために，労働者の基礎疾患が「その自然経過を超えて著しく増悪」して発症に至ったことが必要であり，業務はその「相対的に有力な原因」でなければならない，という従来からの基本的立場を示したうえで（裁判例では，業務が「共働原因」であれば足りるとするものもある），業務による明らかな過重負荷として，①発症直前から前日までの「異常な出来事」，②発症前おおむね1週間における「特に過重な業務」，③発症前おおむね6ヵ月における「著しい疲労の蓄積をもたらす特に過重な業務」，という3つの類型を提示した。

特に③については，週40時間を超える時間外労働の時間数に応じて，業務と発症との関連性を評価する試みがなされている（たとえば，月45時間を超えて長くなるほど関連性が強まり，発症前1ヵ月に100時間または発症前2〜6ヵ月に月80時間を超える場合は関連性が強いと判断）。また，労働時間だけではなく，不規則な勤務，作業環境，精神的緊張など業務の質的な過重性も考慮される。

もちろん現在でも，業務上ではないと判断される事案は多くあり，その取消訴訟も頻繁に提起されている（過重な時間外労働に加え，うつ病の影響で睡眠時間が確保できなかったことが虚血性心疾患の原因となったと判断して取消しを認めた事例として，国・半田労基署長事件・名古屋高判平成29・2・23労判1160号45頁）。

⑶　**治療機会の喪失**　　最高裁は，もともとの脳・心臓疾患の発症が業務に起因するか否かとは別に，業務のために発症後の適切な処置ができず（治療機会の喪失），その結果として死亡に至った場合には，業務に内在する危険が現実化したといえるので業務起因性を肯定しうるとの見解を示している（地公災基金愛知県支部長事件・最3小判平成8・3・5労判689号16頁）。

⑷　**過労死の予防**　　脳・心臓疾患については予防面での対策の重要性も認

識されるようになり，2001年より労災保険法に，定期健康診断等で異常のあった労働者のための「二次健康診断等給付」(26条以下) が新設された。また，すでに見たように，労働安全衛生法に，長時間労働を行う労働者に関する医師の面接指導や，ストレスチェックの制度が導入された (313頁)。

さらに，2014年には「過労死等防止対策推進法」が制定され，国，地方公共団体，事業主および国民の責務が明記されるとともに，大綱の策定，調査研究の推進，啓発など，国が行うべき対策が定められた。

4　ストレスによる精神障害と自殺

労働者が業務による心理的負荷のために，うつ病等の精神障害を発病した場合には，業務上の疾病に該当しうる。また，かかる精神障害のため正常な判断ができずに自殺に至った場合には，その死亡も業務上のものとなりうる。

かつての行政解釈は，自殺は故意によるので原則として労災給付を行わない (労災法12条の2の2第1項を参照) との立場を固守していた。しかし，いわゆる過労自殺が社会問題となり，労基署長の決定を取り消して自殺の業務起因性を認める裁判例も現われた (加古川労基署長事件・神戸地判平成8・4・26労判695号31頁，大町労基署長事件・長野地判平成11・3・12労判764号43頁など)。

そこで，1999年に「精神障害による自殺」の業務上・外の判断に関する通達が出され (平成11・9・14基発545号)，業務上の精神障害によって，正常の認識，行為選択能力が著しく阻害される等した状態で自殺が行われた場合には，故意には該当しないとの考え方が示された。また，心理的負荷による精神障害についても，同時に出された通達で認定基準の明確化がはかられた (これらの基準を検討し，本人のうつ病親和的性格傾向も考慮しながら自殺の業務起因性を認めた事例として，豊田労基署長事件・名古屋高判平成15・7・8労判856号14頁)。

その後，2011年に，後者を全面的に見直した新たな通達が出された (平成23・12・26基発1226号第1号)。そこでは，対象疾病の発病前おおむね6ヵ月の間に業務による強い心理的負荷が認められ，かつ，業務以外の心理的負荷や個体側要因により発病したとは認められない場合には，「業務上」と取り扱うとしたうえで，業務による心理的負荷の強度について，出来事の種類に応じ，強・中・弱の3段階の例示がなされている。これらを総合評価して判断がなされるが，「特別な出来事」に該当する事情（生死に関わる重大な業務上の負傷，本人の意思を抑圧して行われたわいせつ行為などのセクシュアル・ハラスメント，発病直前の1ヵ月に160時間を超える時間外労働など）がある場合には，それだけで業務上と認められる。

最近は，いわゆるパワーハラスメントによる精神障害の事案も増えており，具体的な状況に応じて，心理的負荷の程度や他の要因の存否が検討されている（上司の叱責・暴言等について，国・京都下労基署長事件・京都地判平成27・9・18労判1131号29頁，合理的理由なく仕事を与えなかったことにつき，国・広島中央労基署長事件・広島高判平成27・10・22労判1131号5頁。いずれも業務起因性を肯定）。

なお，精神障害も以前は労基則別表第1の2が列挙する「業務上の疾病」に含まれていなかったが，2010年の改正で，「人の生命にかかわる事故への遭遇その他心理的に過度の負担を与える事象を伴う業務による精神及び行動の障害又はこれに付随する疾病」（9号）が追加された。

5　保険給付の内容

業務災害に関する保険給付としては，療養補償給付，休業補償給付，障害補償給付，遺族補償給付，葬祭料，傷病補償年金，介護補償給付という7種類が定められている（労災法12条の8第1項）。一般の私傷病に対する健康保険法等の給付と比較して，労災保険法の給付は相当に手厚く，業務上と認定されるか否かは，労働者・遺族にとって重大な意味をもつ。なお，業務災害につき労働者に故意があった場合には保険給付は行われず，また一定の場合には保険給付の全部または一部が制限されうる（同12条の2の2）。

⑴　**療養補償給付**　　傷病の療養のために，診察，薬剤・治療材料，処置・手術その他の治療，病院への収容，看護，移送を提供するものである（同13条）。労災病院または労災指定病院での現物給付（無料の療養）が原則であるが，それが困難な場合には療養費の支給がなされる。

⑵　**休業補償給付**　　労働者が傷病の療養のために労働することができず，その結果として賃金を受けられない場合に，第4日目以降について，給付基礎日額（労基法上の平均賃金相当額）の60%を支給するものである（同14条1項。なお，これに加えて給付基礎日額の20%分が，前述の特別支給金として支給される）。

休業補償給付は，休日や出勤停止期間など賃金請求権が発生しない日についてもなされるが（浜松労基署長事件・最1小判昭和58・10・13民集37巻8号1108頁），最初の3日間の休業は保険給付の対象とならず，使用者が労基法76条の休業補償を行わなければならない。

(3) **障害補償給付**　傷病が治癒したとき（症状が固定してそれ以上の治療の効果が期待できない場合をいう）に，労働者の身体に障害が残っている場合，その障害の程度に応じて支給される。障害は14段階の障害等級表に分類されており，1級から7級までの重い障害に対しては障害補償年金が支給され，8級から14級までの障害に対しては障害補償一時金が支給される（労災法15条・別表第1および第2，労災則別表第1。ちなみに，労基法上は年金の制度はない）。

なお，以前の障害等級表では，労働者の外貌に醜状が残った場合，男女によって障害等級に差がもうけられ，女性のほうがより重く評価されていたが，憲法14条違反との判決が出されたため（国・園部労基署長事件・京都地判平成22・5・27労判1010号11頁），男女を統合する形で規則改正が行われた。

(4) **遺族補償給付**　労働者が死亡した場合に，遺族補償年金または遺族補償一時金（前者が原則）として支給される。遺族補償年金の受給資格者は，労働者の死亡の当時その収入によって生計を維持していた配偶者（事実上の婚姻関係を含む），子，父母，孫，祖父母および兄弟姉妹であるが，「妻」以外の者については一定の年齢要件または障害要件をみたしていなければならない（労災法16条の2第1項）。実際に遺族補償年金を受給する権利を有するのは，それらの受給資格者のうち最先順位にある者である（同順位者間では等分）。

(5) **葬祭料**　死亡した労働者の葬祭を行う者に対し，給付基礎日額60日分以上の所定額が支給される（同17条，労災則17条）。

(6) **傷病補償年金**　労基法81条の打切補償を修正した，労災保険法独自の給付であり，労働者の傷病が療養開始後1年6ヵ月を経過しても治癒しておらず，かつ，その傷病による障害の程度が省令で定める傷病等級（全部労働不能に相当）に達している場合に支給される（労災法12条の8第3項）。

この年金の支給により休業補償給付は行われなくなるが（同18条2項），療養補償給付は継続される。ただし，療養開始後3年を経過した日以降に傷病補償年金を受給している（あるいは，するようになった）場合，使用者は打切補償を行ったものとみなされ，労基法19条の解雇制限が解除される（労災法19条。なお，打切補償と労基法19条については，専修大学事件・最2小判平成27・6・8民集69巻4号1047頁も参照。472頁）。

⑺　**介護補償給付**　障害補償年金または傷病補償年金を受ける権利を有する労働者が，その障害（省令で定める程度以上のもの）のため自宅等で介護を受ける場合に，一定の要件の下で支給される（労災法12条の8第4項・19条の2）。

⑻　**特別支給金等**　労災保険法では，以上の保険給付に上積みして，各種の「特別支給金」を支給している。また，義肢等補装具，リハビリテーション施設，介護料，遺族の援護など，さまざまな給付やサービスも行っている。これらは「社会復帰促進等事業」（同29条。労働福祉事業から改称）としてなされるものであり，労災保険給付そのものではない。

6　通勤災害

⑴　**制度の趣旨**　労災保険法では，1973年の改正により通勤災害保護制度が創設され，労働者が通勤途上で被った災害に対しても保険給付が行われている。それ以前，通勤災害は，特段の事情（使用者が通勤専用の交通機関を提供していた場合や，突発的事故による早出・休日出勤の場合など）のない限り，使用者の支配下で発生したとはいえないので，「業務上」の災害にあたらず，労災補償・労災保険給付の対象外とされていた。しかし，通勤は労務提供に不可欠でしかも必然的に危険を伴う行為であって，そこで生じた災害を単純な私傷病と扱うことは適当でないとの主張が高まり，業務災害とは区別しつつも，労災保険法により特別の給付がなされるに至った。

通勤災害に関する保険給付の内容は，業務災害の場合と実質的に同じである。わずかに，療養給付につき労働者に200円以内の一部負担金がある点のみが異なる（労災法31条2項）。ただ，あくまで業務外の災害であって使用者の労基法上の補償責任は存在しないとの建前から，各給付の名称には「補償」という文字が含まれていない（同21条）。したがって，通勤災害による休業には，労基法19条の解雇制限（472頁を参照）も適用されない。

給付の対象となる通勤災害は，労働者の「通勤による」負傷・疾病・障害・死亡である（労災法7条1項2号）。通勤に通常伴う危険が具体化したものでなければならないが（オウム教団による特定個人を狙った計画的殺害について通勤起因性が否定された事例として，大阪南労基署長事件・大阪高判平成 12・6・28 労判 798 号 7 頁），交通事故，駅の階段での転倒，落下物，がけ崩れなどはもちろん，夜道でのひったくりによる負傷などもこれに含まれる。

⑵ **「通勤」の意義**　「通勤」とは，労働者が，就業に関し，①住居と就業の場所との往復，②ある就業の場所から他の就業の場所への移動，③①の往復に先行または後続する住居間の移動，のいずれかを「合理的な経路及び方法により」行うことをいう（同 7 条 2 項。②と③については，厚生労働省令で定めるものという限定がある）。ただし，それ自体が業務の性質を有する移動は，業務災害の対象に含まれるので，通勤災害の範囲から除外される（同項）。

上記のうち②と③は 2005 年改正で追加されたもので，②は複数の使用者に雇用される労働者の職場間の移動を，③は単身赴任者（転任に伴い通勤することが困難になり，同居していた配偶者等と別居している労働者）の赴任先住居と帰省先住居との間の移動を，それぞれ対象とする（労災則 6 条・7 条を参照）。

合理的な経路・方法は，労働者が通常用いているものに限定されるわけではないが，帰宅途中に酒場等で長時間飲食するなど，往復経路からの「逸脱」や往復行為の「中断」があった場合には，それ以降はもはや通勤とは認められない（帰宅途中，夕食の買物のために経路外の商店に立ち寄る途中での交通事故が，逸脱にあたるとされた事例として，札幌中央労基署長事件・札幌高判平成元・5・8 労判 541 号 27 頁）。ただし，それが労働者の日常生活上必要な一定のやむをえない事由（日用品の購入，職業能力開発教育の受講，選挙権の行使，病院での診療，要介護状態にある一定の家族の介護）による最小限度の逸脱・中断であれば，その終了後は再び通勤と扱われる（7 条 3 項，労災則 8 条。なお，家族介護が 8 条の規定に追加される前に，これに該当することを認めた裁判例として，国・羽曳野労基署長事件・大阪高判平成 19・4・18 労判 937 号 14 頁）。また，経路上での短時間の休憩や雑誌購入などは，そもそも逸脱・中断にあたらない。

そのほか，終業後に組合活動やサークル活動等で職場に居残った後の帰宅も，社会通念上，就業との直接的関連性を失わせるほど長時間でない限り，通勤に該当する（飲酒を伴う職場での会合出席後の帰宅が通勤と認められなかった事例として，国・中央労基署長事件・東京高判平成 20・6・25 労判 964 号 16 頁）。基本的に労働者の私生活の領域であるだけに，通勤災害の認定は，微妙で線引きの困難な場合が多いといえよう。

§4　労働災害と民法上の損害賠償

1　労働災害における損害賠償の意義

労災補償および労災保険給付（以下「労災補償」で一括する）は，その性質上，労働者・遺族が現実に被ったすべての損害を塡補するものではない。補償金額は個々の事情を捨象して定率化され，また慰謝料も含まれていない。

このような労災補償によりカバーされない損害を回復するために，労働者・遺族は，民法にもとづく損害賠償請求を行うことができる（労基法84条2項の反対解釈）。諸外国では労災補償制度の採用に伴って損害賠償請求権を排除する例が多く，労災補償と損害賠償の併存は，日本の労災補償制度の特色の1つである。

損害賠償請求においては，もはや「業務上」のみを要件とする無過失責任は適用されず，民法の不法行為や債務不履行の諸規定に従って，使用者またはその被用者の故意過失（ないし帰責事由），あるいは土地工作物の設置・保存の瑕疵の存在が要件となる。因果関係や損害額の立証も必要であり，また過失相殺も適用される（既往症のある労働者の急性心筋虚血による死亡に関する使用者の不法行為責任について，本人の基礎疾患にもとづく過失相殺の適用を否定した原判決を破棄した事例として，NTT東日本事件・最1小判平成20・3・27労判958号5頁）。

なお，労働協約や就業規則に，労働災害の場合，使用者が法定の労災保険給付に上積みして一定の補償を行う旨の規定がおかれることが少なくない。一般に，このような上積み補償条項は，それ以上の請求を否定する意味での損害賠償額の予定（民法420条）をしたものと解すべきではなく，支払われた額の限度で損害賠償責任との調整が認められうるにすぎない。

2　安全配慮義務の法理

(1)　労働契約上の安全配慮義務　　使用者に対する損害賠償請求は，かつては不法行為を根拠としてなされるのが通例であった。しかし今日では，使用者は労働契約上「安全配慮義務」を負うとして，同義務違反の債務不履行責任（民法415条）を追及する法理が定着している。労働契約法も，これを受けて，5条に「労働者の安全への配慮」の規定をもうけた。

安全配慮義務の法理を確立したのは1975年の最高裁判決（陸上自衛隊車両整備工場事件・最3小判昭和50・2・25民集29巻2号143頁）であり，公務員（自衛隊員）に対する国の義務として，給与支払義務のほかに，「国が公務遂行のために設置すべき場所，施設もしくは器具等の設置管理又は公務員が国もしくは上司の指示のもとに遂行する公務の管理にあたって，公務員の生命及び健康等を危険から保護するよう配慮すべき義務」の存在を認めた。かかる安全配慮義務は，「ある法律関係に基づいて特別な社会的接触の関係に入った当事者間において，当該法律関係の付随義務として当事者の一方又は双方が相手方に対して信義則上負う義務として一般的に認められる」ものである。

最高裁は後に，私企業における労働契約関係についても使用者の安全配慮義務を明確に認めている（川義事件・最3小判昭和59・4・10民集38巻6号557頁）。また，下請企業の労働者（社外工）が注文者や元請企業の施設内でその指揮管理のもとに労働する場合，労働契約関係に準じて，労働者に対する注文者・元請企業の安全配慮義務が肯定されることもある（三菱重工業神戸造船所事件・最1小判平成3・4・11労判590号14頁。また，三段階の請負各社について安全配慮義務を肯定しつつ，大もとの注文者の同義務を否定した事例として，中部電力ほか事件・静岡地判平成24・3・23労判1052号42頁）。

(2) **安全配慮義務の内容**　安全配慮義務により，使用者は，危険防止のために必要な物的・人的諸条件を整備すること（設備や環境の整備，適格者の配置，安全教育など）を要求される。宿直中の労働者が侵入者により殺傷された場合でも，使用者として十分な防止・安全対策を欠いていれば，義務違反が成立する（前掲川義事件）。また，いわゆる過労死の事案では，安全配慮義務の内容として，労働者の健康管理のために業務の軽減や変更などの適切な措置をとることも求められている（システムコンサルタント事件・東京高判平成11・7・28労判770号58頁）。

しかし，使用者は，安全それ自体を結果債務として負わされるわけではなく（チェーンソーによる林業労働者の振動障害につき，予見可能性および相当の回避措置という点から安全配慮義務違反が否定された事例として，高知営林署事件・最2小判平成2・4・20労判561号6頁)，訴訟においては原告が，当該の状況における安全配慮義務の内容を特定し，かつ義務違反に該当する事実を主張・立証しなければならない（航空自衛隊芦屋分遣隊事件・最2小判昭和56・2・16民集35巻1号56頁)。したがって，債務不履行と構成しても，労働者が主張立証すべき事実は，不法行為による請求の場合とほとんど変わらないのが現実である。

また，債務不履行では時効が3年ではなく10年（民法167条）となることは重要な相違点であったが，2017年の民法改正によって，2020年4月以降，生命・身体の侵害による損害賠償については，5年（権利行使可能と知った時，あるいは損害・加害者を知った時から）と20年（権利行使可能となった時，あるいは行為の時から）で統一される（新167条・新724条の2)。

他方で，債務不履行の場合には，遺族固有の慰謝料が認められず，損害遅延金の起算点も事故発生時ではなく請求時が基準となるので（大石塗装・鹿島建設事件・最1小判昭和55・12・18民集34巻7号888頁)，必ずしも原告にとって有利でない面もある。しかし，弁護士費用については，安全配慮義務違反の債務不履行による請求であっても，相当額を請求することが可能とされた（乙山社事件・最2小判平成24・2・24判時2144号89頁)。

(3) **不法行為等による賠償請求**　今日でも不法行為による損害賠償請求は可能であり，最近はむしろ増加傾向にある。そこでは，安全配慮義務が，不法行為上の注意義務として機能することとなる。過労自殺をめぐる最高裁の判例でも，使用者の「業務の遂行に伴う疲労や心理的負担等が過度に蓄積して労働者の心身の健康を損なうことのないよう注意する義務」の違反として，不法行為による損害賠償が認められた（電通事件・最2小判平成12・3・24民集54巻3号1155頁。本人の性格や家族の落ち度を理由とする過失相殺も否定)。

このような不法行為上の安全（健康）配慮義務は，労働契約上の付随義務としての安全（健康）配慮義務とほとんど重なっており，実際，両者がともに主張されることも多い（判決でも両方の成立を認めるものが少なくない。たとえば，テクノアシスト相模（大和製罐）事件・東京地判平成20・2・13労判955号13頁，グルメ杵屋事件・大阪地判平成21・12・21労判1003号16頁)。また，労働者が過労によりうつ病を発症した事案について，高裁は「債務不履行又は不法行為」にもとづき使用者の損害賠償責任を認めたうえで，民法418条または722条2項による過失相殺と減額を行ったが，最高裁は，その理由（労働者が自らの健康情報を申告しなかったことと，個人的ぜい弱性）による賠償額の減額は不当として，破棄している（東芝事件・最2小判平成26・3・24労判1094号22頁）。

なお，不法行為による訴訟の相手方は，使用者には限られない。労働者が勤務する建物の壁面に石綿が露出していたため悪性胸膜中皮腫を発症した事案では，遺族が民法717条にもとづき，建物の所有者に対して損害賠償を求めた。高裁は，建物の設置・保存の瑕疵を認めて賠償責任を肯定したが，最高裁は，当該建築物が通常有すべき安全性を欠くと評価されるようになったのはいつの時点からかを明確にすべきであると述べて，破棄・差戻しとした（最2小判平成25・7・12判時2200号63頁）。

また，雇用主たる会社の安全配慮義務違反とは別に，会社法429条1項にもとづき取締役個人の損害賠償責任を認めた裁判例もある（大庄ほか事件・大阪高判平成23・5・25労判1033号24頁）。労働者の過労死について，会社の36協定や給与体系が恒常的な長時間労働を発生させ，明らかに不合理な体制であったとして，取締役の悪意または重過失による任務（安全配慮）懈怠が肯定されたものである。

3　労災保険給付と損害賠償との調整

(1)　損害賠償からの減額　　使用者は，労災補償を行った場合，その限度で民法上の損害賠償責任を免れる（労基法84条2項）。このことは労災保険と損害賠償との関係にも妥当し，使用者に対する労働者・遺族の損害賠償請求権は，同一の事由にもとづき政府が労災保険法上の給付を行った場合，その給付額の限度で消滅する。

ただ，労災保険給付は労働者の被った財産的損害のうち，消極損害（逸失利益）を一定率で塡補するものであり，精神的損害に対する慰謝料や入院雑費などの積極損害の賠償はこれと性質を異にするので，上記調整の対象とならない（東都観光バス事件・最3小判昭和58・4・19民集37巻3号321頁，青木鉛鉄事件・最2小判昭和62・7・10民集41巻5号1202頁）。また，社会復帰促進等事業として支給される特別支給金（324頁）は，労災保険給付とは異なり，労働者の損害塡補の性格を有しないので，損害賠償額から控除されない（コック食品事件・最2小判平成8・2・23民集50巻2号249頁）。

⑵　**年金との調整**　労災保険給付が年金により支給される場合には，使用者の損害賠償責任額から，すでに支払われた分の年金額のみならず，将来支払われる分まで控除してよいかという問題が生じる。判例は将来分の控除を否定する立場をとったが（三共自動車事件・最3小判昭和52・10・25民集31巻6号836頁），そのままでは損害の二重塡補や使用者の保険利益の喪失という懸念もある（損害賠償を行った使用者は，国に対する将来の年金請求権を代位取得するわけではない。三共自動車事件・最1小判平成元・4・27民集43巻4号278頁）。そこで1980年の労災保険法改正により，年金に前払一時金の制度をもうけつつ，その限度で将来分の控除を認める調整規定がおかれた（労災法64条1項）。

労働災害が使用者以外の第三者の行為により発生した場合には，労災保険給付をなした政府は，その限度で，労働者・遺族が第三者に対して有する損害賠償請求権を取得する（同12条の4第1項）。労働者・遺族が第三者から先に損害賠償を受けたときには，政府はその限度で保険給付をしないことができる（同条2項）。労災保険給付のうち将来の年金額を損害賠償から控除することの可否は，第三者の損害賠償責任との関係でも問題となるが，判例はやはりこれを否定し（仁田原・中村事件・最3小判昭和52・5・27民集31巻3号427頁），こちらについては特に調整規定もおかれていない。

しかし，最高裁はその後，地方公務員等共済組合法上の遺族共済年金に関して，第三者の行為による損害についても年金との間に損益相殺的な調整をすべきであり，将来分の年金であっても「支給を受けることが確定した」額の限度では，損害賠償額から控除されるとの判断を示した（寒川・森島事件・最大判平成5・3・24民集47巻4号3039頁）。労災保険法上の年金給付についても，対使用者・対第三者とも同様の扱いがなされることとなり，その場合の調整は，損害遅延金（利息）ではなく元本との間で，かつ，特段の事情のない限り，不法行為の時に損害が塡補されたものと評価して行われる（フォーカスシステムズ事件・最大判平成27・3・4民集69巻2号178頁）。

Brush up メンタルヘルスの本質

従来，労働法が労働者の疾病に関心を示してきたのは，職業病に限定されていた。しかし，職業生活の円滑な展開を妨げる点では，職業病以外の健康障害も何ら変わりはない。とりわけ，近年においては，仕事や職業生活に関するストレスを訴える労働者の割合が増加し，うつ病などの精神障害が多発している。これらは，同じく職業生活の質的変化と深い関連を持つ脳・心臓疾患などとともに，「労働関連疾患」（work-related diseases）すなわち一般疾病ではあるが業務に関連する疾病と理解されている。

職場のメンタルヘルスの問題は，なぜこのように深刻化したのだろうか。その原因を，労働の質変化に求めるフランスの有力な見解がある。今日のデジタル情報下の労働は，すべての業務がプログラム化された情報体系のもとでしか成り立たず，その労働はコンピューターの論理に従属していなければならない。その労働の実態は，従属労働（travail subordonné）というよりは，プログラムされた労働（travail programmé）である。仕事は，与えられたプログラムに合致していなければ有効ではなく，労働者はコンピューターの操作マニュアルに従い，自らコンピューターの入出力の機能を受け持つパーツとして労働に従事する。これにより労働者は，サイバネティクスの一部として，全体的意味を知らされないでシステムの一部に閉じ込められ，バーチャルな世界から離脱することができない。こうした業務においては，従属的な地位が精神の領域にまで浸透し心理的な打撃をもたらす。こうして，労働に関連したメンタル不調や人間不信からのハラスメントが深刻な課題となる。

労働者の「心の健康」の課題について，企業においては，使用者がその保持増進のために，衛生委員会等を通じて「メンタルヘルスケア」を計画することが望ましく，その実施方法について，具体的な指導がなされている（平成18・3・31基発0331001号「労働者の心の健康の保持増進のための指針について」）。また，労安衛法では，従業員50人以上の事業所に対して，医師または保健師その他による，労働者の心理的な負担の程度を把握するための措置（ストレスチェック）を年1回，義務づけた。たしかに，メンタルヘルス問題が現代労働の本質に根ざすものだとすれば，こうした対症療法を求めるしかないのかもしれない。この問題に対して，私たちは容易に解を得ることはできないであろう。

19　配転・出向・人事考課

期間の定めのない長期雇用の場合，就職して退職するまでの間，労働者の企業内での地位は決して同じではない。その職務内容，勤務場所，組織上の地位，職階上の位置などは，次々に変化し，それを通じて会社内の地位を高めていくのが一般である。また，会社の枠を超えて，別会社で長期にわたり勤務するよう命じられることもある。採用から退職までの人事全体が，会社の枠内ではなく，関連する企業グループで検討されることも多い。

こうした人事異動は通常，使用者の業務命令によって実施される。そして，そのような人事に関する業務命令は，使用者が労働契約において有する権限にもとづくものと解されている。すなわち，使用者は，労働契約にもとづく指揮命令権の一環として，労働者の能力や適性を評価し，企業組織内の特定の職位や部署に配置する権限を有するとされる。

わが国の企業では，労働者を勤務場所や職種を特定せずに採用して，企業の組織運営や効率，あるいは労働者の適材適所を追求して，配転，出向などの異動を行うことが，なかば日常的になっている。しかし，そのことが単身赴任などの弊害を生み，労働者の生活上の利益に過度の犠牲を強いることになりかねないのも事実である。問題は，企業利益の追求と労働者のワークライフバランスの利益とを調和させるべく，使用者の人事権限に対してどのように限界を画すべきかである。

§1　配　　転

1　配置および配転の意義

企業活動は一般に分業体制のもとで実施されるから，使用者は労働者を，企業の業務組織のいずれかの部署に配置する。そして，同一会社内で，労働者の職種や職務内容，または勤務場所の，いずれかまたは両方の配置を，長期にわたって変更する人事異動のことを配転（配置転換）という。同一使用者のもとでの異動である点で，後に述べる「出向」と区別され，また長期にわたる点で，短期間の異動にすぎない「出張」や「応援」などと区別される。配転のうち勤務場所の変更を伴うものを，「転勤」ということもある。

配転は，多様な目的で実施される。第1に，企業の一部署に欠員が生じたり業務量が拡大したときに，随時その補充のために実施される。第2に，いわゆる定期的人事異動の一環として実施されることがあり，この場合には，労働者はそのキャリアに応じて，昇進序列に従って配転を命じられる。この場合配転は職業能力養成の方式としての意味ももち，多くの職種を経験させることによって，多能労働者ないし管理職としての人材の育成が図られる。第3に，配転は雇用調整措置として実施されることがあり，不採算部門に生じた余剰人員を採算部門に異動させるなどの措置が実施される。いずれも，日本の長期雇用システムと深く関わる人事制度である。

2　配転の制限法理

使用者の配転命令権の根拠と限界を明らかにするために，学説では種々の理論構成が試みられた。その代表的見解として，次の2説が主張された。

1つの見解は，労働契約を，特定した具体的な労働そのものを合意するのではなく，労働者が自分の労働力の処分を使用者に委ねる合意であるとみる。したがって，労働者は使用者による労働力の処分について包括的に合意するのであり，労働の種類・態様・場所については，別に特約がない限り，使用者の一方的な決定に委ねられている。ただ，使用者はこのような権限の行使にあたって，法令や協約・就業規則に反することはできず，また権利の濫用にわたってはならないことが強調される（包括的合意説）。

他の見解は，労働契約においては，明示であれ黙示であれ，職務の範囲や勤務場所について，なんらかの合意があることを前提とする。その合意の範囲内であれば労働契約にもとづく指揮命令権の行使として自由に変更できるが，契約の範囲外への業務や場所の変更は，契約内容の変更を意味するから，労働者の同意を必要とする。したがって，どこまでが労働契約による合意の範囲内にあるかについて，契約当事者の意思解釈が重要な論点となる（労働契約説）。

しかし，現実の配転問題の解決にあたっては，労働契約（当事者意思）の解釈と，配転命令権の濫用の有無とは，ともに不可欠な解釈手法であるから，両説のいずれが妥当かという議論は意味をなさない。重要なのは，問題の特性や法制の実情に応じて，これら２つの理論アプローチをどのように活用できるかにある。

3　配転命令権とその濫用

⑴　判例による判断枠組み　判例は次のような判断基準を示している（東亜ペイント事件・最２小判昭和61・7・14労判477号6頁）。まず，使用者が配転を命じうるためには，就業規則等に，使用者が必要に応じて配転を命じうる旨の定めがあることが必要であるとする。すなわち，配転に関する規定が合理性を有し，周知されていることを条件に，使用者は就業規則の効力の一環として（労契法7条参照），配転命令権を付与される。ただし，こうした定めがあっても，当事者間で職種または勤務地を限定する旨の特約が存在する場合は，配転をなしえないとしている（同条但書参照）。

次に，使用者が配転命令権を有するときにも，配転命令権の濫用となる場合がある。ただ，①当該命令につき業務上の必要性が存しない場合，または，業務上の必要性が存する場合でも，②それが不当な動機・目的をもってなされたものであるとき，もしくは③労働者に対し通常甘受すべき程度を著しく超える不利益を負わせるものであるとき等，特段の事情の存する場合でない限りは，当該転勤命令は権利の濫用にはならないとしている。以上の配転命令権の存否および濫用の成否について，裁判例では，次のような判断がなされている。

⑵　配転命令権の存否　まず，配転を命じうる旨の就業規則等の規定の存在については，たとえば京都工場から横浜本社への配転に関して，就業規則に配転命令権に関する定めが一切なく，中途採用の採用面接においても転居をともなう異動の可能性について説明が全くないときには，会社には配転命令の権限があったとはいえないとする裁判例がある（仲田コーティング事件・京都地判平成23・9・5労旬1754号58頁）。

次に，労働契約上勤務地が特定されているときには，労働者が同意を与えない限り転勤を命じることはできない（勤務地限定の合意が存在していたと認められた例として，日本レストランシステム事件・大阪高判平成17・1・25労判890号27頁）。しかし，本社採用の基幹部門の労働者などについては，実際には勤務場所の特定がなされているとの解釈は困難であることが多いであろう。

一方，判例は，職種の限定を認めることについても，かなり消極的である。すなわち，十数年から二十数年にわたり機械工として就労してきた労働者でも，「機械工以外の職種には一切就かせないという趣旨の職種限定の合意が明示又は黙示に成立した」とまでは認めることはできない（日産自動車村山工場事件・最1小判平成元・12・7労判554号6頁）。一方，医師，看護師，教師のように，その業務の内容が特殊の資格・技術を必要とするものであるときには，職種を限定した労働契約が締結されたと解されることが多いはずである。しかし，放送局のアナウンサー募集に応じて採用され24年間アナウンサーとして勤務した場合にも，「アナウンサー以外の職種には一切就かせない」という趣旨の職種限定の合意が成立したとは認められないとする判断（九州朝日放送事件・福岡高判平成8・7・30労判757号21頁）を最高裁は容認している（同事件・最1小判平成10・9・10労判757号20頁）。加えて，理系の学校を卒業して，技術・研究職に属していたというだけでは職種の特定があったとはいいがたく，かかる労働者のセールスエンジニアへの配転は効力が認められる（東亜石油事件・東京高判昭和51・7・19労民集27巻3＝4号397頁）。

これに対して，最近の例では，新たな事業部を設立するために，特別な専門職として別会社から勧誘して採用した労働者を，会社の合併によりその事業部がなくなったために営業社員に配転したという事案において，「一定期間の職種限定」と「一定の範囲の職場限定」の合意があったとして，人事権の濫用として無効と判断する裁判例がある（ジブラルタ生命（旧エジソン生命）事件・名古屋高判平成29・3・9労判1159号16頁）。

⑶　**配転命令権の濫用**　第1に，配転命令には業務上の必要性がなければ権利濫用となりうる。最高裁は，この必要性の度合いについて，「当該転勤先への異動が余人をもっては容易に替え難いといった高度の必要性に限定することは相当でなく，労働力の適正配置，業務の能率増進，労働者の能力開発，勤労意欲の高揚，業務運営の円滑化など企業の合理的運営に寄与する点が認められる限りは，業務上の必要性の存在を肯定すべきである」と判断している（前掲東亜ペイント事件）。

具体例として，機械工からプレス・組立等の単純作業の職種への配転について，職種限定の合意が明示または黙示に成立したものとまでは認めることができず，職種変更を行うことが企業の合理的運営に寄与するなどの場合には，特段の事情がない限り権利の濫用にはあたらない（前掲日産自動車村山工場事件）。これに対して，本社の開発部長職から地方の工場への降格配転が，労働者の退職勧奨拒否を原因とする嫌がらせと認められ，業務上の必要性を欠き，権利の濫用にあたる（フジシール事件・大阪地判平成12・8・28労判793号13頁）。また，本社情報システム部で就労していた労働者を倉庫係に異動させる配転命令は，業務上の必要性が高くないだけでなく，情報システム専門職としてのキャリアを形成していくという期待に配慮していないもので，配転命令権の濫用である（X社事件・東京地判平成22・2・8労判1003号84頁）。

第2に，配転命令は，それが労基法3条や労組法7条1号に該当するような，不当で差別的な意図による不利益取扱いとしてなされたときには，各法条に違反するか，または配転命令権の濫用として無効となる（不当労働行為により無効と判断した例として，朝日火災海上保険事件・大阪高判平成3・9・26労判602号72頁）。のみならず，当該労働者に対する報復的措置であるなど，不当な動機・目的によってなされたものであるときにも，やはり権利の濫用として無効となる（不当労働行為となる配転命令とした例として，前掲朝日火災海上保険事件，組合活動の妨害目的の配転であるとする裁判例として，公益財団法人えどがわ環境財団事件・東京高判平成27・3・25労判1130号78頁）。同様に，配転命令が，労働者が行った会社のコンプライアンス室への内部通報等の行為に反感を抱いてなされたものであるときには，業務上の必要性とは無関係であって動機において不当であり，人事権の濫用として不法行為を構成する（オリンパス事件・東京高判平成23・8・31労判1035号42頁）。

第3に，配転に業務上の必要性があり，不当な動機によるものでない場合にも，労働者の被る生活上の不利益が労働者の通常甘受すべき程度を著しく超えるものであるときには，配転命令権の濫用と判断される。具体的な判断例をみると，1年3ヵ月の病気休職から復職した労働者に，旭川支社から東京地区への転勤を命じることは，業務上の必要性は肯定できるとはいえ，通常甘受すべき程度を著しく超える不利益を負わせるといいうる（損害保険リサーチ事件・旭川地決平成6・5・10労判675号72頁）。

しかし，単身赴任をせざるをえない東京から名古屋への転勤であっても，その不利益は通常甘受すべき程度を著しく超えるものとはいえず，使用者は転勤を命じるに際して労働者の不利益を軽減すべき配慮義務を負うにとどまり，転勤命令は違法とはいえないとされている（帝国臓器事件・東京高判平成8・5・29労判694号29頁）。また，3歳の子を養育している女性労働者に通勤時間が片道約1時間45分を要する勤務地への転勤を命じても，その不利益は小さくはないが，なお通常甘受すべき程度を著しく超えるとまではいえないとされた（ケンウッド事件・最3小判平成12・1・28労判774号7頁）。

育児・介護休業法は，転勤によって子の養育や家族介護が困難になる労働者がいるときには，事業主はそうした状況に配慮しなければならない旨を定めている（育介法26条，労契法3条3項も参照）。上にみた判例の傾向は，こうした育児と仕事の両立支援という政策の視点から，見直しの必要が生じている（育介法26条の適用による配慮が十分に行われていないことから，配転命令によって受ける不利益が通常甘受すべき程度を著しく超えると判断した裁判例として，ネスレ日本事件・大阪高判平成18・4・14労判915号60頁，選択定年制で労働者が全国転勤もありうる「満了型」を選択した場合でも，介護を要する両親を抱える状況での北海道支店から東京支店への配転による不利益は，通常甘受すべき程度を著しく超えるものであり，「育児介護休業法26条に悖る」と判断するものとして，NTT東日本事件・札幌高判平成21・3・26労判982号44頁）。

§2　出向・転籍

1　出向・転籍の意義

従業員としての地位を維持しながら，他の使用者の指揮命令のもとで長期にわたり就労させる人事異動を，出向（在籍出向）という。他の使用者の指揮命令に従い労働する点で，単に他の使用者の職場で労働するにすぎない「出張」や「派遣店員」と区別される。また，出向では，労働者派遣と異なり，他の使用者による指揮命令権の行使は，就労とそれに付随する服務規律を中心とした範囲にとどまるものではない（159頁参照）。もっとも実際には，他の使用者の行使する指揮命令の程度の判定は微妙であり，出向と派遣の厳密な区別は困難なことが多い。

同じく他の使用者の指揮命令下で労働させるものではあるが，元の企業との契約関係を解消してしまうものを転籍(移籍出向，転属)という。これも広義の出向に含めることがあるが，法的な性格規定としては両者を区別するのが適切である。この場合に，転籍元企業と転籍労働者との関係はさまざまなケースがある。たとえば，期限を定めて転籍元への復帰が約束されたり，転籍元が転籍期間中の賃金差額を補填することで，両者の関係が維持されることがある。これに対して，転籍後には両者に何の関係も残されていない場合もあり，この場合には転籍は特定の他企業への就職を前提とした辞職という意味をもつにすぎない。

出向・転籍も，多様な目的から実施される。かつては，子会社や取引先の役員ポストに就任させる目的の役員出向，子会社の経営や技術指導を目的とする出向，逆に人材育成や新技術の修得などを目的とする親会社への出向などが支配的であった。しかし，次第に出向制度は多目的に利用されるようになり，中高年の雇用対策として定年準備を目的に実施されたり，さらには企業の不採算部門の人員整理を目的とした雇用調整としての出向も，しばしば行われている。最近では，企業の分社化や系列化に伴う「企業グループ人事」の一環として出向を行うケースも多い。

2　出向命令の要件

⑴　出向命令の原則　　労働契約は，労働者が使用者の指揮命令に服することを前提としており，特定の使用者との関係を要素としている。いいかえると，労働契約において指揮命令権者がいかなる者であるかは，契約の本質的な内容といいうる。したがって，その変更は契約の要素の変更であり，労働者の同意を要件とすると解すべきである。また，民法625条1項は，「使用者は，労働者の承諾を得なければ」その権利を第三者に譲渡できないと定めており，この規定からも出向には労働者の同意を要すると考えることができる。いずれにしても，使用者は出向を命じるにあたっては，労働者の同意があることを原則とする。裁判例も「従業員の承諾その他これを法律上正当づける特段の根拠なしに」出向命令権を有するものではないとの立場に立ち（日立電子事件・東京地判昭和41・3・31労民集17巻2号368頁)，かかる原則そのものは現在も維持されている。

問題は，いかなる場合に，こうした労働者の承諾ないし同意の存在を認定しうるかである。多くの就業規則では，出向についての定めをおいており，これが出向についての同意と解しうるかが問題となる。裁判例では，就業規則の休職規程中に休職事由の１つとして出向を掲げるような間接的な規定では十分ではなく，「就業規則に明白に出向義務を規定する必要がある」とするものがある（日東タイヤ事件・最２小判昭和48・10・19労判189号53頁，同事件・東京高判昭和47・4・26判時670号94頁）。就業規則に出向義務についての規定があるときにも，それが常に出向についての同意となるわけではなく，その規定の運用実態や解釈いかんで労働者に出向義務があるかを判断すべきである。

労働協約における出向に関する条項については，業務上必要があるときには出向等の異動を行う旨の協約が定められているときには，使用者が出向を命じることのできる特段の根拠があると判断する裁判例もみられる（新日本ハイパック事件・長野地松本支決平成元・2・3労判538号69頁）。しかし，労働協約においては，協約自治の限界の観点から労働者にそうした義務づけをなす条項をもうけることはできないというべきであり（206頁），協約における出向条項は，一般に出向時の労働条件や待遇を決定する趣旨にすぎないと解すべきである。

⑵　個別同意なしに出向を命じうる場合　こうして，使用者が労働者の個別の承諾を得ることなく，出向を命じうる場合は，２つの局面に集約される。

第１に，採用時の面接でなした，将来グループ会社への出向があることに対する包括的な同意については，それが「真に同意に値するものである限り，明示とか個別的なものに限る理由なく，暗黙或いは包括的態様のもので足る」と判断する裁判例がある（興和事件・名古屋地判昭和55・3・26労民集31巻2号372頁）。

第２に，特定の企業において出向が労働者の同意なく実施されているのが実情であっても，それによって労働者が出向に応じる義務が生じるわけではない。しかし，最高裁は，出向命令が協力会社へ業務委託に伴うものであり，就業規則に社外勤務を命じうる旨の規定があって，労働協約に出向期間，賃金その他の労働条件，出向手当などについて，出向労働者の利益を配慮した詳細な規定があるという事情のもとでは，個別同意なしに出向命令を発することができると判断しており（新日本製鐵事件・最２小判平成15・4・18労判847号14頁），業務委託の結果としての出向については，個別同意の要件を緩和している。下級審でも，重大な事故を起こした高年齢の運転士の雇用確保措置としての出向（JR

東海中津川運輸区（出向・本訴）事件・名古屋地判平成16・12・15労判888号76頁），あるいは職務に適性がないことから再就職支援としての出向（日本雇用創出機構事件・東京地判平成26・9・19労経速2224号17頁）の場合にも，同意要件が緩和されている。

これらの裁判例の緩和の傾向によれば，出向の包括的同意が認められるのは，出向先の理由や範囲が明確であって，出向後も労働条件が大きく変わらず，また採用時に出向条件なども明示されている事情がある場合に限られるといえよう。

3　出向命令権の濫用

労契法14条によれば，使用者が労働者に出向を命ずることができる場合においても出向命令が，「その必要性，対象労働者の選定に係る事情その他の事情に照らして，その権利を濫用したものと認められる場合には」，無効となる。このように同条では，出向命令権の濫用の成否判断において，特に業務上の必要性や人選の合理性という要素が重視されている。

労契法14条の成立以前にも，この点を明確に述べた裁判例（ゴールド・マリタイム事件・大阪高判平成2・7・26労判572号114頁）があり，会社のなした出向命令は，管理職としての適性を欠くと認識していた労働者を，出向という手段を利用して職場から放逐しようとしたものであって，「業務上の必要性，人選上の合理性があるとは到底認められず」，権利の濫用にあたると判断した。また，労契法14条の適用下の裁判例（リコー事件・東京地判平成25・11・12労判1085号19頁）では，出向命令権の濫用の成否は，「業務上の必要性，人選の合理性（対象人数，人選基準，人選目的等の合理性），出向者である労働者に与える職業上又は生活上の不利益，当該出向命令に至る動機・目的等」を勘案すべきであるとし，子会社への出向が余剰人員の人選が慎重さや緻密さに欠けており，一貫してデスクワークに従事してきたキャリア等を配慮していないとして，人事権の濫用であって無効と判断している。

4　出向労働関係

出向先の使用者は，出向労働者に対して指揮命令権を行使することができるが，その内容は出向契約により定まるものであり，一律に判断することはできない。一般的にいえば，出向先使用者の指揮命令権は，出向労働者の労働条件のほとんどをカバーし，労働者はその服務規律に従って労働しなければならない。しかし，出向先の権限は労務の提供に関する指揮命令にとどまるのであって，労働契約そのものの存否にかかわる措置，たとえば解雇や休職などを実施することはできない。また，賃金の支払義務者は出向元，出向先のいずれの場合もありうる。

出向労働関係のこうした特質から，労働者と出向先使用者の間には，労働者と出向元企業との間の労働契約関係とともに，「二重の労働契約関係」があると解されている（派遣法2条1号参照）。しかし，労働者と出向先使用者との関係は，先に述べたように出向契約の内容いかんによるものであり，現実には多様な形態がある。また，二重の労働契約が単純に並立するのではなく，出向先との労働契約は，出向元との労働契約の存在を前提として成立しているとみるべきである。したがって，たとえば出向元企業が倒産などで消滅したときには，別に新たな労働契約を締結しない限り，出向先企業との労働契約も消滅することになる（杤木合同輸送事件・名古屋高判昭和62・4・27労判498号36頁参照）。

労働者を出向先から復帰させるについても，労働者の同意が必要であろうか。裁判例では，在籍出向においては，復帰は「もともと出向元との当初の労働契約において合意されていた事柄」として，労働者の同意を要しないと判断するものがある（古河電気工業・原子燃料工業事件・最2小判昭和60・4・5民集39巻3号675頁）。たしかに，復帰について労働者の同意が必要かどうかは，当該出向契約の解釈によって決めるべきであるが，当初予定した出向期間満了前の復帰には，あらためて労働者の同意が必要になると解すべきである。

5 転　　籍

転籍は，労働者を，元の企業との労働契約関係から完全に切り離して，転籍先との労働関係に属させるものであるから，出向の法理は適用されず，常に労働者の個別的で明確な同意を要する（三和機材事件・東京地判平成7・12・25労判689号31頁）。就業規則の一般規定や包括的同意が，個別的同意に代わるという議論は，成り立ちがたい。また，国立研究開発法人と国立病院機構との間の人事異動であっても，退職手続と採用手続がとられている以上転籍出向にほかならないのであり，使用者が一方的に行うことはできず，労働者の個別の同意が必要である（国立研究開発法人国立循環器病研究センター事件・大阪地判平成30・3・7労判1177号5頁)。ただし，採用の際に転籍についての説明のもとに明確な同意がなされ，人事体制に組み込まれて永年実施されて実質的に社内配転と異ならない形態のものについては，就業規則の規定によりこれを命じうるとした裁判例もある（日立精機事件・千葉地判昭和56・5・25労判372号49頁)。

転籍後は，法的にも実際にも，転籍先が使用者としての地位に立つ（「移籍出向」において出向元への復帰を約束したとしても，そのことのゆえに「在籍出向」に変化するものではなく，出向労働者はもっぱら出向先に対して労働契約上の義務を負う。京都信用金庫事件・大阪高判平成14・10・30労判847号69頁参照)。ただ，復帰を約束した転籍のように，元の企業との関係を維持している場合には，元の企業の使用者は労働者の地位について無関係ではありえず，復帰についての明確な約定があるときには，労働者の復帰申出により元の使用者との雇用関係が復活する（前掲京都信用金庫事件参照)。また，復帰問題についての団体交渉では，元の使用者は交渉当事者としての使用者性を残しているといえよう。

なお，会社分割において，別会社への承継が予定されている事業に主として従事している労働者が分割計画書等に承継対象者として記載されている場合には，転籍と異なり，労働者の承諾がなくてもその労働契約は別会社に承継される（承継法3条。367頁参照)。

§3　人事処遇と人事考課

1　昇格・昇進と降格

(1)　昇格・昇進，降格の意義　今日の多くの企業では，労働者の人事制度として，職務内容をいくつかの職掌に分類し，その内部で職能に応じたランク別の資格をもうける職能資格制度を採用している。各資格は，その内部でさらに段階がもうけられており，それらが賃金額に対応する仕組みになっている（「13 賃金」)。使用者は，仕事の知識・実績，指導力，責任の度合，企画力など，各職掌に必要とされる種々の要素から労働者の職務遂行能力を判定し，それぞれの資格に配置する。そのような能力評価を人事考課といい，それにより労働者の資格を上げることを昇格，企業の労働組織上の階層（部長，課長などのライン）を上げることを昇進という。昇格，昇進の逆の措置を降格という。

⑵　**人事権の行使**　かかる昇格・昇進や降格を決定する権限を，特に「人事権」と称することがある。それは，労働契約にもとづく指揮命令権の一内容であり，労働者の企業内における地位についての指揮権限にほかならない。もっとも，人事権という用語は，昇格・降格などが，使用者の一方的決定ないし専権に委ねられていることの根拠として用いられることが多い。すなわち，昇格や降格は，使用者の人事権にもとづくがゆえに自由裁量に委ねられており，裁量の範囲を逸脱することがない限りその決定の効力は否定されない，とされる（たとえば，エクイタブル生命保険事件・東京地決平成2・4・27労判565号79頁)。

しかしながら，職能資格制度のもとで，使用者が労働者の資格・等級を一方的に引き下げるにあたっては，少なくとも就業規則等において資格等級の見直しによる降格・降級の可能性が予定され，使用者にその権限が根拠づけられている必要がある。そうした根拠なしに一方的に格付けを下げて，賃金を減給する措置は無効である（アーク証券事件・東京地決平成8・12・11労判711号57頁)。また，配転と降格とを同時に行うときには，賃金の労働条件としての重要性を考えるならば，通常の配転における使用者の裁量とは異なり，労働者の適性，能力，実績等や，降格の動機および目的，業務上の必要性，その運用状況等を総合考慮し，「従前の賃金からの減少を相当とする客観的合理性がない限り，当該降格は無効」とする裁判例がある（日本ガイダント事件・仙台地決平成14・11・14労判842号56頁)。労働者の賃金減額への同意が必要とされる場合もあり，「役割グレード」変更が役割報酬の減額と連動するものとして行われるものであるときには，労働者の個別の同意を得ることなく，使用者の一方的な行為によって行うことは許されず，人事権の濫用として許されない（コナミデジタルエンタテインメント事件・東京高判平成23・12・27労判1042号15頁)。また，2度の降格により「グレード手当」を減額することは，最も重要な労働条件である賃金の不利益変更であるから，労働者の個別的同意または就業規則上の明確な規定が必要であり，同意なく降格することは人事権の濫用となる（Chubb損害保険事件・東京地判平成29・5・31労判1166号42頁)。

これに対して，特命プロジェクトチームのリーダーであった者を，そのチームの解散後，管理職相当のマネジメント職から一般職相当の医療職に降格としたことには業務上の必要性があり，減収があったとしても人事権の濫用とはいえない（日本たばこ産業事件・東京地判平成 27・10・30 労判 1132 号 20 頁）。また，専門管理職から一般社員への降格も，新設した降格規定が評価ランクの分布比率を固定して必ず降格検討対象者が出るという仕組みにはなっていないこと，当該労働者に改善指導や注意をしたが効果が見られなかったこと等からすれば，有効と判断される（ファイザー事件・東京高判平成 28・11・16 労経速 2298 号 22 頁）。

⑶　**人事権の制限**　　人事権も労働契約により基礎づけられているものである以上，契約の解釈による限定や，権利の制限についての一般法理の適用を受けるのは当然である。すなわち，人事権の行使は裁量判断を逸脱すると権利の濫用にあたる場合があり，それは①使用者側における業務上・組織上の必要性と程度，②能力・適性の欠如など労働者側の帰責性の有無と程度，③労働者の受ける不利益の必要性と程度などの諸事情を総合考慮して判断すべきである（上州屋事件・東京地判平成 11・10・29 労判 774 号 12 頁）。

なお，昇格が，合理的な理由なしに男女を差別的に取り扱うなど，公の秩序に反して行われるときには，違法の評価を免れず，その結果生じた差別について不法行為が成立する（社会保険診療報酬支払基金事件・東京地判平成 2・7・4 労民集 41 巻 4 号 513 頁）。昇格の遅れや降格が，正当な組合活動等を理由としてなされたと認めうるときには，不当労働行為として救済の対象となる。

⑷　**降格と裁量権の逸脱**　　使用者には，一般的には広い裁量権限が認められるから，裁量権の逸脱という判断は容易に認めないのが原則であるが，降格による不利益の程度が著しいときにはこれを認めるものがある。たとえば，退職勧奨を拒否した労働者を廃液処理班に配転させ，大幅に格付けを下げて給与を半減させた措置は，就業規則に根拠規定があるとしても，使用者の全くの自由裁量でその減額が許容されたとは解されない（日本ドナルドソン青梅工場事件・東京地八王子支判平成 15・10・30 労判 866 号 20 頁）。また，売上高の目標不達成を理由に降格を命じるのは過酷にすぎ，著しく不合理であって生活上の著しい不利益をもたらし，権利の濫用である（ナカヤマ事件・福井地判平成 28・1・15 労判 1132 号 5 頁）。さらには，不利益の大きさのゆえに，人事権濫用を理由に損害賠償請求を認容する事例もみられる（55 歳役職定年制により部長職から部長

待遇職に移行させ，さらに勤務成績不良を理由として課長待遇職に降格したのは，人事権の裁量の範囲を逸脱したものとして不法行為を構成する。近鉄百貨店事件・大阪地判平成 11・9・2 労判 778 号 73 頁)。他方，降格の判断基準が明らかでなかったり，手続をふむことなく決定されるなど，決定手続の不当性から人事権の濫用と判断される場合もある（営業担当取締役に対して繰り返された降格・減給処分が，代表取締役が就任後わずかな期間で「専断的に決定」したもので，就業規則の規定によらず人事権を濫用したとする裁判例として，ハネウェルジャパン事件・東京高判平成 17・1・19 労判 889 号 12 頁)。

2 人事考課

人事考課（査定ともいう）は，昇格・降格だけでなく，労働組織上の位置，昇給・賞与額の決定などのためになされる労働者の成績評価であり，その格差により，労働者個人の勤務意欲の向上や，適材適所の人材配置を狙うものである。その成績評価は，たとえば，知識（基礎知識，専門知識，実務知識），技能（実務経験，熟練度），管理・指導能力，責任などの各項目について行い，これを個人ごとに段階評価し，傾斜配分して総点により労働者を序列化する。これらの評価結果は，人事機密とされ，労働者本人を含めて公開されることはほとんどない。

人事考課は先に述べた意味での人事権に属するものであり，成績評価の内容や評価の方法も，使用者の裁量に委ねられている。したがって，その適否について法的な責任追及をなしうるのは，信条や女性であること等を理由とする差別，あるいは不当労働行為に該当すると認められる例など，人事考課が差別にあたる場合であることが多い（組合員であることを理由とする昇格差別につき，紅屋商事事件・仙台高判昭和 63・8・29 労判 532 号 99 頁。信条による査定差別の例として，東京電力（群馬）事件・前橋地判平成 5・8・24 労判 635 号 22 頁など。118 頁参照)。

一方，労働者に対する個人的報復を動機として，あるいは労働者の正当な権利行使を理由に，不当に低く査定をなすことは，裁量権の濫用として不法行為を構成しうる（昇給や賞与の査定において，人事考課規程に定められた実施手順に反するなど裁量権の逸脱があり，長期にわたる低査定により労働者の利益を侵害した不法行為が認められた例として，マナック事件・広島高判平成 13・5・23 労判 811 号 21 頁)。

また，昇給査定において既婚者であることを理由として一律に低査定を行うことは，使用者に認められた個々の労働者の業績，執務能力にもとづき査定を行うという人事権の範囲を逸脱し，人事権の濫用にあたるものとして，不法行為の成立が認められる（住友生命保険事件・大阪地判平成13・6・27労判809号5頁)。

近年の新しい人事制度の中で，目標管理制度など成果主義的な業績管理がなされるときには，目標を達成できないことを理由とする降格は人事権濫用と判断されにくくなる（たとえば，等級を引き下げられたことは，労働者が自ら合意した主要業務目標を達成できなかったことによるものであるから，考課決定に際し人事権濫用と判断することはできないとするものとして，三井住友海上火災保険事件・東京地判平成16・9・29労判882号5頁)。

しかし，別の面からみると，これら成果主義的管理のもとでは，個々の労働者に割り当てる職掌，資格，職位が明確に区分され，その基準が客観化ないし透明化される特徴がある。また人事考課についても，評価のプロセスにおける機密性が薄らぐようになる。このような前提のもとでは，使用者は，各職位に要求される能力について，公正な評価を行う労働契約上の義務を負担していると構成することができよう。

3　文書提出命令

不当な人事考課に対する責任追及は，成績考課における裁量の広さと機密性の故に，一般にその立証は困難を極める。たとえば，男女賃金差別事件の立証の過程で，査定の運用基準や指針を記載した文書が民訴法220条3号の「利益文書」にも「法律関係文書」にもあたらないとして，文書提出命令の申立てを却下した裁判例があるが（住友金属工業事件・大阪地決平成11・9・6労判776号36頁)，その判断も人事考課における使用者の裁量の大きさから説明されている。しかし，男女差別を理由とする損害賠償請求事件における，労働者側が請求した賃金台帳，労働者名簿，資格歴，研修歴に関する文書については，それらが民訴法220条4号ニ所定の文書にはあたらないこと，その開示によって使用者に看過しがたい不利益が生ずるおそれはないこと，訴訟当事者にとって立証上不可欠な証拠資料であることから，開示すべき特別の事情があるとして，文書提出命令が認められている（藤沢薬品工業事件・大阪高決平成17・4・12労判894号14頁)。

Brush up 限定正社員（ジョブ型正社員）

これが言われるようになったのは，しばらく前のことである。安倍政権の「成長戦略」を受けた，規制改革会議「規制改革に関する答申〜経済再生への突破口〜」(2013年6月5日）は，雇用分野の改革については，「正社員改革」により「ジョブ型正社員に関する雇用ルールの整備を行う」との方針を明らかにした。日本の「無限定」正社員の弊害を改善して，「職務，勤務地，労働時間が特定されている正社員，つまり，『ジョブ型正社員』を増やす」べきであるとする。

また，これの元になった，同年の雇用ワーキング・グループ報告書「雇用改革報告書──人が動くために」は，①就業規則での契約類型の明示と採用時の契約条件の明示，②「無限定正社員とジョブ型正社員との均衡処遇を図っていくこと」，③「就業規則の解雇事由に『就業の場所及び従事すべき業務が消失したこと』を追加する」ことを提案している。

このように，限定正社員とは，正社員と非正規社員との間に中間領域をもうけ，①職務や勤務地などが限定され，②正社員より賃金水準が低く，昇進・昇格も頭打ちになるが，③非正規社員に比べると雇用が安定しているという，新たな雇用システムのもとにある労働者をいう。たしかに，全国異動で自由度の低い正社員と低賃金で雇用不安定の非正規社員との間に，こうした中間的な雇用形態をもうけることは有意義かもしれない。

しかし，日本の正社員における労働条件の「無限定」さは，その一方で定年までの雇用の保障と地位の安定や一定の昇進・昇給という見返りがあって受け入れたものである。そうした取引関係を考えるならば，限定正社員は，雇用の安定等がある程度は損なわれる地位といわざるをえない。

たしかに，上述の報告書は，限定正社員においては，労働条件は正社員と均等である必要はなく「均衡処遇」を許容すること，また，限定業務や勤務場所が消滅したときには，就業規則にもとづき解雇しうることを確認している。しかし，こうした「準」正社員扱いが，社会に普及するだろうか。さらには，このことの法的意味，特に雇用平等原則や解雇権濫用法理との関係で，法理としての妥当性が今後の法的課題となるであろう。

V　「紛争」との遭遇

20　労働契約の変更

労働者が１つの企業で長期にわたり勤務を継続する過程で，賃金，労働時間，勤務場所などの労働条件は，しばしば変更されていく。こうした労働条件の変更は，１つには，配転や降格など，労働者に対する個別的な人事権の行使（人事異動）により生じる。これについては，すでに「19 配転・出向・人事考課」で取り上げた。

これに対して，労働条件の変更には，人事権の行使以外によるものが存在する。それは，第１に，労働契約の内容に本質的な変化をもたらすものであって，人事権の範疇に収まらないものである。たとえば，フルタイムからパートタイムへの変更，無期労働契約から有期労働契約への変更，賃金の引下げ等は，人事上の措置として行うことはできず，労働契約そのものを変更する措置と考えざるをえない。第２に，集合的な労働条件変更の場合であり，賃金体系や労働時間制度の変更，退職金の算定基準の変更などは，多数の労働者に適用される集団的な変更であって，やはり人事権の行使ということでは処理できない。そこで，これらをいかなる範囲で，いかなる条件のもとで認めるべきか，企業経営上の現実的要請との緊張関係のなかで，労働契約法理の真価が問われる場面である。

他方で，事業譲渡，会社分割などの企業変動においては，契約当事者たる使用者が変更する場合に，労働契約の存続や帰趨が問題になることが多い。のみならず，それに伴い労働条件が変更されるのが一般であり，また使用者の変動は長期的な労働条件や雇用の安定性にも影響を与え，労働契約を変質させずにはおかない。

§１　合意による変更（労契法８条）

１　合意による労働契約の変更

労働契約法では，労働契約の内容である労働条件の変更の方法として，①労働者および使用者の合意による方法（労契法８条），②使用者が労働者との合意により，労働者の不利益に就業規則を変更することによる方法（同９条），③使用者が就業規則を周知して合理的に変更することによる方法（同10条）という，3つの方法を定めている。さらに，直接の定めはないが，労働協約の改定を通じた方法も，示唆されている（労組法16条参照）。そこで，以下（§1～§4）では，これらの変更方法について，順次検討して変更理論の全体を明らかにする。

労働者と使用者は，「その合意により，労働契約の内容である労働条件を変更することができる」（労契法8条）。労働契約は，合意の原則の支配のもと，労使が「合意することによって成立」するのであるから（同6条），その変更もまた合意によらなければならず，その趣旨が本条で確認されている。

ここにいう合意は，特段の様式や手続が定められているものではないことからすれば，書面によりなされる必要はなく，口頭でもなしうる。もっとも，使用者は労働者に，労働契約の内容の理解を深めるようにする義務を負い（労契法4条1項），また，その内容をできる限り書面により確認することを義務づけられている（同条2項）。この理解促進の義務は，労働契約を変更するときには特に重要であり，合意をなすにあたって，変更する内容を理解しやすい方法で説明し，かつ合意内容を文書で確認しておく必要がある（従業員を集めて，雇用契約を期間の定めのないものから1年契約に変更し，賃金制度，退職金制度の変更等の労働条件の変更について説明したとしても，口頭のみの説明では不十分であり，労働条件の変更の合意が成立したとはいえないとするものとして，東武スポーツ（宮の森カントリー倶楽部）事件・東京高判平成20・3・25労判959号61頁）。

特に，賃金の減額をもたらす不利益変更については，労働者の合意に関する意思表示の認定は慎重であるべきである。裁判例もそのような判断傾向にある。たとえば，労働者の行為がセクシュアル・ハラスメントにあたりたとえ降格処分が相当である場合にも，いったん合意した年俸を降格対象者の合意なく一方的に減額することは許されない（新聞輸送事件・東京地判平成22・10・29労判1018号18頁）。また，労働者の「役割グレード」変更が報酬の減額と連動するものとして行われるものである以上，労働者の個別の同意を得ることなく，使用者の一方的な行為によって行うことは許されない（コナミデジタルエンタテインメント事件・東京高判平成23・12・27労判1042号15頁）。

さらに，近年では，賃金の一方的な減額措置についての口頭合意の効力を否定しようとする裁判例の動きがみられる。たとえば，賃金の20%減額を激変緩和措置等もなく行い，大幅減給への理解を求める説明を行ったわけではない場合には，元従業員が約3年間にわたって減額後の給与を受領し続けていたとしても，不利益変更を真意にもとづき受け入れたということはできず，黙示の合意が成立していたともいえない（NEXX事件・東京地判平成24・2・27労判1048号72頁）。120万円余に上る年俸の大幅減について，「ああ分かりました」等と応答したのは，「会社からの説明は分かった」という趣旨に理解され，その後11ヵ月間賃金を受領したとしても同意したとはいえないが，その後のさらなる減額については，明示的な抗議をせず，署名押印した労働条件確認書に基本給が明確に記載されていることからすれば，その時点で減額について自由な意思で同意したといえる（ザ・ウィンザー・ホテルズインターナショナル事件・札幌高判平成24・10・19労判1064号37頁）。

なお，ここで「変更することができる」というのは，就業規則との関係でいうと，①就業規則で定められていない労働条件を変更する場合，および，②就業規則で定められている労働条件を労働者に有利に変更する場合に限られる。就業規則に定められた労働条件を労働者に不利益に変更する場合は，9条および10条によらなければならない。

2　変更解約告知

(1)　労働契約の変更と解雇　　使用者が労働条件の不利益変更をしようとするときに，労働者がこれに合意しない場合には，後述の就業規則や労働協約の改定によらない限り，その変更を実施することはできない（労契法8条）。たとえ会社の業績が悪化していても，賃金を一方的に減額することは，労働契約の要素を一方的に変更することにほかならず，いかなる効力も生じない（チェース・マンハッタン銀行事件・東京地判平成6・9・14労判656号17頁）。

しかし，そうした原則にもかかわらず，労働条件の不利益変更（切り下げ）を，解雇と組み合わせることにより実現しようとするのが，「変更解約告知」といわれるものである。それは，ドイツやフランスなどの諸外国で発達した法理であり，①使用者が，解雇の意思表示をなすとともに，異なる契約内容での新契約の申込みをなすタイプ（ドイツはこの方式が原型），②使用者が，労働契約の変更を申し入れると同時に，労働者がそれを拒否することを条件とした解雇の意思表示をなすタイプ（フランスではこの方式が原型）がある。要するに，より低い労働条件で労働契約を維持するか否かを労働者に選択させる方式であり，労働者が労働条件の変更を拒否したときには労働者は解雇され，問題の中心は，その解雇が業務上の必要性その他の点からみて相当であるか，また雇用を喪失する労働者にどのような補償を行うかに移ることになる（なお，変更解約告知は，それを受け入れるかのイニシアティブが労働者の側になければならないから，変更解約告知を告げると同時に解雇予定人数に満たない人数を解雇することを予定する意思表示は，本来の意味の変更解約告知とはいえない。関西金属工業事件・大阪高判平成19・5・17労判943号5頁を参照）。

(2) **変更解約告知の有効性**　かつてわが国の裁判例は，実質的に変更解約告知にあたる事例においても，そのような視点からの問題処理をしてこなかった（エール・フランス事件・東京高判昭和49・8・28労民集28巻4＝5号354頁）。しかし，裁判例は，使用者が経営不振によるリストラ策として，従来の労働条件を大幅に引き下げる提案を行い，これに応じない労働者を解雇したという事案で，これを「いわゆる変更解約告知」と認めたうえで，会社にとっての労働条件変更の必要不可欠性が労働者の不利益を上回っていること，解雇回避の努力が十分尽くされていること等の要件を設定して，解雇の効力を認めた（スカンジナビア航空事件・東京地決平成7・4・13労判675号13頁）。整理解雇について制限的な法理が発達しているわが国では，変更解約告知は，利益衡量という，より緩和された要件での人員整理の手法として採り入れられた側面を有している。

こうした変更解約告知法理の援用に対して，労働契約の変更法理については就業規則の方式によるべきであること，労働者は労働条件の不利益変更か解雇かの選択を迫られることになり不利な立場に置かれること，ドイツ法のような変更に対する異議を留保して承諾をする方法が認められていないことなどの理由から，反対する意見も強い（大阪労働衛生センター第一病院事件・大阪地判平成10・8・31労判751号38頁参照）。しかし，使用者が，就業規則の変更によらずに個別に労働条件を引き下げたり，労働者の雇用形態や勤務場所の変更を申し入れることにより解雇を迫る，いわゆるリストラ解雇のケースの問題解決については，変更解約告知の法理は有益である。この法理では，変更に対する同意・不同意についての労働者の個別意思を尊重しつつ，労働条件の変更と解雇の問題と連動させて解決を図ることが期待されるからである。

不利益変更に異議をとどめて，裁判等で争いつつ変更後の労働条件で勤務を継続するという「留保付き承諾」の制度も検討しながら（民法528条参照），就業規則の変更法理や整理解雇の法理と整合性のとれた議論を発展させることが求められる（休憩時間を無給とするなどの不利益変更に反対して，日々雇用労働者らが異議留保付き承諾の意思表示をなした場合に，異議留保付き承諾は相手方の地位を不安定にし，これを承認する法規定のない限りは，変更を拒否する意思表示とみなすべきであると判断した例として，日本ヒルトンホテル事件・東京高判平成14・11・26労判843号20頁も参照）。

§2　就業規則を用いた労働条件の変更（その1）―労契法9条

1　労契法9条と合意の原則

労契法9条本文は，「使用者は，労働者と合意することなく，就業規則を変更することにより，労働者の不利益に労働契約の内容である労働条件を変更することはできない」と定める。同法8条の大原則では，労働契約の内容である労働条件の変更は合意により変更することができるとされた。このことは，その労働条件が就業規則で定められている場合も同様であり，9条は，就業規則で定められた労働条件についても，「労働者の不利益」に変更する場合には，労働者と合意することなく変更することができないことを確認したものである。ただ，本条は但書において，同但書が指示する次条（10条）において，合意によることなく労働条件の不利益な変更を可能にするという，合意の原則に対する本質的な例外を導くことを「予告」している。その意味では，本条は10条という広範な例外を導入するための予備的な導入規定ともいいうる。

本条は，「合意することなく……労働条件を変更することはできない」と定めていることから，この規定の反対解釈が認められるかが学説や判例で論議されている。この点，労働条件の内容の変更について労契法8条が，「合意により……変更することができる」とポジティブな文理による規定であるのに対して，本条が，就業規則による労働契約の内容変更の場合に「合意することなく……変更することはできない」とネガティブな文理であることの差異を無視すべきではない。就業規則の場合は，その内容に合理性の要件を備えていることが前提で（労契法7条），手続面でも過半数労働者の意見聴取や届け出および周知の要件などをみたすことが求められる規範である。それを労働者個人の「合意により……変更することができる」と規定することは，規範としての意義を軽視するものであり，その意味で「合意することなく……変更することはできない」と定めて，合意による変更の可能性を制限する趣旨を示したものである。したがって，本条のかかる趣旨を生かすためには，労働者の同意または合意が成立する場合を限定的に認定し，その限りで反対解釈が認められる。

2　労働者との合意成立の要件

ここでの合意は，「労働者の不利益に……労働条件を変更すること」についての合意である。合意する「労働者」の範囲については定めがないが，変更される就業規則の規定につき，合意した者と合意しない者とが存在しうる以上，その結果として，労働者ごとに就業規則の内容が異なることになる。それは，労働条件が「統一的かつ画一的に決定され」ることを就業規則の法的規範性の根拠とする最高裁（秋北バス事件・最大判昭和43・12・25民集22巻13号3459頁）の立場とも相容れない。したがって，本条でも，変更される就業規則の規定の適用を受ける労働者全員との合意を要すると解すべきである。

次に，労働者との合意の認定についても，限定的に解する必要がある。裁判例は，まず，これを「軽々に認定することはでき」ず，「従業員に対し適切かつ十分な説明」をしたものでなければ，「真の同意とはいえ」ないとし，その程度についても，従業員において「不利益な変更を受け入れざるを得ない客観的かつ合理的な事情があり，従業員から異議が出ないことが従業員において不利益な変更に真に同意していることを示している」ような場合，という高度の要件を課している（協愛事件・大阪高判平成22・3・18労判1015号83頁）。同様に，役職定年制の導入に際しての就業規則の変更の同意は，「労働条件が不利益に変更されるという重大な効果を生じさせるものであるから，その同意の有無の認定については慎重な判断を要し，各労働者が当該変更によって生じる不利益性について十分に認識したうえで，自由な意思に基づき同意の意思を表明した場合に限って」，同意したことが認められるとされる（熊本信用金庫事件・熊本地判平成 26・1・24 労判 1092 号 62 頁)。そして，最高裁は，会社の合併に際して，退職金規定を変更して算定額を大幅に減じる合意がなされた事案において，「労働条件の変更が賃金や退職金に関するものである場合には，当該変更を受け入れる旨の労働者の行為があるとしても……直ちに労働者の同意があったものとみるのは相当でなく，当該変更に対する労働者の同意の有無についての判断は慎重にされるべきである」との前提から，「当該行為が労働者の自由な意思に基づいてされたものと認め」られるかの観点からも判断すべきであるとして，その効力を認めた原審を破棄して判断を差し戻した（山梨県民信用組合事件・最 2 小判平成 28・2・19 民集 70 巻 2 号 123 頁)。

本条は，本則において，以上のように合意による就業規則の変更を通じた労働条件の不利益変更を規定しつつも，但書として，「ただし，次条の場合は，この限りでない」と定めており，以下にみるように，合意によらない，すなわち就業規則の一方的変更による労働条件の不利益変更の規定に導引している。

§ 3　就業規則を用いた労働条件の変更（その 2)―労契法 10 条

1　就業規則の拘束力

労契法 10 条は，「変更後の就業規則を労働者に周知させ，かつ，就業規則の変更が，労働者の受ける不利益の程度，労働条件の変更の必要性，変更後の就業規則の内容の相当性，労働組合等との交渉の状況その他の就業規則の変更に係る事情に照らして合理的なものであるとき」には，労働条件は変更後の就業規則の定めによるものとした。すなわち，就業規則に定められている労働条件は，その変更が合理的であり，労働者に周知させていることを条件に，使用者は労働者との合意をすることなく，その規定変更を通じて労働条件の不利益変更をすることが可能となる。

2　判例法理の形成

ところで，就業規則は，個々の労働契約との関係では，強行的・直律的効力を認められており（労基法 93 条，労契法 12 条)，これは，就業規則が労働契約に対して，労働条件の最低基準としての効力を有することを意味する。これに対して，就業規則の規定した内容が，いかなる理由から個々の労働契約における権利・義務となって，労使を拘束するかについては見解が分かれ，就業規則の法的性質をめぐる論争を形成してきた（142頁参照）。

法的性質の問題についていずれの見解に立っても，新規採用の労働者が既存の就業規則に拘束される点では差異は生じない（労契法7条。144頁参照）。また，労働者に有利な方向で就業規則の変更がなされた場合も，実際上問題は生じない。ところが，就業規則の不利益変更がなされたときに問題が顕在化する。変更後の新基準が労働契約の内容となって労使を拘束することを認めるべきか（変更の拘束力），認めるとしてもいかなる条件が必要かが問題となる。

就業規則の法的性質をめぐる契約説によれば，就業規則の変更は，使用者からの契約内容の変更の申入れにすぎないから，これに対する労働者の同意がない限り拘束力は生じない。これに対して，法規説の立場では，就業規則を変えることで労働条件を変更できるはずであるが，同説のうち最も代表的であった保護法授権説によれば，労働者保護の方向でない不利益変更は原則として許されないことになる。ただ，契約説においても，上の理論構成を緩和して，就業規則に一定の範囲で変更があることにつき，労働者はあらかじめ黙示の同意を与えているとする見解（下井・労基389頁）などがみられた。一方で，法規説の一部は，就業規則の定める基準が労働契約内容に化体するという考え方（契約化体説）を採用して，就業規則の変更の結果としての労働契約の変更については，労働者の同意が要件となることを主張してきた（西谷・労働163頁）。

以上の学説の論争を背景に，最高裁はまず，秋北バス事件（前掲）において，約款理論による就業規則の法的意義を前提に，次のように判断して，労働者にとって不利益な労働条件の変更を就業規則の作成・変更により一方的に課すことを承認した。「新たな就業規則の作成又は変更によって，既得の権利を奪い，労働者に不利益な労働条件を一方的に課することは，原則として，許されないと解すべきであるが，労働条件の集合的処理，特にその統一的かつ画一的な決定を建前とする就業規則の性質からいって，当該規則条項が合理的なものであるかぎり，個々の労働者において，これに同意しないことを理由として，その適用を拒否することは許されない」。

この見解は，就業規則の変更により不利益な労働条件を課すことができないことを「原則」としながら，就業規則が合理的なときには労働者はその適用を拒否できないとしており，結局は原則としての意味がほとんど失われている。また，そもそも労働条件の集合的処理や統一的・画一的決定という就業規則の性質から，なぜ「合理的」だと拘束力を持つことになるかについての説明がない。しかも，就業規則の変更にともなう，労働条件の集合的・画一的処理の要請と労働者の既得権保護の要請の調和という複雑な利益調整を，就業規則が「合理的」であるかという基準のみに求める点でも，理論的に不十分な面を残していた。しかしながら，この合理性基準は，不利益変更の問題の解決の実務的処理という点では便利な判断方法であり，その後の最高裁判例において繰り返し用いられ，その意味内容がある程度明確にされてきたのである。

まず，最高裁は，合理性の一般的な判断方法としては，「変更の必要性」および「変更の内容」の両面からの考察が必要であることを明らかにした。また合理性の判断の要素として，労働者の被る不利益の程度，労働組合や従業員の対応，折衝の経過，その変更との関連でなされた賃金などの改善状況，関連会社やわが国社会における取扱い状況などの事情を総合勘案すべきものとした（タケダシステム事件・最2小判昭和58・11・25労判418号21頁）。ついで，変更の必要性および内容の考察にあたっては，「労働者が被ることになる不利益の程度を考慮しても，なお当該労使関係における当該条項の法的規範性を是認できるだけの」ものでなければならないとし，特に，賃金，退職金など重要な労働条件に実質的な不利益を及ぼす変更については，高度の必要性が要求されるとしている（大曲市農協事件・最3小判昭和63・2・16民集42巻2号60頁）。

3　労契法10条

2007年に制定された労働契約法は，以上の最高裁判決の蓄積を基礎に定められたものである。すなわち，労契法10条は，「確立した最高裁判所の判例法理に沿って規定したものであり，判例法理に変更を加えるものではないこと」が明らかにされている（平成20・1・23基発0123004号「労働契約法の施行について」）。

ところが，上記のように，最高裁は合理性判断の基軸として，「変更の必要性」と「変更の内容」という2つの基本視点を提供しているのに対して，同条にはそれが据えられていない。しかし，裁判所における判断では，最高裁判例の打ち立てた判断基準に従って行う必要があるのは当然であるし，斟酌すべき諸要素をこの2点を基本視点として整理することは，理論の整理方法としても望ましい。

また，最高裁は合理性判断のために考慮すべき要素として，上記の通り，①就業規則の変更によって労働者が被る不利益の程度，②使用者側の変更の必要性の内容・程度，③変更後の就業規則の内容自体の相当性，④代償措置その他関連する他の労働条件の改善状況，⑤労働組合等との交渉の経緯，⑥他の労働組合または他の従業員の対応，⑦同種事項に関するわが国社会における一般的状況等の事情を総合考慮するようして判断すべきであるとしている。これに対して，労契法10条では，これらの判断要素のうち，①，②，③，⑤を列挙しているが，④，⑥，⑦は掲げられていない。しかし，同条は判断要素を限定する趣旨ではないことが文言上明らかなので，後三者も必要に応じて当然に判断要素となる。

なお，就業規則の変更の手続に関しては，労基法89条・90条の定めるところによる（労契法11条）。労基法89条・90条では，すでに就業規則の作成または変更における意見聴取および届出の手続が定められているから，本条は無用の規定のようにも思われる。しかし，これらの手続の遵守状況は「合理性判断に際して考慮され得る」ことから，改めて規定されたと説明されている（前掲「労働契約法の施行について」）。

4 判例における具体的判断

(1) 合理性判断の枠組みの形成　最高裁は，比較的初期の段階で，不利益変更の合理性判断について次のような判断枠組みを形成した。まず，主任以上の職にある従業員に対して55歳定年制を新設することは，定年制の企業運営上の意義，定年制についての当時の実情，一般職種の従業員との比較，嘱託としての再雇用の可能性などの事実から，不合理とはいえない（前掲秋北バス事件）。有給の生理休暇を年24日から月2回に変更し，有給率を100％から68％に変更することは，不利益の程度の僅少さ，賃金の大幅改善，生理休暇の取得濫用の実態，組合との交渉の経緯，生理休暇の根拠についての社会的理解などの点から，合理的といえる（前掲タケダシステム事件・最2小判，同差戻審・東京高判昭和62・2・26労民集38巻1号84頁）。7つの農協の合併に際し，退職金支給倍率を他の6つの農協の基準に合わせて引き下げることは，給与額の増額により現実支給額の低下は小さいという事実，合併に伴う統一の必要性，合併の結果として他の労働条件が有利になった事実などから，合理性が認められる(前掲大曲市農協事件)。タクシー運賃改定に伴う歩合給の計算方式を不利益に変更した場合も，その歩合給の性質や交渉の経緯から，変更の必要性は肯定される（第一小型ハイヤー事件・最2小判平成4・7・13労判630号6頁)。

さらに，就業規則では55歳定年とされ，実際には58歳まで勤務できる取扱いが長年なされていた場合に，就業規則を改定して60歳定年とするが55歳以降の賃金を大幅に切り下げることは，相当の不利益変更ではあるが，なお高度の必要性があり合理性を欠くとはいえない（第四銀行事件・最2小判平成9・2・28民集51巻2号705頁)。もっとも，この第四銀行事件については，経過措置なしに不利益を全面的に労働者に受忍させることは，その合理的期待を奪う変更であって合理性があるとはいえないという強い反対論がみられた（河合裁判官の反対意見を参照)。

⑵　**変更の必要性と労働者の不利益**　　労働者の被る不利益は，別途に受ける利益とのバランスにより総合的にとらえられ，その評価いかんでは，労働者側の主張する不利益性が認められにくくなることがある。たとえば，完全週休2日制の導入に伴い，1日の労働時間を週初日や毎月25日以降は60分，その他は10分延長したとしても，週単位・年単位でみれば所定労働時間は減少し，必然的に時間外手当の減収をまねくとはいえない一方，完全週休2日制の利益と比べるならば，その不利益は「全体的，実質的にみた場合には」大きいとはいえない（羽後（北都）銀行事件・最3小判平成12・9・12労判788号23頁)。同じく完全週休2日制により平日の労働時間を25分延長したとしても，同様の理由から全体的・実質的不利益は大きいとはいえず，労働組合が反対していることを考慮しても不利益を「法的に受忍させることをもやむを得ない程度の必要性のある合理的内容のあるもの」とされる（函館信用金庫事件・最2小判平成12・9・22労判788号17頁)。

しかし，協約の改定により就業規則で退職金支給率を引き下げたことの必要性は肯定できるが，同時に定年年齢を63歳から57歳に引き下げ，すでに満57歳に達している「特別社員」の給与を大幅減額して退職金の額を減額することは，その内容において合理性を有するとは認められない（朝日火災海上保険事件・最3小判平成8・3・26民集50巻4号1008頁）。

下級審判決では，最高裁の判断枠組みに従って判断をなしているが，必要性と不利益性の評価について判断の予測可能性が高まったとはいいがたい。たとえば，年功的な職能資格制を基本とする賃金制度を，成果主義賃金に改めることを主目的とする就業規則変更により，原告らの基本給が20数％程度減額され，役職手当を支給されなくなったという事案では，それが使用者の支給する賃金原資総額を減少させるものではないし，2年間の経過措置ではいささか性急で柔軟性に欠ける嫌いがないとはいえないが，不利益を法的に受忍させることもやむをえない程度の，高度の必要性にもとづいた合理的な内容のものであるとする（ノイズ研究所事件・東京高判平成18・6・22労判920号5頁）。さらに，年功序列型賃金を改善する就業規則変更により賃金額が減少したとしても，従業員のモチベーションを高める等の高度の必要性と合理的な根拠を有するものであり，その内容も相当なものであり，労契法10条の要件をみたしている（三晃印刷事件・東京高判平成24・12・26労経速2171号3頁）。

しかし，原告がうつ病の療養休暇中になされた，業務外傷病者の復職条件を「健康時と同様」の業務遂行が可能であることとする就業規則の変更は，不利益の程度が大きいうえに変更の必要性と内容の相当性が認められず，原告を拘束しない（アメックス事件・東京地判平成26・11・26労判1112号47頁）。

⑶　**代償措置・経過措置**　不利益の程度が大きい場合には，具体的な代償措置の提供が重視される。すなわち，退職金の算定基礎となる勤続年数を頭打ちにする変更は，その代償となる労働条件が提供されず，その他に不利益変更を正当化する事情もないときには，合理性は認められない（御國ハイヤー事件・最2小判昭和58・7・15労判425号75頁）。

また，多数の労働者については労働条件の改善を図るものであっても，特定の層の労働者について賃金を削減するなど不利益が集中する場合には，一方的に不利益を受ける労働者について不利益性を緩和するなどの，経過措置が十分であることが重視される。満55歳に達した者は役職から外れて専任職に移行し，その後に専任職を廃止して賞与や業績給の大幅な減額をもたらす旨の就業規則の変更は，賃金の減額幅が大きく，不十分な代償措置を加味しても内容の相当性を肯定することはできない（みちのく銀行事件・最1小判平成12・9・7民集54巻7号2075頁）。また，就業規則および賃金規程の不利益変更により，56歳で一律に基本給を30%減額することは，同年齢から労働条件が減額率に相応して変更されるなど合理的理由がない限り許されない（鞆《とも》鉄道〈第2〉事件・広島高判平成20・11・28労判994号69頁）。さらに，進学塾で，雇用期間1年の専任教員が満年齢50歳を超えた場合には原則として翌年度の更新を行わない旨の就業規則の不利益変更は，高度の必要性がなく，労働者の被る不利益が大きいことから，その後も50歳を超えても嘱託として受け入れる旨の特嘱制度が代償措置として存在する限りにおいて効力が認められるが，同制度が廃止された後の雇止めには合理性も社会通念上の相当性も認められない（市進事件・東京高判平成27・12・3労判1134号5頁）。

しかし，経営危機からの企業再建のために，就業規則の退職金規定を改定して，退職金を半額に減額する変更をしたとしても，倒産により清算的処理をするか，再建の方策を採るかの二者択一を迫られ，倒産により見込まれる労働債権の配当率が退職金の半額より低い水準にとどまる場合には，代償措置の余地も乏しく，その変更は合理性を有するとされる（日刊工業新聞社事件・東京高判平成20・2・13労判956号85頁）。

⑷　**労働組合の対応と合理性判断**　　就業規則の変更の合理性を判断する要素として，使用者の労働組合への対応のあり方も重要である。

そもそも，当該の労働条件について，事業場に労働協約が締結されているときには，協約の適用を受ける労働者に対しては，それを改定しなければ就業規則の変更は効力をもたない（労基法92条，労契法13条）。事業場に労働組合が組織されているが，当該労働条件について労働協約が存在しないときにも，その変更について，使用者は組合の団交要求に誠実に応じなければならず（労組法7条2号），組合無視の結果強行した就業規則の不利益変更については，その変更の合理性が失われる（大輝交通事件・東京地判平成7・10・4労判680号34頁）。

また，労働組合との交渉経緯が，就業規則の合理性判断を左右する意義をもつととらえる判例傾向もみられる。まず，事業場に2組合が併存するときに，多数組合との団体交渉で決定した事項は，「通常は使用者と労働者の利益が調整された内容のものであるという推測が可能」であるとされる（前掲第一小型ハイヤー事件)。事業場に1組合しかないときにも，使用者が労働者の多数を組織する組合との交渉・合意を経たうえで就業規則を変更したときには，「変更後の就業規則の内容は労使間の利益調整がされた結果としての合理的なものであると一応推測することができ」るとされている（前掲第四銀行事件)。

この考え方では，多数組合の合意の存否がよりストレートに就業規則の合理性判断に結びついており，多数組合は，非組合員を含む全従業員について，労働条件の変更についての企業内の利益調整の権限を付託されていることになる。しかし，その反面，多数組合に加入していない，または加入資格のない労働者（本件の原告は管理職で加入資格がなかった）は，不利益変更に対する不服を表明し再考を促す方法を絶たれてしまい疑問が残る。この点，その後の判例では，最高裁自身の判断が揺れ動いており，労働者の不利益の程度や内容を勘案するならば，「変更の合理性を考慮する際に労組の同意を大きな考慮要素と評価することは相当でない」とも判断している（前掲みちのく銀行事件)。

§4　労働協約による労働条件の変更

1　労働協約の規範的効力と不利益変更

労働協約によって労働条件を変更する方法は，団体交渉の実施，交渉の妥結，協約の改定という手順をふまなければならない。そのため，就業規則の改定と比べると，使用者には手間のかかる方式であるが，当該の労働条件について，労働協約の適用を受けている事業場では，就業規則の変更の前に実施しておく必要がある。その反面で，労働協約の定める労働条件の基準を引き下げると，労働契約の両当事者はそれに拘束される。こうした労働協約の拘束力（=引き下げ効）は，労働協約と労働契約との関係について内容説と外部規律説のいずれに立とうとも，有利原則を否定する限り承認されるからである（205頁参照)。

労組法16条の定める労働協約の規範的効力は，労働条件についての労働組合の集団的規制力を前提として認められているものであり，労働協約の条項がたとえ労働条件の切下げ（不利益変更）の方向で変更される場合であっても，そのことによって協約の効力が失われることはない。したがって，労働協約によって変更された労働条件が不利益であっても，たとえば特定の労働者を不利益に取り扱うことを意図しているなど，明らかに不合理とみられる特段の事情がない限り，新しい協約の規定は効力を有すると解される（労災の休業補償追加給付金の労働協約による切下げについて，日本トラック事件・名古屋地判昭和60・1・18労判457号77頁，63歳定年を57歳定年に変更する労働協約につき，朝日火災海上保険事件・最1小判平成9・3・27労判713号27頁）。

のみならず，労働条件の有利・不利は，労使の取引関係の具体的な展開のもとでは，相対的であり流動的となることが多い（たとえば，定年を延長するが退職金算定倍率を引き下げる，あるいは不況時に雇用を確保する代わりに賃金を切り下げるなどの例を考えよ）。そうした取引関係のもとでは，労働条件の一面だけをとらえた有利・不利の状況により協約の効力を論じることは，労働組合の裁量の幅を狭めて，労組法の基礎である労使自治の原則に適合しないことになる（労働組合が個々の授権なしに協定を締結するときには，労働条件の維持改善を目的とするものでなければならないと判断した，大阪白急タクシー事件・大阪地決昭和53・3・1労判298号73頁は，この点で疑問が多い）。

2　変更手続と変更の効力

このように，労働協約の変更については，その内容的規制はほとんどなされないことの反面として，協約改訂の手続の公正さが重視される。すなわち，労働条件の大幅な不利益変更が，その意見を十分に聴取・尊重せずに一部の組合員のみに対して行われ，または締結手続に重大な瑕疵がある場合には，協約規定の規範的効力は否定されうる（満53歳以上の労働者の基本給を最高20%強減額する協約の締結が，組合規約に反して組合大会の決議を経ることなく行われたことから，規範的効力が否定された例として，中根製作所事件・東京高判平成12・7・26労判789号6頁）。また，56歳以上で希望退職に応じなかった従業員の基本給を30%減額する旨の労働協約について，協約の締結について組合大会で決議しないという手続的な瑕疵があり，勤続年数等を考慮せず一律減額するという点で内容的にも合理性を欠くとして，その規範的効力は被控訴人等に及ばないとする裁判例もある（鞆鉄道〈第1〉事件・広島高判平成16・4・15労判879号82頁）。さらに，前掲山梨県民信用組合事件で，最高裁は，退職金減額にかかる労働協約の締結につき，執行委員長が締結権限を有するためには，「本件職員組合の機関である大会又は執行委員会により上記の権限が付与されていたことが必要である」として，その効力を否定している。

他方で，労働協約の変更により一部組合員に不利益が及ぶときには，①当該労働協約が締結されるに至った経緯，②当時の使用者側の経営状態，③当該労働協約に定められた基準の全体としての合理性等を考慮すべきであり，①については，不利益を受けた労働者が組合大会等の過程で意見を言う機会が保障されていた点が重視されるとし，かかる観点から，中央建設国民健康保険組合事件（東京高判平成20・4・23労判960号25頁）は退職時期間際の労働協約改定による退職金の減額の効力を認めている。

労働条件の有利・不利の問題とは別に，労働者の個人的な領域に属する労働条件のように，労働組合がはじめから協約で定めることのできない領域が存在する。「協約自治の限界」として論じられている問題である（206頁参照）。

なお，工場事業場で，同種の労働者のうち4分の3以上が同じ労働協約の適用を受けるに至ったときには，判例によれば，使用者は，労働条件の引下げをもたらす労働協約を適用することが，著しく不合理と認められる特段の事情がある場合を除き，労働協約の一般的拘束力（労組法17条）を主張して，その他の労働者にも同じ労働協約の適用を及ぼすことができ，その結果として労働条件の変更をもたらすことが可能である（209頁を参照）。

§5　合併・事業譲渡・会社分割と労働契約

1　合併と労働契約の承継

近年の企業活動においては，企業の効率的運用のために組織再編の必要性が強く意識されるようになり，合併や事業譲渡のケースが急速に増加している。会社の合併には，A会社がB会社を吸収する形で統合する場合（吸収合併）と，A会社とB会社が対等な地位で統合してC会社を新設する場合（新設合併）とがある。いずれの場合も，合併においては，これにより消滅する会社の権利義務は，存続会社や新設会社に包括的に承継されるから（会社法752条・756条），労働契約も当然に承継されることになる。

2　事業譲渡と労働契約の承継

(1)　事業譲渡の意義　一定の営業目的のために組織化された財産（土地・建物だけでなく，経営組織，得意先，営業秘密，労使関係なども含む）を事業といい，事業譲渡についても，すでに存在する別会社に事業を譲渡する場合と，新たに別会社を設立してこの会社に譲渡する場合がある。

事業の譲渡という概念は，事業の無償譲渡や売却を意味することが多い。しかし，それ以外の移転（営業の賃貸，営業活動の委託など）がいかなる範囲で含まれるか，また第三者の介在する間接的な譲渡も含むかなど，未解明の問題が残されている（A が病院を練馬区に譲渡して廃業した後，練馬区が B にその病院を貸与したという事案のもとで，A から B への病院事業の譲渡と雇用契約の承継を否定した例として，日本大学事件・東京地判平成 9・2・19 労判 712 号 6 頁）。

(2)　労働契約の承継の有無　事業譲渡（会社法 21 条以下・467 条以下）の場合には，労働契約の承継の有無は法律上も理論的にも明確ではない。この承継の問題では，労働契約が労働者の承諾なくして当然に承継されるかという問題（当然承継。民法 625 条参照）と，事業譲渡を行う両使用者が合意により特定の労働者についてその承継を拒絶することができるかという問題（包括承継）とが生じる。ところが，事業譲渡は，合併等と異なり，個別の契約関係が債権契約としての事業譲渡契約により譲渡されるものであるから，当事会社が労働契約を承継する旨の特段の合意をしない限り，当然に承継することはない。したがって，譲渡契約の当事会社間で個別の労働契約の承継について合意がなされた場合でない限り，労働者は労働契約の締結を拒絶されたときにも，譲受会社に対して地位確認等請求により労働契約の存在を主張することはできない。これが法理上の原則である（代表的裁判例として，東京日新学園事件・東京高判平成 17・7・13 労判 899 号 19 頁）。

しかしながら，これまでの相当数の裁判例は，事業譲渡の事案の特色に応じた多様な論拠から，労働契約の承継を認め，譲受会社の責任を追及する傾向がみられる。

第 1 に，事業譲渡の当事者会社がなした合意について，その解釈を通じて効力を否定するものがある。たとえば，譲渡会社において退職届を提出した者は譲受会社が採用し，退職届を提出しない者は譲渡会社の解散を理由に解雇する旨の合意があったところ，後者の合意は「民法90条に違反するものとして無効」であるから，前者の合意に従って労働契約の承継が認められるとする裁判例がある（勝英自動車学校事件・東京高判平成17・5・31労判898号16頁。タジマヤ事件・大阪地判平成11・12・8労判777号25頁も参照）。また，譲渡会社の代表者で譲り受け会社の取締役であった人物が，団交の場で「原則として全員……移ってもらう」と発言した事実を労働契約の申込みと解釈し，労働者が採用申入れにより承諾したことによって労働契約が成立したと判断する裁判例もある（ショウ・コーポレーション事件・東京高判平成20・12・25労判975号5頁）。

第2に，使用者の変更があっても，営業組織の「実質的同一性」は維持されていることから，労働契約は承継されると解するものがある。たとえば，経営不振に陥った会社が別会社を組織して全資産を譲渡して自らは解散する場合に，従業員の大半が採用されたときには，両会社間に「実質的同一性」があり，譲受会社の不採用は実質的に解雇に相当するとして，無効と判断するものがある（新関西通信システムズ事件・大阪地決平成6・8・5労判668号48頁。東京日新学園事件・さいたま地判平成16・12・22労判888号13頁も参照）。

第3に，法人格否認の法理を援用する裁判例もみられる。すなわち，日本言語研究所ほか事件（東京地判平成21・12・10労判1000号35頁）は，前訴で解雇無効・未払賃金請求の確定判決を受けたA研究所が，自らは解散し，事業譲渡により被告研究所が設立されたという経緯のもとで，法人格否認の法理により，被告はA研究所と別法人であることを主張することができず，雇用上の責任を負うと判断した。

このように事業譲渡の問題は解決方法が多岐にわたっており，結果の帰趨が予測困難な状況にある。立法的解決が望まれる。

3　会社分割における労働契約の承継

2000年の商法改正において，企業組織再編の一方法として会社分割の方式が整備されたことにともない，関係労働者の保護を図ることを目的として，会社分割に伴う労働契約の承継等に関する法律（承継法）が制定された（2005年に改正）。この法律の対象となるのは会社分割による労働契約の承継のみであり，かかる契約承継は一般の営業譲渡の場合と異なる特別の扱いを受けることになる。同法および商法・会社法によれば，それは次のように実施される。

会社は，分割（新設分割または吸収分割，会社法762条および757条など参照）を行うにあたっては，新設分割計画等（新設分割においては新設分割計画，吸収分割においては吸収分割等に関する書面）を作成して本店に備え置かなければならないが（同803条・794条），それをなす前に，まず関係労働者と労働契約の承継に関して事前協議を行わなければならない（商法2000年改正附則5条1項）。これを「5条協議」といい，分割会社は，労働者に対し，勤務することとなる会社の概要等を説明し，本人の希望を聴取したうえで，労働契約の承継の有無や業務の内容，就業場所等について協議する。さらに会社は，新設分割計画等について株主総会の承認を得ることになるが，その株主総会の期日の2週間前までに，関係労働者個人に対して，その労働者の氏名が分割計画書等に記載されて労働契約が承継されることになっているか否かなどについて，書面により通知しなければならない（承継法2条。なお，労働協約を締結している労働組合にも通知しなければならない）。そして，分割会社は，当該分割にあたり，過半数組合があるときにはその組合，ないときには過半数代表者との協議その他の方法によって，その雇用する労働者の理解と協力を得るように努める（同7条，同施行規則4条。7条措置と呼ばれる）。

以上のうち，5条協議を全く行わなかった場合，また，5条協議が行われたときでも，分割会社からの説明や協議の内容が著しく不十分で趣旨に反することが明らかな場合は，労働者は承継法3条の定める労働契約承継の効力を争うことができる（日本アイ・ビー・エム事件・最2小判平成22・7・12民集64巻5号1333頁）。この基準をもとに，会社分割に伴い従業員と会社間でもたれた話合いの内容は，少なくとも法が5条協議を求めた趣旨に反することが明らかであるから，原告労働者は会社分割による会社から分割先会社への労働契約承継の効力を争うことができるとして，元会社との労働契約上の地位確認請求を認めた裁判例がある（エイボン・プロダクツ事件・東京地判平成29・3・28労判1164号71頁）。

他方，会社分割を行う際に，譲渡先会社が労働条件の変更を予定し，これを転籍予定の労働者に周知させることを希望し，かつそのことを譲渡元会社も合意しているときには，譲渡元会社はそのことの説明義務があり，この義務は5

条協議を十分なものとするための前提として生じる義務であるとする裁判例がある（EMIミュージック・ジャパン事件・静岡地判平成22・1・15労判999号5頁）。

労働契約が設立会社等に承継されるか否かは，次の基準により決定される。

①承継が予定されている営業に主として従事し，分割計画書等に設立会社等が労働契約を承継する旨記載されている労働者については，その労働契約は当然に承継される（同3条）。「主として従事している」かどうかは，その営業に従事する時間，労働者の果たしている役割などを総合的に判断して決定する。

②承継が予定される営業に主として従事しているが，分割契約等で労働契約が承継される旨の定めがない労働者については，その労働者が分割会社の定める期限日までに異議を申し出れば労働契約は承継される（同4条）。

③その他の労働者で，分割契約等に労働契約が承継される旨の定めがある労働者については，その労働者が右の期限日までに異議を申し出れば労働契約は承継されない（同5条）。

④同じ労働者で，承継される旨の記載のない労働者については，承継はありえない。

以上のうち，②および③の異議の申出は形成権の行使であり，申出をなせば直ちに効果が生じる。また，分割会社および設立会社等は，異議を申し出ようとし，または申し出たことを理由として，解雇その他の不利益な取扱いをしてはならない（平成12・12・27労告127号。承継法にもとづく労働協約の承継については，214頁参照）。

また，上記①の場合には，承継事業に主として従事する労働者には，会社分割にあたり，当該労働者が希望しさえすれば，分割会社との間の従前の労働契約がそのまま承継会社に承継されることが保障されていなければならない。したがって，承継元会社が障害者であるバス運転手に勤務配慮を認めていた労働契約を合意解約し，さらに承継先との間では勤務配慮を原則として認めない労働契約を締結することは，「労働契約承継法の趣旨を潜脱し，公序良俗に反して無効」であり，かかる不利益変更に同意した事実があるとしても，労働者に進路選択を迫るような方法によるときには，その同意も「公序良俗に反し無効」とする裁判例がある（阪神バス〈本訴〉事件・神戸地尼崎支判平成26・4・22労判1096号44頁）。

Brush up 病気とともに働く

人は「こわれもの」，つまり病気をする存在である。ちょっとした風邪から重篤な難病まで，病気に悩まない者はいない。病気になると働けなくなるが，働いて収入を得ることなくしては十分な治療はできない。とすれば，病気に罹ることと働くこととは，絶望的な矛盾の関係であるようにみえる。

病気休職はその解決の１つである。労働者が病気になって就労不能となったとき，これを債務不履行として直ちに労働契約を解除するのではなく，仕事を休んで療養に専念させる制度である。多くの企業では，一定の期間，給与を保障して生活を保障する。しかし，病気休職の本質は，病気になった者を就労から排除する一方で，解雇を猶予するにすぎない。そこに，ケアの発想は乏しい。そうした休職の方式ではなく，病気になっても働き続ける，逆に言うと働きながら病気治療を続けることは，不可能なのだろうか。

「働き方改革実行計画」(2017年）によれば，病気を治療しながら仕事をしている人は「労働人口の３人に１人」といわれ，そこでは，治療と仕事の両立に向けた，「主治医，会社・産業医と，患者に寄り添う両立支援コーディネーターのトライアングル型のサポート体制」が推奨されている。

この問題で先行したのは，がん対策基本法（2006年）および同法にもとづく「がん対策推進基本計画」(第3期，2018年）である。同計画は，「がんになっても自分らしく活き活きと働き，安心して暮らせる社会の構築が重要」であるとして，医療機関等とともに職場や地域における就労支援のあり方について，取り組むべき課題を明らかにしている。医療技術の向上により，がんの罹患後の生存率が高まるとともに，仕事に復帰する必要が高まっている。そのためには，職場での体制や配慮が不可欠となり，それは法的側面（使用者の健康配慮義務）にも反映されよう。

メンタルヘルスの側面でも，就労は重要な手がかりとなる。メンタルの病気の罹患者に休職を命じても，それが必ずしも回復に結びつくとはいえないだろう。精神障害は多様であり，その病状に応じて，就労を継続しつつ治療を受けさせる手段もありえよう（通院時間の保障，軽易業務への転換，遅刻等の勤怠管理の軽減，在宅勤務等々）。これについても，同僚の理解や体制の整備が不可欠であり，そのための理論や制度を構築すべきである。

21　紛争としての解雇

「解雇」とは，使用者による労働契約の解約である。ゆえに解雇は，労働者による解約である辞職や，合意解約，定年などと並ぶ，労働契約の終了事由の1つである。しかし，解雇により労働契約がすんなりと終了するとは限らない。解雇された労働者が納得せずに紛争となることが，しばしばある。

労働者にとって，従業員たる地位そのものを奪われることは，雇用上の諸問題の中でも他と次元の異なる深刻な事態であり，また，解雇にまで至った以上は使用者に気がねする必要もなくなったという心理も働く。解雇通告をきっかけに，それまで表面化していなかった労使間の紛争が噴出することもあり，解雇撤回を求めて組合が争議行為に訴える場合も少なくない。解雇はいわば，すべての労使紛争の究極の姿なのである。

法的にみても，実は，解雇通告がなされたにもかかわらず，労働契約が終了しない可能性がある。解雇事由が強行法規に違反する場合や，客観的に合理的な理由がなく社会通念上相当と認められない場合，その解雇は「無効」であり，このとき労働契約は，解雇通告がなされた後も有効に存続していることになる。そして，正当理由のない解雇が認められず，労働者の雇用が保護されているという事実は，労働関係全般における重要な前提となっており，これを抜きにして労使紛争に関する法的ルールを論じることはできない。

以下では，このような観点から，解雇の実体的側面（解雇事由）に対する法規制を取り扱う。これに対し，予告期間など解雇の手続的側面に関する規制については，「26 労働契約の終了」で扱う。

§1　使用者の解雇権とその濫用

1　民法における解雇の自由

民法の原則では，使用者による解雇と，労働者による辞職とは，いずれも一方当事者の意思表示による契約の解約という点で，パラレルに扱われている。

まず，期間の定めのある雇用契約においては，各当事者は「やむを得ない事由」がある場合，直ちに解約をなしうるとされている（民法628条）。そのような事由がなければ，契約期間の途中では，解雇も辞職も認められない。すでに見たように，労働契約法17条1項は，「やむを得ない事由」がなければ，使用者は契約期間の満了前に労働者を解雇できない旨を定めたが（79頁），これは上記の原則を解雇に関して強行的に確認したものである。

これに対し，期間の定めのない雇用契約では，各当事者は「いつでも」解約の申入れをなすことができ，以後2週間の経過によって，契約は消滅する（民法627条1項）。この場合，解約事由に関する制限は特になく，申入れをなす当事者の自由に委ねられている。民法上，期間の定めがない場合には，労働者は「辞職の自由」を，使用者は「解雇の自由」を，それぞれ有するのである。

なお，2017年の民法改正の結果，期間の定めのない雇用契約において，期間により報酬を定めた場合の解約の申入れは，次期以降について（かつ，当期の前半において）のみ可能という制限（民法627条2項）は，2020年4月以降，「使用者からの解約」だけに適用されることとなった（新2項）。その限りで，解約の主体が使用者か労働者かによって違いが生じることになるが（他に民法新626条2項も参照），上に述べた両者の解約の自由は，影響を受けない。

2　解雇に対する労働法の規制

現実には，労働者と使用者は，決して対等・平等の地位にあるわけではない。解雇されて職を失うことにより労働者が受ける打撃は重大であり，辞職が使用者に与える不利益をはるかに上回る。そこで労基法は，労働者の保護のために，30日前の予告義務（20条）や，一定時期における解雇制限（19条）など，民法上の原則を修正して，使用者の「解雇」に対する特別の規制を加えている（468頁以下を参照）。

解雇の事由に関しても，労基法では，国籍・信条・社会的身分にもとづく差別にあたる解雇（3条）や，労働基準監督署・監督官に法違反の申告を行ったことに対する報復的解雇（104条2項）が禁止されている。さらに，労基法以外でも，たとえば，労働組合への加入や正当な組合活動（労組法7条1号），育児・介護休業の申出や取得（育介法10条・16条），労働者の性別（均等法6条4号），女性労働者の婚姻・妊娠・出産等（同9条2項・3項），法違反の申告や救済申立て（労安衛法97条2項，労組法7条4号など）を理由とする解雇が禁じられている。

しかし，これらの規定はいずれも，特定の理由に限って解雇を違法とするにとどまる。借地借家法28条のように，解約一般につき積極的に正当事由の存在を要求する法規定は，解雇に関してはもうけられなかった。これを補うために判例により形成されたのが，次に述べる解雇権濫用法理である。

3　解雇権濫用法理と労契法16条

法律によって特に禁止された事由に該当しない限り，解雇の理由はあくまで「自由」でよいのであろうか。使用者は，予告期間さえ守れば，特段の理由はなくても，労働者を解雇することができるのであろうか。この点に関し，かつては，憲法の生存権・勤労権の理念などから，解雇に正当事由を要求する見解も唱えられた（正当事由説）。これに対して判例は，そこまで踏み込まないものの，権利濫用法理を利用することによって，合理的理由のない解雇を否定する立場をとってきた。

この立場は，基本的に，使用者が自由な解雇権を有することを認める。しかし，権利濫用禁止の一般原則（民法1条3項）が，解雇権に対しても適用される。問題は，いかなる場合に解雇権の濫用が成立するかであるが，判例はこれを広く解し，十分な合理的理由がない限り，解雇は権利濫用として無効になると考える。いわば，形の上では「解雇の自由」から出発しつつ，実質的には正当事由説と異ならない結果を導いている。

このような解雇権濫用法理は，早くから下級審裁判例によって確立されていたが，最高裁も，「使用者の解雇権の行使も，それが客観的に合理的な理由を欠き社会通念上相当として是認することができない場合には，権利の濫用として無効になる」と述べて，同法理を承認した（日本食塩製造事件・最2小判昭和50・4・25民集29巻4号456頁）。

さらに，2003年の改正で，労基法の中に「解雇は，客観的に合理的な理由を欠き，社会通念上相当であると認められない場合は，その権利を濫用したものとして，無効とする」との規定がもうけられ（旧18条の2），2007年の労働契約法の制定にともなって，同法16条に移された。これは，判例によって確立された解雇権濫用法理を，そのまま条文化したものである。その意味で，実質的な解雇規制の内容に変更はないが，解雇に客観的に合理的な理由が必要であることが法文上明確にされたことにより，民法上の「解雇の自由」は克服されたというべきであろう。

4　解雇事由の制限

労働契約において解雇事由が特に制限されている場合には，使用者の解雇権そのものが制約を受け，これに反する解雇は無効となる。労働協約が解雇事由を限定的に列挙していれば，「労働者の待遇に関する基準」として規範的効力が生じ（労組法16条），それら以外の理由による解雇はやはり許されない。

就業規則においても，以前から解雇事由を列挙することが多かったが，2003年の法改正により，「解雇の事由」が絶対的必要記載事項に含まれることが明示された（労基法89条3号）。この場合，就業規則の定める解雇事由を原則として例示列挙と解する見解もあるが，規則を作成した使用者が自らの解雇権を制限して列挙したものとみなし，それらに該当しない解雇は無効と考えるべきであろう（実際上は「その他，前各号に準じる場合」といった規定があることが多く，両説による違いは大きくない）。

5　公益通報者保護法

2004年に制定された公益通報者保護法では，労働者が公益通報（いわゆる内部告発）を行ったことを理由とする解雇について，3種の通報先（使用者など労務提供先，権限を有する行政機関，その他の外部者）ごとに一定の保護要件を設定したうえで，そのような解雇は「無効とする」と定めている（同法3条）。解雇以外に，降格，減給等の不利益取扱いの禁止や，労働者派遣契約の解除の無効も定められている。(5条1項・4条)。

この法律の保護を受ける「通報対象事実」は，刑法，食品衛生法など，同法別表および政令に列挙された400本以上の法律（労基法，労安衛法，労組法なども含まれる）の違反で，直接または間接に犯罪として処罰されるものに限られる（2条3項）。その他にも内容的に不十分な部分はあるが，同法が公益通報を行った労働者の保護を明確に打ち出した点は，重要であろう。

なお，上記の規定は，通報対象事実に係る通報をしたことを理由とする労働者の解雇等を禁止する，他の法令の規定の適用を妨げるものではないとされており（6条），労契法16条もこれに含まれる。公益通報者保護法の保護要件をみたさない場合であっても，一般的な解雇権濫用法理によって，解雇が無効になることもありうるのである。

§2　解雇権濫用の成否

1　解雇の有効要件

労契法16条の文言に示されるように，解雇が有効となるためには，「客観的に合理的な理由」があり「社会通念上相当」と認められなければならない。

解雇権濫用法理のもとで合理的と認められる解雇事由には，大別して次の3種類のものがある。第1は，労働者の傷病や能力・適格性の欠如などのため，労務提供が適切になされない場合である。第2は，労働者に業務命令違反や不正行為，暴行，施設損壊などの非違行為があった場合である。第3は，経営不振による人員削減など，経営上の必要性が存する場合である。そのほかに特殊なものとして，適法なユニオン・ショップ協定にもとづく解雇も，合理性を認められる（前掲日本食塩製造事件参照）。

一般的にいって，裁判例の態度はかなり厳格であり，解雇の合理性を容易には認めていない。そもそも，前述したように，就業規則に解雇事由が規定されている場合，それを限定的に解釈して解雇事由該当性を否定することがしばしばある（この場合にも「解雇権の濫用」とする裁判例もある）。また，就業規則で定める解雇事由が存在する場合であっても，「使用者は常に解雇しうるものではなく，当該具体的な事情のもとにおいて，解雇に処することが著しく不合理であり，社会通念上相当なものとして是認することができないときには，当該解雇の意思表示は，解雇権の濫用として無効になる」（高知放送事件・最2小判昭和52・1・31労判268号17頁）ので，解雇が過酷で不相当となるような事情がないかが綿密に検討される。

この高知放送事件は，宿直勤務のアナウンサーが，寝過ごして朝のニュース放送に穴をあける事故を2週間のうちに2度も起こして解雇された事例である。最高裁は，解雇事由の存在を肯定したものの，悪意・故意の不存在，共に宿直した記者も寝過ごした事実，放送空白時間の短さ，謝罪の意の表明，本人の無事故歴と悪くない勤務成績，記者に対する軽い処分との不均衡，事故防止対策の不備，過去の放送事故に対する処分例の不存在など，あらゆる面で労働者に有利な事情を考慮して解雇権濫用を認めており，限界的な事例ではあるが，解雇の合理性判断の厳しさを端的に示している。

このような判例法理により，実際上，使用者のほうが十分に合理性を主張立証しなければ，解雇は許されないという状況にある。これは，ある意味で，わが国のいわゆる終身雇用的な雇用実態の反映であり，同時にそれを補強するものでもある。しかし他方で，解雇が合理的で有効と認められた事例も無数にあり，日本の解雇規制のもとでは正社員の解雇はできないなどという言説は，誤りというほかない。使用者に求められるのは，客観的なチェックに堪えられるような理由にもとづき，かつ手続的にも慎重に，解雇を行うことである。

なお，私立高校の教員が学校側を誹謗中傷したことを理由に解雇されたケースで，最高裁は，当該行為が「労働契約上の信頼関係」を著しく損なうものであったと指摘し，解雇権の濫用とした原審の判断を覆している（敬愛学園事件・最1小判平成6・9・8労判657号12頁)。当該ケースの事実関係に即した判断と思われるが，「信頼関係」という抽象的な要素を解雇事由として承認することには，慎重であるべきであろう。

2　裁判例の判断の特徴

個々の裁判事例では，それぞれの多様な事案に即して解雇が客観的な合理的な理由を欠いているか，または社会通念上相当なものであるかが判断されており，当事者には解雇権が濫用され無効となるかの結論を予測しがたいのも事実である。裁判例では，解雇権濫用の成否について一定の「相場」で判断傾向が形成されているといいうるが，その一方で，解雇をめぐる社会状況に応じてその判断に微妙な変化が生じることもあり，この点の見きわめが重要である。

⑴　**疾病や障害を理由とする解雇**　　労働者の心身上の職務能力に関して，多くの企業では，就業規則において「精神または身体の障害により業務に堪えられないとき」等の規定を解雇事由として掲げており，病気による障害などを理由とする解雇については，これらの規定の解釈適用が重要な決め手となる。

また，「業務に堪えられない」かの解釈において，労働者が特定の資格にもとづき雇用されたときには，それによる業務の範囲も考慮される（たとえば，脳出血で右半身不随となった高校の保健体育教諭の解雇は，保健体育教諭としての業務に堪えることが不可能である以上，別科目の教諭資格を有していても解雇権濫用にあたるとはいえない。北海道龍谷学園事件・札幌高判平成 11・7・9 労判 764 号 17 頁）。

労災保険法の療養補償給付を受ける労働者が，療養開始後 3 年を経過しても疾病等が治癒しない場合には，使用者は，当該労働者を，労基法 81 条の打切補償の支払いをすることにより，同法 19 条 1 項但書の適用を受けて，解雇することができるが（472 頁を参照），その場合にも労働契約法 16 条の適用を受け，解雇権濫用と判断されることがある。しかし，そのような打切補償による解雇に同条を適用するときには，「解雇までの間において業務上の疾病の回復のための配慮を全く欠いていたというような特段の事情がない限り，当該解雇は社会通念上も相当と認められるものと解するのが相当」と解されており（専修大学事件（差戻審）・東京高判平成 28・9・12 労判 1147 号 50 頁），この解釈によると解雇権濫用が成立する余地は極度に狭くなる。

⑵　**職務能力を理由とする解雇**　裁判例には，労働者の能力や成果のみを理由とする解雇の相当性については，慎重な判断がみられる。たとえば，個人別の目標管理型業績評価制度において低評価とされた労働者を解雇した事案において，「業績不良があるとしても，その適性に合った職種への転換や業務内容に見合った職位への降格，一定期間内に業績改善が見られなかった場合の解雇の可能性をより具体的に伝えた上での業績改善の機会の付与などの手段を講じることなく行われた」として，合理性や相当性を否定する裁判例は，その代表例である（日本アイ・ビー・エム⑴事件・東京地判平成 28・3・28 労判 1142 号 40 頁）。

具体的な判断においては，労働者の職種，地位，企業の規模，就業規則の定めなどが問題となる。たとえば，小規模の事務系事業所で，個々の労働者の能力や人的調和が重視される場合には，解雇が認められやすい傾向にある。しかし，就業規則の解雇事由として「労働能率が劣り，向上の見込みがない」と定めている場合には，一般には著しく労働能率が劣る場合をいうものと解すべきであり，平均的な水準に達していないという程度では不十分である（セガ・エンタープライゼス事件・東京地決平成11・10・15労判770号34頁)。

長期にわたり在職している労働者の解雇については，より慎重な態度が求められる。たとえば，勤続27年および24年の労働者2名を能力不足を理由に解雇した事案で，長期勤務の実績に照らすならば，「単なる成績不良ではなく，企業経営や運営に現に支障・損害を生じ又は重大な損害を生じる恐れがあり，企業から排除しなければならない程度に至っていることを要」するとする裁判例がある（エース損害保険事件・東京地決平成13・8・10労判820号74頁。森下仁丹事件・大阪地判平成14・3・22労判832号76頁も参照)。これに対して，職種や業務内容を特定して労働契約を締結した場合など，労働者の従事する職務に専門性が高い場合には，その専門職において職務能力が低いときには，解雇に相当性が認められやすい。たとえば，経営コンサルティングを業とする外資系会社に，特別の専門職で採用された労働者が，十分な職務能力を有していないとして解雇した場合にその効力が認められた例などがある（プラウドフットジャパン事件・東京地判平成12・4・26労判789号21頁，日水コン事件・東京地判平成15・12・22労判871号91頁も参照)。

もっとも，国際企業の人事政策が解雇法理の適用にどのように影響するかについては，評価が分かれている。一方で，それが日本企業とは異なることから，解雇についても特別の配慮が必要であるとする主張に対して，それが具体的にどのように異なるか明らかでなく，また採用時に労働者に説明された事実もない以上，個別具体的な解雇事由の判断に影響を与えるものではないとする判断がある（ブルームバーグ・エル・ピー事件・東京高判平成25・4・24労判1074号75頁)。これに対して，外資系金融会社に，特定の職種・部門のための即戦力として，上級の専門職に高待遇で中途採用された労働者の場合，営業成績が労働能力や勤務成績の評価に直結する面があるといえ，期待される成果を上げていないことを理由とする解雇は，合理性も相当性も認められるとするものもある（ドイツ証券事件・東京地判平成28・6・1 LEX/DB25543184)。

⑶　**勤務態度を理由とする解雇**　労働者の勤務態度を理由とする解雇であっても，それが懲戒解雇ではなく普通解雇として行われるものである以上，個別の非違行為よりも同人の仕事ぶりに「改善の見込みがない」ことが評価基準として前面に現れる。たとえば，飲酒癖があり，酩酊して出勤したり昼間から

飲酒していた部長兼務取締役である労働者を解雇したという事案で，最高裁はその勤務態度は職場機能や秩序を乱すだけでなく，「勤務態度を改める見込みも乏しかった」として，解雇に対する不法行為の成立を否定した（小野リース事件・最3小判平成22・5・25労判1018号5頁）。また，上司に対して反抗的な態度をとり続ける労働者に対して，警告書等による改善の機会を与えたにもかかわらず改善の意思が認められない場合には，配置転換等の可能性を検討せずに解雇に至ったとしても，解雇回避義務を尽くしていないとは評価できない（日本コクレア事件・東京地判平成29・4・19労判1166号82頁）。

また，勤務態度を理由とする普通解雇の場合，個々の行為を評価するならば解雇にはあたらないが，そうした非行が繰り返され，再三の指導・注意によっても改善できない程度に達していれば解雇に値するといった判断の仕方も，しばしば用いられる。たとえば，他の従業員の業務遂行を妨害したり，上司の業務命令や同僚の指摘に対して自己の主張に固執して聞き入れない態度が3年も繰り返された事実は，「勤務態度が著しく不良で，改善の見込みがない」との解雇事由に該当する（日本ヒューレット・パッカード〈解雇〉事件・東京高判平成25・3・21労判1073号5頁）。また，労働者が，業務に関連する電子メールを送信する際に，指示に反して繰り返しCCに部長のメールアドレスを入れようとせず，そのために業務に支障が生じていたときには，それを理由とする解雇は権利濫用とはいえない（シリコンパワージャパン事件・東京地判平成29・7・18労経速2334号22頁）。

3　整理解雇

(1)　整理解雇の意義と4つの基準　　企業が不況や経営難などで人員削減の必要に迫られて行う解雇は，労働者側の事情にもとづく解雇と区別して「整理解雇」と呼ばれる。整理解雇は，使用者の経営主体としての権能に密接にかかわるが，他面で，通常かなり多数の労働者が一度に解雇されるため影響が大きく，しかも労働者に責任のない解雇である。整理解雇も，やはり解雇権濫用法理（労契法16条）のもとで合理性を審査され，客観的に合理的な理由があり社会通念上相当と認められない場合には，権利濫用として無効となる。

整理解雇に関する裁判例は，第1次石油危機後の不況時に急増し，その中から，整理解雇の正当性が認められるための独特な 4 つの基準が形成された（4 要件あるいは 4 要素と呼ばれることが多い）。

第 1 は，人員整理を行う経営上の必要性が本当に存在することである。人員整理をしなければ倒産必至という状況までは要求されないが，相当に高度の経営困難があり，企業運営上やむをえないといえる場合でなければならない。

第 2 は，その人員整理を解雇という形で行う必要性が存すること，いいかえれば，使用者が，配転・出向，一時帰休，希望退職募集など，解雇を回避するための努力を尽くしたことである（かかる努力を一切なさずに行われた整理解雇の効力が否定された例として，あさひ保育園事件・最 1 小判昭和 58・10・27 労判 427 号 63 頁）。

第 3 は，被解雇者の選定が，客観的で合理的な基準によりなされたことである。通常は，労働者の労働能力，解雇が労働者の生活に与える打撃，労働者間の公平などを考慮しながら，勤務成績，勤続年数，年齢，職種，転職可能性などの要素が複合的に用いられる（三井石炭鉱業事件・福岡地判平成 4・11・25 労判 621 号 33 頁のように，52 歳以上の者という年齢のみによる基準が合理的とされた事例もある。また，病気欠勤・休職等による基準と，目標人数に達しない場合の補助的な年齢基準が，いずれも合理的と認められた事例として，日本航空（パイロット等）事件・東京高判平成 26・6・5 労経速 2223 号 3 頁）。使用者の主観・恣意による選定や，不合理な差別となるものは認められない。

第 4 は，労働組合または労働者に対して事前に説明し，納得を得るよう誠実に協議を行うなど，相当な手続をとったことである。これは，労組法上の団交義務や労働協約にもとづく協議義務とは別の，信義則上の手続要件である（上記の 3 つとは区別して，解雇の効力発生を妨げる消極的事由と考える裁判例もある）。

⑵ **裁判例による適用**　これら 4 基準の適用にあたって，裁判例の態度は，経営的判断の当否にまで踏み込んで厳しく審査するものもあれば，より抑制的なものもあり，必ずしも一様ではない（前者の例として高田製鋼所事件・大阪高判昭和 57・9・30 労民集 33 巻 5 号 851 頁，後者の例として東洋酸素事件・東京高判昭和 54・10・29 労民集 30 巻 5 号 1002 頁）。ただ，最近では，人員整理の必要性を否定する例は少なく，それを前提としたうえで，解雇回避努力，人選の合理性，および協議など手続の相当性が焦点となることが多い。

一時期の下級審判決では，解雇自由の原則を強調し，独自の枠組みから整理解雇をかなりゆるやかに認める傾向もみられた（角川文化振興財団事件・東京地決平成 11・11・29 労判 780 号 67 頁，ナショナル・ウエストミンスター銀行事件・東京地決平成 12・1・21 労判 782 号 23 頁）。しかし，現在の裁判例の大勢は，上記の 4 基準による枠組みに回帰している。

近年，経営危機に陥る以前の積極的な企業戦略として行われた部門廃止による解雇をどのように取り扱うかといった問題も提起されているが，労働者を他の部門で吸収する余地がある限り，その努力が求められるのは当然であろう（PWC ファイナンシャル・アドバイザー・サービス事件・東京地判平成 15・9・25 労判 863 号 19 頁）。そのような場合については，「でき得る限り解雇を回避すべき高度な回避義務」があるとする裁判例もある（エミレーツ航空事件・大阪地判平成 29・10・23 労旬 1908 号 57 頁）。

逆に，事業破綻による全員解雇については整理解雇法理の適用を否定する事例もあるが（大森陸運ほか事件・大阪高判平成 15・11・13 労判 886 号 75 頁，一般財団法人厚生年金事業振興団事件・東京高判平成 28・2・17 労判 1139 号 37 頁），この場合も，上記の 4 基準に沿って適切に判断がなされるべきであろう（山田紡績事件・名古屋高判平成 18・1・17 労判 909 号 5 頁。なお，事業を他の法人に承継させて解散した法人のした解雇につき，法人解散の場合とは状況が異なり，通常の整理解雇の法理を適用すべきだとした事例として，全日本手をつなぐ育成会事件・東京地判平成 29・8・10 労経速 2334 号 3 頁）。

倒産企業に関していわゆる事前調整型の更生手続がとられ，あらかじめ人員削減計画が定められた場合について，上記の 4 基準の充足を認めた裁判例もあるが（前掲日本航空（パイロット等）事件，日本航空（客室乗務員）事件・東京高判平成 26・6・3 労経速 2221 号 3 頁），労働者の利益が適切に考慮されたものであるか，慎重な吟味が必要である。

⑶ **雇用政策上の対応**　整理解雇等により 1 ヵ月以内に同一事業所で常時雇用する労働者について 30 人以上の離職者が出る場合には，事業主は，労働者代表の意見を聴いたうえで「再就職援助計画」を作成し，公共職業安定所長に提出して認定を受けることが義務づけられている（労働施策推進法 24 条，同施行規則 7 条の 2）。他方で，景気変動等により事業活動の縮小を余儀なくされた

事業主が，解雇を回避するために休業，教育訓練，出向の措置をとる場合，雇用保険法にもとづいて，一定の要件のもとに「雇用調整助成金」が支給される（雇保則102条の3）。

4　普通解雇と懲戒解雇

多くの企業では，就業規則上，一般の解雇とは別に「懲戒解雇」の事由と手続を定めている。懲戒解雇は，使用者のなす懲戒処分の一種（最も重い処分）として，労働者の規律違反等の非違行為に対する制裁であることを明示してなされる解雇であり，この場合には退職金が不支給または減額となると定められていることが多い。懲戒解雇以外の解雇は「普通解雇」と呼ばれる。

懲戒処分に特有の論点については「22 企業秩序と懲戒」で扱うが，解雇としての側面からみても，懲戒解雇は普通解雇にはみられない大きな不利益を伴っているだけに，裁判例の態度もいっそう厳格である。第1に，就業規則所定の懲戒解雇事由は，合理的内容に限定して解釈される（たとえば，「不名誉な行為をして会社の体面を著しく汚したとき」という規定を限定解釈した事例として，日本鋼管川崎製鉄所事件・最2小判昭和49・3・15民集28巻2号265頁）。第2に，たとえ懲戒解雇事由が存在していても，その内容・程度，情状などの諸事情を考慮して，懲戒解雇も合理的で社会通念上相当と認められるところにまで達しており，しかも手続的にも適正でなければ，やはり権利濫用として無効となる（労契法15条。ダイハツ工業事件・最2小判昭和58・9・16労判415号16頁，ネスレ日本事件・最2小判平成18・10・6労判925号11頁参照。裁判例では，これを「解雇権の濫用」と表現するものもあれば，「懲戒権の濫用」とするものもある）。

労働者に懲戒解雇事由に該当する行為があった場合でも，使用者は普通解雇を選択することができ，このときには懲戒解雇ではなく普通解雇としての正当性が備わっていればよい（前掲高知放送事件）。しかし，いったんなされた懲戒解雇につき，懲戒解雇としては無効であっても普通解雇としての限度で有効と認めること（普通解雇への転換）については，これを認めた裁判例もあるが，両者は性質が異なり，また被解雇者の地位を不安定にしすぎるので，否定すべきであろう（普通解雇の意思表示も包含されていたと解し，その効力を肯定した事例として，セコム損害保険事件・東京地判平成19・9・14労判947号35頁。予備的な普通解雇の意思表示が含まれていたとは認められないと判断した事例として，日本通信事件・東京地判平成24・11・30労判1069号36頁，野村證券事件・東京高判平成29・3・9労判1160号28頁）。

§3　解雇の無効

1　解雇無効の意味

解雇に合理的な理由がなく，あるいは社会通念上相当と認められないため，権利濫用にあたる場合，その解雇は「無効」となる（労契法16条）。論理的には，権利濫用の結果として使用者に損害賠償義務が生じるけれども，解雇自体は有効とする考え方もありうる。しかし，裁判例は古くから一貫して解雇無効との扱いをしてきており，このことは解雇権濫用法理の効果として定着し，労契法の中にも明記された。

解雇が無効な場合，使用者の解雇通告によっても解約という効果は発生しなかったのであり，労働契約はずっと有効に存続していることになる。そこで裁判所は，解雇された労働者が依然として労働契約上の権利を有する地位（従業員たる地位）にあることを確認する判決を下す。

解雇無効という効果が生じるのは，解雇権濫用の場合に限られない。すでに述べたように，労働協約や就業規則の解雇事由制限に違反する解雇も無効とされている。また，法律上禁止された理由による解雇も，刑事罰や行政的な救済など，それぞれの法律に特有の効果が発生するのは格別，私法上は，強行法規違反（あるいは公序良俗違反）としてやはり無効となる。

2　解雇期間中の賃金

裁判所において解雇が無効と判断された場合，解雇からその時点までの間の賃金をどうするかが問題になる。客観的にみれば労働契約はこの間ずっと存続していたことになるが，実際には，使用者は解雇通告後その労働者の就労を認めず，労務提供がなされていないのが普通である。

裁判例は一般に，危険負担に関する民法536条2項を適用して，この間の賃金請求権を肯定している。すなわち，無効な解雇が原因で労務提供という債務が履行不能となったのであり，これは債権者たる使用者の「責めに帰すべき事由」によるので，労働者は反対給付を受ける権利を失わない，とされる（具体的金額については，諸手当や査定による昇給・昇格の扱いなど，算定上の問題が生じることも少なくない）。2017年の民法改正によって，上記規定は，債権者（使用者）は反対給付の履行を拒むことができない，という形に変更されるが（2020年4月施行），内容的には同じである。

ただ，労働者が解雇期間中に他所で働いて収入（中間収入）を得ていた場合には，それが副業的なもので解雇がなくても当然取得しえた等の特段の事情がない限り，同項後段（2004年改正前は同項但書）の「自己の債務を免れたことによって利益を得たとき」にあたり，その収入分を使用者に償還しなければならないことになる（米軍山田部隊事件・最2小判昭和37・7・20民集16巻8号1656頁）。しかし，この最高裁判決は，無効な解雇による不就労の場合も労基法26条の「使用者の責に帰すべき事由による休業」に該当するので，平均賃金の6割の休業手当が支払われねばならない，と判断し，いわば労基法26条の拡張的な適用によって，中間収入の償還に限定を加えている。つまり，①解雇期間中の賃金額のうち，平均賃金の6割までの部分は，中間収入のいかんにかかわらず，労基法26条によって使用者に支払いが強制される，②他方，解雇期間中の賃金額のうち平均賃金の6割を超える部分は，中間収入償還義務との調整の対象となり，使用者はこの場合，当該賃金額から中間収入分を控除して支払うことができる（労基法26条がそのような控除を許容している），とされている（前掲米軍山田部隊事件）。

上記の②については，中間収入の発生期間と賃金支給対象期間とが時期的に対応していることが条件となるが，それがみたされる限り，一時金も控除の対象となる（あけぼのタクシー〈民事・解雇〉事件・最1小判昭和62・4・2労判506号20頁。具体的な計算方法については，いずみ福祉会事件・最3小判平成18・3・28労判933号12頁を参照）。

3　地位保全・賃金仮払仮処分

解雇無効の事件では，地位確認および賃金支払いを求める本案訴訟とは別に，仮処分手続が利用されることも多い。仮処分は，裁判所が，簡易な手続による一応の判断（疎明）にもとづいて，本案判決までの間，暫定的に当事者間の関係を定めるものであるが，本案訴訟が提起されず，仮処分で紛争が事実上決着してしまうことも珍しくない。

解雇が無効との疎明があった場合，裁判所は，労働者の労働契約上の権利を有する地位を仮に定め（地位保全仮処分），本案判決の確定に至るまで賃金相当額を仮に支払うよう使用者に命じる（賃金仮払仮処分）のが一般的であった。しかし，最近は，賃金仮払いを命じれば地位保全の必要性はないとして，賃金仮払いのみを認める例が多い。また，労働者に十分な資産や収入がある場合には，賃金仮払いの必要性が否定されることもある。

地位保全仮処分は，当該労働者を従業員として取り扱うよう求めるものであるが，その性質は「任意の履行に期待する仮処分」にすぎず，使用者がこれに従わずに労働者を就労させなくても，特に制裁や不利益はないとされている。しかし，地位保全仮処分に，その後も就労拒否がなされたとき労働者に賃金請求権が発生するという効果を認めることができないものか，再考の余地もあろう（これが肯定されれば，後に本案訴訟で労働者が敗訴しても，訴訟期間中の賃金請求権は発生することになる)。なお，労働者の就労請求権は一般に否定されているので（99頁参照)，強制力を伴う就労妨害排除仮処分は認められていない。

賃金仮払仮処分は，訴訟期間中の労働者の生活困窮を避けるため，労働者を就労させるか否かとは無関係に，使用者に賃金の全部または一部に相当する金額を，仮に支払わせるものである（仮払いの期間として1年等の限定が付されることも多いが，必要性があれば，その時点で再申請が可能)。労働者が仮払いの給付を受けた後に当該仮処分が取り消された場合には，仮払金と対価的関係に立つ現実の就労をしたなどの特段の事情がない限り，労働者は返還義務を負う（宝運輸事件・最3小判昭和63・3・15民集42巻3号170頁。なお，民事保全法33条も参照)。仮処分が取り消されなくても，労働者が本案訴訟で敗訴して解雇有効とされたときには，同様となる。

4　解雇と損害賠償

被解雇者が解雇の効力を争う場合，解雇は無効として地位確認と賃金支払いを求めるのが通常であるが，それに加えて，あるいはそれに代えて，不法行為による損害賠償を請求する例もみられる。

無効な解雇が常に損害賠償義務を発生させるわけではなく，個々の事実関係に即して，故意・過失，権利侵害，損害の発生，因果関係といった不法行為の成立要件が検討されねばならない（解雇は権利濫用にあたり無効であるが，不法行為は成立しないと判断された事例として，ジェー・イー・エス事件・東京地判平成8・5・27労経速1614号9頁）。しかし，解雇の過程で使用者に，著しい不当処分，差別，名誉毀損，不当労働行為など特に悪質な事情があった場合には，実際に損害賠償が認められている（ノースウエスト航空事件・千葉地判平成5・9・24労判638号32頁，ケイエム観光事件・東京高判平成7・2・28労判678号69頁，東京自動車健康保険組合事件・東京地判平成18・11・29労判925号35頁，レイズ事件・東京地判平成22・10・27労判1021号39頁など）。

これらの場合，損害賠償の内容は，通常は解雇無効により賃金が回復されるので，実際上，精神的損害に対する慰謝料に限られる。ただ，労働者が，解雇無効による地位確認・賃金請求に代えて，逸失賃金を含む損害賠償を請求して認められる事案も増加しており（たとえば，O法律事務所事件・名古屋高判平成17・2・23労判909号67頁，テイケイ事件・東京地判平成23・11・18労判1044号55頁），解雇法理における損害賠償の比重は高まる傾向にある。

もちろん，他方で，解雇は合理的理由にもとづき相当であったと判断されれば，損害賠償の請求も否定されることになる（飲酒癖により勤務態度が不良であった幹部労働者の解雇がやむをえないものであり，懲戒処分など解雇以外の方法をとることなくなされたとしても，著しく相当性を欠き，不法行為を構成するということはできないと判断された事例として，前掲小野リース事件）。

Brush up 低成果労働者の解雇

近年，日本の労働市場は「人手不足」に悩まされており，有効求人倍率は高止まりしている。こうした人材不足のもとでは，すでに雇用されている労働者は安定した地位を保障されるかというと，決してそうではない。限られた人材しか確保できない以上，企業は成果の低い労働者を排除する意欲が高まるからである。

こうして，人減らしのために従業員の成果や業績を評価する手法が開発され，日本でも用いられるようになった。ある裁判例（IBM（解雇）事件・東京地判平成28・3・28労経速2287号3頁）では，退職勧奨のために用いられたのがPBC（Personal Business Commitments）という評価方法であり，「従業員とその上司との間で年初に目標設定を行い，その目標に対する当該従業員の1年間の達成度や，会社に対する貢献度の評価を行う」もので，5段階評価で相対評価する。別の裁判例（ブルームバーグ・エル・ピー事件・東京高判平成25・4・24労判1074号75頁）では，国際的な金融情報配信会社に中途採用された記者について，PIP（Performance Improvement Plan）による低評価が解雇理由とされた。これはパフォーマンスの課題についての克服のための行動計画であり，その達成状況をモニターしてフィードバックするもので，6段階で評価される。しかし，同判決は「労働契約を継続することができないほどに重大なものであることを認めるに足りる証拠はない」と判断した。

労働者の業績評価は，これまでは一時金の査定や，昇給・昇格の決定のために用いられてきた。そのような人事考課であれば，相対評価によるのは当然であろう。しかし，解雇や退職勧奨のための基準に相対評価を用いるのは，法理上も疑問が生じる。相対的な低成果は，債務不履行や解雇の「客観的に合理的な理由」といいうるだろうか。

ただ，企業の側も，厳しい経営環境の中で，新しいテクノロジーへの適応能力の高い労働者を雇用するためには，成果の低下した労働者を雇用し続けることができない。そのために，低成果を根拠に退職勧奨という手法を用いざるをえないのであろう。しかし，そのためにも，低評価者をやっかい者にするのではなく，労使間でしっかりとした協議の場を持ち，企業内で能力発揮の場を考え，本人の意に沿う再就職の道筋を見つける方法を模索すべきであろう。

22　企業秩序と懲戒

労働者が労働し，休憩時間や仕事の前後の時間を過ごし，また組合活動を行う場でもある企業では，一定のルールが必要とされる。労働者は指揮命令に従って働き，職場の規律を守ることを求められる。

使用者の側からいえば，事業遂行のために労働者を雇っているのであるから，それが適正かつ円滑になされるように，企業秩序を維持しなければならない。就労にあたって規律を守らせるのはもちろんのこと，施設の維持管理や，職場外での行動についても，ルールの徹底をはかる必要がある。しかし，他方で，使用者の定めるルールが常に合理的とは限らない。労働者の利益を不当に侵害する可能性もあるので，適切なチェックが欠かせない。

労働者がルールに違反して企業秩序を乱した場合，多くの企業では，「懲戒処分」という特別な制裁が科される。契約上の義務違反に対する制裁としては，一般に契約の解除と損害賠償の請求が認められているが，労働者を解雇するには客観的に合理的な理由が必要であり，比較的軽微な違反の場合はむずかしい。また，１つ１つの違反行為に対して損害賠償請求することも，実際的ではない。懲戒処分はこれらに代わる制裁手段といえるが，その行使にあたっては，労使双方の利益のバランスを考えなければならない。

さらに，組合活動と企業秩序との抵触については，憲法 28 条との関係も問題となる。組合活動に対しては，団結権や団体行動権の保障から生じる特別の保護が及ぶが，その限界をどう画すべきかが，懲戒処分との関係でしばしば争われることになる。

§１　懲戒の意義と根拠

懲戒は，一言でいえば，労働者の企業秩序違反（非違行為）に対して使用者が行う制裁の手段である。具体的な懲戒処分には，次項で見るようにさまざまな種類があるが，いずれの場合も，その字義にあるような「こらしめ」の機能が多分に含まれている。しかし，契約の一方当事者が相手方に対して「こらしめ」を行うのは，異例といわざるをえない。

そのため，使用者が懲戒処分を行いうる根拠については，多くの議論があった。かつてはこれを経営権の一部に属するととらえる見解（経営権説）がみられたが，多数の学説は，企業組織の中で共同して労働を円滑に行うための秩序維持が労使の規範意識に支えられているととらえる見解（社会規範説），あるいは労働者との契約上の合意にもとづいてのみ懲戒権が行使できるとする見解（契約説）などを主張してきた。

これに対して，最高裁判例は，企業秩序の設定権限から説き起こして懲戒権を導く，独特な理論を展開している（富士重工業事件・最3小判昭和52・12・13民集31巻7号1037頁，国鉄札幌駅事件・最3小判昭和54・10・30民集33巻6号647頁)。これによれば，企業は，それを構成する人的要素とその所有し管理する物的施設の両者を統合して合理的・合目的的に配備組織するものであり，企業秩序は，企業の存立と事業の円滑な運営の維持のために必要不可欠である。そのため使用者は，企業秩序について必要な事項を規則をもって一般的に定め，あるいは具体的に指示，命令するとともに（企業秩序定立権)，企業秩序に違反する行為については，その内容，態様，程度等を調査して，その行為の中止，原状回復など必要な指示，命令を行い（企業秩序維持権)，さらに，違反者に対して，規則の定めるところに従い制裁として懲戒処分を行うことができる（懲戒権)。他方，労働者は，労働契約を締結して雇用されることにより，労務提供義務に付随して企業秩序遵守義務を負うとされる。

ここでは，企業の本質（企業運営の必要性）から企業秩序定立権が導き出され，また，労働契約の本質から企業秩序遵守義務が根拠づけられている。しかし，企業秩序定立・維持権のほかに懲戒権までをアプリオリに措定することには疑問があり，労働契約を媒介にしてはいるが，実質的に経営権説の再現ではないかとの批判がある。ただ，最高裁も「規則の定めるところに従い」という限定を付している点には，注意が必要であろう。

§2　懲戒処分の種類

懲戒処分の種類と程度は，就業規則の必要的記載事項である（労基法89条9号)。一般に，①譴責・戒告，②減給，③出勤停止，④懲戒解雇が，多くの就業規則において規定されている（具体的な名称は異なりうる）。また，始末書提出，諭旨解雇といった懲戒処分が定められていることもある。そのほか，配転，降格，休職などの人事措置が懲戒的な目的で行われることがあるが，これらが就業規則に懲戒処分として定められていない限り，懲戒処分とは認められず，当該人事措置の有効性の枠内でのみ許される（342頁を参照）。

⑴ **譴責・戒告**　譴責・戒告は，通常，最も軽い懲戒処分であり，口頭あるいは文書によって将来を戒めるものである。この懲戒処分は，それ自体で何ら労働者に不利益や法律関係の変動をもたらすものでないときは，無効確認訴訟の対象とはならない。しかし，それが賞与，昇給，昇格などの人事考課に際して不利に考慮されたり，何回か重なると重い懲戒処分が科されたりする場合には，無効確認請求に訴えの利益が認められる（富士重工業事件・東京高判昭和49・4・26民集31巻7号1085頁）。

譴責・戒告処分とともに，あるいはそれとは独自に，「始末書」の提出が命じられることがあるが，これを拒否したことを理由としてさらに懲戒処分を科すことはできない。始末書の提出は，労働者の任意な意思に任されるべき性格のものであり，それを超えると労働者の内心への不当な介入となりうるからである（福知山信用金庫事件・大阪高判昭和53・10・27労判314号65頁）。

⑵ **減　給**　減給は，本来支払われるべき賃金額から，ある期間，一定額を控除する懲戒処分である。労働者が労働したにもかかわらず，賃金の一部が支払われないことになる。減給の制裁は戦前にかなり濫用されたため，労基法で制限がもうけられ，1回について平均賃金の1日分の半額，総額について一賃金支払期における賃金総額の10分の1を超えることができない（91条）。

⑶ **出勤停止**　出勤停止は，労務の受領を一定期間，拒否する懲戒処分であり，通常，この間は賃金が支払われない。出勤停止の期間は，多くの場合，1週間から2週間程度であるが，自宅謹慎や懲戒休職という名称で，1ヵ月から数ヵ月に及ぶ就労禁止を定める例もある。出勤停止については特に法律の規制はもうけられていないが，賃金不支給を伴う出勤停止が不当に長期に及ぶ場合には，公序良俗違反として無効となると解すべきである。

⑷ **懲戒解雇**　懲戒解雇は，最も重い懲戒処分である。この場合，退職金は不支給とされるのが普通であり，労働者名簿にも記載されて再就職の障害と

なるという不利益も生じる。なお，退職金の全額あるいは一部支給を伴う退職の勧告を「諭旨《ゆし》解雇」として定める場合もあるが，労働者が退職に応じない場合は懲戒解雇が予定されており，懲戒解雇に準じる重い懲戒処分である。

退職金の不支給という効果は，懲戒解雇から当然に出てくるものではなく，就業規則にその旨の規定が必要である。また，懲戒解雇も解雇の一種であるので，それに関する法規制にも服する。つまり，労基法19条および20条の規制を受け，後者によって，30日前の予告をするか，予告をしない場合には行政官庁の除外認定を受けなければならない（469頁以下参照）。懲戒解雇事由があるからといって，つねに労基法20条1項但書にいう「労働者の責に帰すべき事由」があるとはいえず，即時解雇が当然に認められるわけではない。

§ 3　懲戒権の発生と行使

1　懲戒処分の性質と就業規則

先に述べた一般的な懲戒権の根拠とは別に，各種の懲戒処分について，その法的性格が問題とされることがある。懲戒処分のうち，懲戒解雇については，その本質は解雇であり，使用者の一般的な解雇権により基礎づけられる（懲戒解雇に通常伴う退職金の不支給は，退職金支給要件の問題に帰する）。しかし，就業規則の中で，普通解雇とは別に懲戒解雇という特別のカテゴリーをもうける場合には，使用者の解雇権もその定めに従って行使すべきこととなる。

他方，譴責・戒告，減給，出勤停止は，使用者が契約上当然に有する権能ではなく，就業規則によって特に認められたものといえる。これらの懲戒処分は，労働契約関係の特殊性に由来するものである。つまり，労働契約においては，軽微な義務違反に対しては，一気に解雇するよりは，その程度に合わせた制裁を行うことによって，関係を維持することが望ましい。かかる機能を有するものとして，上に掲げた懲戒処分の規定も，合理性が承認されうる。

以上のような趣旨から，使用者が労働者を懲戒するには，あらかじめ就業規則において懲戒事由と懲戒の種類を定めていなければならない（最高裁もこの旨を明示した。フジ興産事件・最2小判平成15・10・10労判861号5頁）。懲戒処分についてのこうした定めは，懲戒権の根拠を創出するとともに，その限界を画すものである。また，多くの就業規則では，懲戒事由として，具体的例示の最後に「その他これに準ずるような行為」という規定がおかれているが，これについても限定的に解釈する必要がある。

2　懲戒権の濫用

労働者が懲戒事由に該当する非違行為を行った場合，使用者はこれを理由に労働者を懲戒する権限（懲戒権）を有することになる。しかし，使用者に懲戒権があっても，それを具体的にどのような形で行使するかが問題となり，使用者による懲戒処分が，「当該懲戒に係る労働者の行為の性質及び態様その他の事情に照らして，客観的に合理的な理由を欠き，社会通念上相当であると認められない場合」には，権利の濫用として無効となる（労契法 15 条）。

懲戒処分が有効といえるためには，まず，就業規則所定の懲戒事由が存在していなければならない。懲戒処分は，労働者の非違行為に対して課されるのであるから，具体的な懲戒の適否はその理由とされた非違行為との関係で判断されるべきであり，懲戒処分当時に存在していても，使用者がその非違行為を認識していなかった場合には，それをもって当該懲戒処分の有効性を根拠づけることはできない（山口観光事件・最 1 小判平成 8・9・26 労判 708 号 31 頁。事後的に発見した労働者の経歴詐称により，懲戒解雇を根拠づけることが否定された事例）。

次に，懲戒事由が存在していても，労働者の行為の性質，態様，結果の重大さ，労働者の情状等に照らして，相当な処分が選択されなされなければならない。処分が重すぎ，社会通念上相当性を欠くと判断される場合には，権利の濫用として無効となる（ダイハツ工業事件・最 2 小判昭和 58・9・16 労判 415 号 16 頁，ネスレ日本事件・最 2 小判平成 18・10・6 労判 925 号 11 頁）。

3　懲戒処分の手続

懲戒処分は，刑罰類似の機能をもっており，また労働者の利益に与える影響が大きいことから，厳正・慎重な手続に服することが要求される。これに反して懲戒処分が行われた場合は，やはり懲戒権の濫用として無効となる。

まず，新たな懲戒規定はそれ以前の行為には及ばないという不遡及の原則や，同じ事由について再度懲戒処分に付しえないという一事不再理（二重処分の禁止）の原則が適用される（この点で，時間外労働拒否に対して出勤停止処分をした後に，さらにその後も反省の跡がみられないとしてなされた懲戒解雇を有効と判断した，日立製作所武蔵工場事件・最１小判平成３・11・28 民集 45 巻８号 1270 頁には，疑問がある）。懲戒処分については先例も十分に考慮する必要があり，同程度の非違行為に対しては，前と同様の懲戒処分がなされなければならない。

また，懲戒処分を行う場合には，労働者に弁明の機会を与えるなど，適正手続を尽くさなければならない。さらに，労働協約に人事協議条項がある場合には，それを遵守しなければならない。

その一方で，処分が合理的な期間内に行われることも必要である。労働者の企業内での暴力行為について，使用者が刑事処分の結果を待つうちに長期間が経過し，しかも，不起訴処分となったにもかかわらず，行為から７年以上も後に重い懲戒処分（諭旨退職）を行った事例では，客観的に合理的な理由を欠き，社会通念上相当とは認められないと判断されている（前掲ネスレ日本事件）。

§４　懲戒の事由と判断例

１　就業・業務遂行のルール違反

懲戒事由としてはさまざまなものがあるが，最も代表的なものは，欠勤，遅刻，早退など，就労義務の懈怠である。これらは，労務の不提供としてそもそも賃金カットの対象となりうるが，著しい無断欠勤や遅刻常習のように，それが同時に企業秩序違反となる場合には，懲戒事由ともなりうる（軽微なものについては，まずは注意や警告によって改善を促す必要があろう）。

同様に，タイムカードで出退勤管理をしている場合のタイムレコーダーの不正打刻（八戸鋼業事件・最１小判昭和 42・３・２民集 21 巻２号 231 頁）のような，就業上のルール違反も，懲戒事由となる。また，労働者が職務に関連して行った横領や贈賄などの犯罪行為や，その他のコンプライアンス違反，職務遂行上の非違行為（安全規則の不遵守，勤務中の飲酒，いじめやハラスメントなど）等も，懲戒事由にあたる。男性管理職が長期にわたり女性従業員に対してきわめて不適切な言動によるセクシュアル・ハラスメントを行った事例では，最高裁も出勤停止処分の効力を肯定した（L館事件・最１小判平成 27・２・26 労判 1109 号５頁）。

他方，欠勤の原因が労働者の病気にある場合には，使用者として適切な対応を行うべきである。精神的な不調のため有給休暇を取得して出社しなくなった労働者が休職を求めたのに認めず，医師の診断を受けさせる等の対応をとらないまま，有給休暇終了後の約40日の欠勤を理由に諭旨退職処分を行った事案では，懲戒事由である正当な理由のない無断欠勤にあたらず無効と判断された（日本ヒューレット・パッカード事件・最2小判平成24・4・27労判1055号5頁）。

2　業務命令違反

業務命令には，職務遂行上の指示や命令も含まれるが，それよりも広い概念である（96頁参照）。使用者が発したさまざまな業務命令を拒否したことが，しばしば懲戒処分の対象とされる。これらが懲戒事由にあたるかは，業務命令が正当な権限の行使といえるかによって判断される（時間外労働命令拒否について，前掲日立製作所武蔵工場事件，配転命令拒否について，東亜ペイント事件・最2小判昭和61・7・14労判477号6頁，健康診断受診命令拒否について，電電公社帯広局事件・最1小判昭和61・3・13労判470号6頁）。

使用者の業務命令が労働者の人格に対する侵害となる危険がある場合には，権利行使の適法性に厳しい要件が課される。たとえば，使用者が金銭の不正隠匿の摘発や防止のために行う所持品検査については，それを必要とする合理的な理由があり，就業規則等の規定にもとづき，全従業員に画一的に，妥当な方法で行われるときにのみ，適法な業務命令といえる（西日本鉄道事件・最2小判昭和43・8・2民集22巻8号1603頁）。

また，労働者の側に，命令に従うことができない個人的な特段の事情がある場合に，使用者が適切な配慮を行わないまま懲戒処分を行うことは，権利の濫用となりうる。

3　兼業，競業行為

労働者は，労働契約における信義則上の付随義務として，使用者の営業利益を侵害したり，労務提供に重大な支障を来すことを控えるべき義務を負う（98頁参照）。こうした義務違反にあたるものとして，無許可の兼業や競業行為などが懲戒処分事由とされることがある。

労働者は勤務時間外には使用者の拘束から解放されるから，その時間を利用して兼業に従事することも基本的に自由である（最近は「柔軟な働き方」という政策の観点からも，この点が強調されている）。しかし，肉体的・精神的疲労の防止や企業の信用確保等のために，使用者が事前の承認等の要件を定めることも不当とはいえず，無断の兼業が長時間に及んで労務提供に支障を来すような場合には，懲戒処分が可能となる（辰巳タクシー事件・仙台地判平成元・2・16判タ696号108頁。また，普通解雇の事例であるが，小川建設事件・東京地決昭和57・11・19労民集33巻6号1028頁も参照）。他方，家族の事業を短時間手伝って多額でない報酬を得るような場合には，禁止される兼業にあたらず懲戒処分の対象とならない（国際タクシー事件・福岡地判昭和59・1・20労判429号64頁。また，年1〜2回のアルバイトの事案として，十和田運輸事件・東京地判平成13・6・5労経速1779号3頁も参照）。

在職中の競業行為については，兼業という面だけでなく，使用者の事業活動への加害の面からも検討される必要がある。競業会社の取締役への就任が，労務提供に特段の支障を生じさせなくても，後者の面から企業秩序を乱すと評価されるならば，懲戒処分の対象となる（橋元運輸事件・名古屋地判昭和47・4・28判時680号88頁）。ましてや，競合会社に対して具体的な支援行為を行って使用者に損害を与えた場合には，懲戒解雇も認められる（ヒューマントラスト事件・東京地判平成24・3・13労判1050号48頁）。

また，退職後に従事する業務のための準備活動を在職中に行うことは，競業禁止や兼業制限等に関する就業規則の規定に反しない限りでのみ許される（東京貨物社事件・東京地判平成12・12・18労判807号32頁）。

4　名誉・信用の侵害

⑴　会社等の批判　　労働者が職場の内外で行う批判活動は，その内容が他人の名誉や信用を侵害するものとして，懲戒処分の対象となることがある。たとえば，労働者が使用者たる会社の経営政策や労務政策を批判するビラを配布した場合に，内容が事実に反し，会社を誹謗中傷するものであれば，「会社に不利益を及ぼした行為」や「特に不都合な行為」という懲戒事由にあたる（関西電力事件・最1小判昭和58・9・8労判415号29頁。職場外で職務遂行に関係なく行

われた行為であっても企業秩序違反となりうると判断)。

また，新聞記者が自己のホームページ上で行った会社批判が，虚偽であったり，不穏当な表現を用いている場合には，会社の信用を毀損することになる(日本経済新聞社事件・東京地判平成14・3・25労判827号91頁)。もちろん，懲戒事由に該当する場合であっても，その内容・程度に比して処分が重すぎるならば，権利の濫用と判断される可能性もある(電子掲示板サイトへの投稿が同僚への名誉毀損とハラスメントにあたり懲戒事由に該当するが，懲戒解雇は権利濫用で無効とされた事例として，X大学事件・東京高判平成29・9・7判タ1444号119頁)。

⑵　**内部告発**　労働者が，企業内で知った違法や不正行為の是正を求めることは，個人の自由にとどまらない，社会的な責務でもある。そのため，公益通報者保護法が制定され，一定の枠組みに従って，労働者を解雇等の報復から保護している(374頁)。また，労基法や労安衛法に違反している事実について，労働者が労基署等に申告したことを理由とする解雇等の不利益取扱いも，それらの法律の中で禁止されている(労基法104条，労安衛法97条等。違反には罰則がある)。

とはいえ，このように法律上保障された範囲を超えて，労働者が行政機関への通報，マスコミへの情報提供，あるいは自らのビラやホームページ等により，会社内の不正行為を告発した場合，その内容によっては，会社の体面や名誉を汚した，あるいは誠実義務違反にあたるとして，懲戒処分の対象となりうる(上司に無断で週刊誌の取材に応じ，誹謗中傷記事が掲載されたことにつき，公益通報者保護法3条の保護要件をみたさず，懲戒解雇は有効とした事例として，田中千代学園事件・東京地判平成23・1・28労判1029号59頁)。

裁判例では，告発内容が真実あるいは真実だと信じるに十分な根拠があること，情報収集手段が違法ではないこと，告発の目的が私欲ではなく，会社の不正行為をただしたり，消費者の利益保護をはかったり，あるいは自らの権利回復等のためのものであること，さらに，告発の対象範囲や方法等が妥当なものであること，場合によってはまず企業内での解決をはかること，といった基準により判断がなされている(宮崎信用金庫事件・福岡高宮崎支判平成14・7・2労判833号48頁，大阪いずみ市民生協事件・大阪地堺支判平成15・6・18労判855号22頁等)。事実を著しく誇張歪曲して会社の名誉・信用を侵害したり(前掲日本経済新聞社事件)，会社の人事異動に関する不満にもとづく糾弾・報復のためになされる場合には（アンダーソンテクノロジー事件・東京地判平成18・8・30労判925号80頁)，これらの基準をみたさず，懲役処分が認められる。

5　企業外での非行

就業時間外に企業外で行う労働者の行為は，原則として懲戒処分の対象とはならない。労働契約にもとづく使用者の懲戒権は，労働契約と無関係な私的行為にまでは及ばないからである。

しかし，こうした行為も，業務運営に支障を及ぼしたり会社の評判を著しく傷つけるなど，企業秩序を乱す場合には，懲戒事由となりうる。基本的に私的領域の事項であるので，その判断は慎重になされる必要がある。

たとえば，労働者が企業外で犯罪を行った場合であっても，懲戒処分が許容されるのは，行為の性格，労働者の会社での地位，会社の規模，業種や経済界における地位などから考えて，会社の社会的評価に相当重大な悪影響がある場合に限られる。最高裁も，大規模会社の工員が夜間に他人の住居に侵入して罰金刑に処された事例（横浜ゴム事件・最3小判昭和45・7・28民集24巻7号1220頁）や，デモによる道交法違反で罰金刑に処された事例（日本鋼管川崎製鉄所事件・最2小判昭和49・3・15民集28巻2号265頁）について，就業規則の「会社の名誉・体面を著しく汚したとき」という懲戒解雇事由に該当せず，懲戒解雇は無効と判断している。

また，鉄道会社の従業員が通勤電車内での痴漢行為で逮捕され，略式命令を受けた事例では，会社の名誉や体面を汚して懲戒事由に該当するものの，諸事情に照らせば諭旨解雇処分は重きに失し，懲戒権の濫用にあたるとされた（東京メトロ事件・東京地判平成27・12・25労判1133号5頁。なお，懲戒解雇が相当とされた事例として，小田急電鉄事件・東京高判平成15・12・11労判867号5頁も参照)。

6　経歴詐称

多くの企業では，労働者が採用時に学歴・職歴を偽ったり，犯罪歴などを秘匿したりしたこと（経歴詐称）が，就業規則の懲戒事由としてあげられている。経歴詐称については，錯誤（民法95条）や詐欺（同96条）によって労働契約の無効・取消理由となるにすぎないとの考え方もあるが，一般には，当事者間の信頼関係を壊し，また労働力の評価を誤らせて配置・昇進などに関する秩序を乱すものとして，懲戒解雇事由に該当するとされている（学歴詐称と犯罪歴秘匿について，炭研精工事件・最1小判平成3・9・19労判615号16頁。職歴詐称と犯罪歴秘匿の事例として，メッセ事件・東京地判平成22・11・10労判1019号13頁。年齢詐称の例として，山口観光事件・大阪地判平成7・6・28労判686号71頁）。

経歴詐称として問責できるのは，労働者が提供する労働力の内容の評価にとって重要な要素となるような学歴・職歴等の詐称に限られる。ただし，経歴詐称に対する裁判例の態度はかなり厳格であり，学歴の詐称については，高く詐称するだけでなく，低く詐称することも懲戒事由になるとする例もみられる（大学在籍を中卒と詐称した事例として，日本鋼管鶴見造船所事件・東京高判昭和56・11・25労民集32巻6号828頁）。

また，裁判例は，労働者が採用後，長期間にわたって問題なく勤務していても，経歴詐称の「治癒」を容易には認めない傾向にある。しかし，採用後かなりの年月が経ってから，しかも労務遂行に具体的な支障が生じていないにもかかわらず，経歴詐称を取り上げて懲戒処分を行うことには問題があろう。

7　企業内での政治活動

企業は，決して政治的な真空地帯ではない。労働者の思想・信条や表現の自由は守られなければならない。しかし，多くの使用者は，企業内での政治活動が労働者間に軋轢をもたらすことを理由にこれを禁止・制限し，違反を懲戒事由としている。このような規定は，労基法3条や憲法21条などとの関係で，許されるのだろうか。

初期の判例は，使用者が，学校での政治活動を禁止する特約を結び，これに違反した労働者を解雇した事例で，この特約も民法90条に違反するものではなく，解雇は有効と判断した（十勝女子商業事件・最2小判昭和27・2・22民集6巻2号258頁）。その後の判例では，企業内での政治活動は従業員間に対立を生じさせやすく，また企業の施設管理や他の労働者の休憩時間利用に支障を及ぼすおそれがあることから，これを就業規則等で一般的に禁止したり，許可制や届出制によって制限したりすることには合理性があるとしながらも，労働者の行う政治活動が実質的にみて企業秩序を乱すおそれのない特別の事情があるときには，就業規則等の規定の違反にはならないと解している（目黒電報電話局事件・最3小判昭和52・12・13民集31巻7号974頁，明治乳業事件・最3小判昭和58・11・1労判417号21頁）。

これに対し学説では，労働者の企業内での政治活動を一般的に制限することは憲法の表現の自由の保障の観点から許されず，企業秩序に具体的に違反するおそれがある行為が禁止されるにすぎないと解する見解も有力である。このように，判例と学説とでは，政治活動の禁止・制限についての原則と例外が逆転しているが，いずれの立場でも，実質的に企業秩序に違反していない場合には，それに対する処分は否定される。

§5　組合活動と企業秩序

1　組合活動と懲戒処分

企業秩序違反に対する懲戒処分が問題となるもう1つの重要な領域として，労働組合の活動（組合活動）がある。たとえば，組合員たる労働者が，会社の経営政策や労務政策に対する批判文書を配布したり，就業時間中に組合の用務を行ったり，組合名や組合の要求を書いたリボンを着用して就労したり，使用者の許可を得ずに事業所内で集会やビラ貼付を行ったりする場合である。

組合活動は，争議行為とともに，憲法28条の団体行動権の保障の対象となるものである（407頁を参照）。したがって，形式的に企業秩序違反として懲戒事由にあたるような行為であっても，その組合活動が正当性を有していれば，民刑事の免責が与えられる（組合のホームページにおける記事の掲載および株主総会での発言が名誉毀損にあたるが，正当な組合活動であり違法性が阻却されるとして，使用者等による損害賠償請求が否定された事例として，連合ユニオン東京V社ユニオンほか事件・東京地判平成30・3・29労判1183号5頁）。また，労働者に対する不利益取扱いが不当労働行為として禁止されるので（労組法7条1号），懲戒処分は許されない。しかし，正当性のない組合活動は，そのような保護の対象からはずれ，行為者に対して懲戒処分を科することができる。

組合活動は，要求貫徹のための圧力手段である争議行為とは異なって，使用者の業務を阻害しないような態様で行うことが基本となる。しかし，以下にみるようないくつかの場面では，労務提供義務や使用者の施設管理権等との抵触が生じても，その正当性が認められるか否かが問題とされてきた。

2 就業時間中の組合活動

労働者は，労働契約にもとづく労務提供義務を，誠実に履行しなければならない。就業時間中に組合活動のために職場を離脱することは，労使間の合意や慣行によって許容されていない限り，これに反するものであり，認められない。ただ，使用者の行為のために緊急の対応が必要となり，かつ業務に支障が出なかった等の具体的な事情によっては，憲法28条の趣旨に照らして，なお職場離脱が正当と認められる場合もありうる（オリエンタルモーター事件・東京高判昭和63・6・23労判521号20頁）。

他方，組合員が組合のメッセージを記したリボンや腕章等を着用して就労する場合には，仕事そのものはきちんと行うならば，必ずしも労務提供義務と矛盾しない可能性がある。しかし，最高裁は，労働者が職務専念義務として「職務上の注意力のすべてを職務遂行のために用い職務にのみ従事すべき義務」を負うとの立場をとり，労働者が政治的メッセージを書いたプレートを胸に着用して就労することは，本人にとっても同僚にとっても，そのような注意力の集中を妨げるおそれがあるとして，企業秩序違反を認めた（前掲目黒電報電話局事件）。この事件は，組合活動ではなく個人の政治活動の事案であったが，職務専念義務の内容があまりに高度で非現実的であるとの批判が多い。

その点はともかく，組合活動の場合には，さらに憲法28条による保護の余地があるので，個人的な行為とは異なる観点から，労使双方の利益を考慮しながら正当性の有無が判断されなければならない。ところが最高裁は，高級ホテルの従業員が「要求貫徹」などと書いたリボン（花形に白い布地を垂らしたもの）を，使用者の取外し命令を拒否して約5日間着用して就労し，懲戒処分を受けた事例で，一般論としても当該事案についても何らの説明なしに，これを正当性のない組合活動と判断した（大成観光事件・最3小判昭和57・4・13民集36巻4号659頁。なお，伊藤裁判官の補足意見は，職務専念義務をより緩やかに理解しつつ，リボン着用はホテルの業務に具体的な支障を及ぼしたとして，正当性を否定している）。

性急で説得力に欠ける判示であり，職務の内容・性質，リボンの形状・記載内容などから具体的な業務阻害の程度を検討したうえで，正当性の判断がなされるべきであろう。

その後の裁判例では，組合バッジ（直径1センチ強でメッセージは書かれていない）の着用について争われた事案が数件ある。職務遂行の現実の阻害がなくても，就業時間中の組合活動は職務専念義務に違反し，企業秩序侵害になるとして正当性が否定される傾向にあるが（JR東海事件・東京高判平成9・10・30労判728号49頁，同事件・最2小判平成10・7・17労判744号15頁），バッジ着用は労務提供義務と支障なく両立するとして正当性を認めた例もある（JR東日本事件・横浜地判平成9・8・7労判723号13頁）。また，バッジ着用自体の正当性は否定されても，着用者に対する懲戒処分が組合弱体化を決定的な動機として行われたと認められる場合には，不当労働行為に該当しうる（同事件・東京高判平成11・2・24労判763号34頁）。

3　企業施設利用の組合活動

労働組合が日常的な活動を行うためには，労働者が集まる職場が最も便利で効果的である。本来は企業外で自ら施設を調達すべきかもしれないが，多くの組合は，使用者から企業内で事務所や掲示板を貸与されたり，集会所の使用を許可されたりしている。また，組合活動のために，会社の電話やコンピューター等を利用することを容認していることもある。

しかし，時には組合が，使用者から許可されていないにもかかわらず，企業施設を利用して集会や連絡を行う場合がある。また，労使間の紛争状態のもとでは，組合掲示板以外へのビラ貼付などが行われることも少なくない。これに対して使用者は，中止命令や警告を出したり，実行者に懲戒処分を科したり，ビラの撤去や損害賠償の請求をしたりする。ここで問題となるのはいずれも，組合活動権と使用者の施設管理権との衝突・調整である。

この問題について，学説では，憲法28条の団結権や団体行動権の保障を根拠とし，特に企業内組合にとっては企業施設の利用が不可欠であることも加味しながら，組合にとっての必要性と業務運営や施設管理への支障とを考慮して正当と認められる組合活動については，使用者はそれを受忍する義務があるという見解（受忍義務説。籾井常喜『組合活動の法理』141頁以下）が強かった。これに対して，受忍義務を否定したうえで，施設利用の目的，態様，方法からみて組合活動に必要性があり，また業務運営や施設管理に支障を与えていない場合には，無断で企業施設を利用することについて違法性が阻却される（にすぎない）という見解（違法性阻却説。小西81頁）も主張された。

受忍義務説と違法性阻却説は，かなり違う見解のようにみえるが，結論にそれほど大きな違いが生じるわけではない。受忍義務説も，必ずしも労働組合に私法上の具体的な施設利用権が生じ，また使用者には施設貸与義務が生じる，と解するものではない。いずれの見解でも，労使双方の利益を具体的な事情に照らして考慮しながら組合活動の正当性を判断し，正当な組合活動については民刑事免責，懲戒処分の無効，ビラの撤去請求の否認といった効果を導くのである（なお，違法性阻却説に立ちつつ，物権的妨害排除請求には侵害行為の違法性は必要ないとして正当なビラの撤去請求を認める見解もある。山口296頁）。

これに対して判例は，労働組合の企業施設利用は使用者との合意にもとづいて行われるべきことを強調し，使用者の許諾を得ていない施設の利用は，その利用を許さないことが使用者の施設管理権の濫用となるような特段の事情がない限り，正当性を有しないとの立場をとった（許諾説，前掲国鉄札幌駅事件）。しかし，使用者の許諾があれば，最初から問題は生じないはずである。この立場は，組合活動に対する保護の有無を，使用者の権利濫用の成否という狭い観点に限定するものといえる。

この事件で問題となった労働組合の行為は，合理化反対等の文言が書かれたビラを，外部者の目に触れない職員詰所のロッカーの扉に粘着テープで貼ったものであり，悪質な態様とはいえない。判決は，不許諾は企業秩序維持の観点からやむをえず，権利の濫用にあたらないとしたが，より具体的な施設管理上の支障の程度を，組合にとっての必要性と照らし合わせ，実質的な形で正当性の判断を行うべきであろう。

4 ビラ配布

組合活動としてのビラ配布は，ビラの内容と配布の態様という2つの側面から問題となる。ビラの内容については，会社の経営政策などを批判するものであっても，それが真実にもとづく場合には正当性が認められる。しかし，記載内容が事実に反し，会社を誹謗中傷するものであれば，組合活動としての正当性が認められず，したがって「会社の体面を汚した者」や「故意又は重過失によって会社に不利益を及ぼした行為」という懲戒事由にあたると判断されることがある（中国電力事件・最3小判平成4・3・3労判609号10頁。就業時間外に事業場外で配布した反原発ビラにつき，正当性を否定)。

ビラ配布の態様については，こうした行為が一時的な性格をもつものであるため，ビラ貼りと比較しても，使用者の施設管理権と衝突する可能性は低い。したがって，施設内でのビラ配布に関する許可制や届出制に違反しても，組合活動としての正当性は認められやすいといえよう（倉田学園事件・最3小判平成6・12・20民集48巻8号1496頁は，就業時間前の職員室でのビラ配布について，就業規則所定の許可を受けていないが，業務に支障を及ぼしておらず，就業規則違反として懲戒処分を行うことは許されないと判断している)。もっとも，ビラ配布に際してマイクで演説等を行えば，その観点から業務阻害や施設管理への支障が生じ，場合によっては正当性が否定される可能性もある。

§6　街頭での情報宣伝活動

近年，労働組合が企業外で行う情報宣伝活動（情宣活動，街宣活動）をめぐる紛争が増えている。通常，企業の社屋前等で，しばしば他企業の労働者や一般市民も加わって，演説にビラ配布，シュプレヒコール，デモ行進などを組み合わせて行われる。特に企業内に基盤の乏しい合同労組やコミュニティ・ユニオンにとって，重要な戦術となっているが，これに対する使用者側からの損害賠償や差止めの請求がなされる例が少なくない。

このような場合，当該行為の場所，内容，態様，対象者，さらには団体交渉の経緯などの具体的な事実関係に照らしながら，行為の正当性と不法行為の成否が吟味され，正当な組合活動の範囲内と認められれば，違法性が阻却される（本社前での宣伝活動が正当と判断された事例として，スカイマーク事件・東京地判平成19・3・16労判945号76頁)。社長など経営者の私宅周辺における街宣活動については，生活上の利益への不当な侵害として正当性が否定されることが多い

が（東京・中部地域労働者組合事件・東京高判平成17・6・29労判927号67頁，甲労働者組合事件・東京地判平成27・4・23判時2268号66頁），肯定された事例もある（河内長野衛生事業所事件・大阪高判平成22・11・30労旬1778号64頁）。

なお，労働組合の活動は，特定の使用者との関係に限られるわけではなく，社会的な連帯にもとづく広がりを有するものであり，それぞれについて具体的な目的や態様に照らしながら，正当性を判断する必要がある。裁判例では，団体的労働関係においても「労働契約関係に近似ないし隣接した関係」が必要との立場を打ち出して，街宣活動の正当性を狭く解したものもあるが（教育社労働組合事件・東京地判平成25・2・6労判1073号65頁），妥当とは思われない。そのような関係に立たない者に対する団体行動も憲法28条の保護の対象となりうることを認めたうえで（富士美術印刷事件・東京高判平成28・7・4労判1149号16頁。結論的に正当性を否定），その範囲を適切に定めるべきであろう。

Brush up 企業内福祉のゆくえ

企業内福祉というのは，社会福祉に対する言葉であり，国や自治体が提供する福祉サービスとは別に，またはそれに上積みして，企業が従業員に対して提供する生活上の便益である。その種類は実に幅広く，具体的には，財形援助制度，企業年金，慶弔見舞金，住宅手当・家賃援助，健康診断（法定上積み），「山の家」など余暇施設，人間ドック費用補助など，多様な企業内福祉が大企業を中心に実施されている。これらを通じて，仕事への意欲向上，従業員の定着，仕事に専念できる環境，人材の確保，企業への一体感や信頼感の醸成などが期待されてきた。

日本の企業では，戦前からこうした企業内福祉が発達しており，ヨーロッパなどの諸国であれば国や自治体が提供する福祉の諸分野において，大企業がこれを代替してきた。特に，戦後の困難な住宅事情の中で住宅の提供（社宅や寮）や援助は広く普及し，行政の住宅政策を企業が肩代わりする側面があった。日本の大企業は，良好な労働者の確保，長期雇用による安定的な労使関係の確立をめざして，自前で福祉を提供してきたのである。

しかしながら，近年，パート・有期労働者などいわゆる非正規社員の増加にともない，正社員の福利厚生との格差については，均等・均衡処遇や不合理な相違の問題が生じうる（パート有期法〔2020年施行〕8条以下や本文記載の判例動向を参照）。また，正社員も１つの企業で長期雇用されるよりも意欲や能力に応じて転職する者が増えているともいわれ，長期雇用の確保をめざす企業内福祉の意義がうすれている。さらに企業においても，厳しい経営環境の中で，経費削減の必要性が高まり，実業団スポーツ支援の廃止動向にみられるように，企業内福祉による企業一体感の醸成といった要請もうすれてきたといわざるをえない。

こうして，「企業福祉制度は役割を終えた」として，労働者全体の利益に還元すべきであるとする主張がある（橘木俊詔『企業福祉の終焉』〔中公新書〕）。もっとも，同書も指摘するように，福祉をただ廃止すればよいというわけではなく，雇用の多様化に即した福祉の再分配を図る必要がある。正社員だけでなく非正規社員の意向も酌み取りつつ，労働者個人の意向を反映させて福祉を選び取ることのできるような方式（カフェテリアプランといわれる）や福利厚生代行サービスの利用なども，１つの検討材料であろう。

23 争議行為

争議行為は，労働組合が主張や要求の実現のために行う圧力手段である。使用者に譲歩を迫るための武器として，争議行為（およびその威嚇）は，団体交渉における不可欠の要素といえる。また，労働条件に不満をつのらせた労働者が一斉に仕事を放棄する形でストライキが自然発生的に行われることもあり，むしろそれが組合結成や団体交渉のきっかけとなることも少なくない。争議行為は，歴史に残る数々の労働争議の記憶を喚起し，労働法の中でも特有のロマンを感じさせる領域である。

法的にみれば，争議行為は，労働者の団結活動の中でも，業務遂行との調和のもとに行われる日常的な組合活動とは異なって，意図的に業務阻害を発生させて使用者に損害を与えるものであり，市民法秩序に抵触するところが大きい。使用者の取引先や顧客，さらには一般の人々にも，影響が及ぶことは不可避である。けれども憲法28条は，欧米諸国における争議行為法理の発展を踏まえ，労働者が使用者と対等の立場で団体交渉を行って労働条件を維持改善していくための不可欠の手段として，争議権を保障している。

わが国においては，決着がつくまで労働組合が全面ストライキを継続することは稀で，短時間のストライキに多様な戦術をからめながら争議が展開されるのが通常である。それらの中には，争議行為とも組合活動とも判別しがたいような行為も含まれており，組合活動に対する争議行為の独自の意義をいかに理解すべきかが，1つの焦点となってくる。

§1 争議行為の意義と概念

1 争議行為に対する法的保護

⑴ **労組法の3つの規定**　憲法28条による争議権の保障を受けて，労働組合法は，3つの側面で，正当な争議行為に対する法的保護を規定している。

第1は刑事免責である。争議行為は，形式的にみれば，威力業務妨害罪，強要罪，住居侵入（不退去）罪など，刑罰規定の構成要件に該当する場合がある。刑法自体の解釈として実質的違法性が否定される可能性もあるが，労組法は，争議行為が正当性の範囲内と認められる限り，刑法35条の正当行為として違法性が阻却され，犯罪が成立しないことを明記している（労組法1条2項）。

第2は，いわゆる民事免責であり，労働組合および労働者は，正当な争議行為により使用者が被った損害に対する賠償責任（不法行為責任あるいは債務不履行責任）を負わない（同8条）。たとえばストライキは，個々の労働者の労働契約上の債務不履行と，それを指令した組合の債権侵害の不法行為を構成しうるが，民事免責によりこれらの損害賠償責任が否定され，使用者はストライキにより生じた損害を甘受しなければならない。

第3に，使用者が，正当な争議行為を行ったことを理由として労働者に対し解雇，懲戒処分などの不利益取扱いをなすことは，不当労働行為として禁止される（同7条1号）。たとえば，労働者が正当な争議行為に参加したために解雇された場合には，不当労働行為が成立し，労組法27条以下の規定に従って労働委員会が救済命令を発する（行政救済）。また裁判所においても，その解雇は私法上無効と判断される（司法救済）。

これらの労組法の規定は，不利益取扱いに対する行政救済を除き，いずれも憲法28条自体がもっている直接的な効果を確認したものと考えられている。正当な争議行為に対しては，使用者の差止請求も認められないのは当然である（正当なストライキを禁止する仮処分命令が違法とされ，その申立てを行った使用者に不法行為による損害賠償が命じられた事案として，鈴鹿さくら病院事件・津地判平成26・2・28判時2235号102頁，控訴審・名古屋高判平成26・11・27LEX/DB25505221）。

⑵　**組合活動との違い**　組合活動の場合も，3つの側面における法的保護を受けることは同じであるが（ただし，組合活動については，労組法8条の文言等を理由に民事免責を否定する少数説もある。山口290頁，下井・労使82頁），争議行為と組合活動とでは，両者の趣旨・目的の違いから，「正当性」判断の基準（視角）が異なる。組合活動では，労務提供義務をきちんと履行したうえで，業務を阻害しない態様により行うことが原則であり，そこからの若干のはみ出しをどこまで許容するかが争点となるのに対し，争議行為のほうは，業務阻害の発生をまさに意図して行うものであり，それが過度となって限界を超えるのはどこからか，という観点から判断がなされる。

⑶　**賃金の喪失**　労働者がストライキに参加して，労務提供を行わなかっ

た場合，正当な争議行為として民事免責や不利益取扱いからの保護を受けるとしても，使用者に対する賃金請求権まで発生するわけではない（ノーワーク・ノーペイの原則）。争議行為の理念型たるストライキは，業務阻害を受ける使用者と，賃金を失う労働者との間の，いわば「がまん比べ」である。

また，ストライキを行った日を出勤扱いにすることも基本的に要求されていない。ただし，昇給の要件である出勤率の計算につきスト日を欠勤扱いすることが，労組法上の権利行使に対する事実上の抑制効果の大きさから公序違反で無効とされた事例や（日本シェーリング事件・最1小判平成元・12・14民集43巻12号1895頁），一時金の算定に関するスト日の欠勤扱いが，使用者に組合嫌悪・報復の意図が認められて不当労働行為に該当するとされた事例（西日本重機事件・最1小判昭和58・2・24労判408号50頁）もある。

2　争議行為の概念

上記のような法的保護を受けうる「争議行為」について，労組法は特に定義を行っていない。ストライキ，すなわち集団的な労務停止が最も典型的な争議行為であることは疑いを容れないが，通説は，労調法7条の規定も参考にしながら，労働者の団結体がその主張の実現のために行う「使用者の業務の正常な運営を阻害する行為」であれば争議行為に含まれると，広く理解している（石井366頁，外尾398頁，西谷・労組401頁など）。したがって，業務阻害をもたらす多種多様な行為が争議行為と認められ，それぞれについて正当性の判断がなされることになる（そして，正当性の判断という点では組合活動も共通するため，争議行為と組合活動の概念は必ずしも明確に区別されてこなかった）。

これに対して，争議権の中心がストライキ権であることを強調し，争議行為の行為類型を限定する見解も主張されている（菅野908頁，下井・労使169頁，荒木639頁）。この見解によれば，争議行為に含まれるのは，労務の不提供ないし不完全提供（ストライキ，怠業）と，それを維持・強化するためのピケッティング，職場占拠などに限られる。リボン闘争やビラ貼りは，たとえ争議時に圧力行動として行われても，およそ争議行為の範疇に入らず，組合活動としての正当性が問題となるにすぎない（「労務不提供を中心とした行為」と定義することにより，労務不提供に付随して行われれば，争議行為としてのリボン闘争やビラ貼りも認める見解として，水町407頁)。しかし，通説の側からは，そのように争議行為の範囲を限定すべき根拠について疑問が示されている。

他方で，争議行為を，行為類型の面では業務阻害の有無を問わず全く無制限としつつ，それが集団的争議意思にもとづくこと（具体的には，組合員への争議指令と使用者に対する争議宣言の存在）という要件により限定する説も主張されている（山口225頁)。

§2 争議行為の正当性

1 正当性の判断

争議行為が法的保護を受けるのは，それが「正当な」ものである場合に限られる。正当性の基準は労組法上，特に示されていないが，判例・通説は，個々の争議行為ごとに，その目的および態様（手段）の両面を吟味し，さらに手続や主体の点も考慮しつつ，社会通念に照らして判断を行っている。

争議行為の正当性は，刑事免責，民事免責，不利益取扱いからの保護のいずれに関しても問題となる。正当性の判断基準は，基本的にはこれらを通じて共通であるが，それぞれの効果の趣旨・目的に応じて異なる部分も出てくる（正当性概念の相対性)。たとえば，ある争議行為が，民事免責との関係では正当とはいえないが，刑事免責についてはなお正当性を失わないということもありうる。また，同じ不利益取扱いからの保護でも，行政救済の場合と司法救済の場合とで判断の視点が異なることもある。

2 目的の正当性

(1) 一般的な原則　争議行為の目的に関して，およそ労働者の経済的・社会的地位の向上を目ざすものであれば広く正当性を認める説もあるが，憲法28条は団体交渉を実質的に機能させる手段として争議権を保障したと考えられるので，団体交渉を通じて労使間で処理しうる事項に限定されるべきである（石川211頁)。

このように解しても，労働条件その他労働者の待遇の基準，あるいは当該労働組合と使用者との関係に関する事項を目的とする争議行為は，問題なく正当性を認められる。個々の組合員の処遇，ユニオン・ショップ協定やチェック・オフ協定の締結，団体交渉のルールなども，これに含まれる。

非組合員たる管理職の人事に関する要求が掲げられていても，それが組合員の労働条件改善等を実現するための手段であると認められれば，正当性を否定されない（高知新聞社事件・最3小判昭和35・4・26民集14巻6号1004頁。大浜炭鉱事件・最2小判昭和24・4・23刑集3巻5号592頁も参照）。合理化反対など，使用者の経営計画や生産手段に関する要求を掲げる争議行為についても同様である。また，これらの事項に含まれる限り，たとえ客観的に無理と思われる内容の要求（過大要求）であっても，正当性は原則として失われない。

⑵ **政治スト，同情スト**　目的の点で最も問題となるのは，特定の政治的主張の実現，政府や議会に対する措置・立法の要求等のために行われる「政治スト」である。

判例は政治ストの正当性を否定する態度をとっているが（全農林警職法事件・最大判昭和48・4・25刑集27巻4号547頁，三菱重工業長崎造船所事件・最2小判平成4・9・25労判618号14頁），学説では，労働者の経済的利益に直接に関連する立法や政策のための「経済的政治スト」と，それ以外の「純粋政治スト」とを区別し，前者は現代社会における労働者の経済的利益と政治との不可分性ゆえに憲法28条の範囲内であり正当と解する立場も有力である（たとえば，外尾422頁，西谷・労組415頁。純粋政治ストについても正当性の余地を認める見解として，片岡⑴169頁）。しかし，そのような政治活動が労働組合の目的にとって重要であるとしても，そのために争議行為を行うことは，労使間で解決が不可能な問題について使用者に圧力を加えることになり，正当とはいいがたい。

同様に，自分の使用者に対する固有の要求の実現ではなく，他企業における他組合の争議を支援する目的で行う「同情スト」についても，やはり使用者との間の団体交渉で解決することが不可能な事項であり，正当とは認められない（杵島炭鉱事件・東京地判昭和50・10・21労民集26巻5号870頁）。ただし，両組合が同じ産業別上部団体に属している場合などには，労働条件や組織上の利益の関連性から，当該使用者との間に独自の争点が生じているとみられる場合も少なくないであろう。

3　態様の正当性

労働組合が行う争議行為の態様は多種多様であるが，ストライキのように労務の不提供にとどまるものは，基本的に正当である。使用者がどれだけ大きな経済的損失を被ったとしても，そのことのゆえに正当性は否定されない。

しかし，争議行為の態様がより積極的な要素を含む場合，それが争議権保障の趣旨に照らして合理的限界を超えるものであれば，正当とは認められない。たとえば，暴力の行使（労組法1条2項但書参照）や，保安業務の阻害・放擲（労調法36条参照）など，人の生命・身体・安全に対する意図的な加害行為は，正当性を有しない。もっとも，医療施設の労働者も争議権を有する以上，争議行為により患者の治療に支障が生じたからといって，正当性が当然に失われるわけではない（新潟精神病院事件・最3小判昭和39・8・4民集18巻7号1263頁。ただし，緊急事態発生等の場合には善後措置に協力する義務が生じうるとしている）。

また，使用者の所有権その他の財産権を過度に侵害する争議手段も，正当性を否定される。学説では，争議中に使用者が（非組合員や代替労働者を使用して）操業を継続することは，禁じられてはいないけれども法的保護の対象外であるとして，その阻害のために組合が行う行為については正当性を広く承認する見解もある。しかし判例は，ストライキ時における使用者の操業継続も法的保護の対象となることを肯定し，組合の阻害行為は威力業務妨害罪を構成すると判断している（山陽電気軌道事件・最2小決昭和53・11・15刑集32巻8号1855頁）。

代表的な争議行為の態様として，以下のようなものがある。

⑴　ストライキ（同盟罷業）　「スト」という言葉は争議行為全体の代名詞のように用いられることもあるが，本来は集団的意思にもとづく労務提供拒否を意味する。いわゆるウォークアウト（walkout）である。かかる不作為にとどまる限り，態様としてのストライキの正当性は疑われていない。全面ストはもちろん，部分ストや指名ストのように，組合の指令により一部の組合員のみがストライキに入る場合も同じである。また，長期間にわたり連続するストでも，逆に時限ストや波状ストのように短時間のストでも，正当であることに変わりはない。

⑵　怠　業　怠業は，不完全な労務提供を行う戦術であり，組合員が一応就労しながら，通常どおりに作業を行わないことによって業務阻害をもたらす。

ストライキと比較して，使用者の労務指揮の排除や職場の占拠という，より積極的な要素もあるが，一般に，単に作業能率を低下させるだけの消極的怠業（スローダウン）であれば，正当性を肯定されている（日本化薬事件・山口地判昭和30・10・13労民集6巻6号916頁）。いわゆる順法闘争も，基本的に消極的怠業の一種であり，正当といえる。

しかし，ことさらに不良品を生産したり，機械や製品を破壊したりする「積極的サボタージュ」は，正当性の限界を超える。上部遮断闘争，電話受信拒否，納金ストなど，特定の作業のみを拒否する行為も原則として正当とされているが，場合によっては積極的加害として正当性を失うこともありえよう。

⑶　**職場占拠・生産管理**　ストに際して，組合員を使用者の施設内に滞留させる，あるいはこれを占拠してしまう戦術が，しばしばみられる。このような行為は企業施設に対する使用者の所有権等を侵害するが，使用者の占有を完全に排除してしまわない部分的な占拠で，組合員以外の者の立入りや操業を妨害しないものは，正当性を失わないとされている（最近の判断例として，きょうとユニオン事件・大阪高決平成28・2・28労判1137号5頁）。しかし，全面的・排他的な職場占拠の場合には，もはや正当と認められない。

バス会社やタクシー会社の争議で，組合員が車のキーや車検証（あるいは車自体）を持ち去る「車両確保戦術」も，実質的にみれば全面的排他的な職場占拠に等しく，正当とはいえない（前掲山陽電気軌道事件参照）。また，労働者が事業場を占拠し，使用者を排除して組合の管理のもとに企業運営を行う「生産管理」も，戦後間もない時期にかなりみられたが，その正当性はやはり否定されている（山田鋼業事件・最大判昭和25・11・15刑集4巻11号2257頁）。

⑷　**ピケッティング**　ピケッティング（ピケ）とは，ストライキの実効性を確保するために，組合員が職場の入口を見張り，他の労働者や顧客などに対して，就労，原料搬入，出荷，取引等をやめるように働きかける行為である。問題はその態様であり，学説では，言論による平和的説得に限られるとの説と，ある程度の実力行使も正当と認められる（特に相手がスト脱落者やスト代替労働者の場合）との説が対立している。

最高裁は平和的説得の立場に立っており（朝日新聞社事件・最大判昭和27・10・22民集6巻9号857頁。その理由づけとして「同盟罷業の本質」は労務不提供にあると指摘している点には，論理の飛躍がある），比較的最近の事例でも，同じ立場から，代替要員による操業継続が容易なタクシー業であっても，車庫前に座り込む形でのピケは正当ではないと判断している（御國ハイヤー事件・最2小判平成4・10・2労判619号8頁）。刑事事件については，諸般の事情の考慮によりこれを若干緩和する傾向をみせた時期もあるが（三友炭礦事件・最3小判昭和31・12・11刑集10巻12号1605頁など），現在では「法秩序全体の見地」から総合判断するという枠組みのもとで，厳格な態度がとられている（国鉄久留米駅事件・最大判昭和48・4・25刑集27巻3号418頁）。

しかし，下級審裁判例では，特に民事事件において，単なる説得のみならず「団結の示威」や「最小限の有形力の行使」も正当とするものもみられる。個々の事案における具体的な状況が考慮されねばならないが，一般的には，平和的説得を原則としつつ，脅迫や物理的阻止に至らないスクラム，シュプレヒコールなどの示威行為は，なお正当性を失わないというべきであろう。

(5) **ボイコット**　典型的なボイコットは，組合がストライキを補強する圧力手段として，使用者の製品やサービスの不買を，顧客や公衆に対して訴える行為である。概念上，ピケッティングやビラ配布と重なる部分もあり，ボイコットの定義は必ずしも明確ではない（海員組合が便宜置籍船の荷役作業をボイコットするよう港湾労働者に訴えた事例として，東海商船事件・東京高判平成11・6・23労判767号27頁）。

争議の直接的な相手方である使用者を標的とするボイコットは，暴行脅迫や虚偽の誹謗宣伝などを含まない限り，正当とされている（福井新聞社事件・福井地判昭和43・5・15労民集19巻3号714頁）。他方，使用者の取引先など，第三者の製品・サービスの不買を訴える「2次的ボイコット」は，一般に正当性を認められない。

(6) **リボン闘争・ビラ貼り**　リボン闘争は，通常は組合活動の一環として行われる。しかし，争議行為の概念につき態様の面で限定する立場をとらない限り，それが使用者に対する要求貫徹のための圧力手段であることが明確であれば，争議行為としての正当性が問題になる（大成観光事件・最3小判昭和57・4・13民集36巻4号659頁では，原判決が争議行為・組合活動いずれの面についてもリボン闘争の正当性を否定したのに対し，最高裁は就業時間中の組合活動として正当性を否定するのみで，争議行為としての正当性判断は行っていないようである)。争議行為の態様としてみた場合，怠業との対比からいっても，原則的にリボン闘争の正当性を否定すべき理由はないであろう（山口248頁)。

また，ビラ貼りについても，組合活動ではなく争議行為として行われる場合がありうる。こちらは使用者の施設に対する直接的な侵害となるので，組合活動の場合よりも正当性の幅が若干広がるとしても，枚数や貼り方などからみて過度に及ぶときは，正当な争議行為とは認められない。

4　手続・主体の正当性

争議行為は団体交渉による解決の可能性を前提とする権利であるが，団体交渉過程のいずれの段階で争議行為を行うかは労働組合の選択に委ねられている。団体交渉を十分に尽くしていないからといって，争議行為の正当性は否定されない（ドイツのかつての法理におけるような，「最後の手段」(ultima ratio）という限定はない)。

しかし，少なくともある事項について労使の不一致状態が存在していることが必要であり，使用者に要求を提出するや回答も待たずに直ちに争議行為を行うことは正当といえない（富士文化工業事件・浦和地判昭和35・3・30労民集11巻2号280頁)。いわゆる抗議ストの場合には，使用者の行為等によって，将来の団体交渉に発展すべき具体的紛争が生じていると認められる限り，正当性を肯定されよう。

予告や通告のない争議行為も，法律または協約によりそれが義務づけられていない場合，原則的には正当性を否定されない。しかし，具体的事情に照らして著しく不公正な場合には，正当性なしと判断されることもある（通告のない怠業の正当性が否定された事例として，日本テキサス・インスツルメンツ事件・浦和地判昭和49・12・6労民集25巻6号552頁，予告していた開始時刻を12時間前倒しして5分前の通告により実施されたストライキの正当性が否定された事例として，国鉄千葉動労事件・東京高判平成13・9・11労判817号57頁)。

スト投票など組合規約に定められた手続に違反する争議行為については，組合内部における責任問題が生じるとしても，対外的な関係で評価されるべき正当性の有無には影響を及ぼさないとされている。独立の労働組合たる下部組織が上部団体の承認を得ずに行う「非公認スト」も，それによって使用者との団体交渉関係を特に阻害しない限り，同様となる。しかし，それ自体独立の労働組合とはいえない下部組織や，組合員の中の一部の者のみが，組合全体の意思にもとづかずに独自に行う「山猫スト」は，争議行為の主体としての適格性に欠け，正当とはいえない。

なお，憲法28条の勤労者の団結体であれば争議行為の主体となりうるので，いわゆる憲法組合や争議団の争議行為も正当である（労働組合とはいえない5人の労働者が不利益変更の撤回を求めて行ったストライキの事例として，三和サービス事件・津地判平成21・3・18労判983号27頁）。

5　法令・協約違反の争議行為

現行法上，公務員に対する争議行為禁止（14頁を参照）を別にしても，争議行為に対する制限規定がいくつか存在する。たとえば，労働関係調整法では，①安全保持施設の正常な維持・運行を停廃する行為の禁止（36条），②公益事業の争議行為に関する10日前の予告の義務づけ（37条），③労働委員会の調停手続で調停委員会が示した調停案の解釈・履行に関する争議行為の制限（26条4項），④緊急調整の決定がなされた場合，その公表後50日間の争議行為禁止（38条），が定められている。

また，「電気事業及び石炭鉱業における争議行為の方法の規制に関する法律」，いわゆるスト規制法は，電気事業において電気の供給に直接に障害を生じさせる行為（2条）と，石炭鉱業において鉱山の保安業務の正常な運営を停廃させ，人に対する危害や鉱物資源の滅失等を生じさせる行為（3条）を，それぞれ禁止している。

これらの規定に違反する争議行為が行われた場合でも，当然に正当性が否定されるわけではなく，各効果ごとに，それぞれの規制の趣旨に照らして実質的に考慮する必要がある，というのが通説である。一般的にいえば，上記①のような人命・安全の確保のための規定に違反する行為は正当とは認められないが，②のような公衆の便宜のための予告義務などは，正当性に影響しないとされている（③や④については見解が分かれている）。

次に，争議行為が労働協約に違反する場合として，（相対的）平和義務が問題となる。協約期間中にその変更を求めて行う争議行為は同義務に反するが，協約違反に対する組合の債務不履行責任と，争議行為の正当性とは，一応，別の問題である。労働協約における平和義務の本質的重要性を強調して，民刑事を問わず一切の正当性を否定する説から，労使間での私的な約束の違反にすぎないとして正当性を全面的に肯定する説まで，見解が対立しているが（判例の立場は不明確である。弘南バス事件・最3小判昭和43・12・24民集22巻13号3194頁），民事免責のみを失うとする中間的な説が妥当であろう。

事前の予告や調停手続等を義務づける平和条項違反の争議行為についても，同様に考えられる。

§3　争議行為と賃金

1　争議参加者の賃金

争議行為に参加した労働者の賃金請求権の存否は，争議行為の正当性いかんとは別に，労働契約における労務提供義務の履行という観点から決定される。

(1)　ストライキの場合　通常のストライキの場合，これに参加して労務提供を拒否した労働者に対して，使用者は賃金支払義務を負わない（ノーワーク・ノーペイの原則）。その理由づけとして，個別労働契約における両義務の牽連性に依拠し，労務提供がない以上は賃金支払義務も生じないとする考え方と，ストライキという集団的圧力行為によって労働契約関係（つまり労務提供義務と賃金支払義務の両方）が一時的に「停止」すると構成する考え方とがあるが，その結論自体は，一般的な解釈原則として，ほぼ異論なく認められている。したがって，使用者は，本来の賃金額から，ストが行われた期間（日数あるいは時間数）分を減額して支払うことができる（いわゆる賃金カット）。

問題は，この場合，通常支払われる賃金の全体について賃金カットがなされるのか否かである。学説では，賃金二分説という見解が有力に主張された（外尾510頁など）。この見解によれば，賃金には，日々の具体的な労務提供に対応して支払われる「交換的部分」と，従業員たる地位そのものに対して支払われる「生活保障的部分」とがあり，後者に属する家族手当や住宅手当などは，ストの場合でも賃金カットの対象としえない。最高裁も，このような考え方に沿った判断を示したことがある（明治生命事件・最2小判昭和40・2・5民集19巻1号52頁）。

しかし，現在では，賃金の本質からそのような区分が必然的に生じるわけではなく，ストの場合の賃金カットの範囲（逆にいえば，カットの対象外とされる部分の存否）は，労働協約，就業規則，慣行などに照らして，個々具体的な労働契約の解釈により決定されるとの見解が強い。最高裁も，「抽象的一般的賃金二分論」を否定し，慣行を根拠として家族手当のカットを認めている（三菱重工業長崎造船所事件・最2小判昭和56・9・18民集35巻6号1028頁）。なお，かつての労働省は，賃金全体からカットしなければ労組法7条3号の経費援助にあたり違法とする見解を示しているが（昭和27・8・29労収3548号），一般に支持されていない。

ストの賃金カットは，労務不提供の時間分に限定されるのが原則である。ただ，60分の単位時間，継続して労務を提供しなければその時間全体が無価値になるという特殊な事情があった事例では，15分のミニ・ストに対して単位時間全体分の賃金カットが認められている（府中自動車教習所事件・東京地判昭和53・11・15労民集29巻5＝6号699頁）。

⑵　**怠業等の場合**　　怠業の場合には，不完全とはいえ労務提供がなされている。そこで，これに対応する部分の賃金請求権が発生するが，本来要求される労務提供が行われなかった不完全部分に関しては，使用者は賃金カット（割合的カット）をなしうるとするのが，通説・裁判例の立場である（反対，山口250頁。怠業も債務不履行である以上，ストの場合と同様に，そもそも賃金請求権は発生しないとする）。

もっとも，その適用にあたって裁判例の態度は厳格であり，使用者が割合的カットを行う場合，各労働者につき不完全部分の割合を正確に算定したことの証明を要求している（割合的カットが認められた唯一の裁判例として，東洋タクシー事件・釧路地帯広支判昭和57・11・29労判404号67頁）。そのような算定が困難で，怠業に対する賃金カットが事実上不可能となることも少なくない。

他方，組合員が争議行為として，使用者により命じられた業務（出張・外勤業務）を拒否し，代わりに別の業務（内勤業務）に従事する闘争を行った場合には，別業務への従事は債務の本旨に従った労務の提供とはいえず，使用者があらかじめその受領を拒絶していれば，賃金請求権は発生しないとされる（水道機工事件・最1小判昭和60・3・7労判449号49頁）。また，組合の減速闘争指令に従い減速走行を予告して就労しようとした新幹線運転士について，債務の本旨に従った履行の提供があったとはいえず，使用者は労務受領を拒否しても賃金支払義務を負わないとされた事例もある（JR東海事件・東京地判平成10・2・26労判737号51頁）。

2　争議不参加者の賃金

自らは争議に参加していない労働者についても，他人のストライキの結果，なすべき業務が消滅し，就労の意思と能力を有しているにもかかわらず，労働義務の履行が客観的に不能ないし無価値となることがある。この場合，その者の賃金請求権はどうなるのであろうか。

かかる争議不参加者としては，「部分スト」（組合員のうち一部の者のみに行わせるスト）におけるスト要員以外の組合員と，「一部スト」（労働者の一部しか組織していない組合が行うスト）における他組合員・非組合員とが考えられる。前者ではスト参加者と不参加者との間に組織的連帯関係があり，後者ではこれが欠けている。

学説は多岐に分かれており，①いずれの場合も使用者に帰責事由のない履行不能として賃金請求権を否定する説，②結論は同じであるが，部分ストに関しては実質的に全面ストとみなされるとの理由により賃金請求権を否定する説，③一部ストにおける他・非組合員については，争議の意思形成に関与していないので使用者に履行不能の帰責事由を認めて賃金請求権を肯定する説，④労働力を使用者の指揮命令下（使用可能な状態）におくことにより労務給付はなされたとの解釈をとって，いずれの場合にも賃金請求権を肯定する説，などが主張されている。

判例は，部分スト・一部ストを通じて，個別労働契約における履行不能の危険負担の問題として考察する立場をとっている。そして，労働者に保障された争議権の行使を使用者としては制御しえず，また団体交渉でどの程度譲歩するかは使用者の自由であるから，使用者が不当な目的をもってことさらにストライキを行わせたなど特別の事情がない限り，民法536条2項の「債権者の責めに帰すべき事由」にあたらず，いずれの場合にも不参加者は賃金請求権を有しないと解している（ノースウエスト航空〈賃金請求〉事件・最2小判昭和62・7・17民集41巻5号1350頁）。もっとも，争議によっても不参加者の業務が存続し，客観的に労務提供が不能・無価値となっていないのに，使用者がその受領を拒否したという場合であれば，使用者の責に帰すべき履行不能となり，賃金請求権は失われない。

以上のような賃金請求権の存否とは別に，ストライキによって労務提供が不能となったスト不参加者が，労基法26条による休業手当の権利を有するかという問題も生じる。同条にいう「使用者の責に帰すべき事由」は民法536条2項よりも範囲が広いが（231頁を参照），最高裁は，部分ストの事例につき，本人の所属する組合の主体的判断・責任によるストであることを指摘して，休業手当請求権を否定した（ノースウエスト航空〈休業手当請求〉事件・最2小判昭和62・7・17民集41巻5号1283頁）。

他方，一部ストに関しては，不参加者の休業手当請求権を認めた裁判例がみられる（明星電気事件・前橋地判昭和38・11・14労民集14巻6号1419頁）。

§4　正当性のない争議行為の責任

1　正当性のない争議行為と刑事責任

争議行為が正当でない場合には，前述した法的保護（免責）が認められなくなる。この意味で，正当性のない争議行為はしばしば「違法」争議行為と呼ばれ，その責任の帰属が問題とされる。しかし，正当性の欠如自体が積極的に違法性を作り出すわけではなく，刑事責任，損害賠償責任，解雇や懲戒など不利益取扱いのそれぞれについて，本来の責任発生要件がみたされていることが前提となる。

これらのうち刑事責任については，その性質上，構成要件に該当する行為を行った者の個人責任として追及される。ピケ中の暴行，施設の破壊，全面的職場占拠などの場面が考えられるが，各行為者ごとに，構成要件該当性，他の違法性阻却事由の有無，故意過失，期待可能性等が吟味されねばならない。

2　損害賠償責任

使用者に対する損害賠償責任については，その帰属主体として，個々の組合員（個人）と労働組合（団体）とが考えられる。しかし，学説では，争議行為の本質は集団的意思決定にもとづく団体としての行動にあり，個々の組合員の行為は団体の中に埋没しているとして，組合が不法行為責任を負うことのみを認め，個人に対する損害賠償責任の追及を否定する見解が強い（片岡⑴185頁，外尾515頁，西谷・労組442頁）。また，流動的で判断の容易でない正当性の有無により，画一的に個人責任の発生を決定してしまうことの過酷さも指摘されている。

これに対して，民法の原則から，個人責任の発生を否定しえないとする見解も主張されている（菅野933頁）。すなわち，①ストや怠業などの場合には，各労働者の債務不履行責任と，これを企画指導した組合役員の不法行為責任が生じ，②ピケや職場占拠などの場合には，各参加者の不法行為責任と，これを企画指導した組合役員の不法行為責任が生じ，③いずれの場合も，組合の不法行為責任は，個人の不法行為責任が団体に帰属する形で発生する（一般法人法78条，民法715条1項），という構成になる。ただし，この説においても，その争議行為が組合の正式な承認のもとになされた場合には，第1次的に組合が責任を負い，個人責任はその背後にまわるとの解釈をとっている。

損害額の算定や因果関係の立証が容易でないこともあって，実際に使用者が損害賠償請求をなすことは稀であるが，数少ない裁判例は，争議行為の構造に注意を払うことなく，単純に組合と並べて個人の責任も認めている（みすず豆腐事件・長野地判昭和42・3・28労民集18巻2号237頁，書泉事件・東京地判平成4・5・6労民集43巻2＝3号540頁，白井運輸事件・東京地判平成18・12・26労判934号5頁など）。

3　懲戒責任

正当性のない争議行為に対して，使用者は，組合員に対する懲戒処分という形でその責任を追及することが多い。この点に関しても，団体の行為として個人責任を否定する説や，争議中の行動に対しては就業規則は適用されないとする説もあるが，判例は一般に，当人の行為が就業規則上の懲戒事由に該当する限り，懲戒処分の対象となることを認めている（全逓東北地本事件・最3小判昭和53・7・18民集32巻5号1030頁）。

また，使用者が，組合幹部に対し，一般の組合員よりも重い懲戒処分を行うことが少なくない。このような「幹部責任」が認められるかについて，学説では，組合幹部は多数決により形成された団体意思の拘束のもとで行動したのであり，幹部の地位にあるがゆえに重い責任を負わされるべきではないとの見解が強い。しかし，多くの裁判例は，幹部という「地位」ではなく，争議の企画・指導など幹部として現実になした「行為」の重さゆえの処分であるとして，かかる処分を肯定している。

ただし，処分の選択や手続が相当でなければ，懲戒権の濫用となりうるのは当然である。また，使用者が従前から組合弱体化の機会をうかがっており，正当性のない争議行為が行われたことに乗じて組合幹部をことさらに重く処分したというような事情があれば，不当労働行為が成立する。

§5　争議行為と第三者

労働組合が争議行為を行った場合，使用者以外の第三者に損害が生じる可能性もある。労組法はこれに関して規定をもうけていないが，争議権保障の趣旨から，労働組合および組合員たる労働者は，第三者との関係においても，正当な争議行為に関して損害賠償責任を負わない（オーエス映画劇場事件・大阪地決昭和23・6・24労裁集1号80頁）。

争議行為が正当でない場合には，かかる免責は認められないことになる。しかし，ピケでの暴行のように直接に第三者に対して不法行為が行われた場合は別として，たとえば正当性のない争議行為による業務阻害によって使用者の取引先に対する債務が履行されない結果となった場合には，争議行為は企業内部の問題であり，取引先との関係では使用者のみが責任を負うとの理由から，取引先に対する労働組合・組合員の債権侵害の不法行為責任を否定する見解も強い（同様の立場をとる裁判例として，王子製紙苫小牧工場事件・札幌地室蘭支判昭和43・2・29労民集19巻1号295頁）。

他方，取引先に対する使用者の契約上の損害賠償責任に関しては，特に免責約款がない限り，争議行為は使用者の内部的事情であり「不可抗力」に該当しないとして，争議行為の正当性のいかんを問わず，これを肯定する見解が多かった。しかし，少なくとも争議行為が正当な場合には，第三者も損害を甘受すべきであり，使用者の責任は免除されるという見解も強くなっている。

なお，正当な争議行為のために鉄道会社のサービスを利用できなくなった者が，組合と使用者の両方を相手に不法行為にもとづく損害賠償を求めた事例では，争議に対する社会的批判にすぎないとして，いずれの責任も否定されている（東京急行電鉄事件・横浜地判昭和47・8・16判タ286号274頁）。

§6　ロックアウト

1　ロックアウトの意義と法的根拠

ロックアウトとは，使用者が，労働組合に対抗する圧力手段として，労務の受領を集団的に拒否する行為をいう。ロックアウトの効果として，組合員を事業場から締め出す（退去させる）ことの可否が論じられることもあるが，これは使用者の施設に対する所有権等の機能であり，その中で労働者の職場滞留がどこまで正当性を認められうるかによる。これに対して，ロックアウトをめぐる中心的な争点は，労務受領を拒否した使用者が，労働者に対する賃金支払義務を免れるか否か，という問題である。

この問題に関する基本的な考え方として，2つの立場が主張された。「労働法的考察」と呼ばれる立場は，使用者の争議行為としてのロックアウト権の存在を承認し，その正当性の範囲内であれば賃金支払義務の免除を認める。他方，「市民法的考察」の立場は，使用者に争議権を認める法的根拠がないとして，個別労働契約における受領遅滞（あるいは危険負担）の問題と扱い，不可抗力その他この観点から認められる場合に限り，賃金支払義務の発生を否定する。

最高裁は，前者の立場をとった（丸島水門製作所事件・最3小判昭和50・4・25民集29巻4号481頁）。同判決によれば，労働者の争議権を明文化したのは労使対等の促進・確保のためであり，究極的には公平の原則に立脚する。したがって，力関係で優位に立つ使用者に一般的に争議権を認めるべき理由はないが，個々具体的な労働争議の場において，労働者側の争議行為によりかえって労使間の勢力の均衡が破れ，使用者側が著しく不利な圧力を受ける場合には，「衡平の原則」に照らし，「使用者側においてこのような圧力を阻止し，労使間の勢力の均衡を回復するための対抗防衛手段として相当性を認められるかぎりにおいては，使用者の争議行為も正当なものとして是認される」ことになる。

ロックアウトは，このような「使用者の争議行為」としての労務受領拒否であり，それが相当である場合には，使用者は，正当な争議行為をしたものとして，市民法の制約（賃金支払義務）を免れるとされている。

2　ロックアウトの正当性

ロックアウトの正当性の有無は，「個々の具体的な労働争議における労使間の交渉態度，経過，組合側の争議行為の態様，それによって使用者側の受ける打撃の程度等に関する具体的諸事情に照らし，衡平の見地から見て労働者側の争議行為に対する対抗防衛手段として相当と認められるかどうか」により決定される（前掲丸島水門製作所事件）。このような正当性は，ロックアウトの開始のみならず継続の要件でもあり，開始の時点では正当なロックアウトであっても，情勢の変化によって途中から労使の勢力の均衡が回復された場合には，それ以降は正当性を失い，使用者は賃金支払義務を免れない（第一小型ハイヤー事件・最2小判昭和52・2・28労判278号61頁）。

いずれにしても，かなり漠然とした総合判断であるが，ロックアウト権が認められた趣旨からいって，いわゆる先制的・攻撃的なロックアウトは正当性を否定される。また受動的・防衛的ロックアウトでも，正当性を認めるためには，組合側の争議行為により使用者の受ける打撃が，通常受忍すべき範囲を明らかに超える異常な事態が発生していることが必要といえる。

組合側が正当性のない争議行為を行ったことは，1つの考慮要素とはなるが，それが直ちにロックアウトを正当化するわけではない。また学説では，怠業や反復的時限ストなどにより，労働者の賃金喪失分に比して不均衡に大きな業務阻害がもたらされているかという点に限定して正当性判断を行う見解もあるが，判例の立場は，そのような要素も含めながら，あくまで全体的な事情を考慮して判断を行うものである。

丸島水門製作所事件は，怠業やビラ貼り，構内デモ行進等を含む激しい業務阻害行為が行われて重大な経営上の支障が生じていた事案であり，最高裁でもロックアウトは正当と判断された。しかし，以後の判例の態度はかなり厳格であり，容易に正当性を認めていない（ノースウエスト航空事件・最1小判昭和50・7・17労経速916号3頁，山口放送事件・最2小判昭和55・4・11民集34巻3号330頁，日本原子力研究所事件・最2小判昭和58・6・13民集37巻5号636頁)。ただ，最近の事例では，抜き打ち的な時限ストが繰り返されて使用者に甚大な損害が生じており，かつ組合側の交渉態度や経過が相当であったとはいいがたいとして，これに対するロックアウトが正当と判断された（安威川生コンクリート工業事件・最3小判平成18・4・18民集60巻4号1548頁)。

正当なロックアウトの法的効果は，賃金に関する限り，全面ストライキの場合と同一である。1つの考え方として，労働者の争議権は本来，争議行為の時期，長さ，態様，参加者の範囲を自由に決定する権限を含んでいるが，争議権行使の結果，労使の勢力の均衡が著しく失われる極限的状況に至った場合には，その権限が一時的に停止し，使用者のイニシアティブによって争議行為の原型たる全面スト状態（その構成要素としてのノーワーク・ノーペイ状態）を発生させることを認めている，と理解することもできよう。その意味で，判例のロックアウト法理における集団法的な構成，総合的な判断枠組み，および厳格な結論は，いずれも適切といえる。

Brush up スト破り

ストライキが発生した場合，使用者は，代わりの労働者を使って操業を続けることによって，自らの経済的損失を防ぐとともに，労働者側に心理的打撃を与えることができる。

ストを打つ労働者にしてみれば，このような代替労働は許しがたい行為であり，阻止をはかるピケ・ラインは，しばしば流血を伴う衝突の場と化す。スト代替労働者に対しては「スキャップ」（scab）という蔑称があびせられ，労働者仲間を裏切る者として社会的にも指弾されるが，他方で，それでも生きるために仕事が欲しいという，代替労働者の側の現実もある。

スト破りの苦渋は，「怒りの葡萄」や「鉄道員」をはじめ，多くの小説や映画で重要なモチーフとして登場する（念のため注記すれば，「鉄道員」は1956年のイタリア映画である）。より最近の映画でも，「リトル・ダンサー」における，主人公の少年の父親の苦悩は心に残る。この映画（原題“Billy Elliot”）は，後にエルトン・ジョンの作曲でミュージカル化され，大きなヒットとなった。2017年には日本でも公演が行われたので，ご覧になった方もいるかもしれない。

スト中の代替労働者の使用を禁止する立法例もカナダや韓国にみられるが，わが国では，ストライキ終了後のスト参加者の職場復帰を妨げない限り，基本的に使用者の自由である。しかし，労働協約でこれを禁止していることも少なくない（スキャップ禁止協定）。また，国がスト破りに加担するという事態を防ぐため，公共職業安定所は，ストライキやロックアウトが行われている事業所に求職者を紹介することを禁じられている（職安法20条）。この規定は労働者派遣にも準用されている（派遣法24条）。

もっとも，日本では，使用者が外部からスト代替労働者を雇い入れるよりも，管理職やその他の非組合員，スト組合からの脱退者など，既存の従業員を動員して対処することが多かった。そして，この過程で組合が分裂して第二組合が結成され，争議に敗れたばかりか組織的にも力を失う，というパターンがみられる。「みんなが入るからなんとなく入る」企業別組合の弱さの現われといえるが，その背後には，対決の用意のない無責任な内部批判ばかりが盛んな，民主主義の「精神」の欠如も指摘されている（花見忠『労働争議』〔講談社学術文庫〕139頁以下）。

24　不当労働行為

労働組合は，使用者との間で，日常的に対立と協力を繰り返しながら，労使関係を維持している。労使は対話者として相互に承認し合い，しかし対立的な交渉相手として一定の距離を保つ関係を築く必要がある。ところが，使用者は，労働組合と過度に敵対したり，逆に支配下に置くことで，労使関係のルールに違反して，アンフェアな行動に出ることがある。不当労働行為の制度は，使用者のそうしたルール違反の行為を除去しようとするものである。

こうした行為は，労働者の団結権の侵害行為と考えることができ，かかる理解からは，使用者に対して民事訴訟により権利侵害の責任を追及する方法が考えられる。また，労働組合の活動を不当に妨害した使用者に対して，刑罰を科することを認める諸外国の立法例（たとえばフランス）も存在し，わが国でも1945年制定の旧労組法は，この方式を採用していた。

これに対して，現行の労組法は，アメリカの全国労働関係法（NLRA）の定める不当労働行為（unfair labor practices）制度の影響を受けつつ，しかし多分に独自性をもった救済方式を発展させてきた。これは，労働委員会という行政機関の判断を通じて行われ，単に団結権の侵害の救済というだけでなく，公正な労使関係の実現を導くことを目的としている。本章では不当労働行為の態様と性質を中心に論じることとし，救済方式については主として次章で扱う。

§1　不当労働行為制度の意義と目的

1　不当労働行為の意義

不当労働行為とは，使用者が労働組合の結成や活動との関連で行う，不公正あるいは不当な行為をいう。かかる行為をなされた労働者または労働組合は，不当労働行為を除去するよう，労働委員会に対して公的な救済を求めることができる。これが不当労働行為の救済制度である（「25 労使紛争の解決手段」も参照）。

不当労働行為の具体的な内容は，労組法7条各号の定めるところであり，3つの基本類型に整理される。すなわち，①使用者が，労働組合の結成・加入および組合活動の故に（1号），または労働委員会への申立て等の行為を理由として（4号）行う，解雇その他の不利益取扱い，②正当な理由のない団体交渉拒否（2号），③労働組合の結成・運営に対する支配介入（3号）である。

2　不当労働行為の制度目的

不当労働行為の救済制度がいかなる目的をもち，いかなる利益を保護しようとしているか（保護法益）については，見解が分かれている。

まず，不当労働行為は，憲法28条の保障する団結権の侵害行為であると解する見解がある（団結権侵害説，片岡(1)315頁など）。この見解によれば，労組法7条は，そのような違法行為の類型が列挙されたものであり，また同条は強行規定とみるべきであるから，各号に違反する法律行為は無効となる。

これに対して，不当労働行為は団結権保障の具体化ではあるが，その保護目的は，団結権そのものではなく，団結権保障を通じて得られる合理的で公正な労使関係秩序であるとする見解もみられる（岸井貞男『不当労働行為の法理論』16頁）。

さらに，不当労働行為制度は，円滑な団体交渉を基本とする，適正な労使関係の実現を目的とする独自の制度とみる見解がある（石川275頁）。この見解では，労組法7条は権利侵害の類型とみるべきではなく，むしろ労働委員会が労組法27条にもとづき救済を行う場合の判断基準である。したがって，労組法7条に違反する行為が直ちに無効になるわけではなく，それらの行為は憲法28条等の規定が形成する公序に反するものとして無効になるにすぎない。

不当労働行為についての，このような基本的なとらえ方の相違は，1つには，わが国の不当労働行為制度が，団結権侵害の救済制度の側面と，円滑な労使関係の助成制度の側面の両方を有していることに由来する。このことは，不当労働行為について，次にみる司法救済と行政救済のいずれに重きをおいて把握するかにも関係してくる。これらについて，団結権侵害説は前者に傾き，団交を重視する説は後者にウェイトをおいて考えるのである。両説のこうした基本理解の差異は制度目的の根幹に関わるものであるが，実際的な不当労働行為の成否の判断の場面でも，たとえば使用者の不当労働行為意思の評価などではニュアンスをもたらす。

3　行政救済と司法救済

不当労働行為に対する救済は，労働委員会という行政機関が命令を発することにより実現される。そして，労働委員会の命令に不服のある当事者は，同委員会を被告とする行政訴訟を提起することで，司法審査を求めることができる。これらの一連の救済の流れが，不当労働行為の行政救済と呼ばれる。

しかし，労働組合や労働者は，不当労働行為により自己の権利や利益を侵害されることもあるのであるから，裁判所に対して直接に民事訴訟を提起して，損害の賠償や権利の確認を求める方法が認められないわけではない。たとえば，正当な組合活動のゆえになされた解雇に対しては，一般の解雇と同様に民事訴訟においてその無効を主張することができるのであり，労働委員会による救済の制度があるからといって裁判所による救済を否定することはできない（医療法人新光会事件・最3小判昭和43・4・9民集22巻4号845頁参照）。このように，使用者を被告とする通常の民事訴訟による救済を，司法救済と呼ぶことができる（459頁）。

行政救済と司法救済とは，等しく不当労働行為に対する救済でありながら，その趣旨には違いがみられる。司法救済は，原則として過去の損害の補填および現在の権利関係の確定を目的とする。これに対して，行政救済は，発生した不当労働行為を排除して，当該の労使関係を将来に向けて公正なものとすることを主眼としており，権利関係の確定ではなく新しい事実的関係の形成に重点がおかれる。

§2　不当労働行為の態様

1　不利益取扱い

⑴　不利益取扱いの成立要件　　不利益取扱いは，労組法7条1号および4号に定められる禁止行為であり，3つの事実を要件として成立する。すなわち，①労働者が，労働組合に所属し，加入し，結成しようとし，または正当な組合活動をした事実，②使用者が，解雇その他の不利益な取扱いをした事実，および，③この①の事実の「故をもって」，または①を「理由として」，②がなされたこと（＝因果関係の存在）である。救済の申立人（労働組合または労働者）は，

これら3つの事実を立証しなければならない。

ここでは，このうち①および②を扱い，③の要素（因果関係）については，後に取り上げる（438頁以下を参照）。

⑵　**不利益取扱いの原因**　不利益取扱いの原因となる事実としては，労働者が，労働組合の組合員であること，労働組合に加入しもしくは結成しようとしたこと，労働組合の正当な行為をしたこと，または労働委員会への救済申立て等をなしたことの4点が定められている（労組法7条1号・4号）。

このうち「労働組合」は，労組法上の適格組合であることが必要で，労働組合が救済申立てを行うときは資格審査を受けなければならない（同5条1項）。しかし，組合が資格要件をみたさない場合でも，個々の労働者はなお不利益取扱いからの保護を受けることができる（同項但書）。争議団や親睦会の活動は労働組合の行為とはいえないが，労働組合の結成活動にあたる場合が多いから，その側面から救済の対象となりうる。結成行為には，労働組合への参加呼び掛け，名簿作成，規約草案作成などの準備活動が含まれる。

原因となる労働者の活動は，「労働組合の……行為」でなければならない。組合の機関決定や指令にもとづく行為，組合が自らの行為と認めるもの，組合活動に関連する活動で組合が関与したもの（組合が後援・支持した文化活動など）は，組合の行為と解してさしつかえない。これに対して，組合員が組合の決定した方針に反対し，幹部を批判する等の行為は，「労働組合の行為」という言葉の字義には合致しないようにみえる。しかし，そのような活動は団体の民主的運営や存立のために許容されるべきものであるし，その排除に使用者が加担する結果になることも妥当でない。このようにみると，組合員のなした労働組合に関連する活動は，広く労働組合の行為と認めるべきであろう。

不利益取扱いは，労働組合の「正当な行為」の故になされたものでなければならない。これには争議行為も含まれるが，組合活動が不利益取扱いから保護されるべき「正当な行為」であるかは，争議行為の民事免責（労組法8条）における正当性の判断と完全に一致するわけではない。特に，労働委員会による行政救済の判断では，組合活動や争議行為の正当性は，個々の行為の法的な評価としてではなく，労使関係全体の流れの中で位置づけることが必要であり，労使関係の過去および将来のあり方まで考慮に入れた正当性の判断が期待されている。したがって，個々の行為でとらえると正当性が疑わしいが，使用者の対応を含む労使関係の全経緯の中では，なお「正当な行為」と判断すべき場合がしばしば生じる（就業時間中の組合活動は労働契約上の義務に違反するが，それが使用者の行為を原因としてなされた等の判断により，不利益取扱いの成立を認めた例として，オリエンタルモーター事件・東京高判昭和63・6・23労判521号20頁）。

労働委員会に対する不当労働行為の救済申立て，再審査の申立て，不当労働行為の救済手続や労働争議の調整手続において証拠提示や発言をしたことを理由とする解雇等は，報復的な不利益取扱いとして禁止される（同7条4号）。

不利益取扱いを受けるのは，「その労働者」でなければならないから，原因となるべき事実に関与しない労働者が不利益を受けても，不利益取扱いとはいえない。たとえば，同じ企業で共働きする夫婦の場合に，夫の活発な組合活動を理由にその報復として妻を解雇したとしても，その解雇そのものが不利益取扱いになるとはいえない（その解雇は，解雇権濫用または公序違反にあたるものとして，司法救済により効力が否定されよう）。

⑶　**不利益取扱いの態様**　　不利益取扱いは，「労働者を解雇し，その他これに対して不利益な取扱をする」という態様でなされる。具体的には，いくつかのタイプに分けられる。

第1の類型は，解雇その他の労働契約の終了に関連するものである。有期労働契約の更新拒絶（雇止め）は，当然に不利益取扱いに該当する（労契法19条により更新の申込み等を承諾したとみなされる場合に限られず，雇止めの言渡しそれ自体が「不利益取扱い」と解される）。労働者の辞職は，それが使用者の組合に対する報復措置の結果余儀なくされたと認めうるときには（たとえば，活発な組合活動を理由に大幅な降格を命じられたため辞職を余儀なくされた場合），その報復措置を不利益取扱いとするだけでなく，辞職もまたそれと相当因果関係にあるものとして不利益取扱いと解しうる（西谷・労組168頁）。使用者が会社を解散して全従業員を解雇した場合でも，解散後直ちに別会社を設立して事業を継続するなどして，それが正当な組合活動を嫌悪した偽装解散と認められるときには，不利益取扱いと判断され，労働委員会は設立会社への原職復帰を命じることがある。

第2に，賃金その他の労働条件や，配転・昇格などの人事上の処遇に関する不利益取扱いがある。これらは，賃金差別などに典型的であるように，経済的な不利益を伴うことが多いが，それだけでなく，家庭生活上の不利益も含まれる。したがって，たとえば組合活動を理由とする配転・出向は，それが昇給を伴うもので労働者本人の経済的不利益とはならないときにも，転居や単身赴任を伴うことで不利益取扱いとなりうる。また，組合員に仕事を回さず，または職場の交友関係から排除するような，事実上の不利益も不利益取扱いと認めることができる。このように，労働者の配転が不利益であるか否かは，制度面や経済的側面だけで判断することはできないものであり，これをさらに，当該職場の従業員の一般的認識に照らして不利益と受け止めるのが通常であるかどうかで判断すべきである（西神テトラパック事件・東京高判平成 11・12・22 労判 779 号 47 頁）。

ただ，人事措置における不利益性の判断は，微妙であることが多い。JR 東日本（千葉動労不登用）事件（最 1 小判平成 24・2・23 判時 2149 号 141 頁）では，原審が，運転士への発令につき，被上告人組合所属者と別労組所属者との間に著しい差異が生じていたこと等から，所属組合が選考の考慮要素とされていたと判断したのに対し，最高裁はこの判断を覆し，「被上告人所属者の中で対象者に選ばれなかった者の能力や勤務成績等が，対象者に選ばれた〔別〕労組所属者と比較して劣るものでなかったということについては，被上告人が一応の立証をすべき」であるとして，不利益取扱いにあたらないと判断した。小規模集団間の不利益性の比較においては，不利益取扱いを主張する側も能力等が劣らないことを積極的に立証すべきであり（442 頁参照），この基本理念が最高裁と原審との間の判断を分けたといいうる。

第 3 に，労働者の不採用（あるいは採用拒否）も，一定の事情のもとでは不利益取扱いとなりうる（通説。石川 330 頁，外尾 230 頁など）。たとえば，有期労働契約における採用の場合であるが，毎年季節雇用を反復している労働者の労働組合への加入を理由とする採用拒否は，不利益取扱いとなりうる（万座硫黄事件・中労委命令昭和 27・10・15 命令集 7 集 181 頁）。また，多くの労委命令は，旧会社の解散と新会社の設立が組合消滅など反組合的な目的でなされた場合に，新旧会社間に営業内容，場所，使用材料，機械，得意先などが実質的に同一であるならば，旧会社の解散により解雇された労働者の救済を新会社に命じることができると判断している。さらに，医療法人間で病院の営業譲渡がなされ，譲渡法人が職員全員を解雇し，譲受法人が組合員を除き採用希望者の全部を採用した場合，その採用の実態は雇用関係の承継に等しく，組合員の不採用は組合活動を嫌悪した解雇にあたると解しうる（青山会事件・東京高判平成14・2・27労判824号17頁）。

ところが，最高裁は，労組法7条1号について，「採用の自由」原則を強調することにより，①正当な組合活動の故をもって解雇その他の不利益取扱いをすることを，「雇入れ後の」差別的取扱い，②「労働組合に加入せず，若しくは労働組合から脱退することを雇用条件とすること」を，「雇入れの段階」での差別的取扱いとして区別する特異な解釈を展開し，「雇入れの拒否は，それが従前の雇用契約関係における不利益な取扱いにほかならないとして不当労働行為の成立を肯定することができる場合に当たるなどの特段の事情がない限り」，不利益取扱いにあたらないと判断して，JR発足後の採用差別が主張された事案でその主張自体を退けている（JR北海道・日本貨物鉄道事件・最1小判平成15・12・22民集57巻11号2335頁。63頁を参照）。この判決によれば，採用拒否が不利益取扱いとなるのは，かかる「特段の事情」がある場合に限定されることになる。

⑷　**黄犬契約**　労働組合への不加入または組合からの脱退を雇用条件とする契約を黄犬契約といい，不利益取扱いにつながる行為として禁止される（労組法7条1号後段）。この場合には，労働契約にこうした雇用条件を含めるだけで不当労働行為を構成するのであり，現実に不利益取扱いをすることを要件としていない。

組合一般への不加入・脱退だけでなく，特定の組合への不加入・脱退を条件とすることも含まれる。ここで脱退を雇用条件とするとは，1つにはすでに組合に加入している労働者が雇用を開始する場合を想定しているが，それだけでなく，雇用の開始後に結ばれた，組合からの脱退を雇用「継続」の条件とする合意も含まれる。

2　団交拒否

使用者が，雇用する労働者との団交を，「正当な理由がなくて拒むこと」は，団交拒否の不当労働行為を構成する（労組法7条2号）。団交拒否の具体的な態様，およびその救済方法（行政救済および司法救済）については，すでに述べた（「**11** 団体交渉」）。

3 支配介入

⑴ **支配介入の態様**　使用者が，労働組合の結成および運営に主導的な地位に立ち（支配），またはそれに干渉すること（介入）は，支配介入として禁止される（労組法7条3号）。また，経費の支払いにつき経理上の援助を与えること（経費援助）は，資金面での支配介入を意味するものであり，同号但書に列挙する場合を除き禁止される。

支配介入の成立には，結果の発生が要件とされていないことに注意すべきである。労働組合の活動が現実に妨害され，または組合員が不利益を受けることを要件とするものではなく，その原因または手段となる行為自体を禁止しているのである。

支配介入には，さまざまな態様のものがあり，労使関係の展開の中で次々と新たな形態が生み出される。例をあげると，選挙干渉，集会妨害，対抗勢力の助成，施設利用やチェック・オフの一方的廃止，組合離脱への勧誘，組合幹部の配転などである（市の職員に対して実施した，組合加入の有無やその活動状況等を尋ねるアンケート調査が支配介入にあたると判断した例として，大阪市事件・中労委命令平成26・6・4別冊中労時1466号1頁）。このように支配介入は，組合活動に対する干渉行為を広く含むものであることから，不利益取扱いや団交拒否の構成要件に該当しないものについて，「落ち穂拾い」的に救済の可能性を開く性格をもつといわれている。また，組合員個人に対する不利益取扱いは，同時に労働組合に対する干渉行為であることが多く，不当労働行為（労組法7条）の1号事件の多くは，同時に3号事件として救済申立てがなされている。

⑵ **支配介入の判断**　上記のうち，施設利用の組合活動の禁止について，判例は，施設利用を理由とする懲戒処分に関する国鉄札幌駅事件（最3小判昭和54・10・30民集33巻6号647頁）の判断基準（402頁）を支配介入の判断についても用いて，その利用を許さないことが使用者の施設管理権の濫用となる特段の事情がない限り，施設利用の中止命令や不許可は支配介入にならないと解

している（新宿郵便局事件・最3小判昭和58・12・20労判421号20頁，オリエンタルモーター事件・最2小判平成7・9・8労判679号11頁）。

しかし，支配介入の成否の判断では，権利関係の存否とは別に，当該の具体的労使関係において，労働組合が施設利用の中止により組合活動がいかなる妨害を受けたかが判断の中心になる。そのために，当該施設の利用についての，組合の必要性や禁止措置の必要性・態様などが総合考慮されるべきであって，組合に施設利用権が存在するか否かの判断と，支配介入の成否についての判断を直結させるべきではない。したがって，たとえば勤務時間中の組合バッジ着用が就業規則違反および職務専念義務違反であり，それに対する懲戒処分等が一見すれば正当といいうる場合でも，その処分等が団結権否認等を決定的動機としているときには，なお支配介入に該当する（JR東日本事件・東京高判平成11・2・24労判763号34頁）。他方で，組合バッジ着用を理由とする組合員の出勤停止処分は，労働組合への嫌悪を決定的動機としているときには，支配介入にあたる場合があるが，処分の経緯，バッジ着用に組合活動としての色彩が後退していた等の事情を考慮すれば，支配介入と認めることはできない（JR東日本事件・東京地判平成24・11・7労判1067号18頁）。

また，使用者の準備した組合掲示板の掲示物を，使用者側がその内容から無断で撤去する行為が支配介入にあたるか否かが，近年のいくつかの裁判例（取消訴訟）で争点となっている。裁判例は一般的に，その掲示物が全体として正当な組合活動として許される範囲を逸脱していない場合には，支配介入の不当労働行為に該当するとして，その内容を吟味して支配介入の成立を認めるものが多い（JR東海（大阪第2運輸所）事件・東京高判平成21・9・29労判1014号63頁，JR東日本事件・東京地判平成26・1・27労判1093号27頁，JR東海事件・東京高判平成29・3・9労判1173号71頁等を参照）。

⑶　**使用者の発言**　使用者が労働組合の活動を非難することは，組合に対する干渉行為となりうるが，他方で使用者の発言を支配介入として禁じることは言論の自由を侵害することになりかねない。そこで，これらの要請に調和的な解決を与える必要が生じる。こうして，使用者の発言一般を支配介入として禁止する態度は適切でなく，むしろ発言のなされた労使関係の背景，発表の方法，発表者の地位，発言の内容などを，総合的に考慮して支配介入の成否を決

すべきであると考えられるに至った。たとえば，社長が従業員および父兄に対して，組合の行動を非難するとともに人員整理に関する不利益を暗示する演説をなした事例（山岡内燃機事件・最2小判昭和29・5・28民集8巻5号990頁），あるいは社長が団交決裂後に「会社の重大な決意」を発表したためにストライキ中断のやむなきに至った事例（プリマハム事件・最2小判昭和57・9・10労経速1134号5頁）などは，労働組合に対する威嚇にあたり支配介入に該当する。従業員教育や社内研修の席上で，使用者が労働組合の非難を行うことも，支配介入にあたることが多い。国立大学の学長が，学長選考の再考を求める組合のビラ配布につき，これを大学の信用失墜行為であるとする発言を大学のウェブサイトに記載したことも，支配介入に該当する（福岡教育大学事件・東京高判平成30・6・28 LEX/DB25560814）。また，更生手続中の会社で，争議権の確立の是非を問う組合員投票が行われている最中に，更生管財人等が，争議権が確立されたならば出資をすることができない等述べることは，更生計画が頓挫して破綻に至ることを示唆することで争議権の確立に向けて運動中の組合らの活動を抑制し，少なくとも消極的な効果を与えることを意図してなされたものといわざるをえず，組合らの運営に介入するものとして，支配介入の成立を認める裁判例がある（日本航空乗員組合事件・東京高判平成27・6・16労判1131号72頁）。

これに対して，争議行為のさなか労使が批判の応酬を行う過程で，使用者が組合の対応や戦術を非難することは，使用者に許された言論の範囲内にあることが多いといえよう。また，組合員の懲戒処分撤回を求める署名活動に関して，会社の常務取締役が社内行事の挨拶において言及した，「覚悟してやってもらいたい」等の発言は，これを取り巻く諸事情のもとでは支配介入と評価することはできないとされた（JR東日本大宮支社事件・東京高判平成26・9・25労判1105号5頁）。

§3　不当労働行為の構成要素

1　不当労働行為の主体

(1)　不当労働行為の行為者としての使用者　不当労働行為の禁止の名宛人は，「使用者」である（労組法7条）。解雇等の法律行為であれば，雇用主が行為者である。

しかし，事実行為で「使用者の行為」とされるのは，法人の代表者（理事，代表取締役，社長）だけでなく，管理職や職制などの行為も含まれる。判例では，労組法2条1号にいう「使用者の利益代表者に近接する職制上の地位にある者が使用者の意を体して労働組合に対する支配介入を行った場合には，使用者との間で具体的な意思の連絡がなくとも」その支配介入をもって使用者の不当労働行為と評価しうるとの判断がある（JR東海事件・最2小判平成18・12・8労判929号5頁）。もっとも，下級の職制が，労働者に対して組合について個人的な所見を述べるなどが支配介入にあたるとは解しがたいから，下級職制については，「使用者の意を体した」だけでなく，何らかの意思の連絡による「使用者の勢力範囲内」にある行為が禁じられると解すべきである。

⑵　**労働契約外の使用者の責任**　他方，不当労働行為制度にもとづく責任追及は，刑罰を背景とした行為の禁止や契約法にもとづくものとは異なるから，「使用者」の意義は労基法や労働契約におけるそれに限られない。そこで，救済の範囲と実効性を高めるためには，不当労働行為制度における「使用者」を，その目的に即してより広い範囲で認めるべきであり，「労働関係上の諸利益に対し実質的な影響力ないし支配力を及ぼし得る地位にあるもの」（岸井・前掲書151頁），「労働者の自主的な団結と，団結目的に関連して対抗的関係に立つもの」（外尾208頁），あるいは「労働契約関係ないしはそれに近似ないし隣接する関係を基盤として成立する団体的労使関係上の一方当事者」（菅野954頁以下）などの見解がみられる。

具体的には，第1に，近い将来使用者となることが確実な者，および近い過去に使用者であった者は，それが有効な救済に結びつくものである限り「使用者」に含まれる。たとえば，会社合併の直前の段階で，吸収会社が被吸収会社の従業員や労働組合に対して不当労働行為を行ったとして救済申立てが行われた場合（日産自動車事件・東京都地労委命令昭和41・7・26命令集34＝35集365頁），あるいは被解雇者が中心となって組織した組合が，その解雇問題に関して著しく時機に遅れない範囲で団体交渉を申し込んだ場合（日本鋼管鶴見造船所事件・最3小判昭和61・7・15労判484号21頁），さらには，派遣先会社が，近い将来直接雇用することを予定している派遣労働者が加入する労働組合から団交を申し入れられた場合（クボタ事件・東京地判平成 23・3・17 労判 1034 号 87 頁）である。なお，労働者派遣の関係のもとで，派遣先が労働契約の申込義務を負う（派遣法 40 条の 4〔当時〕。現行は 40 条の 6）からといって，直ちに派遣労働者との間で近い将来において雇用関係の成立する可能性が現実的かつ具体的に存するものということはできないこと等から，派遣先の労組法上の使用者性を否定する裁判例もある（川崎重工業事件・神戸地判平成 25・5・14 労判 1076 号 5 頁）。

第 2 に，契約の当事者ではないが，労働条件の決定権限や監督権限を現実かつ具体的に有する者も「使用者」と解されることがある。たとえば，労働者を派遣している会社が独立の会社としての実体をもたず，むしろ受入会社が直接に採用を決定してその勤務体制に組み入れている場合には，受入会社が社外工の使用者にあたる（油研工業事件・最 1 小判昭和 51・5・6 民集 30 巻 4 号 409 頁）。また，労働者を派遣した会社が使用者としての実体をもつ場合であっても，受入会社がその労働者の基本的な労働条件等について，部分的であれ使用者と同視できる程度に現実的かつ具体的に支配・決定できる地位にあるときには，その限りで受入会社も使用者にあたる（朝日放送事件・最 3 小判平成 7・2・28 民集 49 巻 2 号 559 頁）。したがって，労働者派遣の場合は，派遣労働者の労働組合と団体交渉に応ずべき使用者は，派遣元事業主であるのが原則であるが，その労働者の派遣就労の労働条件については，上記の基準により，派遣先が団体交渉に応じるべき地位にあることが多いといえよう（派遣先での労働時間管理を議題とする団交に関して派遣先の団交義務を認めた裁判例として，阪急交通社事件・東京地判平成 25・12・5 労判 1091 号 14 頁。派遣先の団交義務については，168 頁を参照）。

他方，上記朝日放送事件以降の下級審では，この判断基準を，社外労働者受け入れの事例以外にも，資本・人事面で倒産した法人と強い関係がある会社の使用者性の判断に応用している（ただし，「部分的であれ」という要素を除外することにより使用者性を否定したものとして，大阪証券取引所事件・東京地判平成 16・5・17 労判 876 号 5 頁）。また，親会社，子会社，孫会社の関係があるときに，子会社・孫会社の組織再編に関する団体交渉について，親会社・子会社の団交義務が争われた事案で，やはり朝日放送事件の上記判断を利用して，親会社・子会社の使用者性を否定したものもある（高見澤電機製作所ほか 2 社事件・東京高判平成 24・10・30 別冊中労時 1440 号 47 頁）。

第3に，親子関係の会社間で，親会社が子会社の業務運営や労働者の処遇につき支配力を有している場合に，親会社が子会社の労働者に対して「使用者」の地位にあるとされることがある。すなわち，親会社が株式所有，役員派遣，専属的下請関係などにより子会社の経営を支配し，その従業員の労働条件について現実的かつ具体的な支配力を有する場合に，親会社も使用者としての地位にあるとするものである。労働委員会命令では，特に2号事件について，かかる使用者性を認めるものがみられる。ただ，1号事件で，雇用関係上の使用者性も認めうるためには，賃金の支払い関係も含めて，子会社がほぼ完全に親会社の一事業部門であるような高度の支配関係が必要とみるべきであろう（菅野960頁以下）。

2　不当労働行為意思

⑴　因果関係と不当労働行為意思　不利益取扱いにおいては，組合の加入・結成や正当な組合活動の「故をもって」（労組法7条1号），また労働委員会への申立て等の行為を「理由として」（同条4号），解雇その他の不利益取扱いをすることが禁じられており，労働者の一定の行為と，使用者の不利益取扱いの行為との間に，因果関係の存在が要件とされている。もっとも，原因と結果となるこれらの行為は，主体の異なる人間の意思にもとづくものである以上，かかる因果関係は自然的・客観的なものではありえない。これらを結びつけるリンクの役目を果たすのが，使用者の認識および動機である（山口107頁）。このように，労働者の組合活動等の事実を認識し，それを動機として不利益取扱いに及ぶ意思のことを，不当労働行為意思と呼ぶことができ，不利益取扱いの成立要件の1つ（主観的要件）を構成する。

不当労働行為意思は，使用者の内心で形成される因果関係の意思であるから，外部に表れた間接事実から総合的に判断するしかない。その判定においては，当該の救済申立ての事実だけでなく，従前からの労使関係の経緯や，労働組合に対する日頃の使用者の態度などが，重要な要素として検討される。

⑵　動機の競合　組合員の解雇などにおいて，不当労働行為意思の存在も認められるが，他方で解雇理由も認められる場合に，不当労働行為の成立を認めるべきかが問題となり，これを動機の競合という。たとえば，使用者が組合

役員の排除を目的にその経歴を調査し，経歴詐称の事実をみつけてそれを理由に解雇するなどの場合である。この問題の解決のための基本方針としては，解雇理由のうちいずれが決定的であるかを探求すべしとする見解（決定的原因説），あるいは組合活動がなかったならば解雇がなされなかったと認められるときには不利益取扱いが成立するとみる見解（相当因果関係説）が主張されている。

⑶ **第三者の強要**　使用者に対して支配的な地位にある取引先や融資先が，当該使用者の雇用する労働者が行っている正当な組合活動を嫌悪し，使用者に対して組合役員などを解雇するよう強要した場合，その解雇は当該使用者のなした不当労働行為といえるだろうか。使用者は，経営の続行が不可能になるから解雇したのであって，経営維持の必要が解雇の動機であると考えられる。しかし見方を変えるならば，取引先の意図は，強要によるとはいえそれを承知して受け入れた使用者の意思に直結して，その意思内容を形成したとみることもできる。最高裁は，後者の見解に立って，解雇が使用者の不当労働行為意思によるものと判断した（山恵木材事件・最3小判昭和46・6・15民集25巻4号516頁）。

⑷ **支配介入の意思**　支配介入については，不利益取扱いと異なり因果関係が要件とされないことから，不当労働行為意思が要件となるかについて見解が分かれている。一方で，組合非難の発言と不利益の暗示により「組合の運営に対し影響を及ぼした事実がある以上，たとえ，発言者にこの点につき主観的認識乃至目的がなかったとしても，なお……組合の運営に対する介入」があるとの判断がみられる（前掲山岡内燃機事件）。しかし他方で，たまたま組合の指導的地位にあるものであった労働者に配転を命じたとしても，それが真に業務上の必要によるときには，支配介入の成立を認めるべきかは疑問が残る。

問題は，この支配介入の「意思」という用語をどのようにとらえるかにある。これを，「支配介入をなそうとする」使用者の意欲や認識と狭くとらえるならば，たしかに成立要件とはされていない。しかし，組合幹部を転勤させたことが支配介入にあたるかは，使用者が組合活動を嫌悪し，その弱体化を意図していたかの立証にかかっている。支配介入の意思をこのような反組合的意思という広い意味でとらえるならば，支配介入の意思の有無は立証と認定の作業にあたって中心的役割を果たすのであって，成立要件とみてさしつかえない。かかる意味での支配介入の意思は，不利益取扱いの意思と同様に，外部に表れた間接事実を総合して認定される。

§4　複数組合の併存と不当労働行為

1　複数組合併存下の諸原則

同一事業場内に複数の労働組合が結成されているときには，特に不当労働行為が発生することが多い。こうした状況では，組合間での紛争が生じやすいだけでなく，使用者の側からみても，複数の組合のそれぞれに対して，労組法全体あるいは不当労働行為制度の要請として，どのような対応をなすべきか明確でない面があるからである。

すなわち，わが国の労組法のもとでは，併存する複数組合は組合員数の多少にかかわらず使用者に対して平等の権利をもっており，各々は競争関係に立つことが原則である（競争的組合主義）。また，使用者は各組合と労働条件について別個に交渉することができ，そこには各組合の交渉力に応じた差異も含めて，「取引の自由」が容認されているとみることができる。ところが，不当労働行為制度は，組合間で労働条件に格差の生じることを抑制する趣旨を含んでいる（組合間差別の禁止）。加えて，支配介入の禁止の原則からは，使用者は特定の組合の運営に加担したり，勢力の弱体化を意図することが禁じられ，各組合や勢力に対して中立的立場を保持すべきであることが要請される（中立保持義務）。以上のような諸原則のもと，判例は具体的問題の解決にあたって，調整的にではあれ一定の方向を示している。

最高裁によれば，複数組合併存下においては，使用者はいずれの組合との関係でも誠実な団体交渉を義務づけられ，また，「単に団体交渉の場面に限らず，すべての場面で使用者は各組合に対し，中立的態度を保持し，その団結権を平等に承認，尊重すべきもの」であり，組合の性格・傾向・運動路線による差別をすることは許されない（日産自動車事件・最3小判昭和60・4・23民集39巻3号730頁）。団体交渉において，使用者は「各組合の組織力，交渉力に応じた合理的，合目的的な対応をすること」はできるが，当該組合に対する団結権否認ないし嫌悪の意図を決定的動機として行為がなされ，団体交渉がそれを維持するための形式にすぎないと認められる特段の事情がある場合には，労組法7条3

号の不当労働行為が成立する。

この判決は同時に，同一企業内に圧倒的な多数組合と少数組合が存在する場合，使用者が，統一的な勤務体制のために多数組合との交渉を重視し，そこで合意した条件を少数組合も受諾するよう強い態度で迫ることも認められると指摘しており，このような形で，複数組合との団体交渉と，労働条件統一の必要性との調整が図られている。

2 複数組合をめぐる具体的問題

(1) 団体交渉における中立保持義務　複数組合との団体交渉においてしばしば問題となるのは，使用者の提示した前提条件（差し違え条件）の諾否により生じる差異である。一時金交渉において，当初の提案額への上積みの前提条件として「生産性向上に協力する」ことの約束を，使用者が複数の組合に等しく提示し，多数組合はそれを受け入れて妥結したが，少数組合がそれを拒否したために妥結せず，一時金に格差が生じた事例において，最高裁は，使用者が少数組合を弱体化する意図のもとに合理性のない前提条件を提示してこれに固執したと判断して，不当労働行為の成立を認めた（日本メール・オーダー事件・最3小判昭和59・5・29民集38巻7号802頁）。賃上げについて，交渉の妥結した月から実施する方式に使用者が固執したため，妥結時期の差により組合間で賃金格差が生じた場合についても，基本的に同様の考え方から不当労働行為の成立を認めた裁判例がある（済生会中央病院事件・東京地判昭和52・12・22労民集28巻5＝6号767頁。なお，否定例として名古屋放送事件・名古屋高判昭和55・5・28労民集31巻3号631頁）。

また使用者が，計画残業に反対する少数組合の方針に乗じて，これと誠実に交渉を行わないまま，その組合員に残業を命じず，多数組合員にのみ残業を行わせることは，やはり組合弱体化の意図による支配介入にあたる（前掲日産自動車事件・最3小判昭和60・4・23）。しかし，タクシー会社の使用者が，多数組合との団体交渉で歩合給の引下げと新たな勤務シフトによる36協定を結んだのに対して，少数組合に対しては合意が得られなかったため時間外労働を禁止した事例では，そうしなければ少数組合に有利な労働条件を認めることになること，また会社側の態度は不誠実とまではいえないこと等から，不利益取扱いおよび支配介入にあたらない（高知県観光事件・最2小判平成7・4・14労判679号21頁）。これに対して，会社に多数派組合と少数派組合が併存しているときの団体交渉で，多数派組合との間で設置されている経営協議会で提示された資料や説明内容が団体交渉における説明・協議の基礎となるときは，会社は，少数派組合から求められれば，団体交渉において必要な限りで同様の資料の提示や説明を行う必要があり，これをなさなかった会社の対応は誠実交渉義務違反に該当する（NTT西日本事件・東京高判平成22・9・28労判1017号37頁）。

⑵ **便宜供与における中立保持義務**　使用者の中立保持義務は便宜供与にも及び，一方の組合には特別の条件なしに組合事務所や掲示板を貸与しながら，他の組合には合理的な理由なく貸与を拒否することは，組合弱体化の意図を推認させ，支配介入と判断される（日産自動車事件・最2小判昭和62・5・8労判496号6頁）。この場合に，支配介入が成立するためには，使用者が他方の組合を敵視しその弱体化を企図するなど，積極的な動機を有することまでを要するものではなく，また，一部組合に事務所を貸与しない取扱いに関する合理的理由は，使用者において立証すべきものである（日本郵政公社小石川郵便局事件・東京高判平成19・9・26労判946号39頁）。しかし，掲示板に関して使用者が両組合に同一の貸与条件を提示し，これを拒否したほうの組合が貸与を受けられなかった事例では，その貸与条件が不合理とはいえないとして，不当労働行為の成立が否定された（日本チバガイギー事件・最1小判平成元・1・19労判533号7頁）。

3　賃金・昇格格差の立証

特に複数組合の併存下では，組合員の賃金や昇格について組合間差別が主張されることがあり，不利益取扱いや支配介入のケースとして救済が問題となる。ところが，賃金や昇格は，使用者の人事考課を経て実施されることが多く，その資料は公開されないのが一般である。また，多数の組合員についての格差の立証が課題となるので，各組合の内部においても組合員の能力差にばらつきがみられることとなり，立証はいっそう困難になる。

そこで労働委員会は，立証方法を容易にするために，「大量観察方式」という審理方式を採用するに至った。すなわち，労働委員会は，申立組合の組合員の昇給や昇格についての査定（平均考課率）が，全体として他の組合や非組合員に比して低位にあるかどうかを検討する。また申立組合は，その低位性が使用者の組合に対する差別的ないし弱体化意図によるものであることを立証する。これにより，差別の外形的立証がなされると，不当労働行為の成立についての一応の推定がなされ，これに対しては，使用者が申立組合員について個別に査定の公正さについて立証を試みることになる（かかる方法により組合間差別が認められた事例として，紅屋商事事件・最2小判昭和61・1・24労判467号6頁）。同様の大量観察の手法は，組合間差別だけでなく，組合員と非組合員との間の差別についても利用されている（昭和シェル石油事件・東京高判平成22・5・13労判1007号5頁は，中労委によるかかる推認法理の判断方法を支持する旨明言する）。

ただ，大量観察方式は，2つの集団に属する労働者が勤務成績において同質であるとの前提で成り立つものであるから，両集団が個別労働者の偏差を打ち消すことのできる規模であることを要する。したがって，これを小規模または部分的査定差別事件で用いることはできない（北辰電機製作所事件・東京地判昭和56・10・22労判374号55頁）。小規模集団の差別の場合には，不利益取扱いを主張する労働側は，「当該組合員が自己の把握しうる限りにおいて具体的事実を挙げて組合員以外の者と能力，勤務成績において劣らない」ことを立証する必要があり，その場合に使用者側が具体的な反証をしない限り，低評価は差別的動機にもとづくものと推定される（オリエンタルモーター事件・東京高判平成15・12・17労判868号20頁）。

Brush up ESG投資と労働関係

近年，企業経営の世界では「ESG投資」という言葉が注目を集めているようである。環境（Environment），社会（Social），ガバナンス（Governance）という3つの言葉の頭文字を集めたものであり，投資家が対象企業を選ぶにあたっては，目先の業績や財務状況だけではなく，環境問題への取り組み，社会的公正への関心，企業統治の健全さといった要素を重視する，ということである。そういう企業こそ長い目で見て大きな成長が可能となり，投資目的にも資することになる。

国連が2006年に発表した責任投資原則という文書が，このような動きの契機となったといわれるが，その際，必ずといっていいほど「SDGs」（持続可能な開発目標）の話が持ち出され，紛らわしい略語で頭が混乱しがちになるのは困ったものである。それはともかく，日本でも，世界最大の機関投資家となった年金積立金管理運用独立行政法人（GPIF）が，ESGの指標にもとづく投資を2017年に開始し，今後，さらに拡大する方針といわれる。以前は「企業の社会的責任」（CSR）がよく議論されたが，ESG投資は，株価への影響という，経営者にとって最もセンシティブな部分を衝くことによって実効性を高めるところが，いかにも現代的といえようか。

労働関係は「社会」（S）の重要な要素とされており，ダイバーシティ（女性の活躍，障害者の雇用など）や，ワークライフバランス（時間外労働の削減，有給休暇の取得促進，育児・介護休業への支援など），従業員の健康促進といった項目が，よく例にあげられる。また，重大な労働法令違反や労災事故を起こした企業には投資をしないという，ネガティブな形でのスクリーニングも行われている。当然ながら，本来の労働法による規制に代わりうるものではないが，それを側面からサポートし，さらに良い方向へと導くためのツールとして，活用がはかられるべきであろう。

本書が初版からずっと冒頭で指摘しているように（2頁），人間の労働は地球のエコシステムの中に組み込まれている。また，労働者の声が適切に反映されない企業統治であれば，欠陥ありといわざるをえない。その意味で，労働問題は「環境」（E）と「ガバナンス」（G）にも重大な影響を与えるものである。その点の認識が市場においても広まることを期待しておきたい。

25　労使紛争の解決手段

集団的労使関係の基本は，労働組合と使用者が対等の立場で団体交渉を行い，自主的に労働条件を決定していくことにある。その過程で労働組合が争議行為を行って圧力をかけることは，当然ありうべき事態として予定され，法的に保障されている。反面，労働組合が争議に敗れて要求を貫徹できない結果となっても，それはそれでやむをえない。当事者間における労使関係の性格は協力から敵対までさまざまであるが，その基礎にあるのは，力の対決の可能性を背景とした，労使自治の理念である。

けれども，このような理念に対して，現行法上，2つの面からの留保が存在する。第1に，争議行為は，当事者たる労使にとっても社会にとっても大きな損失を伴うものであり，回避できれば，それにこしたことはない。労働関係調整法の規定する争議調整は，このような趣旨にもとづき，国が労使当事者に対して紛争解決の手助けを行うものである。第2に，使用者が労働組合と正々堂々と渡り合わずに，むしろ労働組合の基盤を切り崩すようなアンフェアな行為を行う場合には，それを禁止して公正な労使関係秩序を維持する必要がある。労組法7条の不当労働行為が，これに該当する。

争議調整では，国が当事者の意思に反する解決を押し付けることができないのに対し，不当労働行為においては，国は当事者に対して強行的に法を適用する判定者として機能することになる。そして，これらの集団的労使紛争の解決手続の中心に位置するのが，労働委員会という機関である。

他方，個別的労働関係の分野においては，紛争解決システムの整備が十分ではなかった。しかし，近年の個別労働紛争の急増を受けて，行政，司法のそれぞれで新しい制度が導入され，発展を遂げている。

§1　労働委員会の構成と権限

労働委員会は，労組法により設置された，独立行政委員会である（労組法19条以下）。厚生労働大臣の所轄のもとに中央労働委員会（中労委），各都道府県の機関として都道府県労働委員会（都道府県労委）がある。後者は，2004年の労組法改正により，地方労働委員会（地労委）から改称された。

⑴　**公労使の委員**　労働委員会の特徴は「三者構成」にあり，各同数の使用者委員（使用者の利益を代表する者），労働者委員（労働者の利益を代表する者）および公益委員（公益を代表する者）によって組織される（労組法19条1項）。委員の数は，中労委が公労使各15人，都道府県労委は各13人から各5人まであり，条例によって各2人を追加することもできる（同19条の3・19条の12）。

委員のうち，使用者委員は使用者団体の推薦にもとづいて，労働者委員は労働組合の推薦にもとづいて，それぞれ任命される。（任命されなかった候補者の推薦組合が提起した委員任命処分取消訴訟を，推薦は特定組合の利益のためではないとして却下した裁判例として，大阪府地労委事件・大阪高判昭和58・10・27労民集34巻5＝6号874頁，委員任命に関する知事の裁量権濫用を認めたものの，具体的損害や故意・過失がなかったとして損害賠償請求を棄却した事例として，福岡県地労委事件・福岡地判平成15・7・18労判859号5頁，北海道労委事件・札幌地判平成27・1・20 LEX/DB25447050）。また，公益委員の任命には，使用者委員および労働者委員の同意（全員の同意を意味する）が必要とされる。

これら労働委員会の委員は，労使関係に関する知識・経験を期待されているが，法律専門家である必要はない。委員の任期は2年である。委員のもとでその事務を整理するために，労働委員会には事務局が置かれている。

⑵　**労働委員会の任務**　労働委員会の主要な任務は，①労調法にもとづく労働争議の調整と，②不当労働行為の審査および救済（労組法27条以下）である。後者は準司法的な機能であるため，公益委員のみにより行われる（同24条1項。ただし，労使委員も決定に先立つ審問には参与しうる）。このような「調整」権限と「判定」権限の併存は，わが国の労働委員会制度の大きな特色となっており，両手続を弾力的に活用しながら，当事者間における実質的な紛争解決をはかることも少なくない。

労働委員会はそのほかに，労働組合の資格審査（同5条1項）および労働協約の地域的一般的拘束力の決議（同18条）を行う権限も有している。

さらに，都道府県労委の多くにおいては，これら集団的労働関係上の権限に加えて，個別労働関係紛争の相談やあっせんも行っている（462頁を参照）。

§ 2　争議調整手続

労調法にもとづく労働争議の調整は，労働関係の当事者の自主的解決の努力をあくまで前提としつつ，これに助力を与えるための制度である（同法2条〜4条)。調整の対象となる「労働争議」は，当事者間で労働関係に関する主張が一致しないために争議行為が発生している，またはそのおそれがある状態を意味する（同6条)。これは，労働組合ないし労働者集団が当事者となる，団体的労使関係上の紛争に限られると解されている。

⑴　**斡旋・調停・仲裁**　労働委員会の調整手続のうち，最も簡便なものは「斡旋」（労調法10条以下）である。斡旋は，当事者の一方もしくは双方の申請または職権により開始され，労働委員会の会長により指名された斡旋員が，争点を確認して両当事者を斡旋し，事件の解決に努める。斡旋案が出されることもあるが，当事者がこれを受け入れる義務はない。

「調停」（同17条以下）は，よりフォーマルな手続であり，公労使三者構成による調停委員会がもうけられ，関係当事者の意見を聴取したうえで，調停案を作成して受諾を勧告する。しかし，当事者はやはりこれに拘束されず，調停案を拒否する自由を有する。

これに対して「仲裁」（同29条以下）では，仲裁委員会の裁定が両当事者を拘束し，労働協約と同じ効力を有する。しかし，仲裁は，当事者双方の申請または労働協約の定めにもとづく申請によってのみ行われる（同30条。一方的な申請や職権による開始は不可）という点で，あくまで両当事者の意思にもとづいており，いわゆる強制仲裁は認められていない（なお，行労法では，争議行為禁止の裏面として，強制仲裁制度がもうけられている。同法33条・35条を参照)。

これら3つの争議調整手続のうち，実際には斡旋の事件が圧倒的に多く，調停や仲裁は少ない。

⑵　**緊急調整**　以上のほか，緊急的事態における特別の調整手続として「緊急調整」（労調法35条の2以下）が定められている。これは，事件の規模や事業の性質上，争議行為による業務停止が国民経済の運行を著しく阻害する，または国民の日常生活を著しく危うくするおそれがあると認められる場合に，

内閣総理大臣の決定によって開始される。

緊急調整の決定がなされた場合，中労委は事件解決のために，他のすべての事件に優先して最大限の努力を尽くさなければならない。ここでも当事者に対する解決の強制はなされないが，緊急調整の決定の公表の日から50日間は争議行為が禁止される（同38条。罰則は40条)。今日までに緊急調整の決定が行われた実例は，1952年の炭労ストに対するもの1件だけである。

§3 労働委員会における不当労働行為の救済

1 行政救済の意義と構造

不当労働行為の救済は，労組法7条各号に該当する行為を行った使用者に対して，行政機関である労働委員会が「救済命令」を発する形で行われる。

これは当事者間の私法上の権利義務関係を判断するものではなく，将来に向かって一定の作為・不作為を命じる行政処分であり，7条各号はかかる権限発動のための要件規定となる。そして，労働委員会の命令に対しては，取消訴訟による司法審査の途が用意されている。

このような行政救済は，不当労働行為に対して迅速で実効的な救済を行うことを目的としている。1945年の旧労組法では「直罰主義」がとられ，不利益取扱いおよび黄犬契約の禁止（現7条1号の前身）に違反した使用者には労働委員会の請求にもとづき刑罰が科されたが，労働者への救済はなく，別途に民事訴訟が必要であった。これに対して現行法は，アメリカの制度にならって行政救済を導入し，不当労働行為の結果を直接に是正できるようにした（同時に7条2号・3号をもうけて禁止行為を拡大した。4号は1952年改正で追加)。

また行政救済は，使用者の多様な不当労働行為に対してあらかじめ是正措置の内容を具体的に特定しておくことが困難であるため，労働委員会がその裁量により，個々の事案に応じた適切な是正措置を決定して命じるという意義も有している（第二鳩タクシー事件・最大判昭和52・2・23民集31巻1号93頁)。労使関係の専門的機関である労働委員会の役割が，期待されているのである。

他方で，行政救済の審査手続は，労使の両当事者が主体となる準司法的な対審構造となっており，労働委員会は，中立の判定者の地位に立つ。手続は労働者側の救済申立てによって開始され，調査および審問を経て，公益委員の合議により決定がなされ，命令（救済命令または棄却命令）が発せられる。救済申立ては，通常はまず都道府県労委に対してなされ，その命令に不服な者は中労委に「再審査」の申立てをなしうるという形で，二審制がとられている。

現実には，都道府県労委，中労委とも，このような審査の過程で相当の時間がかかっている。その改善を図るために，2004年の労組法改正により，いくつかの手続面での変更が行われ，さらに改善の努力もなされているが，迅速な救済という理念は必ずしも十分に実現されてはいない。

2　救済の申立人・申立期間・被申立人

⑴　**申立人**　　救済申立てをなしうるのは，不当労働行為の対象となった労働者個人または労働組合である。不利益取扱い（労組法7条1号・4号）および支配介入（3号）の場合には，労働者個人・労働組合とも，それぞれ申立権を有する（3号について，組合と並んで個人も申立権を有することを認めた判例として，京都市交通局事件・最2小判平成16・7・12労判875号5頁）。団交拒否（2号）については，その性質上労働組合に限られるとする見解と，労働者個人の申立ても認める見解とが対立している。

なお，労働組合が救済申立てをなす場合は，労働委員会による資格審査を受けなければならない（同5条1項。29頁を参照）。これについては，⑷で改めて述べることとする。公共部門では，いわゆる混合組合（26頁）の申立人資格をめぐって議論があるが，裁判例はこれを認めている（大阪府教委事件・東京高判平成26・3・18労判1123号159頁，泉佐野市事件・大阪高判平成28・12・22労判1157号5頁）。

⑵　**申立期間**　　救済の申立ては，不当労働行為の日から1年以内に行わなければならない（労組法27条2項）。ただし，「継続する行為」については，その終了した日から1年以内となる（同項）。組合に対して使用者がさまざまな切崩し工作を行った場合のように，複数の行為であっても，同一の不当労働行為意思にもとづいた一体的行為とみられる場合には，「継続する行為」に含まれる。

最も問題となるのは，使用者が組合員の昇給・昇格に関する査定において差別を行ったときに，差別的な昇給・昇格決定によって不当労働行為は完結した（あとはその機械的適用にすぎない）と考えるか，それとも，査定にもとづきなされる月々の賃金支払行為，あるいは未昇格の状態におく行為を「継続する行為」とみなしうるか，という点である。最高裁は，昇給に関する査定差別について後者の考え方を採用し，申立期間は，当該査定にもとづく最後の賃金支払いの時から1年以内となると判断している（紅屋商事事件・最3小判平成3・6・4民集45巻5号984頁）。

同様の昇給・昇格の査定差別が数年にわたって繰り返されてきた場合には，これらを一括して「継続する行為」と認めた労委命令もかなりある。また，それらは継続する行為ではないとしながらも，救済の内容として，数年来の差別結果の累積まで一挙に是正することを命じる例も少なくない。

(3) **被申立人**　被申立人は，不当労働行為の主体たる「使用者」である（435頁）。救済命令が出される場合には，これが名宛人となる。

使用者とは事業主たる個人または法人を意味し，工場や支店などのように法人の構成部分にすぎないものは，独立の権利義務の帰属主体でないのでこれに該当しない（済生会中央病院事件・最3小判昭和60・7・19民集39巻5号1266頁）。工場長や支店長などの具体的な行為者についても，それ自体は労働関係の当事者ではなく，その行為が事業主に帰責されることにより不当労働行為が成立するにすぎないので，被申立人とはなりえない（石川289頁以下）。

(4) **資格審査**　労働組合が不当労働行為の救済申立てを行う場合，労働委員会で資格審査を受けて，適格との決定を得る必要がある（労組法5条1項）。もっとも，その運用は比較的柔軟であり，たとえば，資格審査は不当労働行為の成否そのものの審査と併行して行われる（併行審査）。労働組合が労組法2条および5条2項に適合していることは，不当労働行為の救済命令を発するために必要な要件であり，審査手続に入るための要件ではないから，資格審査の決定は，救済命令を発するまでに終了していればよいとされている（東京光の家事件・最2小判昭和62・3・20労判500号32頁）。

また，労働委員会は，資格審査の過程でこの要件をみたさないと考える場合には，組合に補正を勧告することができる（労委規24条）。これに応じて補正がなされれば，当初は要件をみたしていなかった組合に対しても，救済命令が与えられうる。

さらに，労働委員会による資格審査の手続に瑕疵があったり，あるいは審査結果に誤りがあったりしても，使用者はそのことのみを理由に労働委員会の救済命令の取消しを求めることはできない（日通会津若松支店事件・最3小判昭和32・12・24民集11巻14号2336頁）。資格審査は労働委員会が国に対して負う責務であり，使用者の法的利益を保障するためのものではない，というのがその理由であるが，そもそも救済の条件として資格審査という制度をもうけること自体が妥当かどうか，再考を要する面があろう。

3　審査手続と合議

救済申立てを受けた労働委員会は，審査手続を開始する。具体的には，まず「調査」を行ったうえで，申立てに理由があるかどうかについて「審問」を行う（労組法27条1項）。

⑴ **調　査**　調査は，両当事者の主張と争点を整理し，立証計画を明らかにさせて，審問が円滑に行われるよう準備する手続である（この段階で後述の証拠物件提出命令を発することも可能。同27条の7第1項）。管轄や申立期間などの手続要件も調査の対象となり，要件をみたさない申立ては却下される。

調査により必要があると認められる場合には審問を行うこととなるが，労働委員会は，審問開始前に，調査で整理された争点および証拠，審問の期間と回数，尋問する証人の数，命令の交付予定時期を記載した審査計画書を作成する（同27条の6）。当事者も，これにもとづいて審査が行われるよう努めなければならない。

⑵ **審　問**　審問は，証拠を取り調べて，申し立てられた不当労働行為の成否に関する事実を認定する，最も重要な手続である（労委規41条の7参照）。審問は原則として公開で，委員会の会長または公益委員の中から指名された審査委員の指揮のもとに行われ，労使委員もこれに参与することができる。

審問において両当事者は，証拠の提出および証人への反対尋問の十分な機会を与えられねばならない（労組法27条1項後段）。証拠調べの範囲や方法については，民事訴訟法のような制約はなく，必要と認められる限り，申立てまたは職権によって，あらゆる資料を調べることができる。2004年の労組法改正で，一定の場合，証人出頭命令や物件提出命令を発することも可能となった（同27条の7。罰則として32条の2）。

なお，労働委員会は，事件の内容に照らし，申立書その他当事者から提出された書面等により，命令を発するに熟すると認めるときは，審問を経ないで命令を発することもできる（労委規43条4項）。

また，労働委員会は，審査の途中，いつでも当事者に対して和解を勧告することができる（労組法27条の14第1項，労委規45条の2。また，同45条の8も参照）。勧告がなされなくても，当事者間で和解が成立して申立てが取り下げられることも多い。

⑶ **合　議**　審問が終結すると，労使の参与委員の意見を聴いたうえで，公益委員による非公開の合議が行われる（合議体の構成については，労組法24条の2第1項・2項・4項を参照）。これにより，命令の内容が決定される。

4 救済命令

労働委員会は，事件が命令を発するのに熟したときは，事実の認定をしたうえで，申立てに理由ありと認める場合には救済命令を，申立てに理由がない場合は棄却命令を，それぞれ書面により発する（労組法27条の12第1項・3項）。命令書には，主文のほかに，理由（認定した事実および法律上の根拠）も記載しなければならない（労委規43条2項）。

救済命令は，主文で定めるところに従うべき公法上の義務を，名宛人である使用者に生じさせるものであり，確定した命令に違反した使用者は，過料に処される（労組法32条後段）。また，救済命令に対して取消訴訟が提起され，当該命令が裁判所の確定判決により支持された場合には，その違反者は，禁錮または罰金の刑に処せられる（同28条。併科も可能）。

救済命令の内容は事案に応じて多様であるが，典型的なものでいえば，①不利益取扱いにあたる解雇については，原職復帰命令およびバックペイ（解雇期間中の賃金相当額の支払い）命令，②団交拒否については，当該事項に関する誠実交渉命令，特定の理由による交渉拒否を禁止する命令，③支配介入については，支配介入に該当する行為を禁止する命令，ポスト・ノーティス（文書の掲示）命令などがある。ポスト・ノーティスは，当該行為が不当労働行為と判断されたことを告知したうえで，同種の行為を繰り返さない旨をいわば公約させるものであり，支配介入以外の事件においても補強的な救済としてしばしば命じられる（最近は文書の掲示ではなく手交を命じる例も多い）。申立人は申立書の中に「請求する救済の内容」を記載するが（労委規32条2項），それはいわば参考のためであり，労働委員会の権限を限定するものではない。

不当労働行為がたしかに行われたが，それによって生じた状態がすでに是正され，当事者間で正常な労使関係秩序が回復したため，救済の必要性が認められない場合には，労働委員会は，救済申立てを棄却する命令を発することができる（新宿郵便局事件・最3小判昭和58・12・20労判421号20頁）。しかし，不当労働行為の影響が一応解消しているようにみえても，将来の労使関係にとってなお一定の措置が必要と判断される場合には，救済命令を出すことができるのは当然である。

5　救済権限の限界

いかなる救済命令を発するかについて，労働委員会は広範な裁量権を与えられているが，制度の趣旨・目的に照らして一定の限界が存する（前掲第二鳩タクシー事件）。たとえば，労働者の損失の塡補それ自体は不当労働行為制度の目的の範囲外であり，労働委員会は使用者に損害賠償を命令することはできないとされている（チェック・オフの中止が支配介入にあたる場合に，労働委員会がチェック・オフの再開に加えて，中止期間中の振替手数料相当額の支払いを使用者に命じたことは，実質的に不法行為による損害賠償を命じるものであり違法とされた事例として，前掲泉佐野市事件）。救済命令の適法性が問題となった主な例として，以下のようなものがある。

⑴　バックペイと中間収入の控除　不当労働行為により解雇された労働者について，使用者に原職復帰とバックペイを命じるにあたり，労働委員会は，解雇期間中に労働者が他で雇用されて収入を得ていたとしても，その分をバックペイの額から差し引かないという立場をとってきた。これに対して最高裁は，当初，救済命令の目的を「原状回復」と狭くとらえ，中間収入の不控除は違法と判断した（米軍調達部事件・最3小判昭和37・9・18民集16巻9号1985頁）。しかし，最高裁は後に態度を変更し，救済における労働委員会の裁量権を強調し

たうえで，被解雇者個人に対する救済からいえば控除が原則であるが，組合活動一般に対する侵害をも考慮して，労働委員会が控除を行わないとする余地を認めた（前掲第二鳩タクシー事件）。

もっとも，本判決も結論的には控除をしなかった労委命令を違法と判断しており，最高裁の立場はかなり厳格である（あけぼのタクシー〈バックペイ〉事件・最1小判昭和62・4・2労判500号14頁でも同様。最高裁は，組合活動一般への侵害を，組合自体に対する打撃よりも，再就職の困難など被解雇者個人の損害を媒介にした制約的効果と考えているようである）。なお，バックペイは賃金そのものではなく行政による一定の作為命令であり，解雇無効訴訟における民法536条2項および労基法26条を用いた法理（384頁を参照）は，直接には適用されない。

⑵　**抽象的不作為命令**　　将来にわたる一般的・包括的な禁止を内容とする命令をいう。たとえば「労働組合の運営に支配介入してはならない」という命令のように，禁止される行為が特定されず，使用者の履行義務の内容があまりに不確定なものは違法となる。他方，過去の不当労働行為が繰り返されるおそれがある場合に，それと同種ないし類似の行為をあらかじめ禁止する命令は適法である（栃木化成事件・最3小判昭和37・10・9民集16巻10号2084頁。また，日産自動車事件・最3小判昭和60・4・23民集39巻3号730頁も参照）。

なお，内容の抽象性は作為命令の場合にも問題となるが，たとえば，組合間差別の解消のために使用者に事務所等の貸与を命じつつ，その具体的条件につき，組合との協議により「合理的な取決め」をなすよう命じることも，適法とされている（日産自動車事件・最2小判昭和62・5・8労判496号6頁）。

⑶　**条件付救済命令**　　使用者が不当労働行為を行ったと認められるが，労働者側にも行き過ぎがあったという場合に，労働組合等が陳謝など一定の行為をなすことを条件として，救済を命じることもある。労働者側に行為を要求するのは制度の趣旨に反し違法とする説も強いが，公正な労使関係の観点からそれが適切かつ不可欠であるならば，労働委員会の裁量の範囲内というべきであろう（延岡郵便局事件・東京高判昭和53・4・27労民集29巻2号262頁）。

⑷　**昇給・昇格命令**　　組合員に対する昇給差別がなされた場合，救済として，公正な査定をやり直したうえで適切な金額を支払うよう，使用者に命じることも多い。しかし，十分な根拠が認められる事案であれば，労働委員会が具

体的な昇給額を決定してその支払いを命じることも，裁量権の範囲内である(一時金の差別につき平均考課率の差による一律支給命令を支持したものとして，紅屋商事事件・最2小判昭和61・1・24労判467号6頁)。

昇格差別についても，それが賃金上の格付けにすぎない場合には，昇格を命じることに問題はない。これに対して，具体的な役職への昇進の場合には，使用者の真正な人事上の利益との調整の必要があり，昇進そのものを命じることが労働委員会の裁量権の限界をこえると判断される場合もある（第一小型ハイヤー事件・札幌高判昭和52・10・27労民集28巻5=6号476頁)。

(5) **ポスト・ノーティスにおける陳謝**　ポスト・ノーティス命令の場合，使用者が掲示すべき文書の内容として，不当労働行為を「深く反省」ないし「陳謝」し，以後そのような行為を繰り返さないことを「誓約」するとの表現が用いられることがある。このような表現は，ポスト・ノーティス命令の趣旨目的に照らして適切を欠く面があるが，反省等の意思表明の要求を本旨とするものではないので憲法19条に違反せず，労働委員会の裁量権の範囲内であるとされた（亮正会高津中央病院事件・最3小判平成2・3・6労判584号38頁，オリエンタルモーター事件・最2小判平成3・2・22労判586号12頁)。

(6) **組合員資格喪失者に対する救済**　不利益取扱いの事件において，労働組合による救済申立てがなされて審査中に，その対象となった労働者が配転，退職，脱退等で組合員資格を喪失した場合でも，組合は当該労働者の雇用関係上の権利利益の回復について固有の救済利益を有する。したがって労働委員会は，本人が積極的にそれを放棄する意思を表明しない限り，当該労働者に対するバックペイなどの救済措置を命じうる（旭ダイヤモンド工業事件・最3小判昭和61・6・10民集40巻4号793頁，前掲亮正会高津中央病院事件)。

(7) **私法的な法律関係からの乖離**　救済命令はその性質上，私法的な法律関係に拘束されるわけではないが，これとあまりにかけ離れた救済命令は，裁量権の濫用と判断される可能性もある（この点を特に重視する見解として，山口128頁)。最高裁は，使用者が組合員の賃金から違法にチェック・オフしてライバル組合に引き渡していた組合費相当額を（組合員に返すのではなく）組合に支払うように命じた事例につき，チェック・オフ協定および組合員の委任がないので私法的法律関係から著しくかけ離れ，労基法24条1項の趣旨にも抵触するので違法と判断しているが（ネスレ日本事件・最1小判平成7・2・23民集49巻2号281頁），狭きに失するといえよう。

また，懲戒処分による給与不利益分の支払いを命じた労委命令を，民事訴訟における損害賠償の認容額と異なるとして取り消した裁判例（平成タクシー事件・広島地判平成25・9・4労判1120号69頁）は，明らかに行き過ぎであり，控訴審で破棄された（同事件・広島高判平成26・9・10労判1120号52頁）。

6　再審査手続

都道府県労委の救済命令・棄却命令（あるいは却下決定）により不利益を被る当事者は，命令の交付を受けてから15日以内に，中労委に再審査の申立てをすることができる（労組法27条の15）。再審査において，中労委は，都道府県労委の処分を取り消し，承認し，または変更する，完全な権限を有している（同25条2項）。ただし，このような再審査は，申し立てられた不服の範囲においてのみなされる（労委規54条・55条）。

再審査の手続は初審とほぼ同じであり，前項で述べた救済命令の内容と限界は，中労委の命令についてもあてはまる。

なお，初審命令に対して再審査を申し立てずに，次項（§4）で述べる取消訴訟を提起することも可能である。一部救済命令の場合，たとえば，労働者・労働組合が再審査の申立てを，使用者が取消訴訟をという形で，それぞれが不服部分を異なる手続で争うこともあり，立法論としては再考の余地があろう。

§4　労働委員会命令の司法審査

1　取消訴訟の提起

労働委員会の命令（または却下決定）に対しては，一般の行政処分と同様に，行政事件訴訟法にもとづく取消訴訟が認められる。取消訴訟は，中労委の命令に対して提起する場合のほか，再審査の手続を経ずに，都道府県労委命令に対して直ちに提起することも可能である（いずれの場合も，労働委員会の所在地を管轄する地方裁判所が第1審となる）。

後者について厳密にいえば，都道府県労委の命令に対して，使用者は，中労委への再審査申立てまたは取消訴訟のいずれか一方しか許されない（労組法27条の19第1項）。他方，労働者・労働組合は両者を同時になしえ，ただ，中労委の命令が先に出された場合には，取消訴訟が却下される（同条3項参照）。

使用者による取消訴訟は，命令交付の日から30日以内に提起しなければならない（同27条の19第1項）。労働者・労働組合による取消訴訟については，労組法に特に規定がないので，処分を知った日から6ヵ月以内となる（行訴法14条1項）。

いずれの場合にも，当該命令を下した都道府県労委あるいは中労委が処分庁であり，それが所属する都道府県あるいは国が，取消訴訟の被告となる（行訴法11条1項）。そのほか，補助参加人として，使用者による取消訴訟では救済申立人たる労働者・労働組合が，労働者・労働組合による取消訴訟では被申立人たる使用者が，それぞれ訴訟に参加することができる（組合のみが救済申立てを行った場合，救済申立てをしなかった労働者は補助参加できない。JR東日本ほか事件・最1小決平成14・9・26労判836号40頁）。

なお，訴訟の途中で労働組合の支部が自然消滅した場合，これに対する金銭支払いを内容とする労委命令は拘束力を失うので，使用者による取消訴訟は訴えの利益を欠いて却下される（ネスレ日本・日高乳業〈第2〉事件・最1小判平成7・2・23民集49巻2号393頁）。しかし，当該使用者に雇用される組合員がいなくなった場合でも，組合が産業別組織として存続している等の事情のもとでは，組合員の乗り組んでいる船舶の使用や，協約に従った労使関係を営むこと等を内容とする救済命令の効力は失われず，訴えの利益が認められる（熊谷海事工業事件・最2小判平成24・4・27民集66巻6号3000頁）。

2　司法審査の範囲

取消訴訟において，裁判所は通常，労働委員会が行った①事実認定，②不当労働行為の成否の判断，③救済方法の選択（不当労働行為が成立した場合）という3段階について，適法性の審査を行う。このときに，専門的機関である労働委員会の判断を，裁判所はどこまで尊重すべきか，という問題が生じる。

①の事実認定に関しては，裁判所は労働委員会の認定に拘束されず，独自の証拠調べを行って，新たな事実認定をなしうるとされている。かつて公正取引

委員会の審決の取消訴訟につき定められていたような，実質的証拠法則や新証拠の提出制限（独禁法旧80条・81条。2013年改正により，審決制度そのものが廃止された）は，労働委員会に関して認められていない。ただし，2004年の法改正によって，労働委員会が物件提出命令を出したにもかかわらずこれを提出しなかった者は，正当な理由のない限り，裁判所で当該物件にかかる証拠の申出をすることができないこととなった（労組法27条の21）。

②の不当労働行為の成否は，労組法7条各号の解釈適用の問題である。ここにおいても，労働委員会の裁量（いわゆる要件裁量）は否定されており（寿建築研究所事件・最2小判昭和53・11・24労判312号54頁），裁判所は完全な審査をなしうる。ただ，不当労働行為の要件は，私法上の権利義務関係とは異なる視点にもとづく独特なものであり，裁判所としても，労働委員会が行った判断に十分な配慮を払うことが望まれる。

③の救済命令の内容については，すでに述べたように，労働委員会に広範な裁量権が認められ，裁判所もそれを尊重することが要請される。労働委員会の裁量権の行使が，制度の趣旨目的に照らして是認される範囲をこえ，または著しく不合理で濫用と認められる場合でない限り，当該命令を違法とすべきではない（前掲第二鳩タクシー事件）。

3 緊急命令

使用者が救済命令の取消訴訟を提起した場合，当該命令を発した労働委員会は，受訴裁判所に対して緊急命令の申立てをなしうる（労組法27条の20）。

「緊急命令」とは，裁判所が，判決が出されて確定するまでの間，労働委員会の命令の全部または一部に従うよう使用者に命じるものであり，緊急命令の違反には過料の制裁がある（労組法32条前段）。つまり，取消訴訟の期間中，救済命令に対して暫定的に，強制力が付与されるのである。

緊急命令を発するにあたり，裁判所は，救済命令の適法性と，それについて緊急命令を発することの必要性とを審査する。前者は，あくまで暫定的な判断であるので，疎明資料から，救済命令の内容に重大明白な瑕疵がなく，一応適法と認められれば十分である。しかし，救済命令の適法性に重大な疑義が生じた場合には，緊急命令申立てを却下せざるをえない（吉野石膏事件・東京高決昭和54・8・9労民集30巻4号826頁)。後者の必要性は，その救済命令を即時に履行させなければならない緊急の事情を意味する（これが否定された事例として，JR東日本〈緊急命令申立〉事件・東京高決平成3・6・6労判594号110頁)。

§5　不当労働行為の司法救済

⑴　**司法救済の意味**　　労組法7条各号の不当労働行為に対しては，労働委員会による命令がいわばメインの救済手続であり，そこに不当労働行為制度の大きな特徴がある。しかし，そのような行政機関による救済システムがもうけられているという事実は，同じ行為について，裁判所の管轄権を排除するものではない。

したがって，労働者・労働組合は，不当労働行為に該当する行為があった場合，直接，使用者を相手に民事訴訟を提起することもできる（ちなみに，アメリカでは行政救済が独占的な地位を占め，民事訴訟は排除される)。これが不当労働行為の「司法救済」と呼ばれるものであり，すでにみた団交応諾仮処分や団交に応ずべき地位の確認訴訟も，その一種である。

⑵　**司法救済と労組法7条**　　司法救済は通常の民事訴訟であるから，行政救済のような将来に向かっての作為・不作為の命令という柔軟さはなく，私法上の権利義務関係にもとづいた確認請求，損害賠償請求，作為義務の履行請求，差止請求などの形をとる。この場合，1つの問題は，労組法7条各号の規定が，そのような私法上の権利義務の根拠となりうるか，という点である。学説ではこれを肯定する見解が強いが，規定の形式および内容からみて，労組法7条は27条の行政救済に特有の規定であり，直接的な裁判規範ではないと考える説も有力である（石川413頁)。

後者の立場によれば，司法救済の根拠は7条以外のところに求められるべきことになる。たとえば，不利益取扱いにあたる解雇であれば，憲法28条に由来する公序の違反（民法90条）として無効となる（判例は，労組法7条1号を強行規定と解して解雇無効を導いている。医療法人新光会事件・最3小判昭和43・4・9民集22巻4号845頁。なお，7条のうち1号についてのみ私法上の強行規定性を認める見解として，菅野995頁)。

他方，不利益取扱いや支配介入にあたる事実行為は，やはり憲法28条の私法への投影として，団結権侵害による不法行為（民法709条）を成立させうる（たとえば，日産自動車事件・東京地判平成2・5・16労民集41巻3号408頁，サンデン交通事件・山口地下関支判平成13・5・9労判812号39頁。また，税関当局の支配介入行為について組合〔職員団体〕の国家賠償請求が認められた事例として，横浜税関事件・最1小判平成13・10・25労判814号34頁)。違法な団交拒否についても，同様に，団体交渉権侵害の不法行為となりうる（神谷商事事件・東京高判平成15・10・29労判865号34頁，スカイマーク事件・東京地判平成19・3・16労判945号76頁，神戸刑務所事件・大阪高判平成25・1・16労判1080号73頁)。

もっとも，7条各号に該当する行為が，常に不法行為を構成するというわけではない。また，便宜供与の打切りが7条3号の支配介入にあたる場合であっても，労働組合が便宜供与の継続を求める私法上の権利を有するとは限らない(三菱重工業長崎造船所事件・最3小判昭和61・12・16労判488号6頁参照)。7条の趣旨を踏まえつつ，あくまで私法上の判断がなされる必要がある。

⑶　**救済内容との関係**　私法上の権利の存在が認められる場合にも，司法救済にあたっては，その権利の性質が，請求されている救済内容をもたらしうるかという点も問題になる。

たとえば，法律行為の無効確認請求や損害賠償請求は，裁判所において比較的容易に認められる。これに対して，団体交渉義務の履行請求については，団体交渉権が裁判所での履行強制になじむ権利であるか，議論が分かれている(197頁参照)。また，組合活動に対する妨害排除の請求に関しても，団結権がその根拠となりうるか，学説・裁判例とも賛否が分かれている（肯定例として大日通運事件・神戸地判昭和51・4・7労判255号73頁，否定例として住友重工・富田機器事件・津地四日市支決昭和48・1・24労経速807号3頁)。

他面で，司法救済には，損害賠償の請求ができること，仮処分手続を利用しうること，「使用者」とはいえない者の団結権侵害行為に対する救済も可能であること，一般的な権利濫用法理とも接合しうることなど，行政救済にはみられないメリットもある。

§ 6　個別労働紛争の解決促進

1　紛争処理システムの必要性

わが国では，集団的な労使紛争の処理メカニズムは早くから用意されていたのに対し，個別的な労働紛争については，特段の対応はなされていなかった。しかし，1990年代の長期不況の中で，リストラや労働条件をめぐる個別紛争が著しく増加したことから，その必要性が広く認識されるようになった。

もちろん，労基法による監督制度は古くから存在するし，均等法にも助言・指導・勧告や調停などの手続がもうけられた。しかし，解雇の合理性や，配転，懲戒処分，労働条件変更などをめぐる労働契約上の紛争は，労基法や均等法の枠外の問題なので，労働者としては，使用者を相手に民事訴訟を提起して争わざるをえない。また，労基法や均等法の問題でも，行政機関での手続で解決に至らない場合には，やはり裁判で争うことが必要となってくる。

ところが，日本の裁判手続は，しばしば長い時間と大きな費用がかかり，とりわけ労働者にとって重い負担となる（民訴法368条以下の少額訴訟は手続が原則として1日で終わるが，訴額60万円以下の金銭訴訟に限られる）。その一方で，いわゆる駆け込み訴えによって，合同労組などの労働組合が個別紛争の受け皿となり，労働委員会の斡旋や不当労働行為（団交拒否）などの集団的な事件の場で，実質的に個別労働者の問題が処理されるケースも少なくない。

そのため，個別労働紛争に関するシステム整備が強く求められようになり，まず，行政による対応が進展した。東京都のように，以前から行政サービスの一環として，労政事務所（現在は労働相談情報センター）で個別労働紛争のあっせんを行ってきた自治体もあり，また，国においても，労働基準監督署に相談員を配置して個別紛争全般の相談にあたらせる等の措置が行われたが，2001年，この問題に対するより本格的な取組みとして，「個別労働関係紛争の解決の促進に関する法律」（個別労働紛争解決促進法）が制定された。

2　個別労働紛争解決促進法の内容

個別労働紛争解決促進法は，「労働条件その他労働関係に関する事項についての個々の労働者と事業主との間の紛争」(個別労働関係紛争)について，その実情に即した迅速かつ公正な解決を図るために，主として，都道府県労働局長(国の機関)による援助のメカニズムを整備したものである。対象となる個別労働関係紛争には，募集・採用をめぐる個々の求職者と事業主との間の紛争も含まれる(1条)。

具体的な制度としては，第1に，都道府県労働局長は，労働者，求職者または事業主に対して「情報の提供，相談その他の援助」を行うものとされ(3条)，そのために，都道府県の各所に総合労働相談コーナー等が設置されている。

第2に，紛争当事者の双方または一方が援助を求めた場合，都道府県労働局長は，「必要な助言又は指導」をすることができる(4条1項。なお，都道府県労働局長は，助言・指導をするために必要があると認めるときは，専門的知識を有する者の意見を聴くことができる。同条2項)。

第3に，紛争当事者の一方または双方から「あっせん」の申請があり，かつそれが必要と認められる場合には，都道府県労働局長は，紛争調整委員会にあっせんを行わせるものとされる(5条。ただし，労働者の募集・採用に関する事項についての紛争は，あっせんの対象から除外されている)。

都道府県ごとに設置される紛争調整委員会は，3人以上(最大36人)の，学識経験者たる委員により構成され(7条1項)，うち3人は，本法のあっせんのほか，均等法等による調停手続も担当する(均等法18条・19条，パート労働法〔2020年4月以降はパート有期法〕25条・26条，育介法52条の5・52条の6)。あっせんは，紛争調整委員会の会長が事件ごとに指名する3人の委員により行われるが(12条。ただし，施行規則7条1項により，特定の委員に実施委任が可能)，あくまで紛争当事者の任意の参加による手続で強制力はなく，紛争解決の見込みがない場合には打ち切ることができる(15条)。

3　都道府県労働委員会のあっせん

個別労働紛争解決促進法では，上記のような国の制度のほかに，地方公共団体も，個別労働関係紛争の解決促進のために必要な施策を推進するよう努めるものとされている(20条)。その結果，現在では多くの道府県で，労働委員会による個別労働関係紛争のあっせんの制度が採用されている(これは，労調法上の斡旋とは別のものである。なお，東京都，兵庫県，福岡県の各労委と，中労委は，個別紛争のあっせんを行っていない)。

§7 労働審判制度

1 労働審判の意義

個別労働紛争解決促進法は，当事者に対する行政の援助を定めるものであり，強制的な効力を有しない。紛争の最終的な解決のためには，司法による判断が不可欠となるが，前述のように，通常の訴訟手続には時間と費用がかかるという問題がある。また，紛争の実情に即した解決のためには，労働関係の知識や経験を有する者が手続に参加することが望ましいとの指摘もなされていた。そこで，司法制度改革の一環として，2004 年に労働審判法が制定され，全国の地方裁判所において，「労働審判」という新しい手続が行われるようになった(2006 年 4 月より施行)。

労働審判の対象となるのは「労働契約の存否その他の労働関係に関する事項について個々の労働者と事業主との間に生じた民事に関する紛争」(個別労働関係民事紛争) であり (1 条)，いずれかの当事者からの書面による申立てによって開始される (5 条)。労働審判は，いわば，正式の裁判という高い敷居の前におかれた補助段のようなものであり，判断主体の構成と，手続の迅速性に大きな特色がある。

すなわち，労働審判を担当するのは，裁判官である労働審判官 1 名に，労働審判員 2 名を加えた「労働審判委員会」である (7 条以下)。労働審判員は，労働関係に関する専門的な知識経験を有する者 (民間人) の中から任命される (9 条 2 項)。実際には労使から各 1 名という運用がなされているが，労働委員会の労使委員とは異なって，あくまで中立かつ公正な立場において職務を行う(同条 1 項)。労働審判委員会の決議においては，3 名が対等であり，過半数の意見によって決せられる (12 条 1 項)。

労働審判委員会は，申立てを受けた後，速やかに当事者の陳述を聴いて争点・証拠の整理を行い，特別の事情がない限り，3 回以内の期日において審理を終結しなければならない (15 条)。ここ数年の平均審理期間は 75 日程度であり，現実にも迅速な処理がなされているといえよう。

また，労働審判委員会は，事件の審理にあたって，「調停の成立による解決の見込みがある場合にはこれを試み，その解決に至らない場合には，労働審判……を行う」（1条）とされている。当事者間の自主的な解決のための「調停」を内包しつつ，それが成立しない場合には「審判」という公権的判断が用意されている点に，労働審判手続の独自性がある。もっとも，この労働審判は，当事者が異議を申し立てれば簡単に覆され，通常訴訟に移行することになる。

2 審理の手続と審判

労働審判は，いわゆる非訟事件の手続であり，審理は非公開で，職権による証拠調べが行われる（16条・17条）。3回以内の期日で審理を終えるために，書面は最小限に抑えられ，口頭による弁論が重視されることになる。

審理が終結し，かつ調停が成立しない場合には，労働審判委員会は，審理の結果認められる当事者間の権利関係および労働審判手続の経過を「踏まえて」労働審判を行う（20条1項）。労働審判では，当事者間の権利関係を確認し，金銭の支払い，物の引き渡し等の財産上の給付を命じたり，その他「個別労働関係民事紛争の解決をするために相当と認める事項」を定めることができるとされており（同条2項），通常の民事訴訟よりも柔軟な処理の余地が認められている。

労働審判は，主文および理由の要旨を記した審判書を作成し，当事者に送達するのが正式であるが（同条3項・4項），相当と認められる場合には，すべての当事者が出席する期日に口頭で告知することも可能である（同条6項）。

労働審判の送達（または告知）の日から2週間以内に当事者が異議を申し立てれば，その労働審判は効力を失う（21条1項・3項）。この場合には，労働審判の申立ての時に訴えの提起があったものとみなされて，通常の民事訴訟に移行する（22条1項。なお，労働審判官として労働審判に関与した裁判官が，訴訟移行後にその事件を担当することも妨げられない。小野リース事件・最3小判平成22・5・25労判1018号5頁）。他方，異議が申し立てられなかった場合には，労働審判は，裁判上の和解と同じ効力を有することになる（21条4項）。

なお，事案の性質に照らし，労働審判手続を行うことが紛争の迅速かつ適正な解決のために適当でないと認められる場合には，労働審判委員会は，労働審判を行わずに事件を終了させることもできる（24条1項)。大規模な差別事件や就業規則変更の事案などは，3回以内の期日で審理を終了することがむずかしく，これに該当する可能性が高い。

労働審判制度が発足して10年余りが経過したが，おおむね迅速な事件処理が行われて解決率も高く，所期の役割を果たしていると評価することができよう。

Brush up 諸外国の労働紛争解決

解雇や賃金不払いなどの個別労働関係紛争を中心に，諸外国と日本の紛争解決システムを概観してみよう。どこの国でも，裁判で解決が図られるのは共通であるが，それだけでは十分でなく，労働紛争のための特別裁判所を設置したり，裁判以外の紛争解決（ADR）の仕組みが採用されたりしている。

労働裁判所では，ドイツの労働裁判所（Arbeitsgericht）とフランスの労働審判所（Conseil de prud'hommes）がよく知られている。前者は，職業裁判官と労働者および使用者を代表する者が構成する裁判で，1 審から連邦労働裁判所までの 3 審構成である。後者は，選挙による労働者代表 2 名と使用者代表 2 名（原則）が構成する裁判であり，労働契約紛争の 1 審を担当する。

次に，裁判外の判定的解決では，イギリスの雇用審判（Employment Tribunal）や日本の労働審判のように，職業裁判官と労使代表による三者構成の「審判」という方式がある。また，韓国では労働委員会が「不当解雇制度」により個別労働関係紛争について判定による救済を行っており，中国の「労働仲裁」も，仲裁という名称ではあるが実質は判定である。

他方，裁判外の調整的解決はさらに多様で，調停（conciliation）の解決を行うものとして，イギリスの，助言・調停・仲裁局（Advisory, Conciliation and Arbitration Service: ACAS）の行う調停，フランスの労働審判所で審判の前置手続として行われる調停，台湾の自治体調停などがある。日本でも，労働審判係属事件の約 70% は，実は調停により解決している。あっせん（mediation）という名称をもつものには，ニュージーランドのあっせんサービスがある。日本では，都道府県労働局に設置された紛争調整委員会によるあっせんと道府県労働委員会による個別紛争あっせんがある。他方，アメリカでは，労働協約にもとづいて設置された苦情処理制度やそれに引き続く仲裁制度が重要であり，最近では個別労働紛争についても大きな役割を果たしている。

日本の特徴として，何より受理件数の少なさを指摘しうる。2017 年度の労働審判新受件数は 3369 件，同年度の労働局あっせん申請が全国で 5021 件であるのに対し，ドイツの労働裁判所の新受件数は，実に年間に 60 万件前後であるし，フランス，イギリスでも 20 万件近くを受理している。東アジア諸国と比べても，すでに大きく水をあけられている。これは，日本の紛争解決システムに何らかの欠陥があることを意味するのではないだろうか。

Ⅵ 「企業」との訣別

26　労働契約の終了

労働者が学校を卒業後すぐに入社する場合，定年まで勤務すれば，労働契約は約 40 年間も継続することになる。しかし，それ以前に辞職や解雇によって労働契約が終了することもあり，また，当初から期間の定めがあって短期間の継続しか予定していない労働契約もある。いずれにしても，どこかの時点で労働契約は終了し，労働者と使用者との関係は消滅する。

労働契約をいつ，いかなる形で終了させるかは，基本的に当事者の決定による。しかし，それが公正に行われることを確保するために，契約終了の原因および手続に対する法的規制がもうけられている。

さまざまな労働契約の終了原因のうち，最も重要なものは，使用者による解雇である。解雇に関しては，すでに「**21** 紛争としての解雇」でみたように，判例によって形成された解雇権濫用法理が労働契約法の中に明記され（16 条），客観的に合理的な理由を欠き社会通念上相当と認められない場合は無効というルールが定着している。しかし，たとえ解雇に十分な合理的理由が存在していても，さらに労働基準法が，解雇の予告，時期，理由の証明等に関して規制を加えており，使用者はこれに従わなければならない。

このように，現在の解雇規制は実体的な側面と手続的な側面の双方から行われているが，労契法と労基法という 2 つの法システムの間で，十分な連携を欠いている面も否定できない。

§ 1　解雇の予告手続と時期

1　解 雇 予 告

労基法は，使用者が労働者を解雇する場合，少なくとも 30 日前に予告するか，または 30 日分以上の平均賃金（解雇予告手当）を支払うことを義務づけている（20 条 1 項）。解雇予告の日数は，平均賃金を支払った日数分だけ短縮されるので（同条 2 項），使用者は，たとえば 10 日分の手当を払って 20 日前に予告するというように，予告と予告手当の支払いを組み合せることもできる。

この解雇予告制度は，突然の解雇がもたらす打撃から労働者を保護し，解雇後の生活に備える余裕を与えるためにもうけられたものである。民法上は，期間の定めのない雇用契約の解約について2週間の予告期間が定められているが（627条1項），労基法は，使用者のなす解雇について，これを30日前の予告または30日分の予告手当支払いに修正し，しかも罰則付きで遵守を義務づけたのである。また，「やむを得ない事由」があれば即時の解除を認める民法628条も，やはり労基法20条の規制によって修正され，2で述べる要件をみたさなければ，即時解雇は許されない。

なお，月給制の労働者を解雇する場合には，民法627条2項が適用されて，使用者は月の前半のうちに予告せねばならないとする見解もあるが，一般には，労基法20条は民法627条2項も含めて民法の原則を修正しており，単に30日前に予告すればよいと考えられている。

2　即時解雇と除外認定

解雇予告の例外として，使用者は，以下の2つの場合には，予告も予告手当支払いもせずに，労働者を解雇することができる（労基法20条1項但書）。予告を伴う「通常解雇」と対比して，このような予告なしの解雇は「即時解雇」と呼ばれる。もっとも，後述の除外認定が必要とされるので，文字どおりに「即時」の解雇が許されるわけではない。

即時解雇が許される第1の場合は，「天災事変その他やむを得ない事由のために事業の継続が不可能となった場合」である。これは，不可抗力にもとづく突発的でいかんともしがたい事由により，事業の全部または大部分が継続不可能となった場合をいう。経営者として社会通念上採るべき必要な措置をもってしても防止できないことが必要であり，使用者の重大な過失による事故や，取引失敗など経営上の問題は，これに該当しない。

第2は「労働者の責に帰すべき事由に基いて解雇する場合」であり，労働者の義務違反や非違行為ゆえの解雇で，解雇予告制度による保護を否定されてもやむをえないほど重大または悪質なものをいう（シティズ事件・東京地判平成11・12・16労判780号61頁は，身元保証書の不提出を理由とする解雇がこれにあたると判断しているが，疑問である）。このような場合，就業規則にもとづいて懲戒解雇がなされることが多いが，即時解雇の可否と懲戒解雇の適否とは別の問題であり，懲戒解雇が有効でも解雇予告は必要と判断されることもある。

これら解雇予告の除外事由について，使用者は事前に行政官庁（労働基準監督署長）の認定を受けなければならない（労基法20条3項）。使用者の恣意的判断による即時解雇の濫用を防止するためにもうけられた手続であり，ことの性質上，労基署長としても特に迅速に処理決定すべきものとされる。

ただ，判例・通説によれば，「認定」とは除外事由が存在するという事実を確認する行為にすぎず，即時解雇の効力要件ではない（日本通信社事件・最3小判昭和29・9・28裁判集刑事98号847頁）。したがって，使用者が除外認定を受けずに即時解雇をなした場合でも，もし客観的に解雇予告除外事由が存在していたならば，解雇自体は有効となる（ただし，労基法20条3項の違反は成立するので，使用者は罰則の適用を免れない）。

3　予告義務違反の解雇の効力

客観的にみて即時解雇事由（解雇予告除外事由）が存在していないのに，使用者が，30日前の予告も予告手当の支払いもなさずに労働者を解雇した場合，労基法20条1項違反として処罰の対象となる。しかし，その解雇が私法上いかなる効果を有するかについては，見解が分かれている。

絶対的無効説と呼ばれる立場は，強行法規である労基法20条に違反する以上，その解雇はおよそ無効と解する。しかし，この説に従えば，労働者が解雇予告手当の請求をすることはありえず，予告手当の不払いにつき付加金を認める同法114条の規定が意味を失うことになる。これに対して，労働者は使用者に対して予告手当（および付加金）の請求をなしうるけれども，解雇自体は有効とする説（有効説）もあるが，労基法の強行性との矛盾が問題となる。

そこで唱えられたのが，相対的無効説という折衷的な見解であり，最高裁もこの立場をとっている（細谷服装事件・最2小判昭和35・3・11民集14巻3号403頁）。同判決によれば，労基法20条の予告義務に違反する解雇通知は即時解雇としては無効であるが，「使用者が即時解雇を固執する趣旨でない限り，通知後同条所定の30日の期間を経過するか，または通知の後に同条所定の予告手当の支払をしたときは，そのいずれかのときから解雇の効力を生ずる」とされる。相対的無効説は，実際上，無効な即時解雇を通常解雇に転換することを認めるものであるが，それを使用者の意思，それも即時解雇に「固執」するか否かという不明確な基準によらせているために，労働者の地位は不安定となる。しかも，転換した場合，30日の経過により解雇の効力発生を認めるため，やはり付加金の機能の余地はなくなってしまう。

同じく折衷的な見解ながら，解雇の効力の有無を労働者の側に決定させようというのが，選択権説である（有泉167頁）。除外事由が存在しないのに予告も予告手当もなく解雇された労働者は，その解雇の無効を主張するか，あるいは解雇を有効と認めつつ予告手当（および付加金）の支払いを請求するかを，相当期間内に選択することができる，と考えるのである。解雇予告制度の趣旨と構造に照らして，この説が妥当であろう。実際，労働者による予告手当の請求を認めた裁判例もかなりあり，その限りで選択権説が採用されていると考えることもできる（たとえば，ティーエム事件・大阪地判平成9・5・28労経速1641号22頁，H会計事務所事件・東京地判平成22・6・30労判1013号37頁，X社事件・東京高判平成29・12・20 D1-Law 28260638。いずれも付加金まで認容）。

4　解雇予告制度の適用除外

労基法21条は，20条の解雇予告の適用が除外される者として，①日々雇い入れられる者，②2ヵ月以内の期間を定めて使用される者，③季節的業務に4ヵ月以内の期間を定めて使用される者，④試みの使用期間中の者，という4種類の労働者を列挙している。しかし，いずれについても，但書によって一定の場合には20条の適用が認められ，予告が必要となる（21条本文但書）。

①の日々雇用者は，その日ごとに契約が終了するため，「解雇」の問題はそもそも生じない。しかし，但書によって，1ヵ月を超えて引き続き使用されるに至った場合には，雇止めにあたり，解雇に準じて予告が要求される。

②，③の短期契約の労働者については，21条の効果として，期間途中での解雇の場合，原則として予告は不要となる。しかし，但書によって，これらの労働者が「所定の期間を超えて引き続き使用されるに至った場合」には，20条が適用され予告が必要となる。「所定の期間」を当該契約の期間と解する説が多いが，むしろ21条の定める期間（②では2ヵ月，③では4ヵ月）とする説が適切であろう。

より問題なのは，所定の期間を超えて短期契約が更新された場合，この但書によって，期間満了（新たな更新の拒絶）による雇用終了についても20条の予告義務が生じるか否かである。期間満了は「解雇」ではないので20条は適用されないというのが行政解釈の立場であるが（昭和24・10・22基収2498号），学説では，但書は短期契約の更新による予告義務の回避を防止する趣旨であるとして，肯定するものが多い。しかし，より長期の有期契約との不均衡などの疑問もあり，立法論的に不可解で問題の多い規定である（久保＝浜田351頁）。

④の試用期間中の者については，解雇予告が不要なのは，但書によって最初の14日間に限られる。それ以後も引き続き使用されていれば，なお試用期間中であっても20条が適用される。

5　解雇制限期間

使用者は，①労働者が業務上の負傷・疾病で療養のために休業する期間およびその後30日間，または，②女性労働者が労基法65条によって産前・産後に休業する期間およびその後30日間は，その労働者を解雇してはならない（労基法19条1項）。再就職が困難な時期における解雇を禁止して労働者の生活を保護し，安心して療養や出産に専念できるようにする趣旨である。「業務上」の負傷・疾病か否かの判断は，労災補償制度におけるものと同じである（うつ病の発症が業務に起因すると認められ，休業期間中の解雇が無効とされた事例として，東芝事件・東京高判平成23・2・23労判1022号5頁。解雇の時点では労基署は労災認定をしていなかったが，後に取消訴訟で業務上と確定）。

このような解雇禁止には，2つの場合に例外が認められる（同項但書）。第1は，①について使用者が労基法81条の打切補償を支払った場合である（労災保険の傷病補償年金が支給される場合の扱いにつき，労災法19条。323頁参照。また，労災保険法にもとづく療養補償給付および休業補償給付がなされている場合にも，使用者は打切補償の支払いによって解雇することが可能とした判例として，専修大学事件・最2小判平成27・6・8民集69巻4号1047頁）。第2は，①②のいずれについても「天災事変その他やむを得ない事由のために事業の継続が不可能となった場合」である。この場合，使用者は行政官庁（労働基準監督署長）の除外認定を受けなければならない（労基法19条2項）。この除外事由の内容および除外認定の性質については，20条に関して述べたことが基本的にあてはまる。

これらの例外に該当しない限り，上記期間中の解雇は，労働者の責に帰すべき事由による即時解雇や懲戒解雇であっても許されない。「解雇」の意味について，現実の解雇のほか，制限期間終了後における解雇を期間中に予告することも禁止されるとの説も強いが，19条の「その後30日間」という規定は，20条を前提として休業終了時点での解雇予告を想定したものと考えられるので，解雇予告は許容されるべきであろう（結論的にこれを認めた裁判例として，東洋特殊土木事件・水戸地竜ヶ崎支判昭和55・1・18労民集31巻1号14頁）。

6　解雇理由の証明

解雇された労働者が退職にあたり，解雇理由の証明書を請求した場合には，使用者は遅滞なくこれを交付しなければならない（労基法22条1項）。解雇予告がなされた日から退職の日までの間において，労働者が解雇理由の証明書を請求した場合についても，同様である（同条2項。ただし，予告日以後に労働者が他の理由により退職した場合は不要となる）。

前者の規定は1998年の法改正でもうけられたものであり，解雇理由を明示させることによって不当な解雇を抑制しようという趣旨が含まれている。しかし，労働者の再就職に資することを目的とする「退職時の証明」の規定の中に盛り込まれたため，本人の請求が前提となるなど，解雇規制としての性格がわかりにくくなっている。2003年改正で後者の規定が追加されたのも，そのために生じた空白期間をカバーする必要があったためである。

使用者が証明書を交付した場合には，そこで明示した理由に拘束され，後に訴訟となったときに他の理由を持ち出すことはできないと解される。

7　労働協約による解雇手続規制

労基法上の解雇手続規制とは別に，労働協約で，解雇の事前手続として労働組合との協議を義務づける条項や，解雇には組合の同意が必要とする条項が定められている場合がある。これらの条項に違反する解雇は無効である。その理由を解雇権の濫用と構成する説もあるが，端的に労働協約の強行的効力ゆえと解すべきであろう（207頁）。なお，就業規則に協議・同意条項がある場合も，使用者の解雇権行使に対する手続的な制約となり，これに違反する解雇はやはり無効である。

いかなる場合に解雇協議・同意条項の違反となるかは，各条項の解釈の問題である。一般に，「協議」とは，組合の了解を得るための十分な審議を意味する。しかし，協議を重ねたにもかかわらず，組合が絶対反対としてそれ以上の協議に応じない場合には，解雇を行っても協約違反とならないと判断される（池貝鉄工所事件・最1小判昭和29・1・21民集8巻1号123頁）。また，同意条項についても，解雇に十分な合理性があり，使用者が同意を求める努力を尽くしたにもかかわらず，組合があくまで拒否する場合には，組合の信義則違反ないし権利濫用にあたり，使用者は解雇をなしうるとする裁判例が多い。

§2　解雇以外の労働契約終了事由

1　契約期間の満了

期間の定めある労働契約において，その期間が満了した場合，契約は当然に終了する。期間満了にあたって，両当事者が契約の更新や新契約の締結に合意すれば，雇用は継続することになるが，一方当事者がこれを希望しても，相手方は自由に拒否することができるのが原則である。

ただ，過去に契約更新が繰り返された等の事情がある場合には，使用者による契約更新の拒絶（雇止め）に対して解雇法理が類推適用され，合理的理由が必要とされる可能性がある（東芝柳町工場事件・最1小判昭和49・7・22民集28巻5号927頁，日立メディコ事件・最1小判昭和61・12・4労判486号6頁，および，判例法理を条文化した労契法19条）。この問題については，すでに「5労働契約の期間」で述べたところである（85頁を参照）。

ちなみに，同様の問題は，任期付きの非常勤公務員についても生じているが，判例は，公務員の勤務関係は公法上のものであり任用行為が必要との理由から，解雇法理の類推による地位確認を否定している（大阪大学事件・最1小判平成6・7・14労判655号14頁，情報・システム研究機構（国立情報学研究所）事件・東京高判平成18・12・13労判931号38頁）。ただ，任用継続を期待する特別の事情があった場合には，不法行為による慰謝料の支払いが認められる可能性がある（中野

区事件・東京高判平成19・11・28労判951号47頁，武蔵野市事件・東京地判平成23・11・9労経速2132号3頁）。

2　辞職と合意解約

⑴　**辞　職**　「辞職」とは，労働者の一方的意思表示による労働契約の解約である。「退職」と呼ばれることも多いが，退職には定年等による自動的な労働契約の終了まで含まれることがあるので，注意が必要である。

辞職に関しては労基法等による特段の規制がなされていないので，民法の諸規定によることとなる。期間の定めのない契約の場合，民法627条1項によって，労働者は2週間の予告期間をおけば，いつでも自由に辞職しうる。月給制の労働者については同条2項が適用され，月の前半のうちに辞職の申入れをしなければならないが，就業規則の規定によってそれが排除されたと解しうることが多いであろう（同項は2017年の民法改正によって「使用者からの解約」に限定され，労働者の辞職には適用されないこととなった。施行は2020年4月）。

辞職の自由は労働者の基本的な権利であり，就業規則で予告期間を延長したり，使用者の承認を要件とするなどの制限を加えても無効である（1ヵ月前の予告を求めることは可能とする説もある。下井・労基201頁）。他方，期間の定めのある契約では原則として期間中の辞職はできないが，やむをえない事由があれば，即時に辞職をなしうる（民法628条。期間の定めがない場合でも同様となる）。

⑵　**合意解約**　「合意解約」とは，使用者と労働者の合意によって労働契約を解約することである。当事者双方の意思にもとづくので予告期間などの規制はなく，期間の定めの有無にかかわらず，一方の解約申込みに対して相手方が承諾した時点で効果が生じる。労働者が「退職願」を提出するのは，通常，合意解約の申込みと考えられている。

⑶　**撤回の可否，退職強要**　しばしば問題になるのは，労働者が辞職あるいは合意解約申込みの意思表示をした後に，これを撤回することの可否である。裁判例は，合意解約の申込みであれば，信義則に反するような事情のない限り，使用者の承諾の意思表示がなされるまでは撤回を認めるものが多い（退職願を人事部長が受理したことが合意解約の承諾にあたると判断し，その後の撤回を否定した事例として，大隈鉄工所事件・最3小判昭和62・9・18労判504号6頁，所属長に提出

した退職願につき，理事長が承認する前に撤回されたので合意解約は不成立とされた事例として，学校法人甲学園事件・横浜地判平成23・7・26労判1035号88頁)。他方，辞職の意思表示については，一方的形成行為なので撤回はありえないとの見解が強いが，予告期間内であれば撤回を認める説もある。

いずれについても，意思表示に関する民法の一般規定は適用されるので，労働者の辞職や解約申込みが詐欺・強迫にもとづくと認められる場合には取消可能となり（民法96条)，錯誤に該当する場合には無効となる（同95条。なお，2017年の改正により，2020年4月以降は無効ではなく取消可能となる)。

また，そこまで至らなくても，使用者が経済的・精神的圧力を加えながら執拗に退職を迫った場合には，不法行為が成立しうる（下関商業高校事件・最1小判昭和55・7・10労判345号20頁，日本航空事件・東京高判平成24・11・29労判1074号88頁。他方，違法性なしとして否定された事例として，日本アイ・ビー・エム事件・東京高判平成24・10・31労経速2172号3頁)。状況によっては，英米法の「みなし解雇」の法理のように，労働者の辞職や解約申込みが，実質的に使用者による解雇にあたるとの判断がなされることもありうる（京都セクシュアル・ハラスメント事件・京都地判平成9・4・17労判716号49頁)。

3 定年制

⑴ 定年制の意義と効力　定年制とは，労働者が一定の年齢に達したことを労働契約の終了事由とする制度である。通常みられる「定年退職制」は，定年に達したときに契約が自動的に終了すると定めるものである。これに対して，定年に達したときに使用者が改めて解雇の意思表示をすることにより契約が終了する「定年解雇制」も時にみられ，この場合には労基法の解雇規制が適用される。いずれにおいても，定年制は労働契約の期間を定めるものではなく，定年前の解雇や辞職がこれにより特に制限されるわけではない。

かつては定年年齢を55歳と定める企業が多かったが，現在では高年法8条が，60歳を下回る定年を禁止している（坑内作業については例外が認められる。同条但書，高年則4条の2)。したがって，定年制を定める場合，その年齢は60歳以上でなければならない。60歳を下回る違法な定年を定めた場合の効果については，定年制そのものが無効となって定年のない労働契約となるという説と，60 歳定年に引き上げられるにすぎないと解する説とがある（労働条件変更の前提としての判断であるが，定年制がない状態となると述べた裁判例として，牛根漁業協同組合事件・福岡高宮崎支判平成 17・11・30 労判 953 号 71 頁）。

学説では，およそ定年制は，労働者の意思や能力にかかわらず，年齢のみによって一律に雇用から排除する点で不合理な差別であり，生存権・勤労権の理念にも反する，という批判もある（ちなみに，アメリカでは年齢差別禁止法によって定年制は違法とされている）。しかし，裁判例では，男女別定年制や職種別定年制など定年年齢における格差ゆえに違法と判断される可能性はあるとしても，定年制それ自体の効力は認められている。最高裁も，就業規則の変更による定年制新設を「合理的」で拘束力ありと判断するにあたり，定年制は人事刷新・経営改善など企業の組織・運営の適正化のために行われるものであって一般的に不合理な制度とはいえないと述べている（秋北バス事件・最大判昭和 43・12・25 民集 22 巻 13 号 3459 頁。また，高年法が 60 歳定年制を努力義務としていた 1990 年の時点においても 55 歳定年制が公序に反しないとした裁判例として，アール・エフ・ラジオ日本事件・東京高判平成 8・8・26 労判 701 号 12 頁も参照）。

⑵　**定年後の再雇用と高年法**　　定年後の再雇用は，原則的には新たな労働契約の締結であり，当事者間の合意が必要である。しかし，特段の理由がない限り希望者全員が再雇用されるという労働慣行がある場合には，労働者からの申込みによって再雇用契約が成立したと認められることもある（大栄交通事件・最 2 小判昭和 51・3・8 労判 245 号 24 頁）。また，労働協約による定年後 2 年間の雇用延長制度が，実質的には定年延長であり，例外事由に該当しない限り雇用延長を行う趣旨であるとして，本人の申出にもとづき労働契約の成立を認めた事例もある（クリスタル観光バス事件・大阪高判平成 18・12・28 労判 936 号 5 頁）。

以上のような状況に対し，高年法は，高齢者の雇用を確保するために，事業主に対し，①定年の引上げ，②継続雇用制度の導入，③定年の廃止，のいずれかにより，65 歳までの雇用確保措置を講じる義務を課した（高年法 9 条 1 項。2004 年改正，2006 年 4 月施行）。60 歳や 62 歳という定年制をもうけること自体は否定されないが，その場合には，②の継続雇用制度の採用が不可欠となる（一定の条件をみたす子会社，関連会社等〔特殊関係事業主〕に肩代わりさせることもできる。9条2項)。

継続雇用制度は,「現に雇用している高年齢者が希望するときは,当該高年齢者をその定年後も引き続いて雇用する制度」(9条1項2号)と定義される。労働者を退職させずに引き続き雇用する「勤務延長」の場合もあるが,ほとんどの企業は,いったん退職させたうえで新たな労働契約(通常は有期労働契約)を締結する「再雇用」の制度をとっている。

この継続雇用制度について,当初は,事業場協定によって制度の対象となる労働者の基準を定め,これをみたさない者は対象外とすることが認められていた(旧9条2項)。しかし,2012年の改正により,現在では,このような基準を定めることはできない(ただ,心身の故障のため業務の遂行に堪えない者等の取扱いについて,厚生労働大臣の指針が定められている。9条3項,平成24・11・9厚労告560号)。ましてや,違法な差別が許されないのは当然である(再雇用の拒否が組合活動に対する報復であったとして不法行為による損害賠償が認められた事例として,日本ニューホランド事件・札幌高判平成22・9・30労判1013号160頁)。

判例では,定年後全員に認められる1年間の嘱託雇用契約の満了時に,労働者が基準(当時は適法)をみたさないとして継続雇用制度による再雇用が拒否されたが,実は基準をみたしていたという事案において,最高裁は,期間満了による雇用終了を否定し,労働契約上の地位の確認を認めた(津田電気計器事件・最1小判平成24・11・29労判1064号13頁)。

下級審でも,基準をみたして1年契約で再雇用された労働者について,経営悪化を理由とする雇止めが,解雇法理の類推適用により効力を否定された事例がある(エフプロダクト事件・京都地判平成22・11・26労判1022号35頁)。その一方で,経営悪化が深刻化していたとして雇止めを是認するとともに,新たに定年を迎えた労働者に対する再雇用制度の運用中止も相当と判断した事例もある(フジタ事件・大阪地判平成23・8・12労経速2121号3頁)。

⑶ **再雇用後の労働条件**　再雇用の後の雇用形態や労働条件は,高年法の継続雇用制度においても,必ずしも労働者の希望どおりである必要はなく,事業主の実情等を踏まえた多様なものがありうる。

しかし,以前の事務職の業務とは全く異なる単純労務職の清掃業務等を使用者が提示した事例では,もはや継続雇用の実質を欠いており,高年法の趣旨に明らかに反するとして，不法行為の成立が認められた（トヨタ自動車ほか事件・名古屋高判平成28・9・28労判1146号22頁）。また，フルタイムの希望に対して月16日勤務のパートタイマーとして再雇用され，月収ベースで75%の減少となった事案でも，継続雇用制度の趣旨に反し，裁量権の逸脱・濫用にあたるとして，不法行為の成立が認められている（九州惣菜事件・福岡高判平成29・9・7労判1167号49頁）。

他方，定年後に有期労働契約で再雇用されたトラック運転手が，労働時間を含めて仕事内容は従来と同じなのに賃金が下がったのは不合理であると，労働契約法20条の違反を主張した事案において，最高裁は，このような場合にも同条は適用されるが，定年後の再雇用であることが「その他の事情」に該当すると述べたうえで，当該事案においては，能率給・職務給の不支給，住宅手当・家族手当の不支給，役付手当の不支給，賞与の不支給のいずれも不合理とはいえないと判断した（長澤運輸事件・最2小判平成30・6・1民集72巻2号202頁）。もっとも，精勤手当およびそれにもとづく超勤手当の不支給については不合理と判断されており，当該賃金項目の趣旨・目的に照らしてチェックがなされることになる（154頁を参照）。

4　当事者の消滅

労働契約は一身専属的なものであるので，労働者が死亡した場合や，個人として契約当事者となっている使用者が死亡した場合には，労働契約は終了する。使用者が法人の場合，それが所定の手続を経て解散し，法人格が消滅すれば，労働契約も終了する（もっとも，通常はそれ以前に解雇がなされる）。なお，使用者の倒産や破産は正当な解雇事由となりうるが，労働契約が当然に終了するわけではない。

会社の合併の場合には，消滅会社の労働契約は一括して合併会社に承継され，終了しない。会社分割や事業譲渡の場合も，労働契約がいずれの使用者との間で存続するかという問題は生ずるが（366頁以下を参照），契約そのものは終了するわけではない。

§3　労働契約の終了にともなう事項

1　金品の返還と労働・社会保険の手続

使用者は，労働者の死亡または退職の場合，権利者（本人あるいは相続人）の請求があれば，7日以内に賃金を支払い，労働者の権利に属する金品を返還しなければならない（労基法23条1項）。そこでいう退職には，解雇や契約期間満了の場合も含まれる。なお，退職金については，就業規則などで別途に支払時期が定めてあれば，それに従ってよい。

また，雇用保険法上の義務として，事業主は，労働者が離職した場合，被保険者資格喪失届を公共職業安定所長に提出しなければならず，このとき原則として，離職証明書を作成して添付する必要がある（雇保法7条，雇保則7条・16条）。これにもとづいて職安所長から，いわゆる失業給付を受給するのに必要な「離職票」が労働者に交付されるが（通常は事業主を通じて交付），交付をめぐるトラブルや，離職理由の記載に関して不一致が生じることもある（後者の場合，後の受給の際に，公共職業安定所が事実関係を確認したうえで判定を行う）。

そのほか，健康保険や厚生年金に関しても，事業主は，所定の手続に従って，健康保険組合，年金事務所等に被保険者資格喪失届を提出しなければならない。

2　退職時の証明

再就職のために，従前の職場での地位や勤務歴などの証明が必要となる場合がある。そこで労基法は，労働者が退職にあたり，使用期間，業務の種類，その事業における地位，賃金，または退職の事由について証明書を請求した場合，使用者が遅滞なく交付することを義務づけている（22条1項）。退職の事由が解雇の場合には，解雇の理由も上記の対象に含まれる（473頁を参照）。

使用者は，この証明書に労働者の請求しない事項を記入してはならない（同条3項）。また，使用者が事前に第三者と申し合わせて，労働者の再就職を妨害するために，労働者の国籍，信条，社会的身分もしくは労働組合活動に関する通信をしたり，証明書に秘密の記号を記入したりすること（ブラックリスト）も禁止されている（同条4項）。

3　退職金の支払い

⑴　退職金の支給義務　退職金は法律で支払いが義務づけられているわけではないが，労働協約や就業規則が定める支給条件をみたす場合には，労働者は退職金請求権を有する。退職金の支払時期は，就業規則で退職金の規定をおく場合には必要的記載事項である（労基法89条3号の2)。退職金債権の時効は，一般の賃金と異なり，5年である（同115条)。

退職金について最も問題となるのは，懲戒解雇等の場合にこれを不支給とする，あるいは減額する旨の規定であるが，判例は，退職金の功労報償的性格を重視して，その効力を肯定している（225頁参照。近年は，勤続の功労が完全に抹消されるわけではないとして，一部の支給を認める事例も目につく）。

たとえ懲戒解雇に相当する事由があっても，その前に普通解雇や依願退職などにより労働契約が終了してしまった場合には，特段の規定がない限り退職金請求権は全額について発生し，もはや懲戒解雇による不支給・減額の余地はないとされている（荒川農協事件・最1小判昭和45・6・4判タ251号178頁）。もっとも，労働者が著しい背信行為を秘匿して辞職したような場合には，退職金請求が権利濫用として否定されたり，使用者の退職金返還請求が認められたりする可能性もある（前者の例として，アイビ・プロテック事件・東京地判平成12・12・18労判803号74頁，ピアス事件・大阪地判平成21・3・30労判987号60頁）。

⑵　早期退職による割増退職金　早期退職を促すために，労働者が定年前に退職の申出をしたときには割増退職金を支給する制度を採用する企業が少なくないが，使用者の承認が条件とされるのが通例である。退職の申出に対して使用者が承認をしなければ，割増退職金債権の発生を伴う退職の効果は生じない（神奈川信用農業協同組合事件・最1小判平成19・1・18労判931号5頁。本件では承認をしない理由が不十分ではなかったとの判断もなされている）。

⑶　死亡退職金と団体生命保険　労働者が在職中に死亡したときには，遺族等に，所定の退職金が支払われるのが一般である（死亡退職金）。その受取人は退職金規程の中に定められているのが通常であり，自動的に相続人となるわけではない。

なお，使用者が保険会社との間で，労働者を被保険者，自らを受取人とする団体生命保険契約を締結し，保険料の支払いをすることがある。労働者が死亡したときには，この契約にもとづき，使用者（のみ）に保険金が支払われることになる。これに対して，労働者の遺族が，このような保険は労働者の福利厚生を目的とするものであり，保険金の全部あるいは相当部分が遺族に支払われるべきだと主張して，使用者を訴える事案が多発した。

裁判例の多くは，これは「他人の生命の保険」（旧商法674条1項。保険法38条を参照）にあたるので，被保険者たる労働者の「同意」が必要であるところ，その同意を得るに際して，使用者が受領した保険金の相当部分を遺族に支払う旨の明示または黙示の合意があったか否か，そこにいかなる趣旨が推認されるかを検討し，しばしば請求を認めていた（たとえば，パリス観光事件・広島高判平成10・12・14労判758号50頁）。これに対して最高裁は，より割り切った立場から，かかる契約が団体保険契約の福利厚生目的という本来の趣旨を逸脱しているとしても，労働者の同意がある以上，全額を使用者が得ることも公序良俗違反とはいえないと判断し，遺族に対する半額の支払いを命じた原判決を破棄している（住友軽金属工業事件・最3小判平成18・4・11民集60巻4号1387頁）。

§4　退職後の労働者の競業避止義務・秘密保持義務等

労働契約の終了によって，労務提供をはじめとする労働者の労働契約上の義務は消滅するのが大原則である。しかし，労働者が退職後に使用者の業務と競合する他企業に再就職して（あるいは自らそのような事業を開設して），在職中に知りえた秘密やノウハウを利用したり，顧客を奪ったり，従業員を引き抜いたりして，紛争になることがある。また，使用者がその予防のために，労働者に退職後における秘密の保持を義務づけたり，より広く，競業活動そのものを行わないことを約束させたりすることもあり，それらの効力が問題となる。

1　退職後の競業避止義務と秘密保持義務

⑴　競業避止義務　在職中とは異なって，退職後の労働者は基本的にどのような業務を行うことも自由であり，これを制約する競業避止義務は，明確な特約があって初めて認められる。しかも，労働者の職業選択の自由を不当に侵害しないように，禁止される行為の内容・期間・地域，代償の有無，使用者に

とっての必要性などからみて合理的範囲に限定され，その限りでのみ効力が認められる（禁止される行為の範囲が不明確として効力が否定された事例として，ソフトウェア開発・ソリトン技研事件・東京地判平成 13・2・23 労経速 1768 号 16 頁，労働者への代償がないのは不当とされた事例として，東京貨物社事件・東京地判平成 12・12・18 労判 807 号 32 頁）。

近年は，比較的ゆるやかに競業避止義務条項の効力を認める事例もある（ダイオーズサービシーズ事件・東京地判平成 14・8・30 労判 838 号 32 頁，ヤマダ電機事件・東京地判平成 19・4・24 労判 942 号 39 頁）。しかし，1 年しか在籍していない平社員に 3 年間の地域制限のない競業避止義務を課し，代償も総額 3 万円ほどにすぎなかったという事案では，当然ながら，公序良俗違反で無効とされている（リンクスタッフ事件・大阪地判平成 28・7・14 労判 1157 号 85 頁）。

⑵ **秘密保持義務**　他方，退職後の秘密保持義務は，労働者に対する制約が相対的に低く，使用者の利益も認められやすい。これについても，法的根拠として当事者間で特約が必要と考えられるが，特約がなくても信義則上，一定範囲で認められるとする見解もある。また，近年は企業の秘密に対する立法的保護が強化されており，在職中に知りえた営業秘密を，不正競業や前使用者への加害などの目的で使用・開示することは，不正競争防止法の違反に該当する（同法 2 条 1 項 7 号。なお，営業秘密については同条 6 項に定義があり，秘密情報の有用性，秘密管理性，非公知性の 3 つが要件とされている）。

もちろん，他方で，労働者の退職後の行為を不当に制約することのないように，秘密保持義務の内容も，過度にわたらない合理的な範囲に限定される必要がある（問題とされた情報が秘密管理性に欠け，就業規則および機密保持契約による保護の対象外と判断された事例として，関東工業事件・東京地判平成 24・3・13 労経速 2144 号 23 頁）。

⑶ **義務違反の効果**　これらの義務違反の効果としては，損害賠償や差止めの請求も可能であるが（競業避止義務違反に対する差止めを認めた事例として，フォセコ・ジャパン・リミティッド事件・奈良地判昭和 45・10・23 判時 624 号 78 頁），競業避止義務に関しては，退職金の不支給・減額や返還請求の例も多い。

中小広告代理店の退職金規則に，退職後同業他社に就職したときの退職金は一般の自己都合退職の場合の半額と定められていた事例で，最高裁は「営業担当社員に対し退職後の同業他社への就職をある程度の期間制限すること」は不当とはいえないとして同規定の効力を認め，いったん全額支給された退職金について，使用者の半額分の返還請求を肯定している（三晃社事件・最2小判昭和52・8・9労経速958号25頁）。しかし，競業避止義務合意の内容が，目的，範囲・期間・地域，代償措置のいずれの点から見ても合理的とはいえない場合には，公序良俗違反で無効となり，退職金の不支給は認められない（アメリカン・ライフ・インシュアランス・カンパニー事件・東京地判平成24・1・13労判1041号82頁）。

⑷　**適法な競業**　以上に対して，競業避止義務を定める特約がないところで，元使用者の営業秘密を用いたり信用をおとしめたりするなどの不当な方法をとらず，社会通念上自由競争の範囲内と評価しうる形で退職後に競業行為を行った場合には，当然ながら適法であり，元労働者に対する損害賠償請求は認められない（三佳テック事件・最1小判平成22・3・25民集62巻2号562頁）。

2　従業員の引き抜き

従業員の引き抜きについても，単なる転職の勧誘であれば問題ないが，社会的相当性の範囲をこえる悪質な態様で行われた場合には，債権侵害の不法行為が成立する可能性がある。また，在職中にかかる行為を行えば，労働契約上の誠実義務の違反ともなりうる（大量引き抜きに対する損害賠償を認めた事例として，ラクソン事件・東京地判平成3・2・25労判588号74頁，東京コンピューターサービス事件・東京地判平成8・12・27判時1619号85頁。一連の引き抜き行為のうち一部を違法として損害賠償を認めた事例として，U社ほか事件・東京地判平成26・3・5労経速2212号3頁）。

他方で，従業員らの退職が引き抜きの結果ではなく，社内の混乱に嫌気がさして自発的に辞めたものと認められた事案では，競業他社を立ち上げた元労働者に対する損害賠償請求が否定されている（フリーラン事件・東京地判平成6・11・25判時1524号62頁）。

Brush up 解雇の金銭解決

解雇を裁判で争う場合には，労働契約の存続または従業員たる地位についての確認請求訴訟を行うのが一般的である。その場合には，解雇権濫用に該当し，または強行法規や労働協約・就業規則に違反すると，解雇は無効と判断されて，労働契約上の地位確認が認められるのが一般である。その結果，使用者は，労働者の現実の復職を法的に強制されることはないとしても，労働者の就労申入れを拒み続けると，その労働者が別会社に就職するなどの状況変化が生じない限り，毎月の賃金支払義務が発生し続ける（民法536条2項)。したがって，常識的な使用者であるならば，その状況を放置することはできず，現実には敗訴後に金銭和解等の解決の手を打たざるをえない。

だとすれば，解雇権濫用についても，その効果を無効と定める必要はなく，始めから賠償金等により金銭解決を図ることを認めてもよいのではないだろうか。実は，解雇保護立法を有するヨーロッパを中心とする諸国では，解雇については金銭解決が原則であり，例外的に，差別的解雇などの公序違反や正当な組合活動を理由とする不当解雇などに限り，無効・復職を認める立法が多いのである。

日本で解雇権濫用の無効と地位確認が原則とされるのは，わが国において伝統的な終身雇用慣行が解雇法理に影響を残したものと考えられる。また，「不当な解雇をしても，金銭さえ支払えばよい」という考え方に，抵抗感をもつ見解も根強い。しかし，近年の労働審判やあっせん等のADRによる解雇紛争の解決では金銭解決が標準であり，一度失われた労使の信頼関係を元に戻して労働者を復職させることは，現実には困難であることは明らかである。また，正社員以外の雇用が4割近くにもなる今日の雇用実態では，終身雇用慣行を基本とする必要もない。

厚労省内部の検討会で，金銭救済制度に向けた議論がなされている。ここで議論されているのは，金銭による解決を要求しうるのは労働者だけとするか否か，判決で解雇が無効とされた場合に支払う金銭（労働契約解消金）をどのような性質のものとするか，金銭解決の対象となる解雇をどのような範囲にするか（有期労働契約の雇止め等を含めるか）等々の論点である。解雇の無効という法的帰結を前提にしたままの金銭解決の構想であるために，複雑な議論にならざるをえないようである。

27　再就職と引退

労働者が離職した後に他企業での勤務を希望する場合，新たな使用者との間で，募集・採用の過程が再び展開する。ヘッドハンティングのようにあらかじめ再就職先が決まっていればよいが，次の仕事を見つけることは決して容易ではない。近年では，企業も雇用戦略を見直して中途採用を増やしており，再就職の機会が拡大する傾向にある。しかし，公共職業安定所（ハローワーク）やその他のルートで求職活動を行ってもすぐには適切な職がみつからず，しばらくの間，失業状態におかれる可能性がある。

雇用保険は，この間の労働者の生活を支えることを目的としてもうけられた制度である。いわゆる失業給付を通じて，労働者にとって不可欠のセーフティネットを提供するとともに，他の雇用政策法令とも連携しながら，より積極的に，雇用機会を拡大して失業を予防するための諸施策も行っている。

他方で，労働者が高齢になったときには，労働生活を終了して引退するという選択が，現実的意味をもってくる。高齢者であっても能力と意思のある限り働き続けることができるように雇用の場を確保することが，本人にとっても社会にとっても必要である。しかし同時に，安心して引退生活に入れるよう，所得保障としての年金制度の整備も不可欠である。

本格的な高齢社会を迎えた今日，退職から引退へと至る過程は，社会保障法とも交錯しながら，労働法の大きな課題として浮び上がっている。

§1　雇用保険

1　制度の概要

雇用保険制度は，1974年に制定された雇用保険法により，それまでの失業保険制度に代わってもうけられた。その内容は，「失業等給付」と，雇用安定・能力開発の，いわゆる「雇用保険二事業」（二事業）とに分かれている。

失業等給付（10条以下）は，政府が保険者となって労使から保険料を徴収しておき，被保険者たる労働者が失業した場合等に，公共職業安定所を通じて諸給付を与えるものである。二事業（62条以下）のほうは，事業主のみから保険料を徴収したうえで，雇用安定および能力開発という積極的目的のために助成や援助を行うものであり，雇用保険制度の特徴となっている。

雇用保険法は，労働者が雇用されるすべての事業に適用される（5条1項。ただし，暫定的な任意適用事業につき，附則2条1項を参照）。被保険者はそこで雇用される労働者であり，①一般被保険者，②高年齢被保険者（65歳以上。37条の2），③短期雇用特例被保険者（季節雇用者で一定の除外事由に該当しない者。38条），④日雇労働被保険者（日々雇用者または30日以内の有期雇用者で一定の要件をみたす者。43条1項），に分けられる。なお，週所定労働時間が20時間未満の者や，31日以上の雇用が見込まれない者は，基本的に適用対象から除外されている（6条2号・3号）。

雇用保険の保険料は，一般の事業の場合，本来は賃金総額の1.55％であるが（徴収法12条4項），基金の状況に鑑み暫定的に1.35％に引き下げたうえで，弾力条項により0.9％とされている。そのうち0.6％分は失業等給付の費用に充てられるものであり，労使で折半される（労働者負担分は賃金から控除しうる。同31条）。残りの0.3％は2事業の費用分であり，事業主のみが負担する。そのほかの財源として，失業等給付の一部については一定の国庫負担もある（雇保法66条）。

雇用保険の保険料徴収等の事務は，一部の事業を除き，労災保険とあわせて一元的に処理されており，両保険は一括して「労働保険」と総称される。

2　失業等給付

失業等給付（雇保法10条）はもともと「失業給付」と呼ばれ，失業中の生活を支えるための求職者給付と，失業者の再就職を援助促進するための就職促進給付とに分かれていた。しかし，1994年の法改正で，失業を前提としない雇用継続給付が新設されたため名称が改められた（「等」の付加。さらに1998年の法改正で，やはり失業しなくても受給が可能な教育訓練給付が追加された）。

⑴　**求職者給付**　　求職者給付は，一般被保険者の場合，基本手当（同13条以下），技能習得手当（同36条），寄宿手当（同条），傷病手当（同37条）の4種類である（他の種類の被保険者については同10条3項を参照）。これらのうち最も重要なものは，基本手当である（俗に失業手当といわれるもの）。

一般被保険者が基本手当を受給するためには，原則として，離職の日以前の2年間に，被保険者期間が通算して12ヵ月以上あることが必要である（同13条1項）。倒産・解雇等による離職者や，有期労働契約の満了（雇止め）その他やむをえない理由による離職者の場合には，離職の日以前の1年間に被保険者期間が通算して6ヵ月あれば受給しうる（同条2項）。

基本手当は，上記をみたす受給資格者に対し，原則として離職日の翌日から1年以内の受給期間内で，同人が失業している日について，所定の給付日数を上限として支給される（同20条）。ただし，最初の7日間の失業日は，「待期」として支給の対象外となる（同21条）。

「失業」とは，被保険者が離職し，労働の意思および能力を有するにもかかわらず，職業に就くことができない状態をいう（同4条3項。会社の代表取締役への就任により，現実の収入がなくても失業に該当しないとされた事例として，岡山職安所長事件・広島高岡山支判昭和63・10・13労判528号25頁）。受給資格者が基本手当を受給するためには，公共職業安定所に出頭して求職の申込みをし，さらに4週間に1回出頭して，失業の認定を受けなければならない（同15条2項・3項）。失業の認定は，本人が職業紹介を受けるなどきちんと求職活動を行ったことを確認したうえで行われる（同条5項）。受給者は「誠実かつ熱心に」求職活動を行うことにより，職業に就くよう努めなければならない（同10条の2）。

基本手当の日額は，離職前の6ヵ月間の賃金総額（一時金は除かれる）にもとづき計算される賃金日額の50〜80％である（同16条・17条。賃金日額が低いほど支給率が高くなる。なお，60歳以上65歳未満の者については45〜80％）。賃金日額については，上限と下限が定められている。

基本手当の給付日数は，倒産・解雇等により離職した「特定受給資格者」の場合（同23条）と，それ以外の離職者の場合（同22条）を分けたうえで，本人の算定基礎期間（被保険者であった期間）および年齢に応じ，**表**（次頁）のように定められている。特定受給資格者（同23条2項。その具体的基準については雇保則33条〜35条を参照）については，事前に再就職の準備ができず，失業期間が長くなりがちであることから，給付日数が長く定められている。なお，有期労働契約の満了（雇止め）その他やむをえない理由による離職者については，暫定的に，本来の特定受給資格者にあたらない場合も，特定受給資格者とみな

基本手当の給付日数

一般の離職者

算定基礎期間 区分	10 年未満	10 年以上 20 年未満	20 年以上
全年齢	90 日	120 日	150 日

倒産・解雇による離職者（特定受給資格者）

算定基礎期間 区分	1 年未満	1 年以上 5 年未満	5 年以上 10 年未満	10 年以上 20 年未満	20 年以上
30 歳未満	90 日	90 日	120 日	180 日	—
30 歳以上 35 歳未満		120 日	180 日	210 日	240 日
35 歳以上 45 歳未満		150 日		240 日	270 日
45 歳以上 60 歳未満		180 日	240 日	270 日	330 日
60 歳以上 65 歳未満		150 日	180 日	210 日	240 日

＊厚生労働省令で決める就職困難者については，
上と異なる特別の日数が定められている。

して給付が行われる（雇保法附則 4 条）。

公共職業訓練の受講など一定の場合には，給付日数の延長がなされる（雇保法 24 条～27 条）。また，難病，激甚災害，急激な雇用情勢の悪化等の場合には，特別の給付日数延長がなされうる（個別延長給付。雇保法 24 条の 2）。

他方で，自己の責に帰すべき重大な理由により解雇された場合や，正当な理由なく自己都合退職した場合には，基本手当の支給が最長 3 ヵ月間制限される（雇保法 33 条。正当な理由のない自己都合退職と判断された事例として，新宿職安所長事件・東京地判平成 4・11・20 労判 620 号 50 頁）。また，公共職業安定所の紹介する職業に就くこと，または職安所長の指示した公共職業訓練等を受けることを正当な理由なく拒否した場合にも，1 ヵ月間の給付制限がある（同 32 条）。

⑵　**就職促進給付**　　就職促進給付には，就業促進手当（同 56 条の 3），移転費（同 58 条）および求職活動支援費（同 59 条）がある。中心となる就業促進手当は，失業者の早期再就職や就業を促進するために，それにより支給せずにすんだ基本手当分の一部を還元する形で支給するものである。いくつかの種類があるが，たとえば，受給資格者が基本手当の所定給付日数の 3 分の 2 以上を残して安定した職業に就いた場合には，基本手当残日数の 7 割，3 分の 1 以上を

残した場合には，同6割に相当する日数分の手当が，それぞれ再就職手当として支給される。

⑶　**雇用継続給付**　雇用継続給付は，労働者について「雇用の継続が困難となる事由が生じた場合」（同1条）のニーズに対処するためにもうけられたものであり，高年齢雇用継続給付（同61条以下。493頁を参照），育児休業給付（同61条の4。289頁を参照），介護休業給付（同61条の6。290頁を参照）の3種類がある。いずれの場合も，給付の助けを得て受給者の雇用が継続され，「失業」の発生が回避されるのである。

⑷　**教育訓練給付**　教育訓練給付金（同60条の2）は，労働者が自己の能力・資格を高めるために，職場外で自主的に教育訓練を受けた場合，雇用保険からその費用の一部を支給するものである。「一般教育訓練」については支払った経費の20%（上限10万円）が支給され（一定のものについては40%で上限20万円），「専門実践教育訓練」については，より高率の70%の給付が最長3年分（専門職大学については4年分。いずれも上限あり）まで行われる。支給の対象となる教育訓練は，厚生労働大臣が指定する。受給資格者は，現に一般被保険者である者または一般被保険者でなくなってから1年以内の者で，一般被保険者であった期間が一定以上あることが必要である。失業の前後を問わず，個々の労働者の雇用可能性の向上を支援するために保険給付を行う点に，特徴があるといえよう。

3　雇用保険二事業

雇用安定事業（雇保法62条）は，政府が被保険者等（被保険者であった者，被保険者になろうとする者も含まれる）の雇用の安定をはかるために，事業主に対する一定の助成等を行うものであり，①景気変動や産業構造の変化により事業活動の縮小を余儀なくされた場合における雇用維持措置への助成・援助，②定年年齢引上げ，雇用延長，再就職援助など高年齢者の雇用促進措置への助成・援助，③離職を余儀なくされる労働者に対する再就職促進措置への助成・援助，④雇用状況を改善する必要のある地域における雇用安定措置への助成・援助，⑤その他，就職が特に困難な者の雇入れの促進など，被保険者等の雇用の安定を図るために必要な事業，が対象となる。

雇用安定事業の代表例として，「雇用調整助成金」の制度があり（雇保則102条の3），景気の変動，産業構造の変化等により事業活動の縮小を余儀なくされた事業主が，休業，教育訓練または出向を行う場合，事業場協定の締結を条件として支給される。支給額は，たとえば休業の場合，大企業は休業手当相当額の2分の1，中小企業は3分の2で，一定の支給限度日数の枠内で支払われる。

能力開発事業（雇保法63条）は，被保険者等の職業能力の開発向上の促進のための援助事業であり，事業主等のなす職業訓練への助成，公共職業訓練施設の設置運営，有給教育訓練休暇への補助金支給などを行っている。

§2　職業能力の開発

労働者が雇用機会を獲得するためには，職務遂行に必要な技能・知識を有することが重要な要素となる。特に，産業構造の変化や急速な技術革新が進む現代社会では，職業能力を開発向上させる教育訓練の必要性はますます高まっている。

雇用保険法でも，失業者が公共職業訓練を受ける場合の特別の給付や，教育訓練給付，二事業の能力開発事業がもうけられている。また，2011年には「職業訓練の実施等による特定求職者の就職の支援に関する法律」が制定され，雇用保険の失業等給付を受給できない求職者について，無料の職業訓練を実施するとともに，一定の収入・資産要件をみたす場合は，職業訓練の受講を容易にするための給付金が支給されることとなった（求職者支援制度）。

しかし，職業能力の開発向上のための基本的な法体系を定めるのは，職業能力開発促進法（能開法）である（かつての職業訓練法が，1985年の全面改正によって名称を改められた）。この法律は，労働者（求職者を含む）の職業能力の開発・向上の促進を目的とするが，それが「労働者の職業生活設計に配慮しつつ，その職業生活の全期間を通じて段階的かつ体系的に行われること」を基本理念として掲げている（3条）。能開法の特色は，国および地方公共団体による公共職業訓練に加えて，事業主を職業能力開発の促進主体として明確に位置づけた点にある（4条1項・8条以下）。事業主は，業務遂行過程内での職業訓練（いわゆるOJT）や有給教育訓練休暇なども含めて，その雇用する労働者につき多様な職業訓練など職業能力開発向上の機会の確保に配慮するものとされ，そのための計画作成および推進者選任の努力義務を負う。そして，事業主のかかる措置に対して，国および地方公共団体から援助・助成が与えられる（15条の2以下。雇用保険法の能力開発事業もその1つである）。

国および地方公共団体による公共職業訓練は，職業能力開発校，職業能力開発短期大学校，職業能力開発大学校，職業能力開発促進センター，および障害者職業能力開発校で行われる（15条の7。なお，訓練指導員養成のための施設として，職業能力開発総合大学校も設置されている。27条）。転職者の場合などには，迅速・効果的な訓練のために，専修学校等の施設への嘱託もなされうる（15条の7第3項）。求職者が公共職業訓練を受ける場合には，無料訓練などの援助措置がある（23条）。

そのほか能開法は，認定職業訓練（事業主等の行う職業訓練で一定の基準をみたすものに対する認定），職業訓練指導員の免許，技能検定などの制度をもうけている。2015年の法改正で，職務経歴等記録書（いわゆるジョブ・カード）の普及のための規定（15条の4）ももうけられた。

§3　高齢者の雇用

⑴　高年法による定年の規制　高齢者の雇用に関しては，1986年に，従前の法律を改正して「高年齢者等の雇用の安定等に関する法律」（高年法）が制定された。同法は，55歳以上の者を「高年齢者」と呼び（2条1項，高年則1条），さまざまな措置を通じてその雇用の安定をはかるとともに，中高年齢（45歳以上）の求職者や失業者についても，雇用促進のための施策を行っている。

高年齢者の雇用に関しては，定年制が最大の問題となる。すでにみたように，高年法では，定年を定める場合，60歳を下回ることを禁じている（8条。476頁を参照）。しかし，それだけでは年金の支給開始年齢との間に空白期間が生じるため，65歳未満の定年の定めをしている事業主に対し，定年後も65歳までの安定した雇用を確保するための措置を講ずる義務が課されている。すなわち，上記のような事業主は，①定年の引上げ，②継続雇用制度の導入，③定年の廃止，のいずれかの措置を講じなければならない（9条1項）。実際上，多くの企業では，②の継続雇用制度が採用されている（477〜478頁を参照）。

⑵　**募集・採用における年齢制限**　次に，高年齢者の雇用については，労働者の募集・採用にあたっても，年齢がハードルとなることが多い。すでに見たように，労働施策推進法により年齢制限の禁止が定められているが（同法9条。60頁を参照），これとは別に高年法では，事業主がやむをえない理由により65歳以下の一定年齢を下回ることを条件とする場合，求職者に対してその理由を示すことを義務づけている（高年法20条1項。これに関する厚生労働大臣の権限について，同2項も参照）。

⑶　**シルバー人材センター**　高年法は，定年等で退職した高年齢者に臨時的・短期的あるいは軽易な就業の機会を提供するための自主的組織である「シルバー人材センター」（37条以下）についても定めている。シルバー人材センターでは，会員たる高年齢者は請負や業務委託契約によって就労し，仕事の依頼主やセンターとの間に雇用関係は生じないとされている。もっとも，センターでは補完的に無料職業紹介も行っており，また，労働者派遣事業を行うものもある。従来，センターが取り扱う業務は，臨時的・短期的または軽易なものに限られていたが，2016年の法改正で，一定の業種等では，派遣・職業紹介に限り，それを超えて週40時間までの就業が可能とされた。

⑷　**その他の法律による施策**　高年齢者については，雇用があっても賃金額が低いことが多い。そこで，雇用保険法では，60歳以降の雇用（継続雇用に限らず，出向や定年後の再就職も含む）における労働者の賃金の減少分を補うために，雇用継続給付の中に，高年齢雇用継続給付の制度をもうけている（雇保法61条以下）。これは，60歳以上（65歳未満）で被保険者であった期間が5年以上である被保険者について，その賃金が60歳の時点における賃金の75%を下回る場合に支給され，給付額は，現在の賃金額の15%である（ただし，賃金との合計額が60歳時点の賃金の75%を上回らないように調整がなされる）。

また，60歳以上の高年齢者を雇用する事業主に対しては，雇用保険法の雇用安定事業による助成金などの援助措置がある。そのほか，60歳以上の労働者については，その雇用を促進するために，有期契約の期間の上限延長（労基法14条1項2号。3年を5年に延長。80頁参照），日雇い派遣の許容（派遣法35条の4第1項，派遣令4条2項）などが定められている。

(5) **65歳を超える高齢者**　高年法は，65歳までを一応の目標として高年齢者の雇用促進をはかっており，雇用保険法でも，65歳を超えて新たに雇用される者は被保険者から除外されていた。しかし，この年齢層でも雇用者，求職者が増加していることから，2016年の法改正で，65歳を超える者も，全面的に雇用保険の対象とすることとした。ただし，65歳を超える高年齢被保険者が離職した場合には，通常の求職者給付ではなく，高年齢求職者給付金という一時金が支給される（37条の4。給付金額は，被保険者期間が1年以上の場合に基本手当日額の50日分，1年未満の場合は30日分）。さらに，高年法においても70歳までの雇用継続のための方策が検討されており，今後の動きが注目される。

§4　公的年金と企業年金

1　公的年金

一般の民間企業の労働者の公的年金は，1985年に全国民共通の基礎年金としての国民年金制度が導入されて以来，基礎年金（定額）と厚生年金（報酬比例）という2階建てになっている。

引退後の所得保障となる老齢年金についてみれば，第1に，老齢基礎年金は65歳から支給が開始される。2016年の改正により，受給のための資格期間が，25年から10年に短縮された（国年法26条。なお，加算繰下げ支給・減額繰上げ支給につき28条・附則9条の2も参照）。

第2に，老齢厚生年金も，1985年の改正により，支給開始年齢は65歳と定められた（厚年法42条。それ以前は，男性60歳・女性55歳であった）。もっとも，実際には，特別支給という形で60歳から完全な年金が支給されていたが，1994年改正で，定額部分の支給開始年齢を段階的に65歳に引き上げ，さらに2000年改正で，報酬比例部分についても段階的に65歳に引き上げることとされた（完全実施は，男性につき2025年，女性につき2030年）。また，2016年改正により，こちらも，受給のための資格期間が25年から10年に短縮された。

なお，60歳から65歳までの間に支給される老齢厚生年金は，当人が退職して被保険者資格を喪失すれば満額が支給されるが，被保険者として雇用される場合には，その賃金額に応じて年金額が減額される（同附則11条）。いわゆる在職老齢年金である。65歳以降の者についても，雇用されて就労する場合には年金の被保険者として保険料を徴収され（70歳以上の者は除く），かつ，在職老齢年金によって賃金額に応じた支給調整が行われる（厚年法46条）。

2 企業年金

(1) さまざまな制度と紛争事例　上に見た公的年金に加えて，各使用者が提供する企業年金もかなり普及している。これは基本的に私的な制度であって，給付の内容や支給要件はそれぞれ異なり，退職金の全部または一部を年金の形で支払うだけのものもある。また，使用者が外部に基金をもうけたり，金融機関と契約を結んだりする場合もあれば，自ら社内で積み立てる場合（自社年金）もある。いずれにしても，紛争が生じた場合には，各制度の規定や趣旨に照らして判断がなされる（受給者の不都合な行為を理由とする支給停止が認められた事例として，朝日新聞社事件・大阪地判平成12・1・28労判786号41頁）。

企業業績の悪化等によって支給中の年金額が引き下げられた場合，根拠規定の有無や，減額の必要性と程度，代償措置，手続などを考慮しながら，当否の判断がなされているが，結論的にこれを認めたものが多い（自社年金の減額が認められた事例として，幸福銀行事件・大阪地判平成10・4・13労判744号54頁，松下電器産業事件・大阪高判平成18・11・28労判930号26頁，早稲田大学事件・東京高判平成21・10・29労判995号5頁。厚生年金基金について減額が認められた事案として，りそな企業年金基金・りそな銀行事件・東京高判平成21・3・25労判985号58頁）。

制度の廃止についても，規約の改廃条項にもとづき一時金を支給したうえでの清算を認めた事例があるが（バイエル薬品・ランクセス事件・東京高判平成21・10・28労判999号43頁），他方で，年金支給の打切りが不当とされた事例もある（幸福銀行事件・大阪地判平成12・12・20労判801号21頁）。

この問題は，労働条件の不利益変更と共通する部分もあるが，現役労働者と退職した受給者の利害が対立する側面もあり，判断枠組みや基準について，議論が続いている。

(2) 確定拠出年金と確定給付企業年金　企業年金に関する特別の法的枠組みとして，以前は，一定の要件をみたす社外積立方式の企業年金に税制上の優遇を与える適格退職年金の制度と，事業主が厚生年金基金を設立して公的年金の給付を代行・上乗せする調整年金の制度がもうけられていた。しかし，2001年に確定拠出年金法と確定給付企業年金法が制定され，大きな改革がもたらされた。

「確定拠出年金」は，拠出された掛金を個々の加入者が運用し，その結果によって各人の受取年金額が変動する点に特徴がある。年金の原資が個人ごとに管理記録されるので，転職時の処理も容易で継続性が確保される（いわゆるポータビリティ）。確定拠出年金には，企業型（事業場協定により実施。拠出は事業主であるが，規約に規定があれば，個人の追加拠出も可）と，個人型（国民年金基金連合会が実施主体となり，加入者個人が拠出）の2種類がある。

「確定給付企業年金」は，将来受け取る年金額があらかじめ約束されている（確定給付）点では以前の2制度と同じであるが，適格退職年金よりも受給権の保護が強化され，かつ，調整年金のような公的年金の代行・上乗せ部分が不要となった（規約型と基金型という2タイプがあり，規約型はいわば強化された適格退職年金，基金型は代行・上乗せ部分のない調整年金にあたる）。これにともなって適格退職年金の制度は廃止され，また，厚生年金基金が代行部分を返上して確定給付企業年金に移行することも認められた。ただ，厚生年金基金については，代行返上や自主解散するだけの資力のないものも多く，問題が多発したため，2013年に厚生年金保険法等の改正が行われ，基金の新設を停止するとともに，既存の基金については，他の企業年金制度への移行の促進と，特例的な解散制度の導入が行われた。

Brush up 雇用労働を超えて

わが国では今日，誰かに「雇用」されて働く者が，全就業者の89.4%（総務省「平成30年就業構造基本調査」）を占めている。戦前は自営業主とその家族従業者のほうが圧倒的に多く，1960年代初頭でもそれらが半数を超えていたことを考えると，隔世の感がある。もっとも，自営業主の絶対数は比較的最近まであまり減っておらず，不況時の受け皿となって日本の社会の安定を支えてきたとの指摘（野村正實『雇用不安』〔岩波新書〕）は，心にとめておきたい。

とはいえ，他人に雇われずに独立して働きたいという願望を持つ人は数多い。シェアリング・エコノミー下の役務提供に見られるように，コンピューターと通信回線さえあれば，誰でも簡単に自分のビジネスを始めることができる時代となった。フリーランス，クリエーター，コントラクターなど，サービス産業化の流れの中で，小回りのきく独立自営の可能性は増大し，ワークライフバランスの一手段になるともいわれている。さらに近年では，プラットフォーム配下のクラウドソーシングとそれに伴うクラウドワークが現実のものとなり，諸外国に見られるように，こうした就業者の比率は今後も高まると予測されている。

もちろん，そこにはさまざまな課題がある。特に，就業者の労働者性の問題を中心として，災害補償や社会保険，あるいは，仕事の質の確保の問題，およびその反面としての職業訓練の機会保障など，放置できない立法政策上の課題が現に生じ始めている。

それでもなお，今後の労働世界は，雇用の枠を超えて多様化することが予想される。いささか古い資料となったが，21世紀の労働のあり方に関して，欧州委員会の委託にもとづきまとめられた報告書『雇用の行方（Au-delà de l'emploi)』(1999年）によれば，報酬を得て働く形態はますます多様化し，①従属性を本質とする労働契約による労働者以外に，②報酬を対価としつつも労働契約以外の契約により働く者，および③独立事業者が増加してくる。そして，労働法は，狭い意味の「労働者の法」ではなく，「働く者の一般法」に機能変化することが予測される。我々の視野を伝統的な雇用モデルから解き放ち，社会における労働の意義を改めて考えてみる必要があろう。

判例・命令索引（ゴシックは最高裁）

大阪地決昭和 23・6・24 労裁集 1 号 80 頁〈オーエス映画劇場事件〉……421
最 2 小判昭和 24・4・23 刑集 3 巻 5 号 592 頁〈大浜炭鉱事件〉……410
最大判昭和 25・11・15 刑集 4 巻 11 号 2257 頁〈山田鋼業事件〉……412
最 2 小判昭和 27・2・22 民集 6 巻 2 号 258 頁〈十勝女子商業事件〉……398
中労委命令昭和 27・10・15 命令集 7 集 181 頁〈万座硫黄事件〉……65, 431
最大判昭和 27・10・22 民集 6 巻 9 号 857 頁〈朝日新聞社事件〉……148, 412
最 1 小判昭和 29・1・21 民集 8 巻 1 号 123 頁〈池貝鉄工所事件〉……474
最 2 小判昭和 29・5・28 民集 8 巻 5 号 990 頁〈山岡内燃機事件〉……435, 439
最 3 小判昭和 29・9・28 裁判集刑事 98 号 847 頁〈日本通信社事件〉……470
最 2 小判昭和 30・10・7 民集 9 巻 11 号 1616 頁〈酌婦前借金無効事件〉……103
山口地判昭和 30・10・13 労民集 6 巻 6 号 916 頁〈日本化薬事件〉……412
最 3 小判昭和 30・11・22 民集 9 巻 12 号 1793 頁〈大日本紡績事件〉……117
最 3 小判昭和 31・12・11 刑集 10 巻 12 号 1605 頁〈三友炭礦事件〉……413
最 1 小判昭和 32・11・14 民集 11 巻 12 号 1943 頁〈品川白煉瓦事件〉……184
最 3 小判昭和 32・12・24 民集 11 巻 14 号 2336 頁〈日通会津若松支店事件〉……30, 451
東京高判昭和 34・12・23 労民集 10 巻 6 号 1056 頁〈栃木化成事件〉……194
最 2 小判昭和 35・3・11 民集 14 巻 3 号 403 頁〈細谷服装事件〉……46, 470
浦和地判昭和 35・3・30 労民集 11 巻 2 号 280 頁〈富士文化工業事件〉……414
最 3 小判昭和 35・4・26 民集 14 巻 6 号 1004 頁〈高知新聞社事件〉……410
最 1 小判昭和 35・7・14 刑集 14 巻 9 号 1139 頁〈小島撚糸事件〉……267
中労委命令昭和 35・8・17 中労時 357 号 36 頁〈東京ヘップサンダル工組合事件〉……22
秋田地判昭和 35・9・29 労民集 11 巻 5 号 1081 頁〈大日本鉱業発盛労組事件〉……179
最大判昭和 36・5・31 民集 15 巻 5 号 1482 頁〈日本勧業経済会事件〉……228
名古屋地判昭和 37・2・12 労民集 13 巻 1 号 76 頁〈倉敷紡績事件〉……307
最 2 小判昭和 37・5・18 民集 16 巻 5 号 1108 号〈大平製紙事件〉……20
最 2 小判昭和 37・7・20 民集 16 巻 8 号 1656 頁〈米軍山田部隊事件〉……384
最 2 小判昭和 37・7・20 民集 16 巻 8 号 1684 頁〈駐留軍小倉補給廠事件〉……232
最 3 小判昭和 37・9・18 民集 16 巻 9 号 1985 頁〈米軍調達部事件〉……453
最 3 小判昭和 37・10・9 民集 16 巻 10 号 2084 頁〈栃木化成事件〉……454
最 2 小判昭和 38・6・21 民集 17 巻 5 号 754 頁〈十和田観光事件〉……102
前橋地判昭和 38・11・14 労民集 14 巻 6 号 1419 頁〈明星電気事件〉……419
最 3 小判昭和 39・8・4 民集 18 巻 7 号 1263 頁〈新潟精神病院事件〉……411
最 2 小判昭和 40・2・5 民集 19 巻 1 号 52 頁〈明治生命事件〉……417
宇都宮地判昭和 40・4・15 労民集 16 巻 2 号 256 頁〈富士重工業事件〉……118
大阪地判昭和 40・5・22 労民集 16 巻 3 号 371 頁〈橘屋事件〉……46
東京地判昭和 41・3・31 労民集 17 巻 2 号 368 頁〈日立電子事件〉……338

東京都地労委命令昭和 41・7・26 命令集 34 = 35 集 365 頁〈日産自動車事件〉……436
最大判昭和 41・10・26 刑集 20 巻 8 号 901 頁〈全逓東京中郵事件〉……15
東京地判昭和 41・12・20 労民集 17 巻 6 号 1407 頁〈住友セメント事件〉……123
最 1 小判昭和 42・3・2 民集 21 巻 2 号 231 頁〈八戸鋼業事件〉……393
長野地判昭和 42・3・28 労民集 18 巻 2 号 237 頁〈みすず豆腐事件〉……420
最 2 小決昭和 42・11・8 刑集 21 巻 9 号 1216 頁〈上六観光事件〉……308
札幌地室蘭支判昭和 43・2・29 労民集 19 巻 1 号 295 頁〈王子製紙苫小牧工場事件〉……421
最 3 小判昭和 43・3・12 民集 22 巻 3 号 562 頁〈小倉電話局事件〉……228
最 3 小判昭和 43・4・9 民集 22 巻 4 号 845 頁〈医療法人新光会事件〉……428, 459
福井地判昭和 43・5・15 労民集 19 巻 3 号 714 頁〈福井新聞社事件〉……413
最 2 小判昭和 43・8・2 民集 22 巻 8 号 1603 頁〈西日本鉄道事件〉……394
東京地決昭和 43・8・29 労民集 19 巻 4 号 1082 頁〈住友海上火災事件〉……191
東京地判昭和 43・10・25 労民集 19 巻 5 号 1335 頁〈東京 12 チャンネル事件〉……20
最大判昭和 43・12・4 刑集 22 巻 13 号 1425 頁〈三井美唄労組事件〉……178
最 3 小判昭和 43・12・24 民集 22 巻 13 号 3050 頁〈電電公社千代田丸事件〉……97
最 3 小判昭和 43・12・24 民集 22 巻 13 号 3194 頁〈弘南バス事件〉……209, 416
最大判昭和 43・12・25 民集 22 巻 13 号 3459 頁〈秋北バス事件〉……143, 146, 355, 357, 359, 477
最大判昭和 44・4・2 刑集 23 巻 5 号 305 頁〈東京都教組事件〉……15
最 2 小判昭和 44・5・2 裁判集民事 95 号 257 頁〈中里鉱業所事件〉……178
東京地判昭和 44・5・31 労民集 20 巻 3 号 477 頁〈明治乳業事件〉……265
東京地判昭和 44・7・1 労民集 20 巻 4 号 715 頁〈東急機関工業事件〉……123
東京地判昭和 44・7・19 労民集 20 巻 4 号 813 頁〈桂川精螺製作所事件〉……211
最 1 小判昭和 44・12・18 民集 23 巻 12 号 2495 頁〈福島県教職員事件〉……229
大阪地判昭和 44・12・26 労民集 20 巻 6 号 1806 頁〈日中旅行社事件〉……117
仙台地判昭和 45・3・26 労民集 21 巻 2 号 330 頁〈川岸工業事件〉……25
最 1 小判昭和 45・6・4 判タ 251 号 178 頁〈荒川農協事件〉……481
大阪高判昭和 45・7・10 労民集 21 巻 4 号 1149 頁〈大阪読売新聞社事件〉……74
最 3 小判昭和 45・7・28 民集 24 巻 7 号 1220 頁〈横浜ゴム事件〉……397
名古屋地判昭和 45・9・7 労判 110 号 42 頁〈スイス事件〉……99
奈良地判昭和 45・10・23 判時 624 号 78 頁〈フォセコ・ジャパン・リミティッド事件〉……44, 483
福井地判昭和 46・3・26 労民集 22 巻 2 号 355 頁〈福井放送事件〉……211
高松高判昭和 46・5・25 労民集 22 巻 3 号 536 頁〈土佐清水鰹節水産加工業協同組合事件〉……192
最 3 小判昭和 46・6・15 民集 25 巻 4 号 516 頁〈山恵木材事件〉……439
最 1 小判昭和 47・4・6 民集 26 巻 3 号 397 頁〈静岡県事件〉……275
東京高判昭和 47・4・26 判時 670 号 94 頁〈日東タイヤ事件〉……339
名古屋地判昭和 47・4・28 判時 680 号 88 頁〈橋元運輸事件〉……395
横浜地判昭和 47・8・16 判タ 286 号 274 頁〈東京急行電鉄事件〉……422

最3小判昭和47・12・26民集26巻10号2096頁〈静岡市事件〉……275

最2小判昭和48・1・19民集27巻1号27頁〈シンガー・ソーイング・メシーン事件〉……229

津地四日市支決昭和48・1・24労経速807号3頁〈住友重工・富田機器事件〉……460

最2小判昭和48・3・2民集27巻2号191頁〈白石営林署事件〉……277, 284

最2小判昭和48・3・2民集27巻2号210頁〈国鉄郡山工場事件〉……277, 284

静岡地判昭和48・3・23労民集24巻1＝2号96頁〈国鉄浜松機関区事件〉……285

最大判昭和48・4・25刑集27巻3号418頁〈国鉄久留米駅事件〉……413

最大判昭和48・4・25刑集27巻4号547頁〈全農林警職法事件〉……14, 15, 410

神戸地判昭和48・7・19判タ299号387頁〈山手モータース事件〉……207

最2小判昭和48・10・19労判189号53頁〈日東タイヤ事件〉……339

最1小判昭和48・11・8労判190号29頁〈三菱重工業長崎造船所事件〉……183, 210

福岡高判昭和48・12・7労判192号44頁〈三井鉱山三池鉱業所事件〉……190

最大判昭和48・12・12民集27巻11号1536頁〈三菱樹脂事件〉……62, 63, 72, 73, 106, 116

最2小判昭和49・3・15民集28巻2号265頁〈日本鋼管川崎製鉄所事件〉……382, 397

東京高判昭和49・4・26民集31巻7号1085頁〈富士重工業事件〉……390

横浜地判昭和49・6・19労民集25巻3号277頁〈日立製作所事件〉……35, 117

最1小判昭和49・7・22民集28巻5号927頁〈東芝柳町工場事件〉……85, 87, 474

東京高判昭和49・8・28労民集28巻4＝5号354頁〈エール・フランス事件〉……353

最1小判昭和49・9・30民集28巻6号1382頁〈国労大分地本事件〉……185

最1小判昭和49・9・30労判218号44頁〈名古屋ダイハツ労組事件〉……185

名古屋地判昭和49・9・30労判211号38頁〈東洋精機事件〉……157

浦和地判昭和49・12・6労民集25巻6号552頁〈日本テキサス・インスツルメンツ事件〉
……414

東京地判昭和50・2・7労判219号49頁〈日本冶金事件〉……297

最3小判昭和50・2・25民集29巻2号143頁〈陸上自衛隊車両整備工場事件〉……327

秋田地判昭和50・4・10労民集26巻2号388頁〈秋田相互銀行事件〉……120, 122

最2小判昭和50・4・25民集29巻4号456頁〈日本食塩製造事件〉……183, 373, 375

最3小判昭和50・4・25民集29巻4号481頁〈丸島水門製作所事件〉……422, 423

東京地判昭和50・5・13労民集26巻3号421頁〈住友海上火災事件〉……181

最1小判昭和50・7・17労判234号17頁〈江東ダイハツ自動車事件〉……46

最1小判昭和50・7・17労経速916号3頁〈ノースウエスト航空事件〉……424

徳島地判昭和50・7・23労民集26巻4号580頁〈徳島船井電機事件〉……24

東京高判昭和50・7・24労判245号26頁〈大栄交通事件〉……44

東京地決昭和50・9・12労判233号18頁〈コパル事件〉……124

東京高決昭和50・9・25労民集26巻5号723頁〈新聞之新聞社事件〉……197

東京地判昭和50・10・21労民集26巻5号870頁〈杵島炭鉱事件〉……410

最3小判昭和50・11・28民集29巻10号1634頁〈国労広島地本〈第1〉事件〉……175

最3小判昭和50・11・28民集29巻10号1698頁〈国労広島地本〈第2〉事件〉……175

最2小判昭和50・12・1労判240号52頁〈国労四国地本事件〉……175

東京高判昭和 50・12・22 労民集 26 巻 6 号 1116 頁〈慶応大学附属病院事件〉……64
最 2 小判昭和 51・3・8 労判 245 号 24 頁〈大栄交通事件〉……44, 477
神戸地判昭和 51・4・7 労判 255 号 73 頁〈大日通運事件〉……460
福岡高判昭和 51・4・12 判タ 342 号 227 頁〈アール・ケー・ビー毎日放送事件〉……297
最 1 小判昭和 51・5・6 民集 30 巻 4 号 409 頁〈油研工業事件〉……437
最 1 小判昭和 51・5・6 民集 30 巻 4 号 437 頁〈CBC 管弦楽団労組事件〉……21
最 1 小判昭和 51・6・3 労判 254 号 20 頁〈全逓都城郵便局事件〉……184, 192
最 1 小判昭和 51・7・8 民集 30 巻 7 号 689 頁〈茨城石炭商事事件〉……100
東京高判昭和 51・7・19 労民集 27 巻 3＝4 号 397 頁〈東亜石油事件〉……335
福岡地小倉支判昭和 52・1・17 労判 273 号 75 頁〈東海カーボン事件〉……178
最 2 小判昭和 52・1・31 労判 268 号 17 頁〈高知放送事件〉……375, 382
最大判昭和 52・2・23 民集 31 巻 1 号 93 頁〈第二鳩タクシー事件〉……448, 453, 454, 458
最 2 小判昭和 52・2・28 労判 278 号 61 頁〈第一小型ハイヤー事件〉……423
最大判昭和 52・5・4 刑集 31 巻 3 号 182 頁〈全逓名古屋中郵事件〉……15
最 3 小判昭和 52・5・27 民集 31 巻 3 号 427 頁〈仁田原・中村事件〉……330
東京高判昭和 52・6・29 労民集 28 巻 3 号 223 頁〈寿建築研究所事件〉……196
最 2 小判昭和 52・8・9 労経速 958 号 25 頁〈三晃社事件〉……103, 226, 484
最 3 小判昭和 52・10・25 民集 31 巻 6 号 836 頁〈三共自動車事件〉……330
札幌高判昭和 52・10・27 労民集 28 巻 5＝6 号 476 頁〈第一小型ハイヤー事件〉……455
最 3 小判昭和 52・12・13 民集 31 巻 7 号 974 頁〈目黒電報電話局事件〉……259, 399, 400
最 3 小判昭和 52・12・13 民集 31 巻 7 号 1037 頁〈富士重工業事件〉……389
東京地判昭和 52・12・22 労民集 28 巻 5＝6 号 767 頁〈済生会中央病院事件〉……441
青森地判昭和 53・2・14 労民集 29 巻 1 号 75 頁〈青森放送事件〉……24
大阪地決昭和 53・3・1 労判 298 号 73 頁〈大阪白急タクシー事件〉……206, 364
静岡地判昭和 53・3・28 労民集 29 巻 3 号 273 頁〈静岡銀行事件〉……272
東京高判昭和 53・4・27 労民集 29 巻 2 号 262 頁〈延岡郵便局事件〉……454
最 3 小判昭和 53・7・18 民集 32 巻 5 号 1030 頁〈全逓東北地本事件〉……421
大阪高判昭和 53・10・27 労判 314 号 65 頁〈福知山信用金庫事件〉……390
最 2 小決昭和 53・11・15 刑集 32 巻 8 号 1855 頁〈山陽電気軌道事件〉……411, 412
東京地判昭和 53・11・15 労民集 29 巻 5＝6 号 699 頁〈府中自動車教習所事件〉……417
最 2 小判昭和 53・11・24 労判 312 号 54 頁〈寿建築研究所事件〉……458
那覇地判昭和 54・3・27 労判 325 号 66 頁〈ゆうな学園事件〉……273
最 2 小判昭和 54・7・20 民集 33 巻 5 号 582 頁〈大日本印刷事件〉……67, 68
東京高決昭和 54・8・9 労民集 30 巻 4 号 826 頁〈吉野石膏事件〉……458
東京地判昭和 54・10・11 労民集 30 巻 5 号 947 頁〈日本液体運輸事件〉……179
東京高判昭和 54・10・29 労民集 30 巻 5 号 1002 頁〈東洋酸素事件〉……380
最 3 小判昭和 54・10・30 民集 33 巻 6 号 647 頁〈国鉄札幌駅事件〉……389, 402, 433
最 3 小判昭和 54・11・13 判タ 402 号 64 頁〈住友化学事件〉……258
水戸地竜ヶ崎支判昭和 55・1・18 労民集 31 巻 1 号 14 頁〈東洋特殊土木事件〉……473

名古屋地判昭和 55・3・26 労民集 31 巻 2 号 372 頁〈興和事件〉……339
横浜地判昭和 55・3・28 労民集 31 巻 2 号 431 頁〈三菱重工業横浜造船所事件〉……260
最 2 小判昭和 55・4・11 民集 34 巻 3 号 330 頁〈山口放送事件〉……424
大阪高判昭和 55・4・24 労民集 31 巻 2 号 524 頁〈佐野安船渠事件〉……208, 211
名古屋高判昭和 55・5・28 労民集 31 巻 3 号 631 頁〈名古屋放送事件〉……441
最 2 小判昭和 55・5・30 民集 34 巻 3 号 464 頁〈近畿電通局事件〉……67, 68
最 1 小判昭和 55・7・10 労判 345 号 20 頁〈下関商業高校事件〉……476
東京地判昭和 55・12・15 労判 354 号 46 頁〈イースタン・エアポートモータース事件〉……107
最 1 小判昭和 55・12・18 民集 34 巻 7 号 888 頁〈大石塗装・鹿島建設事件〉……328
大阪地判昭和 55・12・19 労判 356 号 9 頁〈北港タクシー事件〉……206
大阪地判昭和 55・12・24 労判 357 号 31 頁〈大阪特殊精密工業事件〉……195
最 2 小判昭和 56・2・16 民集 35 巻 1 号 56 頁〈航空自衛隊芦屋分遣隊事件〉……328
大阪地判昭和 56・2・16 労判 360 号 56 頁〈大阪白急タクシー事件〉……191, 202
最 3 小判昭和 56・3・24 民集 35 巻 2 号 300 頁〈日産自動車事件〉……44, 123
大阪地判昭和 56・3・24 労経速 1091 号 3 頁〈すし処「杉」事件〉……239
千葉地判昭和 56・5・25 労判 372 号 49 頁〈日立精機事件〉……342
最 1 小判昭和 56・6・4 労判 367 号 57 頁〈名古屋市水道局事件〉……67
東京高判昭和 56・7・16 労民集 32 巻 3＝4 号 437 頁〈日野自動車工業事件〉……210
札幌高判昭和 56・7・16 労民集 32 巻 3＝4 号 502 頁〈旭川大学事件〉……81, 85
大阪地判昭和 56・8・25 労判 371 号 35 頁〈住友電気工業事件〉……242
最 2 小判昭和 56・9・18 民集 35 巻 6 号 1028 頁〈三菱重工業長崎造船所事件〉……417
東京地判昭和 56・10・22 労判 374 号 55 頁〈北辰電機製作所事件〉……443
東京高判昭和 56・11・12 労民集 32 巻 6 号 821 頁〈石川島播磨重工業事件〉……295
東京高判昭和 56・11・25 労民集 32 巻 6 号 828 頁〈日本鋼管鶴見造船所事件〉……398
大阪高判昭和 57・3・17 労民集 33 巻 2 号 321 頁〈姫路赤十字病院事件〉……192
最 1 小判昭和 57・3・18 民集 36 巻 3 号 366 頁〈此花電報電話局事件〉……280
最 3 小判昭和 57・4・13 民集 36 巻 4 号 659 頁〈大成観光事件〉……400, 413
最 1 小判昭和 57・5・27 民集 36 巻 5 号 777 頁〈東京都建設局事件〉……67
東京地判昭和 57・5・31 労民集 33 巻 3 号 472 頁〈欧州共同体委員会事件〉……73
大阪地判昭和 57・7・30 労判 393 号 35 頁〈布施自動車教習所・長尾商事事件〉……24
最 2 小判昭和 57・9・10 労経速 1134 号 5 頁〈プリマハム事件〉……435
大阪高判昭和 57・9・30 労民集 33 巻 5 号 851 頁〈高田製鋼所事件〉……380
最 1 小判昭和 57・10・7 労判 399 号 11 頁〈大和銀行事件〉……225
東京高判昭和 57・10・7 労判 406 号 69 頁〈日本鋼管鶴見造船所事件〉……193
最 2 小判昭和 57・10・8 労経速 1143 号 8 頁〈石川島播磨重工業事件〉……295
東京高判昭和 57・10・13 労民集 33 巻 5 号 891 頁〈旭ダイヤモンド工業事件〉……196
東京地決昭和 57・11・19 労民集 33 巻 6 号 1028 頁〈小川建設事件〉……395
釧路地帯広支判昭和 57・11・29 労判 404 号 67 頁〈東洋タクシー事件〉……417
最 1 小判昭和 58・2・24 労判 408 号 50 頁〈西日本重機事件〉……408

最 3 小判昭和 58・4・19 民集 37 巻 3 号 321 頁〈東都観光バス事件〉……329
東京高判昭和 58・4・26 労民集 34 巻 2 号 263 頁〈社会保険新報社事件〉……102
最 2 小判昭和 58・6・13 民集 37 巻 5 号 636 頁〈日本原子力研究所事件〉……424
最 2 小判昭和 58・7・15 労判 425 号 75 頁〈御國ハイヤー事件〉……361
大津地判昭和 58・7・18 労民集 34 巻 3 号 508 頁〈森下製薬事件〉……102
最 1 小判昭和 58・9・8 労判 415 号 29 頁〈関西電力事件〉……395
最 2 小判昭和 58・9・16 労判 415 号 16 頁〈ダイハツ工業事件〉……382, 392
最 1 小判昭和 58・10・13 民集 37 巻 8 号 1108 頁〈浜松労基署長事件〉……323
最 1 小判昭和 58・10・27 労判 427 号 63 頁〈あさひ保育園事件〉……380
大阪高判昭和 58・10・27 労民集 34 巻 5＝6 号 874 頁〈大阪府地労委事件〉……446
最 3 小判昭和 58・11・1 労判 417 号 21 頁〈明治乳業事件〉……399
最 2 小判昭和 58・11・25 労判 418 号 21 頁〈タケダシステム事件〉……304, 358, 359
最 3 小判昭和 58・12・20 労判 421 号 20 頁〈新宿郵便局事件〉……434, 453
福岡地判昭和 59・1・20 労判 429 号 64 頁〈国際タクシー事件〉……395
東京地判昭和 59・1・27 労判 423 号 23 頁〈エール・フランス事件〉……295
広島地判昭和 59・2・29 労民集 35 巻 1 号 45 頁〈東洋シート労組事件〉……186
名古屋地判昭和 59・3・23 労判 439 号 64 頁〈ブラザー工業事件〉……74
大阪高判昭和 59・3・30 労判 438 号 53 頁〈布施自動車教習所・長尾商事事件〉……24
最 3 小判昭和 59・4・10 民集 38 巻 6 号 557 頁〈川義事件〉……327
最 3 小判昭和 59・5・29 民集 38 巻 7 号 802 頁〈日本メール・オーダー事件〉……441
大阪高判昭和 59・11・29 労民集 35 巻 6 号 641 頁〈日本高圧瓦斯工業事件〉……226
名古屋地判昭和 60・1・18 労判 457 号 77 頁〈日本トラック事件〉……364
最 1 小判昭和 60・3・7 労判 449 号 49 頁〈水道機工事件〉……222, 418
最 2 小判昭和 60・4・5 民集 39 巻 3 号 675 頁〈古河電気工業・原子燃料工業事件〉……341
最 3 小判昭和 60・4・23 民集 39 巻 3 号 730 頁〈日産自動車事件〉……440, 441, 454
最 3 小判昭和 60・7・16 民集 39 巻 5 号 1023 頁〈エヌ・ビー・シー工業事件〉……304
最 3 小判昭和 60・7・19 民集 39 巻 5 号 1266 頁〈済生会中央病院事件〉……450
最 2 小判昭和 61・1・24 労判 467 号 6 頁〈紅屋商事事件〉……443, 455
最 1 小判昭和 61・3・13 労判 470 号 6 頁〈電電公社帯広局事件〉……96, 144, 146, 394
最 3 小判昭和 61・6・10 民集 40 巻 4 号 793 頁〈旭ダイヤモンド工業事件〉……455
最 2 小判昭和 61・7・14 労判 477 号 6 頁〈東亜ペイント事件〉……334, 335, 394
最 3 小判昭和 61・7・15 労判 484 号 21 頁〈日本鋼管鶴見造船所事件〉……193, 436
最 1 小判昭和 61・12・4 労判 486 号 6 頁〈日立メディコ事件〉……86, 87, 474
東京地判昭和 61・12・4 労民集 37 巻 6 号 512 頁〈日本鉄鋼連盟事件〉……120, 124, 127
最 3 小判昭和 61・12・16 労判 488 号 6 頁〈三菱重工業長崎造船所事件〉……460
東京高判昭和 61・12・17 労判 487 号 20 頁〈日本鋼管鶴見製作所事件〉……173
最 1 小判昭和 61・12・18 労判 487 号 14 頁〈夕張南高校事件〉……284
東京高判昭和 62・1・27 労民集 38 巻 1 号 1 頁〈国鉄事件〉……198
東京高判昭和 62・2・26 労民集 38 巻 1 号 84 頁〈タケダシステム事件〉……359

最2小判昭和62・3・20労判500号32頁〈東京光の家事件〉……450
東京地判昭和62・3・25労判498号68頁〈潮文社事件〉……195
最1小判昭和62・4・2労判500号14頁〈あけぼのタクシー〈バックペイ〉事件〉……454
最1小判昭和62・4・2労判506号20頁〈あけぼのタクシー〈民事・解雇〉事件〉……384
名古屋高判昭和62・4・27労判498号36頁〈栃木合同輸送事件〉……341
最2小判昭和62・5・8労判496号6頁〈日産自動車事件〉……442, 454
最2小判昭和62・7・10民集41巻5号1202頁〈青木鉛鉄事件〉……329
最2小判昭和62・7・10民集41巻5号1229頁〈弘前電報電話局事件〉……277, 282
最2小判昭和62・7・17民集41巻5号1283頁〈ノースウエスト航空〈休業手当請求〉事件〉
……231, 419
最2小判昭和62・7・17民集41巻5号1350頁〈ノースウエスト航空〈賃金請求〉事件〉……419
最3小判昭和62・9・18労判504号6頁〈大隈鉄工所事件〉……475
最3小判昭和62・9・22労判503号6頁〈横手統制電話中継所事件〉……277, 282
最1小判昭和62・10・29労判506号7頁〈全逓福岡支部事件〉……179
最3小判昭和63・2・16民集42巻2号60頁〈大曲市農協事件〉……358, 360
最3小判昭和63・3・15民集42巻3号170頁〈宝運輸事件〉……385
東京高判昭和63・6・23労判521号20頁〈オリエンタルモーター事件〉……400, 430
最1小判昭和63・7・14労判523号6頁〈小里機材事件〉……268
仙台高判昭和63・8・29労判532号99頁〈紅屋商事事件〉……345
広島高岡山支判昭和63・10・13労判528号25頁〈岡山職安所長事件〉……488
最1小判平成元・1・19労判533号7頁〈日本チバガイギー事件〉……442
東京地判平成元・1・26労民集40巻1号1頁〈日産自動車事件〉……121, 219
長野地松本支決平成元・2・3労判538号69頁〈新日本ハイパック事件〉……339
仙台地判平成元・2・16判タ696号108頁〈辰巳タクシー事件〉……395
最1小判平成元・4・27民集43巻4号278頁〈三共自動車事件〉……330
札幌高判平成元・5・8労判541号27頁〈札幌中央労基署長事件〉……325
最1小判平成元・9・7労判546号6頁〈香港上海銀行事件〉……206, 215
東京地判平成元・9・22労判548号64頁〈カール・ツアイス事件〉……195
最1小判平成元・12・7労判554号6頁〈日産自動車村山工場事件〉……335, 336
最2小判平成元・12・11民集43巻12号1786頁〈済生会中央病院事件〉……176
最1小判平成元・12・14民集43巻12号1895頁〈日本シェーリング事件〉……305, 408
最1小判平成元・12・14民集43巻12号2051頁〈三井倉庫港運事件〉……181, 182
最1小判平成元・12・21労判553号6頁〈日本鋼管鶴見製作所事件〉……182
最3小判平成2・3・6労判584号38頁〈亮正会高津中央病院事件〉……455
大阪高判平成2・3・8労判575号59頁〈千代田工業事件〉……78
東京地判平成2・3・8労民集41巻2号187頁〈日本シェーリング事件〉……195
最2小判平成2・4・20労判561号6頁〈高知営林署事件〉……328
東京地決平成2・4・27労判565号79頁〈エクイタブル生命保険事件〉……343
東京地判平成2・5・16労民集41巻3号408頁〈日産自動車事件〉……460

東京地判平成2・5・30労判563号6頁〈駿河銀行事件〉……………………………………………213
最3小判平成2・6・5民集44巻4号668頁〈神戸弘陵学園事件〉………………………………78
東京地判平成2・7・4労民集41巻4号513頁〈社会保険診療報酬支払基金事件〉……122, 344
大阪高判平成2・7・26労判572号114頁〈ゴールド・マリタイム事件〉………………………340
東京高判平成2・12・26労判632号21頁〈清和電器事件〉……………………………………195
最2小判平成3・2・22労判586号12頁〈オリエンタルモーター事件〉……………………455
東京地判平成3・2・25労判588号74頁〈ラクソン事件〉……………………………………484
最1小判平成3・4・11労判590号14頁〈三菱重工業神戸造船所事件〉……………………327
最3小判平成3・4・23労判589号6頁〈国鉄事件〉…………………………………………198
最3小判平成3・6・4民集45巻5号984頁〈紅屋商事事件〉………………………………450
東京高決平成3・6・6労判594号110頁〈JR東日本〈緊急命令申立〉事件〉………………459
最1小判平成3・9・19労判615号16頁〈炭研精工事件〉……………………………………398
大阪高判平成3・9・24労判603号45頁〈関西電力事件〉……………………………………116
大阪高判平成3・9・26労判602号72頁〈朝日火災海上保険事件〉……………………………336
最3小判平成3・11・19民集45巻8号1236頁〈国鉄津田沼電車区事件〉……………………284
最1小判平成3・11・28民集45巻8号1270頁〈日立製作所武蔵工場事件〉……144, 146, 266, 393, 394
仙台高判平成4・1・10労民集43巻1号1頁〈岩手銀行事件〉……………………………120, 122
東京高判平成4・2・6労民集43巻1号429頁〈文英堂事件〉…………………………………195
最2小判平成4・2・14労判614号6頁〈池田電気事件〉………………………………………196
最3小判平成4・2・18労判609号12頁〈エス・ウント・エー事件〉……………………278, 285
最3小判平成4・3・3労判609号10頁〈中国電力事件〉………………………………………403
福岡地判平成4・4・16労判607号6頁〈福岡セクシュアル・ハラスメント事件〉…………133
東京地判平成4・5・6労民集43巻2＝3号540頁〈書泉事件〉………………………………420
最3小判平成4・6・23民集46巻4号306頁〈時事通信社事件〉……………………………282
東京地決平成4・7・7労判618号36頁〈山口製糖事件〉…………………………………………35
最2小判平成4・7・13労判630号6頁〈第一小型ハイヤー事件〉………………………360, 362
東京地判平成4・8・27労判611号10頁〈日ソ図書事件〉……………………………………120, 122
最2小判平成4・9・25労判618号14頁〈三菱重工業長崎造船所事件〉……………………410
最2小判平成4・10・2労判619号8頁〈御國ハイヤー事件〉…………………………………413
東京地判平成4・11・20労判620号50頁〈新宿職安所長事件〉………………………………489
福岡地判平成4・11・25労判621号33頁〈三井石炭鉱業事件〉………………………………380
大分地判平成5・1・19労判627号34頁〈大分県教委事件〉………………………………………15
東京地判平成5・3・19労判636号70頁〈バンク・インドスエズ事件〉……………………………36
最大判平成5・3・24民集47巻4号3039頁〈寒川・森島事件〉………………………………330
最1小判平成5・3・25労判650号6頁〈エッソ石油事件〉……………………………………176
最3小判平成5・4・6労判632号20頁〈清和電器事件〉………………………………………195
福井地武生支判平成5・5・25労判634号35頁〈福井鉄道事件〉………………………………118
最2小判平成5・6・11労判632号10頁〈国鉄鹿児島自動車営業所事件〉……………………97

最2小判平成5・6・25民集47巻6号4585頁〈沼津交通事件〉……286
大阪高判平成5・6・25労判679号32頁〈商大八戸の里ドライビングスクール事件〉……43
前橋地判平成5・8・24労判635号22頁〈東京電力（群馬）事件〉……118, 345
千葉地判平成5・9・24労判638号32頁〈ノースウエスト航空事件〉……386
福岡高判平成6・3・24労民集45巻1=2号123頁〈三菱重工業長崎造船所事件〉……283
最2小判平成6・4・22民集48巻3号949頁〈東京エグゼクティブ・サーチ事件〉……59
旭川地決平成6・5・10労判675号72頁〈損害保険リサーチ事件〉……336
千葉地判平成6・5・23労判661号22頁〈東京電力（千葉）事件〉……118
最2小判平成6・6・13労判653号12頁〈高知県観光事件〉……269
最2小判平成6・6・13労判656号15頁〈東北測量事件〉……195
東京地判平成6・6・16労判651号15頁〈三陽物産事件〉……121, 122
最1小判平成6・7・14労判655号14頁〈大阪大学事件〉……474
大阪地決平成6・8・5労判668号48頁〈新関西通信システムズ事件〉……367
東京地判平成6・9・7判時1541号104頁〈丸山宝飾事件〉……105
最1小判平成6・9・8労判657号12頁〈敬愛学園事件〉……376
東京地判平成6・9・14労判656号17頁〈チェース・マンハッタン銀行事件〉……352
東京地判平成6・11・25判時1524号62頁〈フリーラン事件〉……484
最3小判平成6・12・20民集48巻8号1496頁〈倉田学園事件〉……403
最1小判平成7・2・23民集49巻2号281頁〈ネスレ日本事件〉……456
最1小判平成7・2・23民集49巻2号393頁〈ネスレ日本・日高乳業〈第2〉事件〉……457
最3小判平成7・2・28民集49巻2号559頁〈朝日放送事件〉……25, 169, 437
東京高判平成7・2・28労判678号69頁〈ケイエム観光事件〉……386
最1小判平成7・3・9労判679号30頁〈商大八戸の里ドライビングスクール事件〉……43
東京地判平成7・3・30労判667号14頁〈A社ほか事件〉……110
東京地決平成7・4・13労判675号13頁〈スカンジナビア航空事件〉……353
最2小判平成7・4・14労判679号21頁〈高知県観光事件〉……442
大阪地判平成7・6・28労判686号71頁〈山口観光事件〉……398
最3小判平成7・9・5労判680号28頁〈関西電力事件〉……107
最2小判平成7・9・8労判679号11頁〈オリエンタルモーター事件〉……434
東京地判平成7・10・4労判680号34頁〈大輝交通事件〉……362
東京地判平成7・12・4労判685号17頁〈バンクオブアメリカイリノイ事件〉……97
東京地判平成7・12・25労判689号31頁〈三和機材事件〉……341
最2小判平成8・2・23民集50巻2号249頁〈コック食品事件〉……330
最2小判平成8・2・23労判690号12頁〈JR東日本事件〉……97
最3小判平成8・3・5労判689号16頁〈地公災基金愛知県支部長事件〉……320
最3小判平成8・3・26民集50巻4号1008頁〈朝日火災海上保険事件〉……210, 211, 361
神戸地判平成8・4・26労判695号31頁〈加古川労基署長事件〉……321
東京地判平成8・5・27労経速1614号9頁〈ジェー・イー・エス事件〉……386
東京高判平成8・5・29労判694号29頁〈帝国臓器事件〉……337

福岡高判平成 8・7・30 労判 757 号 21 頁〈九州朝日放送事件〉……335
東京高判平成 8・8・26 労判 701 号 12 頁〈アール・エフ・ラジオ日本事件〉……477
最 1 小判平成 8・9・26 労判 708 号 31 頁〈山口観光事件〉……392
最 1 小判平成 8・11・28 労判 714 号 14 頁〈横浜南労基署長事件〉……19
東京地決平成 8・12・11 労判 711 号 57 頁〈アーク証券事件〉……343
東京地判平成 8・12・27 判時 1619 号 85 頁〈東京コンピューターサービス事件〉……484
最 3 小判平成 9・1・28 民集 51 巻 1 号 78 頁〈改進社事件〉……34
東京地判平成 9・2・19 労判 712 号 6 頁〈日本大学事件〉……366
最 2 小判平成 9・2・28 民集 51 巻 2 号 705 頁〈第四銀行事件〉……360, 363
最 1 小判平成 9・3・27 労判 713 号 27 頁〈朝日火災海上保険事件〉……206, 211, 364
大阪地判平成 9・3・28 労判 717 号 37 頁〈佐川ワールドエクスプレス事件〉……20
京都地判平成 9・4・17 労判 716 号 49 頁〈京都セクシュアル・ハラスメント事件〉……476
大阪地判平成 9・5・28 労経速 1641 号 22 頁〈ティーエム事件〉……471
横浜地判平成 9・8・7 労判 723 号 13 頁〈JR 東日本事件〉……401
東京地判平成 9・10・1 労判 726 号 70 頁〈ルフトハンザ航空事件〉……36
東京地判平成 9・10・29 労判 725 号 15 頁〈エス・ウント・エー事件〉……195
東京高判平成 9・10・30 労判 728 号 49 頁〈JR 東海事件〉……401
東京地決平成 9・10・31 労判 726 号 37 頁〈インフォミックス事件〉……67
津地判平成 9・11・5 労判 729 号 54 頁〈三重セクシュアル・ハラスメント事件〉……134
東京高判平成 9・11・17 労判 729 号 44 頁〈トーコロ事件〉……263
東京高判平成 9・11・20 労判 728 号 12 頁〈横浜セクシュアル・ハラスメント事件〉……134
福岡地小倉支決平成 9・12・25 労判 732 号 53 頁〈東谷山家事件〉……107
大阪高判平成 10・2・18 労判 744 号 63 頁〈安田病院事件〉……24, 61
東京地判平成 10・2・26 労判 737 号 51 頁〈JR 東海事件〉……418
大阪地判平成 10・3・9 労判 742 号 86 頁〈佐川急便事件〉……198
名古屋高金沢支判平成 10・3・16 労判 738 号 32 頁〈西日本ジェイアールバス事件〉……282
最 1 小判平成 10・4・9 労判 736 号 15 頁〈片山組事件〉……96, 221, 294
大阪地判平成 10・4・13 労判 744 号 54 頁〈幸福銀行事件〉……495
大阪高判平成 10・7・7 労判 742 号 17 頁〈大阪市交通局協力会事件〉……126
最 2 小判平成 10・7・17 労判 744 号 15 頁〈JR 東海事件〉……401
大阪高判平成 10・7・22 労判 748 号 98 頁〈駸々堂事件〉……78
大阪地判平成 10・8・31 労判 751 号 38 頁〈大阪労働衛生センター第一病院事件〉……353
最 3 小判平成 10・9・8 労判 745 号 7 頁〈安田病院事件〉……24, 61
最 1 小判平成 10・9・10 労判 757 号 20 頁〈九州朝日放送事件〉……335
東京地判平成 10・9・25 労判 746 号 7 頁〈新日本証券事件〉……103
大阪地判平成 10・10・30 労判 750 号 29 頁〈丸一商店事件〉……71
広島高判平成 10・12・14 労判 758 号 50 頁〈パリス観光事件〉……482
東京地判平成 11・2・15 労判 760 号 46 頁〈全日本空輸事件〉……297
東京高判平成 11・2・24 労判 763 号 34 頁〈JR 東日本事件〉……401, 434

長野地判平成 11・3・12 労判 764 号 43 頁〈大町労基署長事件〉……321
東京高判平成 11・4・20 判時 1682 号 135 頁〈日本交通事件〉……281
東京高判平成 11・4・27 労判 759 号 15 頁〈片山組事件〉……294
東京高判平成 11・6・23 労判 767 号 27 頁〈東海商船事件〉……413
札幌高判平成 11・7・9 労判 764 号 17 頁〈北海道龍谷学園事件〉……294, 377
東京高判平成 11・7・28 労判 770 号 58 頁〈システムコンサルタント事件〉……327
大阪地判平成 11・7・28 労判 770 号 81 頁〈塩野義製薬事件〉……120
大阪地判平成 11・8・20 労判 765 号 16 頁〈ダイニンテック事件〉……97
大阪地判平成 11・9・2 労判 778 号 73 頁〈近鉄百貨店事件〉……345
大阪地決平成 11・9・6 労判 776 号 36 頁〈住友金属工業事件〉……346
東京高判平成 11・9・30 労判 780 号 80 頁〈日本中央競馬会事件〉……278
大阪地判平成 11・10・4 労判 771 号 25 頁〈JR 東海事件〉……295
東京地決平成 11・10・15 労判 770 号 34 頁〈セガ・エンタープライゼス事件〉……378
東京地判平成 11・10・29 労判 774 号 12 頁〈上州屋事件〉……344
東京地決平成 11・11・29 労判 780 号 67 頁〈角川文化振興財団事件〉……381
大阪地判平成 11・12・8 労判 777 号 25 頁〈タジマヤ事件〉……367
東京地判平成 11・12・16 労判 780 号 61 頁〈シティズ事件〉……469
東京高判平成 11・12・22 労判 779 号 47 頁〈西神テトラパック事件〉……431
名古屋地判平成 11・12・27 労判 780 号 45 頁〈日本貨物鉄道事件〉……118
東京地決平成 12・1・21 労判 782 号 23 頁〈ナショナル・ウエストミンスター銀行事件〉…381
最 3 小判平成 12・1・28 労判 774 号 7 頁〈ケンウッド事件〉……337
大阪地判平成 12・1・28 労判 786 号 41 頁〈朝日新聞社事件〉……495
大阪地判平成 12・2・23 労判 783 号 71 頁〈シャープエレクトロニクスマーケティング事件〉……123
東京高判平成 12・2・29 労判 807 号 7 頁〈セメダイン事件〉……28
最 1 小判平成 12・3・9 民集 54 巻 3 号 801 頁〈三菱重工業長崎造船所〈使用者側上告〉事件〉……240, 241
最 1 小判平成 12・3・9 労判 778 号 8 頁〈三菱重工業長崎造船所〈労働者側上告〉事件〉…242
最 2 小判平成 12・3・17 労判 780 号 6 頁〈全農林事件〉……15
最 2 小判平成 12・3・24 民集 54 巻 3 号 1155 頁〈電通事件〉……328
最 2 小判平成 12・3・31 民集 54 巻 3 号 1255 頁〈NTT 事件〉……282
東京高判平成 12・4・19 労判 787 号 35 頁〈日新火災海上保険事件〉……72
東京地判平成 12・4・26 労判 789 号 21 頁〈プラウドフットジャパン事件〉……378
東京地判平成 12・4・27 労判 782 号 6 頁〈JR 東日本事件〉……246
千葉地判平成 12・6・12 労判 785 号 10 頁〈T 工業事件〉……110
大阪高判平成 12・6・28 労判 798 号 7 頁〈大阪南労基署長事件〉……325
名古屋地判平成 12・6・28 労判 795 号 43 頁〈名古屋・東京管理職ユニオン事件〉……178
最 1 小判平成 12・7・17 労判 785 号 6 頁〈横浜南労基署長事件〉……320
東京高判平成 12・7・26 労判 789 号 6 頁〈中根製作所事件〉……202, 364

大阪地判平成 12・8・28 労判 793 号 13 頁〈フジシール事件〉……………………336
最 1 小判平成 12・9・7 民集 54 巻 7 号 2075 頁〈みちのく銀行事件〉……………362, 363
最 3 小判平成 12・9・12 労判 788 号 23 頁〈羽後（北都）銀行事件〉……………360
最 2 小判平成 12・9・22 労判 788 号 17 頁〈函館信用金庫事件〉……………………360
東京高判平成 12・11・28 労判 815 号 77 頁〈ユナイテッド航空事件〉……………36
横浜地判平成 12・12・14 労判 802 号 27 頁〈池貝事件〉……………………………232
東京地判平成 12・12・18 労判 803 号 74 頁〈アイビ・プロテック事件〉……………481
東京地判平成 12・12・18 労判 807 号 32 頁〈東京貨物社事件〉……………395, 483
大阪地判平成 12・12・20 労判 801 号 21 頁〈幸福銀行事件〉……………………495
東京高判平成 12・12・22 労判 796 号 5 頁〈芝信用金庫事件〉……………121, 123
東京地判平成 13・2・23 労経速 1768 号 16 頁〈ソフトウェア開発・ソリトン技研事件〉……483
東京地判平成 13・2・27 労経速 1789 号 22 頁〈ブレーンベース事件〉……………74
大阪高判平成 13・3・6 労判 818 号 73 頁〈わいわいランド事件〉……………38, 71
最 3 小判平成 13・3・13 民集 55 巻 2 号 395 頁〈都南自動車教習所事件〉……202, 203
大阪高判平成 13・3・14 労判 809 号 61 頁〈全日本空輸事件〉……………………295
仙台地判平成 13・3・26 労判 808 号 13 頁〈仙台セクシュアル・ハラスメント事件〉………134
大阪高判平成 13・4・11 労判 825 号 79 頁〈K 興業事件〉……………………………100
最 1 小判平成 13・4・26 労判 804 号 15 頁〈愛知県教委事件〉……………………312
山口地下関支判平成 13・5・9 労判 812 号 39 頁〈サンデン交通事件〉……………460
広島高判平成 13・5・23 労判 811 号 21 頁〈マナック事件〉…………………………345
岡山地判平成 13・5・23 労判 814 号 102 頁〈内山工業事件〉………………………120
大阪地判平成 13・5・30 労判 814 号 93 頁〈仲立証券事件〉…………………………184
東京地判平成 13・6・5 労経速 1779 号 3 頁〈十和田運輸事件〉……………………395
最 2 小判平成 13・6・22 労判 808 号 11 頁〈トーコロ事件〉……………………51, 263
東京高判平成 13・6・27 労判 810 号 21 頁〈カンタス航空事件〉……………………89
大阪地判平成 13・6・27 労判 809 号 5 頁〈住友生命保険事件〉……………………346
大阪高判平成 13・6・28 労判 811 号 5 頁〈京都銀行事件〉…………………………244
東京地決平成 13・8・10 労判 820 号 74 頁〈エース損害保険事件〉…………………378
仙台高判平成 13・8・29 労判 810 号 11 頁〈岩手第一事件〉…………………………246
東京高判平成 13・9・11 労判 817 号 57 頁〈国鉄千葉動労事件〉……………………414
最 1 小判平成 13・10・25 労判 814 号 34 頁〈横浜税関事件〉……………………460
東京地判平成 13・12・3 労判 826 号 76 頁〈F 社 Z 事業部事件〉……………………108
東京地判平成 14・2・20 労判 822 号 13 頁〈野村證券事件〉…………………………127
東京地判平成 14・2・26 労判 825 号 50 頁〈日経クイック情報事件〉………………108
東京高判平成 14・2・27 労判 824 号 17 頁〈青山会事件〉……………………………432
東京地判平成 14・2・27 労判 830 号 66 頁〈日本アイ・ビー・エム事件〉…………195
最 1 小判平成 14・2・28 民集 56 巻 2 号 361 頁〈大星ビル管理事件〉………239, 240, 242, 243, 246, 268
大阪地判平成 14・3・22 労判 832 号 76 頁〈森下仁丹事件〉…………………………378

東京地判平成 14・3・25 労判 827 号 91 頁〈日本経済新聞社事件〉……396
東京地判平成 14・4・16 労判 827 号 40 頁〈野村證券事件〉……103
大阪高判平成 14・6・19 労判 839 号 47 頁〈カントラ事件〉……222, 294
東京地決平成 14・6・20 労判 830 号 13 頁〈S 社事件〉……108
福岡高宮崎支判平成 14・7・2 労判 833 号 48 頁〈宮崎信用金庫事件〉……396
東京高判平成 14・7・11 労判 832 号 13 頁〈新宿労基署長事件〉……19
東京地判平成 14・8・9 労判 836 号 94 頁〈オープンタイドジャパン事件〉……74
東京地判平成 14・8・30 労判 838 号 32 頁〈ダイオーズサービシーズ事件〉……483
最 1 小決平成 14・9・26 労判 836 号 40 頁〈JR 東日本ほか事件〉……457
神戸地判平成 14・10・25 労判 843 号 39 頁〈明石運輸事件〉……204
大阪高判平成 14・10・30 労判 847 号 69 頁〈京都信用金庫事件〉……342
仙台地決平成 14・11・14 労判 842 号 56 頁〈日本ガイダント事件〉……343
最 3 小判平成 14・11・26 労判 840 号 18 頁〈全日本国立医療労組事件〉……15
東京高判平成 14・11・26 労判 843 号 20 頁〈日本ヒルトンホテル事件〉……354
東京高判平成 15・3・25 労判 849 号 87 頁〈川崎市水道局事件〉……111
最 2 小判平成 15・4・18 労判 847 号 14 頁〈新日本製鐵事件〉……339
最 3 小判平成 15・4・22 民集 57 巻 4 号 477 頁〈オリンパス光学工業事件〉……114
東京地判平成 15・4・28 労判 851 号 35 頁〈京王電鉄事件〉……204
東京地判平成 15・5・28 労判 852 号 11 頁〈東京都事件〉……110
大阪地堺支判平成 15・6・18 労判 855 号 22 頁〈大阪いずみ市民生協事件〉……396
東京地判平成 15・6・20 労判 854 号 5 頁〈B 金融公庫事件〉……69, 110
名古屋高判平成 15・7・8 労判 856 号 14 頁〈豊田労基署長事件〉……321
福岡地判平成 15・7・18 労判 859 号 5 頁〈福岡県地労委事件〉……446
東京地判平成 15・9・22 労判 870 号 83 頁〈グレイワールドワイド事件〉……108
東京地判平成 15・9・25 労判 863 号 19 頁〈PWC ファイナンシャル・アドバイザー・サービス事件〉……381
最 2 小判平成 15・10・10 労判 861 号 5 頁〈フジ興産事件〉……144, 148, 391
東京高判平成 15・10・29 労判 865 号 34 頁〈神谷商事事件〉……460
東京地八王子支判平成 15・10・30 労判 866 号 20 頁〈日本ドナルドソン青梅工場事件〉……344
東京地判平成 15・11・10 労判 870 号 72 頁〈自警会事件〉……85
大阪高判平成 15・11・13 労判 886 号 75 頁〈大森陸運ほか事件〉……381
最 1 小判平成 15・12・4 労判 862 号 14 頁〈東朋学園事件〉……305
東京高判平成 15・12・11 労判 867 号 5 頁〈小田急電鉄事件〉……226, 397
東京高判平成 15・12・17 労判 868 号 20 頁〈オリエンタルモーター事件〉……443
最 1 小判平成 15・12・18 労判 866 号 14 頁〈北海道国際航空事件〉……230
最 1 小判平成 15・12・22 民集 57 巻 11 号 2335 頁〈JR 北海道・日本貨物鉄道事件〉……63, 432
東京地判平成 15・12・22 労判 871 号 91 頁〈日水コン事件〉……378
東京地判平成 16・1・30 労判 870 号 10 頁〈日亜化学工業事件〉……114
東京地判平成 16・3・26 労判 876 号 56 頁〈独立行政法人 N 事件〉……296

広島高判平成 16・4・15 労判 879 号 82 頁〈鞆鉄道〈第 1〉事件〉……………………………364
最 3 小判平成 16・4・27 民集 58 巻 4 号 1032 頁〈筑豊じん肺〈国賠〉事件〉…………………314
福岡地小倉支判平成 16・5・11 労判 879 号 71 頁〈安川電機八幡工場事件〉……………………78
東京地判平成 16・5・17 労判 876 号 5 頁〈大阪証券取引所事件〉……………………………437
大阪地判平成 16・6・9 労判 878 号 20 頁〈パソナ・ヨドバシカメラ事件〉……………………71
東京地判平成 16・6・23 労判 877 号 13 頁〈オプトエレクトロニクス事件〉………………67, 68
横浜地判平成 16・7・8 労判 880 号 123 頁〈A 市セクシュアル・ハラスメント事件〉………133
最 2 小判平成 16・7・12 労判 875 号 5 頁〈京都市交通局事件〉……………………………449
東京地判平成 16・7・12 労判 878 号 5 頁〈江戸川区事件〉……………………………………150
最 3 小判平成 16・9・7 労判 880 号 42 頁〈神戸東労基署長事件〉…………………………319
東京高決平成 16・9・8 労判 879 号 90 頁〈日本プロフェッショナル野球組織事件〉……22, 194
東京地判平成 16・9・29 労判 882 号 5 頁〈三井住友海上火災保険事件〉……………………346
名古屋地判平成 16・12・15 労判 888 号 76 頁〈JR 東海中津川運輸区（出向・本訴）事件〉
………………………………………………………………………………………………340
さいたま地判平成 16・12・22 労判 888 号 13 頁〈東京日新学園事件〉………………………367
名古屋地判平成 16・12・22 労判 888 号 28 頁〈岡谷鋼機事件〉………………………………127
大阪地判平成 17・1・13 労判 893 号 150 頁〈近畿コカ・コーラボトリング事件〉……………89
東京高判平成 17・1・19 労判 889 号 12 頁〈ハネウェルジャパン事件〉………………………345
最 3 小判平成 17・1・25 民集 59 巻 1 号 64 頁〈荒川税務署長事件〉………………………220
大阪高判平成 17・1・25 労判 890 号 27 頁〈日本レストランシステム事件〉…………………334
東京高判平成 17・1・26 労判 890 号 18 頁〈日欧産業協力センター事件〉……………………288
東京地判平成 17・1・28 労判 890 号 5 頁〈宣伝会議事件〉………………………………………67
東京地判平成 17・2・18 労判 892 号 80 頁〈K 社事件〉…………………………………………296
名古屋高判平成 17・2・23 労判 909 号 67 頁〈O 法律事務所事件〉……………………………386
富山地判平成 17・2・23 労判 891 号 12 頁〈トナミ運輸事件〉……………………………………98
東京高判平成 17・2・24 労判 892 号 29 頁〈日本アイ・ビー・エム事件〉……………………213
大阪地判平成 17・3・28 労判 898 号 40 頁〈住友金属工業事件〉………………………………121
大阪地判平成 17・3・30 労判 892 号 5 頁〈ネスレコンフェクショナリー関西支店事件〉……79
大阪高決平成 17・4・12 労判 894 号 14 頁〈藤沢薬品工業事件〉………………………………346
東京高判平成 17・4・20 労判 914 号 82 頁〈A 保険会社事件〉…………………………………112
東京高判平成 17・5・31 労判 898 号 16 頁〈勝英自動車学校事件〉……………………………367
最 2 小判平成 17・6・3 民集 59 巻 5 号 938 頁〈関西医科大学事件〉…………………………19
東京高判平成 17・6・29 労判 927 号 67 頁〈東京・中部地域労働者組合事件〉………………404
東京高判平成 17・7・13 労判 899 号 19 頁〈東京日新学園事件〉………………………………366
東京高判平成 17・7・20 労判 899 号 13 頁〈ビル代行事件〉……………………………………242
神戸地明石支判平成 17・7・22 労判 901 号 21 頁〈ナブテスコ（ナブコ西神工場）事件〉……62
東京地判平成 17・10・19 労判 905 号 5 頁〈モルガン・スタンレー・ジャパン事件〉………269
東京地判平成 17・11・11 労判 908 号 37 頁〈クアトロ事件〉……………………………………239
福岡高宮崎支判平成 17・11・30 労判 953 号 71 頁〈牛根漁業協同組合事件〉…………………477

大阪高判平成17・12・28労判911号56頁〈京都大学事件〉……82
大阪地判平成18・1・6労判913号49頁〈三都企画建設事件〉……167
名古屋高判平成18・1・17労判909号5頁〈山田紡績事件〉……381
最2小判平成18・3・3労判919号5頁〈地公災基金鹿児島県支部長事件〉……319
最3小判平成18・3・28労判933号12頁〈いずみ福祉会事件〉……384
最3小判平成18・4・11民集60巻4号1387頁〈住友軽金属工業事件〉……482
大阪高判平成18・4・14労判915号60頁〈ネスレ日本事件〉……337
最3小判平成18・4・18民集60巻4号1548頁〈安威川生コンクリート工業事件〉……424
東京高判平成18・4・19労判917号40頁〈高宮学園（東朋学園）事件〉……305
高松高判平成18・5・18労判921号33頁〈伊予銀行・いよぎんスタッフサービス事件〉…168
京都地判平成18・5・29労判920号57頁〈ドワンゴ事件〉……50
東京高判平成18・6・22労判920号5頁〈ノイズ研究所事件〉……361
東京地判平成18・8・30労判925号80頁〈アンダーソンテクノロジー事件〉……397
最2小判平成18・10・6労判925号11頁〈ネスレ日本事件〉……382, 392, 393
大阪地判平成18・10・12労判928号24頁〈アサヒ急配事件〉……20
東京地判平成18・11・10労判931号65頁〈PE & HR事件〉……244
大阪高判平成18・11・28労判930号26頁〈松下電器産業事件〉……495
東京地判平成18・11・29労判925号35頁〈東京自動車健康保険組合事件〉……386
最2小判平成18・12・8労判929号5頁〈JR東海事件〉……436
東京高判平成18・12・13労判931号38頁〈情報・システム研究機構（国立情報学研究所）事件〉……474
東京地判平成18・12・26労判934号5頁〈白井運輸事件〉……420
大阪高判平成18・12・28労判936号5頁〈クリスタル観光バス事件〉……477
最1小判平成19・1・18労判931号5頁〈神奈川信用農業協同組合事件〉……481
大阪地判平成19・1・31労判942号67頁〈全日本建設運輸連帯労組近畿地本事件〉……179
最2小判平成19・2・2民集61巻1号86頁〈東芝労組小向支部・東芝事件〉……174
東京地判平成19・3・16労判945号76頁〈スカイマーク事件〉……403, 460
東京地判平成19・3・26労判937号54頁〈日本航空インターナショナル事件〉……270
大阪高判平成19・4・18労判937号14頁〈国・羽曳野労基署長事件〉……325
東京地判平成19・4・24労判942号39頁〈ヤマダ電機事件〉……483
大阪高判平成19・5・17労判943号5頁〈関西金属工業事件〉……353
最1小判平成19・6・28労判940号11頁〈藤沢労基署長事件〉……19
東京高判平成19・7・31労判946号58頁〈根岸病院事件〉……193
東京地判平成19・8・27労経速1985号3頁〈ヤマト運輸事件〉……227
東京地判平成19・9・14労判947号35頁〈セコム損害保険事件〉……382
東京高判平成19・9・26労判946号39頁〈日本郵政公社小石川郵便局事件〉……442
東京地判平成19・10・15労判950号5頁〈国・静岡労基署長事件〉……111
最2小判平成19・10・19民集61巻7号2555頁〈大林ファシリティーズ（オークビルサービス）事件〉……242

大阪高判平成 19・10・26 労判 975 号 50 頁〈第一交通産業ほか事件〉……………………………25
東京高判平成 19・10・30 労判 963 号 54 頁〈協和出版事件〉………………………………………147
東京高判平成 19・10・30 労判 964 号 72 頁〈中部カラー事件〉…………………………………39
名古屋高判平成 19・10・31 労判 954 号 31 頁〈名古屋南労基署長事件〉…………………………111
東京高判平成 19・11・28 労判 951 号 47 頁〈中野区事件〉…………………………………………475
最 3 小判平成 19・12・18 労判 951 号 5 頁〈福岡雙葉学園事件〉……………………………………225
東京地判平成 20・1・28 労判 953 号 10 頁〈日本マクドナルド事件〉……………………………272
東京高判平成 20・1・31 労判 959 号 85 頁〈兼松事件〉……………………………………………122
東京高判平成 20・2・13 労判 956 号 85 頁〈日刊工業新聞社事件〉………………………………362
東京地判平成 20・2・13 労判 955 号 13 頁〈テクノアシスト相模（大和製罐）事件〉………328
東京高判平成 20・3・25 労判 959 号 61 頁〈東武スポーツ（宮の森カントリー倶楽部）事件〉
………351
最 1 小判平成 20・3・27 労判 958 号 5 頁〈NTT 東日本事件〉…………………………………………326
東京高判平成 20・4・23 労判 960 号 25 頁〈中央建設国民健康保険組合事件〉…………………365
大阪高判平成 20・4・25 労判 960 号 5 頁〈松下プラズマディスプレイ（パスコ）事件〉……160
東京高判平成 20・6・25 労判 964 号 16 頁〈国・中央労基署長事件〉……………………………325
松山地判平成 20・7・1 労判 968 号 37 頁〈前田道路事件〉…………………………………………112
東京高判平成 20・9・10 労判 969 号 5 頁〈東京セクハラ（T 菓子店）事件〉……………………134
広島高判平成 20・11・28 労判 994 号 69 頁〈鞆鉄道〈第 2〉事件〉………………………………362
東京高判平成 20・12・25 労判 975 号 5 頁〈ショウ・コーポレーション事件〉…………………367
東京地判平成 20・12・25 労判 981 号 63 頁〈立教女学院事件〉……………………………………89
津地判平成 21・3・18 労判 983 号 27 頁〈三和サービス事件〉……………………………………415
東京高判平成 21・3・25 労判 985 号 58 頁〈りそな企業年金基金・りそな銀行事件〉………495
札幌高判平成 21・3・26 労判 982 号 44 頁〈NTT 東日本事件〉……………………………………337
東京地判平成 21・3・27 労判 986 号 68 頁〈太陽自動車事件〉……………………………………198
大阪地判平成 21・3・30 労判 987 号 60 頁〈ピアス事件〉…………………………………………481
宇都宮地栃木支決平成 21・4・28 労判 982 号 5 頁〈プレミアライン事件〉……………………79
福岡高判平成 21・5・19 労判 989 号 39 頁〈河合塾事件〉……………………………………………90
大阪高判平成 21・5・28 労判 987 号 5 頁〈JR 西日本事件〉…………………………………………97
最 1 小判平成 21・7・16 刑集 63 巻 6 号 641 頁〈X 社事件〉…………………………………………265
大阪高判平成 21・7・16 労判 1001 号 77 頁〈京都市女性協会事件〉……………………………118
東京高判平成 21・9・29 労判 1014 号 63 頁〈JR 東海（大阪第 2 運輸所）事件〉……………434
東京地判平成 21・10・15 労判 999 号 54 頁〈医療法人財団健和会事件〉………………………73
東京高判平成 21・10・28 労判 999 号 43 頁〈バイエル薬品・ランクセス事件〉………………495
東京高判平成 21・10・29 労判 995 号 5 頁〈早稲田大学事件〉……………………………………495
（東京地判平成 21・12・10 労判 1000 号 35 頁）〈日本言語研究所ほか事件〉…………………367
最 2 小判平成 21・12・18 民集 63 巻 10 号 2754 頁〈パナソニックプラズマディスプレイ（パスコ）事件〉……………………………………………………………………24, 160, 168
最 2 小判平成 21・12・18 労判 1000 号 5 頁〈ことぶき事件〉…………………………………………271

大阪地判平成 21・12・21 労判 1003 号 16 頁〈グルメ杵屋事件〉……328
大阪高判平成 21・12・22 労判 994 号 81 頁〈住友ゴム工業事件〉……194
大阪地判平成 21・12・25 労経速 2069 号 3 頁〈日本郵便輸送事件〉……90
静岡地判平成 22・1・15 労判 999 号 5 頁〈EMI ミュージック・ジャパン事件〉……369
熊本地判平成 22・1・29 労判 1002 号 34 頁〈スキールほか事件〉……33, 104
東京地判平成 22・2・2 労判 1005 号 60 頁〈東京シーエスピー事件〉……241
東京地判平成 22・2・8 労判 1103 号 84 頁〈X 社事件〉……336
大阪高判平成 22・3・18 労判 1015 号 83 頁〈協愛事件〉……355
東京地判平成 22・3・24 労判 1008 号 35 頁〈J 学園事件〉……296
最 1 小判平成 22・3・25 民集 62 巻 2 号 562 頁〈三佳テック事件〉……484
名古屋高判平成 22・3・25 労判 1003 号 5 頁〈三和サービス事件〉……33
神戸地判平成 22・3・26 労判 1006 号 49 頁〈郵便事業事件〉……107
東京地判平成 22・3・30 労判 1010 号 51 頁〈ドコモ・サービス事件〉……90
大阪高判平成 22・4・22 労判 1008 号 15 頁〈東亜交通事件〉……103
大阪地判平成 22・4・23 労判 1009 号 31 頁〈NTT 西日本ほか事件〉……242
最 3 小判平成 22・4・27 労判 1009 号 5 頁〈河合塾事件〉……90
東京地判平成 22・4・28 労判 1010 号 25 頁〈ソクハイ事件〉……20
東京高判平成 22・5・13 労判 1007 号 5 頁〈昭和シェル石油事件〉……443
最 3 小判平成 22・5・25 労判 1018 号 5 頁〈小野リース事件〉……379, 386, 464
京都地判平成 22・5・27 労判 1010 号 11 頁〈国・園部労基署長事件〉……323
札幌地判平成 22・6・3 労判 1012 号 43 頁〈ウッブスほか事件〉……62
東京地判平成 22・6・30 労判 1013 号 37 頁〈H 会計事務所事件〉……471
最 2 小判平成 22・7・12 民集 64 巻 5 号 1333 頁〈日本アイ・ビー・エム事件〉……368
中労委命令平成 22・7・15 命令集 147 集 912 頁〈ソクハイ事件〉……22
東京地決平成 22・7・30 労判 1014 号 83 頁〈明石書店事件〉……89
東京高判平成 22・9・28 労判 1017 号 37 頁〈NTT 西日本事件〉……195, 442
札幌高判平成 22・9・30 労判 1013 号 160 頁〈日本ニューホランド事件〉……478
東京地判平成 22・10・27 労判 1021 号 39 頁〈レイズ事件〉……386
東京地判平成 22・10・27 労経速 2092 号 3 頁〈論創社事件〉……196
東京地判平成 22・10・29 労判 1018 号 18 頁〈新聞輸送事件〉……351
津地判平成 22・11・5 労判 1016 号 5 頁〈アウトソーシング事件〉……79, 167
東京地判平成 22・11・10 労判 1019 号 13 頁〈メッセ事件〉……398
京都地判平成 22・11・26 労判 1022 号 35 頁〈エフプロダクト事件〉……478
大阪高判平成 22・11・30 労旬 1778 号 64 頁〈河内長野衛生事業所事件〉……404
岡山地判平成 23・1・21 労判 1025 号 47 頁〈学校法人関西学園事件〉……46
大阪地判平成 23・1・26 労判 1025 号 24 頁〈積水ハウスほか事件〉……168
東京地判平成 23・1・28 労判 1029 号 59 頁〈田中千代学園事件〉……396
福岡高判平成 23・2・16 労判 1020 号 82 頁〈コーセーアールイー〈第 2〉事件〉……70
東京高判平成 23・2・23 労判 1022 号 5 頁〈東芝事件〉……472

東京地判平成 23・3・17 労判 1034 号 87 頁〈クボタ事件〉……169, 437
最 3 小判平成 23・4・12 民集 65 巻 3 号 943 頁〈新国立劇場運営財団事件〉……21
最 3 小判平成 23・4・12 労判 1026 号 27 頁〈INAX メンテナンス事件〉……21
札幌地判平成 23・4・25 労判 1032 号 52 頁〈萬世閣事件〉……20
名古屋地判平成 23・4・28 労判 1032 号 19 頁〈パナソニックエコシステムズ事件〉……168
東京地判平成 23・4・28 労判 1040 号 58 頁〈E-グラフィックスコミュニケーションズ事件〉……88
東京地判平成 23・5・19 労判 1034 号 62 頁〈国・船橋労基署長事件〉……20
大阪高判平成 23・5・25 労判 1033 号 24 頁〈大庄ほか事件〉……329
東京地判平成 23・7・15 労判 1035 号 105 頁〈全日本手をつなぐ育成会事件〉……102
横浜地判平成 23・7・26 労判 1035 号 88 頁〈学校法人甲学園事件〉……476
大阪地判平成 23・8・12 労経速 2121 号 3 頁〈フジタ事件〉……478
東京高判平成 23・8・31 労判 1035 号 42 頁〈オリンパス事件〉……336
京都地判平成 23・9・5 労旬 1754 号 58 頁〈仲田コーティング事件〉……334
東京地判平成 23・9・9 労判 1038 号 53 頁〈十象舎事件〉……244
東京地判平成 23・11・9 労経速 2132 号 3 頁〈武蔵野市事件〉……475
東京地判平成 23・11・18 労判 1044 号 55 頁〈テイケイ事件〉……386
東京地判平成 23・12・6 労判 1044 号 21 頁〈デーバー加工サービス事件〉……35, 116
東京高判平成 23・12・27 労判 1042 号 15 頁〈コナミデジタルエンタテインメント事件〉……289, 343, 351
東京地判平成 24・1・13 労判 1041 号 82 頁〈アメリカン・ライフ・インシュアランス・カンパニー事件〉……484
大阪高判平成 24・2・10 労判 1045 号 5 頁〈日本基礎技術事件〉……73
名古屋高判平成 24・2・10 労判 1054 号 76 頁〈パナソニックエコシステムズ事件〉……168
東京地判平成 24・2・17 労経速 2140 号 3 頁〈本田技研工業事件〉……89
最 3 小判平成 24・2・21 民集 66 巻 3 号 955 頁〈ビクターサービスエンジニアリング事件〉……22
東京高判平成 24・2・22 労判 1049 号 27 頁〈加茂暁星学園事件〉……88
最 1 小判平成 24・2・23 判時 2149 号 141 頁〈JR 東日本（千葉動労不登用）事件〉……431
最 2 小判平成 24・2・24 民集 66 巻 3 号 1185 頁〈国・広島中央労基署長事件〉……317
最 2 小判平成 24・2・24 判時 2144 号 89 頁〈乙山社事件〉……328
東京地判平成 24・2・27 労判 1048 号 72 頁〈NEXX 事件〉……352
最 1 小判平成 24・3・8 労判 1060 号 5 頁〈テックジャパン事件〉……269
東京地判平成 24・3・9 労判 1050 号 68 頁〈ザ・ウィンザー・ホテルズインターナショナル事件〉……112
東京地判平成 24・3・13 労判 1050 号 48 頁〈ヒューマントラスト事件〉……395
東京地判平成 24・3・13 労経速 2144 号 23 頁〈関東工業事件〉……483
静岡地判平成 24・3・23 労判 1052 号 42 頁〈中部電力ほか事件〉……327
大阪高判平成 24・4・6 労判 1055 号 28 頁〈日能研関西ほか事件〉……285
東京地判平成 24・4・10 労判 1055 号 8 頁〈リーマン・ブラザーズ証券事件〉……220, 225

大阪高判平成 24・4・12 労判 1050 号 5 頁〈日本郵便輸送事件〉……………………………268
最 2 小判平成 24・4・27 民集 66 巻 6 号 3000 頁〈熊谷海事工業事件〉…………………………457
最 2 小判平成 24・4・27 労判 1055 号 5 頁〈日本ヒューレット・パッカード事件〉……296, 394
大阪高判平成 24・7・27 労判 1062 号 63 頁〈エーディーディー事件〉……………………46, 100
東京地判平成 24・8・23 労判 1061 号 28 頁〈ライトスタッフ事件〉…………………………150
中労委命令平成 24・9・19 別冊中労 1080 号 78 頁〈ショーワ事件〉…………………………169
東京高判平成 24・9・27 労判 1062 号 22 頁〈全日本海員組合事件〉…………………………175
東京高判平成 24・9・28 労判 1063 号 20 頁〈NTT 東日本事件〉 ……………………………226
札幌高判平成 24・10・19 労判 1064 号 37 頁〈ザ・ウィンザー・ホテルズインターナショナル事件〉……………………………………………………………………………352
東京高判平成 24・10・30 別冊中労時 1440 号 47 頁〈高見澤電機製作所ほか 2 社事件〉……437
東京高判平成 24・10・31 労経速 2172 号 3 頁〈日本アイ・ビー・エム事件〉………………476
東京地判平成 24・11・7 労判 1067 号 18 頁〈JR 東日本事件〉 ………………………………434
大阪地判平成 24・11・16 労判 1068 号 72 頁〈医療法人清恵会事件〉…………………………88
最 1 小判平成 24・11・29 労判 1064 号 13 頁〈津田電気計器事件〉……………………90, 478
東京高判平成 24・11・29 労判 1074 号 88 頁〈日本航空事件〉……………………………88, 476
東京地判平成 24・11・30 労判 1069 号 36 頁〈日本通信事件〉 ………………………………383
東京地判平成 24・12・5 労判 1068 号 32 頁〈トルコ航空ほか 1 社事件〉……………………162
大阪高判平成 24・12・25 労判 1079 号 98 頁〈尼崎労基署長事件〉 …………………………318
東京地判平成 24・12・25 労判 1068 号 5 頁〈第一興商事件〉…………………………………295
東京高判平成 24・12・26 労経速 2171 号 3 頁〈三晃印刷事件〉………………………………361
東京地判平成 24・12・28 労判 1121 号 81 頁〈アイガー事件〉…………………………………69
大阪高判平成 25・1・16 労判 1080 号 73 頁〈神戸刑務所事件〉…………………160, 198, 460
東京地判平成 25・1・17 労判 1070 号 104 頁〈音楽之友社事件〉 ……………………………204
東京地判平成 25・1・31 労判 1083 号 84 頁〈伊藤忠事件〉……………………………………297
東京地判平成 25・1・31 労経速 2180 号 3 頁〈リーディング証券事件〉………………………74
東京地判平成 25・2・6 労判 1073 号 65 頁〈教育社労働組合事件〉 …………………………404
名古屋地判平成 25・2・7 労判 1070 号 38 頁〈ナルコ事件〉……………………………………33
仙台高決平成 25・2・13 労判 1113 号 57 頁〈ビソー工業事件〉………………………………242
東京地立川支判平成 25・2・13 労判 1074 号 62 頁〈福生ふれあいの友事件〉 ………………62
山口地判平成 25・3・13 労判 1070 号 6 頁〈マツダ防府工場事件〉 …………………………168
東京高判平成 25・3・21 労判 1073 号 5 頁〈日本ヒューレット・パッカード〈解雇〉事件〉……………………………………………………………………………………379
東京高判平成 25・4・24 労判 1074 号 75 頁〈ブルームバーグ・エル・ピー事件〉………378, 387
横浜地判平成 25・4・25 労判 1075 号 14 頁〈東芝ライテック事件〉 …………………………89
大阪高判平成 25・4・25 労判 1076 号 19 頁〈新和産業事件〉 …………………………………97
神戸地判平成 25・5・14 労判 1076 号 5 頁〈川崎重工業事件〉 ………………………………437
最 1 小判平成 25・6・6 民集 67 巻 5 号 1187 頁〈八千代交通事件〉 …………………278, 279
大阪地判平成 25・6・20 労判 1085 号 87 頁〈大阪運輸振興事件〉 ……………………………79

最 2 小判平成 25・7・12 判時 2200 号 63 頁 ……………………………………………………329
広島高判平成 25・7・18 労経速 2188 号 3 頁〈中国電力事件〉……………………………………121
広島地判平成 25・9・4 労判 1120 号 69 頁〈平成タクシー事件〉…………………………………456
東京地判平成 25・10・11 労経速 2195 号 17 頁〈パソナ事件〉……………………………………102
大阪地判平成 25・10・29 労働判例ジャーナル 22 号 10 頁〈社会福祉法人健心会事件〉……146
東京地判平成 25・11・12 労判 1085 号 19 頁〈リコー事件〉………………………………………340
札幌高判平成 25・11・21 労判 1086 号 22 頁〈医療法人雄心会事件〉……………………………112
東京地判平成 25・12・5 労判 1091 号 14 頁〈阪急交通社事件〉……………………………169, 437
大分地判平成 25・12・10 労判 1090 号 44 頁〈ニヤクコーポレーション事件〉………53, 87, 155
最 2 小判平成 26・1・24 労判 1088 号 5 頁〈阪急トラベルサポート〈第 2〉事件〉 …………251
熊本地判平成 26・1・24 労判 1092 号 62 頁〈熊本信用金庫事件〉………………………………356
東京地判平成 26・1・27 労判 1093 号 27 頁〈JR 東日本事件〉 …………………………………434
東京高判平成 26・2・27 労判 1086 号 5 頁〈レガシィほか 1 社事件〉……………………235, 252
津地判平成 26・2・28 判時 2235 号 102 頁〈鈴鹿さくら病院事件〉……………………………407
東京地判平成 26・3・5 労経速 2212 号 3 頁〈U 社ほか事件〉……………………………………484
最 1 小判平成 26・3・6 労判 1119 号 5 頁〈ホッタ晴信堂薬局事件〉 ……………………………47
東京高判平成 26・3・18 労判 1123 号 159 頁〈大阪府教委事件〉……………………………26, 449
最 2 小判平成 26・3・24 労判 1094 号 22 頁〈東芝事件〉……………………………………………329
神戸地尼崎支判平成 26・4・22 労判 1096 号 44 頁〈阪神バス〈本訴〉事件〉…………136, 369
さいたま地判平成 26・4・22 労経速 2209 号 15 頁〈X 学園事件〉 ………………………………79
東京高判平成 26・5・21 労判 1123 号 83 頁〈ソクハイ事件〉 ……………………………………20
東京高判平成 26・6・3 労経速 2221 号 3 頁〈日本航空（客室乗務員）事件〉…………………381
中労委命令平成 26・6・4 別冊中労時 1466 号 1 頁〈大阪市事件〉……………………………433
東京高判平成 26・6・5 労経速 2223 号 3 頁〈日本航空（パイロット等）事件〉…………380, 381
大阪高判平成 26・7・18 労判 1104 号 71 頁〈医療法人稲門会事件〉……………………………289
東京地判平成 26・7・18 労経速 2227 号 9 頁〈フジスター事件〉 ………………………………120
広島高判平成 26・9・10 労判 1120 号 52 頁〈平成タクシー事件〉………………………………456
東京地判平成 26・9・19 労経速 2224 号 17 頁〈日本雇用創出機構事件〉………………………340
東京高判平成 26・9・25 労判 1105 号 5 頁〈JR 東日本大宮支社事件〉…………………………435
最 1 小判平成 26・10・9 民集 68 巻 8 号 799 頁〈泉南アスベスト事件〉 ………………………314
最 1 小判平成 26・10・23 民集 68 巻 8 号 1270 頁〈広島中央保健生活協同組合事件〉……52, 130, 288, 303, 305
東京高判平成 26・11・26 労判 1110 号 46 頁〈マーケティングインフォメーションコミュニティ事件〉……………………………………………………………………………………………269
東京地判平成 26・11・26 労判 1112 号 47 頁〈アメックス事件〉 ………………………………361
名古屋高判平成 26・11・27 LEX/DB25505221〈鈴鹿さくら病院事件〉 …………………………407
札幌地判平成 27・1・20 LEX/DB25447050〈北海道労委事件〉……………………………………446
福岡高判平成 27・1・29 労判 1112 号 5 頁〈社会医療法人天神会事件〉 ………………………110
大阪地判平成 27・1・29 労判 1116 号 5 頁〈医療法人一心会事件〉………………………………19

東京地判平成27・2・18労経速2245号3頁〈出水商事（年休等）事件〉……278
最1小判平成27・2・26労判1109号5頁〈L館事件〉……135, 393
最大判平成27・3・4民集69巻2号178頁〈フォーカスシステムズ事件〉……330
最1小判平成27・3・5判時2265号120頁〈クレディ・スイス証券事件〉……222
東京地判平成27・3・13労判1128号84頁〈出水商事事件〉……288
東京高判平成27・3・25労判1130号78頁〈公益財団法人えどがわ環境財団事件〉……336
東京高判平成27・3・26労判1121号52頁〈いすゞ自動車事件〉……232
東京地判平成27・4・23判時2268号66頁〈甲労働者組合事件〉……404
最3小決平成27・5・19民集69巻4号635頁……47
広島高松江支判平成27・5・27労判1130号33頁〈学校法人矢谷学園ほか事件〉……85
最2小判平成27・6・8民集69巻4号1047頁〈専修大学事件〉……324, 472
東京高判平成27・6・16労判1131号72頁〈日本航空乗員組合事件〉……435
東京高判平成27・6・24労判1132号51頁〈A農協事件〉……90
東京地判平成27・7・29労判1124号5頁〈日本電気事件〉……296
東京地判平成27・7・31労判1121号5頁〈シャノアール事件〉……88
京都地判平成27・7・31労判1128号52頁〈類設計室事件〉……20
東京地判平成27・8・18労経速2261号26頁〈エスケーサービス事件〉……146
大阪高判平成27・9・11労判1130号22頁〈NHK神戸放送局事件〉……20
佐賀地判平成27・9・11労判1172号81頁〈信州フーズ事件〉……100
京都地判平成27・9・18労判1131号29頁〈国・京都下労基署長事件〉……322
大阪高判平成27・9・29労判1126号18頁〈ANA大阪空港事件〉……145
横浜地川崎支判平成27・9・30労判1125号16頁〈アールエス興業事件〉……278
東京地判平成27・10・2労判1138号57頁〈社会福祉法人全国重症心身障害児（者）を守る会事件〉……291
横浜地判平成27・10・15労判1126号5頁〈エヌ・ティ・ティ・ソルコ事件〉……88
鳥取地判平成27・10・16労判1128号32頁〈三洋電機事件〉……88
広島高判平成27・10・22労判1131号5頁〈国・広島中央労基署長事件〉……322
東京地判平成27・10・30労判1132号20頁〈日本たばこ産業事件〉……344
東京地判平成27・11・16労判1134号57頁〈日本放送協会事件〉……97
最3小判平成27・11・17労判1135号5頁〈中津市〔特別職職員〕事件〉……14
東京高判平成27・12・3労判1134号5頁〈市進事件〉……89, 362
東京地判平成27・12・25労判1133号5頁〈東京メトロ事件〉……397
福井地判平成28・1・15労判1132号5頁〈ナカヤマ事件〉……344
福岡高判平成28・2・9労判1143号67頁〈サカキ運輸ほか事件〉……25
東京高判平成28・2・17労判1139号37頁〈一般財団法人厚生年金事業振興団事件〉……381
最2小判平成28・2・19民集70巻2号123頁〈山梨県民信用組合事件〉……202, 356, 364
大阪高決平成28・2・28労判1137号5頁〈きょうとユニオン事件〉……412
東京地判平成28・3・28労判1142号40頁〈日本アイ・ビー・エム(1)事件〉……377
東京地判平成28・3・28労経速2287号3頁〈IBM（解雇）事件〉……387

東京高判平成28・4・27労判1146号46頁〈国・中央労基署長事件〉……317
名古屋高金沢支判平成28・4・27労経速2319号19頁〈東和工業事件〉……120
東京地判平成28・6・1 LEX/DB25543184〈ドイツ証券事件〉……378
東京高判平成28・7・4労判1149号16頁〈富士美術印刷事件〉……404
最2小判平成28・7・8労判1145号6頁〈国・行橋労基署長事件〉……318
大阪地判平成28・7・14労判1157号85頁〈リンクスタッフ事件〉……483
大阪高判平成28・7・26労判1143号5頁〈ハマキョウレックス事件〉……154
東京高判平成28・9・12労判1147号50頁〈専修大学事件〉……377
名古屋高判平成28・9・28労判1146号22頁〈トヨタ自動車ほか事件〉……479
東京地判平成28・9・28労判1189号84頁〈綜企画設計事件〉……296
大阪高判平成28・10・26労判1188号77頁〈永尾運送事件〉……205
東京高判平成28・11・16労経速2298号22頁〈ファイザー事件〉……344
東京高判平成28・11・24労判1158号140頁〈ネギシ事件〉……131
最1小判平成28・12・1労判1156号5頁〈福原学園事件〉……86, 89
大阪高判平成28・12・22労判1157号5頁〈泉佐野市事件〉……26, 184, 449, 453
東京地立川支判平成29・1・31労判1156号11頁〈TRUST事件〉……131
東京地判平成29・2・21労判1170号77頁〈代々木自動車事件〉……142, 210
名古屋高判平成29・2・23労判1160号45頁〈国・半田労基署長事件〉……320
最3小判平成29・2・28労判1152号5頁〈国際自動車事件〉……269
東京高判平成29・3・9労判1160号28頁〈野村證券事件〉……383
東京高判平成29・3・9労判1173号71頁〈JR東海事件〉……434
名古屋高判平成29・3・9労判1159号16頁〈ジブラルタ生命（旧エジソン生命）事件〉…335
中労委命令平成29・3・15中労委命令データベース〈ニチアス事件〉……194
東京地判平成29・3・23労判1154号5頁〈メトロコマース事件〉……154
東京地判平成29・3・28労判1164号71頁〈エイボン・プロダクツ事件〉……368
大分地判平成29・3・30労判1158号32頁〈プレナス事件〉……272
京都地判平成29・3・30労判1164号44頁〈福祉事業者A苑事件〉……71, 78
東京地判平成29・4・19労判1166号82頁〈日本コクレア事件〉……379
京都地判平成29・4・27労判1168号80頁〈乙山彩色工房事件〉……51, 253
名古屋高判平成29・5・18労判1160号5頁〈ジャパンレンタカー事件〉……88
東京地判平成29・5・31労判1166号42頁〈Chubb損害保険事件〉……343
東京地判平成29・7・3労判1178号70頁〈シュプリンガー・ジャパン事件〉……131
最2小判平成29・7・7労判1168号49頁〈医療法人社団康心会事件〉……267, 269
東京地判平成29・7・18労経速2334号22頁〈シリコンパワージャパン事件〉……379
東京地判平成29・8・10労経速2334号3頁〈全日本手をつなぐ育成会事件〉……381
大阪高判平成29・8・22労判1186号66頁〈吹田市事件〉……14
福岡高判平成29・9・7労判1167号49頁〈九州惣菜事件〉……479
東京高判平成29・9・7判タ1444号119頁〈X大学事件〉……396
札幌高判平成29・9・14労判1169号5頁〈札幌交通事件〉……88

東京地判平成 29・9・14 労判 1164 号 5 頁〈日本郵便（東京）事件〉……155
東京地判平成 29・10・6 労経速 2335 号 3 頁〈コナミスポーツクラブ事件〉……272
大阪地判平成 29・10・23 労旬 1908 号 57 頁〈エミレーツ航空事件〉……381
東京高判平成 29・12・20 D1-Law28260638〈X 社事件〉……471
最 3 小決平成 30・2・13 労経速 2348 号 27 頁〈吹田市事件〉……14
最 1 小判平成 30・2・15 労判 1181 号 5 頁〈イビデン事件〉……134
東京高判平成 30・2・15 労判 1173 号 34 頁〈国際自動車事件〉……270
大阪地判平成 30・3・7 労判 1177 号 5 頁〈国立研究開発法人国立循環器病研究センター事件〉……342
東京地判平成 30・3・29 労判 1183 号 5 頁〈連合ユニオン東京 V 社ユニオンほか事件〉……399
大阪高判平成 30・4・19 労経速 2350 号 22 頁〈国立大学法人大阪大学事件〉……298
最 2 小判平成 30・6・1 民集 72 巻 2 号 88 頁〈ハマキョウレックス事件〉……53, 154
最 2 小判平成 30・6・1 民集 72 巻 2 号 202 頁〈長澤運輸事件〉……154, 479
名古屋高判平成 30・6・26 労判 1189 号 51 頁〈NHK 名古屋放送局事件〉……297
東京高判平成 30・6・28 LEX/DB25560814〈福岡教育大学事件〉……435
最 1 小判平成 30・7・19 労判 1186 号 5 頁〈日本ケミカル事件〉……268, 269
東京地判平成 30・9・11 労旬 1925 号 47 頁〈ジャパンビジネスラボ事件〉……288
最 2 小判平成 30・9・14 労経速 2361 号 3 頁〈日本郵便事件〉……89, 147
東京高判平成 30・10・4 労判 1190 号 5 頁〈イクヌーザ事件〉……269
東京高判平成 30・12・13 労経速 2369 号 3 頁〈日本郵便（東日本）事件〉……155
東京高判平成 31・2・20 LEX/DB25562230〈メトロコマース事件〉……155
中労委命令平成 31・3・15 命令集未登載〈セブン－イレブン・ジャパン事件〉……22
中労委命令平成 31・3・15 命令集未登載〈ファミリーマート事件〉……22

事項索引

あ　行

か　行

さ　行

た　行

な　行

は　行

ま　行

や　行

ら　行

わ　行

労働法の世界（第13版）

The World of Labor Law, 13th ed.

1994年4月30日　初　版第1刷発行
1996年9月30日　第2版第1刷発行
1999年3月30日　第3版第1刷発行
2001年3月20日　第4版第1刷発行
2003年3月20日　第5版第1刷発行
2005年2月27日　第6版第1刷発行
2007年4月15日　第7版第1刷発行
2009年4月15日　第8版第1刷発行
2011年4月15日　第9版第1刷発行
2013年4月10日　第10版第1刷発行
2015年4月30日　第11版第1刷発行
2017年4月10日　第12版第1刷発行
2019年4月10日　第13版第1刷発行

著　者　中　窪　裕　也
　　　　野　田　　　進

発行者　江　草　貞　治

郵便番号 101-0051
東京都千代田区神田神保町 2-17
発行所　株式会社　有　斐　閣
電話(03)3264-1314〔編集〕
(03)3265-6811〔営業〕
http://www.yuhikaku.co.jp/

印刷・株式会社精興社／製本・大口製本印刷株式会社

★定価はカバーに表示してあります。

ISBN 978-4-641-24318-7